CASTELL CAERFYRDDIN

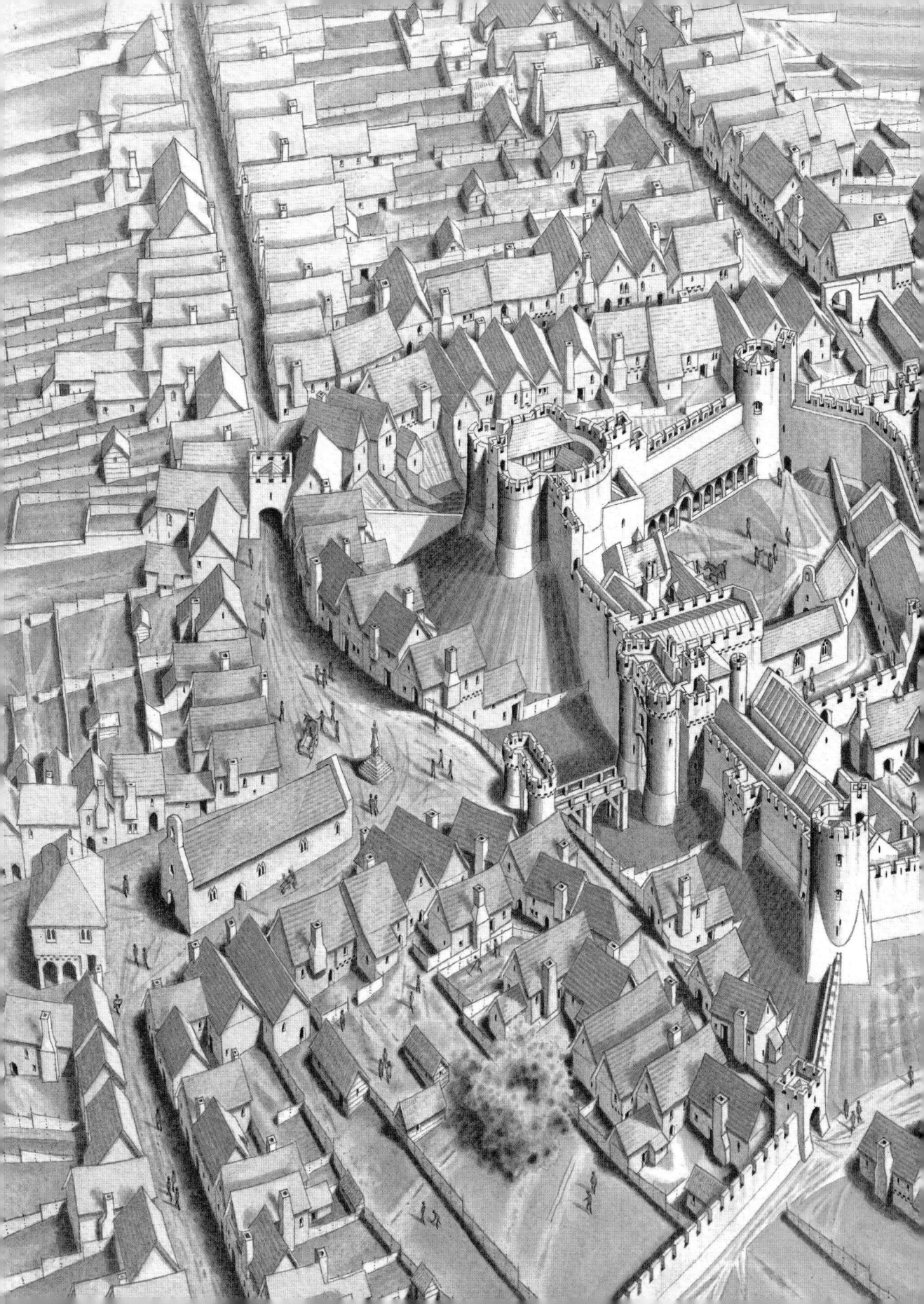

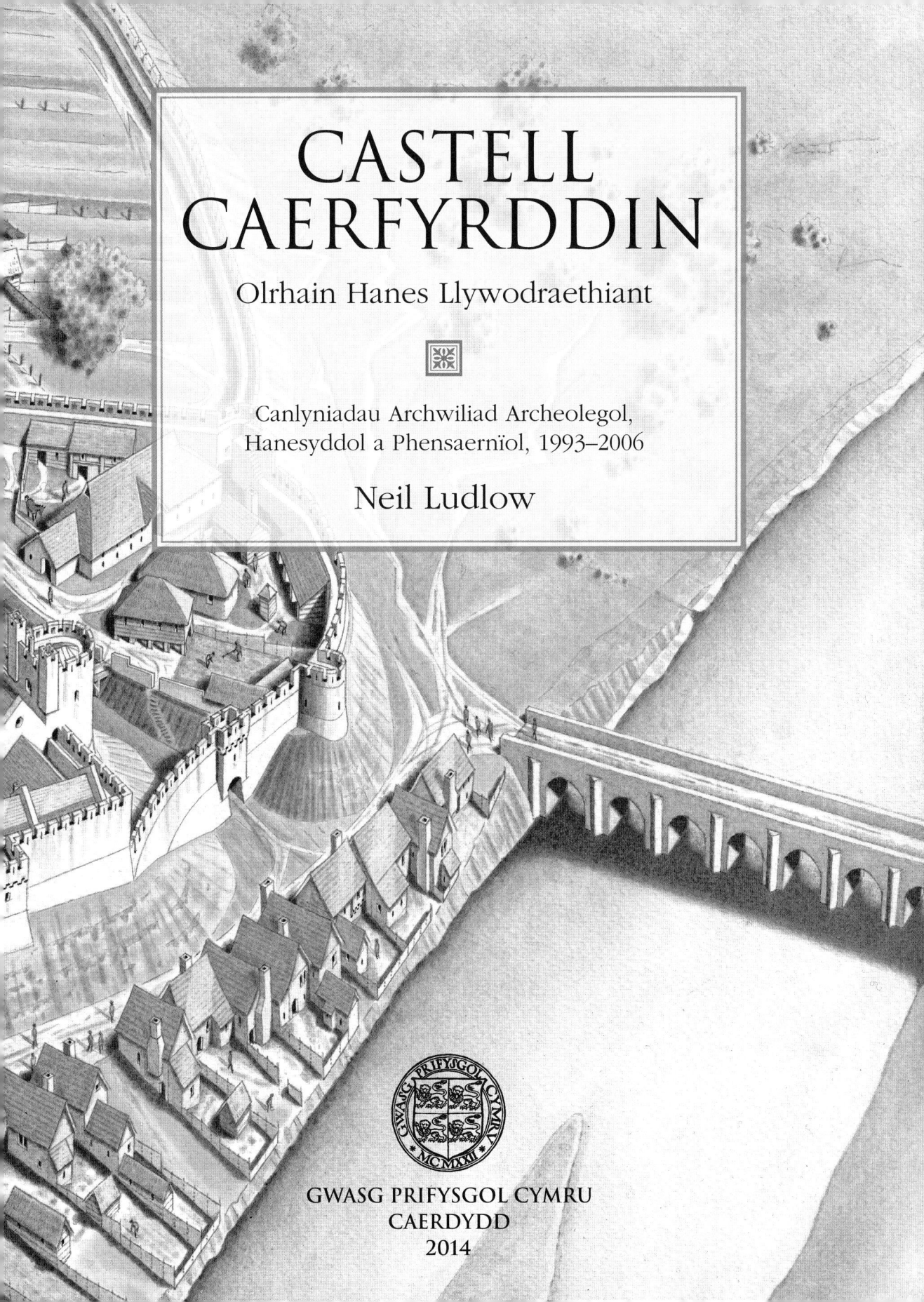

CASTELL CAERFYRDDIN

Olrhain Hanes Llywodraethiant

Canlyniadau Archwiliad Archeolegol,
Hanesyddol a Phensaernïol, 1993–2006

Neil Ludlow

GWASG PRIFYSGOL CYMRU
CAERDYDD
2014

Hawlfraint © Neil Ludlow, 2014

Adargraffwyd 2014

Cedwir pob hawl. Ni cheir atgynhyrchu unrhyw ran o'r cyhoeddiad hwn na'i gadw mewn cyfundrefn adferadwy na'i drosglwyddo mewn unrhyw ddull na thrwy unrhyw gyfrwng electronig, mecanyddol, ffotogopïo, recordio, nac fel arall, heb ganiatâd ymlaen llaw gan Wasg Prifysgol Cymru, 10 Rhodfa Columbus, Maes Brigantîn, Caerdydd CF10 4UP.

www.gwasgprifysgolcymru.org

Mae cofnod catalogio'r gyfrol hon ar gael gan y Llyfrgell Brydeinig

ISBN   978-1-78316-046-4
eISBN 978-1-78316-047-1

Datganwyd gan Neil Ludlow ei hawl foesol i'w gydnabod yn awdur ar y gwaith hwn yn unol ag adrannau 77 a 78 Deddf Hawlfraint, Dyluniadau a Phatentau 1988.

Cydnabyddir cyllido'r cyhoeddiad hwn

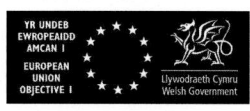
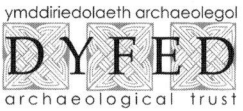

Cysodwyd gan Chris Bell, cbdesign
Argraffwyd gan CPI Antony Rowe, Chippenham

CYNNWYS

	Rhagair gan Eifion Bowen, Cyngor Sir Gâr	vii
	Rhagair gan Ymddiriedolaeth Archeolegol Dyfed	ix
	Rhestr ffigurau	xi
	Rhestr tablau	xvii
	Rhestr Byrfoddau	xix
	Diolchiadau	xxi
1	CYFLWYNIAD: 'A CERTAIN GOOD DONJON'	1
	Arolwg cryno	2
	Hanesyddiaeth	4
	Lleoliad, sefyllfa ac anheddiad cynnar	6
	Disgrifiad rhagarweiniol	10
2	CASTELL CAERFYRDDIN A'I LE YNG NGHYMRU'R OESOEDD CANOL	15
	Gwreiddiau	16
	Gwleidyddiaeth a rhyfel	20
	Canolfan llywodraeth	26
	Y castell yn ei amgylchedd	38
3	YR ADFEILION GWELEDOL	67
	Y mwnt a'r gorthwr gwag	67
	Y llenfuriau a'r tyrau	85
	Y Porthdy Mawr a'r bont	122
	Tu mewn y castell	155
	Wal ac iard y carchar, a Hen Orsaf yr Heddlu	164

4	AIL-LUNIO'R CASTELL	179
	Cyfnod 1: y castell coed, 1106–80	184
	Cyfnod 2: y gorthwr gwag, 1181–1222?	187
	Cyfnod 3: yr amddiffynfeydd o waith maen, 1223–40	190
	Cyfnod 4: adeiladau ar gyfer y brenin, 1241–78	196
	Cyfnod 5: mwy o lety, 1279–1300	198
	Cyfnod 6: adeiladau ar gyfer llywodraeth, 1301–1408	201
	Cyfnod 7: difrod ac ailadeiladu, 1409–c.1550	207
	Trefniadaeth gymdeithasol: y castell fel preswylfan	213
5	YMRANNU, DYMCHWEL A DATBLYGU: Y CASTELL ÔL-GANOLOESOL	233
	Dirywiad: diwedd yr unfed ganrif ar bymtheg/canol yr ail ganrif ar bymtheg	235
	Dinistrio: o'r Rhyfel Cartref i'r Adferiad, 1642–60	240
	Diwedd yr ail ganrif ar bymtheg a'r ddeunawfed ganrif	244
	Carchar newydd y sir, 1789–1868	249
	Y carchar ar ddiwedd y bedwaredd ganrif ar bymtheg a Neuadd y Sir, 1868–1993	262
6	CROCHENWAITH A DARGANFYDDIADAU ERAILL	285
	Crochenwaith a gwydr (Paul Courtney a Dee Williams)	287
	Defnyddiau organig a gwaith metel o ddyddodion canoloesol (Mark Redknap)	332
	Darganfyddiadau bychan o ddyddodion ôl-ganoloesol (Mark Redknap, Dee Williams ac Edward Besly)	344
7	EPILOG: AILDDARGANFOD Y CASTELL	351
	Y castell heddiw	351
	Y castell yn y dyfodol	358

Atodiad: Datblygiad a ddogfennwyd	363
Llyfryddiaeth	383
Mynegai	401

RHAGAIR

GAN EIFION BOWEN, CYNGOR SIR GÂR

DROS Y DDEUGAIN mlynedd ddiwethaf mae Caerfyrddin wedi dod yn lle cyfarwydd i ymwelwyr â'r castell, ac maent yn aml yn meddwl – ar gam – eu bod yng Nghaernarfon (120 milltir i'r gogledd). Efallai mwy o syndod oedd y nifer o bobl leol, a ddywedodd, mewn ymateb i ymgynghoriad cyhoeddus gan y cyngor sir, 'Doeddwn i ddim yn gwybod bod gan Gaerfyrddin gastell'. Dim ond ambell gipolwg o'r castell oedd yn bosib trwy'r adeiladau o'i gwmpas, a hyd yn oed bryd hynny, dim ond olion wedi eu gorchuddio ag eiddew oedd i'w gweld. Ar ben hynny, anaml y byddai Caerfyrddin yn ymddangos mewn llyfrau ar gestyll Cymru. Mae'n ymddangos ei fod wedi diflannu, ac wedi mynd yn angof.

Dechreuodd y newidiadau yn gynnar yn y 1970au pan ddymchwelodd y cyngor y 'Swan Inn', yn Maes Nott, i ddatgelu mwy o'r porth. Yn raddol ond yn sicr, dros y ddeng mlynedd ar hugain canlynol, bu mwy o gynlluniau yn datgelu mwy a mwy o'r olion trawiadol. Law yn llaw daeth cyfoeth o wybodaeth o'r archeoleg. Roedd y wybodaeth oddi tan y ddaear yn cymharu â hwnnw o grombil y gofnod ysgrifenedig.

Mae'r gyfrol hon yn ffrwyth cloddio dyfal, arolwg a gwaith ymchwil gan Neil Ludlow ac eraill. Mae'n cynnwys hanes manwl o'r castell gyda dadansoddiad anarferol o drylwyr. Gwelir pwysigrwydd strategol y safle nid yn unig yn y brwydrau dros ennill ei reolaeth, trwy gydol yr Oesoedd Canol, ond hefyd yn ei barhad fel safle grym am 900 mlynedd. Cyfoethogir y disgrifiad o'i hanes hir gan gyfeiriadau at debygrwydd at gestyll eraill ym Mhrydain, a'r cysylltiadau masnach gydag Ewrop gyfandirol a ddatgelir yn y dogfenna a'r gweddillion crochenwaith.

Gyda'r golygfeydd a'r mynediad sydd yn awr ar gael i'r cyhoedd, mae Castell Caerfyrddin ar y map yn ei rinwedd ei hun, ac ar ben hynny mae'n cael ei gydnabod fel un o'r rhai mwyaf pwysig yng Nghymru a thu hwnt. Gwnaed hyn yn bosib trwy ymroddiad, arbenigedd a natur broffesiynol tîm amlddisgyblaethol o archeolegwyr, penseiri, cynllunwyr, tirfesuryddion, peirianwyr, contractwyr, cyfrifyddion ac archifyddion; trwy gyllid gan y cyrff a roddodd grantiau; a thrwy weledigaeth y cyngor sir.

Eifion Bowen
Pennaeth Cynllunio, Cyngor Sir Gâr
Awst 2012

RHAGAIR
GAN KENNETH MURPHY
YMDDIRIEDOLAETH ARCHEOLEGOL DYFED

O'i sefydlu ym 1975 hyd at 1994, lleolwyd Ymddiriedolaeth Archeolegol Dyfed yng Nghaerfyrddin – tref hynaf Cymru, a chanolbwynt bywyd gwleidyddol ac economaidd de-orllewin Cymru am dros ddwy fil o flynyddoedd. Un o flaenoriaethau cynharaf yr Ymddiriedolaeth oedd i roi darlun mwy eglur o adnoddau archeolegol y dref, ac arweiniodd hynny at gyhoeddiad arolwg arloesol gan y diweddar Terry James ym 1980. Ar yr un pryd, aeth Heather James o'r Ymddiriedolaeth ati i gloddio'n helaeth o fewn terfynau'r Gaerfyrddin Rufeinig; parhaodd ymrwymiad yr Ymddiriedolaeth â'r dref gyda chloddio uchelgeisiol Terry James ar leoliad mynachlog Urdd Sant Ffransis yn y 1980au. Serch hynny, cyfyngwyd ar y cyfleoedd i ymchwilio i'r castell – er i mi fy hun gael cyfle i gloddio ychydig o gwmpas y castell, unwaith eto dan oruchwyliaeth Heather a Terry James, ym 1980.

Newidiodd y sefyllfa ym 1993 gyda chychwyn cynllun ar welliannau i'r castell dros gyfnod o dair mlynedd ar ddeg, dan awenau'r cyngor sir, ynghyd â rhaglen lawn o ymchwiliadau archeolegol gan Ymddiriedolaeth Archeolegol Dyfed. Mae'r llyfr yma'n cloriannu ffrwyth y cloddio a'r cofnodi manwl a wnaed gan Duncan Schlee, Pete Crane, Neil Ludlow ac eraill, gyda'r cyfan yn cael ei werthuso ochr yn ochr ag ymchwil helaeth Neil i ddarparu cofnod llawn o hanes a datblygiad y castell: cawn flas ar fywyd a gweithgarwch y swyddogion ac eraill a oedd yn trigo o fewn y muriau, a gwneir astudiaeth o'r adeiladau a'r defnydd a wnaed ohonynt, ac o'r newid a fu iddynt dros gyfnod maith o amser. Mae'r astudiaeth a gyflwynir yma, yn wir, yn gyfraniad sylweddol i hanes un o drefi mawr Cymru.

Kenneth Murphy
Ymddiriedolaeth Archeolegol Dyfed
Rhagfyr 2013

RHESTR FFIGURAU

Wynebddarlun – Adluniad damcaniaethol o Gastell Caerfyrddin, o'r de-orllewin, fel y byddai o bosib wedi ymddangos tua 1500. Hawlfraint © Neil Ludlow 2012.

1 Ffotograff a dynnwyd o'r awyr o Gastell Caerfyrddin o gyfeiriad y de-ddwyrain yn 1993. — 2
2 Map lleoliad y safle yn dangos y topograffi. — 7
3 Cynllun o'r castell a'r dref yn dangos yr isadeiledd Rhufeinig, muriau tref yr 'Hen' Gaerfyrddin a'r 'Newydd', eglwysi a chapeli ac amddiffynfeydd y Rhyfel Cartref. — 8
4 Ffotograff a dynnwyd o'r awyr o ochr orllewinol y castell, o'r gogledd, a dynnwyd yn 2005. Gellir gweld yr holl waith maen sydd wedi goroesi. — 9
5 Cynllun cyffredinol safle'r castell yn dangos yr olion sydd wedi goroesi. — 10
6 Map o dde-orllewin Cymru yn dangos rhaniadau gweinyddol cyn y goncwest o'i gymharu ag arglwyddiaeth Caerfyrddin yn y ddeuddegfed ganrif/y drydedd ganrif ar ddeg. — 17
7 Y dywysogaeth: tiroedd y Goron yng Nghymru, tua 1300. — 31
8 Map o sir Gaerfyrddin ar ôl 1284. — 32
9 Plwyf San Pedr, yn dangos Maenor Llanllwch a thiroedd demên eraill a chaeau a thiroedd comin y dref. — 42
10 Map yn dangos ffynonellau ar gyfer defnyddiau adeiladu ar gyfer Castell Caerfyrddin, hefyd yn dangos y ddaeareg a'r isadeiledd cludiant. — 47
11 Canrannau'r mathau o deils crib o'r holl gloddiadau a gynhaliwyd yng Nghastell Caerfyrddin. — 49
12 Proffiliau ar draws safle'r castell. — 68–9
13 Cynllun cyffredinol ardal y mwnt a'r llenfur gogleddol. — 70
14 Proffiliau ar draws y mwnt a'r gorthwr gwag. — 71
15 Golwg allanol o'r gorthwr gwag o'r gogledd-ddwyrain yn 2002, yn dangos y ddwy labed ogleddol. — 72
16 Golwg allanol o'r gorthwr gwag o'r dwyrain yn 2012, yn dangos y fynedfa, wal ddwyreiniol y 'rhagadeilad' a'r 'llenfur' gogleddol i'r dde. — 74

17	Mur dwyreiniol y 'rhagadeilad': golwg ar yr wyneb mewnol (gorllewinol).	75
18	'Rhagadeilad' y mur dwyreiniol: golwg ar yr wyneb allanol (dwyreiniol).	75
19	TP1 fel y'i cloddiwyd yn 2004, gan edrych arno oddi uchod.	77
20	Cynllun cyfansawdd o'r gorthwr gwag ar lefel y brig, yn dangos ffosydd archeolegol ac adeiladol.	78
21	Rhan ddwyreiniol gwerthusiad Ffos A.	79
22	Cynllun adeiledd strwythur crwn 121.	80
23	Strwythur 121 o'r gogledd, yn ystod y cloddio, gyda'r wal gorthwr ganoloesol y tu hwnt.	81
24	Rhan ogleddol Ffos C, ar draws ochr ddwyreiniol strwythur 121.	82
25	Wyneb mewnol y gorthwr gwag canoloesol ar ochr ddeheuol y mwnt, yn ystod y cloddio, o gyfeiriad y gogledd-ddwyrain.	82
26	Cynllun y nodweddion canoloesol ar ochr orllewinol y mwnt.	83
27	Wyneb deheuol y 'llenfur' gogleddol yn 2012.	87
28	Golwg o'r de ar y 'llenfur' gogleddol.	88
29	Golwg o'r gogledd ar y 'llenfur' gogleddol.	88
30	Cynllun cyffredinol rhan orllewinol y castell yn dangos llinell y llenfur gorllewinol canoloesol.	89
31	Golwg bras o wyneb gorllewinol y 'llenfur' gorllewinol.	90
32	Wyneb gorllewinol y 'llenfur' gorllewinol yn 2012.	91
33	Rhan o wyneb dwyreiniol y 'llenfur' gorllewinol yn 2012.	92
34	Cynllun o'r ardal i'r dwyrain o'r porthdy, ar ôl tynnu'r arwynebau, gan ddangos y wal ganoloesol.	94
35	Cynllun o ardal y llenfur gorllewinol gan ddangos ffosydd gwerthuso ac adeiladu.	96
36	Y rhan yn wynebu'r gorllewin a adawyd yn dilyn tynnu wal ddwyreiniol y clwb rygbi, yn dangos dyddodion posibl o'r clawdd.	97
37	Ffos werthuso 2 y clwb rygbi yn ystod y cloddio, o'r gorllewin.	97
38	Y rhan yn wynebu'r gogledd o Ffos werthuso 2 y clwb rygbi.	98
39	Cynllun yr ardal o gwmpas y wal gynnal ddeheuol gan ddangos yr eiddo gynt a'r ffosydd archeolegol.	99
40	Dymchwel y 'llenfur' deheuol, i'r dwyrain o'r Tŵr Sgwâr, tua 1964, o gyfeiriad y de-ddwyrain.	100
41	Golwg o gyfeiriad y de ar y wal gynnal ddeheuol ôl-ganoloesol, yn 1996.	101
42	Y Tŵr De-orllewinol o'r de-ddwyrain, yn 2007.	103
43	Y Tŵr De-orllewinol: golwg allanol o'r de-ddwyrain.	104
44	Y Tŵr De-orllewinol: golwg allanol o'r de-orllewin.	104
45	Y Tŵr De-orllewinol: golwg allanol o'r gogledd-orllewin (braslun).	104
46	Y Tŵr De-orllewinol: golwg o'r tu mewn o'r de-ddwyrain.	105
47	Y Tŵr De-orllewinol: golwg o'r tu mewn o'r de-orllewin.	105
48	Y Tŵr De-orllewinol: golwg o'r tu mewn o'r gogledd-orllewin.	106

49	Y Tŵr De-orllewinol: golwg o'r tu mewn o'r gogledd-ddwyrain.	106
50	Cynllun o'r Tŵr De-orllewinol ar lefel yr islawr.	107
51	Cynllun cyffredinol y Tŵr De-orllewinol ar lefel y llawr gwaelod, mewn perthynas â'r adeiladau mewnol.	108
52	Cynllun y Tŵr De-orllewinol ar lefel y llawr gwaelod yn dangos y nodweddion canoloesol.	109
53	Y Tŵr De-orllewinol o gyfeiriad y de-ddwyrain, yn dangos rhannau mewnol y wal o'r gogledd-orllewin a'r de-orllewin, yn 2012.	110
54	Y siambr furol yn erbyn ochr ogleddol y Tŵr De-orllewinol, o'r gogledd, yn 2002 cyn tynnu'r arwyneb a'r cynnwys cyfoes.	111
55	Cynllun o'r Tŵr De-orllewinol ar lefel y llawr cyntaf.	112
56	Cynllun o'r Tŵr De-orllewinol ar y lefel o dan yr is-islawr.	113
57	Y Tŵr De-orllewinol: golwg o'r gogledd a'r de ar y bwlch o dan yr is-islawr.	114
58	Cynllun grisiau tro'r Tŵr De-orllewinol ar lefel y llawr gwaelod.	115
59	Llawr gwaelod y Tŵr De-orllewinol: cynllun a thrawslun gwahanfur a lloriau'r bedwaredd ganrif ar bymtheg.	116
60	Y Tŵr Sgwâr o'r de-orllewin yn 2012.	118
61	Golwg allanol o'r Tŵr Sgwâr.	118
62	Trawstoriad gogledd-de drwy'r Tŵr Sgwâr, yn wynebu'r gorllewin.	119
63	Y Tŵr Sgwâr tua 1964, yn dangos yr hen fynedfa yn y wal ddeheuol.	120
64	Cynllun o'r Tŵr Sgwâr yn dangos y llawr ôl-ganoloesol.	121
65	Cynllun o'r Porthdy Mawr ar lefel y llawr gwaelod, sydd hefyd o bosib yn dangos pileri'r bont.	123
66	Y Porthdy Mawr: y ffasâd gorllewinol (mynedfa) yn 2012.	125
67	Golwg o'r tu allan ar ffasâd gorllewinol y porthdy.	124
68	Golwg o'r gogledd a'r de ar dramwyfa'r porth.	126
69	Adrannau A–A a B–B drwy dramwyfa'r porth.	127
70	Cynllun o ffos werthuso tramwyfa'r porth.	127
71	Trawsluniau o ffos werthuso tramwyfa'r porth.	128
72	Cynllun o'r porthdy ar lefel y llawr cyntaf.	129
73	Golygfeydd o'r tu mewn ar lawr cyntaf y porthdy.	131
74	Y porthdy y tu mewn i'r llawr cyntaf, gan edrych i gyfeiriad y gogledd-orllewin, yn 2012.	132
75	Y porthdy, y tu mewn i'r llawr cyntaf, gan edrych i gyfeiriad y de-ddwyrain, yn 2012.	132
76	Porthdy, y tu mewn i'r llawr cyntaf: agen y porthcwlis, yn edrych i gyfeiriad y gogledd, fel y'i datgelwyd yn 2002.	133
77	Cynllun o'r porthdy ar lefel y parapet.	134
78	Ochr ddeheuol y porthdy yn dangos safle'r tyred, a'r mewnlenwad, o'r de.	135
79	Golwg o'r tu allan ar ochr ddeheuol y porthdy a'r hen dyred.	136
80	Ochr ddwyreiniol y porthdy, o'r gogledd-ddwyrain, yn 2012	138

81	Golwg o'r tu allan ar ochr ddwyreiniol y porthdy.	139
82	Wyneb gogleddol y wal ddeheuol a gwtogwyd yn yr hen ran ôl, yn 2002.	140
83	Golygfeydd o'r dwyrain a'r gogledd ar y wal ddeheuol a gwtogwyd yn yr hen ran ôl.	141
84	Y mewnlenwad eilaidd yn y porthdwr gogleddol, yn ystod y cloddio yn 2002, yn wynebu'r de-ddwyrain.	142
85	Cynllun yn dangos lleoliad cloddiad 2003, selerydd, colofnau'r bont ac ati, mewn perthynas â'r hen adeiladau.	144
86	Cynllun cyfansawdd o ardal y bont yn dangos y nodweddion a ddatgloddiwyd.	145
87	Golwg o gyfeiriad y gogledd ar wal ddeheuol Seler I yn dangos colofnau'r bont a'r wal ôl-ganoloesol.	146
88	Dyddodion y ffos a wal 049 yn ystod y cloddio, gan edrych i gyfeiriad y dwyrain.	148
89	Colofn pont 038 a'r waliau ôl-ganoloesol 054 a 057, o'r de-orllewin.	150
90	Trawslun cyfansawdd, ardraws drwy adeileddau a dyddodion y ffos, yn wynebu'r dwyrain.	150
91	Trawslun yn wynebu'r de drwy ddyddodion o dan ochr orllewinol Rhif 11 Maes Nott.	151
92	Cynlluniau cyfnod nodweddion a ddatgloddiwyd yn ardal y bont.	152
93	Cynllun Selerydd I a II.	154
94	Seler I, yn ystod y cloddiad, gan edrych i gyfeiriad y dwyrain tuag at dŵr gogleddol y porthdy.	155
95	Proffil o'r lefelau mewnol rhwng y Tŵr De-orllewinol a'r Tŵr Sgwâr, yn wynebu'r gogledd.	156
96	Cynllun Ffos A.	157
97	Ffos A o'r gogledd-orllewin, yn 1980, yn dangos yr holl waliau a gwaelod y popty 37.	159
98	Rhan ddwyreiniol Ffos D.	160
99	Rhan orllewinol Ffos D.	161
100	Sylfeini wal ogleddol bloc celloedd y dyledwyr, o'r gorllewin, yn 2002.	163
101	Cynllun o'r iard i'r dwyrain o'r porthdy yn dangos yr hen glafdy, Hen Orsaf yr Heddlu a nodweddion archeolegol.	165
102	Wal ddwyreiniol clafdy'r carchar, o'r dwyrain, yn 2007.	166
103	Golygfeydd o wal ddwyreiniol y clafdy.	167
104	Cynlluniau a golwg fewnol ddwyreiniol o'r clafdy/Gorsaf yr Heddlu, 1870au.	169
105	Wal carchar yn perthyn i ddiwedd y bedwaredd ganrif ar bymtheg, yng nghornel de-orllewinol y safle, o gyfeiriad y de-orllewin yn 2012.	170
106	Golwg o'r de a'r gorllewin ar y wal carchar yn perthyn i ddiwedd y bedwaredd ganrif ar bymtheg.	171
107	Sylfeini'r adeilad o'r ugeinfed ganrif yn yr iard, o'r de, yn 2002.	172
108	Hen Orsaf yr Heddlu a'r estyniad, o'r de, yn 2012.	173

109	Un o'r celloedd yn Hen Orsaf yr Heddlu, yn 2006.	174
110	Estyniad Hen Orsaf yr Heddlu: cilfach gaeedig yn y llenfur gorllewinol yn 2006.	174
111	Manylyn o fap Thomas Lewis o Gaerfyrddin, yn 1786, yn dangos ardal y castell.	181
112	Manylyn o fap John Speed o Gaerfyrddin, tua 1610, yn dangos Castell Caerfyrddin o'r gorllewin.	182
113	Cynllun bras o Gastell Caerfyrddin yn dangos awgrym o'i gynllun yn ystod Cyfnod 1, 1109–80.	185
114	Cynlluniau cymharol o orthyrau gwag gyda thyrau annibynnol cysylltiedig.	187
115	Cynllun bras o Gastell Caerfyrddin yn dangos awgrym o'i gynllun yng Nghyfnod 2, 1181–1222.	188
116	Cynlluniau cymharol y gorthyrau gwag yng Nghastell Caerfyrddin a Chastell Berkeley.	189
117	Cynllun bras o Gastell Caerfyrddin sy'n dangos awgrym o'i gynllun yng Nghyfnod 3, 1223–40.	190
118	Cynlluniau cymharol o'r tyrau sbardunog yng Nghastell Aberteifi a Chastell Caerfyrddin.	193
119	Cynllun bras o Gastell Caerfyrddin yn dangos awgrym o'r cynllun yng Nghyfnod 4, 1241–78.	197
120	Cynllun bras o Gastell Caerfyrddin yn dangos awgrym o'i gynllun yng Nghyfnod 5, 1279–1300.	199
121	Cynllun bras o Gastell Caerfyrddin yn dangos awgrym o'i gynllun yng Nghyfnod 6, 1301–1408.	202
122	Cynllun bras o Gastell Caerfyrddin yn dangos awgrym o'r cynllun yng Nghyfnod 7, 1409–c.1550.	208
123	Y porthdai yng nghestyll Caerfyrddin, Cydweli a Llawhaden.	209
124	Ail-luniad dychmygol o'r Porthdy Mawr yn ystod Cyfnod 7 gan gynnwys yr hen ran ôl, o gyfeiriad y gogledd-ddwyrain.	210
125	Sir Gaerfyrddin ar ôl 1536.	237
126	Castell Caerfyrddin o'r de, gan S. ac N. Buck, 1740.	238
127	Manylyn o 'The south-east view of Carmarthen', gan S. ac N. Buck, 1748.	244
128	Cynllun o safle'r castell i gyd yng nghanol y ddeunawfed ganrif (adluniad).	246
129	Cynllun o Garchar Caerfyrddin yn 1818.	249
130	Cynllun o Garchar Caerfyrddin yn 1819.	250
131	Cynllun o safle'r castell i gyd ar ddechrau'r bedwaredd ganrif ar bymtheg (adluniad).	251
132	Castell Caerfyrddin o'r de yn 1829.	252
133	Manylyn o fap Caerfyrddin yn perthyn i 1834.	253
134	Y Porthdy Mawr o'r gorllewin tua 1860, gan Mary Ellen Bagnall Oakley.	254
135	Castell Caerfyrddin o'r de-orllewin, gan Henri Gastineau, 1830.	256

136	Carmarthen Quay and Castle', gan Alfred Keene, 1840au.	257
137	Cynllun o Castle Green a Gardd y Cursitor, 1845. Sylwer fod y gogledd ar ochr dde'r ffrâm.	258
138	Castell Caerfyrddin a'r bont o'r de-ddwyrain, priodolwyd i Hugh Hughes, tua 1850.	259
139	Cynllun o Garchar Caerfyrddin, tua 1858–66.	261
140	Cynllun o safle cyfan y castell yn ystod y bedwaredd ganrif ar bymtheg (adluniad).	263
141	Cynllun o Garchar Caerfyrddin yn 1898.	264
142	Trawsluniau drwy garchar diwedd y bedwaredd ganrif ar bymtheg, 1937.	264
143	Bloc carchar diwedd y bedwaredd ganrif ar bymtheg o'r de-ddwyrain, yn 1931.	265
144	Yr hen floc dyledwyr ('E Wing') o'r de-ddwyrain, yn y 1930au.	266
145	Carchar Caerfyrddin: blaen mynedfa John Nash yn 1922.	266
146	Tŷ newydd y llywodraethwr, gan edrych i lawr Heol Spilman o'r gogledd-ddwyrain, d.d.	267
147	Ffotograff wedi'i dynnu o'r awyr o'r carchar, o'r de-ddwyrain, tua 1935.	267
148	Manylyn o Arolwg Ordnans 1:2500, Argraffiad Cyntaf, Taflen Sir Gaerfyrddin XXIX.7, 1886.	268
149	Manylyn o Arolwg Ordnans 1:500, Taflen Sir Gaerfyrddin XXIX.7.6, 1895.	268
150	Manylyn o Arolwg Ordnans 1:2500, Ail Argraffiad, Taflen Sir Gaerfyrddin XXIX.7, 1906.	268
151	Cynllun o Hen Orsaf yr Heddlu fel y'i hargymhellwyd, 1880.	269
152	Hen Orsaf yr Heddlu o'r de, yn 1905.	270
153	Golygfa i gyfeiriad y dwyrain drwy gyntedd y porthdy, yn dangos hen adeilad yr iard tua 1920.	271
154	Neuadd y sir yn 2007, ac olion y castell, o'r de-orllewin.	273
155	Y mathau o ffabrig crochenwaith o'r holl gloddiadau yng Nghastell Caerfyrddin.	287
156	Mathau o ffabrig crochenwaith o gloddiadau yn y gorthwr gwag, 1997–8.	295
157	Y mathau o ffabrig crochenwaith o'r cloddiadau yn y ffos orllewinol, 2003.	312
158	Rhai o'r llestri canoloesol diweddar (LMW) o'r ffos orllewinol.	331
159	Lledr o'r ffos orllewinol.	336–7
160	Lledr o'r ffos orllewinol.	338
161	Llestri pren o'r ffos orllewinol.	341
162	Llestri pren o'r ffos orllewinol.	342
163	Gwrthrychau metel o gyd-destunau canoloesol yn y ffos orllewinol.	344
164	Gwrthrychau o gyd-destunau ôl-ganoloesol yn y ffos orllewinol.	347
165	Cynllun o safle'r castell yn ei gyfanrwydd yn dangos potensial archeolegol, a'r hyn a gollwyd oherwydd gwaith datblygu	359
166	Cynllun o safle'r castell yn dangos y man cofrestredig a'r adeiladau rhestredig	360

RHESTR TABLAU

1	Lle mae'r mathau o gerameg yn digwydd yn ôl parthau unigol.	288
2	Cerameg a gwydr o Ffos A y gorthwr gwag: catalog yn ôl cyd-destun.	296–300
3	Cerameg a gwydr Ffosydd B a C y gorthwr gwag: catalog yn ôl cyd-destun.	302–6
4	Cerameg a gwydr o'r Tŵr De-orllewinol: catalog yn ôl cyd-destun.	307–9
5	Cerameg a gwydr seler y Tŵr Sgwâr: catalog yn ôl cyd-destun.	309–10
6	Cerameg a gwydr o gyntedd y porth: catalog yn ôl cyd-destun.	311–12
7	Cerameg a gwydr o'r ffos orllewinol: catalog yn ôl cyd-destun.	313–30
8	Lledr: canllaw i feintiau'r esgidiau a ddynodir.	339
9	Darganfyddiadau o gyd-destunau ôl-ganoloesol: catalog yn ôl parth.	345–6
10	Crynodeb o'r dyddodion archeolegol hysbys a gladdwyd yn y castell.	360

RHESTR BYRFODDAU

AC	Amgueddfa Cymru
AO	Arolwg Ordnans
ARh	Adeilad Rhestredig
BBGC	*Bwletin y Bwrdd Gwybodau Celtaidd*
CAB	Cyngor Archaeoleg Brydeinig
CAH	Cofnod Amgylchedd Hanesydd
Cal. Inq. Misc.	*Calendar of Inquisitions Miscellaneous (Chancery)*
CarmJ	*Carmarthen Journal*
Carms. Antiq.	*The Carmarthenshire Antiquary*
Carms. Hist.	*The Carmarthenshire Historian*
CBHC	Comisiwn Brenhinol Henebion Cymru
CCcR	*Calendar of Chancery Rolls*
CChR	*Calendar of Charter Rolls*
CCR	*Calendar of Close Rolls*
CFR	*Calendar of Fine Rolls*
CHC	Cofnod Henebion Cenedlaethol
CHSG	*Cymdeithas Hynafiaethau Sir Gaerfyrddin*
CLR	*Calendar of Liberate Rolls*
CPR	*Calendar of Patent Rolls*
CSC	Cyngor Sir Caerfyrddin
CSPD	*Calendar of State Papers (Domestic)*
END	Extended National Database
GPC	Gwasg Prifysgol Cymru
HRh	Heneb Rhestredig
JHC	*Journal of the House of Commons*
LlEM	Llyfrfa Ei Mawrhydi
LlGC	Llyfrgell Genedlaethol Cymru
NPRN	National Primary Record Number (CHC)
OUP	Oxford University Press

PRN	Primary Record Number (YAD)
PRO	Public Record Office
SCG	Swyddfa Cofnodion Sir Gaerfyrddin
SMA	Society for Medieval Archaeology
TCASFC	*Transactions of the Carmarthenshire Antiquarian Society and Field Club*
TNA	The National Archives
WWHR	*West Wales Historical Records*
YAD	Ymddiriedolaeth Archaeolegol Dyfed

Defnyddir ardull gyfeirio yn ôl teitlau byr ym mhrif destun y gyfrol, ag eithrio'r Atodiad lle defnyddir ardull gyfeirio awdur-dyddiad er hwylustod.

DIOLCHIADAU

CYNIGIR LLAWER o ddiolch yn llawn gwerthfawrogiad i'r llu o bobl a oedd yn ymwneud â'r prosiect. Yn gyntaf ac yn flaenaf staff YAD – Ymddiriedolaeth Archaeolegol Dyfed – yn y gorffennol ac yn bresennol, yn arbennig Duncan Schlee, Nigel Page, Pete Crane, Belinda Allen, Hubert Wilson, Richard Ramsey a Gwilym Bere, a fu oll yn ymgymryd â gwaith maes yn y castell; rhoddwyd cefnogaeth yn hael gan Louise Austin, Lucy Bourne, Charles Hill a Phil Poucher, a diolch arbennig i gyfarwyddwyr yr ymddiriedolaeth yn eu tro Don Benson, Gwilym Hughes a Ken Murphy. Llawer o ddiolch hefyd i'r arbenigwyr a gymrodd ran wedi'r cloddio – Dee Williams (o YAD gynt), Astrid Caseldine a Catherine Griffiths (Prifysgol Cymru, Y Drindod Dewi Sant), y diweddar Paul Courtney, Lorrain Higbee (Wessex Archaeology) a Phil Parkes (Prifysgol Caerdydd). Diolch arbennig i Mark Redknap (AC) a roddodd ei amser yn hael ac sy'n cydnabod ei werthfawrogiad i Edward Besly am edrych ar y darnau arian, Rebekah Pressler am sylwadau ar y cerameg, James Wild a Robin Maggs am y ffotograffiaeth, Mark Lewis am adnabyddiaeth rhywogaeth ar y lledr, a Paul Atkin a Robin Wood am adnabyddiaeth pren. Llawer o ddiolch i Annes Glyn am ei gwaith cyfieithu amyneddgar ac am sylw a chyngor arbenigol Sara Elin Roberts ar y cyfieithiad a'r proflenni; ac i bawb yng Ngwasg Prifysgol Cymru, y comisiynwyr Angharad Watkins a Sarah Lewis, y rheolwraig cynhyrchu Siân Chapman, a golygydd y wasg Dafydd Jones.

Daeth yr arweiniad ar gyfer y gwaith diweddar gan Adran Gynllunio Cyngor Sir Dyfed a oedd yn ymddwyn fel cydlynwyr a chynghorwyr trwy'r holl waith. Gan ddechrau yn 1993, aeth y gwaith yn ei flaen dan Adran Gynllunio Cyngor Sir Caerfyrddin, yn dilyn ad-drefnu llywodraeth leol yn 1996. Yn wreiddiol gwnaethpwyd y gwaith cynllunio a goruchwylio gan Adran Bensaernïaeth Cyngor Sir Dyfed, ond cafodd ei gymryd gan TACP (Wrecsam) a barhaodd yn ymgynghorwyr ar gyfer bob cyfnod gwaith dilynol. Cynigiodd Cyngor Sir Caerfyrddin gefnogaeth gyson, a brwdfrydedd, am yr archeoleg – a allai fod yn fodel ar gyfer prosiectau o'r fath – a chyfrannu at gostau cyhoeddi'r llyfr hwn; rhoddir diolch arbennig i Eifion Bowen, John Llewelyn, Brangwyn Howells a Kevin Davies. Y prif gontractwyr ar y safle oedd John Weaver Construction, Opus International Consultants UK (Veryards Ltd gynt), T. J. Construction, Abbey Masonry & Restoration Ltd ac Alun Griffiths Contractors Ltd.

Gwnaethpwyd ymchwil ddogfennol ychwanegol gan Stephen Priestley (Border

Archaeology erbyn hyn). Paratôdd Richard Ireland (Prifysgol Aberystwyth) yn garedig iawn broflenni cyn cyhoeddi ei *'A Want of Good Order and Discipline': Rules, Discretion and the Victorian Prison* (Cardiff: GPC, 2007) a rhoddodd Charles Griffiths (curadur Amgueddfa Heddlu Dyfed-Powys) lawer o wybodaeth ychwanegol yn ymwneud â Hen Orsaf yr Heddlu.

Rhoddir diolch arbennig i Heather James, y diweddar Terry James (y ddau gynt o YAD), Rick Turner (Cadw), John Kenyon (AC) ac Edna Dale-Jones (CHSG) am ddarllen a gwneud sylwadau ar ddrafftiau cynnar, ac am lawer o wybodaeth ac arweiniad ychwanegol. Rhoddodd Chris Caple (Durham University) wybodaeth am ei waith diweddar yng Nghastell Nanhyfer, ac roedd Roger Turvey yn garedig iawn yn archwilio'r materion a oedd yn ymwneud â meddiannaeth Gymreig y castell gyda mi, trafododd Bob Higham (University of Exeter) orthyrau gwag tra y cynigiodd Charles Hill (YAD) nifer o awgrymiadau gwerthfawr.

Paratowyd y rhan fwyaf o'r lluniau a'r ffotograffau gan YAD a'r awdur; fodd bynnag rhoddwyd y llun o'r awyr (Ffigur 4) gan RCAHMW, paratôdd Ken Day (MO Design) bedwar ffotograff (Ffigurau 42, 78, 102 a 155) ac roedd Mrs Suzanne Hayes yn garedig iawn yn rhoi caniatâd i ddefnyddio Ffigur 134. Tynnwyd y mapiau, cynlluniau a'r printiadau hynafiaethol o gasgliadau Llyfrgell Genedlaethol Cymru, Gwasanaeth Archeoleg Sir Gaerfyrddin a Gwasanaeth Amgueddfeydd Sir Gaerfyrddin, ac o'r lleoedd hynny rhoddir diolch yn enwedig i Wells, John Davies a Gavin Evans. Yr wyf yn ddiolchgar hefyd i Bernard Nurse (Society of Antiquaries of London) am baratoi copïau o lyfrau nodiadau David Cathcart King, ac i Tom Lloyd a Julian Orbach a roddodd lawer o gefnogaeth cyffredinol.

PENNOD UN

CYFLWYNIAD
'a certain good donjon'

*'There is a certain castle in which is a certain good donjon
constructed from five small towers.'*
(o Ymchwiliad Siawnsri ar Faenor Caerfyrddin, 1275)

ER BOD olion Castell Caerfyrddin yn drawiadol nid ydynt yn rai sylweddol. Nid ydynt, ar yr olwg gyntaf, yn cyhoeddi'r pwysigrwydd a roddwyd iddo ar un adeg. Er hynny, roedd Caerfyrddin nid yn unig yn un o brif gestyll Cymru yn yr Oesoedd Canol, ond yn un o'r rhai mwyaf. Yn fan cychwyn i'r Eingl-Normaniaid oresgyn de-orllewin Cymru, datblygodd Castell Caerfyrddin yn ganolfan awdurdod y Goron yn yr ardal ac roedd yn un o nifer fechan o gestyll brenhinol mewn ardal a oedd gan fwyaf wedi ei droi'n arglwyddiaethau Mers. Roedd ei statws fel daliad y Goron a chanolfan ar gyfer llywodraethu, a gafodd ei ffurfioli ar ddiwedd y drydedd ganrif ar ddeg ac a efelychwyd yn y gogledd yng Nghastell Caernarfon, yn wahanol iawn i'r hyn oedd yn digwydd gyda cestyll o'r un cyfnod yn y Mers, a chafodd hynny ddylanwad sylweddol ar ei ddatblygiad.

Fel nifer o gestyll brenhinol, parhawyd i ddefnyddio Caerfyrddin ar gyfer gweinyddiaeth sifil ar ôl yr Oesoedd Canol, ac mae'n parhau i fod yn safle sydd yn gysylltiedig â llywodraeth. Fe'i defnyddiwyd fel carchar y sir trwy gydol y cyfnod ôl-ganoloesol, ond daeth i feddiant Cyngor Sir Caerfyrddin yn yr ugeinfed ganrif pan ddisodlwyd y carchar gan y neuadd sir presennol. Mae'r parhad hyn, a'i leoliad trefol, heb os wedi cael effaith negyddol ar olion gweledol y castell, ond bu pob un o'i dair cyfnod o ddatblygiad yn sylfaenol o ran diffinio hunaniaeth ddiwylliannol yr ardal. Gyda'r castell yn ganolbwynt y datblygodd bwrdeistref hanesyddol Caerfyrddin o'i gwmpas, mae'n parhau i daflu ei gysgod dros y treflun a'r ardal gyfagos.

Er bod y cyngor wedi gwneud gwaith cynnal a chadw ers diwedd yr 1960au, prin fu'r archwiliadau archaeolegol cyn 1993 pan ddechreuwyd ar raglen o welliannau ar raddfa eang.[1] Atgyfnerthwyd olion y castell, a gwnaed gwelliannau i'w lleoliad gweledol drwy

Ffigur 1 Ffotograff a dynnwyd o'r awyr o Gastell Caerfyrddin o gyfeiriad y de-ddwyrain yn 1993 (© Ymddiriedolaeth Archaeolegol Dyfed, YAD AP 93/48.2)

ddymchwel ambell dŷ adfeiliedig. I gyd-fynd â'r cynllun cynhaliodd Ymddiriedolaeth Archeolegol Dyfed (YAD) raglen lawn o gofnodi archeolegol. Cafodd cynllun y prosiect archeolegol ei benderfynu i raddau helaeth gan drefn cyffredinol y gwaith, yn canolbwyntio ar yr olion sydd yn parhau i sefyll a'r mannau dan ddaear a effeithiwyd arnynt, ond cododd y cyfle i wneud archwiliadau wedi eu targedu'n fwy penodol. Yn ogystal â hynny, cynhwyswyd yn y prosiect raglen strwythuredig ar ôl cloddio, gan gynnwys ymchwil a dadansoddi darganfyddiadau. Roedd cynllun yr ymchwil hefyd yn cynnwys pob cyfnod o hanes y safle, o sefydlu'r castell hyd at yr ugeinfed ganrif.

O ganlyniad, mae modd cyflwyno cofnod manwl o safle'r castell, gellir awgrymu sut fath o gynllun oedd iddo a gellir cynnig trefn olyniaeth ei ddatblygiad. Yn sicr bydd y safle'n parhau i newid a datblygu a daw rhagor o wybodaeth i'r golwg. Mae'r llyfr hwn yn adrodd y stori hyd yn hyn.

AROLWG CRYNO

Fe'm swynwyd gan Gastell Caerfyrddin ers i mi ddechrau gweithio i Ymddiriedolaeth Archaeolegol Dyfed yn 1981. Hwn, wedi'r cyfan, oedd un o gestyll 'anghof' Cymru. Er hynny, dim ond rhyw syniad niwlog oedd gennyf am faint yr oeddem yn ei wybod amdano mewn gwirionedd. Gwyddwn mai cyfyngedig iawn oedd yr archwiliadau archeolegol, yn arbennig o ran gwaith a fyddai'n tarfu ar y safle, ond nid oeddwn yn ymwybodol fod cyn lleied o astudiaethau dadansoddol wedi eu cyhoeddi ac na chynhaliwyd bron ddim ymchwil strwythuredig. Er bod hyn yn rhwystredig, roedd hefyd yn cynnig cyfle gwych – roedd y castell yn faes dieithr i raddau helaeth a daeth darganfyddiadau newydd i'r golwg yn sgil bron bob un elfen o'r prosiect diweddar. Datgelwyd y rhain yn bennaf trwy'r adeiladau sydd yn parhau i sefyll, astudiaethau topograffig a gwaith cloddio cyfyngedig, a oedd yn cael eu hystyried ochr yn ochr â ffynonellau gwreiddiol, yn ymwneud â datblygu'r safle, a mapiau a chynlluniau hynafol. Mae'r llyfr hwn yn disgrifio'r darganfyddiadau hynny a'r cwestiynau sy'n codi o'r darganfyddiadau; rwy'n gobeithio y bydd hefyd yn cynnig rhai o'r atebion, ac yn eu gosod yn eu cyd-destun.

O ran ei arddull, nid yw'n radical o gwbl. Yn wir, mae ei gynllun yn un traddodiadol i raddau. Trefnir canlyniadau'r gwaith diweddar fesul thema, wedi eu dosbarthu'n olynol yn bynciau sydd, yn fras, yn rhai hanesyddol, disgrifiadol, cymharol a churadurol. Gan mai hon yw'r astudiaeth systematig gyntaf o'r castell, a bod llawer ohoni'n deillio o waith ymchwil a dadansoddi gwreiddiol, ystyriwyd mai hwn fyddai'r dull gorau. Y gobaith yw, fodd bynnag, fod y syniadaeth sydd wrth wraidd y dadansoddiadau yn llai clwm wrth draddodiad. Bydd hunaniaeth gymdeithasol, gofynion gweinyddol, economeg faenorol a gwleidyddiaeth bri yn elfennau amlwg ar y tudalennau canlynol.

Efallai y bydd elfen o benderfyniaeth yn sleifio i mewn, ond yn gyfrwng polisi ymwybodol ar ran y Goron, pennwyd stori Castell Caerfyrddin o'r dechrau, i raddau; fel arfer neilltuwyd adnoddau digonol er mwyn sicrhau mai felly'r oedd. Roedd gwleidyddiaeth a rhyfel yn gyson amlwg – o'r cyfeiriadau hyn y datblygodd swyddogaeth weinyddol y castell ac, o ganlyniad, buont yn ddylanwad cyson ar ei ddatblygiad. Er hynny, fel y mae Charles Coulson yn ein hatgoffa, 'fortresses were only occasionally caught up in war, but constantly were central to the ordinary life of all classes: of the nobility and gentry, of widows and heiresses, of prelates and clergy, of peasantry and townspeople', a cheisiais gadw at yr egwyddor hon.[2] Ein prif gonsýrn oedd archaeoleg Castell Caerfyrddin, ei adeiladau a'i gynllun – beth oedd yr adeiladau hynny, sut yr oeddent yn gweithredu a sut y gwnaethant ddatblygu er mwyn ateb galwadau ei swyddogaethau gwahanol, a'i breswylwyr. Fodd bynnag, byddwn hefyd yn cyfarfod rhai o'r preswylwyr hynny, ac yn dadansoddi'r swyddogaethau hynny.

Cyflwynir y themâu mewn saith pennod:

- Rhagymadrodd yw pennod 1, sy'n cynnwys disgrifiad cyffredinol o'r safle, ei leoliad gweledol a'i berthynas ag anheddiad cynharach. Mae hefyd yn cynnwys cofnod cryno o'r gwaith archeolegol a wnaed o'r blaen.

- Trafodir hanes gwleidyddol, gweinyddol ac economaidd y castell canoloesol ym Mhennod 2. Fe'i rhennir yn bedair prif thema: gwreiddiau'r castell, arolwg byr o'i hanes milwrol a gwleidyddol, ei swyddogaeth fel canolfan gweinyddiad y Goron a llywodraeth yn ne-orllewin Cymru, a'i ymwneud â'i gefnwlad a'r tirwedd ehangach o'i gwmpas, gan gynnwys ffynonellau cyflenwadau a deunyddiau.

- Ceir disgrifiad o olion y castell sydd yn parhau i sefyll ym Mhennod 3, yn ogystal ag adroddiad manwl o'r archwiliadau archeolegol rhwng 1993 a 2006. Lle bo gwybodaeth am archwiliadau blaenorol yn hysbys fe drafodir y rheiny hefyd. Rhennir y safle'n bum adran, ac o fewn yr adrannau mae'r dystiolaeth, o bob cyfnod, wedi ei gyflwyno yn gronolegol.

- Trafodir canlyniadau'r gwaith archeolegol hwn ym Mhennod 4. Fe'u hasesir ochr yn ochr â deunyddiau o ffynonellau cyfoes a rhai diweddarach, gan gynnwys tystiolaeth o fapiau a phrintiadau hanesyddol er mwyn sefydlu, am y tro cyntaf, adluniad cynhwysfawr o gynllun a datblygiad y castell canoloesol, a'r dylanwadau ar ei ddatblygiad a ddeilliodd o'i wahanol swyddogaethau. Ystyrir hefyd ei drefniadaeth gymdeithasol, fel preswylfa.

- Disgrifiad a hanes y safle yn ystod y cyfnod ôl-ganoloesol a geir ym Mhennod 5. Ynddi ceisiais gofnodi datblygiad y castell drwy gyfnod pwysig o drawsnewid, na roddwyd fawr o sylw iddo cyn hyn. O gyfnod o ddirywiad a diffyg defnydd yn yr unfed ganrif ar bymtheg, a chael gwared arno ar ddechrau'r ail ganrif ar bymtheg, cafodd ei ailddefnyddio yn ystod y Rhyfel Cartref ond awgrymir iddo gael ei ddinistrio yn y pen draw, o bosib yn 1660. Edrychir ar gynllun y safle yn ystod y cyfnod y'i defnyddiwyd wedyn fel carchar sirol. Trafodir carchardai newydd y ddeunawfed ganrif a'r bedwaredd ganrif ar bymtheg, ynghyd â'r dystiolaeth a geir o'r gwahanol ddefnydd a wnaed o weddill y safle. Daw'r bennod i ben gyda disgrifiad byr o Neuadd y Sir heddiw.

- Ym Mhennod 6 disgrifir a thrafodir y darganfyddiadau stratigraffig a'r arteffactau a adferwyd yn ystod y gwaith diweddar.

- Crynodeb a chasgliad yw Pennod 7. Adolygir safle Castell Caerfyrddin yn hanes datblygiad cestyll Prydain ac ym maes ehangach astudiaethau cestyll. Asesir ei arwyddocâd diwylliannol a'r posibiliadau archeolegol sy'n dal i aros.

- Mae'r Atodiad yn cynnwys trawsgrifiadau o gofnodion adeiladu sydd wedi goroesi, mewn perthynas â datblygiad adeileddol y castell.

HANESYDDIAETH

Mae prinder cymharol y gweithiau a gyhoeddwyd yn destun syndod o ystyried pwysigrwydd blaenorol Castell Caerfyrddin a'i leoliad canolog – a'i hynafedd – yn un o'r rhanbarthau yng Nghymru sydd yn fwyaf llawn o gestyll. Prin oedd y sylw a dderbyniodd gan ysgolheigion o deithwyr fel Syr Richard Colt Hoare a Richard Fenton ar ddechrau'r bedwaredd ganrif ar bymtheg, ac ni chafodd sylw o gwbl gan yr arbenigwyr cestyll yn Oes Victoria fel G. T.

Clark. Mae'n debyg nad oedd ei agwedd gyffredin, 'bob dydd' – wedi'i guddio i raddau helaeth gan dai ac wedi'i ddefnyddio fel carchar – yn ddeniadol i Ramantwyr synhwyrus y cyfnod; ni allai gystadlu â chestyll fel Carreg Cennen, Cydweli a Llansteffan. Ond yn sicr nid dyma'r unig reswm. Cyfyngodd yr arloeswr ym maes astudiaethau cestyll, Ella Armitage, ei sylw i'r castell ar ddechrau'r ugeinfed ganrif i ddau nodyn byr yn unig,³ ac ychydig iawn oedd gan rai tebyg i Allen Brown, Douglas Simpson a Cathcart King i'w ddweud am y safle yn ddiweddarach yn y ganrif; pan oeddent yn sôn amdano, gallai hynny fod mewn modd digon coeglyd.⁴ Mae'n rhaid mai ei natur ddarniog oedd yn rhannol gyfrifol am hynny, ond gellid bod wedi disgwyl mwy o ddiddordeb o safbwynt arwyddocâd hanesyddol y castell.

Ni cheisiwyd llunio cofnod cynhwysfawr o'r safle, nac unrhyw astudiaeth wirioneddol o'i ddatblygiad, ei gynllun a'i adeiladau yn yr Oesoedd Canol. Mae'r hyn sydd ar gael wedi ei wasgaru ymhlith nifer fawr o gyhoeddiadau, yn aml yn ddisgrifiadau byr, yn drawsgrifiadau cryno neu yn nodiadau cryno yn manylu ynghylch rhyw agwedd neu ddogfen benodol. Mae hyn yn fwy o syndod fyth o ystyried bod y deunydd o ffynonellau cynradd ar gyfer y cyfnod canoloesol wedi ei gyhoeddi yn helaeth. Fel eiddo'r Goron, mae Castell Caerfyrddin yn ymddangos yn holl drawsgrifiadau gweinyddiaeth y Goron – y Rholiau Siecr, y Rholiau Patent, y Rholiau Clos ac ati – tra bod Edward Lewis wedi trawsgrifio swmp sylweddol o ddogfennau a gyhoeddwyd gan Francis Green yn 1913–14 (gweler Penodau 2 a 4). Ychydig iawn o ddeunydd llawysgrifol newydd a ddaeth i'r golwg yn ystod yr astudiaeth, ond roedd nifer o ddogfennau yn yr Archif Genedlaethol (TNA: PRO) nas cyhoeddwyd o'r blaen, gan gynnwys nifer o arolygon gwerthfawr a chofnodion adeiladu, tra bod rhai cofnodion mewn llyfrau nodiadau a chylchgronau wedi dod i'r golwg.

Ceir disgrifiadau byr yn Rhestr Eiddo'r Comisiwn Brenhinol,⁵ yn *Castellarium Anglicanum*⁶ Cathcart King ac yn yr *History of the King's Works* lle crynhoir y deunyddiau ffynhonnell.⁷ Caiff y castell le amlwg yn *History of Carmarthenshire* Syr J. E. Lloyd, ac mae'n sail i gofnod diffiniol yr Athro Ralph Griffiths o beirianwaith llywodraeth frenhinol yn ne Cymru ar ddiwedd yr Oesoedd Canol.⁸ Mae nifer o astudiaethau wedi eu cyhoeddi am *dref* ganoloesol Caerfyrddin hefyd yn disgrifio amlinelliad o'r castell. Y pennaf o'r rhain yw'r arolwg cynhwysfawr a gynhaliodd Terry James o YAD, arolwg hanesyddol yr Athro Griffiths a chrynodeb buddiol, sy'n cynnwys llawer o syniadaeth ddiweddar, gan Heather James o YAD.⁹

Prin braidd yw'r cofnodion hynafiaethol, ond roedd cofnodion byr yn gysylltiedig â'r castell a'r carchar yn elfen gyson yn *TCASFC*, y cylchgrawn hynafiaethol lleol. Fel arall esgeuluswyd hanes ôl-ganoloesol y safle yn yr un modd, a than amser cyhoeddi hanes cymdeithasol Richard Ireland, ni ysgrifennwyd fawr ddim mwy am garchar y sir.¹⁰ Yn yr un modd, ni chyhoeddwyd llawer o'r deunydd gwreiddiol sy'n gysylltiedig â datblygiad y safle yn ystod y cyfnod hwn, yn ddeunydd yn bennaf mewn dogfennau, mapiau a chynlluniau sydd yn cael ei gadw gan Wasanaeth Archifau Caerfyrddin yn SCG, ac yn LlGC.

Rhestrir ffynonellau gwreiddiol ar ddechrau pob pennod, ynghyd ag arolwg o'r ffynonellau eilradd perthnasol a chrynodeb o'r ymchwil newydd. Ym Mhenodau 4 a 5, fe'u hasesir ochr yn ochr â'r dystiolaeth archaeolegol er mwyn cofnodi datblygiad y castell. Eiddo'r awdur yw'r holl ddadansoddiadau, y casgliadau – a'r camgymeriadau – sy'n dilyn.

LLEOLIAD, SEFYLLFA AC ANHEDDIAD CYNNAR

Saif Castell Caerfyrddin (NGR SN 413 199) 20 m uwch lefel y môr, ar gopa clogwyn lle mae llethr serth yn dirwyn am i lawr i gyfeiriad y de tuag at yr Afon Tywi. Mae'r afon yn llifo i mewn i Fôr Hafren 17 km i'r de-orllewin. Saif y castell ar bwynt pontio isaf yr afon, a 3.5 km i lawr yr afon o'i derfyn llanw.

Y safle gweledol (Ffigur 2)

Mae Afon Tywi'n dolennu drwy orlifdir llydan sy'n ymestyn i'r de-orllewin dros 50 km, o Lanymddyfri i aber llydan Llansteffan. Gan ei fod yn profi llifogydd o bryd i'w gilydd, mae ei bridd llifwaddodol yn ei wneud yn un o'r ardaloedd mwyaf ffrwythlon yn sir Gaerfyrddin, ac ymddengys i'r afon ddolennu'n sefydlog dros y canrifoedd rhwng Caerfyrddin a Llandeilo lle gellir gweld olion o rwn a rhych. Er hynny parhaodd ei godreon a'i chefnwlad o lethrau serth i fod yn goediog iawn hyd ddiwedd y cyfnod canolocsol.

Bu Dyffryn Tywi yn un o'r prif goridorau taith drwy dde Cymru ers blynyddoedd maith, a hynny dros ddŵr a thir. Gorwedd rhwng yr arfordir a thir uwch *massif* canolbarth Cymru ac mae'n rhaid i bob ffordd dros y tir drwy dde Cymru fynd drwy Gaerfyrddin hyd heddiw. Coridor yr A40, sy'n dirwyn ar hyd y ffin rhwng gorlifdir y Tywi a'r tir sy'n codi i'r gogledd, oedd trywydd y brif ffordd Rufeinig drwy'r ardal a gall fod yn barhad o lwybr llawer iawn cynharach. Roedd y llwybr diweddarach, a adnabuwyd fel 'The High Road' yn y ddeunawfed ganrif yn dilyn yr un trywydd fwy neu lai.[11] Fodd bynnag, defnyddiwyd llwybr mwy deheuol hefyd, ar fferi dros aberoedd y Tywi a'r Tâf rhwng Glanyfferi a Thalacharn, yn ystod y cyfnod canoloesol ac y mae Gerallt Gymro'n ei ddisgrifio.[12]

Saif Caerfyrddin rhwng cymer y Tywi â dau o'i hisafonydd, sef Nant Tawelan, 1 km i'r gorllewin a'r Afon Gwili, 1.8 km i'r dwyrain (Ffigur 2). Ceir tystiolaeth o'r ddaeareg solet ar ffurf sialau Ordoficaidd yn perthyn i'r system Arenig, o dan ddyddodiad drifft o glog-glai rhewlifol anhyblyg.[13] Mae gweithgarwch ffrwd-rewlifol wedi ffurfio teras graean gorchuddiol rhwng y Gwili a'r Tywi. Mae'r teras, sydd wedi'i ddiffinio'n glir, yn lledu allan i'r de-orllewin ar ffurf cefnen hir, isel sy'n gorwedd rhwng 15 m ac 20 m uwch lefel y môr. Mae'n 200 m ar draws ar gyfartaledd, a daw i ben ar y clogwyn lle saif y castell. Mae'n ffurfio cefnen tref hanesyddol Caerfyrddin, ac roedd yn ddewis naturiol ar gyfer amddiffyn a phreswylio anheddu.

Arferai nant y Wynveth, sydd bellach wedi'i sianelu, redeg ar hyd ymyl gogledd-orllewinol y teras, gan lifo i mewn i'r Tywi i ffurfio gwahanfur naturiol o gwmpas ochrau gogleddol a gorllewinol y dref. I'r gogledd o'r dref, roedd yn llifo drwy fasn naturiol oedd gynt yn ddarn sylweddol o dir corsiog. Ei enw yn y cyfnod canoloesol oedd 'The Gors(e)',[14] ac yn ddiweddarach fe'i adnabuwyd fel 'the Wide Ocean' neu 'the Wilderness',[15] a pharhaodd yn gorstir, yn frith o glystyrau helyg, hyd nes ei ddraenio ar ddechrau'r bedwaredd ganrif ar bymtheg. Yn ogystal â hynny rhedai nant, sydd hefyd wedi'i sianelu erbyn hyn, i mewn i'r Tywi o Gwmoernant, 1 km i'r gogledd-ddwyrain o'r dref.

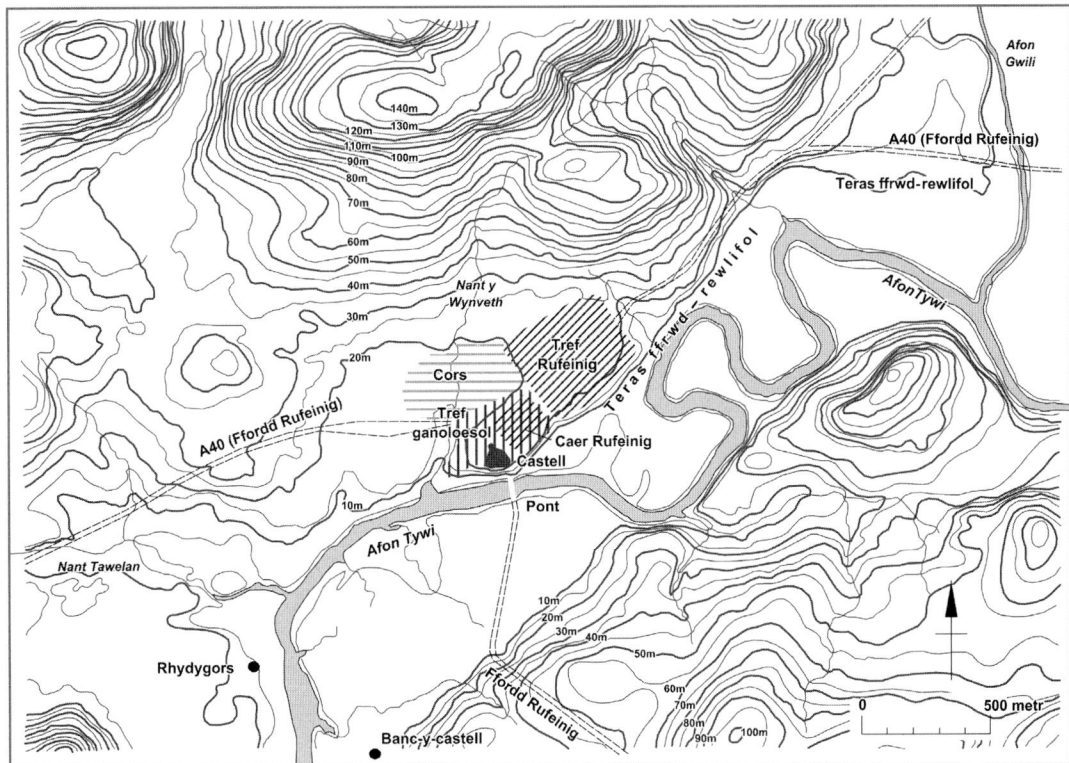

Ffigur 2 Map lleoliad y safle yn dangos y topograffi

Preswylfa barhaus: o Gaerfyrddin yng nghyfnod y Rhufeiniaid i'r Oesoedd Canol
(Ffigurau 2 a 3)

Bu pobl yn byw yng Nghaerfyrddin, efallai nid yn barhaus, ers y ganrif gyntaf OC. Roedd y Rhufeiniaid yn gwerthfawrogi ei leoliad strategol ac aethant ati i sefydlu caer yno *c*. OC 75.[16] Fel y castell, fe'i lleolwyd ar y teras graean, er mwyn rheoli'r llwybr o'r gogledd i'r de lle yr oedd yn croesi'r Afon Tywi, a'r brif ffordd Rufeinig rhwng y dwyrain a'r gorllewin (Ffigur 2). Defnyddir y ddwy ffordd hyd y dydd heddiw. Ar ben hynny, roedd modd mordwyo ar hyd y Tywi cyn belled â'r bont, gan alluogi cysylltiadau dros y môr. Efallai fod y bont Rufeinig wedi'i lleoli ar yr un safle â'i holynwyr canoloesol a chyfoes, ond yn hytrach na'r clogwyn lle saif y castell, dewiswyd y tir gwastad yn union i'r gogledd-ddwyrain ar gyfer y gaer.

Roedd y gaer wedi cael ei gadael erbyn dechrau'r ganrif gyntaf, ond daeth tref i gymryd ei lle. Roedd hon hefyd wedi'i lleoli ar y teras graean, yn union i'r gogledd-ddwyrain o'r gaer ac o bobtu i Heol y Prior heddiw. Fel y gaer, fe'i galwyd yn *Moridunum*, hynny yw 'caer fôr', ac yn ddiweddarach fe'i ffurfiolwyd yn brifddinas *civitas* de-orllewin Cymru.[17] Codwyd amddiffynfeydd o goed o'i chwmpas, fwyaf tebyg tua diwedd yr ail neu ar ddechrau'r drydedd ganrif, a chawsant eu hailfodelu mewn carreg yn y drydedd neu'r bedwaredd ganrif.[18] Parhaodd y rhagfuriau i sefyll mor ddiweddar â'r ail ganrif ar bymtheg,

8 CASTELL CAERFYRDDIN

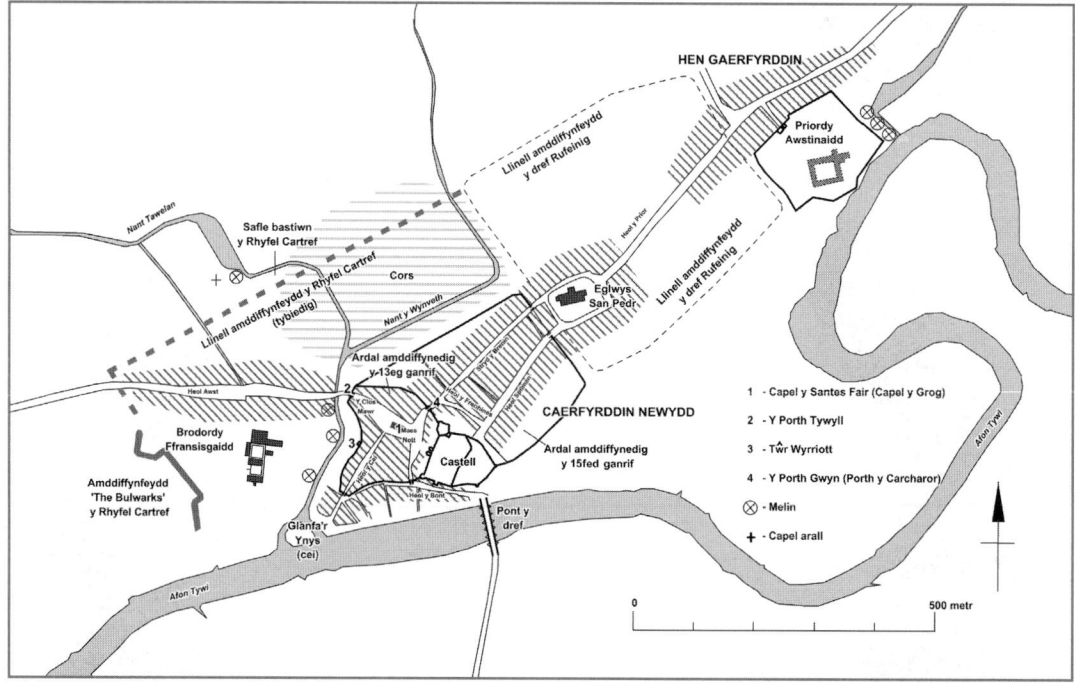

Ffigur 3 Cynllun o'r castell a'r dref yn dangos yr isadeiledd Rhufeinig, muriau tref yr 'Hen' Gaerfyrddin a'r 'Newydd', eglwysi a chapeli ac amddiffynfeydd y Rhyfel Cartref

pryd y gallant fod wedi cael eu hymgorffori yn amddiffynfeydd y dref yn ystod y Rhyfel Cartref (Ffigur 3; gweler Pennod 5), ac maent yn dal i gael eu diffinio gan y strydoedd modern. Ysbeiliwyd llawer o'u harwynebau gwaith maen yn ystod y cyfnod canoloesol, ond mae dogfen sy'n dyddio o 1356 yn cyfeirio at 'fur' yr *Hen* Gaerfyrddin.[19]

Cefnwyd ar y dref yn y bumed ganrif.[20] Ar ôl hynny sefydlwyd tŷ mynachaidd yn union i'r dwyrain, a chafodd ei aildrefnu yn briordy Awstinaidd Eingl-Normanaidd yn ddiweddarach (Ffigur 3).[21] Efallai fod ei enw, 'Llandeulyddog', yn cynnwys amrywiad o'r enw Teilo, ac mae awgrym fod y dref Rufeinig a gefnwyd arni wedi ei chyflwyno i Sant Teilo yn y chweched ganrif fel canolfan esgobol;[22] yn sicr roedd mynachlog yno erbyn yr wythfed ganrif. Ni wyddys am unrhyw anheddiad seciwlar cyfoes ar hyn o bryd, ond adnabuwyd yr ardal fel 'Hen Gaerfyrddin' yn ystod y cyfnod canoloesol, pan oedd yn Frodoraeth, dan reolaeth y priordy ac yn annibynnol ar y dref Eingl-Normanaidd a ddatblygodd o gwmpas y castell.[23]

Felly, roedd dwy dref ganoloesol, ar wahân yn gyfansoddiadol, yn bodoli yng Nghaerfyrddin. Roedd y fwrdeistref Eingl-Normanaidd yn drefedigaeth fwriadol, a sefydlwyd wrth borth y castell rhwng 1106 ac 1116, ac fe'i galwyd yn Gaerfyrddin Newydd er mwyn gwahaniaethu rhyngddi â'r Hen Gaerfyrddin. Roedd y ddwy dref yn wahanol yn weledol, yn gyfreithiol ac o ran cenedl. Y castell, a'r farchnad y tu allan i'w brif borth, oedd canolbwynt yr anheddiad newydd a ddatblygodd i gyfeiriad y cei, hwnnw hefyd wedi ei sefydlu yn gynnar. Daeth Caerfyrddin yn borthladd pwysig a datblygodd yn gyflym yn y

Ffigur 4 Ffotograff a dynnwyd o'r awyr o ochr orllewinol y castell, o'r gogledd, a dynnwyd yn 2005. Gellir gweld yr holl waith maen sydd wedi goroesi (©Hawlfraint y Goron: Comisiwn Brenhinol Henebion Cymru, CBHC AP 2005/0825)

drydedd ganrif ar ddeg. Yn wreiddiol roedd yn gaerog yn nyddiau cynnar y drydedd ganrif ar ddeg, ond erbyn dechrau'r bymthegfed ganrif roedd yr ardal oedd yn cael ei amddiffyn wedi tyfu nes ei fod dros ddwywaith ei faint (Ffigur 3).

DISGRIFIAD RHAGARWEINIOL (Ffigur 5)

Roedd Caerfyrddin, a gynhwysai fwnt a dau feili, ac a arferai ymestyn dros ardal o bron i 1.4 hectar, yn un o'r cestyll mwyaf yng Nghymru.[24] Wedi ei sefydlu yn wreiddiol fel castell pridd a choed *c*.1106, profodd gyfnodau dan reolaeth y Cymry yn ystod brwydrau'r ddeuddegfed ganrif a dechrau'r drydedd ganrif ar ddeg. Efallai i beth gwaith ailadeiladu mewn carreg ddechrau yn ystod y ddeuddegfed ganrif, ond parhaodd yn adeilad o goed i raddau helaeth hyd nes yr 1220au–1230au ac mae ffynonellau o ganol y drydedd ganrif ar ddeg ymlaen yn cyfeirio'n gyson at 'bum tŵr' y castell, gan gyfeirio fwyaf tebyg at y cwrt mewnol. Roedd y canol yn orlawn o adeiladau, hyd yn oed yn ôl safonau'r cyfnod. Mae'r cofnodion

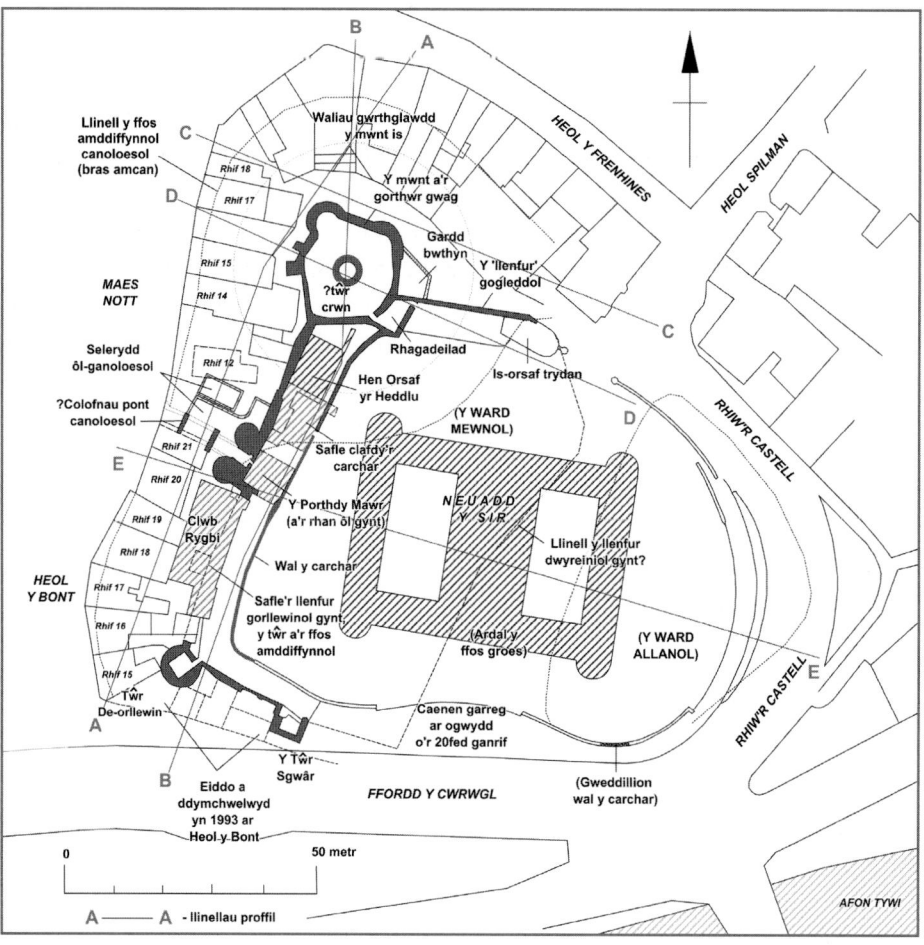

Ffigur 5 Cynllun cyffredinol safle'r castell yn dangos yr olion sydd wedi goroesi

yn cyfeirio at 'King's Hall' a 'King's Chamber', lletty ar gyfer marchogion ac ysweiniaid, ac ystafell ar gyfer y frenhines. Ar ben hynny roedd adeiladau ar gyfer y llywodraeth a ddatblygwyd ar ddechrau'r bedwaredd ganrif ar ddeg er mwyn cynnwys cyfadeiladau helaeth ar gyfer y swyddogion brenhinol a'u llysoedd – llys, trysorlys a lletty ar gyfer y prif ustus a siambrlen de Cymru. Ar ben hynny roedd nifer o geginau, o leiaf dau gapel a thair stabl – yn ogystal â'r adeiladau mwy cyffredin na chyfeirir atynt o gwbl yn y cofnodion.

Fodd bynnag, dim ond darnau sydd wedi goroesi ar yr wyneb (Ffigur 5). Mae dros 75 y cant o'r safle bellach yn gorwedd o dan Neuadd y Sir a'i maes parcio; cyfyngir yr olion sydd yn parhau i sefyll, sydd yn rhan o amddiffynfeydd gwaith maen y cwrt mewnol a'r mwnt, i'r ochrau gorllewinol, gogledd-orllewinol a'r de-orllewinol. Mae'r gwrthgloddiau oddi tanodd hefyd naill ai wedi eu symud, wedi adeiladu drostynt neu wedi cael eu cuddio fel arall. Hefyd mae cyfran sylweddol o'r safle, ar hyd ei ochrau dwyreiniol a deheuol, wedi diflannu oherwydd gwaith lledu ffyrdd. Er hynny, mae wedi'i ddiffinio'n eglur o hyd, ac y mae'r ffyrdd a'r ffiniau cyfoes yn ei ddilyn. Ac yn ogystal â'r gwaith maen canoloesol, mae ffabrig wedi goroesi o'r carchar sy'n dyddio o ddiwedd y ddeunawfed ganrif/y bedwaredd ganrif ar bymtheg.

Y castell canoloesol

Roedd y castell canoloesol[25] yn cynnwys cwrt mewnol i'r gorllewin a chwrt allanol i'r dwyrain a wahanwyd gan ffos groes sy'n rhedeg o dan Neuadd y Sir a'i maes parcio. Mae'r mwnt wedi goroesi hyd heddiw, ar gornel gogledd-orllewinol yr hen gwrt mewnol, ond symudwyd ei bedrant de-ddwyreiniol yn ddiweddarach a gwnaed newidiadau pellach yn ystod y cyfnod ôl-ganoloesol. Mae gweddillion gorthwr gwag o waith maen, sy'n dyddio'n wreiddiol o ddiwedd y ddeuddegfed ganrif neu ddechrau'r drydedd ganrif ar ddeg ond a ailadeiladwyd yn sylweddol yn ystod y ddeunawfed ganrif a'r bedwaredd ganrif ar bymtheg, yn ei ragfurio'n rhannol o hyd. Datgelwyd sylfeini ar gyfer adeiladau mewnol, a thŵr crwn hanner coediog o bosibl, yn ystod gwaith cloddio oddi mewn.

Diffinnir ochrau gogleddol a gorllewinol y cwrt mewnol gan furiau uchel o waith maen o hyd a gall y rhain fod yn arwydd o linell y llenfur canoloesol. Llenwyd y ffos allanol, ond gellir dilyn ei chyfeiriad o hyd ym Maes Nott a Heol y Bont, tra bo Heol y Frenhines yn dilyn trywydd ffos y mwnt. Mae'r llethr sgarp serth i lawr at y Tywi'n parhau i ddiffinio ymyl deheuol y safle, ond mae'r llen ddeheuol canoloesol wedi mynd.

Daeth yr ochr ddeheuol i'r golwg yn gyfan gwbl am y tro cyntaf ers 250 mlynedd pan ddymchwelwyd tai adfeiliedig yn Heol y Bont yn 1992–3. Sylwyd fod y llen ddeheuol wedi'i disodli gan fur gwrthglawdd ôl-ganoloesol a gysylltai dau dŵr canoloesol, sef y Tŵr De-orllewinol a'r Tŵr Sgwâr. Mae'r naill yn dŵr drwm sbardunog sylweddol o'r drydedd ganrif ar ddeg, sy'n cynnwys tri llawr o leiaf, yng nghongl dde-orllewinol yr hen gwrt mewnol. Mae'r Tŵr Sgwâr bellach yn cynnwys un llawr un unig, ond mae'n debyg ei fod yn uwch ar un adeg ac mae'n dyddio o'r Oesoedd Canol diweddar. Effeithiwyd yn fawr ar y ddau dŵr oherwydd ymestyn yr adeiladau domestig yn ystod y cyfnod ôl-ganoloesol.

Cliriwyd ambell eiddo domestig dethol hefyd o flaen y Porthdy Mawr yn 2001–2, gan wella'r golygfeydd ohono o'r dref. Dyma brif fynedfa'r castell, yn cysylltu'r cwrt mewnol â'r dref, ond arferai ail borth ym mhen de-orllewinol Heol Spilman arwain i mewn i'r cwrt allanol. Mae'r Porthdy Mawr yn adeilad cymhleth â dau dŵr, ond dim ond yr hanner blaen sydd wedi goroesi. Fe'i adeiladwyd yn 1409–11, ond gall gynnwys olion porthdy cynharach. Daeth olion posibl pont ganoloesol i'r golwg yn dilyn gwaith cloddio yn union i'r gorllewin yn 2003.

Mae'r holl adeiladau mewnol, gan gynnwys llen ddwyreiniol y cwrt mewnol, wedi mynd. Fodd bynnag, datgloddiwyd olion adeiladau domestig o waith maen gan YAD yn 1980 yng nghornel de-orllewinol y cwrt mewnol ac mae'n bosibl fod mwy wedi goroesi o dan faes parcio Neuadd y Sir. Ni ddatgelwyd unrhyw adeiladau na dyddodion yn gysylltiedig â'r cwrt allanol, tra bo'r rhan fwyaf o'r llen allanol wedi'i dynnu oddi yno oherwydd y gwaith lledu ffyrdd a grybwyllwyd uchod.

Olion ôl-ganoloesol

Yn dilyn pasio'r Ddeddf Uno yn 1536 diflannodd pwysigrwydd gweinyddol y castell i raddau helaeth ac ildiwyd perchnogaeth uniongyrchol y Goron ar ddechrau'r ail ganrif ar bymtheg. Er ei fod yn ganolog i'r broses o amddiffyn Caerfyrddin yn ystod Rhyfeloedd Cartref 1642–8, ymddengys iddo gael ei ddinistrio'n fwriadol ac yn wir nid yw'r ysgythriadau gan Buck yn yr 1740au yn dangos fawr mwy o ffabrig na'r hyn sydd i'w weld heddiw (Ffigurau 126 a 127).

Parhawyd i ddefnyddio'r olion fel carchar er hynny. Cyfyngwyd hyn yn bennaf i'r adeiladau canoloesol a oroesodd hyd nes i John Nash adeiladu carchar sirol newydd ar y safle yn 1789–92.[26] Ymhlith cynlluniau mwy nodedig Nash roedd Pafiliwn Brighton a gwaith ym Mhalas Buckingham. Fel ei ragflaenydd, cyfyngwyd carchar Nash i ran gogleddorllewinol safle'r castell, hynny yw hanner gogleddol yr hen gwrt mewnol; gardd oedd yr hanner deheuol. Yn 1868–72, ysgubwyd carchar Nash i'r neilltu i raddau helaeth pan estynnwyd y carchar i gynnwys holl safle'r castell, gan ddileu'r olion olaf o'r rhaniad rhwng y cyrtiau mewnol ac allanol. Dymchwelwyd y carchar yn yr 1930au er mwyn gwneud lle i'r neuadd sir bresennol a gynlluniwyd gan Syr Percy Thomas a'i chwblhau yn yr 1950au.

Mae gwahanol elfennau o'r carchar wedi goroesi hyd heddiw gan gynnwys rhan o fur clafdy Nash. Mae hwn wedi'i 'ffosileiddio', ynghyd â mwy o furiau o gyfnod Nash, yn wal derfyn 1868–72 ac mae rhan ohono wedi goroesi ar ochr orllewinol y safle lle mae'n gwahanu olion y castell a maes parcio Neuadd y Sir. Ni wnaed fawr ddim newidiadau i hen orsaf heddlu'r sir (neu 'Castle House'), a saif rhwng y ddau, ers ei adeiladu yn yr 1880au.

Mae gweithgarwch domestig ôl-ganoloesol o gwmpas cyrion y safle wedi cael effaith sylweddol ar ffabrig y castell, yn arbennig ar y mwnt ac, fel y crybwyllwyd, ar Dŵr y De-orllewin a'r Tŵr Sgwâr. Yn ogystal â hynny, datgelodd y cloddiad yn 2003 dair seler yn dyddio o'r bedwaredd ganrif ar bymtheg oddi mewn i ffos y castell.

Gwaith archaeolegol blaenorol

Ni chynhaliwyd unrhyw arolwg systematig o'r olion sydd yn parhau i sefyll cyn 1993 a chydag un eithriad, ni wnaed unrhyw waith mewnwthiol strwythuredig.[27] Mae rhai adroddiadau, o ddiwedd y bedwaredd ganrif ar bymtheg, ynghylch nodweddion a darganfyddiadau a ddatgelwyd wrth wneud sylfeini ar gyfer y carchar,[28] ond mae'r rhain yn aml yn gwrthddweud ei gilydd ac yn anodd eu datrys. Cwympodd rhan o'r mur gorthwr gwag yn 1913 gan ddatgelu trawstoriad o'r mwnt; cofnodwyd hyn a chafwyd adroddiadau amdano ar dudalennau *TCASFC*.[29] Digwyddodd gwaith sylfeini tipyn mwy mewnwthiol – adeiladu Rhiw'r Castell yn 1936–7 a Ffordd y Cwrwg yn 1963–4 a Neuadd y Sir ei hun – heb unrhyw gofnodi archaeolegol.

Newidiodd y sefyllfa yn 1975 pan sefydlwyd uned archeolegol ranbarthol, broffesiynol sef Ymddiriedolaeth Archeolegol Dyfed. Un o flaenoriaethau cyntaf yr ymddiriedolaeth oedd gwneud archwiliad manwl gywir o'r adnodd hanesyddol o fewn tref Caerfyrddin, ac yn dilyn hyn cyhoeddwyd *Carmarthen Survey* gan Terry James yn 1980 lle pwysleisiwyd pwysigrwydd y castell.[30] Yn ystod yr un flwyddyn gwnaed y cloddio rheoledig cyntaf yn y castell a grybwyllwyd uchod. Gwnaed cofnod ffotograffig o du allan i'r Porthdy Mawr yn 1984, unwaith eto gan YAD. Atgyfnerthwyd y gorthwr gwag a'i ail-bwyntio yn yr 1980au, ac ailadeiladwyd rhan o'r gorthwr gwag ar ddechrau'r 1990au; dim ond cofnodi archaeolegol ad hoc a gafwyd ar y ddau achlysur, a hynny gan Terry James o YAD. Ni chafodd posibiliadau llawn y safle eu hasesu'n gyflawn hyd yma gan mai dim ond ambell ran fechan sydd wedi ei samplo tra bod angen archwilio'r dyddodion o dan faes parcio Neuadd y Sir o hyd. Mae Pennod 3 yn cynnwys arolwg o'r holl waith archeolegol blaenorol y gwn i amdano.

NODIADAU

1   Ariannwyd Rhan 1 y gwaith hwn, a wnaed rhwng 1993 a 1995, ar y cyd gan Gyngor Sir Dyfed a Cadw: Henebion Cymreig. Derbyniodd Rhan 2, a gynhaliwyd rhwng 1995 ac 1996, Grant Datblygu Rhanbarthol oddi wrth y Gymuned Ewropeaidd, cymorth grant oddi wrth Cadw, ac arian oddi wrth Gyngor Sir Dyfed a Chyngor Sir Gaerfyrddin. Cynhaliwyd Rhan 3 rhwng 2001 a 2003, ac fe'i ariannwyd gan Gronfa Dreftadaeth y Loteri, Cadw a Chyngor Sir Caerfyrddin.

2   C. Coulson, *Castles in Medieval Society: Fortresses in England, France and Ireland in the Central Middle Ages* (OUP, 2003), tt. 1–2.

3   E. Armitage, 'Carmarthen Castle', *TCASFC*, 2 (1907), 196–7 a *TCASFC*, 3 (1908), 14–15.

4   Gweler, er enghraifft, D. J. C. King, 'Carmarthen Castle', llyfrau nodiadau maes heb eu cyhoeddi a ddelir yn llyfrgell y Society of Antiquaries of London, Burlington House, Piccadilly, 1 (1949), 19–20, a 2 (1950), 53.

5   CBHC, *Inventory of Ancient Monuments V: County of Carmarthen* (Llundain: LlEM, 1917), tt. 249–52.

6   D. J. C. King, *Castellarium Anglicanum* (New York: Kraus International, 1983), t. 54.

7   H. M. Colvin (gol.), *A History of the King's Works 2, The Middle Ages* (Llundain: LlEM, 1963), tt. 600–1.

8   J. E. Lloyd (gol.), *A History of Carmarthenshire*, 1 (Llundain: London Carmarthenshire Society, 1935); R. A. Griffiths, *The Principality of Wales in the Later Middle Ages: The Structure and Personnel of Government, 1. South Wales 1277–1536* (Caerdydd: GPC, 1972).

9   T. James, *Carmarthen: An Archaeological and Topographical Survey* (Caerfyrddin: CAS Monograph 2, 1980) (mae hwn yn un o'r astudiaethau archeolegol gorau o dref fechan Brydeinig); R. A. Griffiths, 'Carmarthen', yn R. A. Griffiths (gol.), *Boroughs of Mediaeval Wales* (Caerdydd: GPC, 1978), tt. 130–63; H. James, 'Carmarthen', yn E. P. Dennison (gol.), *Conservation and Change in Historic Towns* (Adroddiad Ymchwil CAB 122, 1999), tt. 158–68.

10   R. W. Ireland, '*A Want of Order and Good Discipline*': *Rules, Discretion and the Victorian Prison* (Cardiff: GPC, 2007). Ymddangosodd disgrifiad bras o garchar John Nash, a chynllun hefyd, yn R. Suggett, *John Nash, Architect in Wales* (Aberystwyth: CBHC/LlGC, 1995), tt. 25–30.

11   A. H. T. Lewis, 'The early effects of Carmarthenshire's turnpike trusts', *Carms. Hist.*, 4 (1967), 41.

12   L. Thorpe (gol.), *Gerald of Wales: The Journey through Wales/The Description of Wales* (Harmandsworth: Penguin, 1978), t. 138.

13   A. Strahan, T. C. Cantrill, E. Dixon ac H. H. Thomas, *The Geology of the South Wales Coalfield, Part X: The Country around Carmarthen* (Llundain: Memoirs of the Geological Survey, 1909), t. 229.

14   James, *Carmarthen Survey*, t. 42

15   W. Spurrell, *Carmarthen and its Neighbourhood* (Caerfyrddin: Spurrell and Co., 1879), t. 103.

16   H. James, *Roman Carmarthen: Excavations 1978–1993* (Llundain: Britannia Monograph Series 20, 2003), t. 29.

17   Ibid., t. 21.

18   Ibid., t. 196.

19   Lloyd, *History of Carmarthenshire*, t. 317, o Crown Pleas, 29 Ed. III.

20   Darganfuwyd ffos fawr siâp V wrth gloddio ym mhen de-orllewinol Heol Spilman yn ddiweddar a chafwyd dyddiad radiocarbon o'r bumed ganrif ohoni (James, *Roman Carmarthen*, t. 40). Mae hyn yn awgrymu y gallai lloc ffosog, yn dyddio o ddiwedd cyfnod y Rhufeiniaid neu ar ôl hynny, fod wedi'i leoli yn y man a ddewiswyd yn ddiweddarach ar gyfer tref a chastell Eingl-Normanaidd.

21   T. James, 'Excavations at the Augustinian priory of St John and St Teulyddog, Carmarthen, 1979', *Archaeologia Cambrensis*, 134 (1985), 120–61.

22   J. W. Evans, 'Aspects of the early church in Carmarthenshire', yn H. James (gol.), *Sir Gâr: Studies in Carmarthenshire History* (Caerfyrddin: CHSG, 1991), tt. 246–7, 251.

23   Cyfeirir at Hen Gaerfyrddin am y tro cyntaf yn 1180–4, pan gadarnhawyd cyflwyno grant ynghynt yn y ddeuddegfed ganrif i 'old city of Carmarthen, with all its appurtenances', i'r prior (J. R. Daniel-Tyssen (gol.), *Royal Charters and Historic Documents relating to the Town and County of Carmarthen* (Caerfyrddin: William Spurrell,1878), t. 4.

24   Roedd cyfanswm arwynebedd y castell canoloesol, gan gynnwys ffosydd a chloddiau, tua 13,380 m². Arferai'r man caerog fod tua 8,524 m² o ran maint, ac mae tua 7,290 m² wedi goroesi.

25   Rhif Cofnod Gwreiddiol (PRN) 57 yn y Cofnod Amgylchedd Hanesyddol (CAH) rhan-barthol ar gyfer sir Gaerfyrddin, Ceredigion a sir Benfro (curadwyd gan YAD); Rhif Cofnod Gwreiddiol Cenedlaethol (NPRN) 95084 yn y Cofnod Henebion Cenedlaethol (CHC) a guradwyd gan Gomisiwn Brenhinol Henebion Cymru.

26   NPRN 100074; dim PRN YAD cyffredinol.

27   Disgrifiodd David Cathcart King yr olion hynny y gallai eu cyrraedd – y gorthwr gwag, y llenfuriau a'r porthdy – yn ei lyfrau nodiadau heb ei gyhoeddi (King, 'Carmarthen Castle', 1949 ac 1950).

28   Er enghraifft, J. F. Jones, 'Carmarthen "mount"', *Carms. Antiq.*, 5 (1963), 188.

29   W. L. Morgan a W. Spurrell, 'Carmarthen Castle mount', *TCASFC*, 10 (1915), 61–2.

30   James, *Carmarthen Survey*, tt. 26, 35–6.

PENNOD DAU

CASTELL CAERFYRDDIN A'I LE YNG NGHYMRU'R OESOEDD CANOL

SEFYDLIAD PWRPASOL gan Frenin Harri I oedd Castell Caerfyrddin, canolfan lle gellid creu a chynllunio tiriogaeth Eingl-Normanaidd a'i hamddiffyn a'i llywodraethu wedyn. Dyma ganolfan llywodraeth frenhinol yn ne-orllewin Cymru ac o'r fan hon gellid cadw llygad ar amcanion y tywysogion Cymreig brodorol a'r arglwyddi Mers cyfagos. Oherwydd hynny roedd yn cyflawni nifer o wahanol swyddogaethau. Canolfan weinyddol ydoedd yn y lle cyntaf. Roedd yn gartref i swyddogion y Goron a'u teuluoedd. Roedd yn ganolfan weithredu milwrol i'r Eingl-Normaniaid yn yr ardal. Hwn oedd canolfan y faenor ac, fel pob canolfan llywodraethol, yr oedd yn garchar hefyd. Ac eithrio'r cyfnodau o reol-aeth gan y Cymry yn ystod y ddeuddegfed ganrif a dechrau'r drydedd ar ddeg a chyfnod yn ystod yr 1220au–1230au, pan y'i hail-luniwyd yn arglwyddiaeth Mers ar gyfer ffefrynnau'r teulu brenhinol, parhaodd y castell a'r arglwyddiaeth yn diriogaeth y Goron trwy gydol y cyfnod canoloesol. Oherwydd ei arwyddocâd milwrol, gwleidyddol ac economaidd dat-blygodd y gwaith o'i warchod i fod yn benodiad pwysig i weision y Goron, ac fe'i defnydd-iwyd yn aml fel gwobr wleidyddol. Ffurfiolwyd – a chryfhawyd – y weinyddiaeth frenhinol tua diwedd y drydedd ganrif ar ddeg pan benodwyd prif ustus i reoli'r gwaith o weinyddu de-orllewin Cymru yn gyfreithiol ac yn wleidyddol, ynghyd â siambrlen, a oedd yn gyfrifol am weinyddu'r cyllid, a siryf i oruchwylio'r gwaith gweinyddu lleol, gyda'r rhain oll wedi eu lleoli yn y castell. Parhawyd i'w ddefnyddio fel carchar hyd yr ugeinfed ganrif, tra ei fod bellach yn ganolfan weinyddol unwaith yn rhagor.

Mae'r bennod hon yn cynnwys arolwg, fesul thema, o hanes y castell hyd at yr unfed ganrif ar bymtheg. Fe'i rhennir yn bedwar hanes gwahanol sydd eto'n cydgysylltu, hanesion sy'n archwilio ei swyddogaethau a'i hunaniaethau gwahanol, ei swyddogaeth yn hanes Cymru a'i ddylanwad ar ddatblygiad y dref a'r dirwedd ehangach. Ymhlith y ffynonellau gwreiddiol a ddefnyddiwyd y mae croniclau cyfoes megis *Brut y Tywysogyon*, *Brenhinedd y Saesson* a'r *Annales Cambriae*, sy'n parhau i fod yn brif ffynhonnell ar gyfer llawer o'i hanes gwleidyddol a milwrol yn ystod y ddeuddegfed ganrif a'r drydedd ar ddeg.[1] Oherwydd ei fod yn eiddo i'r goron mae Castell Caerfyrddin yn ymddangos yn holl gofnodion y gwariant a'r gweinyddu brenhinol, er enghraifft yn y Rholiau Siecr, y Rholiau Patent, y Rholiau Clos, y Rholiau Siawnsri, y Rholiau Siarter, y Rholiau Tâl am Fraint, a'r Rholiau Pensiwn a Lwfans, ynghyd â Chyfrifon y Gweinidogion, Cyfrifon y Trysorlys, Deddfau'r Cyfrin Gyngor ac Ymchwiliadau Amrywiol ayb; cyhoeddodd Cymdeithas Hanes Gorllewin Cymru gorff sylweddol o'r cofnodion hyn yn 1913–14.[2] Ychwanegwyd atynt gan ddeunydd ffynhonnell gwreiddiol arall a gyhoeddwyd[3] a'r dogfennau a gedwir yn Llyfrgell Genedlaethol Cymru (LlGC) sy'n gysylltiedig â Chaerfyrddin ac a drawsgrifiwyd gan Alcwyn Evans[4] a J. R. Daniel-Tyssen; mae'r olaf yn cynnwys yr Ymchwiliad Siawnsri gwerthfawr a gynhaliwyd yn 1275 – 'Extent of the manor of Carmarthen'.[5] Archwiliais gofnodion perthnasol eraill yn y rholiau a'r croniclau cyfoes tra bu Stephen Priestley yn garedig iawn yn darparu trawsgrifiadau o gofnodion ychwanegol heb eu cyhoeddi yn yr Archifau Cenedlaethol (TNA). Archwiliwyd hefyd y casgliad cynhwysfawr o ddeddfau a gyhoeddwyd gan lywodraethwyr brodorol Cymru ac a gasglwyd gan Huw Pryce a Charles Insley,[6] yn enwedig am ddeunydd perthnasol i gyfnodau o lywodraeth gan y Cymry yn ystod y ddeuddegfed ganrif a dechrau'r drydedd ar ddeg.

Defnyddiwyd dwy brif ffynhonnell eilaidd fel amlinelliad cyffredinol. Mae cyfrol 1 *History of Carmarthenshire* Lloyd yn gofnod manwl o hanes gwleidyddol yr ardal yn ystod yr Oesoedd Canol ac sydd eto i'w ddisodli'n llwyr: mae'n cynnwys adran helaeth sy'n ymdrin â hanes gweinyddol y castell.[7] Diwygiwyd a diweddarwyd llawer o'r olaf gan Ralph Griffiths yn *Principality of Wales* sy'n ymdrin â strwythur a phersonél llywodraeth ar ôl y goncwest Edwardaidd yn 1284, ac fe'i defnyddir wrth ymdrin â hanes y weinyddiaeth isod.[8] Ymgynghorwyd â gweithiau eraill hefyd, ynghyd â'r rhai hynny a restrwyd ym Mhennod 1.[9] Nod yr adroddiad hwn yw ceisio crynhoi, cyfosod a rhesymoli'r wybodaeth o'r holl ffynonellau uchod a'u cymharu â safleoedd eraill tebyg. Yn y nodiadau tynnir sylw at gasgliadau newydd ac unrhyw anghytundeb gydag adroddiadau a gyhoeddwyd. Yn ogystal â hynny archwilir agweddau ar hanes economaidd y castell gan ei gymharu â'r adeilad canoloesol sylweddol arall a ddatgloddiwyd yn y dref, sef Brodordy Caerfyrddin.

GWREIDDIAU

Rhyw broses darniog oedd concwest de-orllewin Cymru, a gyflawnwyd fwyaf gan y bendefigaeth Eingl-Normanaidd ar ei liwt ei hun. Ni sefydlodd y Goron droedle parhaol yn yr ardal hyd deyrnasiad Harri I, yn gyntaf drwy ennill castell ac arglwyddiaeth Penfro yn 1102 (gweler isod) ac yna, yn fwy arwyddocaol, gyda dechrau adeiladu Castell Caerfyrddin tua 1106. Fodd bynnag roedd castell wedi'i adeiladu cyn hynny yn 'Rhydygors' yng nghymdogaeth Caerfyrddin.

Rhydygors

Erbyn diwedd yr unfed ganrif ar ddeg, roedd uned diriogaethol sylfaenol y weinyddiaeth Gymreig wedi ei sefydlu, sef y cantref, a isrannwyd fel arfer yn dri neu fwy o gymydau. Cantref

Ffigur 6 Map o dde-orllewin Cymru yn dangos rhaniadau gweiniyddol cyn y goncwest o'i gymharu ag arglwyddiaeth Caerfyrddin yn y ddeuddegfed ganrif/y drydedd ganrif ar ddeg

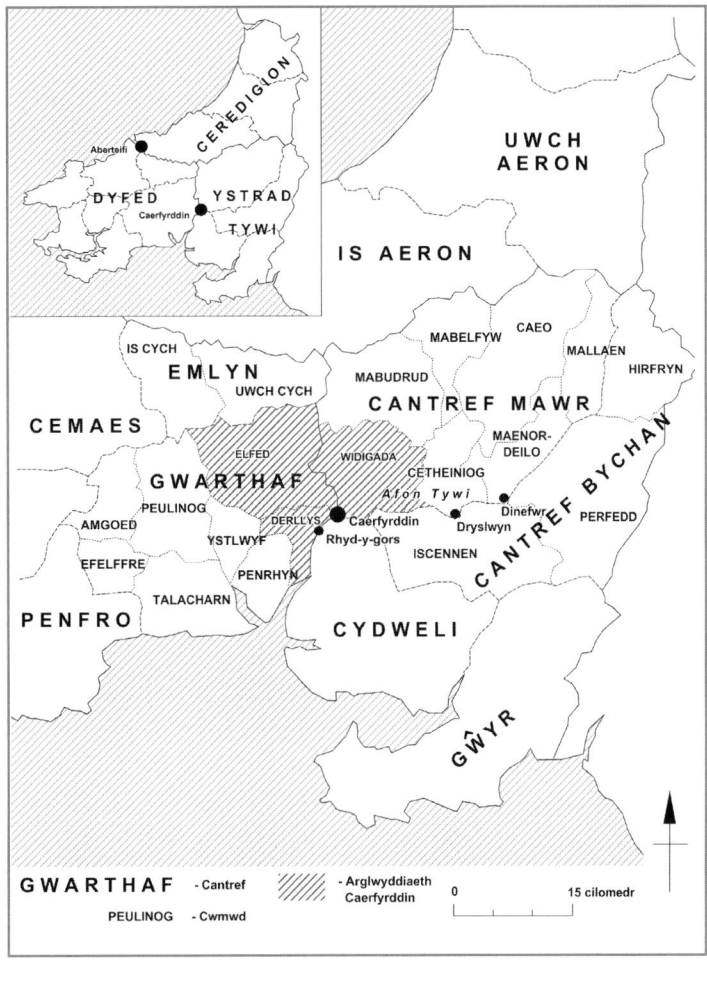

Gwarthaf, a oedd ei hun yn un o 'saith cantref Dyfed', oedd lleoliad rhanbarth Caerfyrddin. Roedd Dyfed yn isdeyrnas yn cyfateb i sir Benfro heddiw, yn ogystal â Chaerfyrddin i'r gorllewin o aber y Tywi a'r Afon Gwili. I'r dwyrain o'r afonydd hyn roedd isdeyrnas Ystrad Tywi a gynhwysai Cantref Mawr, Cantref Bychan a Chantref Cydweli a safai o bobtu i'r Tywi (Ffigur 6). Ffurfiai'r ddwy isdeyrnas, ynghyd â'r ardaloedd yn cyfateb i Geredigion a sir Frycheiniog, deyrnas Deheubarth yn yr unfed ganrif ar ddeg.

Ar drothwy'r Goncwest Normanaidd roedd Dyfed ac Ystrad Tywi dan reolaeth y Brenin Rhys ap Tewdwr ac roedd ei uwcharglwyddiaeth yn ymestyn trwy'r Deheubarth. Arweiniodd ei farwolaeth yn 1093 at sgarmes ymhlith yr Eingl-Normaniaid ac hefyd y tywysogion Cymreig. Sefydlodd iarll Normanaidd yr Amwythig gastell ym Mhenfro tra'r adeiladodd siryf Dyfnaint, William FitzBaldwin, gastell gwrthglawdd yn 'Rhydygors' – ar orchymyn y brenin Normanaidd William II yn ôl pob golwg.[10] Efallai mai dewis milwrol yn unig oedd y safle a ddewisodd Baldwin; mae'r enw Rhydygors, a gofnodwyd am y tro cyntaf yn 1094,[11] yn awgrymu ei fod yn edrych allan ar y rhyd a roddodd ei enw iddo ('y rhyd ar y gors') – un o'r mannau croesi mae'n debyg ar y prif lwybr coridor rhwng y dwyrain a'r gorllewin drwy dde-orllewin Cymru. Mewn amgylchedd danllyd, lle'r oedd yr afael ar Rydygors yn ansicr ar y dechrau, mae'n ymddangos fod rheolaeth wedi ei sefydlu dros ardal eang yn y pen draw.

Mae union leoliad Rhydygors yn anhysbys fodd bynnag, ac mae ein dwy ffynhonnell sy'n nodi ei hanes yn gwrthddweud ei gilydd i bob golwg. Mae'r *Brutiau*'n cofnodi fod pennaeth Powys, Iorwerth ap Bleddyn, yn 1102 wedi cael addewid y byddai'n derbyn 'Powys, Ceredigion and half of Dyfed – the other portion was in the hands of FitzBaldwin – and Ystrad Tywi, Cydweli and Gower' yn gyfnewid am gefnogi'r Brenin Harri I yn ystod gwrthryfel aflwyddiannus iarll Shrewsbury.[12] Gan mai 'half of Dyfed' Iorwerth oedd gorllewin Dyfed, hynny yw tiroedd fforffed yr iarll a seiliwyd ar Benfro,[13] mae brawddegu ac atalnodi'r cofnod hwn yn awgrymu fod tiriogaeth FitzBaldwin yn gyfyngedig i ddwyrain Dyfed lle, gallwn gymryd, yr oedd Rhydygors (h.y. i'r gorllewin o'r Afon Tywi). Mae'r geiriad yn *Brenhinedd y Saesson*, fodd bynnag, ychydig yn wahanol. Yma dywedir wrthym fod Iorwerth wedi derbyn addewid y byddai'n cael 'Powys, Ceredigion and half of Dyfed. And the other half came to FitzBaldwin, together with Ystrad Tywi and Cydweli and Gower.'[14] Os yw'n wir fod Ystrad Tywi/Cydweli yn eiddo i FitzBaldwin neu os y derbyniodd addewid amdanynt, yna efallai mai i'r *dwyrain* o'r Tywi yr oedd Rhydygors.

Yn draddodiadol ystyriwyd fod y castell yn sefyll ar lan ddwyreiniol y Tywi, 1.4 km i'r de o Gaerfyrddin, lle nodir yr enw lle 'Banc-y-castell' ar fap sy'n dyddio o 1831, nesaf at symbol a all gynrychioli mwnt (SN 409 186; gweler Ffigurau 2 a 6).[15] Mae'r safle bellach o'r golwg dan linell rheilffordd. Fodd bynnag, gan fod y *Brutiau* a'r *Brenhinedd* yn cyfeirio at leoliad yn Nyfed, efallai ei bod yn fwy tebygol bod y safle ar yr ochr orllewinol.[16] Roedd ffermdy o'r enw Rhydygors, yn dyddio o'r cyfnod ôl-ganoloesol, yn arfer edrych allan dros y corsydd 1.3 km i'r de-orllewin o Gaerfyrddin (SN 403 191). Safai ar bentir isel, yn lle rhwydd i'w amddiffyn ac, yn wir, gellid canfod awgrym bod gwrthgloddio yno yn ôl Ella Armitage yn 1908.[17] Cafodd ei enw o'r rhyd, a saif yn agos at y briffordd Rufeinig (Ffigurau 2 a 6). Ar ben hynny, ffurfiai sail daliad ystâd Castell Caerfyrddin sef 'Redcors' (gweler Ffigur 9); oherwydd hynny mae'n bosibl fod union leoliad ystâd y castell – i'r de-orllewin o Gaerfyrddin, wedi'i ganoli o gwmpas Rhydygors – yn deillio o'i wreiddiau fel tiriogaeth a oedd yn perthyn yn uniongyrchol i Gastell Rhydygors ac o ble y cai yntau hefyd ei gyflenwi. Fel y gwelir ymhellach ymlaen, efallai fod ymgais i osgoi defnyddio safle yng Nghaerfyrddin ei hun ar y dechrau am resymau gwleidyddol.[18]

Yn y sefydlu a ddilynodd gwrthryfel Amwythig, daliodd Harri ei afael ar Benfro a gorllewin Dyfed tra cyflwynwyd gweddill y tiroedd a addawyd i Iorwerth i gydymgeisydd o bennaeth Cymreig, Hywel ap Gronw yn lle hynny.[19] Cynhwysai'r rhodd 'Ystrad Tywi and Rhydygors and their bounds' er mwyn tynnu'r gwynt o hwyliau'r FitzBaldwins yn ôl pob tebyg a gan awgrymu efallai fod Rhydygors ac Ystrad Tywi yn endidau ar wahân yn wir; mae'n bosibl fod 'bounds' Rhydygors yn golygu dwyrain Dyfed. Er hynny, yn 1105, bwriwyd Hywel allan o Rydygors gan filwyr FitzBaldwin, a'i ladd ganddynt y flwyddyn ganlynol.[20]

Gosod seiliau ac atgyfnerthu, *c.*1106–36

Yn dilyn marwolaeth Hywel ap Gronw rhyddhawyd ei diriogaethau i Harri I gan roi cryn gyfle i'r brenin gamu i mewn i'r rhanbarth, ac mae'n debyg mai yn fuan wedyn y cymerodd ardal Caerfyrddin i'w feddiant ei hun. Roedd yn amlwg yn bwrw'r penaethiaid Cymreig a'r arglwyddi Mers yn erbyn ei gilydd, yn arbennig ar ôl gwrthryfel yr Amwythig. Ar ben hynny cyfeirir at Rydygors – ac at bresenoldeb FitzBaldwin yng ngorllewin Cymru – am y tro olaf yn 1106, sydd yn awgrymu fod y brenin wedi gorchymyn iddynt adael y castell (a'i ddinistrio o bosibl?) pan gymerodd reolaeth ar y rhanbarth. Oherwydd hynny rwy'n awgrymu fod Castell Caerfyrddin wedi ei adeiladu ar ei safle presennol yn fuan wedyn. Mae'r rhan fwyaf o'r awdurdodau'n cynnig dyddiad diweddarach, yn 1109,[21] pan anfonodd y brenin Walter FitzRoger, siryf Caerloyw, i Gymru gyda byddin 'to defend Carmarthen',[22] ond mae'r geiriad hwn yn awgrymu fod y castell eisoes wedi ei sefydlu.[23] Roedd ei enw, a oedd yn bodoli eisoes yn amlwg, yn deillio o'r dref Rufeinig, hynny yw, 'Caer Moridunum'.

Ymddengys fod y castell wedi ei adeiladu ar safle heb ei gyffwrdd o'r blaen, cryn bellter o'r dref Rufeinig a'r fynachlog yn Llandeulyddog (gweler Pennod 1). Awgrymwyd fod y brenin, yn y lle cyntaf, yn awyddus i beidio â chynhyrfu teimladau lleol;[24] mewn gwirionedd, mae'n ymddangos ei fod wedi gwneud ymdrech bendant i ddod i ryw fath o gyfaddawd gyda'r brodorion Cymreig, yn hytrach na'u difeddiannu'n llwyr,[25] ac ymddengys ei fod wedi annog yr Hen Gaerfyrddin i barhau'n annibynnol.[26] Ond roedd mantais strategol ynghlwm wrth y cyfaddawd: gwelsom eisoes fod y safle a ddewiswyd ar gyfer y castell yn un naturiol gryf, gan ei fod yn cau'r llwybr hanesyddol i'r gorllewin ac yn edrych allan dros y pwynt pontio ar yr un pryd. Efallai i'r ffaith ei fod yn weladwy chwarae rhan allweddol hefyd. Yn ogystal â hynny, efallai nad oedd y safle'n gwbl 'newydd': mae'n bosib fod lloc ffosog o ddiwedd cyfnod y Rhufeiniaid neu wedi hynny ar ran o'r safle – darganfuwyd hwn yn 1988, ond nid oes unrhyw wybodaeth ynghylch ei faint na'i natur.[27] Gweithredwyd awdurdod Normanaidd, trwy reolaeth economaidd hefyd trwy gyfrwng y dref a grëwyd yno – roedd anheddiad a haeddai'r disgrifiad *villa* wedi datblygu wrth borth y castell erbyn 1116, pan y'i llosgwyd.[28]

Aeth Harri I ati wedyn i aildrefnu ei weinyddiaeth ar y seiliau Eingl-Normanaidd. Erbyn 1130 roedd Castell Caerfyrddin wedi datblygu'n *caput* arglwyddiaeth y Goron, cytundeb a gynhwysai gymydau Elfed a Derllys, y ddau yng Nghantref Gwarthaf, a chwmwd Widigada yng Nghantref Mawr (Ffigur 6). Yr oedd felly yn sefyll o boptu i hen isdeyrnasoedd Dyfed ac Ystrad Tywi: roedd yr arglwyddiaethau Eingl-Normanaidd newydd yn parchu ffiniau'r rhain i raddau helaeth fel arall. Yn ystod y rhan fwyaf o'r ddeuddegfed ganrif, hon oedd unig arglwyddiaeth y Goron yng ngorllewin Cymru: cymynwyd Penfro i Gilbert de Clare yn 1138 – gan barhau yn nwylo'r Mers wedi hynny[29] – ac ni fyddai'r droedle brenhinol nesaf yn y rhanbarth yn cael ei sefydlu hyd 1200, pan ddaeth Castell Aberteifi'n eiddo i'r Brenin John.

O Gaerfyrddin, gallai'r brenin ddylanwadu'n sylweddol ar orllewin Cymru drwyddi draw gan gyflwyno cwmwd Cydweli i esgob Salisbury – prif ustus Harri I – ac arglwyddiaeth Gŵyr i iarll Warwick. Cryfhawyd buddiannau'r Eingl-Normaniaid ymhellach drwy sefydlu arglwyddiaethau Mers ychwanegol wedi eu canoli ar gestyll Sanclêr, Llanymddyfri, Arberth, Trefdraeth a Cheredigion. Erbyn ail ddegawd y ddeuddegfed ganrif roedd bron y cyfan o orllewin Cymru dan reolaeth yr Eingl-Normaniaid, gyda Chantref Mawr yn unig yn parhau i fod ym meddiant y Cymry. O'r dechrau, tanlinellwyd pwysigrwydd Caerfyrddin i'r brenin yn y dirwedd wleidyddol hon a oedd yn newid yn gyflym: o'r fan hon gallai hawlio'r awdurdodaeth eithaf dros arglwyddi'r Mers.

Er hynny, fel castell ffiniol, roedd Caerfyrddin yn safle a fyddai'n cael ymosod arno gan y Cymry. Yn 1116 cychwynnodd Gruffudd, mab Rhys ap Tewdwr, ymgyrch sylweddol lle gellir gweld yn eglur y berthynas amwys rhwng y brodor a'r ymosodwr, a rhwng y tywysogion Cymreig eu hunain. Roedd y gwaith o amddiffyn Castell Caerfyrddin wedi ei roi, mewn tro, yn nwylo'r tri phennaeth Cymreig lleol, pan arweiniodd Gruffudd ap Rhys ymosodiad liw nos.[30] Bu hyn yn aflwyddiannus yn y pen draw a llosgwyd y beili er i'r gorthwr wrthsefyll yr ymosodiad.[31] Llosgwyd y dref gynnar hefyd.[32]

GWLEIDYDDIAETH A RHYFEL

Sefydlwyd Castell Caerfyrddin gan awdurdod goresgynnol, ar diriogaeth elyniaethus, ac yn ystod ei ddwy ganrif gyntaf bu'r frwydr rhwng Coron Lloegr a thywysogion Cymreig cyfagos Cantref Mawr yn ddylanwad mawr arno. Roedd yn safle milwrol yn ystod rhyfeloedd Cymreig y drydedd ganrif ar ddeg ac yn ystod gwrthryfel Glyndŵr yn 1402–6, pryd y'i targedwyd fel canolfan lywodraeth bwysig. Dyma grynodeb cronolegol a byr o'r digwyddiadau mwyaf arwyddocaol yn hanes milwrol a gwleidyddol y castell, gan ganolbwyntio ar ei swyddogaeth yn strategaeth y Goron.

Y Cymry'n taro'n ôl, 1136–58

Atgyfnerthwyd gafael yr Eingl-Normaniaid ar orllewin Cymru yn dilyn trechu Gruffudd ap Rhys yn 1116. Collwyd llawer er hynny pan darodd y Cymry'n ôl ar raddfa eang wedi i Harri I farw yn 1135, a'r collerdion yn cynnwys Castell Caerfyrddin, a bu'n rhaid disgwyl nes i Harri II ddod yn frenin yn 1154 cyn bod y Goron mewn sefyllfa i ymyrryd yng Nghymru unwaith eto.

Cipiwyd Castell Caerfyrddin a'i losgi yn 1137,[33] ac arhosodd yn nwylo'r Cymry am ugain mlynedd. Nid ydym yn gwybod beth fu effaith rheolaeth y Cymry ar ei ddatblygiad cynnar, ond mae'r croniclau'n datgan fod y castell wedi ei 'adeiladu' ar ôl i Gilbert de Clare, iarll Penfro, ei adfer am gyfnod byr yn 1145,[34] a'r awgrym yw ei fod wedi cael ei adael yn adfail ac yn wag yn y cyfamser. Fodd bynnag, erbyn canol y ddeuddegfed ganrif roedd tywysogion Deheubarth, fel arweinwyr Cymreig eraill, yn trwsio'r cestyll a gipiwyd ganddynt a byddent yn dechrau adeiladu eu cestyll eu hunain cyn bo hir.[35] Yn wir 'trwsiodd' Cadell, mab Gruffudd ap Rhys, Gastell Caerfyrddin yn 1150, 'for the strength and splendour of his kingdom'– hynny yw, Deheubarth, a gynhwysai Ystrad Tywi, Ceredigion a dwyrain Dyfed bryd hynny.[36] Mae'n bosibl, fodd bynnag, fod tref Caerfyrddin wedi ei dinistrio. Ni chafwyd unrhyw fygythiad o bwys i afael Cadell ar Gaerfyrddin ac ni fu gwarchae yn 1147 yn llwyddiannus.[37] Yn 1155 trosglwyddwyd tiroedd Cadell i'w frawd, Rhys ap Gruffudd[38] – yr 'Arglwydd Rhys' – yr arweinydd blaenllaw ym maes gwleidyddiaeth Cymru tua diwedd y ddeuddegfed ganrif.

Adennill a cholli, 1158–1223

Bu'n rhaid i Harri II ddisgwyl hyd 1157 cyn y gallai roi ei sylw i faterion Cymreig ac yn ôl pob tebyg parhaodd castell ac arglwyddiaeth Caerfyrddin yn eiddo i Rhys hyd nes iddo ymostwng i Harri yn 1158.³⁹ Darparwyd arfau rhyfel yn y castell ar gyfer y brenin yn 1159,⁴⁰ ond yn ddiweddarach y flwyddyn honno gwrthryfelodd Rhys a 'conquered the castles (in) Dyfed and burned them all', ac eithrio Caerfyrddin a waredwyd.⁴¹ Er i Harri gael ei orfodi i ildio i reolaeth Rhys dros Ddeheubarth yn 1171,⁴² gan ei benodi wedi hynny yn 'brif ustus' Cymru, daliodd y Goron ei gafael ar Gastell Caerfyrddin a'r arglwyddiaeth; mae'n bosibl fod y swm o £160 a wariwyd yn 1181–3 yn gysylltiedig ag uwchraddio ei amddiffynfeydd (gweler yr Atodiad).

Darparwyd arfau rhyfel ar gyfer Castell Caerfyrddin unwaith eto yn 1189,⁴³ mewn ymateb i wrthryfel yr Arglwydd Rhys yn dilyn marwolaeth ei noddwr, y Brenin Harri. Bu gwarchae yno yn fuan wedyn, ond fe'i gwaredwyd unwaith eto gan fyddin dan arweiniad y brenin arfaethedig y tro hwn, sef y Tywysog John.⁴⁴ Erbyn 1193 roedd gorllewin Cymru i gyd, ac eithrio Caerfyrddin a Phenfro, wedi dod dan reolaeth Rhys. Yn y diwedd, yn 1196, Rhys 'fell upon Carmarthen . . . and burnt it to the ground'.⁴⁵ Nid yw'r croniclau'n nodi union faint y difrod. Mae Llyfr Coch Hergest yn awgrymu fod y dref wedi ei dinistrio, ond fod y castell – neu'r gorthwr yn unig efallai – wedi goroesi ('eithyr y castell ehun').⁴⁶ Er hynny mae *Pen. MS 20*, y *Brenhinedd* a'r *Annales* i gyd yn dweud 'Carmarthen was burnt', gan awgrymu ei bod wedi ei dinistrio'n llwyr.⁴⁷ Beth bynnag a ddigwyddodd, nid yw'n ymddangos fod y Cymry wedi dal eu gafael ynddi a daeth eu hymgyrch i ben yn dilyn marwolaeth yr Arglwydd Rhys yn 1197.⁴⁸

Ar ben hynny sicrhawyd ail droedle brenhinol yng ngorllewin Cymru. O ganlyniad i anghytundeb rhwng meibion Rhys, y rhannwyd ei diriogaethau rhyngddynt, cafwyd nifer o enillion gan yr Eingl-Normaniaid ac un o'r rhai mwyaf arwyddocaol oedd Castell Aberteifi. Yn strategol roedd yn safle tebyg i Gaerfyrddin ac fe'i hildiwyd i'r Brenin John gan Faelgwn ap Rhys yn 1200⁴⁹ a byddai'n cael ei ddal dan gadwraeth gyffredin gyda Chaerfyrddin hyd yr 1280au.

Fe'u rhoddwyd i William Marshal I, iarll Penfro, yn 1214, dan amodau lle roedd yn eu cadw fel arglwydd Mers yn ei hanfod,⁵⁰ fel gwobr am ei ffyddlondeb i'r Brenin John. Yn y cyfamser, fodd bynnag, roedd Llywelyn ap Iorwerth o Wynedd – 'Llywelyn Fawr' – wedi dod yn arweinydd cyffredinol ar y tywysogion Cymreig, gan arwain ymosodiad yn erbyn de-orllewin Cymru. Mewn rhagymosodiad dywedir i'r 'bailiffs and burgesses of Carmarthen burnt their town' yn 1213.⁵¹ Yn dilyn llwyddiannau dros rannau helaeth o dde a gorllewin Cymru, ymddangosodd Llywelyn yng Nghaerfyrddin yn 1215 o'r diwedd. Ildiodd y castell ymhen pum niwrnod, ac roedd yn 'razed to the ground'.⁵²

Roedd y Deheubarth unwaith eto dan reolaeth y Cymry'n gyfan gwbl. Fe'i rhannwyd rhwng olynwyr Rhys ap Gruffudd, er i Lywelyn gadw Caerfyrddin yn ei ddwylo ei hun ar y dechrau a dim ond yn ddiweddarach y cyflwynodd ef i Faelgwn ap Rhys.⁵³ Mae'r dystiolaeth yn awgrymu fod y castell wedi ei ailadeiladu a'i feddiannu, a phan gydnabuwyd penarglwyddiaeth Llywelyn yn 1218, fe'i penodwyd yn geidwad Caerfyrddin ac Aberteifi yn ffurfiol yn ystod cyfnod dan oed mab ac etifedd John, sef Harri III.⁵⁴ O ganlyniad i hynny roedd y Brenin Harri III mewn sefyllfa gyfreithiol anodd pan ddaeth i oed yn 1223 ac er i Gaerfyrddin gael ei hadennill, bu'n rhaid iddo ddisgwyl nes i Lywelyn farw yn 1240 cyn y gallai ychwanegu'r castell at eiddo'r Goron yn barhaol.

Rheolaeth y Mers, 1223–40

Yn 1223, anfonodd Harri III fyddin mawr i ailoresgyn gorllewin Cymru dan arweiniad mab Marshal, sef William, a oedd hefyd yn iarll Penfro. Adfeddiannwyd cestyll Caerfyrddin ac Aberteifi, ac er i Lywelyn anfon byddin i'w hawlio'n ôl ni chafwyd canlyniad pendant i'r frwydr a ddilynodd ar bont Caerfyrddin a chiliodd y ddwy garfan.[55] Cyflwynwyd gwarchodaeth ffurfiol y ddau gastell i William Marshal II ac mae'n ymddangos i'w ddaliadaeth, a drafodir isod, fod yn eiddo arglwydd rhannol annibynnol.[56] Fe'i gorchmynnwyd i'w ddefnyddio fel pencadlys yn erbyn Llywelyn[57] a gosodwyd garsiwn yn y ddau yn 1226.[58] Unwaith eto daeth Caerfyrddin yn ganolfan strategaeth i'r Eingl-Normaniaid, swyddogaeth na gollodd fyth wedyn.

Ildiodd Marshal ofalaeth y ddau gastell yn ddiweddarach yn 1226. Yn 1228, fe'u cyflwynwyd i'r ffefryn brenhinol Hubert de Burgh – iarll Caint, prif ustus Lloegr a thirfeddiannwr o bwys yn ne Cymru – fel arglwyddiaeth Mers cwbl annibynnol (gweler isod). Rhaid asesu'r llacio hwn o reolaeth uniongyrchol y Goron nid yn unig yn wyneb sefyllfa gyfreithiol y brenin ond hefyd, fel yn achos Marshal, yn wyneb ffyddlondeb de Burgh a'i ddewrder milwrol. Unwaith eto gosodwyd garsiwn yn y castell pan ailddechreuodd ymgyrch Llywelyn yn 1230–1,[59] ond cipiwyd Aberteifi.[60] Yn y diwedd collodd de Burgh ffafriaeth y brenin yn 1232, ac yna dychwelodd Caerfyrddin unwaith eto i'r Goron.

Daeth y castell dan warchae arall yn 1233 pan godod brawd ac etifedd Marshal, Richard – gyda chefnogaeth gan yr arglwyddi Cymreig dan Llywelyn – yn erbyn Harri III. Llwyddodd y castell i ddal tir am dri mis, cyn cael ei waredu gan lynges o Fryste dan arweiniad is-gapten y brenin Henry de Turbeville, a benodwyd yn geidwad y castell ar ôl hynny.[61] Daeth y gwrthryfel i ben pan fu farw Marshal yn ddiweddarach y flwyddyn honno. Er hynny cyflwynwyd Caerfyrddin, ac Aberteifi mewn enw – fel arglwyddiaeth Mers unwaith eto – i'r trydydd brawd Marshal, sef Gilbert, yn 1234.[62]

Newidiodd y sefyllfa wleidyddol yng ngorllewin Cymru mewn modd trawiadol yn 1240–1 yn dilyn dau ddigwyddiad o arwyddocâd mawr. Bu farw Llywelyn ap Iorwerth yn 1240 a gan nad oedd ganddynt arweinydd cyffredinol, gorfodwyd yr arglwyddi Cymreig i dalu gwrogaeth i Harri III, gan gynnwys ŵyr yr Arglwydd Rhys, sef Maredudd ap Rhys Grug, am ei diroedd yng ngorllewin Cymru.[63] Yn ail, adferwyd Caerfyrddin ac Aberteifi gan y Goron yn dilyn marwolaeth Gilbert Marshal yn 1241.[64] Ar yr un pryd, rhoddwyd ffrwyn ar rym y Mers a gosodwyd y tywysogion Cymreig dan rwymedigaeth ffiwdal i'r Goron, trwy gyfrwng llw ffyddlondeb yng nghestyll Caerfyrddin ac Aberteifi.[65] Ni chymynwyd Caerfyrddin fyth eto i arglwydd Mers ac ni brofodd reolaeth gan y Cymry fyth eto, ac eithrio am gyfnod byr yn ystod gwrthryfel Glyndŵr.

Strategaeth y Goron, 1241–1301

Ailddechreuodd yr ymladd er hynny wrth i hawl Llywelyn i uwcharglwyddiaeth y Deheubarth barhau dan ei olynwyr. Yn ôl pob golwg llosgwyd tref Caerfyrddin yn 1244.[66] Cynhaliwyd garsiynau yng nghestyll Caerfyrddin ac Aberteifi drwy gydol 1245 ac 1246[67] ond, er hynny, cafodd tref Caerfyrddin ei 'hanrheithio' gan Faredudd ap Rhys Grug yn 1246[68] a, thra nad oes unrhyw gyfeiriad uniongyrchol at ddifrod i'r castell, mae'n ymddangos fod gwaith 'ailadeiladu' wedi digwydd y flwyddyn ganlynol.[69] Er hynny cydnabuwyd uwcharglwyddiaeth Harri III yn ffurfiol eto yn Woodstock y flwyddyn ganlynol.[70]

Yn 1254, cyflwynodd y Brenin Harri holl dir y Goron yng Nghymru – hynny yw Caerfyrddin ac Aberteifi, ynghyd ag arglwyddiaethau mwy diweddar Trefaldwyn a Buellt[71] – i'w fab pymtheg oed Edward, y darpar Frenin Edward I.[72] Trosglwyddodd Edward hwy i'w frawd deng mlwydd oed Edmund yn 1265,[73] a'u daliodd hyd 1279 pan ildiasant yr hawl yn ôl i'r Goron, dan Edward fel brenin.[74]

Yn ystod y cyfnod hwn o reolaeth anuniongyrchol y dechreuodd Llywelyn ap Gruffudd, ŵyr Llywelyn Fawr, ar yr ymgyrch o ailoresgyniad a welai'r Deheubarth yn ddarostyngedig i Wynedd unwaith eto. Yn 1257, anfonwyd y cadlywydd profiadol Stephen Bauzan i Gaerfyrddin er mwyn datgan awdurdod y Goron, ond cafodd ei fyddin ei threchu'n llwyr yng Nghoed Llathen, ger Llandeilo,[75] ac arweiniodd hyn at gadoediad am bedair blynedd. Fodd bynnag, parhaodd ysgarmesau ledled Dyffryn Tywi. Bu ymladd ffyrnig o gwmpas Caerfyrddin[76] ac yn 1258 gwariwyd £567 ar arfau rhyfel ar gyfer cestyll Caerfyrddin ac Aberteifi.[77] Roedd strategaeth Harri ar gyfer gorllewin Cymru'n dadfeilio, proses a gyflymwyd yn ystod aflonyddwch gwleidyddol yr 1260au ac a ddaeth i ben gyda Llywelyn yn cael ei gydnabod yn Dywysog Cymru yn 1267, gyda chefnogaeth arglwyddi Cymreig y Deheubarth.[78] Maredudd ap Rhys Grug oedd yn rheoli Cantref Mawr o Gastell Dryslwyn, a pharhaodd yn gyngrheiriad i'r Goron, ac roedd ei frawd, Rhys Fychan, hefyd yn arglwydd Cantref Bychan, yn gyngrheiriad i Lywelyn.[79]

Yn un o dair canolfan filwrol i Edward I yn ei ryfeloedd yn erbyn Llywelyn,[80] datblygodd Castell Caerfyrddin yn y pen draw i fod yn ganolog i'w bolisïau a'i weinyddiaeth yng Nghymru. Sicrhawyd ymostyngiad Cantref Mawr a Chantref Bychan ar ôl buddugoliaeth Edward yn y rhyfel yn 1277. Yn gyfnewid am eu gwrogaeth i'r brenin, caniatawyd i arglwyddi Cymreig Cantref Mawr gadw eu tiroedd,[81] er i'r Goron gipio eu canolfan yng Nghastell Dinefwr a'i gwmwd cysylltiedig ym Maenordeilo – ynghyd â'r cyfan o Gantref Bychan – a'u hymddiried i gwnstabl cestyll Caerfyrddin ac Aberteifi.[82] Er hynny adfyddinodd y Deheubarth o blaid Llywelyn yn ystod ail ryfel 1282–3. Unwaith eto ymgynullodd milwyr Edward yng Nghaerfyrddin ym Mehefin 1282 dan ei ddirprwy Robert Tibetot,[83] ond daethant ar draws anawsterau difrifol ger Llandeilo a bu'n rhaid iddynt droi'n ôl wedi iddynt fod yn ennill tir ar hyd y Tywi yn erbyn cestyll Cantref Mawr.[84] Chwalodd gwrthsafiad y Cymru fodd bynnag pan fu farw Llywelyn yn 1282.

Cwblhawyd strategaeth Edward ar gyfer Cymru yn 1284 gan Statud Rhuddlan, ac yn unol â honno fforffedwyd y tiroedd a oresgynnwyd i'r Goron ac ychwanegwyd y rhan fwyaf ohonynt gan y Goron. Cysylltwyd Cantref Mawr ag arglwyddiaeth Caerfyrddin er mwyn ffurfio sir newydd, sir Gaerfyrddin. Fodd bynnag cyflwynwyd Cantref Bychan i John Giffard o Brimpsfield, Caerloyw.[85] Ychwanegwyd Ceredigion at Aberteifi er mwyn ffurfio ail sir newydd, sef Ceredigion. Datblygodd Castell Caerfyrddin yn ganolfan ffurfiol y llywodraeth ar gyfer y tiriogaethau newydd hyn ac awdurdod y Goron yn arglwyddiaethau'r Mers, dan staff o swyddogion dan arweiniad asiant newydd, sef 'prif ustus de Cymru'. Byddai'r weinyddiaeth newydd, a oedd yn atgyfnerthu ac yn canoli grym y Goron, yn parhau mewn rhyw ffurf neu'i gilydd hyd y Ddeddf Uno yn 1536. Arhosodd y Brenin Edward yng Nghastell Caerfyrddin am dridiau yn ystod 1284 pan gynhaliodd ei daith fuddugoliaethus drwy'r dominiynau yr oedd newydd eu goresgyn.[86]

Ond ni ddaeth Cantref Mawr dan reolaeth llwyr y Goron hyd y ddegawd ganlynol. Roedd mab Maredudd ap Rhys Grug, sef Rhys, arglwydd Dryslwyn, wedi parhau'n gynghreiriad i'r Goron fel ei dad ac wedi cadw ei diroedd. Fodd bynnag, roedd yn rheoli i bob pwrpas fel deiliad i Edward ac roedd yn rhaid iddo ymddangos yn y llysoedd yng Nghaerfyrddin. Yn 1287, ac yntau'n anfodlon i bob golwg â'r gwobrau pitw a gawsai'n gyfnewid am ei gefnogaeth, gwrthryfelodd. Cipiodd Rhys gestyll Dinefwr a Charreg Cennen a llosgwyd Caerfyrddin 'to the gates', er i'r castell wrthsefyll yr ymosodiad.[87] Methodd ymgyrch Rhys yn y pen draw, fodd bynnag, gan ddod â rheolaeth annibynnol gan Gymry ar Gymru i ben.[88] Roedd Cantref Mawr bellach at wasanaeth y brenin ac, yn 1290, fe'i hychwanegwyd yn ffurfiol at sir Gaerfyrddin. Er hynny, dim ond cryfhau safle'r prif ustus a wnaed ac ni chafodd Caerfyrddin ei heffeithio rhyw lawer gan y gwrthryfelocdd Cymreig yn ystod 1294–5 ac 1314–16.[89]

Y bedwaredd ganrif ar ddeg

A hwythau wedi cynyddu yn y fath fodd cyflwynwyd tiroedd y Goron yng Nghymru – tywysogaeth Cymru – i fab hynaf Edward, y Tywysog Edward, yn 1301 (gweler Ffigur 7).[90] Gyda gwrthsafiad y Cymry wedi ei drechu i bob pwrpas, datblygodd swyddogaeth Castell Caerfyrddin yn un weinyddol yn bennaf, er i lyngesau a milwyr ymgynnull yng Nghaerfyrddin yn ystod ymgyrchoedd yr Alban ar ddechrau'r bedwaredd ganrif ar ddeg.[91]

Bu'r castell yn allweddol yn ystod gwrthryfel Mortimer yn yr 1320au. Rhoddwyd Cantref Mawr fel arglwyddiaeth Mers i ffefryn Edward II, sef Hugh Despenser, ac roedd hyn yn un o'r cwynion a arweiniodd at wrthryfel agored rhwng y prif ustus, Roger Mortimer o'r Waun, a'r brenin yn 1321.[92] Ac yntau wedi ei orfodi i ildio Castell Caerfyrddin i swyddogion y brenin, cipiodd Mortimer – gyda chefnogaeth y Cymry – Cantref Mawr.[93] Unwaith eto paratowyd y castell a thrwsiwyd ei arfau a'i amddiffynfeydd.[94] Trechwyd y gwrthryfelwyr yn 1322 a charcharwyd Mortimer a bu farw yno yn 1326.[95] Adenillodd ei nai a'i gynghreiriad, Roger Mortimer o Wigmore, iarll March, swydd y prif ustus yn ogystal ag adennill Cantref Mawr i'r sir, wedi iddo ddiorseddu'r Brenin Edward yn 1327,[96] ond ailafaelodd y Goron yn y reolaeth uniongyrchol ar Gaerfyrddin, dan Edward III, pan gwympodd Wigmore yn 1330.[97] Yn 1342 rhoddwyd Caerfyrddin, Emlyn a Chantref Mawr ar lês i Harri o Lancaster, iarll Derby, am ddeg mlynedd,[98] ond derbyniodd Edward y Tywysog Du, fel tywysog Cymru, y cyntaf yn y flwyddyn ganlynol,[99] tra parhaodd Cantref Mawr yn eiddo i Harri. Dychwelodd y dywysogaeth i'r brenin pan fu farw'r tywysog yn 1376, ond fe'i daliwyd mewn agweddi gan ei weddw, Joan.[100]

Fel cestyll arfordirol eraill, rhai brenhinol a barwnol, roedd Caerfyrddin yn barod yn gyson ar gyfer ymateb a oedd wedi ei gydlynu, fwy neu lai, i'r bygythiadau o ymosodiadau gan y Ffrancod yn ystod y bedwaredd ganrif ar ddeg. Fe'i trwsiwyd, fe'i cyflenwyd â bwyd a gosodwyd garsiwn yno yn erbyn y Ffrancod yn 1338,[101] ac unwaith eto gosodwyd garsiwn yno'n barod ar gyfer dial pan ddechreuodd Edward III ar ei ymgyrch yn erbyn y Ffrancod yn ystod gaeaf 1359–60.¹⁰² Mae'n ymddangos na wnaed unrhyw drefniadau ar gyfer y bygythiad o ymosodiad yn 1367, ond unwaith yn rhagor gosodwyd garsiwn yn y castell pan ailddechreuodd yr ymladd yn 1369.¹⁰³ Ystyriwyd mai'r bygythiad o ymosodiad yn 1385, er iddo gael ei ddiddymu, oedd yr un mwyaf difrifol hyd yn hyn. Gorchmynnwyd cwnstabl Caerfyrddin i gynnull ei denantiaid,¹⁰⁴ ac yn y pen draw roedd ei garsiwn yn cynnwys 24 o saethyddion, gyda 10 bwa croes, 12,000 o saethau a 40 gwaywffon.¹⁰⁵

Gwrthryfel Glyndŵr a'r canlyniad

Fel canolfan dylanwad y Goron, a chanolfan llywodraeth Lloegr, roedd Castell Caerfyrddin yn anorfod yn brif darged – strategol a symbolaidd – ymgyrch Glyndŵr yn ne-orllewin Cymru ac fe'i cipiwyd ddwywaith gan y gwrthryfelwyr. Ymddangosodd Glyndŵr yn sir Gaerfyrddin am y tro cyntaf yn Awst 1401, gan dynnu allan ym mis Hydref pan gyrhaeddodd byddin dan Frenin Harri IV.¹⁰⁶ Er nad oedd Caerfyrddin dan fygythiad roedd yn arbennig o fregus ar y pryd oherwydd iddi fod, ers 1399, dan reolaeth tywysog Cymru (Harri V ymhen amser) yn hytrach na'r Goron.¹⁰⁷ Ar ben hynny roedd swyddfa'r prif ustus wedi dechrau colli ei hygrededd milwrol; mewn gwirionedd diswyddwyd William de Beauchamp, arglwydd y Fenni, y prif ustus pan gychwynnodd y gwrthryfel, oherwydd esgeulustod yn ddiweddarach yn 1401 a chipiodd y Brenin Harri IV reolaeth uniongyrchol, gan greu swydd newydd – 'Is-Gapten brenhinol yng ngogledd a de Cymru' – fel ei benodiad personol.¹⁰⁸

Ym mis Gorffennaf 1403 symudodd byddin fawr dan arweiniad Glyndŵr tua'r gorllewin i lawr Dyffryn Tywi ac, ar ôl peth gwrthsafiad, ildiwyd Castell Caerfyrddin gan ei gwnstabl, Roger Wigmore, wedi i'r dref gael ei llosgi.¹⁰⁹ Fe'i hailgipiwyd gan y brenin ym mis Medi a gadawyd garsiwn yno, yn unol â'i strategaeth.¹¹⁰ Fodd bynnag, nid oedd hyn yn ddigon i ddarostwng cefn gwlad, lle roedd cefnogwyr y gwrthryfelwyr o gwmpas o hyd, ac roedd yn fregus o'r herwydd:¹¹¹ mae'r cofnodion yn llawn ceisiadau am fwy o filwyr, a chymorth.¹¹²

Daeth y gwendidau yn strategaeth garsiynau'r Brenin Harri i'r amlwg pan ymddangosodd Glyndŵr nesaf yn sir Gaerfyrddin yn Awst–Medi 1405. Glaniodd yn Aberdaugleddau yn Awst 1405 gan orymdeithio i'r dwyrain gyda byddin hyd yn oed yn fwy o 10,000 o ddynion, ynghyd â 2,800 o filwyr Ffrengig. Cwympodd Castell Caerfyrddin unwaith yn rhagor, wedi ei ildio naill ai gan y cwnstabl – John Scudamore, mab-yng-nghyfraith Glyndŵr – neu ei ddirprwy.¹¹³

Daliodd Glyndŵr ei afael ar y castell ac ar sir Gaerfyrddin hyd 1406, pan ildiodd y rhanbarth yn raddol i'r brenin.¹¹⁴ Wedi ei yrru o'r de gan fyddinoedd llawer iawn cryfach, ciliodd Glyndŵr i sir Gaernarfon yn y diwedd ac roedd y gwrthryfel wedi distewi i raddau helaeth erbyn 1408. Fodd bynnag, roedd y bygythiad yn aros. Penodwyd y Tywysog Harri yn is-gapten brenhinol yn 1406, ond fe'i ail-benodwyd dro ar ôl tro hyd 1411 pan dynnwyd y garsiwn o Gastell Caerfyrddin o'r diwedd.¹¹⁵ Difrodwyd rhannau o dref Caerfyrddin yn ystod y gwrthryfel. Yn 1408, pardynwyd yr holl renti yn y bwrdeistref gan y Tywysog Harri, tra nodwyd:¹¹⁶ 'the (town) walls have been razed by the Welsh rebels, and the inhabitants are robbed at night for want of enclosure'.¹¹⁷ Difrodwyd rhannau helaeth o'r castell yn ddifrifol hefyd gan gynnwys y porthdy, tra bod tiroedd y diriogaeth wedi'u dinistrio i bob golwg.¹¹⁸ Dioddefodd Cymry sir Gaerfyrddin y dirwyon a'r cosbau eraill a osodwyd ledled Cymru.¹¹⁹

Ni allwn weld unrhyw arwydd yng Nghaerfyrddin o'r un dirywiad o ran statws cyffredinol, cyflwr ac amddiffynfa sydd yn amlwg yng Nghaernarfon a'r cestyll brenhinol eraill yng ngogledd Cymru.[120] Er efallai fod awdurdod y prif ustus wedi cilio, parhaodd y castell yn weithredol yn filwrol trwy gydol y bedwaredd ganrif ar ddeg a'r bymthegfed ganrif, heb unrhyw ostyngiad naill ai mewn gwariant ar amddiffyn nac yn nifer y milwyr; yn wir cofnodwyd rhai o'i garsiynau mwyaf cyn gwrthryfel Glyndŵr tua diwedd y bedwaredd ganrif ar ddeg ac, wedi hynny, yn ystod Rhyfeloedd y Rhosynnau (gweler isod). Er hynny, bu'n gyfnod tawel i'r castell yn ystod y frwydr ddiweddar, er iddo newid dwylo'n aml, ac ni chafwyd unrhyw ymladd pellach yno hyd yr ail ganrif ar bymtheg.

CANOLFAN LLYWODRAETH

Mae'r adran hon yn edrych ar hanes daliadaeth a gweinyddiaeth y castell, a oedd yn fawr ei ddylanwad ar ei ddatblygiad strwythurol, o'i sefydlu hyd at Ddeddf Uno 1536. Castell Caerfyrddin oedd canolfan llywodraeth y Goron a chanolfan gweinyddu cyfreithiol ac ariannol de-orllewin Cymru yn yr Oesoedd Canol. Yn ystod y ddeuddegfed ganrif a'r drydedd ar ddeg, cymynnwyd arglwyddiaeth Caerfyrddin o bryd i'w gilydd i arglwyddi'r Mers neu ei breinio yn ei choncwerwyr Cymreig, ond ar ôl 1241 fe'i cadwyd gan y Goron fel sir ffiwdal. Ar ôl i Edward I wneud gwelliannau i'r llywodraeth newidiodd ei hunaniaeth o fod yn un arglwyddiaethol yn y lle cyntaf, fel pennaeth daliad ffiwdal wedi'i seilio ar gastell, i un sifil. Fodd bynnag, parhaodd i fod yn bennaeth maenor ac arglwyddiaeth Caerfyrddin, tra lleolwyd holl swyddogion y Goron, eu gosgordd a'u staff yng Nghastell Caerfyrddin; mae *Principality of Wales* Griffiths yn cynnwys rhestr lawn o'r swyddi hyn rhwng 1284 ac 1536.

Adeiladwyd lletty o faint sylweddol i'r prif swyddogion yn y castell ar ddechrau'r bedwaredd ganrif ar ddeg a chawsant eu hehangu a'u hymestyn trwy gydol y cyfnod canoloesol gydag ychwanegu adeiladau gweinyddol newydd. Roedd cymaint â chwe llys barn yn weithredol erbyn ail chwarter y bedwaredd ganrif ar ddeg, pan ychwanegwyd adeilad llys i'r diben hwnnw. Mae'n ymddangos y gellid defnyddio nifer o'r tyrau fel carchardai. Cynhaliai'r cwnstabl gartref swyddogol yn y castell hefyd. Fodd bynnag, rhaid gofalu ein bod yn gwahaniaethu rhwng deiliad y swydd – a oedd yn aml yn absennol – a'r swyddog iau neu'r dirprwy a ymgymerai â'r dyletswyddau mewn gwirionedd ac a fyddai wedi byw yn y castell fel arfer (trafodir hyn ym Mhennod 4). Trowyd cefn ar yr adeiladau hyn i raddau helaeth yn ystod yr unfed ganrif ar bymtheg, a throi'n adfeilion, wrth i'r castell golli ei statws gweinyddol.

Mae'r gwahaniaeth yn ansawdd y cofnodion ar ôl yr ailweinyddu a wnaed gan Edward ar ddiwedd y drydedd ganrif ar ddeg yn arbennig o amlwg mewn perthynas â'i hanes gweinyddol. Prin yw'r disgrifiadau cyfoes o'r modd y gweithredwyd y system weinyddol yn ystod ei blynyddoedd cynnar; ar ôl 1284 fe'i cofnodwyd yn eglur fel gweinyddiaeth Lloegr.[121]

Arglwyddiaeth Caerfyrddin
Defnyddir nifer o wahanol dermau mewn ffynonellau o'r ddeuddegfed ganrif a dechrau'r drydedd ar ddeg i gyfeirio at y tiroedd a enillwyd oddi wrth y castell ar ôl *c*.1106

(Ffigur 6) – defnyddir 'arglwyddiaeth' fel arfer, yn aml ceir 'arglwyddiaeth freiniol' ac weithiau 'castellfan' – oll yn y bôn yn disgrifio'r arglwyddiaeth ffiwdal oedd yn eiddo'n uniongyrchol i'r Goron.[122] Yn wahanol i arglwyddiaeth Penfro, a oedd hefyd yn eiddo i'r Goron rhwng 1102 ac 1138,[123] nid yw'n ymddangos ei fod wedi'i weinyddu'n ffurfiol fel sir Eingl-Normanaidd hyd canol y drydedd ganrif ar ddeg, tra na phenodwyd unrhyw siryf yn ôl bob golwg hyd nes i Edward ailweinyddu'r drefn. Fel sefydliad gan Walter, siryf Caerloyw, roedd yr arglwyddiaeth yn hytrach ynghlwm wrth iarllaeth Caerloyw, at ddibenion cyllidol, fel y gwelir yn Rholiau Siecr 1130 (lle gwnaed y mantolen gan fab ac olynydd Walter, Milo), 1178 ac 1189.[124] Nid oedd ganddo ei weinyddiaeth ariannol ei hun ychwaith – deuai gwariant drwy ddyroddiadau gwahanol drysorlysoedd yn Lloegr: ariannwyd y gwaith ailadeiladu yn 1180–1, er enghraifft, drwy drysorlysoedd Nottingham a Derby.[125]

At ddibenion gweinyddol, roedd arglwyddiaeth Caerfyrddin, daliad cryno yn cynnwys tua 350 km sgwâr yn fras, wedi ei rannu yn 'Englishry' ac yn 'Welshry'. Y castell a gynrychiolai'r cyntaf, neu'r 'sir Seisnig' fel y daethpwyd i'w adnabod, yn ogystal â thiroedd y diriogaeth a adfeddwyd iddo a'r bwrdeistref. Cymydau Widigada, Elfed a Derllys (Ffigur 6) oedd y Welshry, neu'r 'sir Gymreig' (*comitatus Wallensium*), lle cynhelid y cyfreithiau a'r arferion brodorol, neu'r *Walecharia*.[126] Ystyriwyd bod eu trigolion yn ddarostyngedig i arglwydd Caerfyrddin a'i lys. Cofnodwyd eu hymrwymiadau mewn 'Extent' a gynhaliwyd yn yr arglwyddiaeth yn 1275.[127] Byddent yn talu eu gwrogaeth o fwyd a gwartheg mewn nwyddau i'r brenin, fel eu harglwydd, ac roedd yn rhaid iddynt ddilyn baner y brenin mewn unrhyw ryfel yng Nghymru gyda chyllid o'u poced eu hunain – arwydd a barhaodd o'u hymrwymiadau blaenorol i'w harglwydd brodorol.

Fel arfer delid y castell a'r arglwyddiaeth ar ran y Goron gan ofalwyr neu 'geidwaid' (*custodes*) am delerau penodedig ac am ffi. Roedd gan y ceidwaid bwerau ffiwdal llawn ar ran y brenin, a hwy oedd yn ei gynrychioli fel arglwydd Mers yn ei hawl ei hun. Mewn gwirionedd, llywodraethwyr dros dro y rhanbarth cyfan oeddent, gan benodi eu hisswyddogion, goruchwylio gwaith ac amddiffynfeydd a darparu'r garsiwn, yn ogystal â bod yn atebol am dderbyn rhenti ac elw a oedd yn ddyledus i'r Goron am yr adnoddau a roddwyd iddynt i'w defnyddio gan y gwahanol drysorlysoedd. Byddent hefyd yn gweinyddu llysoedd yr arglwyddiaeth a gynhelid yn y castell erbyn hanner olaf y ddeuddegfed ganrif, o leiaf, ac yn ôl pob tebyg o'r cychwyn cyntaf.[128]

Mae'n amlwg yr ystyrid y ceidwaid hyn hefyd yn gwnstabliaid yn yr ystyr eu bod yn ddirprwyon milwrol i'r brenin. Mae terminoleg ffiwdal yn aneglur ac yn ymgyfnewidiol mewn dogfennau'n dyddio o'r ddeuddegfed ganrif a'r drydedd ar ddeg, ac fe ddefnyddiwyd y term 'cwnstabl' am y tro cyntaf yng Nghaerfyrddin yn yr 1170au, pan gafodd ei ddefnyddio i gyfeirio at y ceidwad Roger Norreys.[129] Mewn cyferbyniad â hyn, yn dilyn y Goncwest Edwardaidd, datblygodd swydd y cwnstabl yn un ar wahân, ac yn un isradd, gyda'r prif ustus yn ei benodi.

Prin yw'r ceidwaid a gofnodir wrth eu henwau mewn adroddiadau o'r ddeuddegfed ganrif. Mae'n ymddangos, fodd bynnag, nad oeddent yn dod o blith graddau uchaf y pendefigion.[130] Gan nad oedd ganddynt lawer o stadau na chyfrifoldebau mewn mannau eraill – yn wahanol i'w holynwyr a weithredai drwy ddirprwyon i raddau helaeth – mae'n bosibl eu bod wedi byw yn y castell yn bennaf. Ymhlith y rhain roedd Roger Norreys yn 1174–6, Reginald Norreys yn 1177–8,[131] perthynas i'r llall mwy na thebyg, Richard Revel yn 1180–3,[132] William de St Leger yn 1189[133] ac, yn 1199–1200, John of Torrington.[134] Newidiodd y sefyllfa ar ôl i Aberteifi ddod i ddwylo'r Goron yn 1200. O hyn ymlaen delid cestyll Caerfyrddin ac Aberteifi ar y cyd gan geidwaid a allai, o hyn ymlaen, fod o statws uwch, fel William de Londres, perthynas i arglwydd Cydweli, fu'n geidwad rhwng 1207 ac 1210.[135]

Fodd bynnag, nid oeddent yn eiddo uniongyrchol i'r Goron bob amser. Gwelsom uchod fod y rhodd i William Marshal I, yn 1214, yn un i arglwydd Mers yn ei hanfod. Mae'n ymddangos fod ei fab, William Marshal II, wedi mwynhau statws rhannol annibynnol o leiaf rhwng 1223 ac 1226 gan gyfrannu tuag at y gwaith o ailadeiladu'r ddau gastell o'i boced ei hun (gweler Pennod 4). Ac ildiwyd rheolaeth y Goron yn gyfan gwbl yn ystod 1229–32 pan drowyd Caerfyrddin ac Aberteifi yn arglwyddiaeth Mers newydd ar gyfer prif ustus Lloegr, Hubert de Burgh, 'to be held by de Burgh and his heirs by the service of five knights'.[136] Fe'u daliwyd fel arglwyddiaeth hefyd gan Gilbert Marshal rhwng 1234 ac 1240, 'by the service of one knight', yn lle ei eiddo a gollwyd yn Normandi; roedd gofyn iddo eu trosglwyddo'n ôl i'r brenin pe adferwyd ei diroedd yn Ffrainc fyth.[137] Nid oedd yn dilyn fod y cyfnodau hyn o reolaeth gan y Mers gyda goblygiadau radical i beirianwaith y llywodraeth – byddai pob arglwydd wedi cael ei geidwad a'i staff ei hun er mwyn cynnal y llysoedd ffiwdal, gan fod llysoedd a thiroedd breiniol o'r fath yn gweithredu yn yr arglwyddiaethau Mers annibynnol fel Penfro.[138] Pan fu farw Gilbert yn 1241 etifeddodd ei frawd Walter ei stadau a'i swyddi. Fodd bynnag, ataliwyd Caerfyrddin ac Aberteifi gan ddod yn gyfeddiant parhaol i'r Goron.[139]

Rheolaeth y Cymry

Nid yw effaith rheolaeth y Cymry ar ddatblygiad hunaniaeth a gweinyddiaeth yr arglwyddiaeth, y castell a'r dref yn y ddeuddegfed ganrif yn glir. Yn ystod hanner cyntaf y ganrif, roedd tywysogion y Deheubarth fel arfer yn difrodi'r bwrdeistrefi Eingl-Normanaidd a oresgynnwyd ac yn gyrru'r bwrdeiswyr oddi yno.[140] Newidiodd y polisi hwn yn ddiweddarach. Gwelsom fod Cadell ap Gruffudd wedi ailadeiladu Castell Caerfyrddin yn 1150. A mwynhâi bwrdeiswyr Aberteifi a Llanymddyfri, a gipiwyd gan yr Arglwydd Rhys yn yr 1160au, ei nawdd a'i amddiffyn a pharhâi'r bwrdeistrefi i weithredu fel arfer.[141] Roedd hyn, fodd bynnag, ar ôl ei ddaliadaeth yng Nghaerfyrddin, a ildiwyd i Harri II yn 1158. Mewn gwirionedd mae'n debyg fod arwyddocâd economaidd Caerfyrddin yn eilbeth i Cadell a Rhys gan fod y ddau yn ystod yr 1150au yn pryderu'n bennaf am atgyfnerthu eu gafael ar Ddeheubarth; rhywbeth ymylol oedd Caerfyrddin yn wyneb hyn ac awgrymwyd eu bod wedi sylweddoli na allent ddal eu gafael ynddo yn y tymor hir ac y byddai'n rhaid iddynt ei ildio yn gyfnewid am gonsesiynau eraill.[142] Ar ben hynny nid oes fawr o dystiolaeth fod unrhyw berthynas barhaol rhwng Rhys a'r dref wedi iddi gael ei hildio i'r brenin.[143] Felly mae'n amheus hefyd a fyddai'r tywysogion wedi defnyddio'r castell i unrhyw ddiben gweinyddol – yn wir, nid yw'n ymddangos fod unrhyw rai o'r cestyll Cymreig a'r rhai a oedd yn eiddo i'r Cymry yn y cyfnod wedi disodli swyddogaeth weinyddol y llys brodorol.[144] Roedd cyfraith ac arferion y Cymry i'w cael o hyd drwy ran helaethaf arglwyddiaeth Caerfyrddin – y Welshry – a gwnaed y gwaith gweinyddu drwy'r llysoedd cwmwd yn ôl pob tebyg.

Gallwn fod yn sicrach ynghylch y sefyllfa rhwng 1215 ac 1223. Yn wahanol i Cadell a Rhys, daliodd Llywelyn ap Iorwerth Gaerfyrddin fel swyddog i'r Goron Seisnig; yn 1218 fe'i penodwyd yn ffurfiol yn geidwad cestyll ac anrhydeddau Caerfyrddin ac Aberteifi, 'as royal bailiff, taking the profits and paying the expenses', a chadarnhaodd hawliau'r bwrdeiswyr yn syth.[145] Parhaodd y castell i fod yn ganolfan weinyddol ranbarthol, a than systemau Eingl-Normanaidd, gyda thelerau'r penodiad yn nodi fod angen i Lywelyn 'hold the king's court in the aforesaid castles and lands according to English law for the English, according to Welsh law for the Welsh'.[146]

Dyddiau cynnar y sir

Ar ôl i'r Goron ailafael yn ei rheolaeth uniongyrchol yn 1241 gweinyddwyd arglwyddiaeth Caerfyrddin, ynghyd â Cheredigion, fel sir ffiwdal.[147] Rhoddwyd gwarchodaeth i John, arglwydd Mynwy ac yn 1242 fe'i penodwyd yn 'chief bailiff of the counties of Carmarthen and Cardigan'.[148] Fel eu rhagflaenwyr, ceidwaid y drydedd ganrif ar ddeg oedd prif swyddogion gweithredol y sir ac roedd ganddynt gyfrifoldeb cyfan gwbl, fwy neu lai, am y llywodraeth. Parhaent i gynnal y llysoedd – a fyddai'n cyfarfod yn fisol yn y castell am ddiwrnod ar ei hyd erbyn 1280 o leiaf[149] – a chyfeirir atynt ar wahanol adegau fel y 'llywodraethwr', 'distain', 'ustus',[150] ac weithiau fel 'prif ustus y brenin yn ne Cymru', gan adlewyrchu hawliau ehangach ar ran y frenhiniaeth.[151] Ar ben hynny, ac eithrio cyfeiriad digyswllt yn 1223 – hynny yw, cyn ffurfioli'r sir – ni cheir unrhyw gofnod o siryf cyn gwaith ad-drefnu Edward yn yr 1280au.[152] Cofnodwyd hawliau awdurdodaeth y llys sirol yn y Stent yn 1275.[153] Er i awdurdod y swyddogion brenhinol gael ei gyfyngu yn ymarferol i arglwyddiaethau Caerfyrddin a Cheredigion hyd 1284, hawliwyd uwcharglwyddiaeth dros ardal ehangach, gan gynnwys arglwyddiaethau Mers Talacharn, Llansteffan a Sanclêr (gweler isod). Cydnabuwyd, fodd bynnag, fod arglwyddiaeth Cydweli wedi ei cholli i'r sir.

Roedd ceidwaid canol y drydedd ganrif ar ddeg, i ddechrau, yn swyddogion proffesiynol y Goron. Yn 1245 disodlwyd John o Fynwy gan Nicholas de Meules, cyn-lywodraethwr Gwasgwyn.[154] Yn 1248, fe'i disodlwyd gan Robert Waleran – ceidwad stadau'r Marshals yng ngorllewin Cymru cyn hynny,[155] un o swyddogion prysur Harri III a cheidwad, ar un adeg, cestyll Marlborough, Rochester a St Briavels, Caerloyw.

Fel eu rhagflaenwyr, roeddent hefyd yn gwnstabliaid – dirprwyon milwrol, gyda chyfrifoldeb ychwanegol am garchar y castell.[156] Roeddent yn parhau i fod yn gyfrifol am weinyddu'r arian, mewn cysylltiad â'r trysorlysoedd perthnasol; nid oedd trysorlys na siambrlen ar wahân yng Nghaerfyrddin hyd at ddiwedd y drydedd ganrif ar ddeg, ac – yn arwyddocaol – parhaodd y sir i gael ei hasesu ochr yn ochr â Chaerloyw yn y Rholiau Siecr.[157] Ac er bod Caerfyrddin ac Aberteifi, gyda'u demenau cyfagos, yn cynnwys 'stiwardaethau' maenorol,[158] ni cheir unrhyw gyfeiriad at swydd stiward ar wahân yn y ffynonellau cyn ad-drefnu Edward yn yr 1280au, pan oedd yn benodiad i'r llysoedd cymydol. Cyn y dyddiad hwnnw, mae'n ymddangos i'r gair 'stiward' fod yn gyfystyr â cheidwad[159] – a ddaliai hefyd, gyda llaw, y llysoedd maenorol yn Llanllwch (gweler isod). Wrth gwrs roedd angen cynorthwywyr o'r dechrau: cyfeirir at feiliaid yn 1223,[160] ac 1233,[161] er enghraifft, tra enwyd Richard de Underleach a Robert de Chandos yn feiliaid yng Nghaerfyrddin ac Aberteifi yn y drefn honno, gan wasanaethu John o Fynwy a Nicholas de Meules.[162]

Ni chafwyd fawr ddim newid dan y tywysogion Edward ac Edmund, 1254–79. Deiliaid y Goron oeddent yng Nghaerfyrddin ac Aberteifi a gweinyddwyd y siroedd gan swyddogion y brenin.[163] Dan y tywysogion, fodd bynnag, arglwyddi Mers oedd y ceidwaid yn bennaf. Disodlwyd Waleran ac erbyn 1258 yr arglwydd Cydweli, Patrick de Chaworth, oedd deiliad y swydd.[164] Yn 1263, penodwyd swyddog proffesiynol, Hugh de Turbeville,[165] ond y flwyddyn ganlynol fe'i disodlwyd gan Guy de Brian, arglwydd Talacharn,[166] tra derbyniodd Payn, mab ac etifedd Patrick de Chaworth, gystodaeth pan ddychwelwyd Caerfyrddin ac Aberteifi i'r brenin yn 1279.[167] Ymddengys hefyd i gwnstabl ar wahân gael ei benodi o'r diwedd tua dechrau 1277 – fel paratoad efallai ar gyfer y rhyfel yn erbyn y Cymry – ym mherson John de Beauchamp.[168] Byddai'n cael y cyfrifoldeb ychwanegol o weinyddu Cantref Bychan a Dinefwr wedi iddo eu hennill yn ddiweddarach y flwyddyn honno.

Prif ustus de Cymru

Ar ôl i Edward I ennill Caerfyrddin dychwelodd rheolaeth uniongyrchol y Goron yn ôl i'r sir, ac atgyfnerthwyd grym y Goron yn y rhanbarth. Un o'r pethau cyntaf a wnaeth oedd sefydlu swydd newydd, sef prif ustus, yn 1280, yn lle'r ceidwad.[169] Gwelsom fod rhai ceidwaid wedi eu galw yn brif ustusiaid yn anffurfiol ac yn hyn o beth yr un oedd pwerau'r swyddog newydd. Ond cawsant eu ffurfioli'n gyfan gwbl. Y prif ustus oedd prif swyddog gwleidyddol a chyfreithiol de-orllewin Cymru. Estynnai ei awdurdod – a oedd ar ei anterth yn ystod y genhedlaeth wedi 1280 – ledled rhanbarthau de a gorllewin Cymru a ddelid gan y Saeson ac yno ef oedd yr llywodraethwr uchaf, gyda phwerau dirprwy-frenhinol.[170] Yn dilyn y goresgyniad roedd angen dynion milwrol ac yn unol â hynny roedd y prif ustus cyntaf, Bogo de Knovill, yn hen is-gapten i Edward ac yn gyn-siryf yr Amwythig.[171] Bu yn y swydd am flwyddyn yn unig ac yna fe'i holynwyd gan Robert Tibetot, prif ustus rhwng 1281 ac 1298, un arall o gymdeithion milwrol y brenin, a chyn-lywodraethwr Gwasgwyn.[172]

Lleolwyd y swydd yng Nghastell Caerfyrddin lle cynhaliai'r prif ustus y llys sirol, fel y gwnaethai'r ceidwaid. Ef hefyd oedd yn penodi cwnstabliaid cestyll Caerfyrddin ac Aberteifi – a wnaed yn swyddi ar wahân ac isradd – a swyddogion brenhinol eraill yng ngorllewin Cymru a oedd yn cynnwys y siryfion hyd 1341.[173] Fel y ceidwaid, y prif swyddogion ariannol oedd y prif ustusiaid cynnar ond fod ganddynt ymreolaeth newydd, yn rhydd o reolaeth allanol, lle roeddent yn cynnal eu trysorlys eu hunain ac yn cyflwyno eu cyfrifon eu hunain i Westminster.[174] Roeddent hefyd yn casglu siedau,[175] yn ymgymryd â thasgau eraill fel trefnu cyllidau milwrol[176] ac, ar y dechrau, yn cadw'r carcharau yng nghestyll Caerfyrddin, Aberteifi ac Aberystwyth.[177] Oherwydd eu dyletswyddau niferus, fodd bynnag, roeddent yn aml yn absennol[178] ac, o gyfnod cynnar, y dirprwyon a wnâi lawer o'r gwaith cyfreithiol – yn 1291, roedd y cwnstabl Walter de Pederton, yn brif ustus ei hun rhwng 1298 ac 1300 ar ôl i Tibetot farw, yn cynnal y llysoedd ar ei ran hefyd.[179]

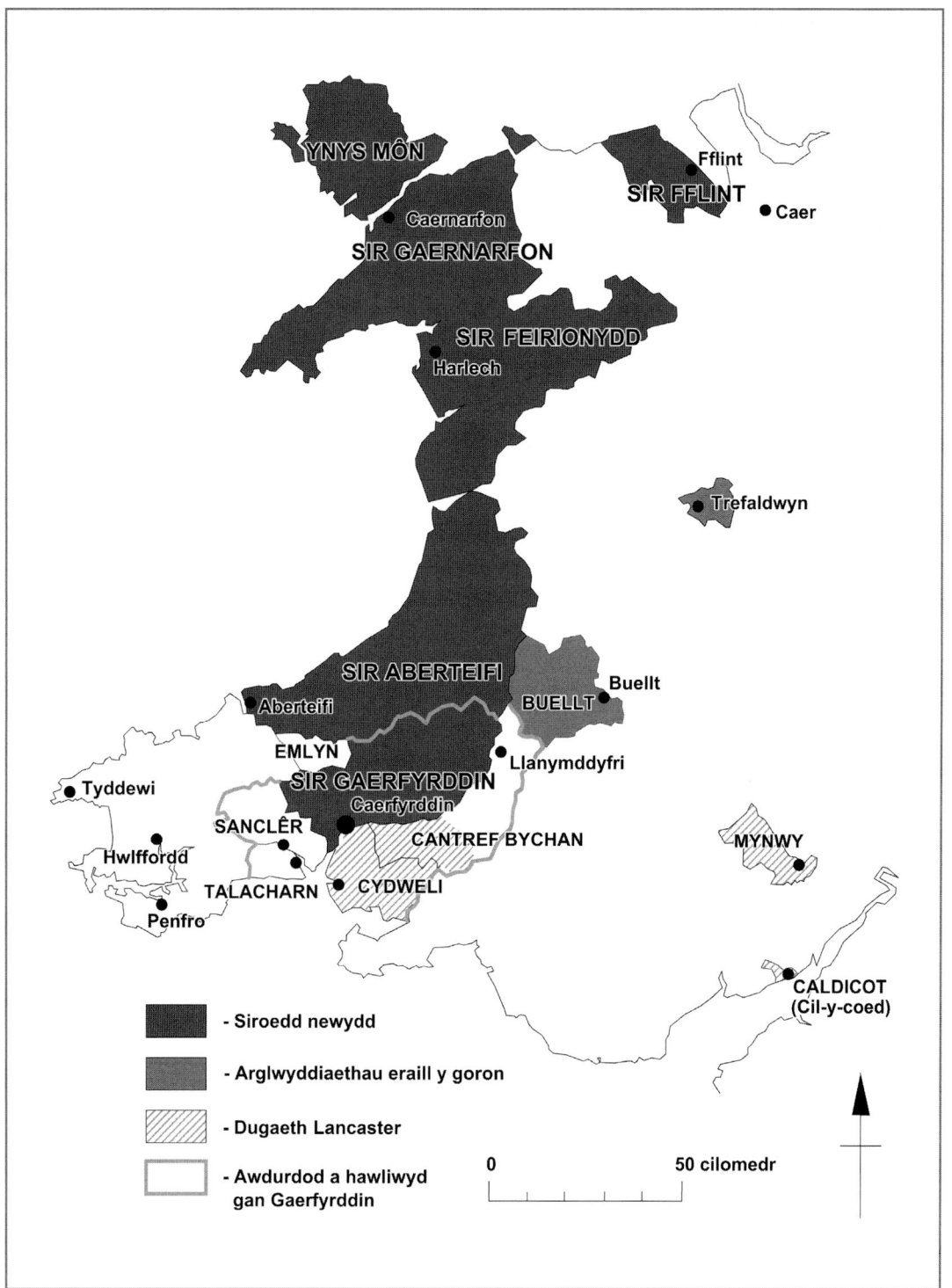

Ffigur 7 Y dywysogaeth: tiroedd y Goron yng Nghymru, tua 1300

Y sir ddiweddarach: sir Gaerfyrddin

Dan Statud Rhuddlan ad-drefnwyd ac ehangwyd siroedd ffiwdal Caerfyrddin a Cheredigion gan eu troi'n siroedd. Nid oeddent yn gydrannau o'r deyrnas Seisnig na chwaith yn rhan o'i system seneddol, ond yn lle hynny fe'u daliwyd yn uniongyrchol gan y Goron, a'u gweinyddu gan y prif ustus ar ei rhan.[180] Trwy hynny ehangwyd awdurdod y Goron yn weledol yn ne-orllewin Cymru. Ffurfiolwyd Castell Caerfyrddin fel eu canolfan llywodraeth – yn gartref i'w phrif swyddfeydd gweinyddol hyd yr unfed ganrif ar bymtheg[181] – fel roedd Castell Caernarfon yn nhair sir newydd gogledd Cymru (gweler Ffigur 7).

Fodd bynnag ni ellid gweithredu gofynion y statud yn llawn yn sir Gaerfyrddin hyd nes y daeth Cantref Mawr dan reolaeth uniongyrchol swyddogion Edward o'r diwedd yn 1290. Ychwanegwyd Cantref Mawr at y diriogaeth frenhinol – fel 'the other part of the English county' – yn hytrach na'r Welshry, ac fe'i gweinyddwyd yn y lle cyntaf gan gwnstabl Castell Caerfyrddin.[182] Er ei bod wedi ei haildrefnu ar sail y patrwm Seisnig, gan gyflwyno cyfraith droseddol Lloegr, glynwyd at y cwmwd fel ei uned llywodraeth, a chadwodd ei ringyll, neu fedel, ei hun.

Roedd yn rhaid i denantiaid y Goron fynychu'r llysoedd sirol yng Nghaerfyrddin ac Aberteifi ac roedd yn rhaid i brif denantiaid lleyg wneud gwasanaeth milwrol.[183] Fodd

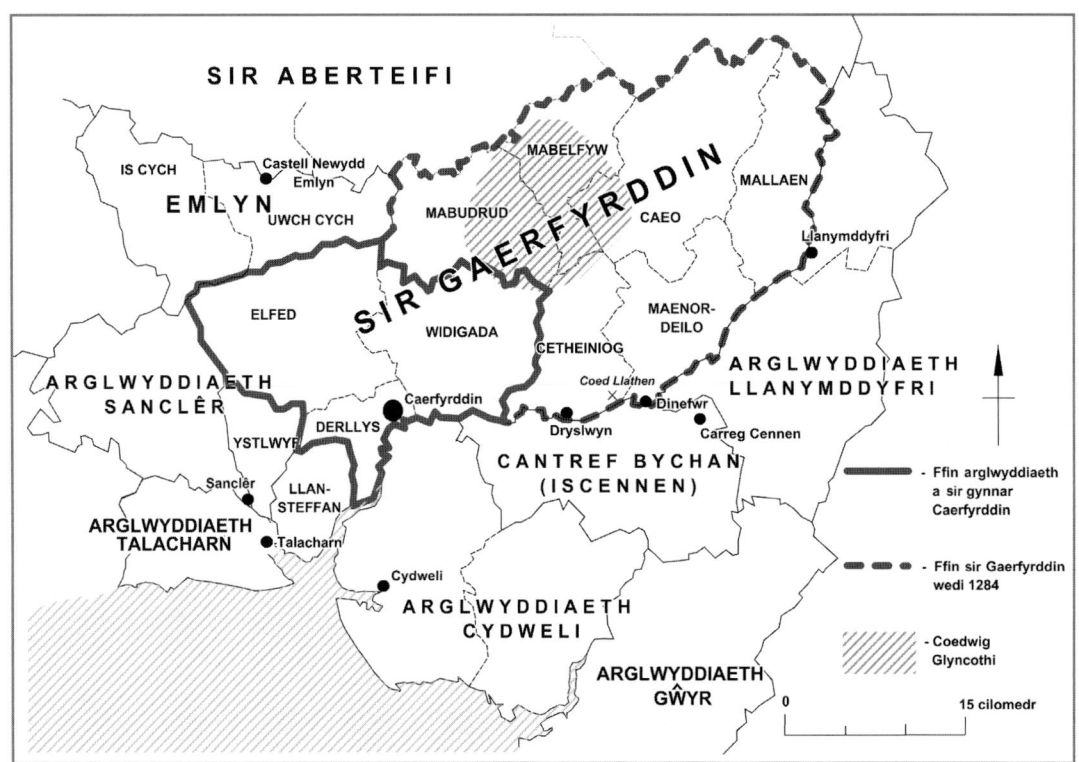

Ffigur 8 Map o sir Gaerfyrddin ar ôl 1284 (yn dangos y safleoedd a grybwyllir yn y testun)

bynnag, roedd maint awdurdod y Goron yn cael ei herio'n aml. Mewn enw roedd yn cynnwys y ddwy sir newydd – gan gynnwys Cantref Mawr – a Chantref Bychan Giffard,[184] a ymestynnai dros arglwyddiaethau Talacharn, Llansteffan, Sanclêr, Ystlwyf ac Emlyn Uwch Cych (Ffigurau 6 ac 8),[185] lle'r oedd y sir ffiwdal wedi gwneud ceisiadau am uwch-arglwyddiaeth yn 1275.[186] Ar ôl 1284 adenillwyd arglwyddiaeth Cydweli, a gollwyd i'r sir erbyn 1275 ond yn 1327 ymunodd â Dugiaeth Lancaster, yn annibynnol ar Gaerfyrddin gan gynnal ei lysoedd ei hun.[187] (Yn yr unfed ganrif ar bymtheg cawn weld fod yr holl arglwyddiaethau uchod wedi eu cydio wrth sir y drydedd ganrif ar ddeg er mwyn ffurfio sir newydd, llawer iawn mwy, sir Gaerfyrddin.) O bryd i'w gilydd hawliwyd awdurdodaeth dros Abertawe a Gŵyr hefyd yn deillio o'u cysylltiad â Chaerfyrddin yn y rhodd a gyflwynwyd i William Marshal yn 1214.[188]

Y llysoedd a'r swyddogion

Ailwampiwyd y system weinyddol yn ystod daliadaeth Edward II, yn y lle cyntaf fel tywysog Cymru rhwng 1301 ac 1307, ac yna fel brenin rhwng 1307 ac 1327, gyda goblygiadau radical, yn ymarferol a strwythurol, i Gastell Caerfyrddin. Cyn hynny dim ond un llys a fu yn y castell – y llys sirol – a gafodd ei ymestyn o un diwrnod i ddau ddiwrnod bob mis yn 1280,[189] ac a gynhelid yn ôl pob tebyg yn y Neuadd Fawr (neu 'Neuadd y Brenin'). Erbyn canol y bedwaredd ganrif ar ddeg roedd nifer y llysoedd wedi cynyddu i chwech, ac efallai fod y 'Neuadd Sir' y cyfeirir ati yn 1339–40 yn disgrifio ail adeilad llys a godwyd i'r diben (gweler Pennod 4).

Dan y Tywysog Edward yn 1301 sefydlwyd llysoedd sirol ar wahân ar gyfer y frodoraeth a'r Saesonaeth gyda'u rhingylliaid neu eu beiliaid eu hunain. Y siryf oedd yn cynnal y ddau yn y lle cyntaf.[190] Mae'n debyg fod sesiynau blynyddol y prif ustus, a gynhelid gan y prif ustus ei hun neu ei ddirprwyon,[191] wedi eu cyflwyno ar yr un adeg.[192] Hwy oedd y llysoedd uchaf yn ne-orllewin Cymru ac yno y clywid pledion y Goron, a thrwyddynt hwy datblygodd y prif ustus i fod yn ffigwr cyfreithiol yn bennaf, yn hytrach nag un milwrol.[193] Ar y dechrau roeddent yn hanner-symudol, gan gyfarfod yng nghestyll Caerfyrddin, Aberteifi ac Aberystwyth, ond erbyn 1327 roeddent wedi sefydlogi yng Nghaerfyrddin[194] – o bosib y rheswm dros adeiladu'r adeilad llys sirol newydd y cyfeiriwyd ato uchod.[195]

O ganlyniad i gamddefnydd dan law'r Mortimers – prif ustusiaid yn gynnar yn y bedwaredd ganrif ar ddeg (gweler isod) – cyflwynwyd diwygiadau yn yr 1330au. Roedd y diwygiadau hyn yn cynnwys llys misol ychwanegol, y Sesiwn Fach a gyflwynwyd yn 1332–3 ac a oedd yn cyfarfod yng Nghastell Caerfyrddin dan y dirprwy brif ustus.[196] Sefydlwyd dau lys arall – Llys yr Orfodaeth Newydd yn 1335–6, a gynhaliwyd gan y siryf i wrando ar ddadleuon ynghylch tiroedd, a'r Llys Ymrwymiadau (1337–8) a gynhaliwyd gan y dirprwy brif ustus ac a ymdriniai â dyledion i'r Goron ac a ddefnyddiwyd yn bennaf gan y siambrlen.[197] Ni pharhaodd yr un o'r ddau yn hir.

Roedd swydd y siryf, a gyflwynwyd i dde-orllewin Cymru ar ôl 1284 mae'n ymddangos, yn swydd gymharol ddibwys a ddelid gan ddynion o gefndiroedd di-nod.[198] Gwanhaodd eu pwerau ymhellach yn ystod y bedwaredd ganrif ar ddeg: y cwnstabl ddaeth yn gyfrifol am y llys sirol Cymreig yn 1349, daeth y dirprwy brif ustus yn gyfrifol am y Llys Seisnig yn 1352–3, tra diddymwyd Llys yr Orfodaeth Newydd yn fuan iawn.[199] O hyn ymlaen cyfyngwyd y siryf i ddyletswyddau plismona cyffredinol.[200] Penodwyd siedwr a chrwner y Goron yn 1323 i gynorthwyo'r prif ustus a daeth yn swydd barhaol yn yr 1340au;[201] fel yr holl swyddogion uchod a/neu eu dirprwyon fe'i lleolwyd yng Nghastell Caerfyrddin (cf. Caernarfon – gweler Pennod 4).

Y carchar canoloesol

Roedd Castell Caerfyrddin wedi gwasanaethu fel carchar ers diwedd y ddeuddegfed ganrif o leiaf,[202] ac fel cestyll eraill mae'n debyg y gallai fod wedi gwasanaethu yn y modd hwn o'r cychwyn cyntaf. Gallai achosion yn ei lysoedd ei hunain arwain yn uniongyrchol at garchariad – yn yr 1320au, er enghraifft, cadwyd gŵr o'r enw John Caperiche, a gafwyd yn euog o gynllwynio yn Sesiwn y Prif Ustus 'in the prison of the castle of Carmarthen for three years'.[203] Ond roedd hefyd yn gwasanaethu ardal ehangach, gan weithredu ar adegau fel man casglu. Er enghraifft, gorchmynnwyd cludo 80 'Welshmen', a ddaliwyd ar ôl gwrthryfel 1294–5, i'r castell a'u cyflwyno i'r cwnstabl 'who was to keep them there until they were taken to Bristol Castle'.[204] Efallai fod y tywysog Cymreig Rhys Grug, a gipiwyd yng Nghaerfyrddin yn 1213, ymhlith y carcharorion gwleidyddol hyn hefyd a'i fod wedi ei roi yn y 'king's prison'.[205]

Cyfrifoldeb y ceidwad oedd y carcharorion yn y lle cyntaf, a'r prif ustus drwy gwnstabl y castell ar ôl yr ad-drefnu dan Edward.[206] Cyfeiriwyd at un o'r tyrau yn y ward mewnol – a adeiladwyd yn ôl pob tebyg yn y 1220au–30au (gweler pennod 4) – fel carchar yn 1321,[207] ac mae'n bosibl ei fod wedi gweithredu fel carchar ers ei adeiladu. Fodd bynnag roedd llawer gormod o garcharorion yn y 1290au ar gyfer un tŵr ac mae'n amlwg y gellid defnyddio llawer o ystafelloedd y castell *ad hoc* ar gyfer caethiwo pobl ers sawl blwyddyn. Yn wir mae cofnod yn dyddio o 1390–1 yn awgrymu y gellid defnyddio siambrau isaf y pum tŵr yn y cwrt mewnol o leiaf – '(to) locks and keys for divers doors of the five towers, and for gyves, bolts wedges and other irons, 8s 2d'.[208] Yn ogystal â hynny, cyfeirir at garchar 'below the constable's kitchen' yn 1360–1,[209] tra gall carchar arall fod wedi ei ychwanegu erbyn 1414 (gweler pennod 4).

Mae cofnod 1390–1 hefyd yn rhestru 'iron for making fetters etc.'. Cyfeiriwyd at gyffion yn 1306,[210] ac yn 1490–1.[211] Y flwyddyn ganlynol prynwyd 'iron for making fetterchains and handcuffs'.[212] Fodd bynnag, mae'n ymddangos fod ffoaduriaid yn broblem gyson ac fe'u cofnodir yn 1339,[213] yn 1376[214] ac yn 1506.[215] Gellid cynnal dienyddiadau yn y castell hefyd – mae cofnod 1491–2 hefyd yn cyfeirio at gostau 'making a new gallows'.[216]

Cwnstabl y castell

Gwelsom fel y cyfeiriwyd weithiau at geidwad Castell Caerfyrddin cyn cyfnod Edward fel 'cwnstabl' ac, yn 1277, bod y swydd wedi ei chreu yn un ar wahân wedi ei ffurfioli fel dirprwy milwrol y brenin yn ne-orllewin Cymru.[217] Yn y dyddiau cynnar, fodd bynnag, nid oedd y swydd yn un ar wahân bob amser. Olynwyd y cwnstabl cyntaf, John de Beauchamp, gan y prif ustusiaid Bogo de Knovill, Robert Tibetot a Walter de Pederton.[218] Yn dilyn hynny y prif ustus oedd yn gyfrifol am lenwi'r swydd ac roedd dan ei orchymyn (a chyfeiriwyd ato weithiau fel ei 'is-gapten'),[219] ac yn aml fe'i delid gan y dirprwy brif ustus yn ystod y bedwaredd ganrif ar ddeg a'r bymthegfed.[220] Ac er bod cwnstabl wedi ei benodi i bob un o gestyll brenhinol Cymru yn ddamcaniaethol, erbyn y bymthegfed ganrif roedd dynion fel John Scudamore (neu Skidmore) yn gweithredu fel cwnstabliaid mewn cestyll a oedd cyn belled oddi wrth ei gilydd â Chaerfyrddin a'r Grysmwnt, Mynwy,[221] yn unol â'r penodiadau lluosog a oedd yn gyffredin yn Lloegr.[222] Penodwyd cwnstabliaid o blith y bonedd isaf fel arfer – weithiau, yn ystod y bedwaredd ganrif ar ddeg, o linach Gymreig – ond o 1342 ymlaen, dechreuodd uchelwyr lenwi'r swydd ar y cyd â swyddogion eraill, gan weithredu'n ddirprwyol. Roedd Caerfyrddin yn anghyffredin yn hyn o beth – dim ond mewn pedwar castell arall, pob un ohonynt yn eiddo o bwys i'r Goron gan gynnwys Wallingford a Dover, y gwelwyd y pendefigion uwch yn gwasanaethu.[223] Penodwyd cwnstabliaid ar y cyd yn 1399–1402, arfer oedd yn cyd-daro fel arfer ag argyfwng cenedlaethol[224] – diorseddiad Richard II yn yr achos hwn.

Byddai'r cwnstabl yn cynorthwyo i gynnull milwyr yn ystod ymgyrchoedd milwrol, i osod garsiwn yn y castell a'i gyflenwi ac ef oedd capten y garsiwn mewn cyfnod o derfysg.[225] Roedd ganddo hefyd ddyletswyddau sifil. Fel y ceidwaid cynharaf, ef a gynhaliai'r llys maenorol ac, ar ôl 1349, ef a lywyddai dros y llys sirol Cymreig. Ef oedd rheolwr storfa win y brenin,[226] a gwelsom mai ef hefyd oedd ceidwad carchar y castell ar ran y prif ustus.

Fel mewn nifer o gestyll eraill roedd cartref swyddogol y cwnstabl uwchben y prif borthdy, o 1356–7 ymlaen o leiaf pan gyfeirir at 'the Constable's Chamber over the large gate'. Pan ailadeiladwyd y porthdy ar ddechrau'r bymthegfed ganrif, mae'n bosibl fod un (neu ddau) o'i dyrau wedi eu henwi ar ôl cwnstabl y cyfnod – cyfeirir at 'John Skidmore's Tower' mewn cofnod yn dyddio o 1409–10.[227]

Er mai penodiad tymor byr o rai blynyddoedd ydoedd fel arfer, gellid ailbenodi'r cwnstabl mwy nag unwaith. Roedd Scudamore, er enghraifft, yn gwnstabl yn 1405–9 (pan ildiwyd y castell i Glyndŵr), ac eto rhwng 1409 ac 1421,[228] ac fe'i hailbenodwyd 'am oes' rhwng 1423 ac 1433.[229]

Y trysorlys a'r siambrlen

Dirprwyon cyllidol a gynorthwyai'r prif ustusiaid yn y drydedd ganrif ar ddeg. Cyflwynwyd rhan o adenillion Rhôl Siecr 1288–9 gan 'valet' i Robert Tibetot, sef gŵr o'r enw Alnet – a oedd yn amlwg yn fwy na gwas.[230] Roedd trysorydd, Hugh de Cressingham, wedi ei benodi erbyn yr 1290au[231] ac yn 1299 crëwyd swydd ariannol cwbl ar wahân, sef 'siambrlen de Cymru';[232] roedd trysorlys wedi ei adeiladu yn y castell erbyn 1306 (gweler Pennod 4).

Penodiad y brenin neu dywysog Cymru oedd y siambrlen, ond roedd dan reolaeth y prif ustus a'i ddirprwyon.[233] Ef a gyfarwyddai'r drefn o gasglu cyllid a'i wario yn ne-orllewin Cymru,[234] ac ef hefyd oedd yn gyfrifol am dalu'r holl swyddogion brenhinol.[235] Byddai hefyd yn cadw cofnodion y gweithrediadau gweinyddol a chyfreithiol, ac ymhen amser fe'i hadnabuwyd fel y siawnsri.[236] Ochr yn ochr â'r dirprwy brif ustus ef a reolai'r siryf a swyddogion y cymydau.[237] Gyda chymorth y cwnstabl, rheolai garsiwn a chyflenwadau Caerfyrddin ac eiddo'r cestyll brenhinol eraill yn ne-orllewin Cymru.[238] Byddai hefyd yn darparu cefnogaeth logistaidd ar gyfer ymgyrchoedd milwrol y brenin gan ddarparu cludiant a milwyr yn ôl y galw.[239] Yn ogystal â hynny roedd yn gyfrifol am atgyweirio Castell Caerfyrddin o ddyroddiadau ei swydd dan gyfarwyddyd y prif ustus.[240] Fel gyda'r swyddi eraill gellid ei ddal ar y cyd â swyddi eraill: roedd hyn wedi digwydd erbyn yr 1320au,[241] ond daeth hyn yn arbennig o gyffredin tua diwedd y canol oesoedd.

O ganlyniad penodwyd staff i'r siambrlen cyn bo hir. Dirprwyon oedd yn gwneud llawer o'i waith erbyn diwedd y bedwaredd ganrif ar ddeg a'i dîm o glercod, a gyflogwyd gan y siecr, oedd yn cynrychioli swyddfa'r brenin i bob pwrpas yn ne-orllewin Cymru.[242] Y siecr hefyd oedd cartref y drysorfa.[243]

Fel y cwnstabl, roedd cyfnod y siambrlen yn un byr fel arfer, dros gyfnod o rai blynyddoedd, ond gellid ei ailbenodi sawl gwaith a phrior Caerfyrddin a lanwodd y swydd yn bennaf yn ystod 30 mlynedd cyntaf y bedwaredd ganrif ar ddeg. Clercod yng nghartref y brenin neu'r tywysog fel arfer oedd y penodiadau eraill, er enghraifft, Thomas o Gastell Gwydris, siambrlen dan Edward III a'r Tywysog Du.[244] Felly nid oedd y siambrlen ei hun o angenrheidrwydd yn byw yn y castell heb unman arall. Er hynny roedd ei swydd yn un o bwys ac adeiladwyd lety sylweddol iddo yng Nghastell Caerfyrddin ar ddechrau'r bedwaredd ganrif ar ddeg (gweler Pennod 4), lle roedd ei staff yn byw. Er mai'r prif ustus a gadwai rholiau'r cyfrifwyr yn y lle cyntaf, penodwyd dau archwiliwr yn 1349 a deithiai o Westminster i gynnal archwiliad blynyddol yn y castell.[245] Fel y cawn weld roedd Neuadd Archwilio wedi'i hadeiladu yno i'r diben erbyn 1419.

Prif ustusiaid y bedwaredd ganrif ar ddeg

Parhaodd newidiadau gweinyddol y Tywysog Edward ar ôl iddo ddod yn frenin yn 1307. Yn 1308 crëwyd un prifustusiaeth, yn gwasanaethu Cymru gyfan, ar gyfer yr arglwydd Mers blaenllaw Roger Mortimer o'r Waun.[246] Bu yn y swydd hyd 1315, ac eto rhwng 1317 ac 1322.[247] Oherwydd ei gylch gwaith estynedig a'i gyfrifoldeb yn y Mers roedd ef hefyd yn absennol yn aml ac fel y siambrlen gweithredai drwy ei ddirprwyon i raddau helaeth. Er hynny, fel y siambrlen, comisiynodd gasgliad o ystafelloedd a oedd yn briodol i ddyn o'i safle – 'Plas y Prif Ustus' – yng Nghastell Caerfyrddin (gweler Pennod 4). Ar ôl ei farwolaeth yn 1326, rhannwyd y dywysogaeth unwaith eto rhwng dau brif ustus. Fodd bynnag, adferodd Roger Mortimer o Wigmore, iarll March, swydd prif ustus 'Cymru gyfan' pan ddychwelodd gyda'r Frenhines Isabella; bu yn y swydd rhwng 1328 ac 1330.[248]

Cyflwynwyd nifer o gwynion i'r Senedd yn erbyn cyfundrefn y ddau Fortimer, lle roedd gormes a chamddefnyddio'r swydd yn rhemp.[249] Fodd bynnag, cyflogwyd prif ustusiaid dros Gymru gyfan unwaith eto gan y Tywysog Du, rhwng 1337 ac 1376[250] ac o ganlyniad, oherwydd absenoldeb a llai a llai o gyswllt gyda'r boblogaeth, gwelwyd dirywiad graddol yn eu hawdurdod.[251] O ganlyniad cynyddodd pwysigrwydd y dirprwy brif ustus – a oedd yn Gymro yn aml. Roedd y Llys Seisnig, y Sesiwn Fach a'r Llys Ymrwymiadau i gyd dan ei reolaeth, a chynorthwyodd i drefnu milwyr, o Gaerfyrddin i'r Alban a Ffrainc, yn ystod y bedwaredd ganrif ar ddeg.[252]

Y canol oesoedd diweddarach

Newidiodd strwythur y llywodraeth yn ne-orllewin Cymru yn eithaf amlwg o ganol y bedwaredd ganrif ar ddeg ymlaen, ac nid bob tro oherwydd ymyrraeth fwriadol. Ni fu'r diwygiadau a gyflwynwyd yn yr 1330au yn llwyddiannus iawn. Dechreuwyd defnyddio'r llys fel ffynhonnell cyllid; gyda chyfiawnder yn dod yn eilradd i incwm,[253] tra gwanychodd awdurdod y prif ustus o ganlyniad i nifer cynyddol y llysoedd a'r dirprwyon. Erbyn 1343, roedd y siambrlen wedi dechrau ymgymryd â rhai o'i ddyletswyddau[254] tra dechreuodd Edward y Tywysog Du'r arfer o benodi cwnstabliaid i'r cestyll yn uniongyrchol. Yn gyffredinol byddent yn gwasanaethu am gyfnodau hwy, lledled ei ddaliadau, sydd yn awgrymu ei fod yn awyddus i gael sefydlogrwydd.[255]

Yn aml, o ddiwedd y bedwaredd ganrif ar ddeg ymlaen, rhoddwyd swydd y prif ustus (a enwyd yn aml erbyn hynny yn 'justice' neu 'chief justice' er mwyn gwahaniaethu rhyngddo â'r dirprwyon) fel swydd segur i uchelwyr o fri, fel gwobr am eu ffyddlondeb i'r Goron. Ar ben hynny, fe'i delid yn aml ar y cyd â swyddi siambrlen a chwnstabl a daeth absenoldeb yn beth cyffredin. Er enghraifft, penododd Richard II ei diwtor, Simon Burley, yn gwnstabl Castell Caerfyrddin 'am oes' yn 1377.[256] Yn 1383 fe'i penodwyd yn brif ustus, am oes unwaith eto. Fe'i holynwyd yn y ddwy swydd gan Nicholas de Audley, arglwydd Cantref Bychan, yn 1385;[257] yn ei dro fe ddisodlwyd yntau yn 1390 gan Roger Mortimer, iarll March,[258] a benodwyd hefyd yn siambrlen de Cymru – gan ddod â'r dair swydd ynghyd dan ofal barwn blaenllaw. Yn ogystal â hynny datblygodd swydd y stiward (neu 'stiward y cymydau'), swydd gymharol ddibwys a grëwyd ar ddechrau'r 1290au er mwyn cynnal y llysoedd cymydol, lleol yng Nghantref Mawr,[259] ac i weithredu fel prif goedwigwr yng Nghoedwig Glyncothi (gweler isod) erbyn diwedd y canol oesoedd, i fod yn swydd 'anrhydeddus', a ddelid ar y cyd â swyddi'r prif ustus neu'r cwnstabl.[260]

Erbyn diwedd y bedwaredd ganrif ar ddeg, ffigwr â statws mewn enw yn unig oedd y prif ustus i raddau helaeth ac nid oedd yn byw yng Nghastell Caerfyrddin fel arfer. Gwelsom hefyd ei fod yn ei chael yn gynyddol anodd i gynnal ei awdurdod dros y milwyr yn effeithiol. Ar ben hynny, yng nghanol y berw gwleidyddol tua diwedd y bymthegfed ganrif, ni ellid dibynnu ar bendefigion mor bwerus i gynnal rheolaeth y brenin yn y rhanbarth. Brawd Harri V, sef Humphrey, dug Caerloyw, oedd y prif ustus yn yr 1430au–1440au ac yn ei absenoldeb datblygodd ei ddirprwy, y Lancastrydd Gruffudd ap Nicholas o Ddinefwr, yn ffigwr gwleidyddol, blaenllaw yng ngorllewin Cymru.[261] Yn ddyn cwbl diegwyddor, llwyddodd nid yn unig i gadw'r swydd fel ei faenoriaeth bersonol, ond hefyd i ddiddymu'r llys yn gyfan gwbl.[262] Yn 1455, fel amddiffynydd y deyrnas dan Harri VI, penododd Richard dug Iorc ei hun yn gwnstabl Castell Caerfyrddin ac yn stiward Cantref Mawr,[263] er mwyn ailsefydlu awdurdod y Goron – ac awdurdod yr Iorciaid – yn yr ardal, a bwriwyd Gruffudd allan.[264] Yn 1457, ildiwyd swydd y cwnstabl i'r Lancastrydd Siasbar Tudur[265] ond yn 1460 cymerodd Richard Iorc deitl tywysog Cymru a derbyniodd Gastell Caerfyrddin.[266]

Ar ôl buddugoliaeth Edward IV yn 1461, penodwyd Syr William Herbert o Raglan yn brif ustus a siambrlen a sefydlwyd yr Iorcydd blaenllaw John Dwnn o Gydweli yn gwnstabl.[267] Er hynny roedd cryn gefnogaeth i'r Lancastriaid o hyd yng Nghymru, a chadwyd garsiwn yn y castell.[268] Dienyddwyd Herbert ar ôl buddugoliaeth iarll Warwig yn Edgecote yn 1469, a chymerodd yr olaf deitl prif ustus, siambrlen a chwnstabl iddo'i hun.[269] Yn ystod y dryswch a ddilynodd, cipiwyd cestyll Caerfyrddin ac Aberteifi am gyfnod byr gan wyrion Gruffudd ap Nicholas.[270] Adenillodd Edward IV reolaeth ar y deyrnas yn gyflym gan roi gorchymyn i'w frawd Richard o Gaerloyw (Richard III yn ddiweddarach) i 'reduce and subdue' y ddau gastell.[271]

Adferwyd Caerfyrddin dros dro i Lancaster yn 1470–1, ond wedi i Harri VI gael ei drechu yn Barnet yn Ebrill 1471 rhoddwyd y prif swyddi i fab William Herbert, sef William arall ac ailbenododd ef John Dwnn yn gwnstabl iddo; cadwyd y ddau swyddog pan dderbyniodd mab Edward IV, Edward, Gaerfyrddin fel tywysog Cymru yn 1473.[272]

Roedd penodiadau lluosog wedi datblygu'n fater o drefn erbyn 1495 pan urddwyd cefnogwr Harri VII, Syr Rhys ap Thomas, ŵyr Gruffudd ap Nicolas a phennaeth Tŷ Dinefwr, â dwy brif swydd y pris ustus a'r siambrlen;[273] efallai mai ef hefyd oedd y cwnstabl gweithredol erbyn 1520.[274] Rheolodd yn ddiwrthwynebiad yng Nghaerfyrddin hyd nes iddo farw yn 1525 ac roedd yn aml yn y castell – ailadeiladwyd Palas y Siambrlen ar ei gyfer ef yn rhannol o leiaf (gweler Pennod 4). Oherwydd yr hinsawdd cyfreithiol ansicr, fodd bynnag, roedd trigolion gorllewin Cymru wedi dechrau mynd â'u hachosion yn uniongyrchol i Westminster erbyn 1435 ac, yn ogystal, roedd y llysoedd yn rhatach yn y fan honno ac yn cael eu hystyried yn llai rhagfarnllyd.[275] Ac yna, yn 1471, daeth holl fusnes cyfreithiol Cymru dan reolaeth Cyngor Gororau Cymru yn Llwydlo ac o ganlyniad collodd llysoedd Caerfyrddin arian.[276] Er hynny cynhaliwyd Llys y Prif Ustus yng Nghastell Caerfyrddin o bryd i'w gilydd nes i'w swyddogaeth lywodraethol ddirywio'n derfynol ar ôl Deddfau Uno 1536 ac 1543.

Y CASTELL YN EI AMGYLCHEDD

Roedd Castell Caerfyrddin yn ddylanwad aruthrol ar dirwedd yr ardal, a hynny mewn sawl ffordd. Yn syml iawn roedd yn nodwedd o'r dirwedd yn y lle cyntaf oherwydd ei leoliad amlwg a'i bresenoldeb gweledol. Yn greiddiol i dirwedd yr ymwybod hefyd, roedd yn arbennig o weladwy o Ddyffryn Tywi i'r dwyrain ac o'r fan honno byddai pobl wedi teithio o diriogaethau'r Cymry yng Nghantref Mawr. Gyda'i fwnt uchel a'i dyrau cynrychiolai orthrwm diwylliant estron, gelyniaethus, yn sefyll o boptu'r ffordd i'r gorllewin; roedd hefyd yn symbol gweledol o fri ac awdurdod y frenhiniaeth.

Mae'r adran hon yn edrych ar y castell yn ei dirweddau gweledol ac economaidd gan archwilio ei effaith fel canolfan o fri a llety arglwyddiaethol ar yr ardal o'i gwmpas. Archwilir y galw a'r defnydd, ynghyd â'r berthynas rhwng y castell a'i faenor demên yn Llanllwch a phrif ffynonellau cyflenwi eraill. Gan ddefnyddio adroddiadau cyfoes, awgrymir ffynonellau defnyddiau adeiladu. Archwilir lleoliad y castell mewn perthynas â'r dref a'i ddylanwad ar ddatblygu trefol hefyd.

Y castell yn y dref (Ffigur 3)
Mae'r castell yn ganolog i dref y Gaerfyrddin Newydd ac yn ganolbwynt y datblygodd y dref o'i amgylch. Roedd calon fasnachol y dref – y farchnad ym Maes Nott a'r Clos Mawr – wedi'i ganolbwyntio ar borth y castell ac mae'r 'rhyngweithio dynamig' rhwng y castell a'r dref yn arbennig o amlwg yn y modd y mae Maes Nott wedi datblygu. Mae cyd-ddibyniaeth hanesyddol y dref a'r castell wedi'i gadw, nid yn unig yng nghynllun y strydoedd, sy'n gyfechelog â phyrth y castell, ond hefyd yn y system ffiniau eiddo presennol, rhai canoloesol yn wreiddiol, sy'n cychwyn yn safle'r castell ar hyd Heol y Bont, Maes Nott, ac yn arbennig Heol y Frenhines lle maent yn ymledu o'r mwnt, gan bwysleisio pa mor ganolog ydyw. Wrth gwrs mae'r castell yn cynrychioli gwreiddiau'r dref mewn modd mwy ymarferol hefyd, gan fod llawer iawn o'r cerrig a ddefnyddiwyd i godi ei hadeiladau yn tarddu oddi yno.

Sylwyd fod y cyswllt Eingl-Normanaidd cyfarwydd rhwng castell a thref 'conceals a dichotomy that exists between them – a town is a community living off of commerce, [tra bod] a castle is essentially a private institution'.[277] Yn y bwrdeistrefi-castell Cymreig, fodd bynnag – ac yn arbennig mewn canolfannau llywodraethol fel Caerfyrddin, lle roedd y castell yn sefydliad sifil hefyd – gallai'r rhaniad hwn fod yn ddigon aneglur.[278] Roedd y bwrdeistref yn ffurfio rhan o'r demên, yn gysylltiedig â'r castell, gyda'r brenin yn arglwydd arno. Roedd yn rhaid iddo gyflenwi'r castell yn ystod cyfnod rhyfel a, dan orchymyn y siambrlen, darparai longau a chyflenwadau yn erbyn y Ffrancwyr a'r Albanwyr yn ystod y bedwaredd ganrif ar ddeg.[279] Ar ben hynny roedd y ceidwad, a'r prif ustusiaid yn ddiweddarach, yn hawlio'r hawl awdurdodaeth dros y bwrdeistref. Roedd hyn yn arwain yn anorfod at y gwrthdaro arferol â'r bwrdeiswyr yn eu hymdrechion dro ar ôl tro i sefydlu hunanlywodraeth.[280] Nid oedd y fframwaith weledol yn gwbl statig ychwaith; roedd cyrion y castell yn weithredol, yn rhwym wrth ddatblygiad domestig ar ddiwedd yr Oesoedd Canol, cyferbyn â'i furiau ac oddi mewn i'r ffos a'i hamgylchynai, tra gallai ei nodweddion amddiffynnol diweddarach – dau ragdwr posibl – ymwthio i mewn i'r dref.[281] Ond daeth y gwahanu gweinyddol rhwng y castell a'r dref yn amlycach fodd bynnag ar ôl i'r bwrdeistref gael ei chynnwys yn 1386 a chwblhawyd hyn drwy gyfrwng Deddfau Uno 1536 ac 1543 pan ddaeth y castell yn eiddo 'sir' wedi ei leoli yn y bwrdeistref (gweler Pennod 5).

Y 'bwrdeistref castell'
Erbyn 1116 dechreuwyd ymsefydlu yn y Gaerfyrddin Newydd o ganlyniad i'w statws breiniol a rheolaeth masnach a marchnadoedd. Roedd ei chynllun cryno, cnewyllol a seiliwyd yn bwrpasol o gwmpas y farchnad yn y Clos Mawr/Maes Nott ac a ganolbwyntiai ar borth y castell (Ffigur 3) yn awgrymu y bu efallai yn 'fwrdeistref castell' fel yr un yng Nghydweli, sir Gaerfyrddin, gydag ardal diffiniedig (ac wedi ei amddiffyn o bosibl) a gynlluniwyd ar yr un pryd.[282] Yn anarferol, yr un eglwys blwyf, San Pedr, a wasanaethai'r Hen Gaerfyrddin a'r Gaerfyrddin Newydd; fe'i lleolwyd rhwng y ddwy dref ac roedd yn eiddo i Briordy Caerfyrddin.[283] Fodd bynnag, y dystiolaeth sydd yn darbwyllo rhywun fwyaf fod cynllunio wedi digwydd yw'r hen Santes Fair, neu'r 'Eglwys Grog', a sefydlwyd wrth ochr y groes farchnad, yn ddibynnol ar San Pedr, erbyn 1252.[284]

Fel y dref Rufeinig gynt, y topograffeg a bennodd forffoleg y Gaerfyrddin Newydd. Datblygodd i'r gorllewin ac i'r de, i lawr tuag at y Tywi a Wynveth Brook ac yn y cyflifiad yn y fan honno roedd y cei a oedd yn sicr yn nodwedd amlwg cynnar. Oherwydd ei chynllun, ei hamddiffynfeydd a'i swyddogaeth economaidd gellir cymharu Caerfyrddin â Chydweli a bwrdeistrefi Mers eraill fel Hwlffordd a Phenfro, ac fel y rheini roedd hefyd yn borthladd;[285] gwelwyd yr un cynllun bron yn union yn Aberteifi, a gynlluniwyd yn ystod y blynyddoedd ar ôl 1110 hefyd. Elwodd Caerfyrddin o'i safle mewn perthynas â Bryste a oedd, erbyn dechrau'r ddeuddegfed ganrif, wedi sefydlu ei hun fel prifddinas y gorllewin. Caerfyrddin oedd porthladd milwrol mwyaf blaenllaw gorllewin Cymru, yn derbyn arfau rhyfel, cyflenwadau ac weithiau byddinoedd o Fryste. Roedd hefyd yn ganolfan fasnachu bwysig, yn arbennig o ran gwin, gwlân a chrwyn ac, o 1343 ymlaen, dyma'r unig brif borthladd yng Nghymru.[286]

Er iddi gael ei hystyried yn fwrdeistref o gyfnod cynnar, bu'n rhaid i'r Gaerfyrddin Newydd ddisgwyl hyd deyrnasiad Harri II cyn iddi dderbyn ei siarter cyntaf (y dyfynnir ohono yn yr ategiadau), ond ni ffurfiolwyd ei statws hyd 1257 pan gyhoeddwyd siarter newydd.[287] Fel nifer o fwrdeistrefi eraill, datblygodd yn enfawr tua diwedd y drydedd ganrif ar ddeg gan ehangu o bron i draean ei faint, o 181 o fwrdeiswyr yn 1275 i 281 yn 1300.[288] Oherwydd hynny gwnaeth y bwrdeiswyr gais am fesur o hunanlywodraeth gan erfyn y dylent ethol eu porthfaer drwy ddewis pedwar o fwrdeiswyr addas a gadael i gwnstabl y castell ddewis un.[289] Yn 1313–18, er hynny, roedd y prif ustus yn parhau i wrthod cydnabod eu hawl i gael eu herlyn o flaen eu porthfaer eu hunain, 'in their Guildhall',[290] ond roeddent yn amlwg wedi llwyddo erbyn tua 1330.[291] Erbyn 1370 disodlwyd y porthfaer gan faer,[292] ond nid ymgorfforwyd y fwrdeistref hyd 1386.[293] O hynny ymlaen datblygodd gweinyddiaeth bwrdeistref a sir yn bethau ar wahân.

Hawliai'r Hen Gaerfyrddin hawliau marchnad hefyd ac er nad oedd modd eu profi fe'u defnyddiwyd o gyfnod cynnar ac fe'u cadarnhawyd yn 1318.[294] Roedd gwrthdaro'n anorfod yma hefyd; cyflwynai bwrdeiswyr y Gaerfyrddin Newydd gwynion yn aml a chynyddodd y tyndra rhwng prioriaid ar ddechrau'r bedwaredd ganrif ar ddeg, fel siambrleniaid, a'r prif ustus.[295]

Amddiffynfeydd y dref

Mae'n bosibl fod Caerfyrddin wedi bod yn 'dref castell' o gyfnod cynnar – ni ellir diystyru'r posibilrwydd ei bod wedi derbyn amddiffynfeydd pridd a choed cyn cael ei murio â charreg yn ystod y drydedd ganrif ar ddeg. Efallai fod gwaith ar y mur o waith maen wedi dechrau'n barod pan fu'n rhaid talu ei murdreth cyntaf yn 1233,[296] gan y cyfeiriwyd at 'walls of Carmarthen' mewn dogfen yn gynharach y flwyddyn honno.[297] Ar gyfartaledd adnewyddwyd grantiau murdreth bob tair blynedd hyd 1340.[298] Roedd mur y dref wedi'i gysylltu i'r castell, yn ei gorneli de-orllewinol a gogledd-orllewinol, i gynnwys ardal o tua 2.2 hectar (Ffigur 3), gyda mynediad iddo drwy bedwar porthdy. Efallai nad oedd yr holl fannau adeiledig yn gaeedig (cf. Bryste), gan fod maestrefi wedi datblygu, yn gynharach, o bobtu i Heol Awst, gwaelod Heol y Cei a Heol y Bont ac ar hyd Heol y Brenin. Mae'n ymddangos i'r muriau gael eu 'dileu' yn ystod ymosodiad Glyndŵr yn 1405, neu o leiaf fe'u difrodwyd yn ddrwg iawn, tra difrodwyd datblygiad oddi allan i'r muriau hyd ymyl Heol y Brenin a Heol Spilman yn ddrwg hefyd.[299] O ganlyniad estyn-nwyd yr amddiffynfeydd i'r gogledd-ddwyrain er mwyn cynnwys y man hwn (tua 4.4 hectar ychwanegol) a chynhwysai'r mur newydd ddau (neu dri) porthdy.[300] Fodd bynnag, ni fyddai maestref Heol Awst yn cael ei hamddiffyn hyd ganol yr ail ganrif ar bymtheg (gweler Pennod 5).

Mae cofnodion yn dyddio o ddiwedd yr unfed ganrif ar bymtheg yn dangos fod Caerfyrddin wedi ei rhannu'n wardiau erbyn hynny, ond mae'n ymddangos eu bod wedi diflannu'n fuan.[301] Tra nad oedd wardiau dinesig o angenrheidrwydd yn greadigaethau canoloesol bob amser – mae eu gwreiddiau a'r modd y cânt eu dehongli yn parhau i fod yn destun dadlau – roedd llawer ohonynt yn ganoloesol, yn deillio o raniadau lle ceid 'a mixture of judicial, financial and military functions were organised', a 'units within which manpower was organised for manning the [tref] walls where necessary'.[302]

Ceir darlun o furiau'r dref ar gynllun o'r dref gan Speed tua 1610 (Ffigur 112). Mae'n debyg iddynt gael eu dinistrio, ynghyd â'r castell, ar ôl y Rhyfel Cartref ond goroesodd pyrth y dref nes iddynt gael eu dymchwel rhwng yr 1760au ac 1790;[303] yr unig dystiolaeth o linell derfyn y muriau bellach yw ffiniau eiddo a'r cynllun stryd. Cyfeiriwyd gyntaf at y bont dros y Tywi yn 1220,[304] pan oedd yn un a wnaed o goed yn ôl pob tebyg. Ymddengys iddi gael ei dinistrio mewn gwarchae yn 1233,[305] ac efallai mai cyfeirio at ei holynydd, a wnaed o garreg ac a ddisodlwyd gan y bont bresennol yn 1936, y mae grant murwerth y flwyddyn honno (gweler Ffigurau 112, 126 ac ati.).[306]

Y castell yng nghefn gwlad

Mae dylanwad y castell yn arbennig o amlwg yn natblygiad y dirwedd gyfagos, ond roedd ei effaith yn amrywio. Yn y brodoraethau, a gynhwysai'r rhan fwyaf o'r arglwyddiaeth, parhaodd patrymau daliadaeth ac amaethyddiaeth a oedd eisoes yn bod, trwy gydol y canol oesoedd mwy neu lai.[307] Fodd bynnag trawsnewidiwyd llawer o'r 'Sir Seisnig' yn weledol, hynny yw, y fwrdeistref ei hun, gyda maenor demên Llanllwch a choedwig frenhinol Cantref Mawr yn ddiweddarach.

Maenor Llanllwch (Ffigur 9)

Roedd cnewyllyn y Sir Seisnig ym mhlwyf San Pedr (Ffigur 9) a amgylchynai fwrdeistref y Gaerfyrddin Newydd a Maenor Llanllwch, ynghyd â'r Hen Gaerfyrddin, caeau agored a thiroedd comin y ddwy dref a llawer o dir y priordy.[308] Nid oes fawr o wybodaeth am y modd y defnyddid tir y fwrdeistref:[309] efallai mai tir porfa'n bennaf oedd y wlad o gwmpas Caerfyrddin tua diwedd y ddeuddegfed ganrif ac yn ôl Gerallt Gymro roedd wedi'i amgyl-chu â thir coediog a thir pori.[310] Fodd bynnag mae tystiolaeth o arferion amaethyddol yr Eingl-Normaniaid yn naliadau'r Gaerfyrddin Newydd wedi goroesi ar ffurf grwn a chrych. Hyd yn hyn ni chofnodwyd y rhain o fewn daliadau'r Hen Gaerfyrddin a ddelid gan y brod-orion yn ôl pob tebyg.

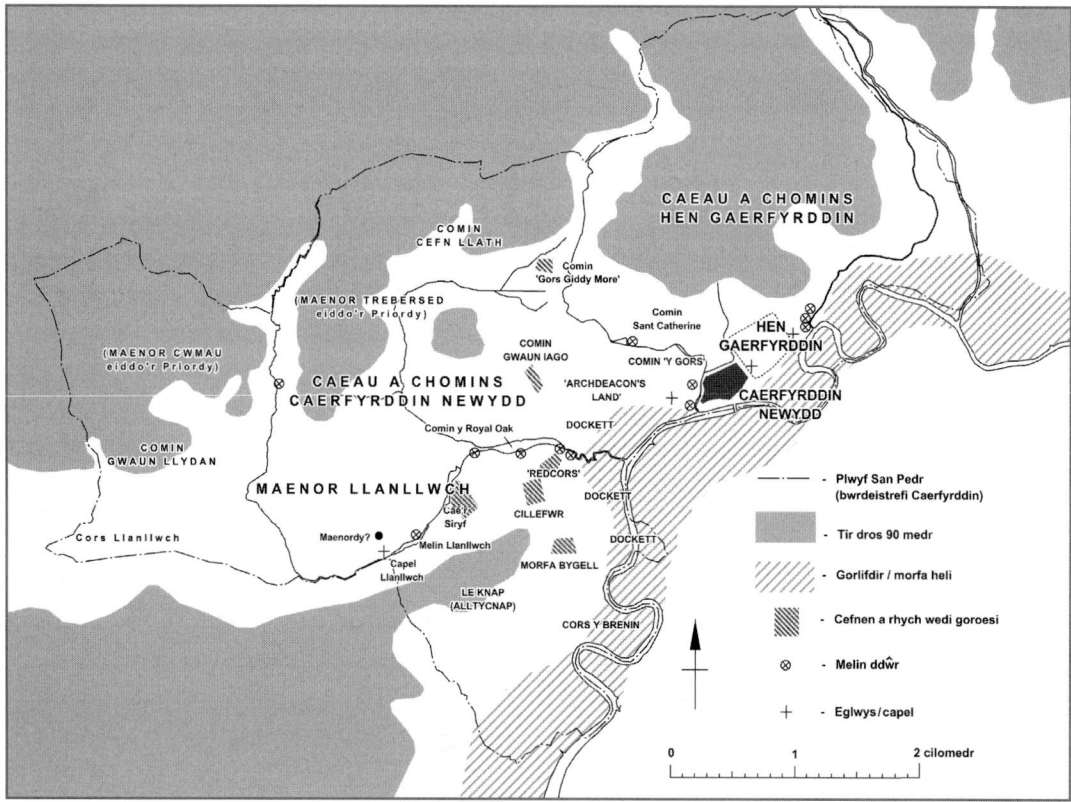

Ffigur 9 Plwyf San Pedr, yn dangos Maenor Llanllwch a thiroedd demên eraill a chaeau a thiroedd comin y dref (addaswyd o T. James (1980), Ffigur 4.8)

Roedd Llanllwch yn eiddo uniongyrchol i'r castell ac yn rhan ohono ers 1125 o leiaf.[311] Uned weinyddol yn hytrach nag un diriogaethol ydoedd; aseswyd holl dir âr, y pysgodfeydd a'r melinau yn y Saesonaeth o'i mewn. Roedd cnewyllyn y maenor 2.7 km i'r gorllewin o Gaerfyrddin (Ffigur 9), gyda chwrt, melin a chapel anwes ac roedd anheddiad wedi datblygu o gwmpas y rhain erbyn y bymthegfed ganrif o leiaf.[312] Ni chofnodir fawr ddim am reolaeth cyn 'Extent' 1275,[313] pan roedd y tir a ddelid yn y demên yn cynnwys 100 erw o dir âr 'in divers places' gan gynnwys Llanllwch ei hun, Allt-y-cnap a Chillefwr, ynghyd â 29 erw o weirgloddiau a gweunydd pori ar wahân.[314] Nodir eu lleoliadau, lle y maent yn hysbys, yn Ffigur 9. Mae 'extent' arall, o Gofnod Trysorlys ym Mawrth 1280, yn fanylach ac mae'n cynnwys 20 erw o dir mewn demên a elwid yn 'Archdeacon's Land', 12 erw yng Nghillefwr a 78 erw arall gan gynnwys gweirglodd yn 'Redcors' (Rhydygors) a Dockett.[315] Ymhlith eiddo arall roedd dwy afon o eogiaid a physgodfa, rhenti pedair melin tref, a phledion ac elw digwydd y sir.[316]

Roedd tir maenorol Llanllwch yn cael ei ddal a'i weithio yn ôl system daliadaeth Eingl-Normanaidd, a chanfuwyd mwy o fannau lle ceid grwn a chrych, er enghraifft Cillefwr (Ffigur 9). Gellir gweld, fodd bynnag, fod llawer ohono'n dir pori, yn arbennig ar forfa heli llanw'r Tywi islaw'r castell lle roedd bwrdeiswyr y Gaerfyrddin Newydd wedi cael hawliau pori dros ran ohono, am ffi, erbyn y bedwaredd ganrif ar ddeg.[317] Roedd gan Llanllwch ei lys maenorol ei hun – a gynhelid gan geidwad Castell Caerfyrddin neu'r cwnstabl yn ddiweddarach[318] – a maer.[319] Daeth cyfnod gweithio'r faenor yn uniongyrchol o'r castell i ben erbyn diwedd y drydedd ganrif ar ddeg pryd, fel llawer o dir y Goron ledled Cymru, y cafodd ei rentu allan i denantiaid 'cyffredin' gan ddatblygu'n ffynhonnell elw sylweddol.[320] Fodd bynnag, cafodd ei effeithio'n ddrwg gan y Pla Du, a newidiodd ei werth a'i drefniadau daliadaeth yn unol â hynny; fe'i trafodwyd fel daliad unigol mewn grantiau a phrydlesi wedi hynny.[321] Ar ben hynny dywedir i'r faenor fod yn 'totally destroyed and devastated' yn ystod gwrthryfel Owain Glyndŵr a gostyngodd ei gwerth yn sylweddol.[322] Erbyn canol y bymthegfed ganrif, torrwyd pob cyswllt â'r castell o'r diwedd ac, fel 'Arglwyddiaeth Llanllwch', fe'i gosodwyd ar les i olyniaeth o unigolion.[323]

Coedwig Glyncothi (Ffigur 8)

Cyfeiriodd nifer o awduron cyfoes at natur coediog Cantref Mawr; disgrifiodd Gerallt Gymro'r lle fel a ganlyn: 'a safe refuge for the inhabitants of south Wales, because of its impenetrable forests'.[324] O ganlyniad gorchmynnodd y Goron fod nifer helaeth iawn o goed yn cael eu torri bob ochr i goridor Dyffryn Tywi at ddibenion milwrol yn ystod yr 1270au a'r 1280au.[325] Pan ymgorfforwyd yr holl gantref yn y demên o'r diwedd yn 1290, trowyd dros 8,500 hectar o'i fewndir, gan gynnwys coetiroedd a gweunydd, yn goedwig frenhinol – Coedwig Glyncothi (gweler Ffigurau 8 a 10).[326] Rhoddwyd y gorau i'w gweinyddu yn y cwmwd, roedd ganddi ei llysoedd coedwig ei hunan ac fe'i gweinyddwyd gan goedwigwr brenhinol, swydd a lanwyd gan stiward Cantref Mawr (gweler uchod) gyda'r prif ustus yn ei rheoli yn y pen draw.[327] Roedd y goedwig yn ffynhonnell coed adeiladu ar gyfer y Goron ac fe'i defnyddiwyd yng Nghaerfyrddin ac mewn cestyll brenhinol eraill, ond ei phrif ddiben oedd fel cyfrwng hamdden i gynrychiolwyr y brenin yng Nghastell Caerfyrddin – a'r brenin ei hun pe bai'n dod draw ar ymweliad. Roedd yn goedwig hela, wedi ei rheoli ar gyfer helwriaeth, yn rhwym wrth gyfraith y goedwig, a chynhaliwyd ei thirwedd i'r diben hwnnw hyd ddiwedd y cyfnod canoloesol.[328] Ni cheir unrhyw gofnod o goedwig, helfa neu barc arall (neu rai blaenorol) mewn perthynas â'r castell.

Parhaodd gweddill Cantref Mawr i'w ddal a'i weithio dan systemau deiliadol brodorol er ei fod ynghlwm wrth y Sir Seisnig ac wedi ei ddal mewn demên,[329] ond caniatawyd tir comin a thorri coed am ddim i fwrdeiswyr y Gaerfyrddin Newydd yng ngweddill ei goedwigoedd, 'on account of robberies and murders', yn 1313.[330] Fel ym maenor Llanllwch, cafodd swm sylweddol o dir yng Nghantref Mawr ei osod ar les, ei arallu neu ei golli fel arall gan y Goron yn ystod y canol oesoedd hwyr, proses oedd yn digwydd mewn mannau eraill, er enghraifft yn arglwyddiaeth Cydweli a daliadau Lancaster eraill.[331] Er enghraifft, yn 1580 gwelwn fod 'rents and profits' yn cael eu cymryd o diroedd demên yn nghoedwig Glyncothi, o dir pori ar 'wastes of the forests' a 'from great woods'.[332] Fodd bynnag, cadwodd Glyncothi ei statws fel coedwig wedi'i hamddiffyn a chyfreithiol annibynnol hyd yr ail ganrif ar bymtheg.[333]

Cyflenwi a defnyddio

Roedd cyflenwadau sylfaenol yn rhai lleol, o arglwyddiaeth Caerfyrddin. Derbyniai'r castell ei gyflenwadau o'r tiroedd demên a ddisgrifiwyd uchod ac o'r brodoraethau a oedd, er enghraifft, yn rhwym o gyflwyno treth flynyddol o 17 fuwch i'r 'king's larder' yng Nghastell Caerfyrddin, yn ôl y cofnod yn 1275.[334] Fodd bynnag, yn ystod y ddwy ganrif gyntaf, roedd y tiroedd hyn yn ynys mewn tiriogaeth a allai fod yn elyniaethus ac roedd cael cyflenwadau o leoedd ymhellach i ffwrdd yn hanfodol o'r dechrau un. Codwyd y castell ar safle a oedd yn hwylus i'w gyrraedd ar fôr ac mae gwreiddiau Caerfyrddin fel porthladd yn deillio o'r dull o'i gyflenwi. Cadarnhawyd pwysigrwydd cyflenwadau morol yn ddiweddarach yn ystod y cyfnod canoloesol wrth i'r tiroedd demên gael eu gosod ar les yn gynyddol a chyfnewidiwyd trethi bwyd yn daliadau arian parod, tra cynyddodd y galw'n sylweddol wrth i boblogaeth y castell gynyddu'n fawr ar ôl yr 1280au (gweler Pennod 4).[335]

Fel arfer mae cofnodion yn brin yn ystod y blynyddoedd cynnar. Fodd bynnag, yn ystod y ddeuddegfed ganrif, mae'n ymddangos fod cyflenwadau a fewnforiwyd wedi dod yn bennaf o arglwyddiaeth Freiniol Caerloyw, gyda Chaerfyrddin yn cael ei hasesu oddi fewn i'r arglwyddiaeth hon; mae'r Rholiau Siecr yn cofnodi fod Caerloyw wedi cyflenwi 20 o gigoedd moch a 200 o gosydd yn 1189, o bosib ar gyfer garsiwn yn hytrach na'r preswylwyr parhaol efallai.[336] Fodd bynnag, roedd Bryste'n datblygu'n brif drwyborth ar gyfer cyflenwi gwartheg, fel a ddigwyddodd yn ystod y gwarchae yn 1233 ac yn 1234 pan gyflenwodd wenith, ffa, cig moch, halen a gwin.[337] Cawn weld fod Bryste'n cyflenwi defnyddiau adeiladu hefyd, plwm yn arbennig.

Caerfyrddin oedd y ganolfan ar gyfer byddinoedd brenhinol yn ne Cymru yn ystod y ddau Ryfel Cymreig ar ddiwedd y drydedd ganrif ar ddeg a gwrthryfel Glyndŵr, pan fu nifer o borthladdoedd o dde-orllewin Lloegr yn ei chyflenwi. Yn 1277, cludwyd ŷd a bwydydd eraill gan 'sailors of Bridgwater, Totnes and Dartmouth'.[338] Atafaelwyd llong o Fryste, *La Margaret of Bristol*, yn Mai 1404 er mwyn cyflenwi castell a thref Caerfyrddin yn ystod ymgyrch Glyndŵr, tra ym mis Awst y flwyddyn honno gorchmynnwyd swyddogion y tollau ym Mryste i ddarparu bwyd ar gyfer garsiwn Caerfyrddin, gan gynnwys gwenith a gwin, gwerth £130.[339]

Roedd Bryste hefyd yn cyflenwi offer milwrol. Yn 1288, cludwyd 44 o fwâu croes 'and all their tackle' i Gastell Bryste i'w danfon i Gastell Caerfyrddin i'w defnyddio yn erbyn castell Rhys ap Maredudd yn y Dryslwyn,[340] a llogwyd 'a certain ship' ym Mryste i gludo bwâu croes, saethau ac 'other armour' i Gaerfyrddin.[341] Tua 1298, prynwyd chwe bwa croes a '120 fathoms of hair cords for springalds' ym Mryste 'for the stores of Carmarthen Castle', mewn cyfeiriad prin at fagnelau yn y castell, er na fwriedid eu defnyddio yno o angenrheidrwydd.[342] Fel cestyll brenhinol eraill, anfonwyd arfau rhyfel i Gaerfyrddin o Gastell St Briavels, Caerloyw, y 'storfa arfau' ar gyfer y Goron yn y ganolfan gwaith haearn mawr yn Fforest y Ddena. Er enghraifft, cyflenwodd 6,000 o saethau i gestyll Caerfyrddin ac Aberteifi, 'for their protection', yn 1230, tra'r anfonwyd 5,000 o saethau yn ystod gwarchae Dryslwyn.[343] Yn 1234, anfonwyd ugain o fwâu croes o Dŵr Llundain ei hun.[344]

Yn ystod cyfnodau o ryfel galwyd ar fwrdeiswyr Caerfyrddin hefyd i gynorthwyo i gyflenwi'r castell, fel yn 1234 pan orchmynnwyd iddynt ddarparu bwyd ar gyfer y ceidwad, pe bai'n mynd yn brin o fwyd 'before further provision is made to him', am bythefnos neu dair wythnos, 'out of their own . . . they can be certain the king will fully repay them'.[345]

Roedd gwin yn elfen bwysig o storfeydd y castell, ac nid yn unig at ddefnydd y preswylwyr – nodwyd uchod fod Castell Caerfyrddin yn storfa ar gyfer gwinoedd 'gorau' y brenin.[346] Cludwyd y rhan fwyaf ohono mewn llongau o diroedd Gwasgwyn (Bordeaux) a Phortiwgal, mewn masnach a ddatblygodd o bwysigrwydd masnachol mawr hefyd i borthladd Caerfyrddin yn ystod y drydedd ganrif ar ddeg ac a gyrhaeddodd ei anterth yn ystod y bedwaredd ganrif ar ddeg. Yn 1305–6 hwyliodd naw llong i mewn i Gaerfyrddin gyda 18 casgen o win,[347] tra bod 44 o longau wedi cludo gwin i'r dref rhwng 1302 ac 1324.[348]

Fel rheol cyrhaeddai cyflenwadau ar ddŵr. Cofnododd Leland fod siltio, neu lifwaddodi, yn y Tywi yng Ngei Caerfyrddin yng nghanol yr unfed ganrif ar bymtheg yn golygu fod yn rhaid i longau o gryn ddyfnder angori o dan Green Castle, rhyw 3 km i lawr yr afon o'r dref (Ffigur 10), gan drosglwyddo eu nwyddau i ysgraffau a badau dadlwytho.[349] Roedd llifwaddodi wedi dechrau datblygu'n broblem erbyn y bymthegfed ganrif a gwelwn, yn 1435–6, fod gwin yn cael ei ddadlwytho yn Green Castle i'w gludo mewn cwch i'r cei.[350]

Mae'n anffodus mai prin fu'r cyfleoedd i adfer data archeolegol yn ymwneud â deiet a bwyta yng Nghastell Caerfyrddin. O blith yr esgyrn anifeiliaid a adferwyd yn ystod yr archwiliadau diweddar, yr unig gasgliad a archwiliwyd gan arbenigwyr oedd yr hyn a ddaeth o'r cloddiadau yn 2003 yn y ffos orllewinol (gweler Pennod 3); o'r fan hon yr adferwyd y casgliad bychan o ddyddodion sy'n perthyn i'r ddeunawfed ganrif yn bennaf.[351] Ni wnaed unrhyw ddadansoddiad llawn o weddillion planhigion, a oedd hefyd yn perthyn i ddyddodion diweddarach yn bennaf, yn y ffos orllewinol.

Mae Pennod 6 yn cynnwys trafodaeth ynghylch gwahanol ffynonellau'r crochenwaith a'r arteffactau eraill a adferwyd yn ystod gwaith archeolegol diweddar.

Ffynonellau defnyddiau adeiladu (Ffigur 10)

Ni wnaed dadansoddiad petrolegol llawn erioed o'r garreg a ddefnyddiwyd i adeiladu Castell Caerfyrddin. Fodd bynnag ymddengys fod y rhan fwyaf o'r adeiladau a oroesodd wedi eu hadeiladu â charreg adeiladu leol. Calchfaen Carbonifferaidd yw hwn yn bennaf sy'n brigo ar ffurf cefnen hir ar draws de-ddwyrain sir Gaerfyrddin, i'r de o Ddyffryn Tywi (Ffigur 10). Ceir swm ychydig llai o Hen Dywodfaen Coch Defonaidd, o welyau coch yn bennaf – yn arbennig mewn gwaith sy'n dyddio o ddiwedd yr Oesoedd Canol – ond hefyd o welyau gwyrdd. Ceir brigiadau o'r ddau rhwng y gefnen galchfaen a'r Tywi ei hun (Ffigur 10), tra amlygir gwelyau calchfaen a thywodfaen ar hyd glannau aber Tywi. Gellir cymharu'r defnyddiau hyn â'r rhai a ddefnyddiwyd ym Mrodordy Ffransiscaidd Caerfyrddin (gweler Ffigur 3), a gloddiwyd gan Terry James yn ystod yr 1980au mewn gwaith sy'n dyddio o ganol y drydedd ganrif ar ddeg hyd at yr unfed ganrif ar bymtheg.[352] Yma, Hen Dywodfaen Coch oedd y prif ddefnydd gan nad oedd fawr ddim calchfaen yn bresennol; defnyddiwyd carreg Pennant a chwarelwyd yn lleol hefyd ond ni welwyd hwn i sicrwydd yn y castell.

Dim ond canran fechan iawn o'r safle a archwiliwyd tra roedd y mannau a gloddiwyd, ar y cyfan, yn rhai ar y cyrion. Er hynny, nid adferwyd unrhyw gerrig wedi eu trin, neu gerrig adeiladu o unrhyw fath, ac ychydig iawn o ddefnydd toi a welwyd. Oherwydd hynny y ddogfennaeth gyfoes yw prif ffynhonnell y wybodaeth mewn perthynas â defnyddiau adeiladu.

Carreg, calch a thywod
Gorweddai'r llain Galchfaen Carbonifferaidd yn arglwyddiaethau Lancaster Cydweli a Chantref Bychan (Iscennen), a oedd yn eiddo i'r Goron ar ôl 1399. Fe'i gweithiwyd yn helaeth yn ystod y cyfnod cyfoes ond yn anffodus nid oes unrhyw gofnod o chwarelu carreg adeiladu yn ystod yr Oesoedd Canol, neu yn y cyfnod ôl-ganoloesol cynharach; mae'r cyfeiriadau yn yr unfed ganrif ar bymtheg a'r ail ganrif ar bymtheg, er enghraifft, wedi eu cyfyngu i losgi calch.[353] Fodd bynnag, er na chafodd hynny ei gofnodi, roedd chwarelu'n amlwg ym mhobman yn yr ardal ac mae tystiolaeth ym mhob plwyf bron fod cloddio carreg wedi digwydd yno yn y gorffennol mewn gweithfeydd ar raddfa fechan.[354] Prynodd Dugaeth Lancaster chwarel yn 1388–9 ar gyfer gwaith newydd ar borthdy Castell Cydweli, sy'n debyg i waith yr un pensaer a gynlluniodd Caerfyrddin ac o'r un cyfnod yn fras (gweler Pennod 4).[355] Ceir cyfeiriadau at ragor o daliadau am garreg yng Nghydweli yng nghyfrifon y Ddugaeth ond ni enwir unrhyw chwareli'n benodol.[356] Fodd bynnag ymddengys fod y garreg a ddefnyddiwyd yng Nghydweli wedi dod o ffynhonnell leol yn yr un modd, a chalchfaen ydyw yn bennaf.

Ceir chwareli Hen Dywodfaen Coch yn perthyn i'r cyfnod ôl-ganoloesol yn Green Castle (gweler uchod), a leolwyd yn arglwyddiaeth Caerfyrddin (cwmwd Derllys), ac mae'r brigiad yn parhau i'r de ar hyd y Tywi i Lansteffan. Gwelir brigiadau o Hen Dywodfaen Coch hefyd i'r de-ddwyrain o Gaerfyrddin yn arglwyddiaeth Cydweli ond gan nad oes modd ei gyrraedd ar ddŵr nid yw'n ffynhonnell debygol.[357]

Fel rheol nid yw'r cofnodion yn manylu, ac enghraifft dda o hyn yw cofnod o waith a wnaed yng Nghastell Caerfyrddin yn 1424 lle talwyd am ddefnyddiau gan gynnwys calchfaen a 'digging three barges of stones at *the quarry*'.[358] Pan enwir chwareli yn y ffynonellau, nid yw'n bosibl eu hadnabod yn bendant. Fodd bynnag cludwyd 'nine boatloads of broken stone' o 'La Blak' i'r castell er mwyn trwsio'r llenfur allanol yn 1338–9.[359] Efallai mai ystyr 'La Blak' yw Pwll Du, yn angorfa'r Tywi yn union o dan y brigiad o Hen Dywodfaen Coch yn Green Castle;[360] gan nad yw'r cofnod yn cyfeirio at gludo'r garreg i'r llongau gellir tybio ei fod ar yr arfordir. Os nodwyd hwn yn gywir, gall olygu fod chwarelu wedi digwydd yn Green Castle yn ystod yr Oesoedd Canol, rhywbeth na phrofwyd fel arall hyd yma;[361] fodd bynnag gall hyn fod yn cyfeirio at drawslwytho ar ysgraffau yn hytrach nag at brif gyflenwad.

Ychydig iawn o garreg nad yw'n lleol a welir oddi mewn i'r ffabrig a oroesodd yn y castell. Yr eithriad yw'r calchfaen Jwrasig öolitig o dde-orllewin Lloegr – o ffynhonnell anhysbys ar hyn o bryd – a ddefnyddiwyd yn naddiadau'r Prif Borthdy ar ddechrau'r bymthegfed ganrif.[362] Yn yr un modd, efallai mai öolit o dde-orllewin Lloegr oedd y deg tunnell

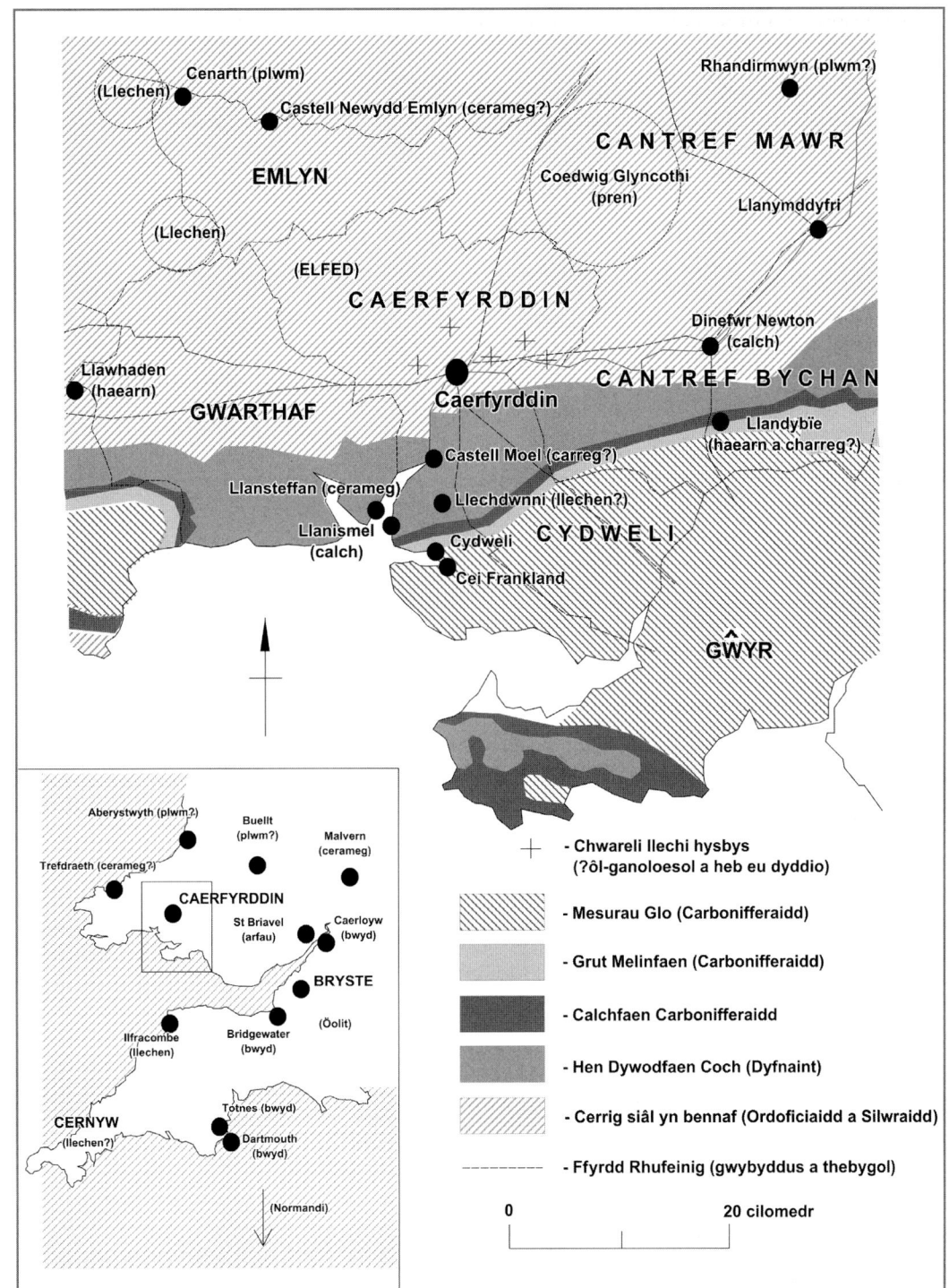

Ffigur 10 Map yn dangos ffynonellau ar gyfer defnyddiau adeiladu ar gyfer Castell Caerfyrddin, hefyd yn dangos y ddaeareg a'r isadeiledd cludiant

o 'freestones, bought at Bristol' ar gyfer gwaith ar Blasty'r Prif Ustus yn 1448–9, hefyd.[363] Defnyddiwyd öolit yn y brodordy hefyd ond ni wyddys o ba chwareli.[364]

Cludwyd calchfaen ar gyfer morter, inter alia, o Lanismel yn arglwyddiaeth Cydweli, tua 12 km i'r de o Gaerfyrddin ar aber y Tywi.[365] Fe'i cludwyd hefyd o 'Newton', ar y Tywi,[366] cyfeiriad efallai at Ddinefwr Y Drenewydd, ger Llandeilo a ddaeth yn ran o ddemên y castell yn 1277. Mae'n amlwg fod y ddau gyfeiriad yn ymwneud â safleoedd odynau yn hytrach na ffynhonnell y garreg. Ni nodir ffynonellau tywod adeiladu fel rheol ond mae cofnod yn dyddio o 1435–6 yn cyfeirio at 'boatage of a barge of sand from *Hueghpoule*',[367] enw lle nad adnabuwyd, ond efallai fod elfen y 'pool' yn awgrymu trawslwytho yn hytrach na chyflenwi unwaith eto.

Defnyddiau toi

Er i swm sylweddol o lechi ddod i'r golwg drwy gloddio, roedd yn ddarniog iawn yn gyffredinol. Ychydig iawn ohono a ellid ei adnabod yn bendant fel defnydd toi, a gwaredwyd y rhan fwyaf ohono. Yn gyffredinol roedd y llechi a welwyd yn ffylit lledwyrdd, nodweddiadol o ardaloedd y Preseli a phen isaf dyffryn Teifi (Ffigur 10) – lle cofnodwyd nifer fawr o chwareli yn ystod y cyfnod ôl-ganoloesol[368] – ac a ddefnyddiwyd yn effeithiol iawn yn ddiweddar yn Neuadd y Sir. Mae hanes llawer iawn hŷn i'r gwaith cloddio yma, fodd bynnag; er na chofnodwyd unrhyw chwareli yn ystod y cyfnod canoloesol,[369] llechen y Preseli oedd y defnydd toi mwyaf cyffredin ym Mrodordy Caerfyrddin lle ffurfiai 43 y cant o gyfanswm y llechi a osodwyd.[370]

Er hynny, lleolwyd yr ychydig chwareli a nodwyd yng nghofnodion Castell Caerfyrddin mewn mannau eraill. Yn 1387–8, er enghraifft, cafodd '4,500 stone tiles' ar gyfer y castell eu 'dug in the quarry at Elfed', yn arglwyddiaeth Caerfyrddin.[371] Yn ôl pob tebyg mae'r derminoleg yn cyfeirio at lechi, yn hytrach na charreg deils. Ordoficaidd i raddau helaeth iawn yw daeareg solet cwmwd Elfed ac mae'n cynnwys carreg glai yn bennaf ond er na wyddys am unrhyw chwareli llechi mae nifer o elfennau 'llechen' neu 'llech' mewn enwau lleoedd.[372] Fodd bynnag mae ffynonellau defnyddiau toi y gwyddom amdanynt yn yr arglwyddiaeth wedi eu lleoli o gwmpas Caerfyrddin ei hun, yng nghymydau Derllys a Widigada, lle ceir brigiadau o garreg clai Ordoficaidd cryfach er nad yw o ansawdd dda. Nodwyd pump o weithfeydd bach yn yr ardal hon – cofnodwyd dau ohonynt yn y ddeunawfed ganrif tra nad oes gennym ddyddiad ar gyfer dau arall (Ffigur 10)[373] – ac o'r fan honno y daeth 35 y cant o'r hyn a gasglwyd yn y brodordy.[374] Datgladdwyd defnydd tebyg yn y castell ond nid oedd yn bosibl ei ddadansoddi.

Prin iawn y gwelir Hen Dywodfaen Coch fel defnydd toi yn ardal Caerfyrddin.[375] Fodd bynnag cafodd yr amlygiad hir ar Fynydd Myddfai, i'r de-ddwyrain o Lanymddyfri, ei weithio yn helaeth ar gyfer carreg deils er nad oes sicrwydd fod cloddio'n deillio o'r cyfnod canoloesol, tra arferwyd llunio teils to o lechi carreg o farl Hen Dywodfaen Coch sir Benfro.[376] Mae archeb ddiddorol yn dyddio o 1578 yn cyfeirio at brynu 36,000 o lechi 'Laughdony' a thri dwsin o 'crests' (h.y. teils crib), i'w defnyddio yng Nghastell Caerfyrddin.[377] Mae'n bosibl mai Llechdwnni yn arglwyddiaeth Cydweli yw 'Laughdony' – sydd wedi ei leoli yn yr ardal Hen Dywodfaen Coch (Ffigur 10) ac sy'n cynnwys yr elfen 'llech' yn ei enw – ac mai cyfeirio at deils carreg a wneir yma er na chofnodwyd unrhyw chwareli yn y fan hon.[378] Mae'n bosibl hefyd fod y teils crib yn rhai lleol, o wneuthuriad 'Bae Caerfyrddin' (gweler isod a Phennod 6).[379] Yn 1435–6 hefyd cludwyd 'tile-stones' o'r doc islaw 'ffre(n)s';[380] efallai mai Cei Frankland yw hwn ar Afon y Gwendraeth Fawr 2 km i'r de-ddwyrain o Gydweli ac sy'n deillio o'r Oesoedd Canol mae'n debyg.[381] Gall y cyfeiriad olaf felly ddynodi fod y cerrig teils wedi eu chwarelu gerllaw, hynny yw, yn arglwyddiaeth Cydweli. Fodd bynnag, gall hefyd fod yn cyfeirio at drawslwytho defnyddiau o fan arall, ac at lechi yn hytrach na cherrig efallai – os felly, llechi o Gernyw neu Ddyfnaint o bosibl. Roedd Dyfnaint yn brif ffynhonnell llechi to ar gyfer adeiladau o bwys yn ystod y cyfnod canoloesol, tra roedd hefyd yn cynhyrchu teils crib (gweler isod), ac roedd yn rhwydd i'w gyrraedd ar fôr – cludwyd 20,000 o lechi o Ilfracombe i Gydweli yn 1478–81 i'w defnyddio yn y castell.[382]

Fodd bynnag nid oes digon o ddata o'r cloddiadau a wnaed yn y castell i brofi a oedd unrhyw lechi wedi eu mewnforio yno. Nid yw'n ymddangos fod unrhyw lechi o Ddyfnaint wedi eu defnyddio ym Mrodordy Caerfyrddin, lle roedd gweddill y llechi'n cynnwys tywodfaen mica, efallai o ardal Saundersfoot (sir Benfro) neu faes glo dwyrain sir Gaerfyrddin (14 y cant), tra gall y swm bychan o lechen las wedi ei mewnforio (8 y cant) fod yn perthyn i'r cyfnod ar ôl diddymu'r mynachlogydd.[383]

Fodd bynnag, adferwyd 126 darn o deils crib wrth gynnal cloddiadau yn y castell (trafodir ffabrigau ac ati ym Mhennod 6). Roedd y mwyafrif helaeth ohonynt – 118 darn (94.5 y cant) – o ffos orllewinol y castell, ond dyddodion eilaidd oeddent yn bennaf (gweler Pennod 3); daeth y gweddill o'r gorthwr gwag yn bennaf. Roedd y rhan fwyaf yn y ffabrig lleol â llenwad graean o Ddyfed (107 darn; 85.5 y cant – gweler Ffigur 11), a gynhyrchwyd yn ystod y cyfnodau canoloesol ac ôl-ganoloesol cynnar ond nid oes ganddo, hyd yma, unrhyw 'type-series' dyddiedig; ar hyn o bryd credir iddo gael ei gynhyrchu o'r drydedd ganrif ar ddeg hyd at ddiwedd yr unfed ar bymtheg neu ddechrau'r ail

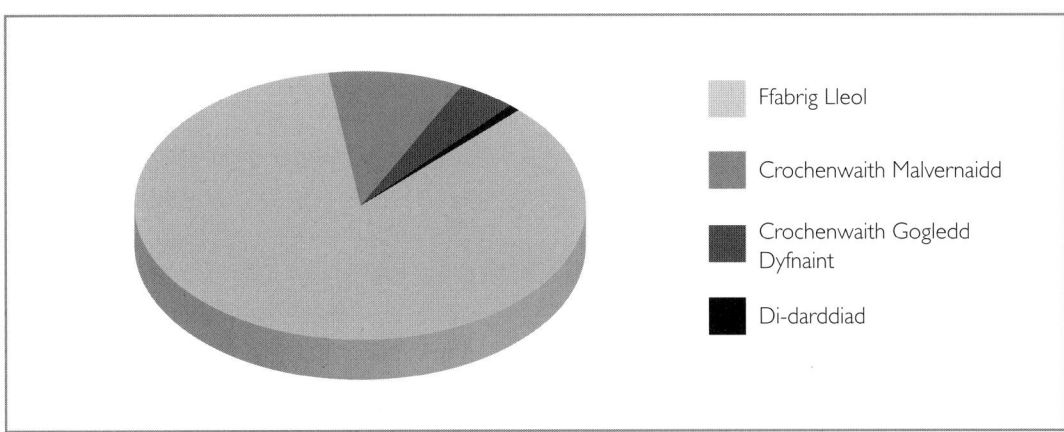

Ffigur 11 Canrannau'r mathau o deils crib o'r holl gloddiadau a gynhaliwyd yng Nghastell Caerfyrddin

ganrif ar bymtheg.[384] Fel arfer mae gwydredd gwyrdd ar y teils hyn a chribau syml. Roedd Trefdraeth, sir Benfro yn brif ganolfan gynhyrchu ond dim ond un darn a nodwyd yn bendant o'r odynau hyn, sydd mae'n debyg yn perthyn i'r cyfnod ôl-ganoloesol cynnar.[385] Ni nodwyd yr un yn grochenwaith Bae Caerfyrddin/Llansteffan, a ddefnyddiwyd ar raddfa eang ym Mrodordy Caerfyrddin.[386] Roedd deuddeg darn (9.6 y cant), y gellir eu dyddio i'r bymthegfed ganrif a'r unfed ganrif ar bymtheg, wedi eu mewnforio o Malvern, ac roedd pump darn (4.1 y cant) mewn ffabrig Gogledd Dyfnaint â llenwad graean o'r unfed ganrif ar bymtheg a'r ail ar bymtheg. Cyfyngwyd yr olaf i'r ffos orllewinol. Gellir cymharu'r canrannau ag eiddo'r brodordy lle roedd nwyddau lleol yn cyfrif am bron i 60 y cant o'r teils crib, roedd 20 y cant yn grochenwaith Malvern, a chynhwysai 15 y cant grochenwaith o Ddyfnaint.[387]

Coed (Ffigur 10)
Roedd coed wrth gwrs yn adnodd pwysig trwy gydol hancs y castell, yn arbennig yn ystod y ddeuddegfed ganrif a dechrau'r drydedd ar ddeg pan oedd yn brif ddefnydd adeiladu. Mae 'Extent' 1280 yn cofnodi'r rhwymedigaeth a orfodwyd ar drigolion y brodoraethau, o'r dechrau mae'n debyg, i 'carry timber to the castle . . . when the lord orders it', yn amlwg ar gyfer gwaith adeiladu;[388] yn 1355, honnwyd fod coredau'r priordy yn y Tywi 'prevented the carriage by water of timber for the repair of the castle'.[389] Roedd y cymydau hefyd yn darparu crefftwyr i drin y coed – yn 1288, talwyd 20s. i 'certain carpenters of Elfed and Widigada for making planks, joists, boards and other timber'.[390] Defnyddid coed o Elfed hefyd ar gyfer tanwydd i losgi calch ac ati.[391]

Pan ddaeth Coedwig Glyncothi yn rhan o'r demên yn 1290 golygai fod adnodd newydd sbon ar gael (Ffigurau 8 a 10). Defnyddiwyd 'timber from Glyncothi' ar gyfer atgyweirio yn 1306, tra yn 1424 talwyd am '1,000 laths from the king's woods there'.[392] Yn 1424–5, lluniwyd dau fwrdd ac wyth mainc 'anew . . . from timber of the king's forest of Glyncothi', tra cyfeirir at goed Glyncothi hefyd mewn cyfrifon adeiladu rhwng 1461 ac 1462 ac 1464–5.[393]

Gwaith metel adeileddol (Ffigur 10)
Lle roedd haearn a phlwm i'w cael yn lleol, roeddent yn cael eu mwyngloddio, ond ar raddfa fechan yn bennaf. Ceir cofnod o gloddio'r ddau yng Nghantref Mawr, ger Talyllychau, mewn *Inquisition Post Mortem* o 1317 lle roedd pob mwynglawdd werth 40s. yn flynyddol.[394] Mwyngloddiwyd haearn hefyd ger Llandybïe yng Nghantref Bychan – a oedd yn eiddo i'r Goron o 1399 ymlaen – ac yn arglwyddiaeth Mers Llanymddyfri.[395] Roedd mwynglawdd plwm pwysig ar dir y Goron ger Aberystwyth lle derbyniai'r brenin nawfed ran y cynnyrch yn ogystal â'r hawl i brynu unrhyw blwm ychwanegol.[396] Erbyn y drydedd ganrif ar ddeg/y bedwaredd ar ddeg, roedd rhagor o fwyngloddiau plwm yn Rhandirmwyn (arglwyddiaeth Llanymddyfri), ac yn arglwyddiaeth y Goron ym Muellt.[397] Yn ogystal â hynny, caniatawyd trwydded i chwilio am blwm ar gyfer Castell Caerfyrddin yng Nghenarth (Emlyn) yn 1542, tra prynwyd hoelion haearn yn Llawhaden.[398]

Llawer iawn pwysicach nag unrhyw un o'r ffynonellau lleol hyn oedd mewnforion, o Fryste yn bennaf unwaith eto. Pan gyfeirir at hoelion yn y cyfrifon, Bryste a fyddai'n eu cyflenwi fel arfer ynghyd â haearn crai. Tua 1250, er enghraifft, anfonwyd '1,000 nails called spikings, 4,000 floor-nails and 2,000 wall-nails' o Fryste i Gaerfyrddin;[399] roedd archeb debyg iawn, o tua 1279, yn cynnwys yr un swm o'r ddau.[400] Roedd Bryste'n cyflenwi defnyddiau adeiladu eraill, yn arbennig plwm (gweler yr Atodiad). Yn 1252, gorchmynnwyd i feiliaid Bryste brynu pedwar 'fother' (tua pedair tunnell) o blwm 'and carry them to Carmarthen Castle',[401] tra'r anfonwyd wyth canpwys o haearn, chwe haen o blwm (pob haen yn bedwar llond trol) a 3,000 o hoelion yn 1265–79.[402] Yn 1279, gorchmynnwyd anfon chwe gof o Fryste, 'together with forty *summae* of iron and four *magnae carratae* of lead',[403] a defnyddiwyd 14 carat arall o blwm o Gastell Bryste i aildoi 'the houses of [Caerfyrddin] castle' yn 1287–8.[404] Fodd bynnag, ac eithrio llond llaw o hoelion a thoriadau plwm, nad oedd modd eu dadansoddi, ni ddaethpwyd o hyd i unrhyw waith metel adeileddol yn ystod y cloddiadau diweddar.[405]

Defnyddiau eraill
Prin yw'r defnyddiau eraill a grybwyllir yn y ffynonellau, neu a ddarganfuwyd drwy gloddio. Fodd bynnag, datgladdwyd tamaid o deilsen llawr o'r math 'Normandi' yn y gorthwr gwag (adferwyd pump arall o'r ffos orllewinol y tu allan i'r porthdy, ond o ddyddodion eilaidd o'r cyfnod ôl-ganoloesol yn deillio o ffynhonnell anhysbys a drafodir ym Mhenodau 3 a 6). Gellir dyddio'r math hwn i ddechrau'r unfed ganrif ar bymtheg ac roedd i'w weld hefyd yn y brodordy;[406] ceir sawl cofnod o allforion o Normandi a Le Havre.[407] Yn ogystal â hynny, adferwyd hefyd ddarn o deilsen llawr plaen o'r ffos, mewn ffabrig â llenwad graean lleol sy'n dyddio mwy na thebyg o'r Oesoedd Canol ond fel y teil Normandi, efallai nad oedd yn brif ddyddodyn.

Mae nifer o adroddiadau'n cyfeirio at gludo defnyddiau yn the 'King's Barge' neu'r 'Galley', fel yn 1424 pan gludwyd tywod ar gyfer y castell 'in the King's Barge to the Quay of Carmarthen',[408] sy'n cyfeirio mae'n debyg at ei drawslwytho o longau eraill, mwy. Roedd Ysgraff y Brenin yn eiddo parhaol yn gysylltiedig â Chastell Caerfyrddin a'r demên. Ymddangosodd gyntaf yn y cofnodion yn ystod gwarchae 1233, pan chwiliai un o'r amddiffynwyr, Robert Russell, am fwydydd ar gyfer y castell yn 'the king's galley'.[409] Roedd gan y llong a ddefnyddiwyd rhwng 1394 ac 1401 bum rhwyf o leiaf, tra rhestrir pum cebl cynfas ac angor haearn yn yr un adroddiad;[410] fe'i hatgyweiriwyd gyda choed o Elfed yn 1430–2.[411] Fel gyda chymaint o eiddo'r demên, cai'r ysgraff ei osod ar les ar adegau tua diwedd yr Oesoedd Canol; parhaodd i ymddangos yn rhestr y cyfrifon hyd 1447–8, ond ar ôl hynny mae'n debyg iddo gael ei arallu'n barhaol o'r demên.[412]

NODIADAU

1   T. Jones (gol.), *Brut y Tywysogyon: Peniarth MS. 20 Version* (Caerdydd: GPC, 1952); T. Jones (gol.), *Brut y Tywysogyon: Red Book of Hergest Version* (Caerdydd: GPC, 1955); T. Jones (gol.), *Brenhinedd y Saesson, or The Kings of the Saxons* (Caerdydd: GPC, 1971); J. Williams ab Ithel (gol.), *Annales Cambriae*, Rolls Series (Llundain: Longman, Green, Longman and Roberts, 1860).

2   F. Green (gol.), 'Carmarthen Castle. A collection of historical documents relating to Carmarthen Castle from the earliest times to the close of the reign of Henry VIII', *WWHR*, 3 (1913), 1–72, *WWHR*, 4 (1914), 1–71. Gweler hefyd G. E. Evans (gol.), 'Carmarthen. Documents relating to the town from the earliest times to the close of the reign of Henry VIII', *TCASFC*, 17 (1924), 61–72; *TCASFC*, 18 (1925), 1–22.

3   Ymhlith y rhain mae, inter alia, N. Fryde (gol.), *List of Welsh Entries in the Memoranda Rolls, 1282–1343* (Caerdydd: GPC, 1974); W. Rees (gol.), *Calendar of Ancient Petitions relating to Wales* (Caerdydd: GPC, 1975); W. Rees (gol.), 'Ministers' accounts of west Wales, 1352–3', *BBGC*, 10 (1941), 60–82, 139–55, 256–70; J. G. Edwards (gol.), *Calendar of Ancient Correspondence relating to Wales* (Caerdydd: GPC, 1935); M. C. B. Dawes (gol.), *Registers of Edward the Black Prince*, 1–4 (Llundain: LlEM, 1930–3); J. C. Davies (gol.), *Episcopal Acts relating to the Welsh Dioceses 1066–1272*, 1 (Caerdydd: Historical Society of the Church in Wales, 1946).

4   LlGC, MSS 12364D a 12365D, 'Collectanea concerning Caermarthen', 1 a 2, trawsgrifiwyd gan Alcwyn Evans.

5   J. R. Daniel-Tyssen (gol.), *Royal Charters and Historic Documents relating to the Town and County of Carmarthen* (Caerfyrddin: William Spurrell, 1878), tt. 45–50.

6   H. Pryce (gol.), *The Acts of Welsh Rulers 1120–1283* (Caerdydd: GPC, 2005).

7   J. E. Lloyd (gol.), *A History of Carmarthenshire*, 1 (Llundain: London Carmarthenshire Society, 1935).

8   R. A. Griffiths, *The Principality of Wales in the Later Middle Ages: The Structure and Personnel of Government 1. South Wales 1277–1536* (Caerdydd: GPC, 1972).

9   Ymhlith y rhain mae, inter alia, R. R. Davies, *The Revolt of Owain Glyn Dŵr* (OUP, 1995); J. E. Morris, *The Welsh Wars of Edward I* (Oxford: Clarendon Press, 1901); R. A. Griffiths ac R. S. Thomas, *The Making of the Tudor Dynasty* (Stroud: Alan Sutton Publishing, 2005); R. Turvey, 'The defences of twelfth-century Deheubarth and the castle strategy of the Lord Rhys', *Archaeologia Cambrensis*, 144 (1997), 103–32.

10   Jones, *Brut Pen. 20*, tt. 19–20.

11   Ibid.

12   Ibid., t. 24; ni cheir y cofnod yn llawn yn Jones, *Brut Red Book*.

13   Jones, *Brut Pen.*, t. 25.

14   Jones, *Brenhinedd*, t. 97.

15   OS 1" Old Series (Taflen 41), 1831. Mae'r cofrestr degwm yn cofnodi nifer o enwau caeau sy'n cynnwys yr elfen 'rhyding' o gwmpas Banc-y-castell (LlGC, Llangunnor parish, 1841). Fodd bynnag, bydd enwau lleoedd yn cynnwys yr elfen *rhyd* yn digwydd yn naturiol o bobtu i'r rhyd.

16   Trafodir lleoliad Rhydygors yn T. James, *Carmarthen: An Archaeological and Topographical Survey* (Caerfyrddin: CAS Monograph 2, 1980), tt. 34–5, lle ffafriwyd lleoliad traddodiadol ar y lan ddwyreiniol. Ffafriwyd safle i'r gorllewin o'r Tywi mewn papur diweddar fodd bynnag ac mae'n mynd cyn belled â chyfeirio at ddwyrain Dyfed fel ardal sy'n ffurfio 'effectively, a "county" of Rhydygors' (B. Coplestone-Crow, 'Ystlwyf/ Oysterlow: Welsh commote and Norman lordship', *Carms. Antiq.*, 46 (2010), 5).

17 E. Armitage, 'Carmarthen Castle', *TCASFC*, 3 (1908), 14. Mae Charles Hill o YAD (goheb. bers.) wedi gwneud sylwadau ynghylch ei allu amddiffynnol hefyd ac mae hefyd yn awgrymu ymgeisydd arall posibl yn y lloc amddiffynedig gerllaw ar Allt-y-cnap (SN 396 187) nad yw wedi ei ddyddio er yr ystyrir ei fod yn perthyn i'r Oes Haearn. Gall yr elfennau 'rhyd' a 'cors' mewn enwau lleoedd fynd yn erbyn hyn fodd bynnag. Wrth gwrs mae'n bosibl fod safle arall, cwbl wahanol, yn yr ardal.

18 Ni ellir diystyru'n llwyr ragdybiaeth King fod Rhydgors yn cynrychioli safle presennol fodd bynnag (gweler D. J. C. King, *Castellarium Anglicanum* (Efrog Newydd: Kraus International, 1983), t. 54). Ond awgrymaf y byddai'r enw 'Carmarthen' wedi cael ei ddefnyddio am y castell o'r cychwyn cyntaf (h.y. *'Caer Moridunum'*, gweler isod), tra nad yw'r elfen *cors* yn arbennig o berthnasol unwaith eto.

19 Jones, *Brut Pen. 20*, tt. 25–6.

20 Ibid., tt. 26–7.

21 Gan gynnwys T. James, *Carmarthen: An Archaeological and Topographical Survey* (Caerfyrddin: CAS Monograph 2, 1980), t. 35.

22 Jones, *Brenhinedd*, t. 109.

23 Ac mae croniclau eraill, sy'n cynrychioli testunau 'purach' mae'n debyg, yn awgrymu fod Walter yng Nghaerfyrddin ar fusnes arall – he 'had come to Carmarthen' (Jones, *Brut Pen. 20*, t. 29); he 'happened to come to Carmarthen' (Jones, *Brut Red Book*, t. 59). Gweler hefyd Jones, *Brenhinedd*, t. 109 n. (t. 301).

24 R. A. Griffiths, 'The making of medieval Carmarthen', *Carms. Antiq.*, 9 (1973), 90.

25 H. James, 'Carmarthen', yn E. P. Dennison (gol.), *Conservation and Change in Historic Towns* (Adroddiad Ymchwil CAB 122, 1999), t. 161.

26 Heather James, goheb. bers.

27 Heather James, *Roman Carmarthen: Excavations 1978–1993* (Llundain: Britannia Monograph Series 20, 2003), t. 40.

28 Williams ab Ithel, *Annales*, t. 36.

29 Nid yn ddi-dor, fodd bynnag; atafaelodd Harri II Penfro yn 1171, a pharhaodd dan reolaeth y Goron hyd 1199 (N. D. Ludlow, 'Pembroke Castle and town walls', *Fortress*, 8 (1991), 27).

30 Jones, *Brut Red Book*, tt. 86–9.

31 Ibid., tt. 88–9.

32 *'Villa combusta'* (Williams ab Ithel, *Annales*, t. 36); cf. Jones, *Brenhinedd*, t. 128 n. 17 lle cyfeirir at 'y dref'.

33 Jones, *Brut Pen. 20*, t. 52; Jones, *Brut Red Book*, t. 117.

34 Jones, *Brut Pen. 20*, t. 54.

35 Nid oedd y newid a ddigwyddodd yn y ddeuddegfed ganrif, dan y Cymry, o gefnu ar gestyll i'w hailddefnyddio a'u hailadeiladu yn broses unionsyth neu syml o angenrheidrwydd. Yng ngorllewin Cymru nid oes unrhyw dystiolaeth glir fod y tywysogion Cymreig yn gadael garsiynau yn unrhyw un o'r cestyll a gipiwyd yn ystod yr 1130au pryd, yn ôl y croniclau, y byddent yn dychwelyd i'w mamwledydd ar ôl pob ymgyrch. Fodd bynnag, gwelsom fod Hywel ap Gronw wedi derbyn Castell Rhydgors ac mae'n ymddangos ei fod wedi byw yno rhwng 1102 ac 1105 – y cofnod cynharaf o Gymry'n byw mewn castell. Ac yng nghanolbarth Cymru roedd y tywysogion wedi bod yn ailddefnyddio cestyll yn ogystal ac adeiladu rhai eu hunain ers 1111 o leiaf (ibid., t. 35), ac o bosibl mor gynnar ag 1109 (Jones, *Brenhinedd*, t. 109). Gweler hefyd D. J. C. King, *The Castle in England and Wales* (Llundain: Croom Helm, 1988), t. 130, a L. Butler, 'The castles of the princes of Gwynedd', yn D. M. Williams a J. R. Kenyon (goln), *The Impact of the Edwardian Castles in Wales* (Oxford: Oxbow, 2010), t. 27.

36 Jones, *Brut Pen. 20*, t. 57.

37 Williams ab Ithel, *Annales*, t. 43.

38 Ibid.

39 Roger Turvey, goheb. bers.; gweler hefyd Jones, *Brut Pen. 20*, t. 60. Dadleuir dros

werthfawrogiad o ddefnydd strategol o gestyll gan yr Arglwydd Rhys yn Turvey, 'Defences of twelfth-century Deheubarth', 103–32. Yn ystod dyddiau cynnar ei yrfa nid oedd Rhys mewn sefyllfa i gynnwys Caerfyrddin yn ei strategaeth fodd bynnag.

40   Green, 'Carmarthen Castle', 3, 26.
41   Jones, *Brut Pen. 20*, t. 61; Jones, *Brut Red Book*, t. 141.
42   Jones, *Brut Pen. 20*, t. 67.
43   Green, 'Carmarthen Castle', 3, 26.
44   Williams ab Ithel, *Annales*, t. 57.
45   Jones, *Brut Pen. 20*, tt. 75–6 a n.
46   Jones, *Brut Red Book*, t. 177.
47   Jones, *Brut Pen. 20*, t. 76; Jones, *Brenhinedd*, t. 191; Williams ab Ithel, *Annales*, t. 60. Tueddai Thomas Jones, cyfieithydd y *Brutiau*, i gredu mai'r cyntaf oedd yn wir (*Brut Red Book*, t. 190).
48   Mae Roger Turvey yn awgrymu fod Rhys wedi cipio a difrodi'r castell, gan ychwanegu fod y weithred hon yn annealladwy am ei fod yn gadael dyffryn Tywi'n agored i ymosodiadau gan y fyddin frenhinol (Turvey, 'Defences of twelfth-century Deheubarth', 122). Ond mae'n bosibl hefyd nad oedd gan Rhys yr adnoddau i drwsio, gosod garsiwn ac amddiffyn Caerfyrddin. Efallai hefyd fod y difrodi'n arddangosiad cyhoeddus o rym y Cymry dros y Saeson (Roger Turvey, goheb. bers.).
49   Jones, *Brut Pen. 20*, tt. 80–1.
50   Green, 'Carmarthen Castle', 3, 27.
51   Williams ab Ithel, *Annales*, t. 71.
52   Jones, *Brut Pen. 20*, t. 91; Jones, *Brut Red Book*, t. 205.
53   Jones, *Brut Pen. 20*, tt. 92, 98.
54   *CPR*, Hen. III, 1216–1225 (Llundain 1901), tt. 143, 159.
55   Jones, *Brut Pen. 20*, tt. 99, 100; Edwards, *Cal. Anc. Correspondence*, t. 24.
56   *CPR*, 1216–1225, tt. 413–14.
57   Ibid., t. 489.
58   Gyda 'thirty sergeants and ten crossbowmen' (Green, 'Carmarthen Castle', 3, 32), tra gwnaed 'divers payments' i'w cynnal a'u cadw (*CLR*, Hen. III, 1, 1226–40 (Llundain 1916), t. 17).
59   Evans, 'Carmarthen documents', 17, 62–3; anfonwyd 6,000 o saethau hefyd i Gaerfyrddin ac Aberteifi 'for their protection' (Green, 'Carmarthen Castle', 3, 34).
60   Jones, *Brut Pen. 20*, t. 102.
61   Jones, *Brenhinedd*, t. 231; Green, 'Carmarthen Castle', 3, 35–6.
62   *CChR* 1, Hen. III 1226–1257 (Llundain 1903), t. 189.
63   Griffiths, *Principality*, t. 1.
64   *CCR*, Hen. III 4, 1237–1242 (Llundain 1911), t. 198.
65   Griffiths, *Principality*, t. 2.
66   Yn ôl testun 'C' yr *Annales Cambriae*, fel hyn – *David filius Lewelin combussit Cayrmardyn*. Fodd bynnag ni chofnodir y digwyddiad hwn naill ai yn nhestun 'A' na 'B' (Williams ab Ithel, *Annales*, t. 84 n. 8).
67   *CLR*, Hen. III, 3, 1245–1251 (Llundain 1937), tt. 7, 50.
68   Williams ab Ithel, *Annales*, t. 86.
69   *CLR*, 1245–1251, tt. 134–5.
70   Griffiths, *Principality*, t. 2.
71   Yr egin 'dywysogaeth' a ffurfiolwyd dan Edward I yn 1301.
72   Green, 'Carmarthen Castle', 3, 13, et al.
73   *CChR* 6, 5 Hen. VI–8 Hen. VIII, 1417–1516 (London, 1927), Atodiad 1215–1288, t. 287.
74   *CChR* 2, Hen. III–Edw. I, 1257–1300 (London, 1906), t. 215.
75   Jones, *Brut Pen. 20*, t. 111, et al.
76   Apeliodd y bwrdeiswyr ar y sail 'there is no truce in their district . . . because the king's enemies and theirs are around them, taking and burning (and they) are so destroyed and impoverished and reduced that some of their neighbours have abandoned the town' (Edwards, *Cal. Anc. Correspondence*, tt. 14–15; TNA: PRO SC 1/3/1).
77   *CLR* 6, 1267–1272 (Llundain 1964), t. 270.
78   Griffiths, *Principality*, t. 2.

79 W. Rees (gol.), *A Survey of the Duchy of Lancaster Lordships in Wales 1609–1613* (Caerdydd: GPC, 1953), t. xv. Daliai Maredudd ap Rhys Grug gymydau Cetheiniog, Mabudrud, Mabelfyw ac Emlyn Uwch Cych, o Gastell Dryslwyn. O Gastell Dinefwr daliai Rhys Fychan gymydau Maenordeilo, Mallaen a Chaeo ynghyd â Chantref Bychan. Fodd bynnag bu farw'r ddau yn 1271 ac o dan eu holynwyr daeth Cantref Mawr yn raddol dan uwcharglwyddiaeth Seisnig o Gaerfyrddin; mae'n amlwg o arolwg o Gaerfyrddin, a gynhaliwyd yn 1275, nad oedd grym Llywelyn mor gadarn â hynny yn yr ardal (Daniel-Tyssen, *Royal Charters*, tt. 45–50).
80 Ynghyd â chestyll Caer a Threfaldwyn.
81 Griffiths, *Principality*, t. 3.
82 *CCcR*, 1277–1326 (Llundain 1912), t. 182.
83 Ibid., t. 254.
84 Morris, *Welsh Wars*, t. 166.
85 Rees, *Duchy of Lancaster Lordships*, t. xv.
86 *CFR* 1, Edw. I, 1272–1307 (Llundain 1911), t. 208, et al.
87 Williams ab Ithel, *Annales*, t. 109.
88 Cyflawnwyd yr ymgyrch yn erbyn Rhys a'r gwarchae ar Gastell Dryslwyn o Gastell Caerfyrddin. Gwysiwyd byddin, a gynullwyd o bob rhan o Gymru a Lloegr, i Gaerfyrddin a chynhwysai fintai leol (*CCcR*, 1277–1326, t. 314), tra'r anfonwyd arfau, gyda 300 pwys o arian i dalu'r milwyr, i'r castell o Fryste (gweler M. I. Williams, 'Carmarthenshire's maritime trade in the 16th and 17th centuries', *Carms. Antiq.*, 14 (1978), 61). Cwympodd Castell Dryslwyn ymhen tair wythnos ac adferwyd Dinefwr a Charreg Cennen yn fuan wedyn.
89 Fodd bynnag llosgwyd Castell Dinefwr yn ystod gwrthryfel 1314–16 (S. E. Rees a C. Caple, *Dinefwr Castle/Dryslwyn Castle* (Caerdydd: Cadw, 2007), t. 19), pan orchmynnwyd trwsio a chyflenwi cestyll brenhinol gorllewin Cymru (Rees, *Cal. Anc. Petitions*, tt. 76–7 a n.), ac yn ôl bwrdeiswyr Caerfyrddin 'the Welsh greatly threaten to revolt against them' (ibid., tt. 75–6, 80).
90 *CChR* 3, Edw. I, Edw. II, 1300–1326 (London, 1908), t. 6.
91 Yn Chwefror 1319, er enghraifft, gorchmynnwyd Caerfyrddin i ddarparu llong a milwyr ar gyfer rhyfel Edward II yn yr Alban (Rees, *Cal. Anc. Petitions*, t. 77n.), tra yn 1337 roedd llongau o Gaerfyrddin, y talwyd amdanynt o'i drysorlys, yn yr Alban unwaith eto 'on the king's service' (Edwards, Cal. Anc. Correspondence, tt. 189–90).
92 Rees, *Cal. Anc. Petitions*, tt. 80–1 a n.
93 Lloyd, *History of Carmarthenshire*, t. 243.
94 Green, 'Carmarthen Castle', 3, 52.
95 Rees, *Cal. Anc. Petitions*, tt. 527–8 a n.
96 *Cal. Inq. Misc.* 2, 1307–1349 (London, 1916), t. 242.
97 Rees, *Cal. Anc. Petitions*, tt. 492–3 a n.
98 *CFR* 5, Edw. III, 1337–1347 (Llundain 1915), t. 263.
99 *CChR* 5, 15 Edw. III–5 Hen. V, 1341–1417 (Llundain 1916), t. 14.
100 *CPR*, Edw. III 16, 1374–1377 (Llundain 1916), t. 376.
101 Green, 'Carmarthen Castle', 3, 54, ac efallai mor gynnar â 1334, pan gyflenwyd cestyll brenhinol de Cymru â bwyd ac arfau 'to the value of £20' (ibid., 53).
102 Dawes, *Registers of the Black Prince*, 3, t. 378.
103 Yn fuan yn 1370 roedd y garsiwn yn cynnwys 10 saethwr gyda 40 bwa (Green, 'Carmarthen Castle', 3, 64–5).
104 *CCR*, Rich. II 2, 1381–1385 (Llundain 1920), t. 549.
105 Green, 'Carmarthen Castle', 3, 65–6.
106 Davies, *Glyn Dŵr*, tt. 105–6.
107 Griffiths, *Principality*, t. 31.
108 Ibid., a tt. 127–8; Davies, *Glyn Dŵr*, t. 113.
109 Griffiths, *Principality*, tt. 123–4; R. Turvey, 'Twelve days that shook south-west Wales: the royal letters, Owain Glyndŵr and the campaign of July 1403', *Carms. Antiq.*, 37 (2001), 11. Cipiwyd cestyll Dryslwyn, Castellnewydd Emlyn a Llansteffan hefyd a Charreg Cennen

o bosibl. Daliodd Dinefwr, Llanymddyfri, Talacharn a Sanclêr eu tir fodd bynnag. D.S. Nid oedd Roger Wigmore yn perthyn i'r ieirll Mortimer o Wigmore.

110   Davies, *Glyn Dŵr*, t. 114.

111   Roedd yn cynnwys 120 o filwyr arfog a 500 saethwr, dan awdurdod John Beaufort, iarll Somerset (gweler Pennod 4).

112   Green, 'Carmarthen Castle', 4, 4–7; Lloyd, *History of Carmarthenshire*, tt. 253–5.

113   Roedd John Scudamore, neu 'Skidmore', o Kentchurch ac Ewias Lacy, Swydd Henffordd, wedi priodi Alice, merch Glyndŵr, cyn 1433 – priodas a fyddai'n anghyfreithlon ar ôl 1401 (yn 1395 y digwyddodd yn ôl y traddodiad). Fe'i cyhuddwyd o fod wedi ymgynghreirio â Glyndŵr yn 1405 ond ni chafodd ei gyhuddo erioed. Mewn gwirionedd parhaodd i wasanaethu'r Goron yn erbyn y gwrthryfelwyr (Turvey, 'Twelve days', 10), ac er iddo gael ei enwi'n gwnstabl yn Ebrill 1405, ef hefyd oedd cwnstabl Castell y Grysmwnt ac oherwydd hynny efallai nad oedd yng Nghaerfyrddin pan gwympodd (Griffiths, *Principality*, tt. 140, 201). Er hynny bu'n rhaid disgwyl tan 1433 nes y dyfarnwyd nad oedd 'no longer eligible to hold [swydd] having married Alice, daughter and heir of the traitor Owain Glyndŵr', ac fe'i disodlwyd (CPR, Hen. VI 2, 1429–1436 (Llundain 1907), t. 286).

114   Davies, *Glyn Dŵr*, t. 295.

115   Ibid., t. 113; Griffiths, *Principality*, tt. 127–8.

116   Davies, *Glyn Dŵr*, t. 279.

117   CPR, Hen. V 1, 1413–1416 (Llundain 1910), t. 308.

118   Lloyd, *History of Carmarthenshire*, t. 256, o Min. Acc. 1165/11.

119   Gweler e.e. Davies, *Glyn Dŵr*, tt. 304–6; Rees, *Cal. Anc. Petitions*, t. 18.

120   Lle trafodir gan M. Prestwich, 'Edward I and Wales', yn Williams a Kenyon, *Impact of the Edwardian Castles*, t. 7.

121   Fryde, *Memoranda Rolls*, t. xiii.

122   Gweler, inter alia, Lloyd, *History of Carmarthenshire*, t. 136; CPR, Hen. III, 1225–1232 (Llundain 1903), t. 58.

123   Ludlow, 'Pembroke Castle', 26–7.

124   J. Hunter (gol.), *The Pipe Roll of 31 Henry I* (Llundain: Record Commission, arg. 1929), tt. 77, 89–90; *Pipe Roll* 24 Hen. II, 1177–1178 (Llundain: Pipe Roll Society 27, 1906), t. 58; Green, 'Carmarthen Castle', 3, 26.

125   *Pipe Roll* 27 Hen. II, 1180–1181 (Llundain: Pipe Roll Society 30, 1909), tt. 5, 15. Yn 1181–3, talwyd am y gwaith o drysorlysoedd Gwlad yr Haf, Dorset a Hampshire, a chaniatawyd y gwariant gan Ranulph de Glanville, trysorydd a phrif ustus Lloegr (*Pipe Roll* 28 Hen. II, 1181–1182 (Llundain: Pipe Roll Society 31, 1910), t. 108; *Pipe Roll* 29 Hen. II, 1182–1183 (Llundain: Pipe Roll Society 32, 1911), tt. 27, 141). Cyflenwyd y castell ag arfau yn 1159 o ddyroddiadau trysorlys Gwlad yr Haf (Green, 'Carmarthen Castle', 3, 26). Nid oedd gan Gaerfyrddin drysorlys na'i siambrlen ei hun ar y dechrau.

126   Daniel-Tyssen, *Royal Charters*, t. 46.

127   Ibid.

128   Cyfeirir yn benodol at lys sirol yng Nghastell Caerfyrddin am y tro cyntaf yn 1248 (*CCR*, Hen. III 6, 1247–1251 (Llundain 1922), t. 113), ond dywedir wrthym yn 1227 fod y pendenantiaid wedi cyflawni eu 'customs and services' yn y castell ers 'the time of Henry II', o leiaf (Green, 'Carmarthen Castle', 3, 33).

129   Davies, *Episcopal Acts*, t. 281; T. Phillipps (gol.), *Cartularium St Johannis Baptistae de Caermarthen* (Cheltenham: John Lowe, 1865), t. 10). Defnyddir y term eto yng Nghaerfyrddin yn 1196 – yn Gymraeg y tro hwn, fel *kwnstabyl* (Jones, *Brut Pen. 20*, t. 190 n. 76) – ac yn 1234 (Green, 'Carmarthen Castle', 3, 35–6).

130   Cf. siryfion yn Lloegr a recriwtiwyd fel arfer o blith gweinyddwyr proffesiynol yn hytrach na barwniaid lleol yn dilyn ymholiadau i'w hymddygiad yn 1170.

131   *Pipe Roll* 24 Hen. II, t. 58.

132   *Pipe Roll* 29 Hen. II, t. 27.

133 Green, 'Carmarthen Castle', 3, 26.
134 *Pipe Roll* 45, 1 John, 1199 (Llundain: Pipe Roll Society 48, 1933), t. 182; *Pipe Roll* 46, 2 John, 1200 (Llundain: Pipe Roll Society 50, 1934), tt. 226, 230. Dyn o Ddyfnaint oedd John of Torrington (Pryce, *Acts of Welsh Rulers*, t. 176), sydd unwaith eto'n dangos y cysylltiadau agos rhwng gorllewin Cymru a de-orllewin Lloegr yn ystod y ddeuddegfed ganrif a dechrau'r drydedd ar ddeg. Ef hefyd oedd ceidwad Castell Penfro pan gipiwyd ef dros dro gan y Goron.
135 Green, 'Carmarthen Castle', 3, 26–7.
136 *CPR* 1225–32, tt. 276–7; *CChR* 1226–57, t. 100.
137 *CChR* 1226–57, t. 189.
138 Gweler D. J. C. King, 'Pembroke Castle', *Archaeologia Cambrensis*, 127 (1978), 46.
139 Mae'n ymddangos fod gwarchodaeth y Goron, rhwng y cyfnodau hyn o reolaeth gan arglwyddi'r Mers, wedi datblygu'n swydd flynyddol a roddwyd naill ai i bendefigion neu i swyddogion dibynadwy'r Goron megis Henry de Audley a fu ar un adeg yn siryf sir Amwythig a Swydd Stafford (*CPR* 1225–32, t. 58). Fe'i dilynwyd, yn 1227, gan John de Braose, arglwydd Gŵyr, ac yna Walter de Clifford, arglwydd Llanymddyfri, yn 1228 (ibid., tt. 66, 105, 184). Ar ôl cwymp de Burgh penodwyd trysorydd y brenin, Peter des Rivaux, yn geidwad (ibid., t. 501 n.) ac fe'i olynwyd yn 1233 gan un o'r enw Philip le Bret (Green, 'Carmarthen Castle', 3, 35), y pendefig Walter de Braose ac yna, yn 1234, is-gapten Henry III, Henry de Turbeville (ibid.).
140 Roger Turvey, pers. comm.
141 Turvey, 'Defences of twelfth-century Deheubarth', 114.
142 Roger Turvey, goheb. bers.
143 Ibid.
144 Gweler Butler, 'Castles of the princes of Gwynedd', tt. 27–36; L. Butler a J. K. Knight, *Dolforwyn Castle/Montgomery Castle* (Cardiff: Cadw, 2004), t. 30.
145 *CPR* 1216–25, tt. 143, 159.
146 Pryce, *Acts of Welsh Rulers*, t. 399.
147 *CPR*, Hen. III, 1266–1272 (Llundain 1913), t. 516; Daniel-Tyssen, *Royal Charters*, t. 45; Rees, *Cal. Anc. Petitions*, t. 15.
148 Griffiths, *Principality*, t. 19; Green, 'Carmarthen Castle', 3, 39–40.
149 Daniel-Tyssen, *Royal Charters*, t. 11.
150 Gweler *CLR* 5, 1260–1267 (Llundain 1961), tt. 40, 43; Jones, *Brut Pen. 20*, tt. 107, 205, et al.
151 Griffiths, *Principality*, t. 19.
152 Lloyd, *History of Carmarthenshire*, t. 211 a n. Awgrymodd yr Athro Ralph Griffiths fod swydd y siryf wedi'i sefydlu cyn aildrefnu'r arglwyddiaeth yn sir ffiwdal yn 1241, ond yr unig ffynhonnell a grybwyllodd yw'r cyfeiriad hwn o 1223 (Griffiths, *Principality*, t. 47 n. 3).
153 Daniel-Tyssen, *Royal Charters*, tt. 48–9.
154 *CLR* 1245–51, t. 7.
155 Ibid., tt. 134–5, 303.
156 Defnyddiwyd y term 'constable' unwaith eto, gan gyfeirio at y ceidwad, yn 1244 (Evans, 'Carmarthen documents', 17, 64).
157 Er enghraifft, TNA: PRO E 372/96, Pipe Roll 36 Hen. III (1251–2); TNA: PRO E 372/104, Pipe Roll 44 Hen. III (1259–60). Ni wneir unrhyw sylw ynghylch y ddibyniaeth barhaus hon ar drysorlys Caerloyw yn *History of Carmarthenshire* Lloyd a *Principality* Griffiths.
158 Griffiths, *Principality*, t. 51.
159 Fel yn 1279, ar gyfer Payn de Chaworth (Griffiths, *Principality*, t. 20), ac yn yr 1240au, pan y'i defnyddiwyd ar gyfer dirprwy geidwaid (Edwards, *Cal. Anc. Correspondence*, tt. 33, 48). Mae'n ymddangos fod yr Athro Griffiths (Griffiths, *Principality*, tt. 19–20, 35 a *passim*) yn cydnabod nad oedd stiward yn bresennol yn ystod y cyfnod hwn a bod grym wedi ei grynhoi mewn un swydd – sef eiddo'r ceidwad – ond mae'n gwrthddweud hyn yn ddiweddarach drwy awgrymu fod stiward maenorol yn bresennol o gyfnod cynharach (ibid., t. 51), er na chyfeirir at unrhyw ffynonellau i gefnogi'r honiad hwn. Mae Griffiths hefyd yn cydnabod

y dryswch parhaus ynghylch terminoleg mewn disgrifiad cyfoes o'r *cwnstabl* gwahanol cyntaf sef John de Beauchamp, fel stiward yn 1277 (ibid., t. 193).
160   *CPR 1216–25*, t. 481.
161   Edwards, *Cal. Anc. Correspondence*, tt. 33–4.
162   Ibid., t. 48. Fel y noda Griffiths roedd Edwards yn galw'r beilïaid hyn, yn gamarweiniol, yn 'stiwardiaid' (Griffiths, *Principality*, t. 19). Gelwir Richard de Tunderley yn 'bailiff of Carmarthen', ar gyfer y ceidwad Hugh de Turbeville yn 1264 (*CPR*, Hen. III, 1258–1266 (Llundain 1910), t. 348).
163   Griffiths, *Principality*, p. 4. Roedd grant cadarnhad yn 1268 yn rhoi yn benodol i Edmund yr hawl i lywodraethu gyda 'the regality that belongs to the king . . . his writ shall run there as the king's writ' (*CPR 1266–72*, t. 299).
164   Jones, *Brut Red Book*, t. 251.
165   *CPR 1258–66*, t. 275.
166   Ibid., t. 348.
167   Griffiths, *Principality*, t. 20.
168   Green, 'Carmarthen Castle', 3, 41; Griffiths, *Principality*, t. 193.
169   Ibid., t. 19, et al.
170   Ibid., t. 22.
171   Ibid. Bu ceidwad yn yr 1220au, Henry de Audley, hefyd yn siryf yn sir Amwythig, a oedd yn ardal 'Mers' tebyg.
172   Ibid.
173   Lloyd, *History of Carmarthenshire*, t. 211. Ar ôl 1341 penodiad gan y brenin oedd y siryf, fel yn Lloegr (*Cal. Inq. Misc. 1307–49*, t. 430; Griffiths, *Principality*, t. 49).
174   Er enghraifft, Pipe Roll 17 Edw. I (yn Green, 'Carmarthen Castle', 3, 46–8).
175   *CCcR 1277–1326*, t. 305. Eiddo a ddychwelwyd i'r Goron yn dilyn marwolaeth y perchennog yn ddiewyllys neu'n ddietifedd oedd siêd.
176   Lloyd, *History of Carmarthenshire*, t. 209.
177   Griffiths, *Principality*, t. 23.
178   Er enghraifft, trefnodd ac ariannodd Tibetot y gwrthsafiad yn erbyn Llywelyn yn ystod y rhyfeloedd Cymreig, ac fe'i gwobrwywyd gyda rhodd o holl gestyll brenhinol a chyllidau yn ne Cymru a mwynhaodd y rhain hyd ei fawrolaeth yn 1298 (Lloyd, *History of Carmarthenshire*, t. 209). Ef hefyd oedd cwnstabl cestyll Portchester a Nottingham (Fryde, *Memoranda Rolls*, t. 5). Fel arfer roedd prif ustusiaid diweddarach hefyd yn arglwyddi mers yn eu hawl eu hunain.
179   *CCcR 1277–1326*, t. 328. Yn yr un modd bu William de Camville, arglwydd Llansteffan, yn ddirprwy brif ustus i Tibetot yn 1284 (Rees, *Cal. Anc. Petitions*, tt. 150–1 a n.).
180   Rees, *Cal. Anc. Petitions*, tt. 15–18.
181   Ibid.
182   *CFR 1272–1307*, tt. 344–5.
183   Griffiths, *Principality*, t. 17.
184   Fryde, *Memoranda Rolls*, t. 9.
185   Griffiths, *Principality*, tt. 15–16; Rees, *Cal. Anc. Petitions*, t. 148 n., et al.
186   Roedd ieirll Penfro hefyd yn rhwym wrth Lys Sirol y Brenin yng Nghaerfyrddin ar gyfer eu tiroedd yn yr arglwyddiaethau hyn (*CChR 1257–1300*, t. 427), fel roedd stadau tymhorol abatai Hendy-gwyn-ar Daf, Talyllychau ac Ystrad Fflur a Phriordy Caerfyrddin (*CChR* 4, 1–14 Edw. III, 1327–1341 (Llundain 1912), t. 385; Griffiths, *Principality*, tt. 13–14). Gwnaed honiadau amheus hefyd ynghylch awdurdodaeth dros arglwyddiaethau esgobol Pebidiog a Llawhaden, sef sir Benfro bellach, ond ni chawsant unrhyw effaith (Griffiths, *Principality*, t. 13; CCcR 1277–1326, t. 184).
187   Rees, *Duchy of Lancaster Lordships*, t. xiv.
188   *CPR*, Edw. I, 1301–1307 (Llundain 1898), t. 407; *CChR 1341–1417*, t. 167; Rees, *Cal. Anc. Petitions*, t. 16.
189   Daniel-Tyssen, *Royal Charters*, t. 11.
190   Lloyd, *History of Carmarthenshire*, t. 211, o Minister's Accounts, 1218/2.
191   Ibid., t. 210.

192 Griffiths, *Principality*, t. 22. Fe'i gelwid yn 'Sesiwn Fawr' o tua 1330 (ibid., t. 24), ond cyflwynwyd y Sesiwn Fawr *sensu stricto* pan basiwyd yr ail Ddeddf Uno yn 1543. Fel cynrychiolydd y brenin byddai'r prif ustus yn gwrando ar bledion y Goron (ibid., t. 22), a ffurfiai'r dirwyon a'r dyroddiadau o'r llys hwn ganran uchel o elw Caerfyrddin (Lloyd, *History of Carmarthenshire*, t. 210).
193 Griffiths, *Principality*, t. 22.
194 Ibid., a n. 22.
195 Derbyniodd Aberteifi ei lys ei hun yn 1395 (ibid., tt. 26–7), ac erbyn hynny bu eu crynhoi yng Nghastell Caerfyrddin yn destun cwyno gan bobl Ceredigion am dros ganrif (Rees, *Cal. Anc. Petitions*, tt. 33, 124, 156 a n.).
196 Griffiths, *Principality*, tt. 25–6. Sefydlwyd llys bach ar wahân ar gyfer Ceredigion yn 1349 (ibid.).
197 Ibid., t. 25.
198 Ibid., tt. 47–8. Mewn cyferbyniad, roedd siryfion ar ôl 1284 yng ngogledd Cymru'n gweithredu'n debyg iawn i'w cymheiriaid yn Lloegr (ibid.). Yn wahanol iddynt hwy, fodd bynnag, anaml iawn y byddai siryfion Cymru'n cael eu gwysio i ymddangos o flaen y trysorlys yn Westminster (Fryde, *Memoranda Rolls*, t. xx).
199 Griffiths, *Principality*, tt. 49–50, 25.
200 Ibid., t. 54. Derbyniodd Ceredigion ei siryf ei hun hefyd yn 1386 (ibid., t. 50, o Min. Accs., 1221/14, 1222/2).
201 Ibid., t. 55–7; *CFR* 3, Edward II 1319–1327 (London, 1912), t. 230.
202 Ym Mrawdlys Clarendon yn 1166, gorchmynnodd Harri II fod yn rhaid i bob sir nad oedd ganddi garchar drefnu i adeiladu un mewn castell neu fwrdeistref (R. A. Brown, *English Castles* (Llundain: Batsford, 1976), t. 212). Fodd bynnag mae'n ymddangos mai yn 1244 y ceir y cyfeiriad pendant cynharaf i garcharorion yn y castell (Evans, 'Carmarthen documents', 17, 64).
203 Rees, *Cal. Anc. Petitions*, t. 48; Rees, 'Ministers' accounts', 73.
204 Green, 'Carmarthen Castle', 3, 49.
205 Jones, *Brut Pen. 20*, t. 88 a n.
206 Rees, *Cal. Anc. Petitions*, t. 527.
207 Green, 'Carmarthen Castle', 3, 61, o BL Harl. Roll 7198, gyda'r dyddiad anghywir ynddo i 1340 (Stephen Priestley, pers. comm.), gweler yr Atodiad.
208 Ibid., 70.
209 Ibid., 64.
210 Ibid., 50.
211 Green, 'Carmarthen Castle', 4, 58.
212 Ibid.
213 Green, 'Carmarthen Castle', 3, 17; Rees, *Cal. Anc. Petitions*, t. 431.
214 *CPR* 1374–77, t. 317.
215 *CPR*, Hen. VII 2, 1494–1509 (Llundain 1916), t. 452.
216 Ymhlith y carcharorion llai pwysig oedd y rhai hynny a ddisgwyliai am eu prawf, a'r rhai hynny a ddelid dan 'mainprize', h.y. fel gwarantwyr i droseddwyr; mae cofnod o 1520–1 yn cynnwys 'repair of the king's gaol in the castle, and a chamber in the said gaol called "le maynipryce [mainprize] chamber"' (Green, 'Carmarthen Castle', 4, 59).
217 Ceir rhestr lawn o gwnstabliaid yn *Principality* Griffiths, ond mae trafodaeth ynghylch y swydd y tu hwnt i gwmpas ei brif destun.
218 Ibid., tt. 91–4. Yn yr un modd, yng ngogledd Cymru, gallai'r prif ustusiaid cynnar fod yn gwnstabliaid hefyd, e.e. Syr Otto de Grandison ar ddiwedd y drydedd ganrif ar ddeg (A. J. Taylor, *Caernarvon Castle and Town Walls* (Llundain: LlEM, 1953), t. 19).
219 Gweler e.e. TNA: PRO SC 6/1220/8, Chamberlain's Account, 1335.
220 Er enghraifft Rhys ap Gruffudd yn yr 1330au (Green, 'Carmarthen Castle', 3, 56, et al.) a John Scudamore yn 1431.
221 Griffiths, *Principality*, tt. 140, 201. Roedd Bogo de Knovill wedi gweithredu hefyd fel cwnstabl i holl gestyll brenhinol eraill de-orllewin Cymru yn 1280 (Daniel-Tyssen, *Royal Charters*, t. 10).

222 J. Rickard, *The Castle Community: The Personnel of English and Welsh Castles, 1272–1422* (Woodbridge: Boydell Press, 2002), t. 35.
223 Ibid., t. 33.
224 Ibid., tt. 30, 60
225 Green, 'Carmarthen Castle', 3, 64–5, et al.
226 *CFR* 5, Edw. III, 1337–1347 (Llundain 1915), t. 238.
227 Green, 'Carmarthen Castle', 4, 17.
228 Ibid., 68–9.
229 Ibid., 21; Griffiths, *Principality*, t. 201.
230 Green, 'Carmarthen Castle', 3, 46–8.
231 Rees, *Cal. Anc. Petitions*, t. 134. Mae'n amlwg fod gweinyddiaeth ariannol yn fwy cymhleth nag a awgrymir yn *Principality* Griffiths (t. 21) ac ni chynhwysir Cressingham yn ei restr swyddogion chwaith, ac roedd wedi'i ffurfioli yn ystod y cyfnod rhwng 1280 ac 1299. Bu Cressingham yn drysorydd yr Alban yn ddiweddarach rhwng 1296 ac 1297.
232 Griffiths, *Principality*, t. 21; cf. Caernarfon, lle bu siambrlen yn swyddog ers goresgyniad Edward yn 1284 (Taylor, *Caernarvon Castle*, t. 19).
233 Fryde, *Memoranda Rolls*, t. xxvi; Griffiths, *Principality*, tt. 21, 40.
234 Griffiths, *Principality*, t. 35. Cafodd Castell Aberteifi ei drysorlys ei hun tua chanol y bedwaredd ganrif ar ddeg. Fodd bynnag, Caerfyrddin oedd yr uwch drysorlys a'r unig un a oedd yn derbyn ac yn talu cyllid (ibid., t. 37).
235 Gweler e.e. *CCR*, Edw. II 1, 1307–1313 (London 1892), t. 195.
236 Griffiths, *Principality*, tt. 38–9; Rees, *Cal. Anc. Petitions*, t. 145. Prynwyd cist mawr a wnaed yn Fflandrys ac a gostiodd 13s. 4d er mwyn 'keeping the record rolls and other necessaries' yn 1413–14 (Green, 'Carmarthen Castle', 4, 18).
237 Griffiths, *Principality*, t. 40.
238 Green, 'Carmarthen Castle', 3, 53.
239 Edwards, *Cal. Anc. Correspondence*, tt. 189–90; Evans, 'Carmarthen documents', 17, 71–2.
240 Green, 'Carmarthen Castle', 3, 51, 53, 55–60.
241 Fryde, *Memoranda Rolls*, t. xxvii; Rees, *Cal. Anc. Petitions*, tt. 271–2 a n.
242 Green, 'Carmarthen Castle', 3, 67; Griffiths, *Principality*, t. 38.
243 Fryde, *Memoranda Rolls*, t. 62; Green, 'Carmarthen Castle', 4, 18.
244 Dawes, *Registers of the Black Prince*, 1, t. 54.
245 Griffiths, *Principality*, tt. 40–1. Crybwyllir archwilwyr yn 1306 fodd bynnag (Green, 'Carmarthen Castle', 3, 50), dan drefniant ad hoc mae'n debyg.
246 *CCR* Ed. II, 1307–13, t. 18.
247 Rees, *Cal. Anc. Petitions*, t. 15 a n.
248 Ibid., tt. 492–3.
249 Ibid., tt. 50–1 a n.; tt. 245–7 a n.
250 Ibid., t. 15 a n.
251 Griffiths, *Principality*, t. 24.
252 Lloyd, *History of Carmarthenshire*, t. 209.
253 Griffiths, *Principality*, t. 27.
254 Ibid., tt. 24, 45.
255 Rickard, *Castle Community*, t. 43.
256 Green, 'Carmarthen Castle', 3, 65.
257 CCR 1381–5, t. 613.
258 *CCR*, Rich. II 4, 1389–1392 (Llundain 1922), t. 212.
259 Griffiths, *Principality*, tt. 51–2.
260 Gwnaed ei ddyletswyddau gan ddirprwyon, Cymry fel arfer, nad oeddent yn byw yn y castell, fel y stiwardiaid yn y drydedd ganrif ar ddeg a'r bedwaredd ar ddeg.
261 Griffiths, *Principality*, t. 143.
262 Ibid., t. 31.
263 *CPR*, Hen. VI 6, 1452–1461 (Llundain 1910), t. 245.
264 Griffiths a Thomas, *Tudor Dynasty*, tt. 44–5.
265 *CPR* 1452–61, t. 340.
266 Green, 'Carmarthen Castle', 3, 23.
267 Green, 'Carmarthen Castle', 4, 53.
268 Mae cofnod o 1461–2 yn datgan: '[roedd] 84 soldiers [yn] staying in the castle . . . for the safe-keeping of the castle, town and

neighbourhood . . . against the king's adversaries' (ibid., 54).
269 Ibid., 56.
270 Ibid., 57.
271 Ibid.
272 Green, 'Carmarthen Castle', 3, 24; Green, 'Carmarthen Castle', 4, 70; Green, 'Carmarthen Castle', 3, 24.
273 Lloyd, *History of Carmarthenshire*, t. 261.
274 Gweler Green, 'Carmarthen Castle', 4, 59.
275 Griffiths, *Principality*, t. 31.
276 A byddai hyn yn parhau – gweler J. Davies (gol.), *The Carmarthen Book of Ordinances 1569–1606* (Llandybïe: CHSG, 1996), tt. vi–viii; E. G. Jones (gol.), *Exchequer Proceedings (Equity) concerning Wales, Henry VIII – Elizabeth* (Cardiff: GPC, 1939), t. ix.
277 C. Drage, 'Urban castles', yn J. Schofield ac R. Leach (gol.), *Urban Archaeology in Britain* (Adroddiad Ymchwil CAB 61, 1987), t. 117.
278 Ac efallai na fu hyn erioed yn gwbl amlwg – roedd cestyll bob amser, i raddau, yn fannau cyhoeddus ac nid oedd meddylfryd yr Oesoedd Canol yn gwahaniaethu rhwng cestyll a threfi caerog. Gweler C. Coulson, *Castles in Medieval Society: Fortresses in England, France and Ireland in the Central Middle Ages* (OUP, 2003), tt. 179–86 a *passim*.
279 Er enghraifft hebryngwyd llynges Edward III yn 1370 gan fintai o'r bwrdeistref a gorchmynnodd y siambrlen hwy 'to cause all ships of 100 tuns burden and upwards . . . to be . . . furnished with seamen, men-at-arms, armed men and archers' (*CCR*, Edw. III 8, 1369–1374 (London 1910), t. 65). Rhoddwyd gorchymyn tebyg yn 1373, fel rhan o lynges a oedd yn hebrwng ei lywodraethwr newydd, William de Windsor, i'r Iwerddon (ibid., t. 520).
280 Er gwaethaf y gwrthdaro arferol, lleolwyd y trysorlys yng Nghaernarfon ym mhorthdy dwyreiniol y dref o'r cychwyn cyntaf (A. J. Taylor, *Caernarfon Castle and Town Walls* (Caerdydd: Cadw, 2008), t. 42). Yn yr un modd, roedd y prif ustus – fel y llysoedd – wedi symud allan o'r castell ac i mewn i'r dref erbyn 1435 o leiaf (Taylor, *Caernarvon Castle*, t. 42), tra gall swyddogion eraill fod wedi eu lletya yn y dref o gyfnod cynnar (ibid., t. 19); mae'n ymddangos mai staff y castell oedd yn byw yn y llety'n dyddio o ddechrau'r cyfnod ôl-ganoloesol y tu allan i Gastell Warwig.
281 Gweler Pennod 4. Nid oedd Caerfyrddin yn anarferol yn hyn o beth o bell ffordd. Mewn gwirionedd roedd y fframwaith rhyw gymaint yn fwy statig nag mewn cestyll fel Llwydlo lle cliriwyd rhan helaeth o'r dref enedigol er mwyn gwneud lle i'r cwrt allanol, a Devizes, lle'r oedd y gwrthwyneb yn wir a lle trosglwyddwyd y cwrt allanol i'r bwrdeistref ar gyfer datblygiadau domestig.
282 J. R. Kenyon, *Kidwelly Castle* (Caerdydd: Cadw, 2007), tt. 6, 40.
283 Davies, *Episcopal Acts*, t. 283.
284 Evans, 'Carmarthen documents', 17, 65.
285 Am drafodaeth lawn o'r dref ganoloesol gweler R. A. Griffiths, 'Carmarthen', yn R. A. Griffiths (gol.), *Boroughs of Mediaeval Wales* (Caerdydd: GPC, 1978), tt. 130–63; James, *Carmarthen Survey*; James, 'Carmarthen', tt. 158–68.
286 Lloyd, *History of Carmarthenshire*, t. 313.
287 *CChR* 1226–57, t. 461; gweler hefyd Griffiths, 'Carmarthen', t. 131.
288 James, *Carmarthen Survey*, t. 28; gweler hefyd T. James, 'Medieval Carmarthen and its burgesses: a study of town growth and burgess families in the later thirteenth century', *Carms. Antiq.*, 25 (1989), 14–15.
289 Evans, 'Carmarthen documents', 17, 65; gweler hefyd Griffiths, 'Carmarthen', t. 158.
290 Rees, *Cal. Anc. Petitions*, tt. 494–6.
291 Evans, 'Carmarthen documents', 18, 3–4.
292 *CCR* 1369–74, t. 65.
293 *CChR* 1341–1417, t. 303; Daniel-Tyssen, *Royal Charters*, t. 97; gweler hefyd Griffiths, 'Carmarthen', tt. 158–9.
294 James, 'Medieval Carmarthen', 14. Unwaith eto cadarnhawyd hawl y prior a'r canoniaid i

'enjoy their old-time privileges' yn 1330 (Evans, 'Carmarthen documents', 18, 3–4) tra cadarnhaodd Richard II hawliau marchnad yr Hen Gaerfyrddin gan ganiatáu ffair flynyddol iddi yn 1394 (*CChR 1341–1417*, t. 349).

295 Evans, 'Carmarthen documents', 17, 71.

296 *CCR*, Hen. III 2, 1231–1234 (Llundain 1908), tt. 199, 382. Hwn oedd y grant murdreth cyntaf ar gyfer unrhyw dref yng Nghymru (James, *Carmarthen Survey*, t. 27).

297 Daniel-Tyssen, *Royal Charters*, tt. 41–2.

298 Evans, 'Carmarthen documents', 17, 61–72, 18, 18–22.

299 Gweler, er enghraifft, y rhodd a gyflwynwyd yn 1405 i fwrdeisiwr yng Nghaerfyrddin i gydnabod colledion 'sustained by him through the Welsh rebels by the burning of his houses and otherwise, of a tenement with a garden adjoining in Spilman Street' (ibid., 18, 20).

300 Yn 1415 rhoddwyd i 'the mayor and commonalty of Carmarthen' am bum mlynedd, 'the farm of the town, amounting to £20 yearly, in aid of the enclosure of the town; as the king understands that . . . the walls have been razed . . . and the inhabitants are robbed at night for want of enclosure' (*CPR 1413–16*, t. 308).

301 SCG M 420, 'Deeds and documents relating to properties in Carmarthen' (1647–1835), *passim*; LlGC, MS 12358D, 'Records of the corporate borough of Carmarthen' (1590–1764), *passim*. Enw un o'r wardiau oedd 'Gely' neu 'Gellysland' ac mae'n ymddangos ei fod yn ardal Heol Awst.

302 O. Creighton ac R. Higham, *Medieval Town Walls: An Archaeology and Social History of Urban Defence* (Stroud: Tempus, 2005), tt. 186–7.

303 James, *Carmarthen Survey*, t. 53. Nid yw Speed yn dangos y giatiau'n arwain o'r bont a'r cei ac efallai eu bod eisoes wedi eu dymchwel erbyn 1600.

304 Pryce, *Acts of Welsh Rulers*, tt. 10, 408–9.

305 Jones, *Brut Pen. 20*, t. 103. Fodd bynnag mae peth dryswch yn y ffynonellau, sy'n awgrymu fod pont newydd wedi'i hadeiladu yn ystod y gwarchae ac mai hon a ddifrodwyd (gweler ibid. a n.; Jones, *Brenhinedd*, t. 231; Griffiths, 'Carmarthen', t. 141).

306 James, *Carmarthen Survey*, t. 27.

307 Gweler e.e. K. Murphy a N. Ludlow, 'Carmarthenshire historic landscape characterisation: Black Mountain and Mynydd Myddfai/Tywi Valley/Dolaucothi/Taf and Tywi Estuary', 1 (adroddiad anghyhoeddedig gan YAD, 2000), 20–1, ac Areas 185 a 244.

308 Gan gynnwys tua 2,270 hectar, roedd y plwyf hefyd yn cynnwys nifer o ddaliadau eraill, preifat. Roedd dau luest ar dir y priordy. Gweler James, *Carmarthen Survey*, tt. 41–4 am restr o elfennau'r tirwedd.

309 Ibid.

310 Lewis Thorpe (gol.), *Gerald of Wales: The Journey through Wales/The Description of Wales* (Harmandsworth: Penguin, 1978), tt. 138–9.

311 Daniel-Tyssen, *Royal Charters*, tt. 4–6.

312 Yn 1404 fe'i disgrifiwyd fel 'a little village' (G. E. Evans, 'Llanllwch: AD 1404–1462', *TCASFC*, 5 (1910), 64, o *CPR 1401–5*). Roedd Capel Llanllwch, a gysegrwyd i'r Santes Fair, yn gapeliaeth i San Pedr Caerfyrddin. Eglwys blwyf ydyw bellach yn deillio o San Pedr yn 1843.

313 Ond yn 1226 gwnaed trefniadau i hau ŷd yn nemenau'r brenin yng Nghaerfyrddin ac Aberteifi, tra talwyd deg marc ar hugain i geidwad Castell Caerfyrddin er mwyn 'buying oxen for our ploughs there' (Green, 'Carmarthen Castle', 3, 31–2).

314 Daniel-Tyssen, *Royal Charters*, t. 46.

315 Ibid., tt. 51–4.

316 Ibid., tt. 46–7.

317 Lloyd, *History of Carmarthenshire*, t. 321.

318 Ibid., t. 222.

319 Ar ôl 1299 roedd y maer yn atebol i'r siambrlen ac yr oedd ei ddyroddiadau'n cynnwys fferm y faenor (ibid.). Fel a nodwyd uchod nid oes unrhyw gyfeiriad yn y ffynonellau at swydd stiward maenorol.

320 Dechreuodd y broses hon dan y Tywysog Edmund yng nghanol y drydedd ganrif ar ddeg ac yn 1281 dywedir i gwnstabl Castell Caerfyrddin 'restored thirty-nine acres of land and pasture of the demesnes of the castle of Carmarthen' (Green, 'Carmarthen Castle', 3, 45). Talai'r tenantiaid cyffredin, neu'r *gabularii*, 6d yr erw am eu daliadau; roeddent yn parhau i fod ynghlwm wrth y castell a rhaid oedd iddynt roi rhybudd dyledus pe dymunent isosod (Lloyd, *History of Carmarthenshire*, p. 222). Ymhlith y tenantiaid eraill roedd prior Caerfyrddin ac yn 1291 rhoddwyd iddo'r holl dir âr yng Nghillefwr a'r 'Archdeacon's Land', am rent o 22s. y flwyddyn (*CFR* 1272–1307, t. 297).
321 Fel yn 1404 fe'i rhoddwyd i John Gogh, 'for good service', ynghyd ag 'all lands, meadows and commodities to the value of £12 yearly' (Evans, 'Llanllwch', 64, o *CPR* 1401–5).
322 *CPR* 1413–16, t. 42; Lloyd, *History of Carmarthenshire*, t. 256, o Min. Acc. 1165/11.
323 Evans, 'Llanllwch', 64, o *CPR* 1461–7; gweler hefyd Jones, *Exchequer Proceedings*, t. 129.
324 Thorpe, *Gerald of Wales*, t. 139; gweler hefyd Jones, *Brut Pen. 20*, t. 41 a *passim*.
325 *CCcR* 1277–1326, tt. 171, 185, 296; cf. y coedwigoedd o gwmpas Castell Trefaldwyn a dynnwyd i lawr am resymau tebyg yn yr 1220au (J. K. Knight, 'Excavations at Montgomery Castle, part I', *Archaeologia Cambrensis*, 142 (1992), 100, 108).
326 Ynghyd a choedwig lai, ddibynnol Pennant. Gweler D. Rees, 'The forest of Glyncothi', *Carms. Antiq.*, 31 (1995), 45–55, am hanes cryno defnyddiol.
327 *CPR*, Hen. VII 1, 1485–1494 (Llundain 1914), t. 28, et al.
328 Rees, 'Forest of Glyncothi', 49–50.
329 Murphy a Ludlow, 'Carmarthenshire historic landscape characterisation', 20–1, ac Areas 185 a 244.
330 Daniel-Tyssen, *Royal Charters*, tt. 18–23.
331 Rees, *Duchy of Lancaster Lordships*, passim.
332 Jones, *Exchequer Proceedings*, t. 103.
333 Rees, 'Forest of Glyncothi', 51.
334 'Each cow being valued at 5s: and it is the option of the lord or his bailiff to take the cows or for each of them 5s' (Daniel-Tyssen, *Royal Charters*, t. 46). Yn 1322 honai'r tenantiaid Cymraeg fel a ganlyn: 'constables take their beasts for the king's larder . . . against their will and for half their value' (Rees, *Cal. Anc. Petitions*, t. 246).
335 Fodd bynnag, mae'n amlwg o ddyddiau cynnar fod arian yn hytrach na nwyddau yn elfen bwysig o gyflenwi'r castell ac y caed cyflenwadau dros ardal eang; yn 1227 caniatwyd lwfans i'r ceidwad John de Braose er mwyn prynu d a bwydydd eraill 'wheresoever in the king's land' ar gyfer y castell (*CPR* 1225–32, t. 105).
336 Green, 'Carmarthen Castle', 3, 26.
337 Ibid., 36.
338 Ibid., 42.
339 Green, 'Carmarthen Castle', 4, 8–9, 13.
340 Green, 'Carmarthen Castle', 3, 46.
341 Williams, 'Carmarthenshire's maritime trade', 61.
342 Ibid.
343 Green, 'Carmarthen Castle', 3, 34, 46.
344 Ibid., 36.
345 Evans, 'Carmarthen documents', 17, 63.
346 Hynny yw, gwin a archebwyd gan ei swyddogion i'w ddefnyddio gan y brenin, neu ei garsiynau.
347 Williams, 'Carmarthenshire's maritime trade', 61.
348 Lloyd, *History of Carmarthenshire*, t. 311.
349 L. T. Smith (gol.), *The Itinerary in Wales of John Leland in or about the Years 1536–1539* (Llundain: George Bell and Sons, 1906), t. 61. Fodd bynnag, yn 1751 gallai llongau hyd at 150 tunnell ddal i ddefnyddio Cei Caerfyrddin, 'as they have eleven feet of water' (J. Lodwick a V. Lodwick, *The Story of Carmarthen* (Caerfyrddin: V. G. Lodwick and Sons Ltd, 1972), t. 203).

350 Green, 'Carmarthen Castle', 4, 48.
351 Gellir darllen dadansoddiad llawn o'r casgliad o esgyrn anifeiliaid gan Lorrain Higbee o Wessex Archaeology yn adroddiad y cleient ar y cloddiadau (D. Schlee, 'Carmarthen Castle: excavations outside the gatehouse, June–August 2003' (adroddiad anghyhoeddedig gan YAD, 2004), Atodiad 3, 99–108).
352 T. James, 'Excavations at Carmarthen Greyfriars, 1983–1990', *Medieval Archaeology*, 41 (1997), 183–4.
353 Gweler K. Murphy a P. Sambrook, 'South-east Dyfed minerals: a survey of the archaeological resource threatened by mineral extraction' (adroddiad anghyhoeddedig gan YAD, 1994); P. Sambrook, 'Mineral extraction at Pedair Heol, Kidwelly and Llandyfan, Llandybie' (adroddiad anghyhoeddedig gan YAD, 1995). Ni cheir unrhyw gofnod o chwareli cerrig mewn arolwg a wnaed o diroedd Lancaster yng Nghydweli ac Iscennen ar ddechrau'r ail ganrif ar bymtheg, er y cyfeirir at gloddio glo a diwydiannau eraill (llosgi golosg ac ati) (Rees, *Duchy of Lancaster Lordships*). Yn yr un modd, cofnododd George Owen o Henllys enghreifftiau o losgi golosg ond nid o gloddio cerrig adeiladu, at ddiwedd yr unfed ganrif ar bymtheg (LlGC MS 12364D, 502). Efallai y daw'r cyfeiriad cyntaf yn 1682 pan roddwyd tir ar brydles i ŵr o'r enw William Dyer ger Cydweli er mwyn 'dig lime stones for burning and *selling* [fy italeiddio i]' (SCG, Papurau William Morris, 27/9). Er hynny roedd y garreg 'almost too hard for working until the nineteenth century' (T. Lloyd, J. Orbach ac R. Scourfield, *The Buildings of Wales: Carmarthenshire and Ceredigion* (Newhaven a Llundain: Yale University Press, 2006), t. 7), ac mae'n debyg fod y gweithfeydd yn lleol ac yn gyfyngedig. Roedd y diwydiant chwarela'n ffynnu yma, ac fe'i diwydiannwyd erbyn dechrau'r bedwaredd ganrif ar bymtheg (S. Lewis, *A Topographical Dictionary of Wales*, 2 (Llundain: S. Lewis and Co., 1849), t. 35).
354 Murphy a Ludlow, 'Carmarthenshire historic landscape characterisation', 17–18, ac Areas 190 a 239.
355 Kenyon, *Kidwelly Castle*, t. 16.
356 John Kenyon, goheb. bers.
357 James, 'Carmarthen Greyfriars', 183.
358 Green, 'Carmarthen Castle', 4, 25; fi piau'r italeiddio.
359 Green, 'Carmarthen Castle', 3, 57.
360 Nodwyd ar y map Hen Gyfres AO 1" (Dalen 41), 1831.
361 Gweler James, 'Carmarthen Greyfriars', 183.
362 Defnyddiwyd carreg Sutton o Forgannwg ym mhorthdy Castell Cydweli (Kenyon, *Kidwelly Castle*, tt. 33, 44), ond ni chafodd ci adnabod yn bendant yng Nghastell Caerfyrddin.
363 Green, 'Carmarthen Castle', 4, 51.
364 James, 'Carmarthen Greyfriars', 183.
365 Yn 1354–5, talwyd 15s. 9d i Philip o Lanismel am galch, 'together with its carriage from St Ishmaels to Carmarthen Quay, and thence to the castle' (Green, 'Carmarthen Castle', 3, 63).
366 Lloyd, *History of Carmarthenshire*, t. 300.
367 Green, 'Carmarthen Castle', 4, 49.
368 Er enghraifft, y chwarel fawr yn Glogue, sydd â'i gwreiddiau yn yr ail ganrif ar bymtheg (A. J. Richards, *A Gazetteer of the Welsh Slate Industry* (Llanrwst: Gwasg Carreg Gwalch, 1991), t. 220).
369 Ibid., tt. 215–26.
370 James, 'Carmarthen Greyfriars', 178–9.
371 Green, 'Carmarthen Castle', 3, 68.
372 Gweler Richards, *Welsh Slate Industry*, tt. 227–8.
373 Ibid. a t. 212.
374 James, 'Carmarthen Greyfriars', 179–81.
375 Lloyd et al., *Buildings of Wales*, passim.
376 J. A. Howe, *The Geology of Building Stones* (Llundain: Edward Arnold, 1910), t. 73.
377 Green, 'Carmarthen Castle', 4, 62.
378 Ac nid oes gan unrhyw chwareli llechi hysbys yn ne-orllewin Cymru enw tebyg (Richards, *Welsh Slate Industry*, tt. 210–28).

379 Tra na *chynhyrchwyd* y teils crib o angenrheidrwydd yn 'Laughdony', saif Llechdwnni hefyd yng nghanolfan cynhyrchu canoloesol crochenwaith Bae Caerfyrddin/Llansteffan neu'n agos ati. Defnyddiwyd y crochenwaith hwn yn helaeth i gynhyrchu teils crib lleol, er na adferwyd dim ohono o'r castell hyd yn hyn. Awgrymwyd iddo gael ei gynhyrchu yn ardal eang aber Tywi, ond ni nodwyd unrhyw safleoedd odynnau'n bendant hyd yma (Dee Williams, goheb. bers.).
380 Green, 'Carmarthen Castle', 4, 49.
381 T. James, 'Where sea meets land: the changing Carmarthenshire coastline', yn H. James (gol.), *Sir Gâr: Studies in Carmarthenshire History* (Caerfyrddin: CHSG, 1991), t. 156 a n. 10.
382 Kenyon, *Kidwelly Castle*, t. 22.
383 James, 'Carmarthen Greyfriars', 179.
384 C. Papazian ac E. Campbell, 'Medieval pottery and roof tiles in Wales AD 1100–1600', *Medieval and Later Pottery in Wales*, 13 (1992), 56–9.
385 V. Early a D. Morgan, 'A medieval pottery kiln site at Newcastle Emlyn', *Archaeology in Wales*, 44 (2004), 97.
386 James, 'Carmarthen Greyfriars', 181–3.
387 Ibid.
388 Daniel-Tyssen, *Royal Charters*, t. 54. Yn 1328 rhoddwyd pardwn i 'the men of . . . Elfed and Widigada' a ddirwywyd £30 am ddiffygdalu'r rhwymedigaeth hwn (Green, 'Carmarthen Castle', 3, 53).
389 Phillipps, *Cartularium Caermarthen*, 49.
390 Green, 'Carmarthen Castle', 3, 47.
391 Green, 'Carmarthen Castle', 4, 34–40.
392 Green, 'Carmarthen Castle', 3, 50; Green, 'Carmarthen Castle', 4, 25.
393 Ibid., 29–30, 53–6.
394 H. Owen (gol.), *The Description of Pembrokeshire by George Owen of Henllys*, 4 (Llundain: Cymmrodorion Record Series 1, 1936), t. 366 n. 1.
395 W. Rees, *Industry before the Industrial Revolution*, 1 (Caerdydd: GPC, 1968), t. 39.
396 Ibid., t. 40.
397 Ibid.
398 Lloyd, *History of Carmarthenshire*, t. 300.
399 TNA: PRO SC 1/11/118, Indenture (c.1250).
400 Edwards, *Cal. Anc. Correspondence*, t. 54.
401 *CLR* 4, 1251–1260 (Llundain 1959), t. 43.
402 TNA: PRO C 47/10/43/14, Indenture, d.d. (c.1265–79).
403 Edwards, *Cal. Anc. Correspondence*, t. 158.
404 TNA: PRO E 159/61, Memoranda Roll 16 Edw. I (1287–8).
405 Cf. 2,504 o hoelion o Frodordy Caerfyrddin (James, 'Carmarthen Greyfriars', 186–7).
406 T. James a D. Brennan, 'Excavation at Carmarthen Greyfriars 1983–1990, topic report 1: 13th–16th century earthenware and oolitic limestone floor tiles' (adroddiad anghyhoeddedig gan YAD, 1991), 28.
407 J. Lewis, *The Medieval Tiles of Wales* (Cardiff: AD, 1999), tt. 10, 73–4 (Grŵp 31).
408 Green, 'Carmarthen Castle', 4, 22–3.
409 Green, 'Carmarthen Castle', 3, 35.
410 Ibid., 71 a n.
411 Green, 'Carmarthen Castle', 4, 36–7.
412 Ibid., 51.

PENNOD TRI

YR ADFEILION GWELEDOL

MAE'R BENNOD hon yn disgrifio canlyniadau'r prosiectau rhwng 1993 a 2006 a'r holl waith archeolegol blaenorol sy'n hysbys. Yn anorfod, y rhaglen welliannau sydd wedi arwain y gwaith diweddar er bod cyfleoedd wedi codi i wneud archwiliadau archeolegol wedi eu targedu, gan gynnwys cloddio dan reolaeth yn y beili yn 1980, y gwerthusiadau yn y gorthwr gwag yn 1997–8 a'r cloddiadau y tu allan i'r porthdy yn 2003. Fodd bynnag, mae'r gwaith, yn niffyg unrhyw beth arall, wedi canolbwyntio ar ochrau gorllewinol a deheuol yr hen gwrt mewnol, lle mae'r adfeilion sy'n parhau i sefyll wedi eu crynhoi, a chanolbwyntiwyd yn bennaf ar gofnodi'r ffabrig a oroesodd. Bu'r gwaith mewnwthiol yn fwy cyfyngedig ac, yn gyffredinol, mae'n gysylltiedig â'r adeileddau sy'n parhau i sefyll.

Mae olion y castell yn rhannu'n bum brif ran, a ddisgrifir yn unigol. Ym mhob rhan, cyflwynir y dystiolaeth ar y rhannau sy'n sefyll a'r hyn sydd o dan y ddaear o bob cyfnod yn gronolegol, ac fe'i trafodir. Efallai y bydd yn fuddiol i'r darllenydd gyfeirio'n ôl at y disgrifiad cyffredinol, cryno ym Mhennod 1 a Ffigur 5.

Y MWNT A'R GORTHWR GWAG

Saif y mwnt, a'i orthwr gwag, yng nghornel ogledd-orllewinol y safle (Ffigurau 5 ac 13). Er na phrofwyd hynny, tybir fod y mwnt yn perthyn i'r cyfnod cynharaf yn hanes yr amddiffynfeydd, yn graidd iddynt, ac mae'n parhau i daflu ei gysgod dros y castell a'r dref. Nid yw ei aradeileddau o'r cyfnod cyntaf yn hysbys, ond ar ryw adeg codwyd strwythur a oedd yn sefyll yn annibynnol ar y brig, fwyaf tebyg yn dynodi tŵr crwn hanner coediog. Erbyn canol y drydedd ganrif ar ddeg adeiladwyd gorthwr gwag o waith maen ac yn dilyn hynny codwyd adeiladau mewnol ynghlwm. Newidiwyd mur y gorthwr gwag yn arw yn ystod y cyfnod ôl-ganoloesol, ac fe'i hailadeiladwyd i raddau helaeth neu fe'i disodlwyd tua diwedd y ddeunawfed ganrif. Mae claddedigaeth posibl yn awgrymu na ellir diystyru'r faith fod y mwnt wedi'i ddefnyddio fel man claddu yn ystod cyfnod y carchar. Fodd bynnag roedd gardd i'w chael y tu mewn i'r safle yn ystod rhan olaf y cyfnod hwn o leiaf.

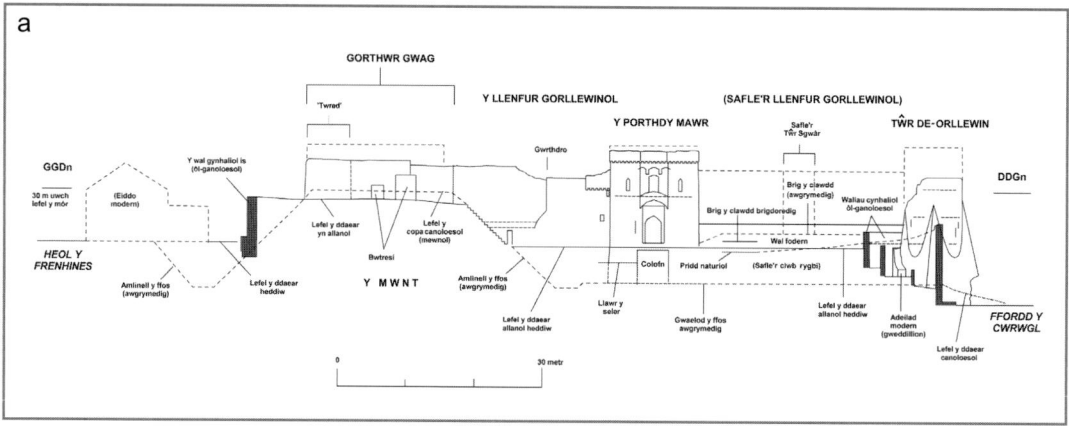
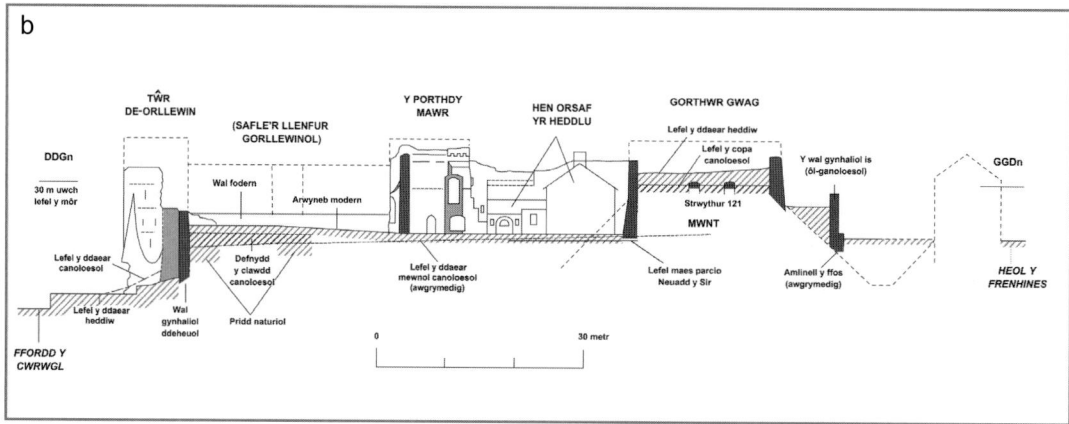
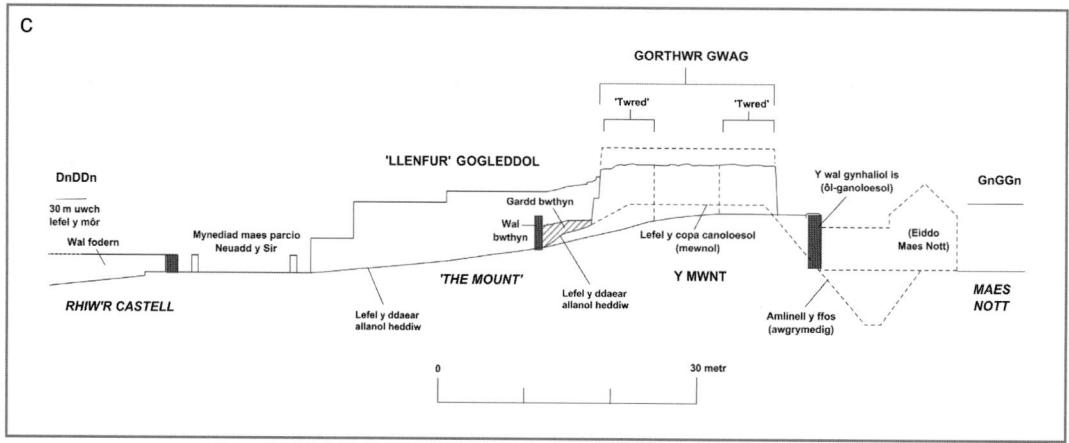

Ffigur 12 Proffiliau ar draws safle'r castell: a) Golwg o'r tu allan ar ochr orllewinol y castell; b) Golwg o'r tu mewn ar ochr orllewinol y castell; c) Golwg o'r tu allan ar ochr ogleddol y castell; d) Golwg o'r tu mewn ar ochr ogleddol y castell; e) Trawslun WNW-ESE drwy safle'r castell. Gweler Ffigur 5 ar gyfer llinellau proffil.

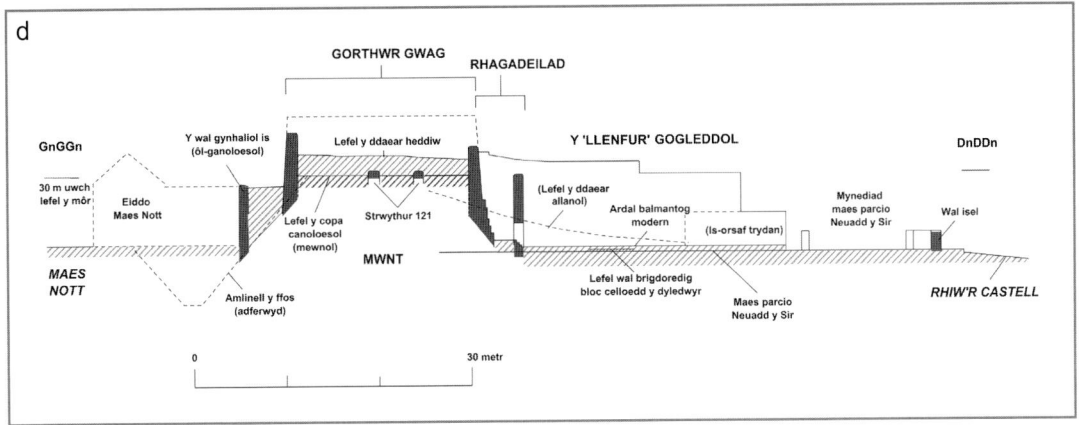

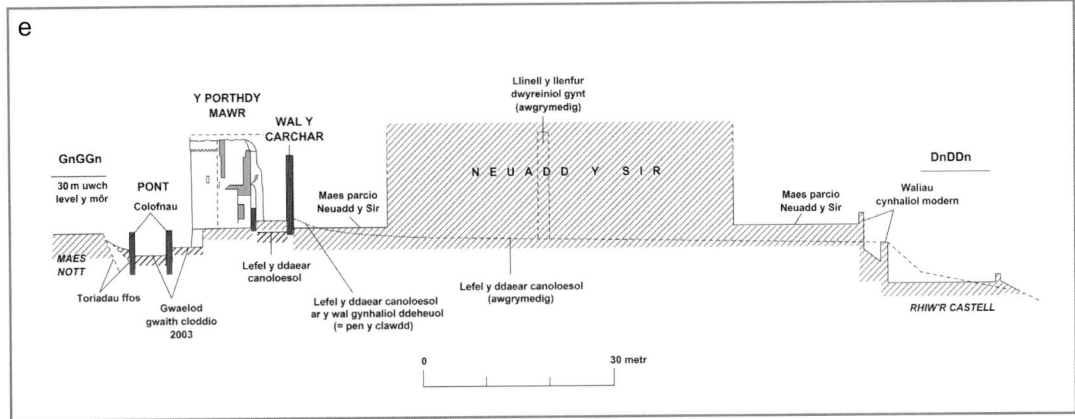

Y mwnt

Twmpath pridd yw'r mwnt, sydd bellach yn codi 9 m uwchben lefel y ddaear fewnol (h.y. maes parcio Neuadd y Sir), ac mae diamedr y brig yn mesur 18 m ar gyfartaledd (Ffigurau 13 ac 14). Daeth colofn o'i wneuthuriad, 7.31 m o ddyfnder, i'r golwg yn 1913 pan ddymchwelodd rhan dde-orllewinol mur y gorthwr gwag. Fe'i harchwiliwyd gan Gymdeithas Hynafiaethau Sir Gaerfyrddin ac ystyriwyd ei fod yn gwbl artiffisial ond ei fod yn 'erected on a natural bank'.[1] O dan sylfaen wal y gorthwr roedd y rhan uchaf yn mesur 1.52 m yn glai, yr 1.22 m nesaf yn raean, yna 1.52 m o dywod, uwchben 3.05 m o 'black soil on the outer side of the bank, gradually changing to yellow clay towards the interior'. Fodd bynnag, 'of the nature of the interior of the mound there is no evidence to show, but probably the yellow clay rises considerably and forms the core for an artificial mound'. Mae'n ymddangos fod gwaelod y brigiad hwn wedi gorwedd tua 1.5 m o dan lefel y ddaear fewnol bresennol (gweler Ffigur 14).

Gwnaed newidiadau sylweddol i'r mwnt o'i gymharu â'i ffurf wreiddiol. Nid yw bellach yn dwmpath conigol 'nodweddiadol', gan ei fod wedi'i ragfurio bron yn gyfan gwbl gan ddwy haen gonsentrig o waith mur (Ffigurau 13 ac 14). Mae'r haen uchaf yn wal ddi-dor

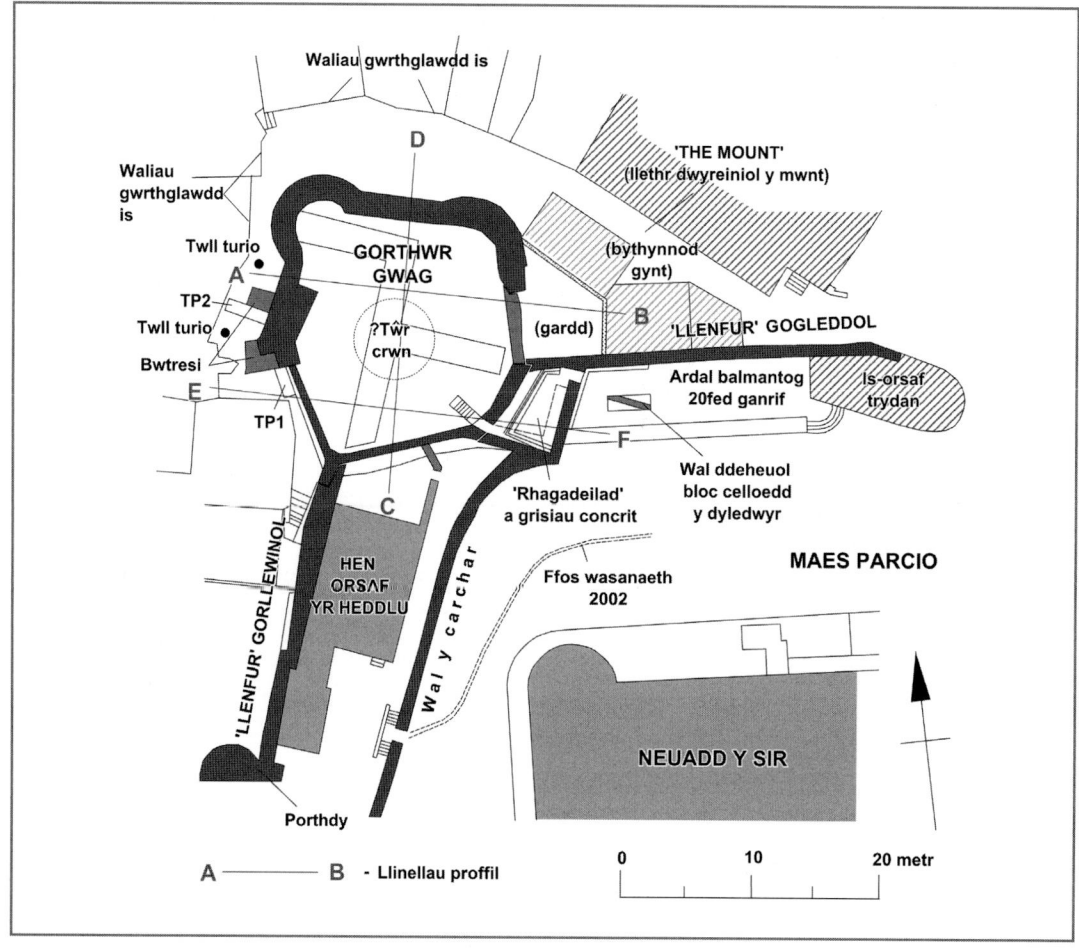

Ffigur 13 Cynllun cyffredinol ardal y mwnt a'r llenfur gogleddol

sy'n rhagfurio brig y mwnt yn rhannol. Mae'r wal hon yn disodli'r gorthwr gwag canoloesol i raddau ond nid yw bob amser yn dilyn ei drywydd. Fodd bynnag, mae'r wal yn disgyn i lefel gwastad bresennol y neuadd sir o gwmpas ochrau deheuol a de-ddwyreiniol y mwnt, hynny yw, y rhan honno o'r mwnt a orweddai oddi mewn i'r castell. Mae hyn yn arwydd fod y mwnt yn y fan hon wedi'i dorri'n ôl yn gyfwyneb â'r gorthwr gwag ar ryw adeg a bod ei ffos wedi'i mewnlenwi yn ôl pob tebyg.

Gorweddai ochrau gogleddol, gorllewinol a dwyreiniol y mwnt y tu allan i amddiffynfeydd y beili. Yn y fan hon, mae'r hanner isaf wedi'i ragfurio gan yr ail haen, rhes o waliau 6 m o uchder ar gyfartaledd ac yn gorwedd 4 m ar gyfartaledd y tu hwnt i linell wal y gorthwr. Mae'r wal gynnal hon yn perthyn i iardiau cefn eiddo cyfagos, ar hyd Heol y Frenhines a Maes Nott, ac mae'n debyg ei bod yn perthyn i sawl cyfnod. Saif ymhell y tu hwnt i lethr estynedig y mwnt ac mae'n ymddangos iddi gael ei chodi fel llinell o waliau'n sefyll yn annibynnol, gan amharu fawr ddim ar gorff y mwnt ei hun, ac wedi hynny mewnlenwyd y man gwag rhyngddynt, ac ochrau'r mwnt, yn fwriadol. Yn ôl pob tebyg felly fe'u codwyd fel cam rhagofalus. Roedd twll turio, a ddatgloddiwyd yn 2007 at ddibenion geodechnegol, rhwng y gwrthglawdd a'r mur allanol ar ochr orllewinol y mwnt (Ffigurau 13 ac 14) yn awgrymu dyddiad ôl-ganoloesol. Mewnlenwad oedd 5 m uchaf y pridd mae'n debyg, a gynhwysai falurion cymysg o glai a brics. Oddi tano roedd 2.3 m o gleiau, sydd i bob golwg yn dynodi ochr isaf y mwnt, yn gorwedd uwchben graeanau a 'chlogfeini', a oedd fwyaf tebyg yn rhai naturiol, 1.5 m o dan y lefel presennol y ddaear, fel yn 1913.[2] Gellir cadarnhau fod y waliau cynnal isaf yn perthyn i'r cyfnod ôl-ganoloesol gan nad oes olwg ohonynt mewn man cul i'r dwyrain o'r gorthwr gwag, sy'n goleddu'n raddol i gyfeiriad Heol Spilman fel lôn o'r enw 'The Mount' (Ffigurau 13 ac 14). Dangosir y waliau ar eu llinell bresennol fwy neu lai, ynghyd â 'The Mount', ar fap Thomas Lewis o Gaerfyrddin, sy'n dyddio o 1786 (gweler Ffigur 111). Mae mapiau diweddarach yn dangos fod dau fwthyn a gardd yn sefyll wrth droed wal y gorthwr o ganol y bedwaredd ganrif ar bymtheg ymlaen, lle mae'n cysylltu â'r llenfur gogleddol; dymchwelwyd y bythynnod erbyn hyn ond mae'r waliau o gwmpas yr ardd yn dal i sefyll.

Mae trywydd 'The Mount' yn awgrymu fod gan y mwnt, fel y'i hadeiladwyd yn wreiddiol, ddiamedr gwaelodol o 50 m yn fras (Ffigur 5). Mae Heol y Frenhines, i'r gogledd, yn dilyn llinell dro a ddylanwadwyd yn bendant gan linell ffos y mwnt, ac a all fod wedi mesur hyd at 15 m ar draws gan ddod â chyfanswm diamedr y gwaelod i 65 m. Mewnlenwyd y

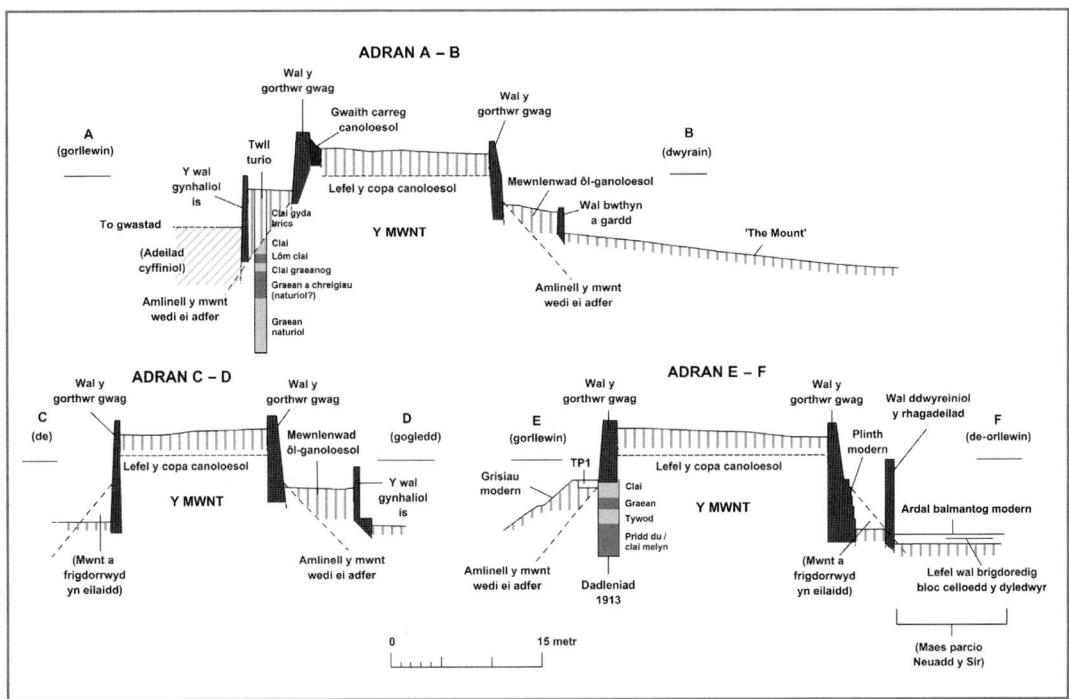

Ffigur 14 Proffiliau ar draws y mwnt a'r gorthwr gwag. Gweler Ffigur 13 ar gyfer llinellau proffil.

ffos ers hynny, ac mae bellach yn gorwedd o dan iardiau cefn yr eiddo yn Heol y Frenhines. Mae'n debyg mai proses fesul tipyn oedd hyn yn deillio, fel yn achos y waliau cynnal isaf, o dresbasu a mewnlenwi gan eiddo unigol. Nid yw'n ymddangos fod y naill broses na'r llall wedi dechrau cyn y cyfnod ôl-ganoloesol gan nad oes unrhyw eiddo i'w weld ar ochr ddeheuol Heol y Frenhines ar fap John Speed o Gaerfyrddin, tua 1610 (gweler Ffigur 112).

Y gorthwr gwag a'r 'rhagadeilad'

Mae'r gorthwr gwag yn amgylchynu ardal sy'n mesur 280 m² – ychydig yn llai na'r rhan fwyaf o'r gorthyrau gwag canoloesol – ac erbyn hyn mae'r wal ar hyd y terfyn yn 6 m o uchder ar y tu allan, gan sefyll 1.5 m yn unig uwchben y rhan fewnol. Fodd bynnag, mae'n ymddangos mai ychydig iawn o'r ffabrig sydd yn dal i'w weld sy'n perthyn i wal ganoloesol y gorthwr a oedd gryn dipyn yn uwch yn ôl pob tebyg (mae tystiolaeth o'r llenfur gogleddol yn awgrymu ei fod o leiaf 3 m yn uwch). Yn ystod y cyfnod ôl-ganoloesol, fe'i disodlwyd i raddau helaeth gan y wal bresennol. Ymddengys fod y broses hon wedi'i chwblhau erbyn 1786 pan ddangoswyd y gorthwr gwag ar ei ffurf bresennol mwy neu lai (Ffigur 111); fe'i dangosir yn union fel y mae heddiw ar gynllun sy'n perthyn i tua 1857.³

Mae'r wal bresennol yn 1 m o drwch ar gyfartaledd ac mae'n ffurfio cynllun polygon afreolaidd (Ffigur 20). Mae'r waliau de-orllewinol, y rhai gogleddol a'r rhai dwyreiniol bellach yn ffurfio gwrthglawdd i hanner uchaf y mwnt, ac mae lefel y ddaear y tu mewn i'r gorthwr gwag yn gorwedd 3.5 m yn uwch na sylfaen allanol wal y gorthwr (Ffigur 14). Fodd bynnag, nid oedd hyn mor amlwg yn ystod y cyfnod canoloesol pan roedd lefelau'r ddaear yn fewnol 1.5 m yn is. Mewn gwrthgyferbyniad, mae ochrau deheuol a de-ddwyreiniol y wal, y tu mewn i feili'r castell, yn dirwyn i lawr i lefel gwastad Neuadd y Sir, i ragfurio'r mwnt yn llawn lle, fel y gwelwyd, fe'i torrwyd ymaith. Mae'n debyg fod hyn yn adlewyrchu trefniadau canoloesol, pan ymddengys fod y mwnt wedi cael ei gwtogi'n eilaidd er mwyn gwneud mwy o le yn y beili (gweler Pennod 4). Mae 'llabedau' neu 'dyredau' â chefnau agored, hanner cylchog yn ymestyn o onglau gogledd-ddwyreiniol a gogledd-orllewinol wal y gorthwr ac er iddynt gael eu newid,

Ffigur 15 Golwg allanol o'r gorthwr gwag o'r gogledd-ddwyrain yn 2002, yn dangos y ddwy labed ogleddol

efallai fod ganddynt wreiddiau canoloesol (Ffigur 15). Mae map 1786 yn awgrymu fod trydedd llabed i gyfeiriad y de-orllewin. Roedd hon wedi mynd erbyn tua 1857 pan ddarluniwyd y fwtres allanol sydd yn ei le bellach, am y tro cyntaf.[4]

Yn dilyn y gwaith cloddio dangoswyd nad yw wal bresennol y gorthwr yn dilyn yr un llwybr bob amser â'i rhagflaenydd canoloesol a oedd felly, yn rhannol o leiaf, wedi disgyn neu wedi cael ei difrodi; yn y tri man cyfyngedig lle datgelwyd y wal ganoloesol, gorweddai oddi mewn i linell bresennol y waliau. Er hynny, mae'n ymddangos fod llawer o waith maen canoloesol wedi goroesi hyd yr 1740au, pan awgrymodd y brodyr Buck fod waliau uchel ar y mwnt, yn ogystal â chynnig efallai fod llabedau (gweler Ffigurau 126 a 127).

Er nad oeddent yn systematig a'u bod yn gyfyngedig roedd rhai archwiliadau wedi eu cynnal cyn yr 1990au. Mae'n debyg fod cloddiadau yn y rhan fewnol yn 1862 wedi datgelu trwch o bridd gardd uwchben haen o glai a seliai 'swm' o gerrig rhydd, a llawr morter posib.[5] Pan ddymchwelodd rhan dde-orllewinol wal y gorthwr gwag yn 1913 gelwyd fod y wal yn y fan hon '6 to 7 feet thick, faced upon the outside but not on the inside';[6] mae'r adroddiad yn cyfeirio at 'dro' yng nghyrsiau isaf y wal yn y fan hon, a all ddynodi fod gweddillion y drydedd labed i'w gweld o hyd yn y cyrsiau isaf. Nid oedd yr archwilwyr yn sicr o ddyddiad gweddill y wal, a oedd 'of very inferior masonry, and wretched mortar', ond nodwyd fod ei wyneb mewnol wedi ei wneud yn dewach gan wal rwbel sych, '5 to 6 feet high and of uncertain width', a orchuddiwyd gan glai glas anhyblyg medr o drwch. Daethant i'r casgliad fod y tewychu'n arwydd o blatfform magnelau ar gyfer dau neu dri o ynnau, yn dyddio o gyfnod y Rhyfel Cartref o bosibl; fodd bynnag nid oes unrhyw ddogfennaeth uniongyrchol i gefnogi hyn. Archwiliwyd y gorthwr gwag yn ddiweddarach gan David Cathcart King, yn 1949 ac 1950, a thrafodir ei adroddiad ym Mhennod 4.[7]

Yn anffodus ni chafwyd rhaglen strwythuredig o gofnodi archeolegol i gyd-fynd â'r broses o atgyfnerthu wal y gorthwr yn 1990 (gweler Pennod 1). Fodd bynnag lluniodd y diweddar Terry James, o YAD gynt, frasluniau a nodiadau.

Y 'rhagadeilad' a'r grisiau (Ffigurau 13, 16–18)

I fynd i mewn i'r gorthwr gwag rhaid mynd trwy ddrws ar ei ochr de-ddwyreiniol, 9 m uwchben lefel maes parcio Neuadd y Sir (Ffigurau 13, 16 ac 20). I'w gyrraedd rhaid dringo grisiau concrit serth sydd yn sefyll ar ei ben ei hun ac yn dyddio o'r ugeinfed ganrif, ac a ddisodlodd y grisiau a ddangosir tua 1857;[8] fodd bynnag efallai mai dyma'r un a ddisgrifiwyd yn 1949 fel 'miserable, degenerate modern stair'.[9] Mae'n codi drwy loc muriog agored yn mesur 7 m o'r gogledd i'r de wrth 5 m o'r dwyrain i'r gorllewin ac fe'i diffinnir gan y gorthwr gwag, y llenfur gogleddol a wal siâp L, sy'n 7 m o uchder ar gyfartaledd, yn yr ongl rhyngddynt ac wedi eu cysylltu i'r de gan waith wal sy'n perthyn i'r carchar ac yn dyddio o ddiwedd y ddeunawfed ganrif (Ffigur 13).

Ar yr wyneb mae'r lloc hwn yn debyg i'r rhagadeiladau sy'n gartref i'r grisiau mewn nifer o orthyrau eraill ym Mhrydain a thu hwnt, gan gynnwys y gorthwr gwag yng Nghastell Berkeley, Caerloyw, sydd hefyd yn rhagfurio'r mwnt. Fodd bynnag ni ellir dyddio'r lloc – a'i waliau a godwyd gyda rwbel calchfaen ar hap, a mannau sy'n cynnwys gorchudd o frics

Ffigur 16 Golwg allanol o'r gorthwr gwag o'r dwyrain yn 2012, yn dangos y fynedfa, wal ddwyreiniol y 'rhagadeilad' a'r 'llenfur' gogleddol i'r dde

– yn fanwl. Nid yw'n cynnwys addurniadau pensaernïol ac nid oes unrhyw dystiolaeth o linellau toeau, lloriau neu agoriadau ac eithrio drws ei fynedfa sydd, gyda'i ben briciau segmentol, yn perthyn i ddiwedd y ddeunawfed ganrif/dechrau'r bedwaredd ganrif ar bymtheg o ran naws. Mae hyn yn cyferbynnu â'r mwyafrif o ragadeiladau canoloesol a oedd wedi eu goleuo yn dda, eu toi a'u llorio.

Fodd bynnag, mae ei adeiledd o waith maen yn wahanol i adeiladau'r carchar, a godwyd â brics i raddau helaeth yn ôl bob golwg, ac o ystyried ei gadernid cymharol – mae ei waliau yn 0.9 m o drwch – gall ddynodi dyddiad cynharach yn hytrach nag un diweddarach. Saif ar ran o ochr y mwnt a dynnwyd oddi yno; awgrymaf ym Mhennod 4 fod y digwyddiad hwn, os nad oedd yn un cychwynnol, wedi digwydd rhywbryd yn ystod y cyfnod canoloesol. Mae'n bosibl fod adeiledd yn cael ei ddangos yn y fan hon ar brintiadau Buck sy'n dyddio o 1740 ac 1748 (Ffigurau 126 a 127), ond nid oes unrhyw fanylion am y tu mewn ar fap 1786 a cheir y darlun clir cyntaf ohono tua 1857.[10] Fodd bynnag, mae'r modd lletchwith yr oedd adeiladau carchar cyfnod Nash yn ffitio o'i gwmpas yn nodi ei fod eisoes wedi ei godi yn 1789 (gweler Ffigur 139, er enghraifft). Yn ogystal â hynny mae'n bosibl fod y 'gwrymiau' afreolaidd a welir hanner y ffordd i fyny wyneb mewnol ei wal ddwyreiniol (Ffigur 17), yn arwydd o olion grisiau blaenorol a gwtogwyd. Os felly gall fod yn dystiolaeth bellach ein bod yn ymwneud â chraidd rhagadeilad canoloesol – fel yn wir yr awgrymodd King[11] – ond ei fod wedi newid yn fawr iawn a'i orchuddio gan ailadeiladu a newidiadau

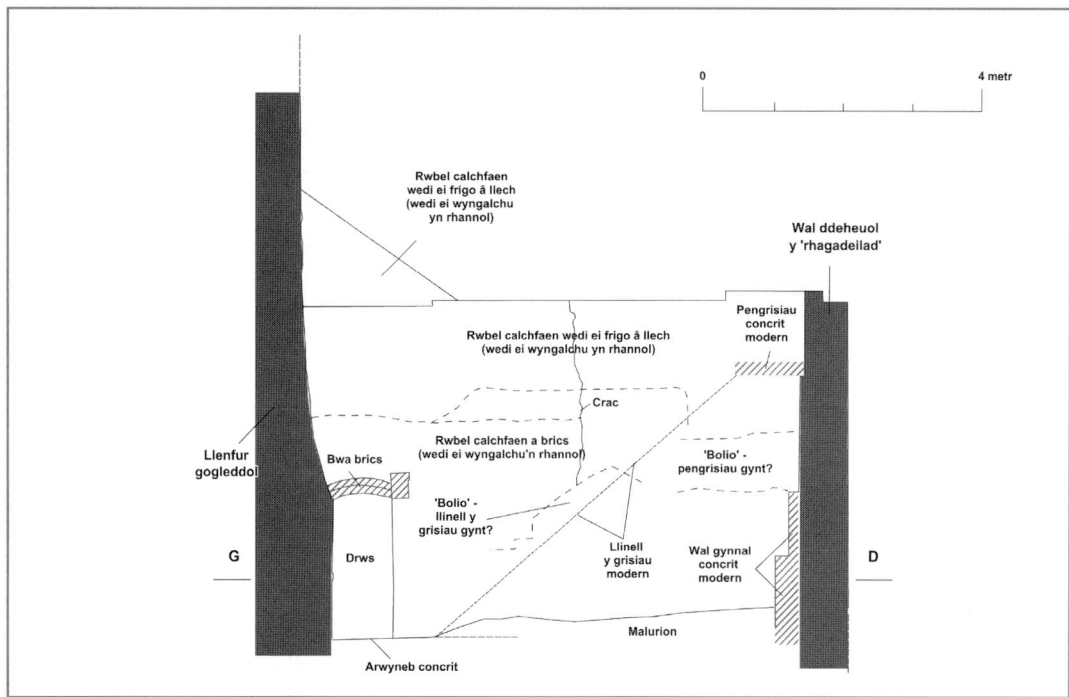

Ffigur 17 Mur dwyreiniol y 'rhagadeilad': golwg ar yr wyneb mewnol (gorllewinol)

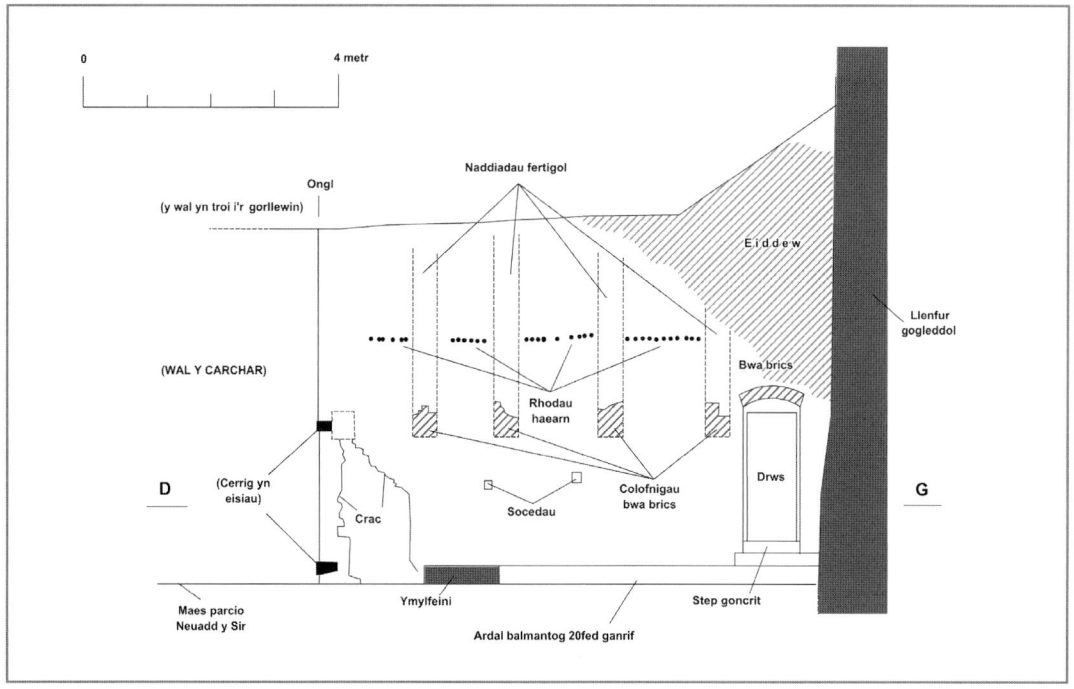

Ffigur 18 'Rhagadeilad' y mur dwyreiniol: golwg ar yr wyneb allanol (dwyreiniol)

diweddarach a bod y manylion gwreiddiol wedi eu colli. Erbyn hyn mae ei wal ddwyreiniol yn bargodi yn erbyn y 'llenfur' gogleddol.

Yn ei ffurf bresennol, fodd bynnag, mae llawer o'r ffabrig arwynebol – a'r wal ddwyreiniol yn arbennig – yn amlwg yn perthyn i gyfnod y carchar ac fe'i cysylltir â chodi bloc o gelloedd ar gyfer dyledwyr i'r dwyrain o'r rhagadeilad yn 1789–92. Diflannodd y celloedd hyn ac y mae eu sylfeini o frics bellach yn gorwedd o dan fan palmantog a luniwyd yn yr ugeinfed ganrif (Ffigurau 13 a 131; gweler isod). Fodd bynnag, ar wyneb allanol wal ddwyreiniol y 'rhagadeilad' gwelir pedwar naddiad dyfn, fertigol sy'n dal i gadw'r meini isaf ar gyfer bwau brics, 2.2 m uwchben lefel bresennol y ddaear, a berthynai i'r bloc hwn (Ffigurau 16 ac 18). Efallai fod drws y fynedfa bresennol i'r lloc yn un cyfoes. Yn ogystal â hynny nid oes modd gweld uniad rhwng y 'rhagadeilad' a wal derfyn y carchar, sydd hefyd yn dyddio o 1789–92 ac yn ffinio â'i wal ddeheuol (Ffigurau 18 a 106).

Wal bresennol y gorthwr (Ffigur 20)
Yn allanol, mae wal bresennol y gorthwr wedi ei guro ychydig, gyda wyneb o rwbel wedi'i sgwario a'i batrymu'n fras, ac yn dangos tair ysgafell waelodol blaen i'r gogledd-ddwyrain lle mae lefelau'r ddaear yn is (Ffigur 15). Mae'n 1.25 m o drwch ar gyfartaledd ac fel y gwelsom mae'n ymddangos ei bod yn cynnwys rhywfaint o leiaf o'r gwaith maen cynharach gan gynnwys y ddwy 'labed' gogleddol. Er nad oedd wedi ei hadeiladu yn yr 1740au, ymddengys fod y wal bresennol yn cael ei dangos yn ei ffurf gyffredinol yn 1786. Mae'n ddiddorol sylwi y ceir y cofnod canlynol, 'old castle was repaired', yn 1774 (gweler Pennod 5),[12] a all fod yn gyd-destun ar gyfer ei godi. Fodd bynnag, mae ansawdd y defnydd allanol yn anghyson oherwydd fod cymaint o drwsio ad hoc wedi digwydd ac er i'r wal gael ei chodi erbyn 1786 mae'n bosibl na osodwyd y defnydd allanol presennol tan yn ddiweddarach, dan oruchwyliaeth John Nash, 1789–92, efallai; fe all fod mai dyma pryd y tynnwyd olion olaf y 'llabed' yn y de-orllewin gan nad oes olwg ohoni ar unrhyw gynlluniau ar ôl hynny. Cwblhawyd y defnydd allanol erbyn yr 1850au, o leiaf, gan ei fod yn gorwedd o dan wal yr ardd fwthyn a oroesodd i'r gogledd-ddwyrain ac a ddangosir ar gynllun yn dyddio o 1858–66 (Ffigur 139). Ar y tu mewn mae'n gorwedd o dan y pridd gardd y cyfeiriwyd ato yn 1862.[13] Codwyd dwy fwtres yn erbyn yr ochr orllewinol. Darluniwyd y fwtres ddeheuol am y tro cyntaf tua 1857 ac efallai ei fod yn dod o'r un cyfnod â'r defnydd allanol, tra bod y llall yn ddiweddarach efallai, gan ei dangos am y tro cyntaf yn 1886 (Ffigur 148). Rhai arwynebol yw'r bwtresi hyn ac nid ydynt yn codi i uchder llawn y wal.

Ar yr ochr dde-orllewinol, ailadeiladwyd wal y gorthwr yn gyfan gwbl ar ôl iddi ddymchwel yn 1913 a defnyddiwyd rwbel oedd fwy ar hap ac yn llawer teneuach gyda thrwch o 0.4 m yn unig ar gyfartaledd. Mae rhan uchaf y rhan dde-ddwyreiniol yn debyg ac efallai iddi gael ei chodi ar yr un pryd. Ailadeiladwyd rhan ddwyreiniol wal y gorthwr hefyd – a gadawyd ei waith craidd allanol yn agored yn fwriadol er mwyn gwahaniaethu rhyngddo â'r gwaith maen cynharach – yn 1990 yn ystod ymgyrch a welodd lawer o'r gwaith maen uwchben y tir yn cael ei atgyfnerthu ar wyneb mewnol wal y gorthwr. Yn y cyfamser mae hanner isaf ochr de-ddwyreiniol wal y gorthwr wedi'i amgylchynu gan wrthglawdd neu blinth grisiog concrit enfawr, yn perthyn i ganol yr ugeinfed ganrif yn ôl pob tebyg, all fod yn gorchuddio plinth grisiog tebyg yn dyddio o'r canol oesoedd; mae'r plinth hwn yn ymestyn yn rhannol o gwmpas y rhagadeilad a'r 'llenfuriau' gogleddol (Ffigurau 13 ac 14).

Ni chanfuwyd o ba lefel y codwyd wal ganoloesol y gorthwr ac oherwydd hynny nid ydym yn gwybod pa mor isel yr ymestynnai'r mwnt yn wreiddiol. Arsylwyd gwaelod defnydd allanol wal *bresennol* y gorthwr fodd bynnag mewn dau dwll prawf bychan (TP), a balwyd at ddibenion geodechnegol yn 2004, yn erbyn y ddwy fwtres allan ar yr ochr orllewinol (Ffigurau 13, 14 ac 19, TP 1 a 2). Nid oedd yr arsylwadau'n gyfan gwbl derfynol. Yn TP2, i'r gogledd, datgelwyd fod y defnydd allanol a'r fwtres fel ei gilydd wedi eu codi ychydig o dan lefel presennol y ddaear, a bod y ddau'n gorchuddio tomen o rwbel rhydd a oedd i bob golwg yn stand caled ar gyfer y mur allanol. Datgloddiwyd TP1 yn erbyn yr ail fwtres gynharach a'r gwaith ailadeiladu a wnaed yn 1913–14 ar adran dde-orllewinol wal y gorthwr a gwympodd ac a gynhwysai ran fechan o ddefnydd allanol yn dyddio o'r cyfnod cyn 1913. Roedd y gwaith maen i gyd yn gorchuddio darn cul (0.5 m) o wal, wedi'i gwtogi o bosibl, yn dirwyn o'r gogledd i'r de cyn diflannu o dan ddefnydd allanol 1913–14 (Ffigur 19). Nid yw'n ymddangos ei fod yn perthyn i'r gorthwr gwag nac i unrhyw drefniadau a ddangosir ar fapiau hanesyddol. Yn arwyddocaol ni chafodd ei gofnodi yn 1913

Ffigur 19 TP1 fel y'i cloddiwyd yn 2004, gan edrych arno oddi uchod (i'r gogledd o ochr dde'r ffrâm)

chwaith, pan nodwyd yn unig nad oedd unrhyw sylfaen i'w weld a bod wal y gorthwr yn sefyll yn union ar y 'black soil'.[14] Ni ddatgelwyd ei berthynas llawn ac nid ydym yn gwybod beth yw ei oed na beth oedd ei swyddogaeth.

Cloddiwyd twll prawf bach arall ar ochr ddwyreiniol y mwnt, wrth droed allanol y rhan o'r wal a atgyfnerthwyd yn 1990 (Ffigur 29). Roedd sylfaen y wal yn agos at yr wyneb, gan orwedd yn ôl pob golwg ar ddyddodion ffrwd-rewlifol a ailddyddodwyd ac yn eu plith roedd graeanau, cerrig mân, siltiau a thywod. Archwiliwyd y dyddodion hyn hyd at gyfanswm dyfnder o 1.5 m. Roeddent yn gwbl ddi-haint ac o ystyried eu huchder uwchben y lefel lle tybid fod pridd naturiol yma mae'n debyg eu bod yn dynodi'r mwnt. Fodd bynnag, mae'n ymddangos fod lefel y sylfaen yn perthyn i'r ailadeiladu a wnaed yn 1990 yn unig.

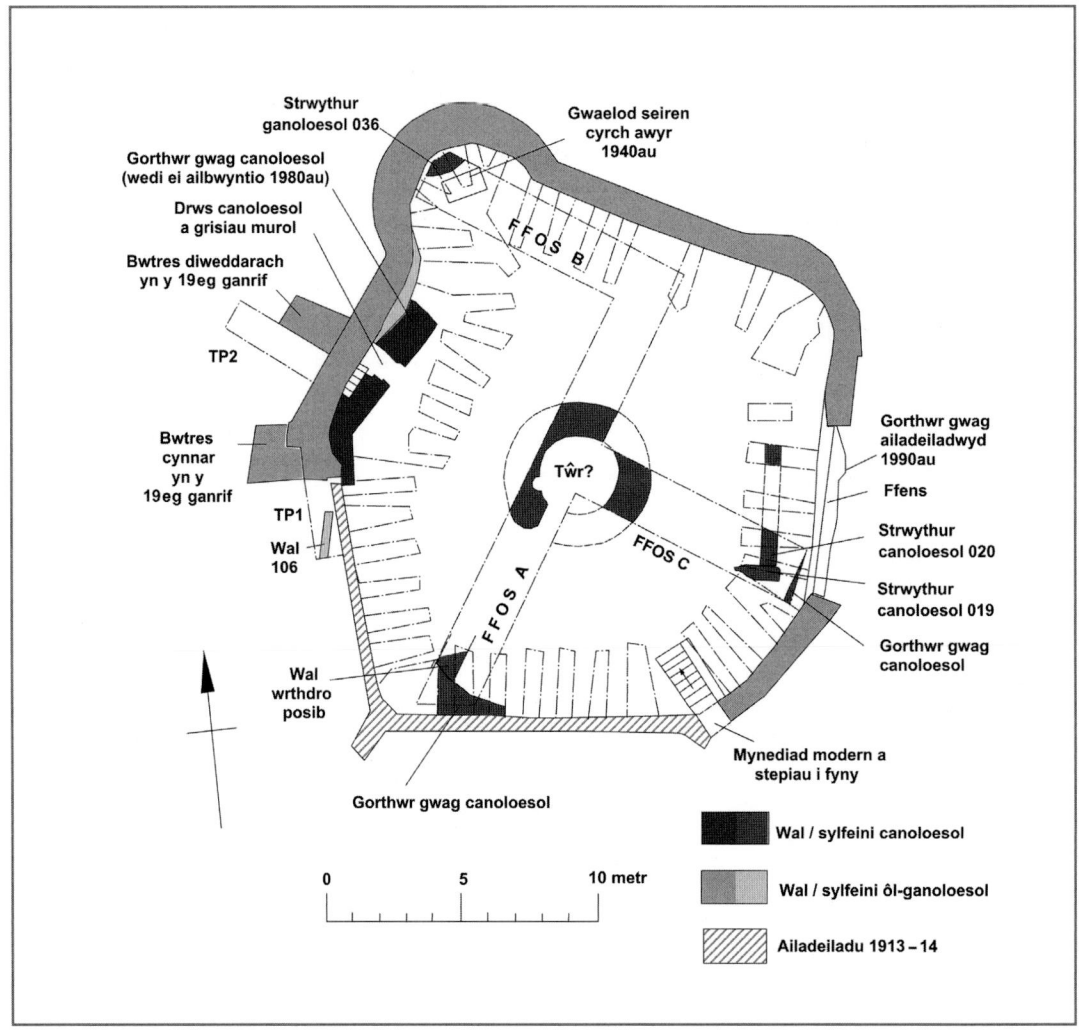

Ffigur 20 Cynllun cyfansawdd o'r gorthwr gwag ar lefel y brig, yn dangos ffosydd archeolegol ac adeiladol

Nid oes unrhyw adeileddau oddi mewn i'r gorthwr gwag erbyn hyn fel y mae ym mhob un o'r mapiau a'r printiau hanesyddol hysbys. Fodd bynnag efallai fod rhai o'r mapiau cynnar wedi hepgor manylion y tu mewn. Gwelsom iddo gael ei gynllunio fel gardd, a alwyd yn 'Governor's Garden', erbyn 1862 o leiaf. Gosodwyd uwchbridd yn y tu mewn hyd at ddyfnder o 1.5 m a gellir ei ddyddio i ganol y bedwaredd ganrif ar bymtheg ar sail y darganfyddiadau a wnaed yno. Tirluniwyd y tu mewn bellach. I fynd i mewn iddo defnyddir grisiau'r rhagadeilad trwy ddrws ôl-ganoloesol yn wal y gorthwr, gyda phen brics segmentol o ddiwedd y ddeunawfed ganrif neu ddechrau'r bedwaredd ganrif ar bymtheg. Mae ei sil yn gorwedd 1.2 m o dan lefel presennol y ddaear ar y tu mewn ac eir i'r fan hon ar hyd rhes o risiau fflagenni a saif mewn cloddiad (Ffigur 20). Mae'n ymddangos felly fod y drws, a lefel ei drothwy, yn perthyn i gyfnod cyn yr adeg y dadlwythwyd uwchbridd tra'r ymddengys fod y fynedfa i'w gweld ar gynllun yn perthyn i'r cyfnod 1858–62 (Ffigur 139). Nid oes unrhyw agoriadau eraill i'w gweld yn wal bresennol y gorthwr, ac eithrio cilfach fechan, gul sydd bellach wedi'i chau ar yr ochr orllewinol (Ffigur 26); atgyfnerthwyd y rhan hon yn 1990 ac nid yw ffurf wreiddiol yr agoriad yn hysbys.

Y tu mewn i'r gorthwr gwag: nodweddion a ddatgloddiwyd (Ffigurau 20–6)

Cloddiwyd tair ffos â llaw oddi mewn i'r gorthwr gwag (Ffigur 20, Ffosydd A–C), gan Belinda Allen a Nigel Page o YAD, yn 1997 ac 1998.[15] Yn dilyn codi llwybr o ddeciau coed o gwmpas y tu mewn i wal bresennol y gorthwr yn 2002 bu'n rhaid cloddio deugain o ffosydd bach ychwanegol o gwmpas cyrion y mwnt (Ffigur 20, T1–T40), ond nid oedd y rhan fwyaf o'r rhain yn ddigon dwfn i ddatgelu nodweddion neu ddyddodion canoloesol. Dim ond mewn pedwar man y datgelwyd wal ganoloesol y gorthwr gwag, lle cadarnhawyd ei bod wedi'i chwtogi cyn adeiladu wal bresennol y gorthwr uwch ei phen.

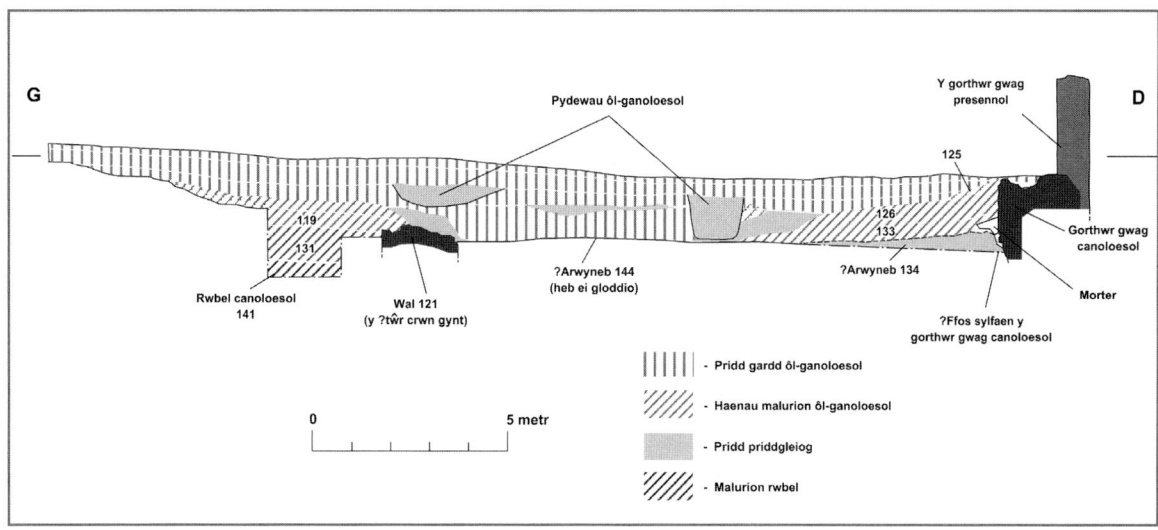

Ffigur 21 Rhan ddwyreiniol gwerthusiad Ffos A

Nodweddion canoloesol

Daethpwyd o hyd i olion canoloesol ar ddyfnder o 1.5 m ar gyfartaledd. Roedd yr un isaf un yn arc o wal wedi'i chwtogi (121), â morter llac, ac yn ffurfio cylch o ran cynllun (Ffigurau 20–4). Roedd wedi'i leoli yng nghanol pen uchaf y mwnt ac mae'n bosibl ei fod yn dynodi sylfaen neu wal sil tŵr o fframwaith coed. Roedd y wal yn 1.25 m o drwch gyda diamedr estynedig o 2.9 m y tu mewn a rhyw 5.8 m y tu allan. Wedi ei godi gyda rwbel o faint canolig drwyddo, mewn calchfaen Carbonifferaidd gyda rhywfaint o Hen Dywodfaen Coch, roedd defnydd allanol a gwaith craidd eglur i'w weld ynddo. Efallai fod haen o forter (040), yn union y tu mewn i'r adeiledd ar ei ochr ddwyreiniol (Ffigur 24), wedi ei leoli mewn ffos adeiladu,

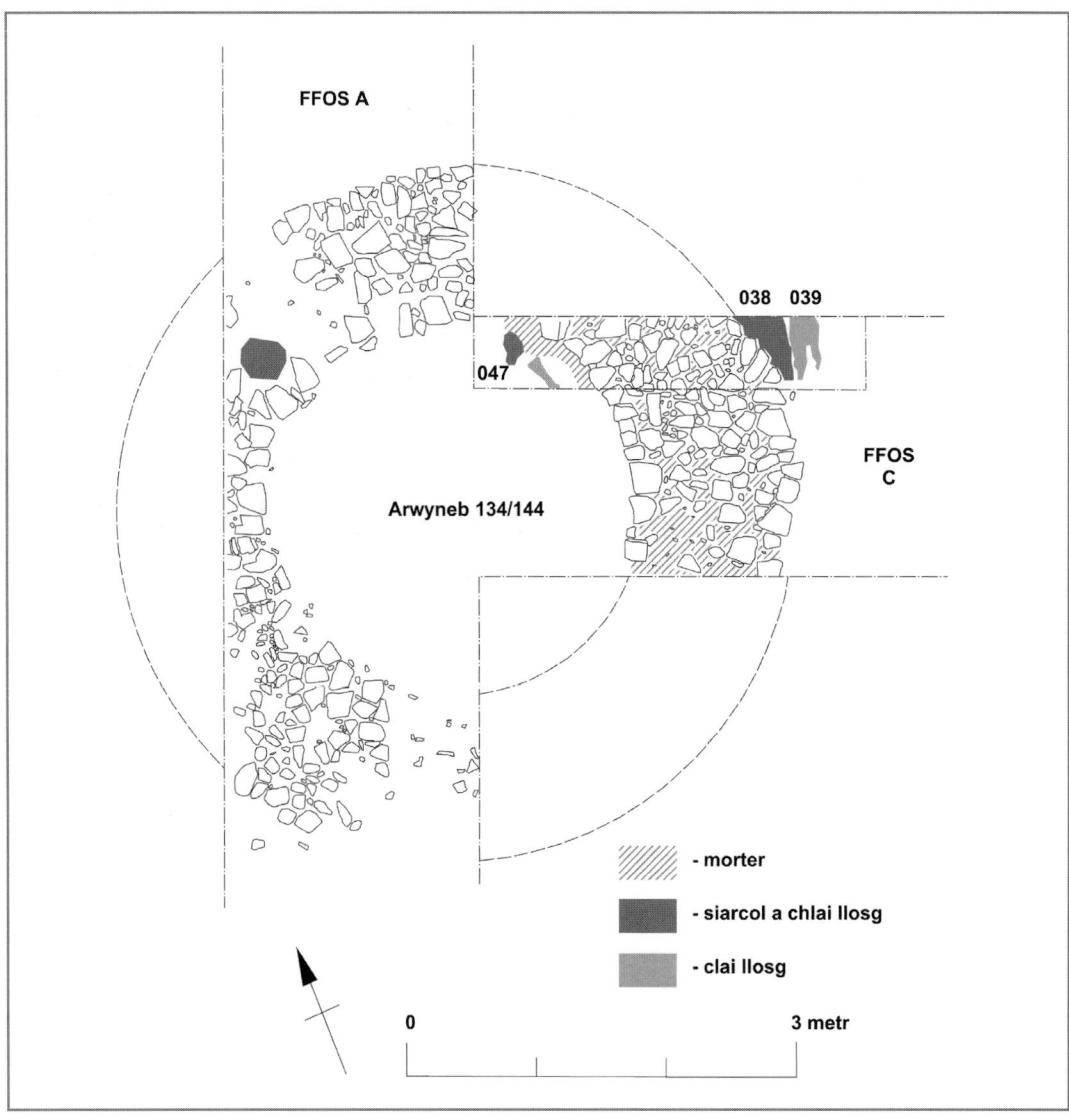

Ffigur 22 Cynllun adeiledd strwythur crwn 121

Ffigur 23 Strwythur 121 o'r gogledd, yn ystod y cloddio, gyda'r wal gorthwr ganoloesol y tu hwnt (mae'r wal gorthwr ôl-ganoloesol yn y cefndir)

ond ni archwiliwyd yr haenlin y torrwyd trwyddi. Y tu allan, dilynwyd y wal i lawr i ddyfnder o 1 m lle sylwyd ar waith carreg afreolaidd yn dynodi sylfaen efallai. Mae'n bosibl fod cilfach fewnol tua'r de-orllewin yn nodwedd fwriadol neu efallai ei fod o ganlyniad i gerrig a aeth ar goll. Gall bwlch yn y pen deheuol ddynodi agoriad, er nad oedd yn dangos unrhyw leinin gwaith wyneb eglur.

Yn gorwedd yn erbyn wyneb allanol 121, ar ei ochr ddwyreiniol, roedd dyddodyn clai yn cynnwys talch o grochenwaith yn perthyn i ddiwedd y drydedd ganrif ar ddeg/dechrau'r bedwaredd ar ddeg. Fe'i seliwyd â golosg a haenau o glai llosg (038), (039) a (047), ar ddwy ochr y wal (Ffigurau 22 a 24), ac efallai mai malurion gwaith dymchwel aradeiledd coed yw hyn.

Daeth dyddodyn o rwbel rhydd, (141), i'r golwg ar waelod rhan ddyfnach o'r cloddiad yn Ffos A (Ffigur 21). Roedd yn sylweddol wahanol o ran nodwedd i daeniadau diweddarach o falurion adeiladu, tra nad oedd unrhyw olwg o forter ac fe'i dehonglwyd fel mewnforiad bwriadol. Fodd bynnag, ni chanfuwyd perthynas eglur rhyngddo ag adeiledd 121, na'i ehangder na'i ddyfnder. Efallai ei fod yn rhan o ddyddodyn ehangach – o bosibl y 'quantity of loose stones' a ganfuwyd yn 1862[16] – ac efallai ei fod yn dynodi defnydd lefelu yn dyddio naill ai cyn cyfnod codi'r adeiledd neu wedi hynny. Fodd bynnag, roedd arwyneb tra sathredig, (134/144), i'w weld ar lefel gryn dipyn yn uwch na rwbel 141 ac mae'n debyg – er nad yw hynny'n bendant – ei fod yn gorchuddio'r adeiledd 121 a gwtogwyd (Ffigurau 21–2). Efallai mai'r haen o glai a 'llawr morter' 1862 ydyw a orchuddiai'r rwbel mae'n debyg. Ni chloddiwyd yr arwyneb, dim ond ei lanhau, ond daeth crochenwaith canoloesol yn perthyn i amrediad eang o ddyddiadau i'r golwg; efallai fod un darn o grochenwaith yn perthyn i'r ail ganrif ar bymtheg/y ddeunawfed wedi deillio o'r dyddodyn ôl-ganoloesol 110 a'i gorchuddiai.

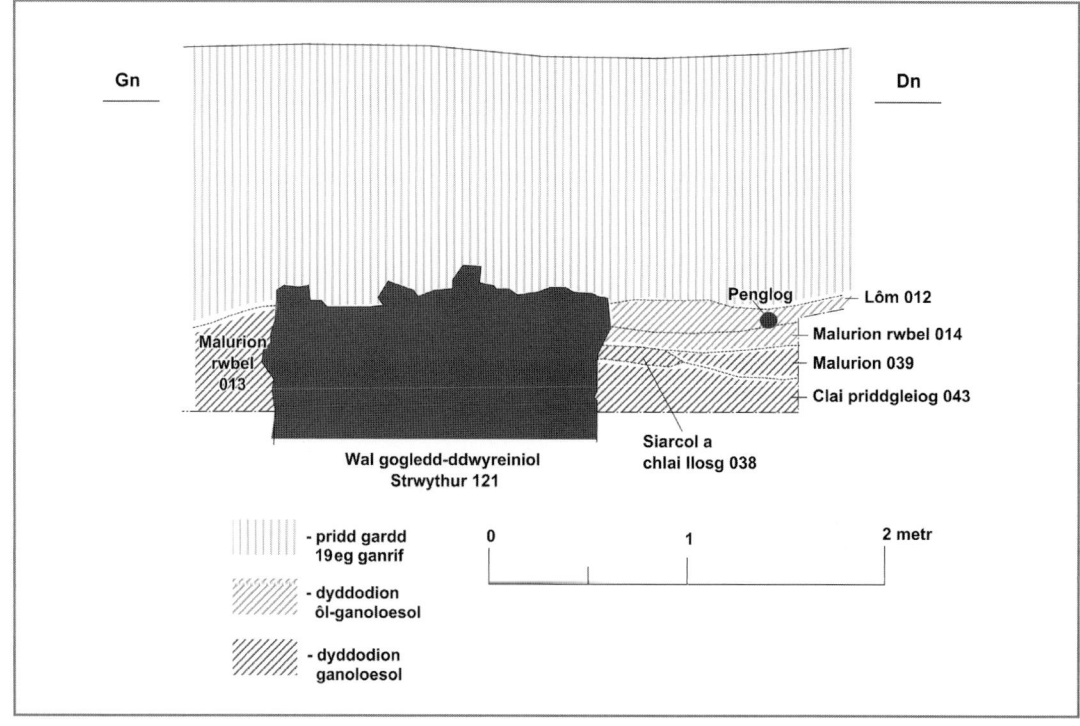

Ffigur 24   Rhan ogleddol Ffos C, ar draws ochr ddwyreiniol strwythur 121

Daeth wyneb mewnol y gorthwr gwag canoloesol i'r golwg mewn nifer o fannau cyfyngedig. Rhedai, ar wahanol bellteroedd, oddi mewn i linell wal bresennol y gorthwr – 2.5 m ar y tu mewn, ym mhen deheuol Ffos A (Ffigurau 21 a 25). Yn y fan hon roedd yn cynnwys calchfaen canolig-mawr gyda gwaith morter da a rwbel Hen Dywodfaen Coch, gyda defnydd allanol diffiniedig ar yr wyneb agored, yn codi i uchder o 0.6 m. Ymddangosai fod ei ffos sylfaen yn torri'r arwyneb 134/144 a orweddai hefyd o dan ei falurion adeiladu ond uwchben adeiledd 121. Fodd bynnag rhaid pwysleisio mai eilaidd yw'r rhan hon o'r wal gan i gwadrant de-ddwyreiniol y gorthwr gwag canoloesol gael ei ailadeiladu'n amlwg ac ymestynnai i lefel y ddaear pan dorrwyd y mwnt yn ei ôl.

Ffigur 25   Wyneb mewnol y gorthwr gwag canoloesol ar ochr ddeheuol y mwnt, yn ystod y cloddio, o gyfeiriad y gogledd-ddwyrain. Mae wal ôl-ganoloesol y gorthwr i'r chwith.

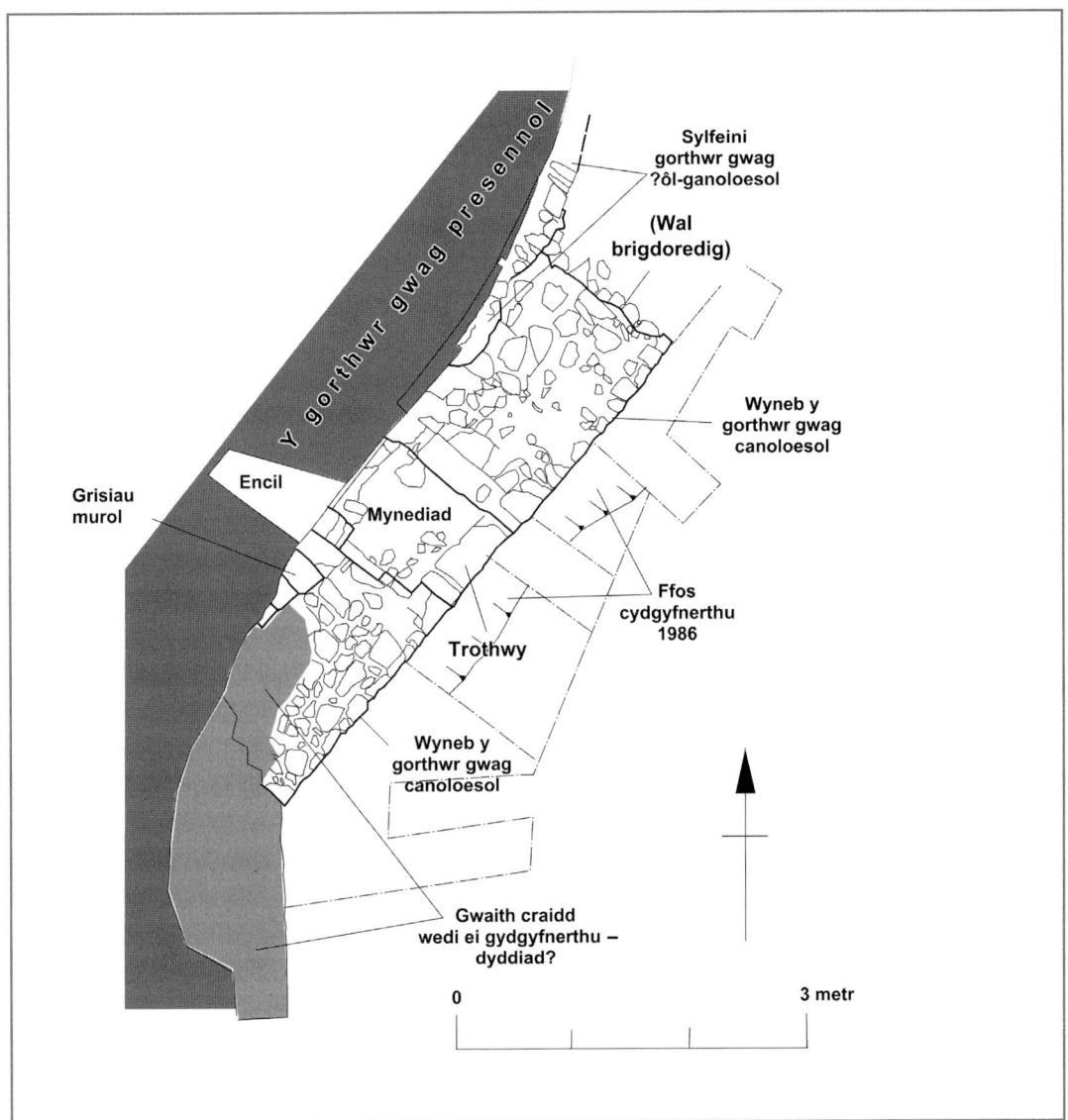

Ffigur 26 Cynllun y nodweddion canoloesol ar ochr orllewinol y mwnt

Daeth wal ganoloesol y gorthwr i'r golwg hefyd ar ochr orllewinol y mwnt (Ffigurau 20 a 26), 1.5 m oddi mewn i linell wal bresennol y gorthwr. Roedd yn cynnwys drws a rhiniog yn arwain at risiau murol syth, wedi eu cwtogi oddi mewn i drwch y wal; roedd y cyfan wedi ei guddio o dan wal bresennol y gorthwr. Roedd rhan arall, 1 m oddi mewn i linell y 'llabed' gogledd-orllewinol (Ffigur 20, Ffos B), yn eithaf di-ffurf ond efallai fod hyn yn cadarnhau fod y llabedau'n deillio o'r Oesoedd Canol, er nad ar eu ffurf presennol.

Roedd rhan arall o wal ganoloesol y gorthwr yn gorwedd 1 m oddi mewn i wal y gorthwr a ailadeiladwyd ar hyd ei ochr ddwyreiniol, yn Ffos C (Ffigur 20). Yn ogystal â hynny, roedd awgrym o adeilad mewnol canoloesol posibl yn y ddwy wal gyswllt, ond roedd y rhain eto yn eithaf di-ffurf ac yn fychan, dim ond 0.5 m ar draws, gan awgrymu fod unrhyw aradeileddau'n rhai o fframwaith coed neu wedi eu hadeiladu â chlom. Roedd un wal (020) yn dirwyn o'r gogledd i'r de am o leiaf 4 m; daeth yr ystlys cyswllt (019) i'r golwg yn dirwyn i'r gorllewin, ar onglau sgwâr, am 2 m, o'i ben deheuol. Nid oedd unrhyw berthynas uniongyrchol i'w weld rhwng yr un o'r ddau â wal ganoloesol y gorthwr ond yr awgrym oedd eu bod yn perthyn i gyfnod diweddarach.[17] Gwelwyd awgrym o adeilad mewnol arall yn y wal ddychweliad ym mhen deheuol Ffos A, yn bytio yn erbyn waliau'r gorthwr gwag a ailadeiladwyd (Ffigur 20).

Nodweddion ôl-ganoloesol
Roedd dyddodion canoloesol wedi eu selio, yn bennaf, gan bridd gardd o'r bedwaredd ganrif ar bymtheg, heb fawr o ddefnyddiau rhyngddynt. Er enghraifft, dim ond mannau cyfyngedig o falurion adeiladu oedd i'w gweld a'r rheiny wedi eu crynhoi – ond nid wedi eu cyfyngu – i gyrion y mwnt (e.e. cyd-destunau 119, 125–6, 131 ac 133 yn Ffigur 21; cyd-destunau 013 ac 014 yn Ffigur 24), gan gadarnhau fod cwtogi'r *holl* adeileddau canoloesol ar y mwnt, drwy ddymchwel neu gwympo – a gwaredu'r rhan fwyaf o'r malurion – wedi digwydd cyn canol y bedwaredd ganrif ar bymtheg fan bellaf.

Gorchuddiai haen o lôm un o'r dyddodion malurion hyn yn Ffos C, (012), gan gynnwys penglog dynol a oedd bron yn gyflawn. Roedd y darganfyddiadau a ddaeth i'r golwg yn yr un man yn perthyn i'r cyfnod rhwng canol y drydedd ganrif ar ddeg a'r unfed ganrif ar bymtheg, ond gallent i gyd fod yn rhai gweddillol. O'i gymharu â safleoedd eraill awgrymir y gall y benglog ddynodi claddedigaeth fwriadol yn dilyn dienyddiad yn ystod cyfnod y carchar (gweler Pennod 5) ac mae'n bosibl y daw gweddillion dynol eraill i'r golwg yn ystod unrhyw gloddiadau eraill yn y dyfodol.

Seliwyd yr haen hon gan briddoedd gardd sydd i'w weld drwy'r rhan fewnol i gyd, yn gorwedd yn erbyn wal bresennol y gorthwr.[18] Nodwyd pridd o ddau gyfnod ac roedd y ddau yn cynnwys crochenwaith wedi eu hargraffu â throsluniau yn dyddio o ganol y bedwaredd ganrif ar bymtheg. Roedd tystiolaeth hefyd fod rhaniadau gwelyo, diffiniedig, yn uno'r ffosydd dec, gan lechi a osodwyd yn fertigol. Roedd llystyfiant meddal wedi gordyfu yn y rhan fewnol, hyd 1997, ac roedd hen goeden ffrwythau yng nghanol y fan honno wedi cael ei thynnu oddi yno'n ddiweddar (gweler Ffigur 1). Nid yw'n bosibl gweld y goeden ffrwythau ar ffotograff a dynnwyd o'r awyr tua 1935 (Ffigur 147) ac efallai ei bod yn perthyn i gyfnod ar ôl dyddiau'r carchar.

Gosodwyd seiren cyrch awyr yng nghornel gogledd-orllewinol y gorthwr gwag yn ystod yr 1940au. Fe'i tynnwyd i lawr yn yr 1980au, ond goroesodd ei sylfaen concrit a bric yn rhannol yn Ffos B (Ffigur 20).

Crynodeb
Awgrymir y drefn ddatblygiadol ganlynol. Fodd bynnag rhaid cadw mewn cof fod y cyfnodau canoloesol yn ansicr ac nad oes dyddiad ar eu cyfer. Yn neilltuol, dim ond mewn un man

y sylwyd ar y berthynas rhwng yr adeilad crwn a'r gorthwr gwag sef lle'r ymddengys fod wal y gorthwr yn waith ailadeiladu eilaidd; nid oes unrhyw dystiolaeth stratigraffig fod adeilad 121 wedi'i godi cyn y gorthwr gwag canoloesol. Gweler Pennod 4 am ddehongliad ac awgrym o ddyddiadau'r cyfnodau canoloesol.

1. Adeiladu cychwynnol y mwnt.
2. Codi'r adeilad crwn 121.
3. Adeiladu wal y gorthwr gwag canoloesol. (Lefelu brig y mwnt gyda rwbel 141 a gosod arwyneb 134/144?)
4. Rhoi'r gorau i ddefnyddio adeiledd 121. (Lefelu brig y mwnt gyda rwbel 141 a gosod arwyneb 134/144?)
5. Cwtogi cwadrant de-ddwyreiniol y mwnt, ailadeiladu waliau de-ddwyreiniol y gorthwr gwag ac adeiladu'r rhagadeilad.
6. Codi'r adeileddau mewnol eilaidd.
7. Gadael y gorthwr gwag (yn ystod yr unfed ganrif ar bymtheg?) a'i ddirywiad dilynol.
8. Codi'r muriau gwrthglawdd isaf wrth droed y mwnt (ail ganrif ar bymtheg/deunawfed ganrif, nid un cyfnod i gyd?).
9. Codi wal bresennol y gorthwr (canol y ddeunawfed ganrif).
10. Defnydd allanol wal bresennol y gorthwr (diwedd y ddeunawfed ganrif).
11. Sefydlu'r ardd (canol y bedwaredd ganrif ar bymtheg).

Y LLENFURIAU A'R TYRAU

Mae safle'r castell wedi ei ddiffinio'n amlwg o hyd er bod y rhan fwyaf o'r llenfuriau wedi mynd. Felly hefyd y ffosydd o'i gwmpas, er bod lefelau is oddi allan i'r castell ar ei ochr orllewinol yn dal i nodi trywydd y ffos a fewnlenwyd ac mae'r llethr sgarp serth yn parhau i ddiffinio ei ochr ddeheuol. Yn ogystal â hynny, ar yr ochr ogleddol, efallai fod y darn o wal uchel sy'n arwain i gyfeiriad y dwyrain o'r gorthwr gwag yn dilyn trywydd y llenfur gogleddol canoloesol ac efallai ei fod yn cynnwys ffabrig o'r fan honno. I'r gorllewin, mae'r wal rhwng y gorthwr gwag a'r Prif Borthdy'n dilyn trywydd y llenfur gorllewinol ac mae olion ffabrig sy'n argyhoeddiadol yn perthyn i ddyddiad canoloesol ynddi (Ffigur 5).[19] I'r de o'r porthdy, diflannodd y llenfur gorllewinol, ond mae toriad pendant yn y llethr a muriau ôl-ganoloesol yn diffinio ei linell. Mae'r llenfur deheuol wedi mynd hefyd ond mae wal gynnal uchel, yn dyddio o'r cyfnod ôl-ganoloesol, yn gorwedd union o fewn ei linell ac mae peth o gymeriad ei hynafiad yn dal i fod yno. Credir fod y llinellau waliau oddi uchod yn perthyn i'r ward mewnol; nid oes unrhyw beth wedi goroesi o amddiffynfeydd y ward allanol, neu o'r wal a rannai'r ddau feili.

Mae'n arwyddocaol mai dim ond i'r gogledd a'r gorllewin y mae wal y llenfur wedi goroesi. Efallai fod hyn yn rhannol oherwydd fod y waliau hyn yn cadw ochrau'r mwnt lle cafodd ei dorri ymaith oddi mewn i'r beili (gweler uchod). Ond yn bwysicach cawsant eu hadeiladu oddi mewn i ffos y mwnt (Ffigurau 5 ac 13) lle cawsant eu claddu'n rhannol, a'u sefydlogi wrth iddi gael ei mewnlenwi'n raddol. Mae'n debygol – ac mewn un achos dyma oedd awgrym y dystiolaeth – fod gweddill y llenfuriau wedi cael eu codi, heb sylfeini mae'n debyg, ar gloddiau pridd oedd yn deillio yn ôl pob tebyg o raeanau ffrwd-rewlifol naturiol a gloddiwyd o'r ffosydd. Mae'r graeanau naturiol hyn yn rhydd iawn, a byddai hyn wedi peri i'r cloddiau a'r waliau uwch eu pen fod yn gymharol ansad ac yn fwy tebygol o ddisgyn – mae cofnodion yn nodi fod yr hen lenfur deheuol, a adeiladwyd ar y llethr raean naturiol ac yn ei erbyn yn ansad yn yr un modd erioed. Gallai'r ddamcaniaeth hon hefyd esbonio pam fod y llenfur deheuol yn 'igam-ogam' – roedd yr hanner ddeheuol, a redai ar hyd ben uchaf y clawdd yn ôl yr awgrym a gafwyd o'r cloddiadau, wedi ei osod yn ôl 2.5 m i'r dwyrain oddi wrth yr hanner ogleddol, a safai oddi mewn i ffos y mwnt (gweler isod).

Y 'llenfur' gogleddol

Mae rhan o wal gwaith maen uchel yn dirwyn am 25 m o ochr ddwyreiniol y gorthwr gwag tuag at faes parcio Neuadd y Sir (Ffigurau 13, 28–9), a oedd hefyd yn safle'r fynedfa i gar char y sir o 1792 ymlaen. Mae'r wal bellach yn dynodi ffin ogleddol cwrtil Neuadd y Sir. Ar gyfartaledd mae'n 1 m o drwch ac mae'n codi i uchder o 7.2 m o'r tu mewn i'r safle, ond mae'r hanner gorllewinol yn uwch gan godi i uchder o 10 m lle mae'n ymuno â'r gorthwr gwag. Yn ei ben dwyreiniol, mae isbwerdy trydan modern yn sefyll yn ei erbyn, tra bod yr wyneb ddeheuol gyda mur dwyreiniol y rhagadeilad yn sefyll yn ei erbyn (Ffigur 28). Mae'r wal yn gymharol ddinodwedd ac nid oes unrhyw dystiolaeth o agoriadau wedi eu cau i'w gweld.

Mae'n dangos tystiolaeth o sawl cyfnod o adeiladu. Mae'r 7 m isaf, ar y ddau wyneb, yn rwbel calchfaen eithaf unffurf ac ar hap. Dynodir pen uchaf y gwaith hwn gan siamffer ar yr wyneb gogleddol (Ffigur 29), sydd yn ei ben gorllewinol yn goleddu am i fyny tuag at y gorthwr gwag, ar ongl sy'n awgrymu fod wal y gorthwr gwag yn arfer sefyll o leiaf 3 m yn uwch nag y mae ar hyn o bryd pan adeiladwyd y wal. Uwchben hwn, codwyd hanner gorllewinol y wal 2 m ar gyfartaledd, mewn Hen Dywodfaen Coch yn bennaf, ac mewn dau godiad neu gyfnod olynol o leiaf. Gorwedd yr wyneb deheuol o dan weddillion gorffeniad gwyngalch, ac mae'n ymddangos fod hyn wedi'i wneud cyn codi'r wal (Ffigurau 27–8).

Mae uchder y wal a'r modd y cafodd ei chodi'n awgrymu y gall, yn rhannol o leiaf, fod yn arwydd o lenfur gogleddol y cwrt mewnol. Mae'r gwaith eilaidd yn yr Hen Dywodfaen Coch, felly gall llawer o'r defnydd allanol cynharach a wnaed â chalchfaen yn bennaf fod yn perthyn i gyfnod yr Oesoedd Canol cynharach, er rhaid cyfaddef fod y wal, sy'n 1 m o drwch, braidd yn denau; er hynny mae llenfur tebyg yn bodoli ar nifer o safleoedd eraill, er enghraifft o gwmpas y cwrt mewnol yng Nghastell Ogwr, sir Forgannwg lle mae ychydig yn llai trwchus na medr mewn mannau. Gellir gweld asiad ar yr wyneb gogleddol rhwng y wal a'r gorthwr gwag, er mai dim ond i wal bresennol y gorthwr neu ei ddefnydd allanol y mae hwn yn perthyn. Awgrymir ei fod yn dyddio o'r Oesoedd Canol hefyd ar sail y ffaith ei fod yn ymddangos yn brif wrthglawdd ar gyfer hanner gogleddol y mwnt, lle torrwyd y cwadrant de-ddwyreiniol yn ei ôl yn ystod y cyfnod canoloesol diweddarach fel yr awgrymais; codwyd yr wyneb deheuol o lefel tu mewn y castell, tra'r ymddengys fod yr wyneb gogleddol yn dilyn y llethr i lawr yr hyn sy'n weddill o'r mwnt (Ffigur 29). Mae'n ymddangos fod wal uchel yn cael ei dangos yn y fan hon ar brintiadau'n dyddio o'r 1740au (Ffigurau 126 a 127; gweler Pennod 4), tra dangosir ei linell a'i faint presennol ar y cynllun cynharaf o 1786 (Ffigur 111); yn wir byddai'n anodd dychmygu linell wal cwbl newydd, mewn cyd-destun ôl-ganoloesol, cyn gwaith Nash yn 1789–92. Yn ogystal â hynny gwelwyd, o edrych ar ben gorllewinol twll prawf a gloddiwyd yn 2002, fod gwaelod y wal, yn y fan hon o leiaf, yn gorwedd tua 0.5 m o dan yr wyneb presennol a'i fod wedi'i godi'n uniongyrchol, heb sylfeini, ar ddefnydd y mwnt (Ffigur 29).[20]

Mae'r defnydd allanol yn amlwg yn gynharach na'r 1850au. Ar yr wyneb gogleddol gellir gweld creithiau'r to, a'r gorffeniadau gwyngalch a phlaster o ddau o blith y tri bwthyn a godwyd yng nghanol y bedwaredd ganrif ar bymtheg ac a arferai sefyll hyd ymyl y lôn a elwir bellach 'The Mount', ac a oedd yn sefyll yn ei erbyn (Ffigur 29; gweler hefyd Ffigur 13); mae olion gardd furiog yn yr ongl rhwng y ddau orllewinol yn dal i sefyll. Ni ddangosir y bythynnod ar fap 1786 (Ffigur 111), ond efallai eu bod yno yn 1834 (Ffigur 133), ac fe'u gwelir yn amlwg ar fap yn perthyn i'r cyfnod 1858–66, sy'n dangos y 'llenfur' fel y mae heddiw gan gynnwys y mymryn o dro i gyfeiriad y de yn ei ben dwyreiniol (Ffigur 139).[21]

Ffigur 27 Wyneb deheuol y 'llenfur' gogleddol yn 2012

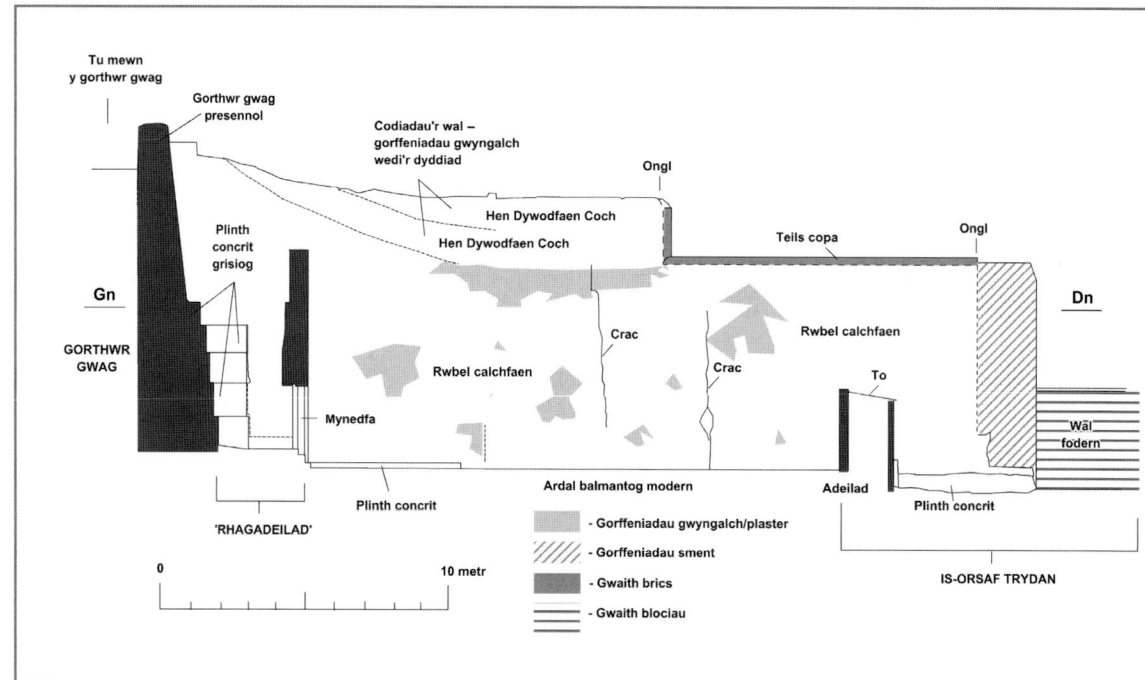

Ffigur 28 Golwg o'r de ar y 'llenfur' gogleddol

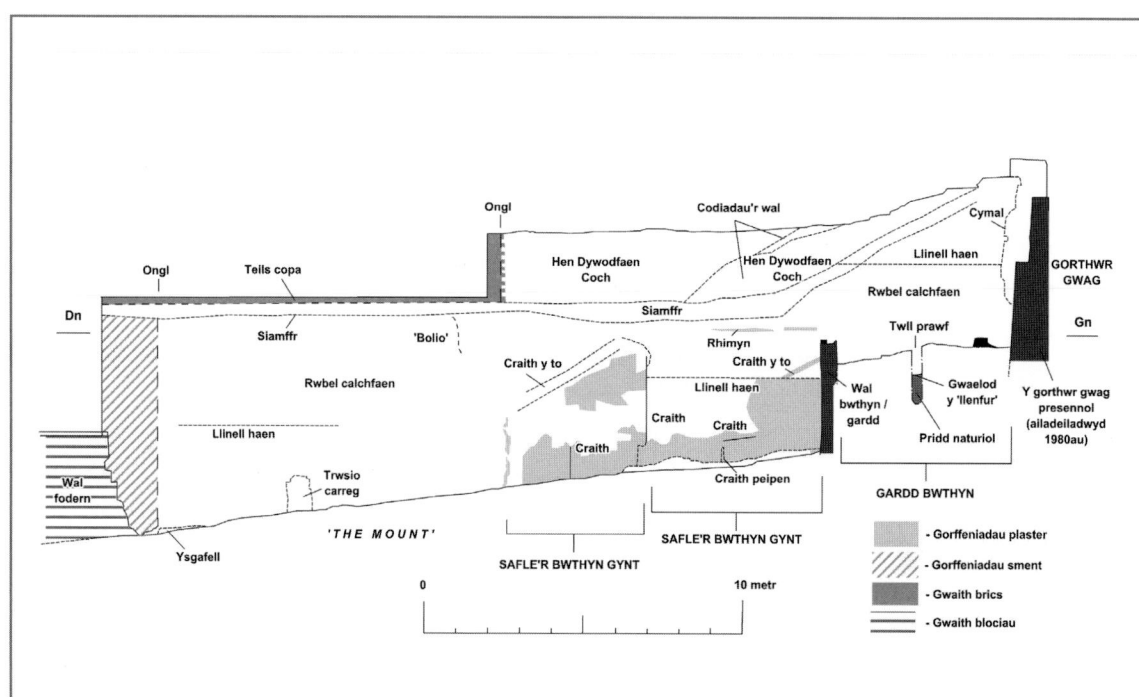

Ffigur 29 Golwg o'r gogledd ar y 'llenfur' gogleddol

Y llenfur gorllewinol: y rhan ogleddol

Mae ail wal uchel yn dirwyn i gyfeiriad y de o'r gorthwr gwag, gan ymuno â'r Porthdy Mawr (Ffigurau 30 a 32). Yn adeiladwaith cymysg drwyddo ond yn bennaf yn rwbel calchfaen ar hap, mae'n 23.5 m o hyd ac o drwch amrywiol gan fod yn 2 m ar gyfartaledd. Mae bellach rhwng 9 m ac 11 m o ran uchder. Fodd bynnag, yn dilyn cloddio mewn man ger y porthdy, a ddisgrifir isod, gwelwyd fod hanner deheuol y wal yn sefyll yn ffos y mwnt a fewnlenwyd, lle claddwyd ei lefelau is; fe'i dilynwyd yn y fan hon am 2.6 m arall ond ni ddarganfuwyd ei waelod (Ffigurau 12 a 67). Ar y tu allan, mae'r hanner gogleddol yn dringo'r mwnt,

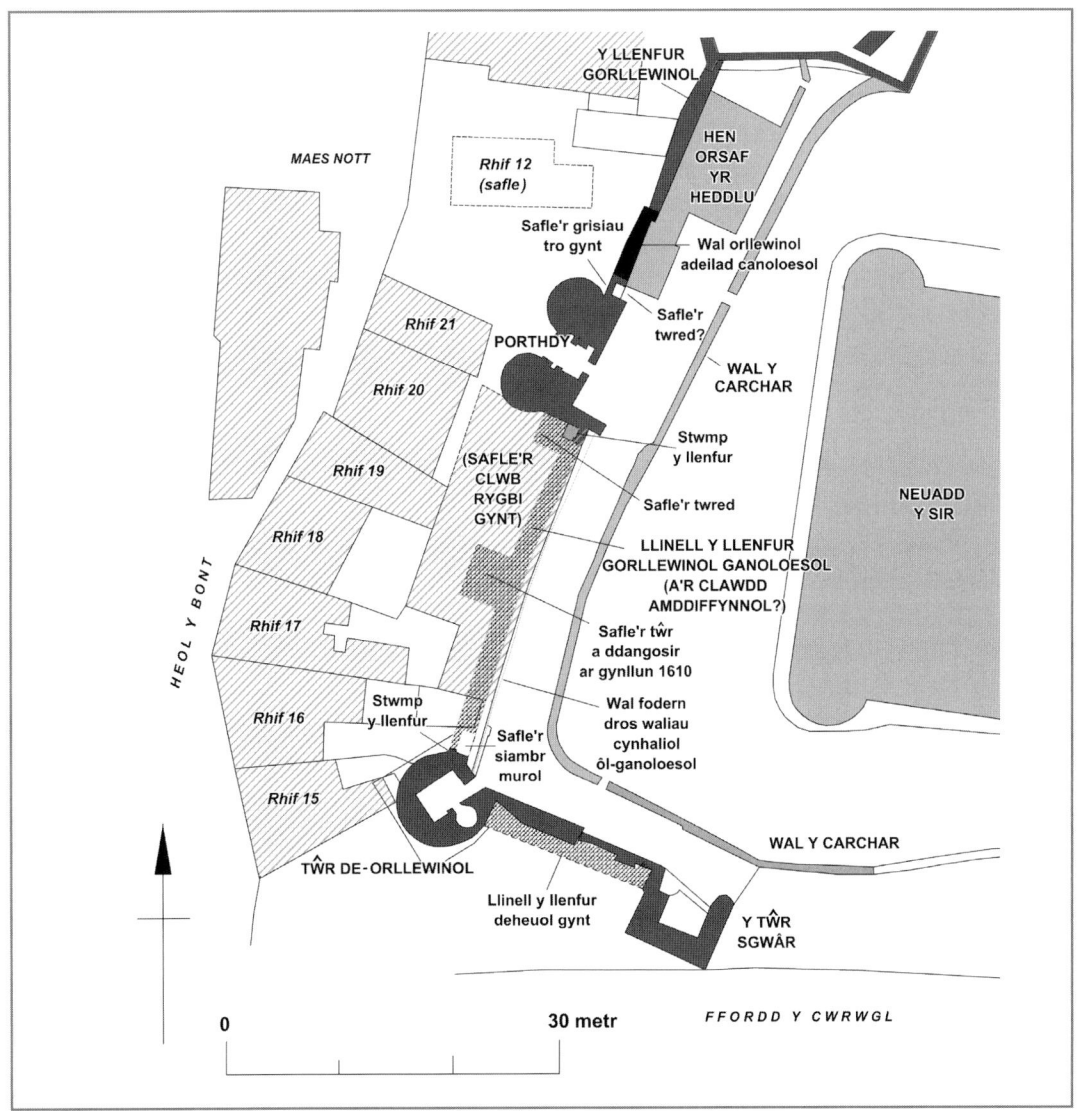

Ffigur 30 Cynllun cyffredinol rhan orllewinol y castell yn dangos llinell y llenfur gorllewinol canoloesol

ond ar y tu mewn mae'n dirwyn i lawr i lefel presennol y ddaear fel gwrthglawdd i ochr y mwnt lle torrwyd y cwadrant de-ddwyreiniol ymaith.

Mae wyneb mewnol, dwyreiniol y wal wedi'i guddio i raddau helaeth y tu ôl i adeilad diweddarach sef Hen Orsaf yr Heddlu, a adeiladwyd yn ei erbyn ar ddechrau'r 1880au (gweler Pennod 5; Ffigurau 13, 31 a 33). Mae trwch llawn y wal, sef 2.5 m, i'w weld, mewn trawstoriad, yn wal ddeheuol estyniad Hen Orsaf yr Heddlu. Rhwng hwn a'r porthdy mae rhan lawer teneuach, yn dynodi wal orllewinol tyred efallai; mae'n ymddangos fod y tewychiad grisiog mewnol hwn yn perthyn i'r cyfnod ôl-ganoloesol (Ffigurau 12b, 33 ac 81).

Nid oes unrhyw adeiladau cyffiniol ger yr wyneb gorllewinol allanol ac mae modd ei weld ar ei hyd (Ffigurau 31–2). Mae olion nifer o wahanol gyfnodau adeiladu yno, wedi'i gymhlethu gan fannau lle ceir defnydd allanol eilaidd, ac nid yw'n hawdd ei 'ddarllen'; fodd bynnag, mae'n amlwg yn cynnwys elfennau o lenfur gorllewinol y cwrt mewnol canoloesol. Rhaid ystyried yr adroddiad canlynol yn un dros dro yn unig ac efallai y bydd angen ei adolygu yn dilyn astudiaethau yn y dyfodol. Yn benodol, gall dadansoddiad petrolegol llawn daflu cryn dipyn o oleuni ar hanes ei adeiladu.

Hanner deheuol y wal yw'r un mwyaf cymhleth. Ar ei hanner isaf gwelir dau fan eglur o ddefnydd allanol mewn rwbel calchfaen bychan (1, Ffigur 31; gweler hefyd Ffigur 32), gyda'r rhan ddeheuol wedi'i guddio'n rhannol gan waith trwsio diweddarach. Mae'n ymddangos mai'r defnydd allanol hwn yw'r brif nodwedd, yn perthyn o bosibl i'r llenfur gorllewinol o ddechrau'r drydedd ganrif ar ddeg. Gall fod yn gyffyrddol â man

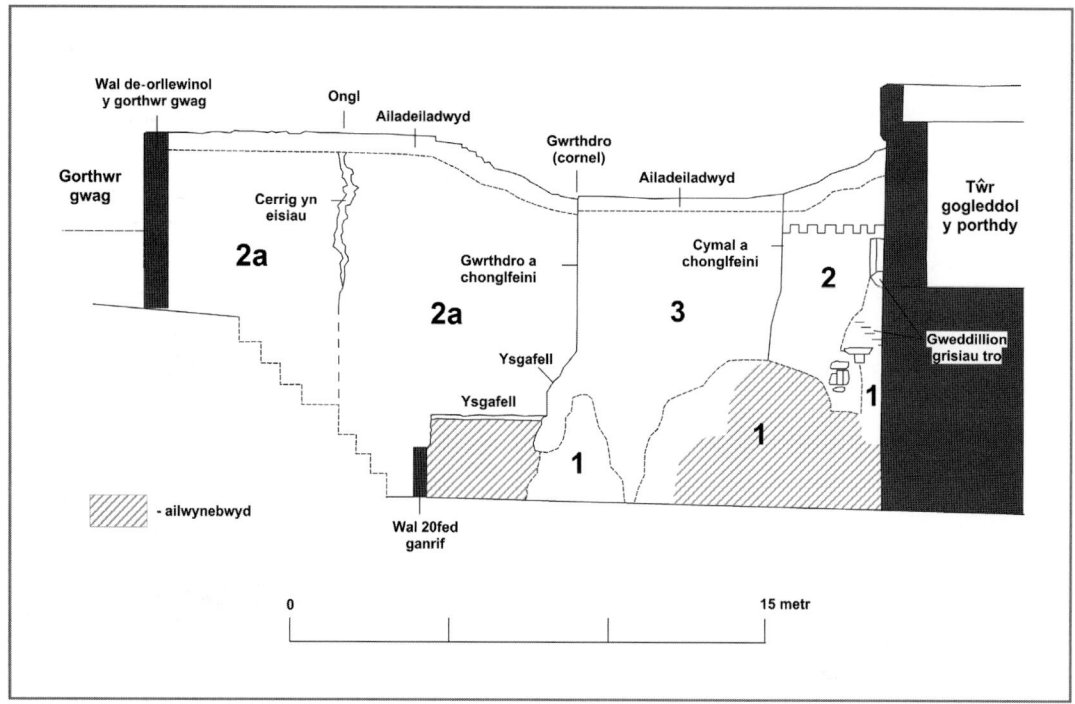

Ffigur 31 Golwg bras o wyneb gorllewinol y 'llenfur' gorllewinol

Ffigur 32 Wyneb gorllewinol y 'llenfur' gorllewinol yn 2012

lle ceir gwaith maen afreolaidd sy'n codi i uchder mwy lle mae'r wal yn cysylltu â thŵr gogleddol y porthdy ac sy'n ymestyn ychydig o wyneb y wal; oherwydd gwaith trwsio diweddarach ar y defnydd allanol anodd dweud beth yw'r berthynas rhwng y ddau. Mae'r gwaith maen afreolaidd hwn yn arwydd o waith craidd bras ac o'i fewn gellir gweld un llinell letraws o slabiau o leiaf, yn codi i'r gogledd; ar yr wyneb dwyreiniol gellir gweld dwy linell letraws gyfatebol o waith craidd (Ffigurau 33 ac 81) a gyda'i gilydd mae'n ymddangos eu bod yn dynodi olion grisiau tro a gwtogwyd, yn y cyswllt rhwng y porthdwr a'r llen, a oedd o bosib yn rhan o'r porthdy cyn 1409.

Mae olion y grisiau tro yn ffosiledig oddi mewn i ddarn byr o wal sy'n dirwyn i'r gogledd am 3 m o dŵr gogleddol y porthdy, a saif uwchben wal Cyfnod 1 ac a ddiffinnir gan fwrdd corbel amlwg ar y brig (2, Ffigur 31). Dim ond 0.6 m yw ei drwch ac nid oes unrhyw rodfa ben mur yno. Gwelir dau agoriad pensgwar, plaen lle mae'n uno â'r porthdy, ar y lefelau isaf a'r cyntaf, lle roedd y grisiau tro gynt. Mae Hen Dywodfaen Coch yn amgylchynu'r cyntaf; dim ond 'torlun' yw'r olaf lle mae'r wal yn ffinio â golau ar y llawr cyntaf ym mur gogleddol y porthdy. Mae'r bwrdd corbel union yr un fath â hwnnw yn y porthdy, sy'n awgrymu fod y ddau'n perthyn i'r un cyfnod. Felly efallai i lenfur Cyfnod 1 gael ei gwtogi pan ddifrodwyd y porthdy yn ystod gwrthryfel Glyndŵr, gan fod wal Cyfnod 2 wedi'i godi, ynghyd â'r porthdy presennol, yn 1409–11. Er hynny efallai nad oedd yn ffurfio rhan o'r cynllun gwreiddiol – nid yw'n ymddangos ei fod ynghlwm wrth y porthdy (os oedd

Ffigur 33 Rhan o wyneb dwyreiniol y 'llenfur' gorllewinol yn 2012

yn grenelog mae'n rhaid ei fod yn uwch ond nid oes unrhyw gerrig danheddu cyfatebol i'w weld yn wal ogleddol y porthdy) ac fel a nodwyd mae'n ymyrryd â ffenestr fach yn y porthdy.

Daw'r wal hon o Gyfnod 2 i ben fel asiad fertigol, mewn conglfaen mae'n debyg (Ffigur 32), sy'n awgrymu mai congl yn ymestyn allan ydoedd pan y'i hadeiladwyd. Mae'n bosibl fod wal Cyfnod 1, uwchben y lefel y mae wedi goroesi, wedi cael ei ôl-ogwyddo fel bod wal Cyfnod 2, adeg ei adeiladu, yn ymestyn allan ychydig o hanner uchaf wyneb y wal. Efallai ei fod yn ffurfio wal orllewinol tyred bas bryd hynny, yn codi uwchben y llenfur o bosibl. Byddai hynny'n egluro pam ei fod mor denau – mae waliau tenau tebyg gan yr hyn y gallwn fod yn fwy pendant yn ei alw'n dyred yn erbyn wyneb deheuol y porthdy (gweler isod). Nid oes unrhyw olion o dyred ar yr wyneb dwyreiniol bellach ond cafodd y rhan hon ei newid yn ystod y cyfnod ôl-ganoloesol fel a nodwyd uchod.

Nid yw'r tyred yn ymestyn allan bellach. Yn gyfwyneb â'i wyneb gorllewinol mae trydedd ran o wal (3, Ffigur 31; gweler hefyd Ffigur 32) sy'n dirwyn i'r gogledd am 6 m ac yn dod i ben mewn ail gongl, gyda chonglfeini da, yn ymestyn allan 0.3 m o ddwy ran o dair uchaf wyneb y wal. Mae'n amlwg ei fod yn perthyn i gyfnod diweddarach na wal 2, ac mae'n gorchuddio'r wal 1 a gwtogwyd. Felly efallai fod wal 3 yn dynodi'r wal orllewinol a chornel gogledd-orllewinol adeilad. Mae sylfaen ddwyreiniol-orllewinol a ddaeth i'r golwg o dan wyneb yr iard wrth osod sylfeini yn 2002 (Ffigur 34) yn cyfateb i'r gornel ac efallai ei fod yn dynodi wal ogleddol yr adeilad hwn. Dim ond tamaid byr a welwyd (0.3 m), ac roedd yn 0.6 m o drwch, mewn rwbel Hen Dywodfaen Coch. Roedd yr adeilad a awgrymwyd gan hyn yn mesur o leiaf 7.5 m o'r de i'r gorllewin (Ffigurau 30 a 34), ond nid oes unrhyw wybodaeth am ei ddiben fel arall. Nid yw'n cyfateb i unrhyw adeilad carchar hysbys yn perthyn i'r cyfnod ar ôl 1789 (cf. y clafdy a ddangosir yn Ffigurau 34 a 101) ac yn ogystal â hynny roedd ei gongl gogledd-orllewinol eisoes yno erbyn 1786 (Ffigur 111). Mae ei gyswllt estynedig â'r llenfur i'r gogledd yn bendant yn lletchwith mewn cyd-destun canoloesol ac efallai fod yr adeilad yn perthyn i'r cyfnod ôl-ganoloesol, gan ddisodli rhan o'r llenfur a ddinistriwyd ar ôl y Rhyfel Cartref. Fodd bynnag ni chofnodir unrhyw ddatblygiad ar ôl y Rhyfel Cartref cyn diwedd y ddeunawfed ganrif (gweler Pennod 5), tra na ddangosir unrhyw adeilad yn y fan hon yn y naill na'r llall o brintiadau Buck o'r 1740au (Ffigurau 126 a 127), lle mae'r olygfa yn 1748 yn dangos y llenfur gorllewinol fel y mae heddiw mwy neu lai; oherwydd hynny mae'n rhaid na fu unrhyw adeilad ôl-ganoloesol yn y fan hon am gyfnod hir.

Dadleuir, beth bynnag, fod y llenfur gorllewinol wedi goroesi'r dinistrio (gweler uchod a Phennod 5). Oherwydd hynny efallai fod yr adeilad yn perthyn i'r Oesoedd Canol ac awgrymaf ym Mhennod 4 ei fod yn dynodi olion Neuadd y Prif Ustus, y cofnodwyd ei adeiladu rhwng 1409 ac 1424. Byddai hyn yn golygu ei fod yn perthyn yn agos i'r un cyfnod â'r ?tyred o Gyfnod 2, ond gwelsom uchod fod cynllun ailadeiladu'r rhan hon o'r castell ar ôl gwrthryfel Glyndŵr yn hyblyg i bob golwg, ac yn agored i newid. Mae'r dystiolaeth weledol hefyd yn awgrymu y gall fod y ddau gyfnod yn agos at ei gilydd – mae wal 3 yn gorwedd yn union ar ben wal 1 ac yn wir mae'n ymddangos ei fod yn ei ddisodli mewn un man bychan (Ffigurau 31–2).

94 CASTELL CAERFYRDDIN

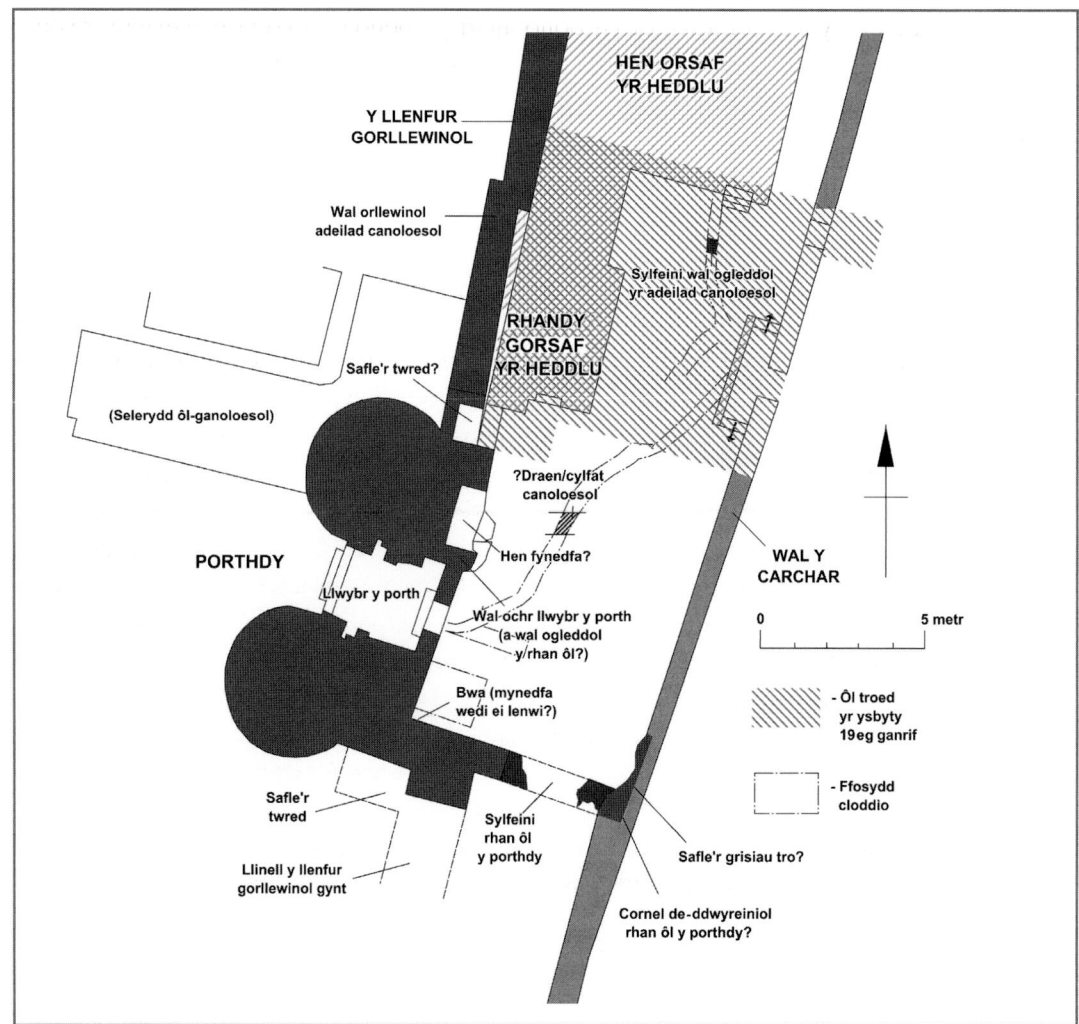

Ffigur 34 *Cynllun o'r ardal i'r dwyrain o'r porthdy, ar ôl tynnu'r arwynebau, gan ddangos y wal ganoloesol*

Efallai fod gweddill y llenfur gorllewinol, i gyfeiriad y gogledd o'r gorthwr gwag, yn perthyn i Gyfnod 2, lle mewnosodwyd wal 3 (2a, Ffigur 31; gweler hefyd Ffigur 32). Mae'r dychweliad rhwng y ddau'n mynd yn fasach wrth iddo fynd i lawr wyneb y wal a lle mae wal 3 yn gorwedd ar ben wal 1 mae mwy neu lai yn gyfwyneb. Fodd bynnag mae'r cyswllt yn y fan hon wedi'i guddio gan ran o ddefnydd allanol eilaidd, o dan ysgafell lorweddol, sy'n perthyn i ddatblygiad domestig ôl-ganoloesol diweddarach yn erbyn wal y castell. Yn ogystal â hynny mae'r hanner gogleddol hwn ychydig yn wahanol o ran ei adeiladwaith i weddill y wal, gan ei fod yn cynnwys defnydd allanol llai o faint, yn rwbel cymysg iawn, ac efallai na ellir diystyru dyddiad diweddarach, ôl-ganoloesol. Efallai na chafodd y cyfan ei adeiladu ar yr un pryd – mae'r rwbel tua'r pen uchaf yn amlwg yn llai ac yn galchfaen yn bennaf. Mae ei wyneb gorllewinol yn bolio allan yn bendant hyd at uchafswm trwch o 3 m lle mae'n dringo'r mwnt ac mae'n ymddangos fod llinell anwastad o gerrig coll yn yr ongl estynedig hon yn dynodi gwaith wyneb coll (cerrig conglfaen?), yn hytrach na chyswllt neu'r graith o adeilad a arferai ffinio ag ef.

Nodwyd y ddau fan lle trwsiwyd y defnydd allanol yn ddiweddarach. Yn ogystal â hynny mae'n amlwg fod rhai o gyrsiau uchaf y wal wedi eu hailadeiladu, fel un ymgyrch, ar ei hyd.

Y llenfur gorllewinol: y rhan ddeheuol a'r hen glawdd (Ffigurau 30, 35–8)
Mae rhan ddeheuol y llenfur gorllewinol canoloesol, a ddirwynai o'r gogledd i'r de am 30 m rhwng y Prif Borthdy a'r Tŵr De-orllewinol wedi mynd (Ffigur 30). Fodd bynnag gellir gweld ei graith ar ochr ogleddol y Tŵr De-orllewinol (Ffigurau 45 a 51), tra bod darn o wal a gwtogwyd ac sy'n dirwyn i'r gogledd o'r tŵr am tua 4 m yn dynodi ei wyneb mewnol yn ôl pob golwg (36, Ffigurau 51 a 96). Mae'r graith yn awgrymu fod y llenfur dros 3 m o drwch ond efallai ei fod yn fwy trwchus nag mewn mannau eraill gan ei fod wedi cynnwys siambr furol mae'n debyg (gweler isod). Mae craith debyg ar ochr ddeheuol y Prif Borthdy'n deneuach ac yn mesur 2 m (Ffigur 79); arferai tyred sefyll yn yr ongl rhwng y ddau, a dim ond 1 m o drwch yw hanner uchaf y graith. Awgrymir fod y llenfur gorllewinol yn y fan hon, fel yr un cyfatebol i'r gogledd, wedi cael ei gwtogi yn ystod gwrthryfel Glyndŵr a'i ailadeiladu wedyn gyda'r porthdy a'r tyred rhwng 1409 ac 1411. Mae'n debyg fod llinell y llenfur fwy neu lai yn syth, ond dangosir rhyngdwr sgwâr hanner ffordd ar hyd y llenfur ar fap John Speed o Gaerfyrddin tua 1610 (Ffigur 112).

Roedd y llenfur, ynghyd â'r rhyngdwr, wedi mynd erbyn 1740; mae engrafiad Buck yn dangos y stwmp yn erbyn y porthdy wedi'i orffen fel y mae heddiw (Ffigur 126). Roedd ffiniau diweddarach, yn perthyn i eiddo ar Heol y Bont, yn dilyn y llinell gyffredinol hon, ond eu bod yn gorwedd ymhellach i'r dwyrain – hynny yw, y tu mewn i gwrtil y castell; er enghraifft, mae cynlluniau'n dyddio o 1818 ac 1819 yn gosod pen gogleddol y llinell hon o leiaf 5 m ymhellach i'r dwyrain (Ffigurau 129 a 130). Mae hyn yn awgrymu fod unrhyw glawdd a arferai fod yn y fan hon wedi mynd yn gyfan gwbl. Erbyn 1845 roedd y llinell wedi symud rhyw gymaint i gyfeiriad y gorllewin (Ffigur 137), ond mae'n amlwg o fapiau wedi hynny fod yr hanner gogleddol yn dal i orwedd 2 m i'r dwyrain o leiaf o'r ffin orllewinol bresennol.

Wal o waith maen yw'r ffin bresennol a adeiladwyd yn 2002 (Ffigurau 12a, 30, 45 a 51) ac mae'n dilyn llinell wyneb mewnol y llenfur gorllewinol canoloesol. I'r gogledd, disodlodd wal frics yn perthyn i adeilad o ganol yr ugeinfed ganrif, sef Clwb Rygbi'r Carmarthen Quins, a orchuddiai ffos y castell (Ffigurau 30 a 35). I'r de, lle mae'r lefelau allanol gryn dipyn yn is wrth iddynt ddirwyn i lawr tuag at y Tywi, mae'r wal gyfoes yn gorchuddio'r ddau ddarn cyffiniol o wal ôl-ganoloesol. Mae'r un fwyaf deheuol, y tu cefn i Rif 16 Heol y Bont, yn wal uchel sy'n cynnal tu mewn i'r castell o'r ardal i'r gorllewin, sydd bellach 4 m yn is (Ffigurau 12a, 30 a 45); fe'i dangosir ar bob map o 1845 ymlaen (gweler Ffigur 137). Roedd wal debyg, a oedd hefyd yn un ddomestig ac a ddangoswyd yn yr un modd yn 1845, yn parhau am 5 m i'r gogledd i ymuno â wal ddwyreiniol y clwb rygbi (Ffigurau 30 a 137).

96 ■ CASTELL CAERFYRDDIN

    Cloddiwyd tair ffos dwyrain-orllewinol (Ffigur 35, Ffosydd 1–3) â llaw gan Pete Crane o YAD, ar draws rhan o'r clwb rygbi wedi iddo gael ei ddymchwel yn 2001.[22] Yn ogystal â hynny daeth rhan hydredol, yn mesur 15.7 m o'r gogledd i'r de, i'r golwg pan ddymchwelwyd wal ddwyreiniol y clwb rygbi a'i hailosod (Ffigurau 35–6).[23] Roedd y wal hon wedi rhagfurio'r dyddodiadau i'r dwyrain lle roedd lefel y ddaear 2 m yn uwch. Roedd medr uchaf y rhan hon yn cynnwys haen o bridd/malurion dinodwedd yn perthyn i'r bedwaredd ganrif ar bymtheg. I'r gogledd roedd yn gorchuddio pen waliau a gwtogwyd ac a ysbeiliwyd yn rhannol ac a oedd yn perthyn i adeilad o'r bedwaredd ganrif ar bymtheg. Fe'i dymchwelwyd cyn

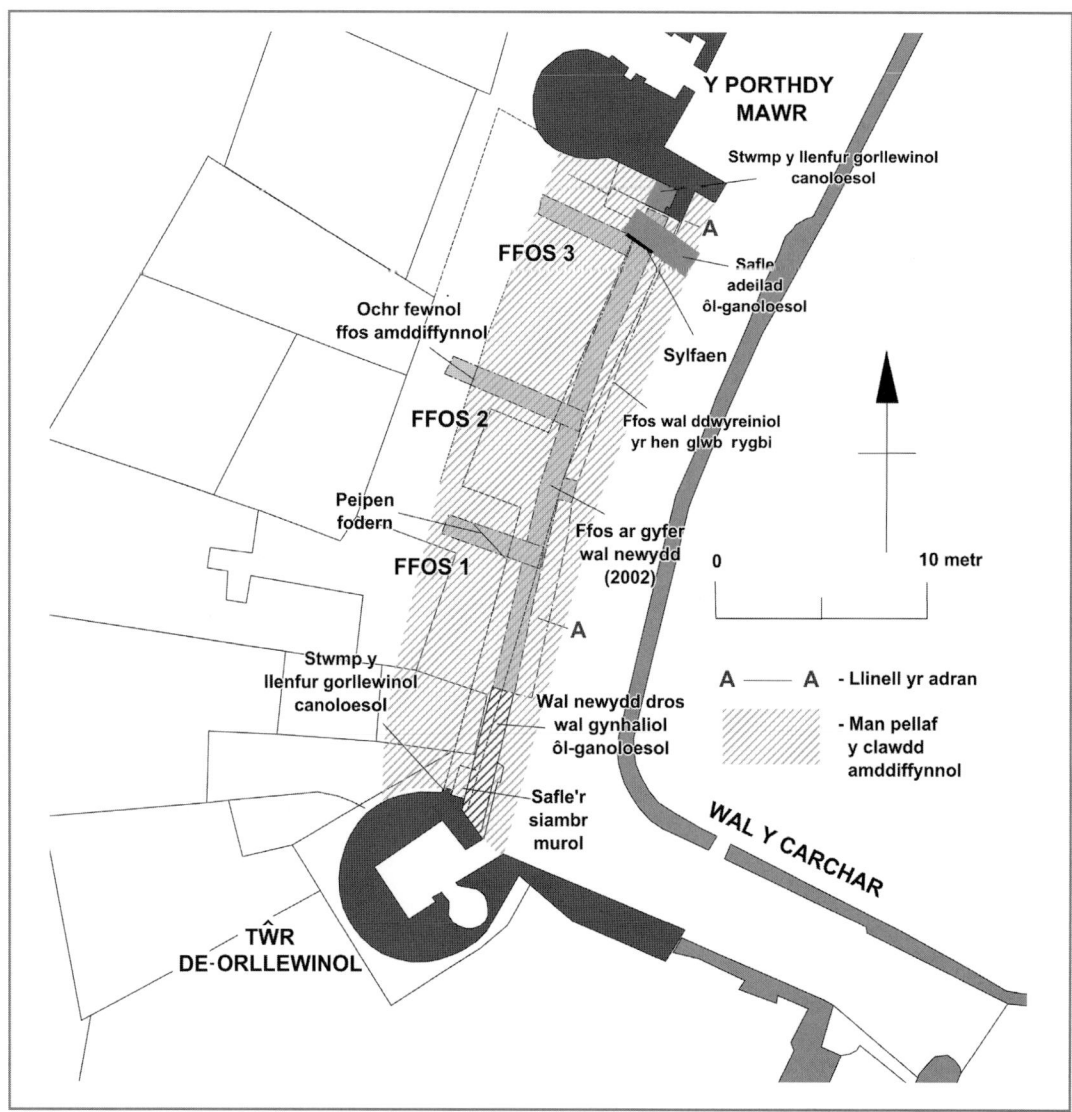

Ffigur 35 Cynllun o ardal y llenfur gorllewinol gan ddangos ffosydd gwerthuso ac adeiladu

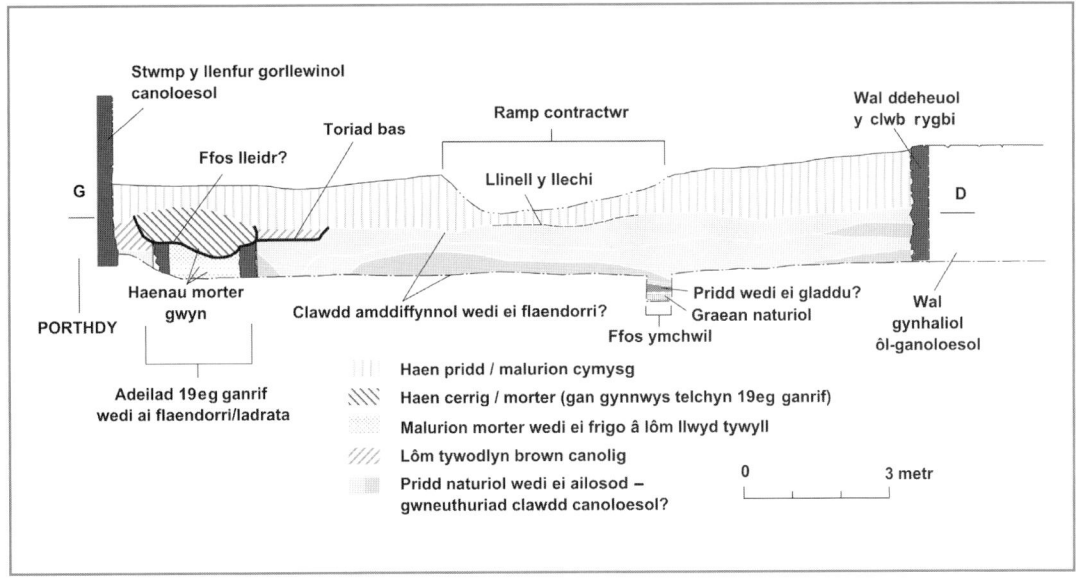

Ffigur 36 Y rhan yn wynebu'r gorllewin a adawyd yn dilyn tynnu wal ddwyreiniol y clwb rygbi, yn dangos dyddodion posibl o'r clawdd

adeiladu'r clwb rygbi yng nghanol yr ugeinfed ganrif. Mewn mannau eraill roedd yr haen yn gorchuddio dyddodyn clai tywodlyd, 1 m o drwch. Roedd yr olaf yn gwbl hesb ac ar yr wyneb ymddangosai mai isbridd o raean naturiol ydoedd, ond roedd olion haeniad yn nodi iddo gael ei ailosod. Gwelwyd hefyd ei fod yn gorchuddio lôm o glai brown a ymddangosai'n bridd wedi'i gladdu. Roedd hwn yn ei dro'n gorchuddio graean ffrwd-rewlifol naturiol.

Efallai fod prinder unrhyw dystiolaeth ar gyfer y llenfur neu'r twˆr, er i bridd wedi'i gladdu ddod i'r golwg, yn deillio o'r ffaith nad oedd unrhyw sylfeini i'r wal, nag mewn unrhyw fan arall yn y castell. Fodd bynnag, mae'n beth rhyfedd na ellid gweld unrhyw ôl troed o fath yn y byd. Oherwydd hynny mae'n fwy tebygol fod y graeanau naturiol a

Ffigur 37 Ffos werthuso 2 y clwb rygbi yn ystod y cloddio, o'r gorllewin

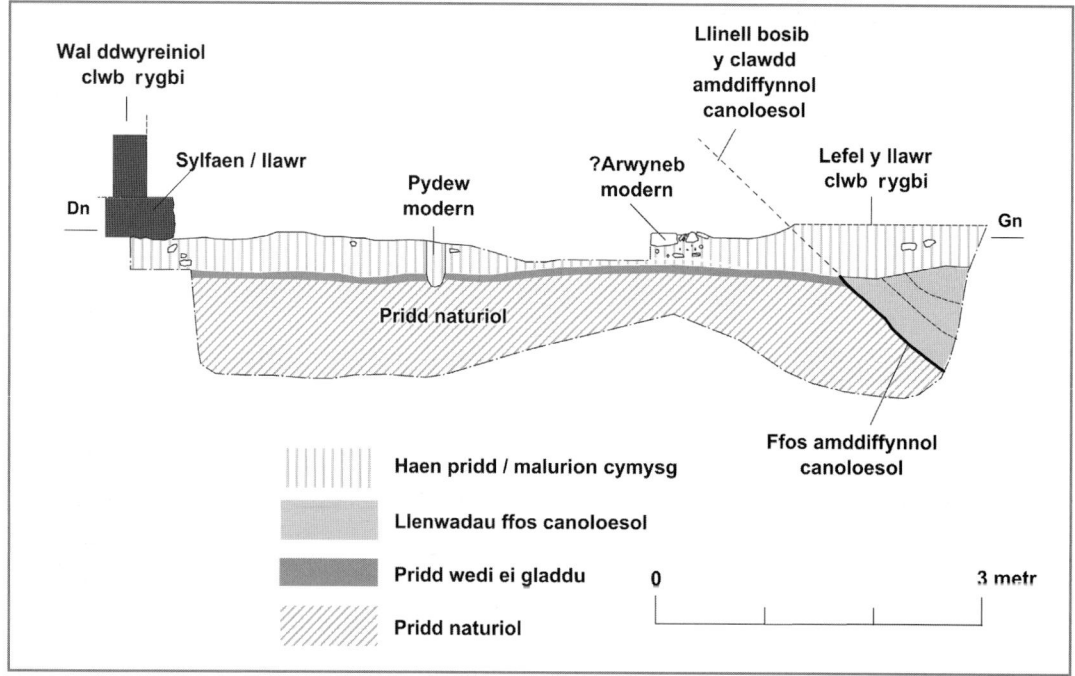

Ffigur 38 Y rhan yn wynebu'r gogledd o Ffos werthuso 2 y clwb rygbi

ail-dyddodwyd yn dynodi clawdd amddiffynnol lle codwyd y llenfur ar ei ben. Mae'n debyg fod y clawdd hwn wedi'i godi i fyny fel rhan o amddiffynfeydd cyntaf y castell yn 1106–9, o'r defnydd esgynedig a chwarelwyd o ffos y castell, gan esbonio ei gynnwys a'i natur hesb. Byddai ei gwtogi yn ystod y cyfnod ôl-ganoloesol wedi dileu pob tystiolaeth ar gyfer y llenfur a'r rhyngdwr ac mae'n cyfateb i dystiolaeth y mapiau sy'n awgrymu nad oedd unrhyw ffin bendant yn y fan hon yn ystod y ddeunawfed ganrif a dechrau'r bedwaredd ganrif ar bymtheg.

Dangosodd un o'r tair ffos ddwyreiniol-gorllewinol, sef Ffos 2 (Ffigurau 35, 37–8), ymyl dwyreiniol nodwedd sylweddol a oedd wedi ei dorri trwy'r pridd a gladdwyd. Gorweddai 7 m i'r gorllewin o linell estynedig y llenfur gorllewinol canoloesol, yn gyfochrog ag ef, ac mae'n debyg ei fod yn arwydd o ymyl mewnol ffos y castell; efallai hefyd ei fod yn cyfateb i waelod neu 'gynffon' y clawdd amddiffynnol (oni bai fod ysgafell yn gorwedd rhyngddynt). Roedd yr holl lenwadau a gloddiwyd yn cynnwys morter a byddai hyn yn gyson â dyddodiadau'n perthyn i ddiwedd yr Oesoedd Canol neu'r cyfnod ôl-ganoloesol a gynhwysai ddefnydd yn deillio o gwympo neu ddymchwel. Nid oedd Ffosydd 1 a 3 yn ymestyn cyn belled i'r gorllewin ac ni ddaethpwyd o hyd i ymyl y ffos.

Roedd y waliau a ysbeiliwyd yn rhannol ac a welwyd yn y ffos ogleddol-ddeheuol (a hefyd yn Ffos 3) yn perthyn i adeilad domestig bychan o'r bedwaredd ganrif ar bymtheg a safai o boptu llinell y llenfur canoloesol, wedi'i dorri drwy'r olion a gwtogwyd o'r clawdd amddiffynnol (gweler Pennod 5). Safai i'r de o hen dyred y porthdy ac ni welwyd unrhyw olion o hwn.

Y wal gynnal ddeheuol a'r hen lenfur deheuol

Mae'r llenfur deheuol canoloesol wedi mynd, ac mae ymyl deheuol y cwrt mewnol bellach yn cael ei gynrychioli gan y wal ôl-ganoloesol sy'n perthyn i wahanol gyfnodau. Fel y llenfur, mae'n cynnal y llethr sgarp naturiol a gorwedd ei lefelau mewnol 12 m uwchben Ffordd y Cwrwg gyfoes, ac 8 m uwchben iardiau cefn yr eiddo ar Heol y Bont gynt (a gliriwyd yn ystod gwelliannau yn 1993, gweler Ffigur 39).

Mae'r llethr yn dynodi'r teras naturiol. Mae tystiolaeth darluniadol hynafol, printiadau Buck yn arbennig, yn dangos llethr sydd bron yn fertigol ac yn awgrymu fod llechweddu bwriadol wedi digwydd yn ystod y cyfnod canoloesol (Ffigurau 126–7). Efallai fodd bynnag ei fod wedi deillio o gwymp y llenfuriau canoloesol pan oeddent yn rhagfurio'r llethr. Lle gwelwyd brigiadau mewn mannau eraill yn y cyffiniau, mae'r teras yn cynnwys graeanau ffrwd-rewlifol (gweler Pennod 1), ond mae printiadau Buck yn ei ddangos yn debyg i glogwyn, heb lystyfiant, o ran ei olwg, sy'n awgrymu mannau yn cynnwys defnydd cadarnach. Yn 1805, hefyd, disgrifiodd Edward Donovan y llethr fel 'a steep, and rather craggy precipice', tra'r oedd yn dal yn bosib ei alw yn 'rocky precipice' yn 1917.[24] Roedd isbriddoedd, lle daethant i'r golwg yn y castell, hefyd yn gyffredinol yn cynnwys graeanau. Fodd bynnag gwelwyd fod dyddodion yn deillio o anheddiad yn union i'r gogledd o'r wal gynnal

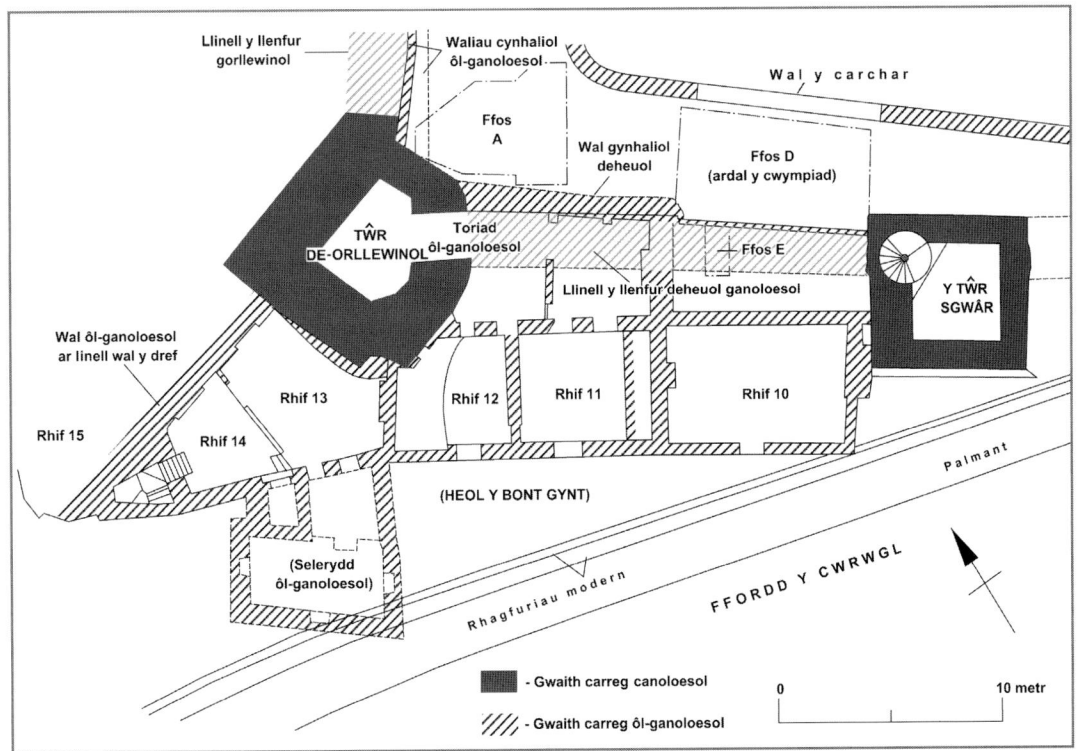

Ffigur 39 Cynllun yr ardal o gwmpas y wal gynnal ddeheuol gan ddangos yr eiddo gynt a'r ffosydd archeolegol

Ffigur 40 *Dymchwel y 'llenfur' deheuol, i'r dwyrain o'r Tŵr Sgwâr, tua 1964, o gyfeiriad y de-ddwyrain* (trwy garedigrwydd Martin Walters a Terry James)

bresennol yn gorwedd yn union uwchben y clog-glai rhewlifol sy'n gorwedd o dan y graeanau hyn mewn mannau eraill (Ffigur 39, Ffos D). Oherwydd hynny efallai mai'r clai hwn yw'r defnydd cadarnach y mae'r ffynonellau hyn yn ei awgrymu, gan nad ydym yn gwybod am unrhyw fan yng Nghaerfyrddin lle mae'r creigwely siâl Ordoficaidd yn gorwedd mor agos â hyn i'r wyneb,[25] tra bod y llethr yn ansefydlog erioed, fel y cofnodwyd trwy gydol y cyfnod canoloesol.

Dim ond ei greithiau ar y Tŵr De-orllewinol a'r Tŵr Sgwâr (Ffigurau 39, 43 a 61) sy'n dynodi'r llenfur deheuol canoloesol bellach. Maen nhw'n dangos fod y llen yn 8 m o leiaf o uchder, ac efallai'n uwch, a'i fod yn sylweddol – roedd 2.7 m o drwch ar gyfartaledd, tra bod y 3.2 m isaf wedi ei guro i drwch gwaelodol o 3.4 m. Maent hefyd yn dangos iddo gael ei godi o lefel a oedd yn cyfateb fwy neu lai i lefel y ddaear allanol. Mae hyn yn cadarnhau fod hon, hefyd, yn wal gynnal yn rhannol yn cynnal 3 neu 4 m uchaf y llethr naturiol tra bo'r 5 m uchaf, a mwy mae'n debyg, yn sefyll yn ymestynnol (gweler Ffigurau 41, 43 a 61 am y lefelau cymharol hyn). Er na welwyd unrhyw sylfaen neu ffos mewn cloddiad arbrofol ar draws ei linell yn 1993 (Ffigur 39, Ffos E) mae'n debygol fod y wal wedi ei chodi – fel mewn mannau eraill y tu mewn i'r castell – heb sylfeini; mae cylch cyson o gwympo a thrwsio yn nodwedd o ddogfennaeth diwedd y cyfnod canoloesol.

I'r dwyrain o'r Tŵr Sgwâr, mae'r llenfur deheuol wedi mynd yn gyfan gwbl a chliriwyd unrhyw waith maen a oroesodd yn ystod gwaith ffordd ar gyfer Ffordd y Cwrwg newydd yn 1963–4. Mae ffotograff a dynnwyd yn ystod y gwaith (Ffigur 40) yn dangos y wal fel yr oedd bryd hynny. Mae'n ymddangos fod y cyrsiau uchaf o leiaf yn perthyn i'r cyfnod ôl-ganoloesol ac roedd yr hanner isaf wedi'i newid yn sylweddol oherwydd gweithgarwch domestig. Fodd bynnag, mae'n ymddangos fod y wal ddomestig y gellir ei gweld oddi mewn i linell y wal (h.y. i'r gogledd) yn cadarnhau tystiolaeth y mapiau fod y llenfur yn troi i gyfeiriad y gogledd tua 20 m i'r dwyrain o'r Tŵr Sgwâr (gweler Pennod 4).

Mae'r wal gynnal bresennol yn rhedeg rhwng y Tŵr De-orllewinol a'r Tŵr Sgwâr yn gyfochrog â llinell y llenfur canoloesol ac yn union i'r gogledd ohono. Mae'n gyfan gwbl ôl-ganoloesol ond mae'n cynnwys olion o sawl cyfnod adeiladu. Ar gyfartaledd mae'n 9 m o ran uchder, ond dim ond 0.4 m o drwch ydyw lle y gellir ei weld (gweler Ffigurau 98–9) ac mae'n gogwyddo'n bendant am allan (gweler Ffigur 43). Dymchwelodd ei hanner dwyreiniol, gan golli rhan o'r dyddodion y tu ôl iddi, ar ddechrau'r 1980au ac fe'i disodlwyd gan wal denau, is a wnaed o flociau bris (28, Ffigur 41). Disodlwyd hon yn ei thro gan wal newydd o waith maen yn 1996 (ni ddangosir hon yn y ffigurau). Cryfhawyd yr hanner a oroesodd yn 1995–6.

Mae'n ymddangos fod y llenfur canoloesol wedi mynd erbyn 1740 ond nid oedd y wal gynnal bresennol wedi ei chodi bryd hynny yn ôl pob golwg; mae fel pe bai print

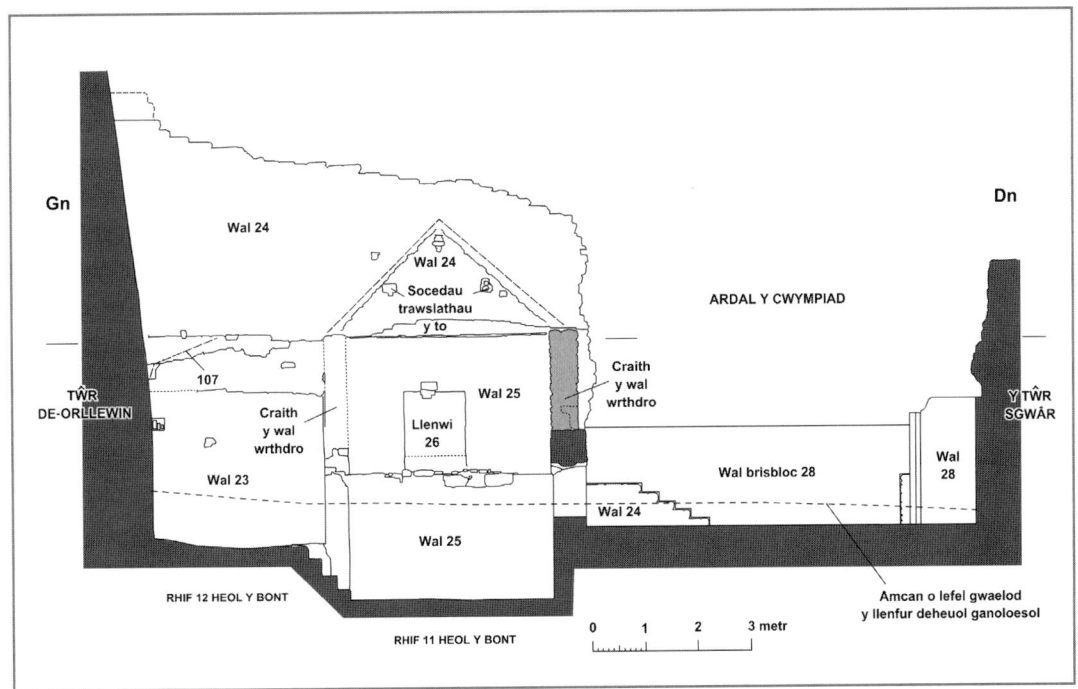

Ffigur 41 Golwg o gyfeiriad y de ar y wal gynnal ddeheuol ôl-ganoloesol, yn 1996

Buck yn dangos y llethr naturiol y mae'n ei orchuddio (Ffigur 126). Mae olion elfen gynharaf y wal gynnal i'w gweld yn y wal dalcen hefyd. Roedd hon yn sefyll ar ei thraed ei hun yn wreiddiol ac yn perthyn i adeilad domestig y tu ôl i Rif 11 Heol y Bont (25, Ffigur 41). Nid yw ei union ddyddiad yn hysbys. Mae'r map manwl cynharaf o'r ardal hon – lle mae'r adeilad hwn wedi'i nodi – yn dyddio o tua 1860 (Ffigur 139), ond darlunnir eiddo yn y lleoliad cyffredinol hwn o'r 1740au ymlaen (Ffigurau 126-7). Ailadeiladwyd ei waliau ochr yn ystod y bedwaredd ganrif ar bymtheg/yr ugeinfed ganrif, gyda brics, a goroesodd hyd nes y gwnaed y gwaith clirio yn 1993. Cysylltwyd yr adeilad hwn yn ddiweddarach â'r Tŵr De-orllewinol gan ddarn bychan o wal (23, Ffigur 41; gweler isod hefyd), a oedd yn yr un modd yn dangos olion wal gefn adeilad domestig, y tu ôl i Rif 12 Heol y Bont, a ddangoswyd hefyd tua 1860.

Mae darparu'r wal gynnal go iawn (24, Ffigur 41) yn perthyn i gyfnod dilynol. Adeiladwyd y wal ar ben y waliau sy'n parhau i sefyll o'r adeiladau y cyfeiriwyd atynt o'r blaen, ailadeiladwyd talcen Rhif 11, ac mae'n codi 1 m uwchben y lcfclau mewnol presennol (24, Ffigur 46). Mae'n ymddangos ei bod yn ymuno â'r Tŵr Sgwâr wrth iddi ddirwyn i'r dwyrain am bellter byr o Rif 11, ond mae'r tamaid hwn wedi cwympo i raddau helaeth. Fe'i codwyd yn gyfan gwbl o rwbel Calchfaen Carbonifferaidd heb ei batrymu, gyda swm bychan o Hen Dywodfaen Coch, ac mae'n ymddangos ei fod yn perthyn i un cyfnod adeiladu er ei fod wedi'i drwsio a'i ailadeiladu sawl gwaith.

Dangosir wal gynnal 24 am y tro cyntaf yn bendant ar fap yn dyddio o 1845 (Ffigur 137) ond ni ellir rhoi dyddiad pendant iddi, fel gweddill y gwaith maen yn y fan hon. Fodd bynnag, ar 11 Tachwedd 1811, adroddwyd fel a ganlyn: 'part of Carmarthen Castle fell, burying several cots under its ruin, the cottagers, twenty in number, having fortunately had timely notice of their danger'.[26] Dim ond at ochr ddeheuol y castell y gall yr adroddiad hwn gyfeirio, gan nad oes unrhyw dystiolaeth fod cwymp wedi digwydd mewn unrhyw wal arall yn y castell, a oedd yn goroesi yn ystod y cyfnod hwn, mewn ardal a allai effeithio ar anheddau. Mae'n bosib fod yr holl waliau yn y fan hon wedi eu codi ar ôl y cwymp hwn, gan gynnwys y rhai cynharaf, hynny yw, y rhai hynny'n perthyn i Rifau 11 a 12. Fodd bynnag mae'n fwy tebygol mai dim ond y wal gynnal go iawn, sef 24, yw'r unig un sy'n perthyn i'r cyfnod ar ôl 1811; fe'i codwyd yn lle wal yn perthyn i'r ddeunawfed ganrif a syrthiodd yn gynharach, tra bod y gwaith adeiladu ar y waliau talcen ac ochr yn Rhif 11 yn awgrymu fod hon hefyd wedi'i difrodi oherwydd cwymp.

Y Tŵr De-orllewinol

Mae'r Tŵr De-orllewinol (Ffigur 42) yn dŵr silindraidd, sylweddol yn yr ongl rhwng y llenfuriau gorllewinol a deheuol.[27] Mae bellach yn cynnwys tri llawr yn unig ond nid yw wedi goroesi'n gyflawn ac mae'n debygol fod pedwerydd yno'n wreiddiol. Fe'i hadeiladwyd, heb sylfeini'n bennaf, yn erbyn y llethr sgarp deheuol sy'n troi i gyfeiriad y gogledd o dan y tŵr gan fynd yn ei flaen ar lun y clawdd artiffisial a drafodwyd uchod o dan y llenfur gorllewinol. Mae'r lefel y tir yn allanol wrth waelod y tŵr felly yn 8 m yn is na thu mewn y castell. Mae'r tŵr bellach yn 12.5 m o ran uchder ac mae'n codi o blinth enfawr tua

8.5 m² sy'n codi i fyny yn y conglau i ffurfio bwtresi ysbardun; gan ymestyn i'r de a'r gorllewin maent yn diflannu i mewn i'r hen lenfuriau i'r gogledd a'r dwyrain lle maent yn anghyflawn oherwydd bod y waliau hyn wedi cwympo. Y diamedr allanol uwchben yr ysbardunau yw 8 m ac mae trwch waliau'r tŵr yn 2 m ar gyfartaledd. Mae'r defnydd allanol i gyd yn rwbel Calchfaen Carbonifferaidd go fawr gyda rhywfaint o Hen Dywodfaen Coch, y cyfan wedi'i sgwario a'i batrymu'n fras iawn, gyda chonglfeini mawr sgwâr ar y plinth a'r bwtresi ysbardun. Mae siambr hirsgwar, a oedd yn gromennog drwyddi gynt, ym mhob un o'r tri chyfnod a oroesodd. Mae'r wal gefn, yn erbyn y beili, wedi mynd i raddau helaeth, fel y mae llawer o ochr de-ddwyreiniol y tŵr.

Ymddengys fod y gwaith canoloesol yn perthyn i un cyfnod i raddau helaeth. O ran arddull, mae'n nodweddiadol o ddiwedd y drydedd ganrif ar ddeg ond mae'r ffynonellau dogfennol yn awgrymu y gallai fod yn gynharach, o'r 1230au, ac mae'r tŵr tebyg iawn sydd i'w weld yng Nghastell Aberteifi hefyd i weld yn perthyn i ganol y drydedd ganrif ar ddeg; trafodir y ddau ym Mhennod 4. Fodd bynnag ni ddeilliodd unrhyw ddyddiad archeolegol uniongyrchol o'r gwaith, tra na ellid cysylltu'r tŵr yn bendant â stratigraffeg dyddodion y beili cyfagos a gloddiwyd yn 1980 (fe'i trafodir isod).

Mae'r cyfnod isaf yn gorwedd ar lefel y ddaear allanol, o dan ochr fewnol y castell ac o hyn ymlaen fe'i gelwir yn islawr. Goroesodd y fowt faril segmentol dros siambr yr islawr; torrwyd y rhai hynny ar y llawr gwastad a'r llawr cyntaf yn ôl i'w meini isaf. Mae'r agoriadau a oroesodd yn rhai plaen, cul a phensgwar, gyda linteli; dim ond dau ohonynt, ar y llawr cyntaf, sydd â saethdyllau bwaog (difrodwyd y trydydd agoriad ar y llawr cyntaf). Collwyd unrhyw garreg nadd ac nid oes unrhyw dystiolaeth o le tân na geudy wedi goroesi. Ar ochr dde-ddwyreiniol y tŵr ger y cyswllt â'r hen lenfur deheuol, ond, yn arwyddocaol, nid wrtho, mae grisiau tro sy'n codi drwyddo. Mae mynedfeydd o'r tri llawr i'r grisiau ac fe'u goleuir gan oleuadau unigol pensgwar bychan. Mae

Ffigur 42 *Y Tŵr De-orllewinol o'r de-ddwyrain, yn 2007* (drwy garedigrwydd Ken Day)

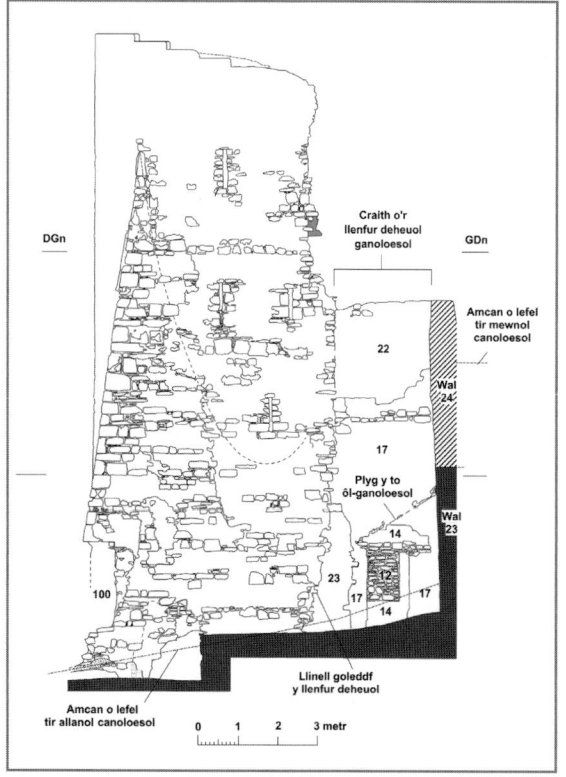

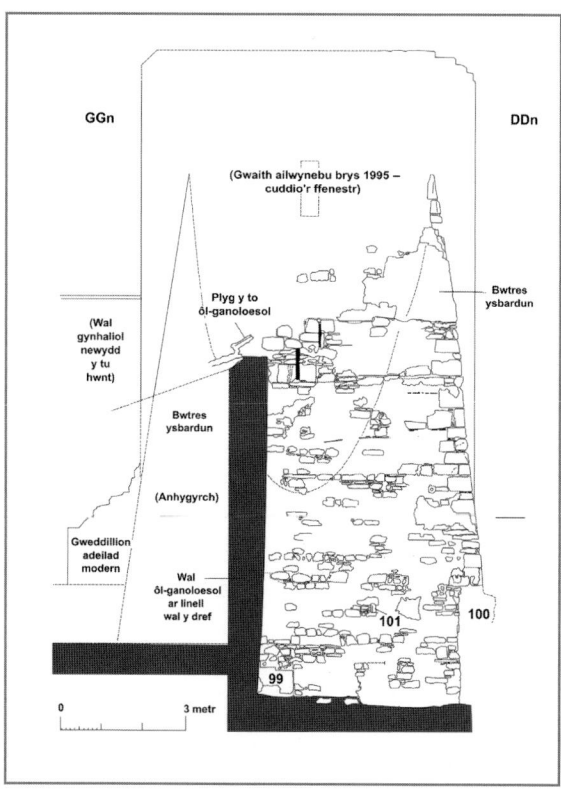

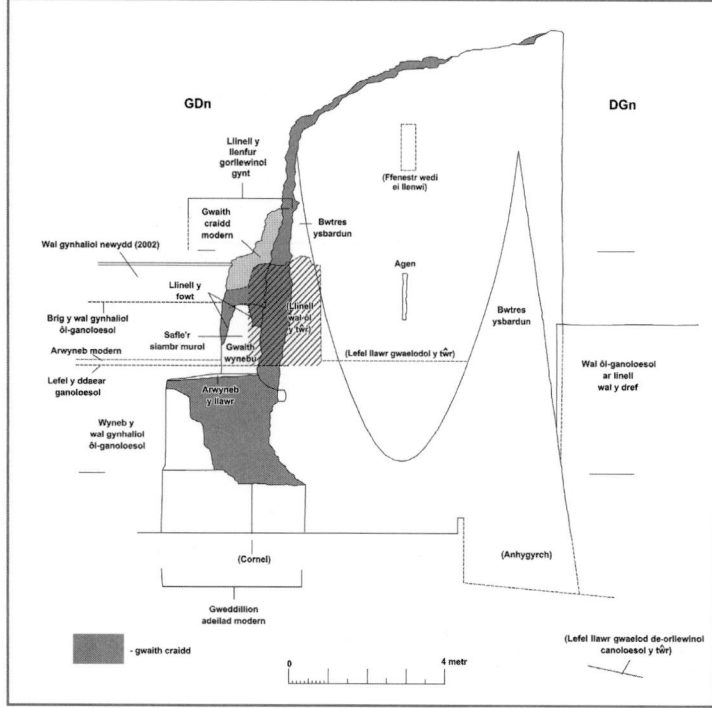

Ffigur 43 (chwith, uchod) Y Tŵr De-orllewinol: golwg allanol o'r de-ddwyrain

Ffigur 44 (de, uchod) Y Tŵr De-orllewinol: golwg allanol o'r de-orllewin

Ffigur 45 (chwith) Y Tŵr De-orllewinol: golwg allanol o'r gogledd-orllewin (braslun)

Ffigur 46 (chwith, gyferbyn) Y Tŵr De-orllewinol: golwg o'r tu mewn o'r de-ddwyrain

Ffigur 47 (de, gyferbyn) Y Tŵr De-orllewinol: golwg o'r tu mewn o'r de-orllewin

rhai o leiaf o'r socedi yn wynebau'r wal allanol, a fewnlenwyd yn rhannol, yn dynodi tyllau pwtlog. Mae'r wal uchel sy'n dirwyn i'r gogledd-ddwyrain o Heol y Bont i ymuno â wyneb allanol y tŵr (Ffigur 39; 116, Ffigur 44) yn dilyn llinell mur ganoloesol y dref, er iddi gael ei hailadeiladu i raddau helaeth yn ystod y ddeunawfed ganrif a'r bedwaredd ganrif ar bymtheg.

Darluniodd Speed y Tŵr De-orllewinol, a hynny mewn cyflwr da yn ôl pob golwg, tua 1610 (Ffigur 112). Mae'n ymddangos fod y difrod a wnaed iddo wedi deillio o ddinistrio'r llenfuriau cyffiniol ar ôl y Rhyfel Cartref. Fe'i darlunnir fel y mae heddiw ym mhrintiadau Buck yn 1740 ac 1748 (Ffigurau 126–7), sydd bellach yn dangos adfail gwag heb wal gefn, a'r ddwy fawt ar y llawr uchaf ac unrhyw bedwerydd cam wedi mynd eisoes, tra bod y llenfur deheuol, wrth gwympo, wedi mynd ag ochr de-ddwyreiniol y tŵr i'w ganlyn. Mae'r graith a adawyd gan y llenfur bellach wedi'i orffen gyda defnydd allanol ôl-ganoloesol sy'n esgyn dwy ran o dair y ffordd i fyny wyneb dwyreiniol y tŵr.

Gwnaed defnydd parhaus a newidiol o'r tŵr wedi hynny. Tanseiliwyd yr islawr gan breswylwyr yr eiddo cyfagos, sef Rhif 12 Heol y Bont, a'i neilltuo ar gyfer defnydd domestig. Ailddefnyddiwyd y llawr gwaelod ar ddechrau'r bedwaredd ganrif ar bymtheg neu tua canol y ganrif honno pan gafodd ei newid yn sylweddol, cyn ei adael yn wag yn y diwedd tua 1900. Mae'n ymddangos na chafodd ei archwilio'n ffurfiol o gwbl hyd 1994–6, pan gafodd ei archwilio a'i gofnodi'n drwyadl cyn ei atgyfnerthu.[28]

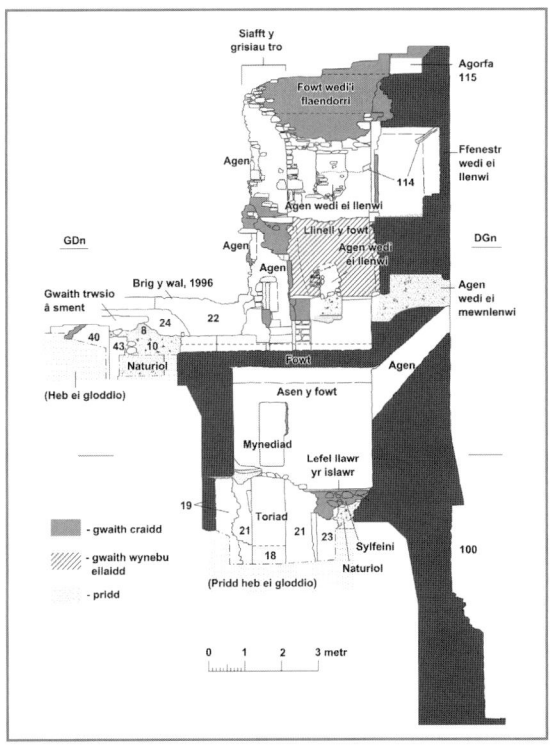
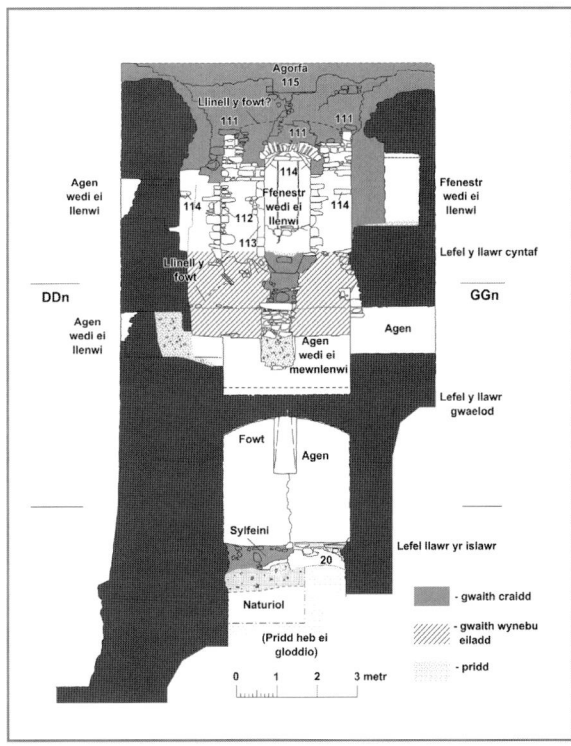

106 ■ CASTELL CAERFYRDDIN

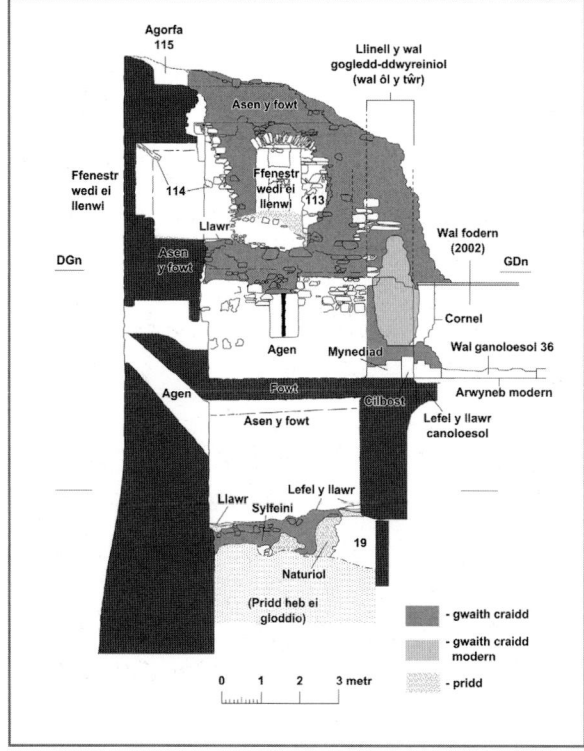 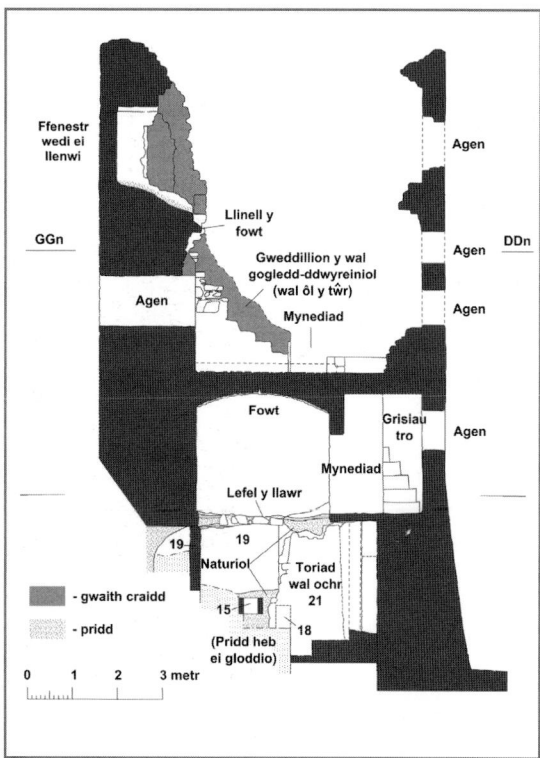

Ffigur 48 Y Tŵr De-orllewinol: golwg o'r tu mewn o'r gogledd-orllewin

Ffigur 49 Y Tŵr De-orllewinol: golwg o'r tu mewn o'r gogledd-ddwyrain

Yr islawr (Ffigurau 43–50)

Dim ond o'r grisiau tro y gellid mynd i mewn i siambr yr islawr yn wreiddiol ac fe'u goleuid gan un ddolen, gyda saethdwll dwfn, disgynnol yn ei wal de-orllewinol. Mae'r llawr canoloesol wedi mynd, wedi'i danseilio gan ddau gyfnod o leiaf o seleri ôl-ganoloesol y torrwyd drwyddynt i mewn i'r tŵr, o dan lefel yr islawr, o Rif 12 Heol y Bont i'r dwyrain.

Roedd y siambr yn mesur 3 m wrth 4 m. Roedd ei fowt faril segmentol, a orweddai ar rabed yn y ddwy wal dalcen, yn 3.25 m o uchder yn y pen; mae natur amrwd y rabed yn awgrymu fod y fawt yn un eilaidd (cf. Aberteifi). Aed i mewn i'r siambr o'r grisiau tro trwy ddrws plaen pensgwar, sydd bellach wedi hindreulio, yn y wal de-ddwyreiniol. Ymddangosai fod dyddodyn o galchfaen dros y waliau mewnol yn deillio, yn rhannol o leiaf, o orffeniad gwyngalch a allai fod yn un canoloesol, fel ar y llawr gwaelod.

Y tu mewn roedd gwaelod y waliau ochr yn dangos gogwydd pendant am i lawr o'r gogledd-ddwyrain i'r de-orllewin (Ffigurau 46–8), yn arwydd fod y tŵr wedi ei godi'n union ar ben y llethr sgarp i lawr tuag at yr Afon Tywi. Roedd sylfeini bas yn y pen de-orllewinol ond nid oedd unrhyw sylfeini o gwbl i'r gogledd-ddwyrain – rhywbeth rhyfeddol o ystyried fod y teras yn cynnwys graeanau ffrwd-rewlifol rhydd. I'r gogledd a'r gorllewin roedd llethr y teras yn parhau fel ffos y castell a'r hen glawdd, a dilynwyd eu proffil gan waelod y wal

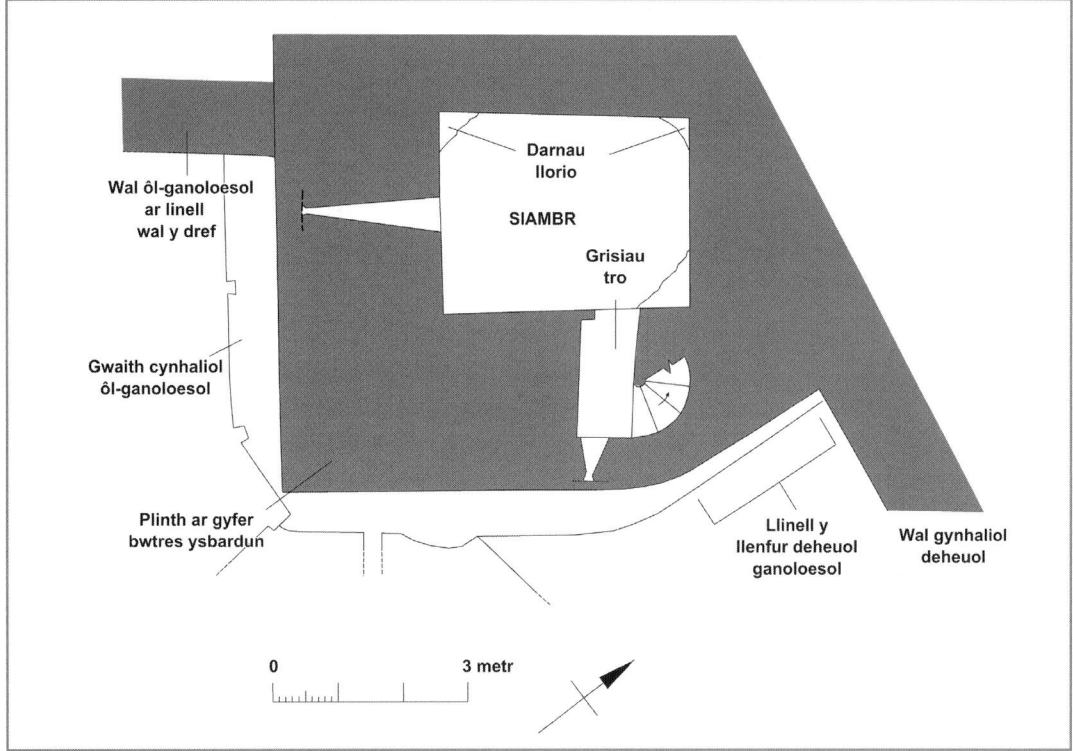

Ffigur 50 Cynllun o'r Tŵr De-orllewinol ar lefel yr islawr

gogledd-orllewinol (Ffigur 48). Oddi allan, roedd gwaelod y waliau'n gorwedd ar lefel is, gan adlewyrchu'r llethr.

Goroesodd gweddillion y gwely morter ar gyfer y llawr canoloesol ym mhob un o'r pedair congl a gellid eu holrhain ar hyd y waliau ochr, yn union uwchben gwaelodion y wal (Ffigurau 46–9). Maent yn dangos fod y llawr yn goleddu'n raddol hefyd o'r gogledd-ddwyrain i'r de-orllewin, gan ddisgyn 0.5 m. Roedd hyn hefyd yn adlewyrchu'r llethr naturiol, ac roedd graean naturiol yn dal i lynu wrth ochr isaf y gwely. Roedd y berthynas rhwng lefelau'r ddau lawr yn y wal de-ddwyreiniol yn awgrymu fod rhes o bedwar neu bum gris yn y fan hon, sydd bellach wedi mynd, yn arwain i lawr o'r rhiniog i'r lefel is, oddi mewn i 'ffynnon' yn ôl pob tebyg (Ffigur 46).

Y llawr gwaelod (Ffigurau 43–9, 51–3)
Roedd siambr y llawr gwaelod yn gorwedd ar lefel y beili, ac o'r fan hon gellid mynd i mewn iddo drwy ddrws yn ei wal ôl (gogledd-ddwyreiniol). Fe'i haddaswyd ar ddechrau'r bedwaredd ganrif ar bymtheg neu tua canol y ganrif honno, pan sefydlwyd lefel llawr newydd ar lefel uwch, gan dorri hanner uchaf y waliau mewnol yn ôl i ffurfio siambr un rhan o dair yn fwy eto o'i gymharu â'r hen un. Ar yr un pryd ag y gosodwyd y llawr uchaf hwn, tynnwyd yr hen fowt a'i thorri'r holl ffordd yn ôl i'w meini isaf.

108 CASTELL CAERFYRDDIN

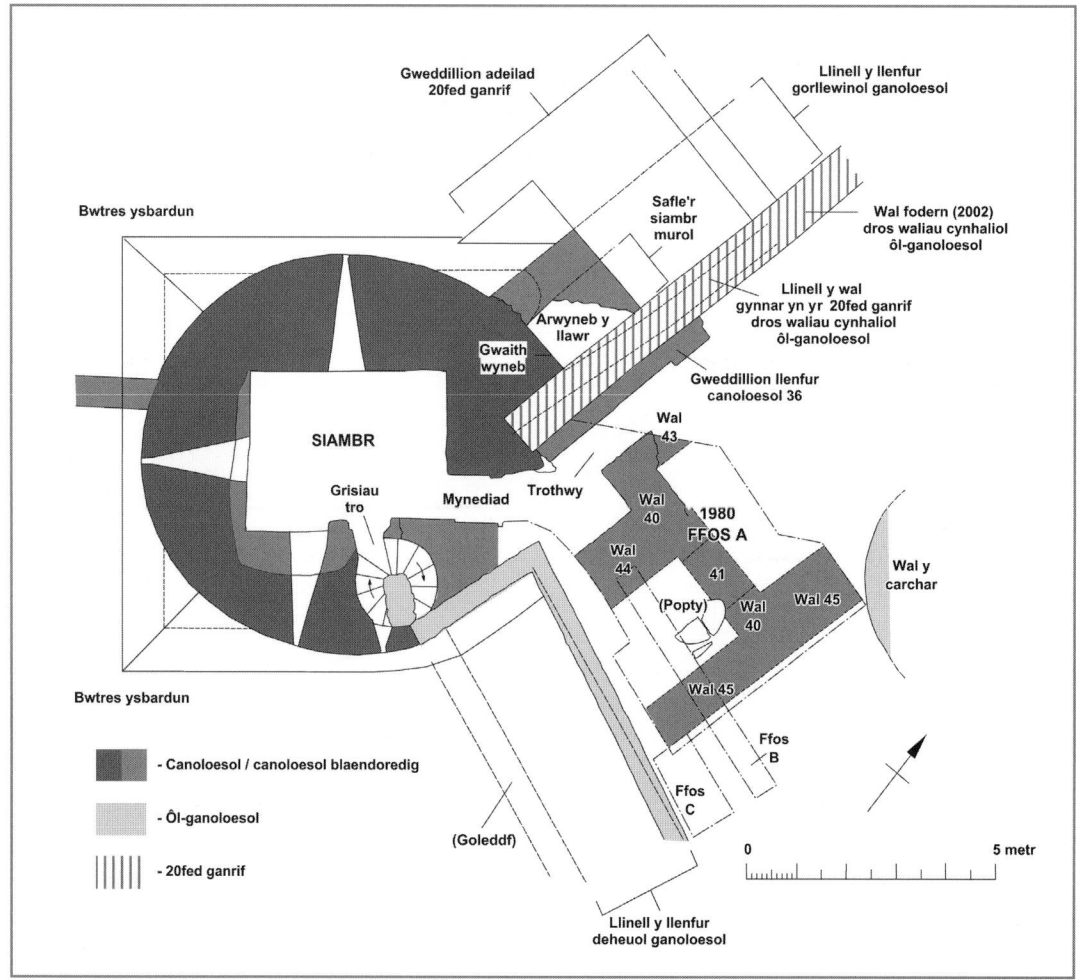

Ffigur 51 *Cynllun cyffredinol y Tŵr De-orllewinol ar lefel y llawr gwaelod, mewn perthynas â'r adeiladau mewnol*

Roedd y trefniadau gwreiddiol yn debyg i'r rhai hynny yn yr islawr gan gynnwys siambr hirsgwar, gyda fowtiau yn wreiddiol, a fesurai 3 m wrth 4 m, ac yn 3 m o uchder (Ffigur 53). Goroesodd y wal gogledd-ddwyreiniol i uchder o 0.35 m uwchben lefel y llawr canoloesol, yn codi i 3.25 m yn ei ben pellaf yn y gogledd-orllewin, ond roedd yn cadw'r fynedfa a oedd yn 0.80 m o led, gyda rhan o'i ystlysbost gogleddol yn goroesi (Ffigurau 49 a 52). Yn dilyn cwymp y llenfur deheuol cwtogwyd rhan gyffiniol ochr de-ddwyreiniol y tŵr ond roedd y grisiau tro yn gyflawn hyd at lefel y llawr gwaelod lle'r aed i mewn iddo trwy ddrws , 0.6 m ar draws (Ffigurau 46 a 52). I'r gorllewin o'r fynedfa hon, gosodwyd mur de-ddwyreiniol y siambr yn ôl 0.30 m gyda rebad sgwaronglog. Naddwyd ffenestr-agen yn y wal hon, gyda saethdwll pensgwar plaen a newidiwyd yn y bedwaredd ganrif ar bymtheg (101, Ffigurau 46 a 52). Goroesodd y waliau de-orllewinol a'r gogledd-orllewinol hefyd hyd

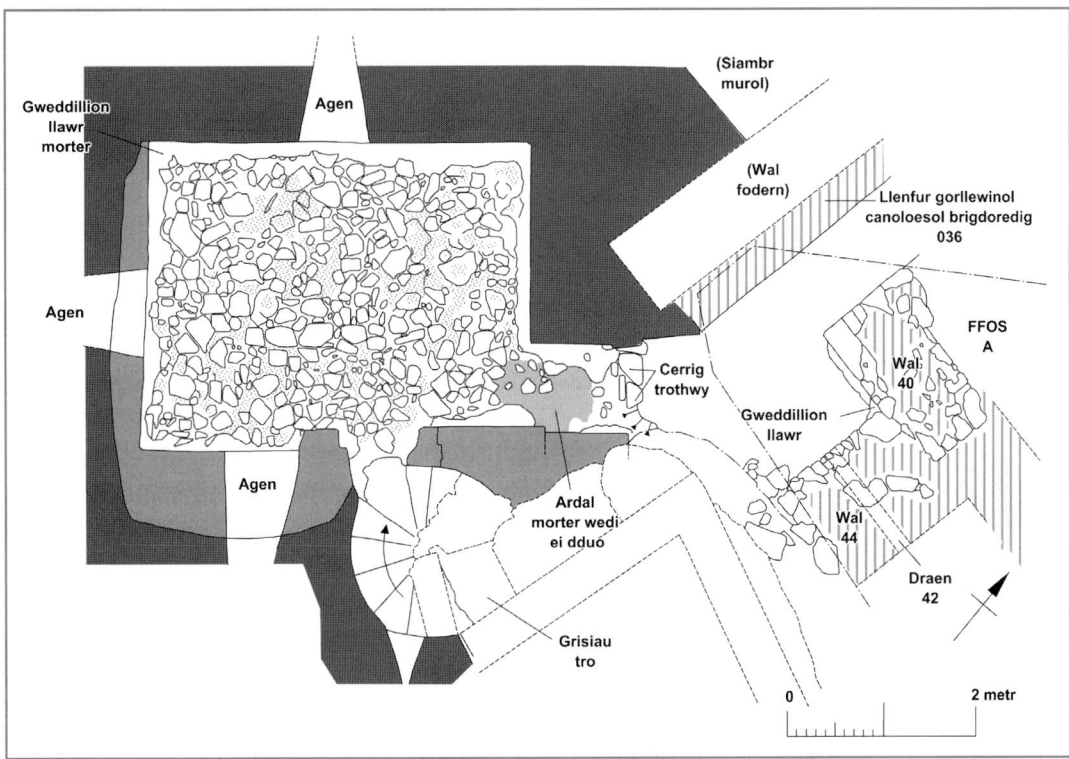

Ffigur 52 Cynllun y Tŵr De-orllewinol ar lefel y llawr gwaelod yn dangos y nodweddion canoloesol

at lefel y llawr cyntaf a naddwyd ffenestri tebyg ynddynt hwythau (Ffigurau 47–8 a 52). Roedd gan y tair ffenestr saethdyllau cul iawn. Roedd meini isaf y fowt, lle'r oeddent wedi goroesi yn y mur gogledd-orllewinol, yn edrych fel pe baent yn codi o rabed amrwd ac, fel yn yr islawr, efallai eu bod yn eilaidd (Ffigurau 47–8). Roedd yn ymddangos fod gweddillion y gwyngalch yn hŷn na'r gorffeniadau ôl-ganoloesol ac mae'n bosibl felly eu bod yn rhai canoloesol.

Ar lefel y beili canoloesol gwnaed llawr y siambr o fflagenni calchfaen canolig, onglog, dros fowt yr islawr (Ffigur 52); efallai fod llinell o gerrig mwy yn dirwyn i lawr yr echelin hir yn dynodi meini clo'r fowt. Ni oroesodd unrhyw olion o'r arwyneb canoloesol, ond goroesodd stribed 0.3 m o'r gwely morter gwyn – ar gyfer teilsio? – ar hyd gwaelod y waliau. Roedd y fflagenni'n edrych yn union dros y graeanau naturiol o gwmpas y rhiniog ac wedi eu gosod ynddynt, ond ni oroesodd unrhyw ddyddodiadau o aneddiadau y tu allan i'r tŵr. Efallai fod dau ddarn onglog mawr o Hen Dywodfaen Coch, sy'n gorwedd mewn haen ôl-ganoloesol dros y fynedfa, yn dynodi cerrig trothwy a symudwyd.

Gellir gweld rhan o'r defnydd allanol ar lefel y llawr gwaelod oddi mewn i graith yr hen lenfur gorllewinol ar ochr ogleddol y tŵr (Ffigurau 45, 51 a 54); daeth i'r golwg pan ddymchwelwyd tŷ bach allan modern yn 2002. Mae'n 1.7 m o uchder yn ei ben ac yn 1.1 m ar draws, ac ar yr wyneb mae'n ymddangos mai agoriad wedi'i lenwi ydyw; nid oes modd gweld unrhyw dystiolaeth o agoriad cyfatebol yn y tŵr. Roedd arwyneb o'r ugeinfed ganrif ar ei waelod a'i gynnwys o frics, yn gorwedd yn yr ongl rhwng y tŵr a'r wal gynnal orllewinol ôl-ganoloesol (Ffigur 54) ac ar ôl tynnu hwn datgelwyd olion llawr llechfaen cynharach yn mesur 1.9 m o'r gogledd i'r de i'r golwg ac, fel y defnydd allanol, 1.1 m o'r dwyrain i'r gorllewin, yn gorwedd 0.4 m o dan lefel llawr y tŵr. Mae'n ymddangos felly fod y defnydd allanol yn perthyn i siambr furol (neu gyntedd), a orweddai o fewn trwch y llenfur canoloesol ac y gellid mynd i mewn iddi o'r beili; mae'n ymddangos fod yr arwyneb cynharach yn perthyn i weddillion ei lawr, yn gorchuddio pen y llenfur a gwtogwyd ac sy'n parhau i gael ei guddio'n rhannol gan weddillion yr adeilad modern (Ffigurau 45 a 51). Nid oes modd gweld mynedfa yn y llenfur (36; gweler uchod), ond efallai fod grisiau'r rhiniog wedi eu gosod uwchben lefel y ddaear, a orweddai tua 0.15 m o dan yr wyneb presennol. Mae amlinelliad y defnydd allanol yn awgrymu fod gan y siambr furol fowt fwaog, serth yn dirwyn o'r gogledd i'r de.

Ffigur 53 TY Tŵr De-orllewinol o gyfeiriad y de-ddwyrain, yn dangos rhannau mewnol y wal o'r gogledd-orllewin a'r de-orllewin, yn 2012

Ffigur 54 Y siambr furol yn erbyn ochr ogleddol y Tŵr De-orllewinol, o'r gogledd, yn 2002 cyn tynnu'r arwyneb a'r cynnwys cyfoes

Y llawr cyntaf (Ffigurau 43–9, 53 a 55)

Oddi mewn, roedd y llawr cyntaf yn debyg yn fras i'r llawr gwaelod a'r islawr. Roedd olion y fowt faril yn arwydd fod siambr y llawr cyntaf hefyd yn 3 m o uchder; ar y wal de-orllewinol gellid gweld y socedi ar gyfer yr estyll a ddefnyddiwyd wrth godi'r fowt (111, Ffigur 47). Aed i mewn i'r siambr o'r grisiau tro ond mae'n bosibl y gallai ail ddrws yn y wal gogledd-ddwyreiniol a gwtogwyd fod wedi edrych allan ar risiau coed allanol o'r beili.

Mae rabed gorffenedig, yn union uwchlaw'r wal fewnol dde-orllewinol (112, Ffigur 47), yn awgrymu fod y wal de-ddwyreiniol wedi'i gosod yn ôl o'r cychwyn cyntaf, tua 0.6 m o'r llawr gwaelod, gan wneud y siambr ar y llawr cyntaf ychydig yn fwy. Roedd hefyd yn cynnwys cyfleusterau gwell ac wedi'i oleuo'n well. Gwnaethpwyd dwll yn y wal de-ddwyreiniol gan ddolen sblae, gul a gafodd ei lenwi a'i ddifrodi yn ddiweddarach, gan golli unrhyw fwa mewnol. Fodd bynnag, naddwyd saethdwll hardd segmentol i mewn i'r wal de-orllewinol – 2.5 m o uchder, a'i sil ar y lefel isaf – ar gyfer ffenestr fawr, bensgwar golau unigol mae'n debyg (Ffigurau 47 a 55). Roedd hon wedi hindreulio'n rhannol ond mae'n ymddangos fod seddi ffenestr, wedi eu newid yn ddiweddarach, yn bresennol yn wreiddiol. Caewyd y golau ei hun yn ddiweddarach. Yn y wal gogledd-orllewinol roedd golau dwbl hynod, sydd wedi hindreulio'n arw erbyn hyn yn anffodus. Mae'r saethdwll yn debyg iawn i'r un

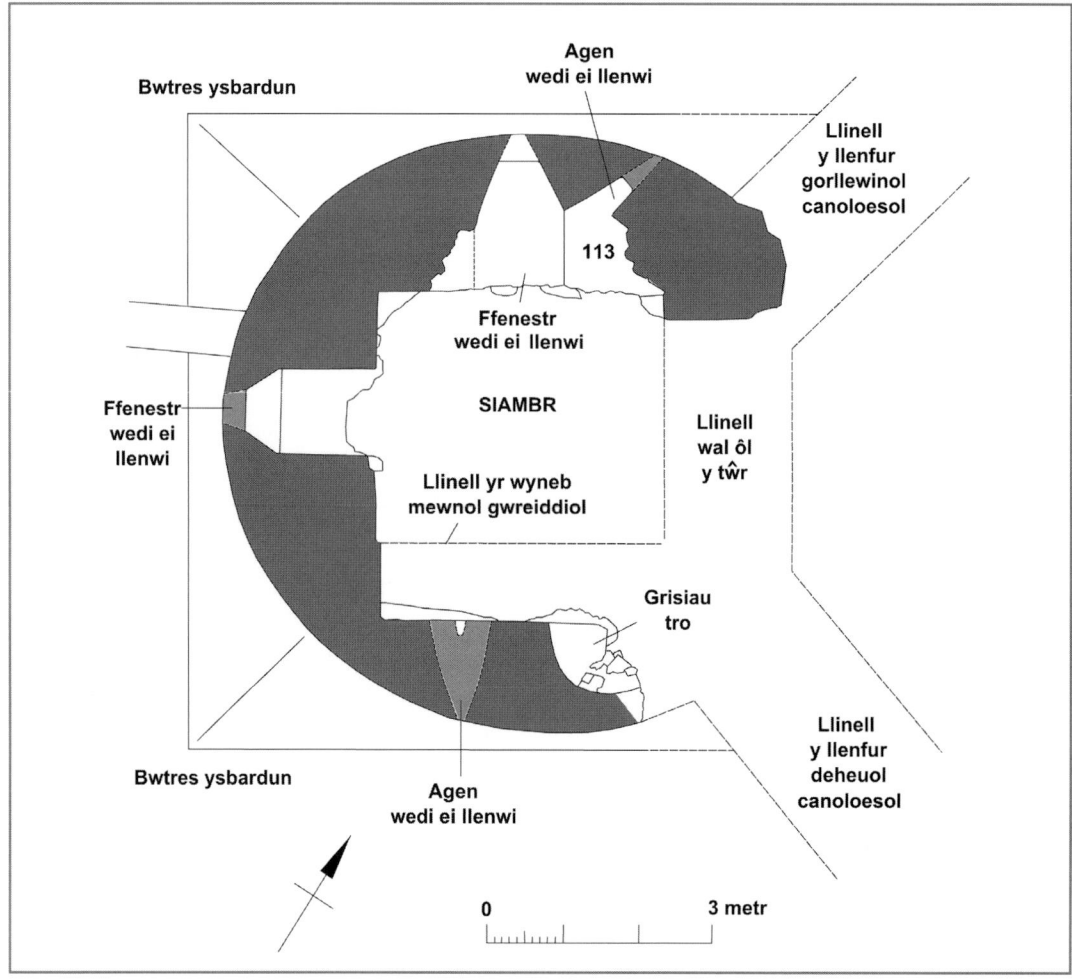

Ffigur 55 Cynllun o'r Tŵr De-orllewinol ar lefel y llawr cyntaf

yn y wal de-orllewinol, ond nid oes dystiolaeth o seddi ffenestr yma, a chynhwysai olau pensgwar o faint tebyg, hwnnw hefyd wedi'i gau. Fodd bynnag roedd y goledd dwyreiniol yn edrych allan ar y ddolen ar ongl sgwâr iddi (113, Ffigurau 48 a 55); mae'n ymddangos iddo gael ei leoli'n benodol er mwyn saethu ar hyd rhes y llenfur gorllewinol canoloesol. Nid oedd lle tân i'w weld, ond efallai ei bod yn wal ôl y tŵr a ddiflannodd. Gellid gweld olion rhigol to morter isel ar oledd a berthynai i'r siambr llawr gwaelod o'r bedwaredd ganrif ar bymtheg, hanner ffordd i fyny'r wal de-orllewinol (114, Ffigurau 46–8), yn ymestyn i saethdwll y ffenestr dde-orllewinol a gaewyd.

Mae'r fowt yn awgrymu fod llawr arall uwchben y llawr cyntaf. Cyfyngir y manylion ar y lefel hon i wal de-orllewinol y tŵr, lle gellir gweld sil ac ystlysbyst saethdwll (115, Ffigur 47). Tra gall y saethdwll nodi lefel y parapet, mae'n fwy tebygol ei fod yn perthyn i ffenestr, a oleuai siambr ar yr ail lawr, gyda sil ar y lefel gwaelod fel yr un isod.

Tresmasau a newidiadau ôl-ganoloesol (Ffigurau 43–59)

Gwnaed y difrod a ddeilliodd o'r dinistrio yn waeth gan y newidiadau niferus a wnaed i'r Tŵr De-orllewinol yn ystod y cyfnod ôl-ganoloesol. Digwyddodd y cynharaf o'r digwyddiadau hyn y mae gennym dystiolaeth adeileddol ar ei gyfer ar ôl i'r llenfur deheuol canoloesol gwympo, pan danseiliwyd y tŵr o Rif 12 Heol y Bont cyfagos, drwy'r graith a adawodd y llenfur ar ochr ddwyreiniol y tŵr. Cloddiwyd y bwlch ar lefel y ddaear yn Rhif 12, ond o dan waelod wal y tŵr ac o dan lefel ei islawr (Ffigurau 43, 46, 49, 56 a 57). Rhoddwyd waliau ochr mewn gwaith maen arno (23, Ffigur 56), er mwyn creu tramwyfa 2.1 m o led a 3 m o leiaf o uchder; roedd y wal ochr ogleddol yn barhad o wal ôl 23, o Rif 12 Heol y Bont a ddisgrifiwyd uchod. Agorodd y bwlch o dan y siambr i danseilio'r llawr canoloesol. Mae'r dystiolaeth o'r wal gynnal ddeheuol yn awgrymu fod y gweithgarwch hwn wedi digwydd cyn 1811 (gweler uchod). Culhawyd y cyntedd wedi hynny drwy godi waliau ochr eilaidd (21, Ffigurau 46, 49, 56 a 57) sydd yn gorchuddio wal 23.

Dynodir olion cyfnod arall o newid yn y ddwy wal gynnal o waith maen a fewnosodwyd o dan waliau'r tŵr canoloesol (19 a 20, Ffigurau 46–9), gan eu bod yn ymddangos fel pe baent yn ffinio â leinin y cyntedd 21. Hefyd yn ffinio â 21 mae wal isel a osodwyd i mewn yn y rhiniog er mwyn cadw'r graeanau naturiol y tu mewn iddo (18, Ffigurau 46, 56 a 57). Efallai fod y nodweddion hyn yn gysylltiedig â gwaith yn Rhif 12 Heol y Bont ar ôl i'r wal gynnal ddeheuol gwympo'n rhannol yn 1811, fel y defnydd allanol (22, Ffigur 43), a

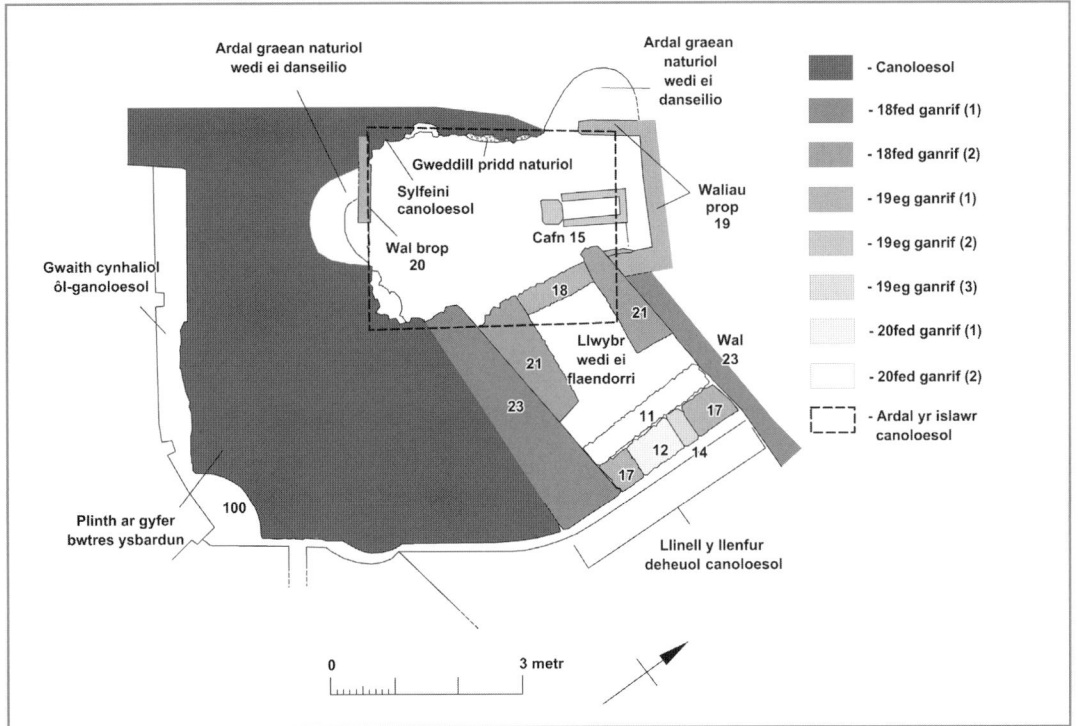

Ffigur 56 Cynllun o'r Tŵr De-orllewinol ar y lefel o dan yr is-islawr

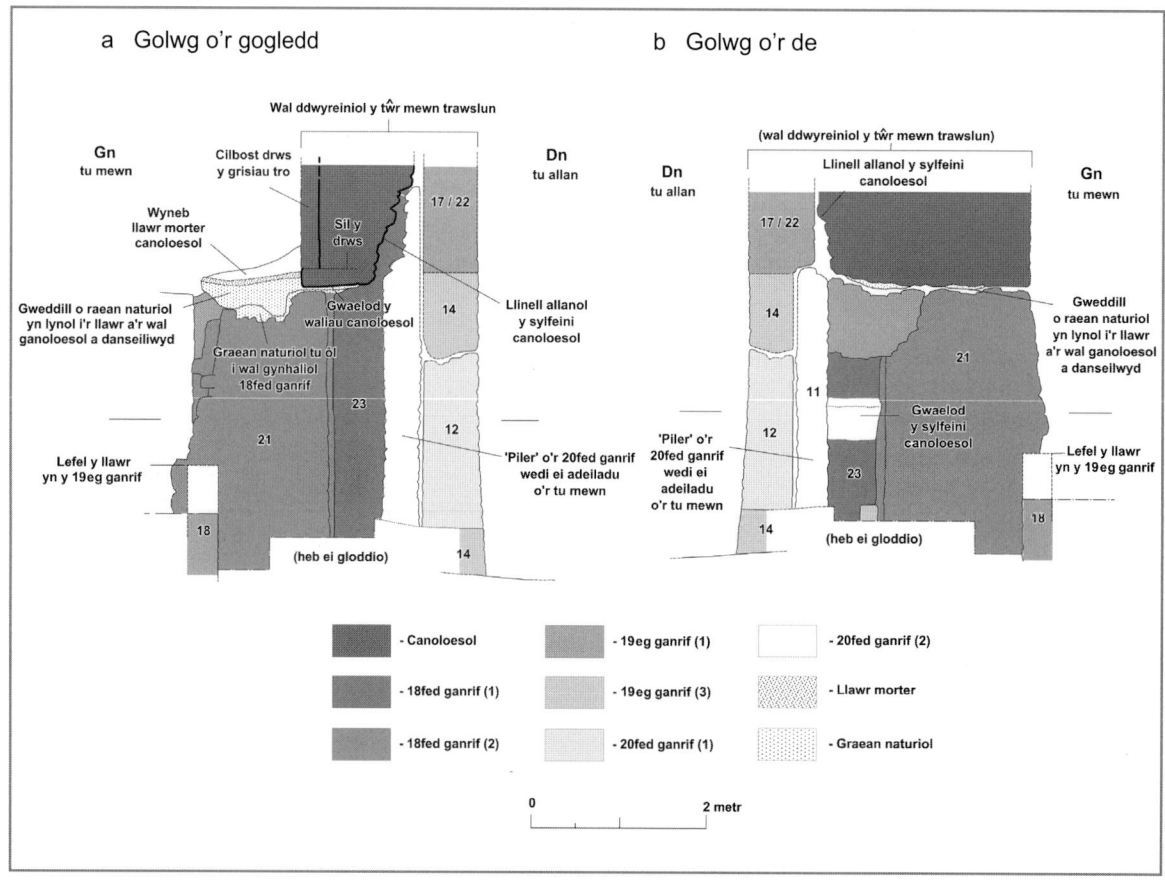

Ffigur 57 Y Tŵr De-orllewinol: golwg o'r gogledd a'r de ar y bwlch o dan yr is-islawr

osodwyd dros y graith a adawyd gan y llenfur deheuol. Ar y tu allan mae'r defnydd allanol hwn union yr un fath â wal gynnal ddeheuol 24 yn dyddio i'r cyfnod ?wedi 1811, ond oddi mewn i'r castell mae'n ymddangos ei fod yn gorchuddio wal 24 (Ffigur 46). Mae'n debyg fod y ddwy yn perthyn i'r un cyfnod yn fras; byddai codi wal gynnal newydd wedi bod yn gyfle i orffen y graith. Fodd bynnag, roedd defnydd allanol 22 yn amlwg yn anniogel a disodlwyd ei hanner isaf (17, Ffigurau 43 a 57), gan gynnwys mynedfa gulach – ac un ddiogelach yn ôl pob tebyg. Wedi hynny fe'i culhawyd ymhellach â gwaith brics (14, Ffigurau 43 a 57), tra gwnaed lle i gafn, mewn brics tebyg ond na wyddys beth oedd eu swyddogaeth, i mewn i 'lawr' yr is-islawr (15, Ffigurau 49 a 56) ac ysbeiliwyd y grwyn de-ddwyreiniol yn rhannol er mwyn cael mynediad rhwng Rhifau 12 ac 13 Heol y Bont (100, Ffigur 43; gweler hefyd Ffigur 39). Efallai fod rhai o leiaf o'r cyrsiau isaf ar wynebau allanol y tŵr yn rhai ôl-ganoloesol, yn dynodi tanategu neu fewnlenwi. Nid oes unrhyw dystiolaeth ddogfennol nag ar lun mapiau fod unrhyw weithgarwch domestig o'r fath wedi digwydd ond mae'r dystiolaeth o loriau uchaf y tŵr yn awgrymu ei fod wedi'i gyfyngu i'r bedwaredd ganrif ar bymtheg.

Cyn y newidiadau a wnaed i lefelau gwaelod a chyntaf y tŵr tynnwyd y cyfan o'r malurion yn deillio o ddymchwel/cwympo yn yr ail ganrif ar bymtheg ac wedi hynny cafwyd cyfnod hir pan na ddigwyddodd dim a dynodir hyn gan haen denau o bridd organig lleidiog, yn gorchuddio'r wyneb o fflagenni canoloesol ac yn dynodi cronni naturiol (9, Ffigurau 59). Roedd y gwaith cerameg a ganfuwyd yno ac y gellid ei ddyddio yn perthyn yn fras i'r ail ganrif ar bymtheg/y ddeunawfed; gwelsom fod y tŵr wedi'i ddifrodi erbyn yr 1740au (Ffigurau 126–7).

Roedd defnydd tywyll, cymysg (10), yn gorchuddio 9 yn y man o gwmpas rhiniog y tŵr ac yn union i'r dwyrain (Ffigur 46). Roedd yn edrych yn debyg ei fod yn dra sathredig ac yn cynnwys darn o bibell glai'n dyddio o'r ddeunawfed ganrif o bosibl. Yn gorchuddio'r haen hon roedd dyddodiad dwfn o forter a malurion adeiladu, 1.5 m o drwch ac yn rhywbeth bwriadol yn ôl pob golwg (8, Ffigurau 46 a 59). Roedd yn gorwedd yn rhannol o dan wal gynnal 24 yn dyddio o gyfnod ?wedi 1811, tra na chanfuwyd unrhyw olion yn dyddio o'r cyfnod ar ôl dechrau'r bedwaredd ganrif ar bymtheg. Oherwydd hynny efallai mai olion o ddyddodion yn deillio o ddadlwytho/clirio ydyw yn gysylltiedig â chodi'r carchar newydd yn 1789–92 yn ogystal â dymchwel yr adeiladau a oedd yno cyn hynny.

Yn ddiweddarach gosodwyd llawr newydd ar siambr y llawr gwaelod, 1.3 m uwchben lefel y llawr canoloesol. Yn y lle cyntaf, ehangwyd y siambr i fod bron i chwarter yn fwy na'i faint gwreiddiol drwy dorri'n ôl y waliau de-ddwyreiniol a de-orllewinol o 0.9 m a 0.3 m yn y drefn honno, tra gorffennwyd olion y fowt ar y ddwy wal arall (Ffigurau 46–8 a 59). Amgaewyd pen uchaf y twll grisiau tro i ffurfio 'twll archwilio' (6, Ffigur 58), a lefelwyd

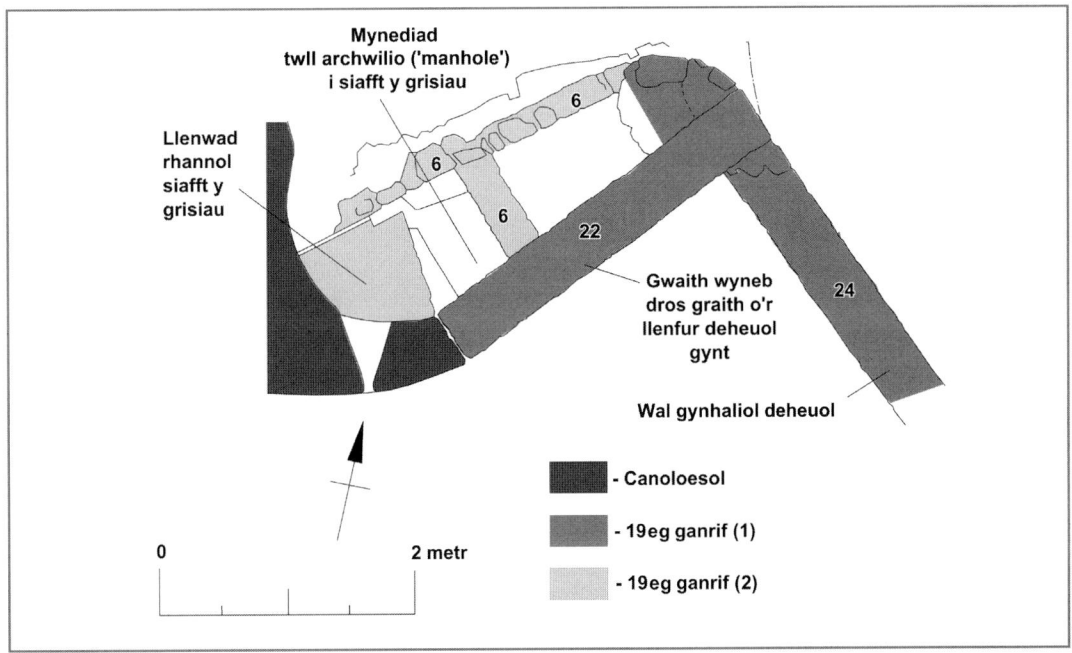

Ffigur 58 Cynllun grisiau tro'r Tŵr De-orllewinol ar lefel y llawr gwaelod

116 CASTELL CAERFYRDDIN

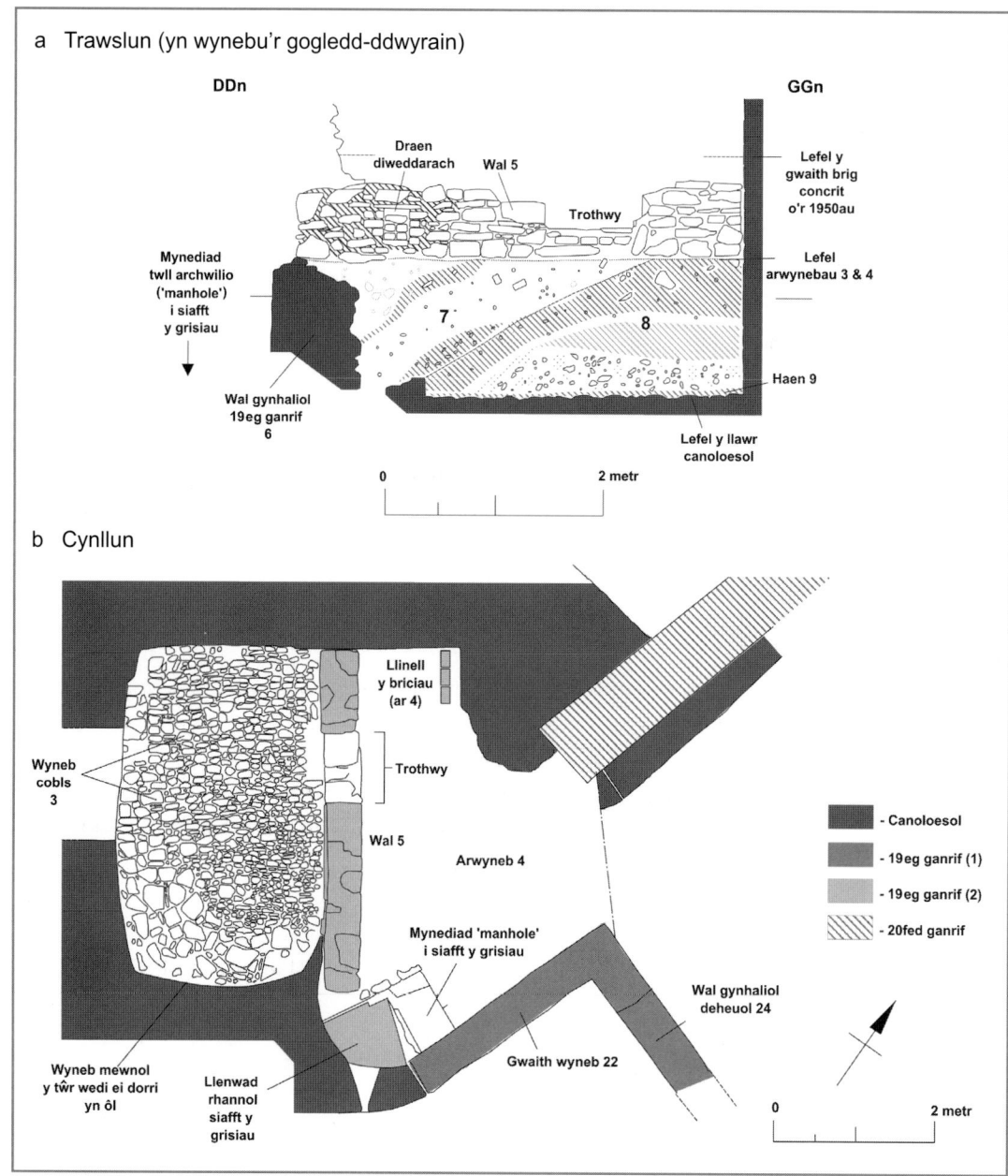

Ffigur 59 Llawr gwaelod y Tŵr De-orllewinol: cynllun a thrawslun gwahanfur a lloriau'r bedwaredd ganrif ar bymtheg

y lle, dros ddadlwythiad 8, gyda dyddodiad o forter (7, Ffigur 59); efallai fod y dyddodion hyn wedi eu cadw yn y wal yn union i'r dwyrain o'r tŵr (gweler isod). Yna adeiladwyd gwahanfur (5, Ffigur 59), heb sylfeini, ar draws lled y siambr ac yn union ar ben lefelu 7. Fe'i gwnaed o galchfaen a thywodfaen wedi ei gymysgu â morter, gan ddangos gweddillion mynedfa ac er nad yw'n ddim ond 0.5 m o drwch, mae'n ymddangos ei fod wedi codi i uchder llawn y tŵr. Yna gosodwyd wynebau ar y llawr ar ddwy ochr y wal, ac roedd yr un i gyfeiriad y de-orllewin yn llawr cobls (3, Ffigur 59), tra roedd arwyneb 4 i'r gogledd-ddwyrain wedi ei wneud o forter wedi ei gywasgu. Caewyd saethdyllau'r ffenestri canoloesol ar y ddau lawr (Ffigurau 46–8 a 59), a gosodwyd to ar hanner de-orllewinol y siambr ar y lefel y llawr cyntaf (114, Ffigurau 46–8). Yna rhoddwyd rendrad ar y waliau, sydd bellach wedi hindreulio. Nid oes unrhyw ffynhonnell ddogfennol yn nodi pam y'i hailddefnyddiwyd fel hyn ond roedd y canfyddiadau a wnaed yn perthyn yn fras i'r bedwaredd ganrif ar bymtheg ac mae tystiolaeth mapiau a phrintiadau'n awgrymu y gall ddyddio i'r 1830au (gweler Pennod 5). Beth a ddigwyddodd i falurion y rwbel o'r waliau a dorrwyd yn ôl? A gyfrannodd unrhyw ran o'r rhain i'r llawr cobls?

Gadawyd y siambr tua 1900 yn y diwedd. Yn ddiweddarach yn yr ugeinfed ganrif, caewyd y bwlch o dan yr is-islawr â gwaith brics yn gymysg â sment (11 a 12, Ffigurau 43, 56 a 57), llanwyd yr islawr â phridd ac fe'i seliwyd o dan gap concrit ar lefel y llawr gwaelod.[29] Symudwyd y llenwad ac ailagorwyd y cyntedd yn 1994 pan wnaed gwaith tanategu brys ar y tŵr (102, Ffigur 43).

Y Tŵr Sgwâr

Mae'r Tŵr Sgwâr (Ffigur 60) yn sefyll ar ei ben ei hun bellach ac ar wahân, 18 m i'r dwyrain o'r Tŵr De-orllewinol, ond mae bonion y llenfur deheuol canoloesol a welir ar ei waliau dwyreiniol a gorllewinol yn dangos ei fod yn ymestyn allan 3.5 m o wyneb y wal. Fel y llenfur a'r Tŵr De-orllewinol, fe'i hadeiladwyd yn erbyn y llethr sgarp deheuol, ac mae cloddio wedi awgrymu iddo gael ei godi'n syth ar ben y teras naturiol heb sylfeini. Un llawr sydd bellach i'r tŵr ac mae ei frig ar yr un lefel â thu mewn y castell. Mae'n 5 m o uchder i'r gogledd ac yn 8 m o uchder i'r de lle mae'r tir yn goleddu i lawr yr allt. Fodd bynnag mae ffotograff a dynnwyd o'r wyneb deheuol, tua 1964, yn dangos fod y defnydd allanol canoloesol – mewn rwbel Hen Dywodfaen Coch sgwaredig a phatrymog – yn arfer dod i ben mewn llinell syth, 3 m uwchben lefel bresennol y ddaear allanol ar y llethr hwn sy'n dirwyn am i lawr (Ffigurau 61 a 63). Tra ei bod yn bosibl mai arwydd yn unig ydyw o'r lefel yr ysbeiliwyd y defnydd allanol ato, nid yw'r gwaith maen o dan y linell hon yn debyg i waith craidd ac mae'n gyfwyneb ag wyneb y tŵr, ac yn arwydd o bosib o 'danategu' eilaidd o'r cyfnod ôl-ganoloesol; oherwydd hynny gall y llinell nodi'r lefel yr adeiladwyd y tŵr arno (Ffigur 63); bryd hynny byddai'r siambr fewnol wedi bod yn rhannol o dan ddaear. Mae wyneb gogleddol y tŵr yn rhagfurio'r teras naturiol yn rhannol, ond mae ei hanner uchaf yn gorwedd o dan gyfres ddofn o ddyddodion ôl-ganoloesol (gweler isod). Mae trwch y waliau'n 1.7 m ar gyfartaledd ond mae'r hanner isaf wedi ei ôl-ogwyddo, gan gynyddu trwch y gwaelod i 2 m. Efallai fod socedi sgwâr yn yr wynebau gorllewinol a deheuol, a lenwyd yn rhannol, yn dynodi tyllau pwtlog.

Er nad yw ei gynllun yn gwbl sgwâr (Ffigur 64), mae'r tŵr bellach yn cynnwys siambr unigol, o dan fowt faril gyda phroffil segmentol. Mae'n gorwedd ar lefel yr islawr, o'i gymharu â thu mewn y castell, ac mae modd mynd i mewn iddi o hyd drwy'r grisiau tro gwreiddiol

Ffigur 60   Y Tŵr Sgwâr o'r de-orllewin yn 2012

yn nhrwch y gongl gogledd-orllewinol, yn y cyswllt â'r hen lenfur deheuol. Ar gyfartaledd, mae'r siambr yn mesur 3.3 m o'r gogledd i'r de a 3.2 m o'r dwyrain i'r gorllewin ac mae'n 5.15 m o uchder hyd at ben y fowt (Ffigurau 62 a 64). Mae'r llawr canoloesol wedi mynd ond mae drws y grisiau'n dal i nodi iddo orwedd rhwng 0.25 m a 0.35 m uwchben y llawr modern (a thua 4.5 m o dan lefel y beili canoloesol). Goleuwyd y siambr gan oleuadau hollt hirsgwar syml yn y waliau deheuol a dwyreiniol, gyda goleddau dwfn disgynnol o dan bennau segmentol. Roedd eu siliau'n gorwedd 2.5 m uwchben lefel y llawr canoloesol. Mae'r golau dwyreiniol wedi hindreulio oddi allan ond mae'n ymddangos y gall fod ffrâm bensgwar wedi'i hysbeilio oddi yno. Roedd y golau deheuol – ond nid ei saethdwll – wedi ei gau cyn 1964 (86, Ffigur 61; Ffigur 63), ac roedd unrhyw ffrâm oedd yno wedi hindreulio neu wedi ei hysbeilio. Mae'n ymddangos fod wyneb gorllewinol y tŵr yn ddi-ffenestr. Roedd y grisiau tro'n hynod o lydan – 2.25 m – ac arweiniai at y siambr drwy ddrws â phen segmentol ym mhen gogleddol y wal orllewinol; fe'i cariwyd dros y gornel gogledd-orllewinol, ar fwa segmentol, fel cilfwa mewnol (Ffigurau 62 a 64). Mae'n ymddangos fod yr holl waith canoloesol yn perthyn i'r un cyfnod, sef diwedd yr Oesoedd Canol, ac nid oes unrhyw dystiolaeth fod newid sylweddol wedi

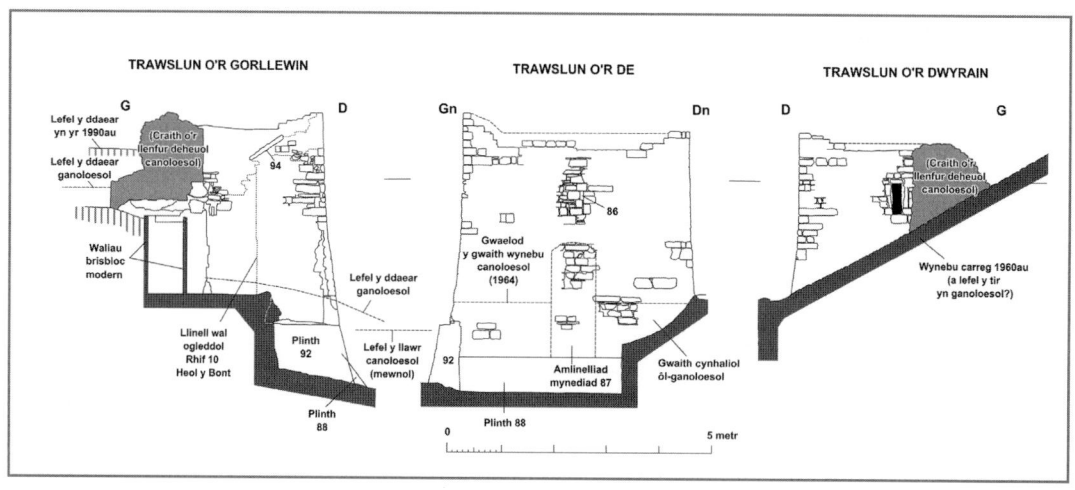

Ffigur 61   Golwg allanol o'r Tŵr Sgwâr

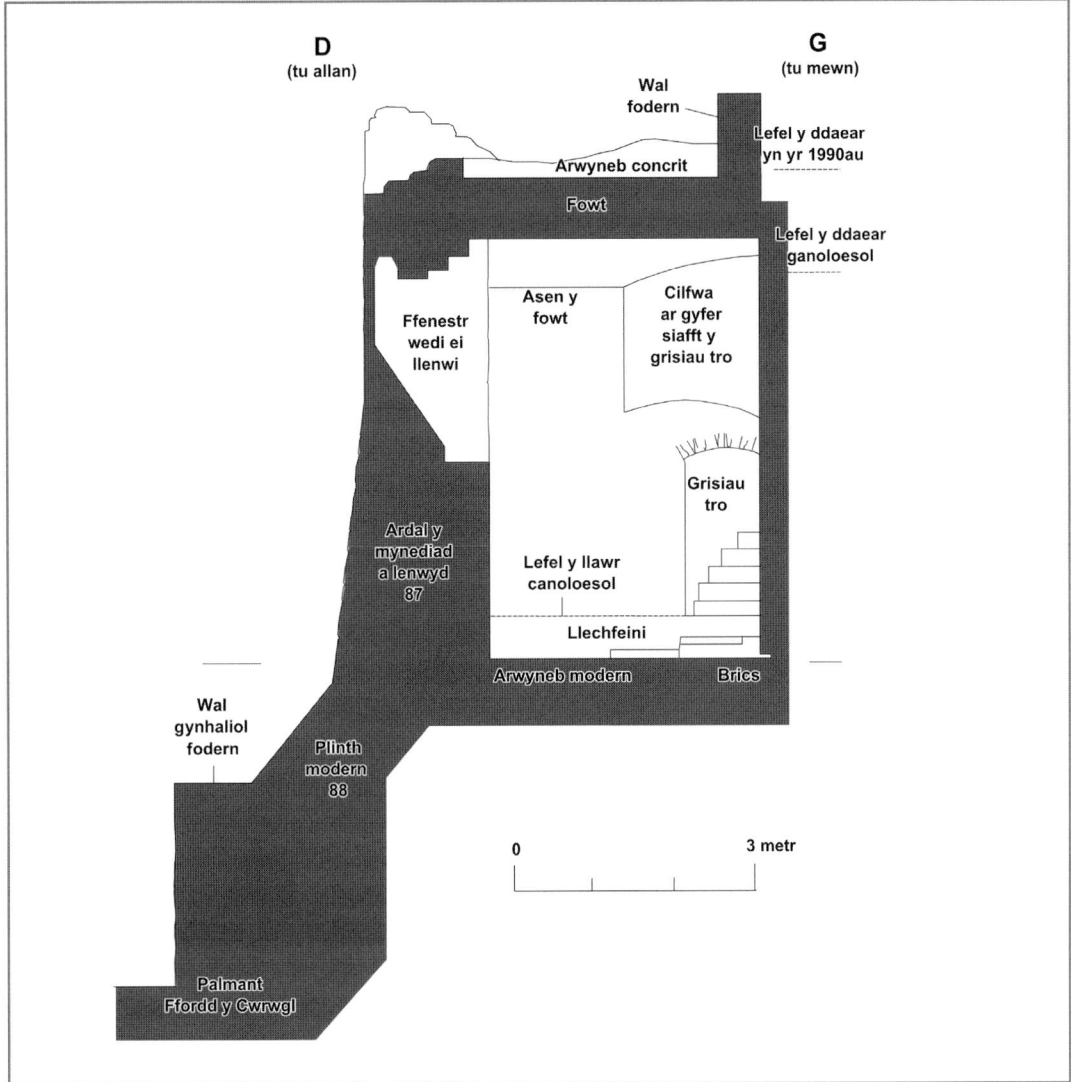

Ffigur 62 Trawstoriad gogledd-de drwy'r Tŵr Sgwâr, yn wynebu'r gorllewin

digwydd cyn y cyfnod ôl-ganoloesol. Fel yn y Tŵr De-orllewinol, fodd bynnag, nid oes unrhyw dystiolaeth ar gyfer dyddio'n uniongyrchol ac nid oes unrhyw naddiadau wedi goroesi.

Byddai angen un llawr arall o leiaf i ddod â'r tŵr i fyny at lefel parapet y llenfur. Fodd bynnag, nid oes unrhyw dystiolaeth bendant fod llawr ychwanegol, ac nid yw'r dystiolaeth yn y mapiau hynafol a'r printiadau'n llawer o gymorth – nid yw cynllun Speed tua 1610, na phrintiadau Buck yn yr 1740au yn dangos y tŵr (Ffigurau 112 a 126–7). Mae'n debygol ei fod, yng ngolygfeydd Buck, wedi'i guddio y tu ôl i dai Heol y Bont, ac mae hynny'n awgrymu nad oedd ddim uwch nag y mae heddiw.

Parhaodd y tŵr i fod o'r golwg hyd 1963–4 pan ddymchwelwyd y rhan fwyaf o'r tai hyn wrth godi Ffordd y Cwrwg. Ni wnaed unrhyw waith archeolegol ffurfiol yn ystod cyfnod adeiladu'r ffordd ac nid yw'n ymddangos fod unrhyw archwiliad strwythuredig o'r tŵr wedi cael ei gynnal hyd 1993, pan y'i datgelwyd yn ei gyfanrwydd o'r diwedd ar ôl dymchwel Rhifau 10–14 Heol y Bont a chynnal gwerthusiad o'i mewn.[30] Rhoddwyd wyneb newydd ar ran o'r tu allan a chafodd ei ailbwyntio'n llwyr yn 1995, ar ôl i'r tŵr gael ei gofnodi'n llawn.[31] Mae rhai nodiadau hynafol yn cyfeirio at y tŵr fel y 'Water Tower',[32] ond nid oes unrhyw gofnod fod yr enw hwn yn cael ei ddefnyddio yn ystod cyfnod yr Oesoedd Canol.

Tresmasau a newidiadau ôl-ganoloesol
Fel y Tŵr De-orllewinol, effeithiwyd ar y Tŵr Sgwâr gan dresmasu domestig o eiddo cyfagos yn ystod y cyfnod ôl-ganoloesol. Mae'r ffotograff a dynnwyd yn 1964 yn dangos mynedfa eilaidd, yn yr wyneb deheuol, sydd bellach wedi ei chau ac a oedd yn debyg iawn i honno yn y Tŵr De-orllewinol (87, Ffigur 61; Ffigur 63). Roedd yn fwlch braidd yn ddi-siâp, rhwng 2 m a 3 m o uchder, a dorrwyd drwodd o Rif 9 Heol y Bont i'r de (fe'i dymchwelwyd yn 1963–4). Gwelwyd olion o'i ben yn y gwaith craidd anorffenedig, ond o dan lefel defnydd allanol y tŵr roedd wedi ei leinio â'r un rwbel mân, di-haen a pharhâi ymlaen ar yr wyneb allanol fel tanategiad. Gan ei fod yn gorwedd o dan yr hyn a awgrymir yw'r llawr gwaelod canoloesol, mae'n annhebygol ei fod yn helaethiad ar ddrws neu gilddor cynharach.

Ffigur 63 *Y Tŵr Sgwâr tua 1964, yn dangos yr hen fynedfa yn y wal ddeheuol*
(trwy garedigrwydd Martin Walters a Terry James)

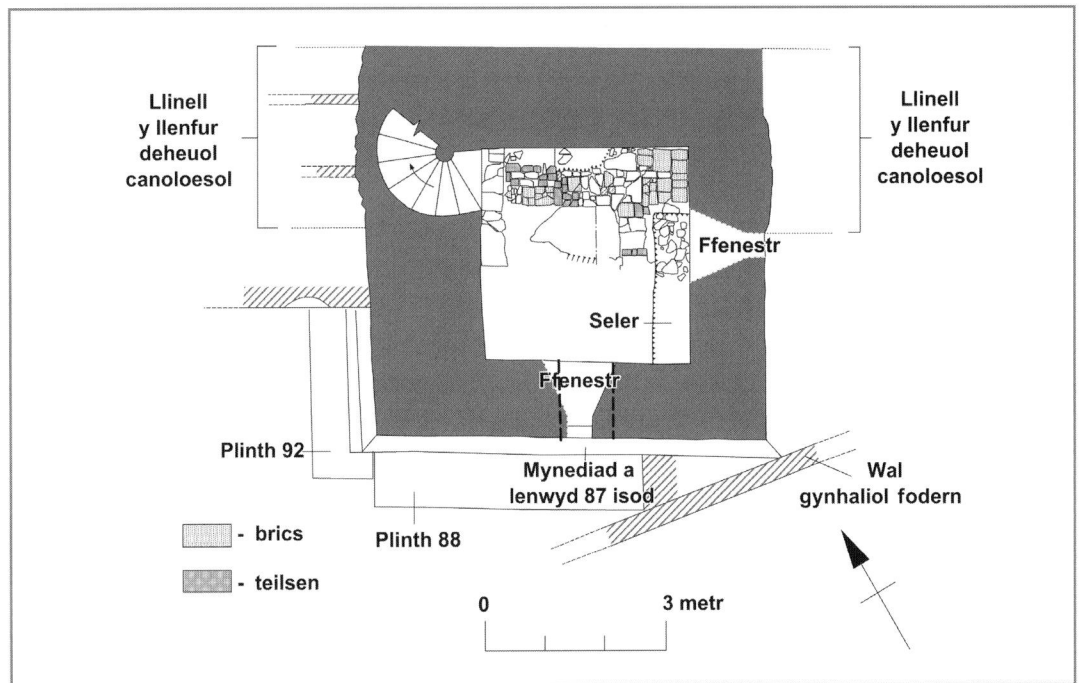

Ffigur 64 Cynllun o'r Tŵr Sgwâr yn dangos y llawr ôl-ganoloesol

Yn cyfateb i lefel y rhiniog yn y fynedfa, ac yn perthyn i'r un cyfnod efallai, mae llawr o frics a theils o'r bedwaredd ganrif ar bymtheg a ddaeth i'r golwg yn nhrydedd ran ogleddol rhan fewnol y tŵr yn 1993 (Ffigur 64), ac a arferai ymestyn drwyddo gynt efallai. Gorweddai'n union ar ben y graeanau naturiol, o dan lefel y llawr canoloesol – gan fod unrhyw arwynebau canoloesol wedi mynd ar goll – a chynhwysai ris i fyny at ddrws y grisiau tro (Ffigur 62). Hefyd yn perthyn i'r un cyfnod efallai roedd gweddillion gorffeniad gwyngalch ar y waliau mewnol, a ddeuai i ben o gwmpas y fynedfa. I'r de-ddwyrain, tanseiliwyd y llawr hwn yn ddiweddarach gan ran o seler a berthynai i Rif 8 Heol y Bont i'r dwyrain (a ddymchwelwyd hefyd yn 1963–4). Roedd yn ymestyn, o dan lefel y llawr, am 0.5 m i mewn i gorff y tŵr (Ffigur 64). Ni chafodd ei gloddio'n llawn ac ni ellid ei ddyddio ond mae'r canfyddiadau'n awgrymu cyd-destun yn niwedd y bedwaredd ganrif ar bymtheg.

Roedd newidiadau arwynebol, yn gysylltiedig â datblygiad domestig yn Rhif 10 Heol y Bont (a ddymchwelwyd yn 1993), i'w gweld yn amlwg ar y tu allan hefyd, ar wyneb gorllewinol y tŵr. Diffiniwyd ochr ddwyreiniol yr eiddo gan blinth ar oledd, wedi ei adeiladu yn erbyn gwaelod y tŵr, ac wedi ei dandorri rhyw gymaint oddi tano (92, Ffigur 61), a'i rigol to (94, Ffigur 61). Tandorrwyd craith y llenfur i raddau helaeth iawn hefyd.[33]

Caewyd mynedfa ôl-ganoloesol 87 yn 1964, pan roddwyd wyneb newydd ar y tŵr gan ddefnyddio blociau tywodfaen hirsgwar wedi eu torri'n fân;[34] yr unig arwydd ohono erbyn hyn yw man anwastad. Roedd y defnydd allanol newydd yn ailadrodd y ffabrig a oedd yno eisoes mwy neu lai, ond gellid gweld ei fod yn waith diweddar lle roedd wedi hindreulio i ddatgelu'r bondin sment oddi tano. Roedd y gwaith yn 1964 hefyd yn cynnwys gorffen brig y tŵr gyda sgrîd concrit dros y fowt – a all fod yn gorchuddio llawr o'r Oesoedd Canol – a 'tyred' bach (a dynnwyd oddi yno bellach) dros fynedfa'r grisiau tro.

Seliwyd dwy ran o dair deheuol tu mewn i'r tŵr dan 'rafft' concrit, dros 0.30 m o drwch ac yn llenwi'r seler, yn dynodi mae'n debyg y gwaith sefydlogi a wnaed yn 1964.[35] Mae plinth ar oledd yn erbyn wyneb deheuol y tŵr (88, Ffigur 61) yn ymddangos yn gyfoes ac mae'n gorchuddio'r gwaith tanategu a ddangosir tua 1964, a phlinth 92 o'r bedwaredd ganrif ar bymtheg. Mae canran anhysbys o wyneb dwyreiniol y tŵr yn gorwedd bellach o dan y gwaith rhagfurio enfawr sy'n dirwyn am i lawr dros y llethr sgarp i'r dwyrain, sydd hefyd yn dyddio o 1964.

Y PORTHDY MAWR A'R BONT

Y Porthdy Mawr yw rhan mwyaf cyflawn a gweledol y castell erbyn hyn ac mae'n dal i fwrw ei gysgod dros y dref. Fel y mae'n sefyll, mae'n adeiledd cymhleth â dau dŵr yn perthyn i ddiwedd y cyfnod canoloesol, ond efallai mai dyma fu safle'r prif fynedfa i'r castell erioed. Fel yn y rhan fwyaf o'r bwrdeistrefi castell – ond nid ym mhob un ohonynt o bell ffordd – fe'i hamgylchynwyd gan y dref gaerog (gweler Ffigur 3), ac roedd yn wynebu'r gorllewin i gyfeiriad y farchnadfa ganoloesol; safai ail fynedfa, a arweiniai'n wreiddiol o'r cae, ar ochr ogleddol y castell. Parhaodd y Porthdy Mawr i fod yn brif fynedfa i'r carchar sirol hyd 1789–92 pan newidiodd prif echel y safle ac y sefydlwyd mynedfa newydd ar yr ochr ogleddol, ger safle'r ail borth canoloesol. Er hynny, fe'i cadwyd, er iddo gael ei gau a'i fod yn anghyfannedd i bob golwg.

Mae'r porthdy'n isel gan gynnwys dau lawr yn unig. Fe'i dynodir bellach gan ddau dŵr crwn bob ochr i gyntedd, gyda siambr unigol uwch eu pennau ar y llawr cyntaf (Ffigur 67). Mae wedi goroesi hyd at lefel y parapet, gyda chyfanswm uchder o 12.5 m. Fodd bynnag mae'r tyrau, sydd ag olion o rywfaint o ôl-ogwydd ar eu gwaelodion, yn sefyll yn gyfan gwbl yn y ffos o gwmpas ochr orllewinol y castell, lle maent yn ymestyn i ddyfnder anhysbys; yn 2003 dilynwyd y tŵr gogleddol i lawr am 2.6 m o dan lefel presennol y ddaear ond ni ddaeth ei waelod i'r golwg (gweler Ffigur 66). Mae'r ddau dŵr yn 5 m o ran diamedr, gan sefyll o boptu i gyntedd sy'n 3 m ar draws, gan roi cyfanswm lled o 13 m o'r gogledd i'r de.

Dim ond hanner gorllewinol y porthdy canoloesol y mae'r olion yn ei ddynodi fodd bynnag, ac roedd hwnnw'n cynnwys bloc hirsgwar i'r cefn, sydd bellach wedi mynd (Ffigurau 34 a 65).[36] Mae'r dystiolaeth, a drafodir isod, yn awgrymu fod yr hen ran ôl hon yn mesur tua 7 m o'r gogledd i'r de a thua 7.2 m o'r dwyrain i'r gorllewin, sy'n golygu fod cyfanswm dimensiwn y porthdy o'r dwyrain i'r gorllewin yn 14.2 m. Yn ogystal â hynny, mae'n bosibl fod tyred a arferai ymylu ar y porthdy ar ei ochr ddeheuol yn cael ei adlewyrchu gan un arall ar ei ochr ogleddol (gweler uchod).

Mae'r ffabrig a oroesodd yn perthyn yn bennaf i'r cyfnod rhwng 1409 ac 1411, pan ailadeiladwyd y porthdy ar ôl y difrod a wnaed iddo yn ystod gwrthryfel Glyndŵr yn 1405–6 (gweler Pennod 4). Hen Dywodfaen Coch a chwarelwyd yn lleol yw'r ffabrig i

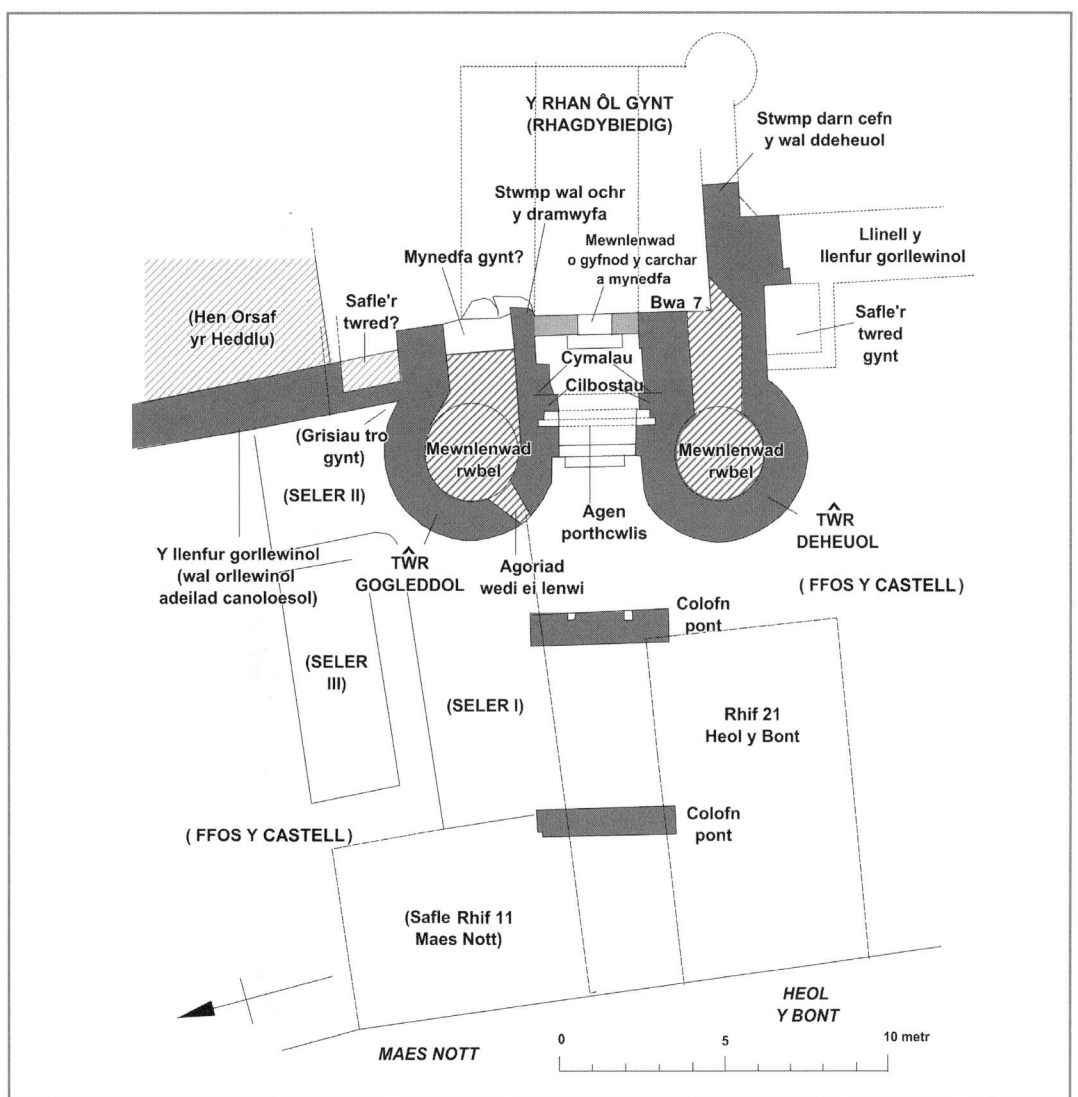

Ffigur 65 Cynllun o'r Porthdy Mawr ar lefel y llawr gwaelod, sydd hefyd o bosib yn dangos pileri'r bont

raddau helaeth, gyda rhywfaint o galchfaen, ac mae'r holl fanylion yn gyson â dyddiad o ddechrau'r bymthegfed ganrif; lle mae'r fframiau gwreiddiol wedi goroesi maen nhw'n siamffrog, yn yr arddull Sythlin pedwar canolbwynt, ac mewn öolit neu dywodfaen coch. Fodd bynnag efallai fod y porthdy'n cynnwys olion ei ragflaenydd o'r cyfnod cyn 1409. Fe wnaethpwyd newidiadau sylweddol iddo yn ystod y cyfnod ôl-ganoloesol, y rhan fwyaf o'r newidiadau hyn yn cynnwys difrod a cholli ffabrig.

Ychydig iawn o archwilio archeolegol a wnaed i'r porthdy cyn 1984, pan wnaeth YAD gofnod ffotograffig o'r tu allan ac ni wnaed unrhyw waith mewnwthiol hyd 2001–3. Roedd y llawr uchaf wedi cael ei 'drwsio' er hynny dan gyfarwyddyd Cymdeithas Hynafiaethau Sir Gaerfyrddin yn 1915–17, gan gynnwys darparu wyneb asffalt dros y llawr cyntaf.[37] Cofnodwyd y porthdy'n llawn cyn y gwaith atgyfnerthu yn 2001 a chynhaliwyd gwerthusiad archeolegol yn nhramwyfa'r porthdy. Yn 2003, datgelwyd olion tebygol y bont ganoloesol yn arwain at y porthdy yn y cloddiad llawn a gynhaliwyd yn ffos y castell, o flaen y porthdy.

Y llawr gwaelod

Y fynedfa a thramwyfa'r porth (Ffigurau 65–71)

Roedd ffasâd y fynedfa, sy'n wynebu'r gorllewin tuag at y farchnadfa ganoloesol ym Maes Nott yn du blaen 'arddangos' i raddau helaeth fel y mae'r naddiadau sy'n weddill yn dangos (Ffigurau 66–7). Bwa pedwar canolbwynt plaen yw'r fynedfa, sy'n 2.3 m ar draws ac yn 4 m o uchder, heb unrhyw ffrâm, ac mae'n gorwedd o dan fwa allanol tebyg (1, Ffigur 67).

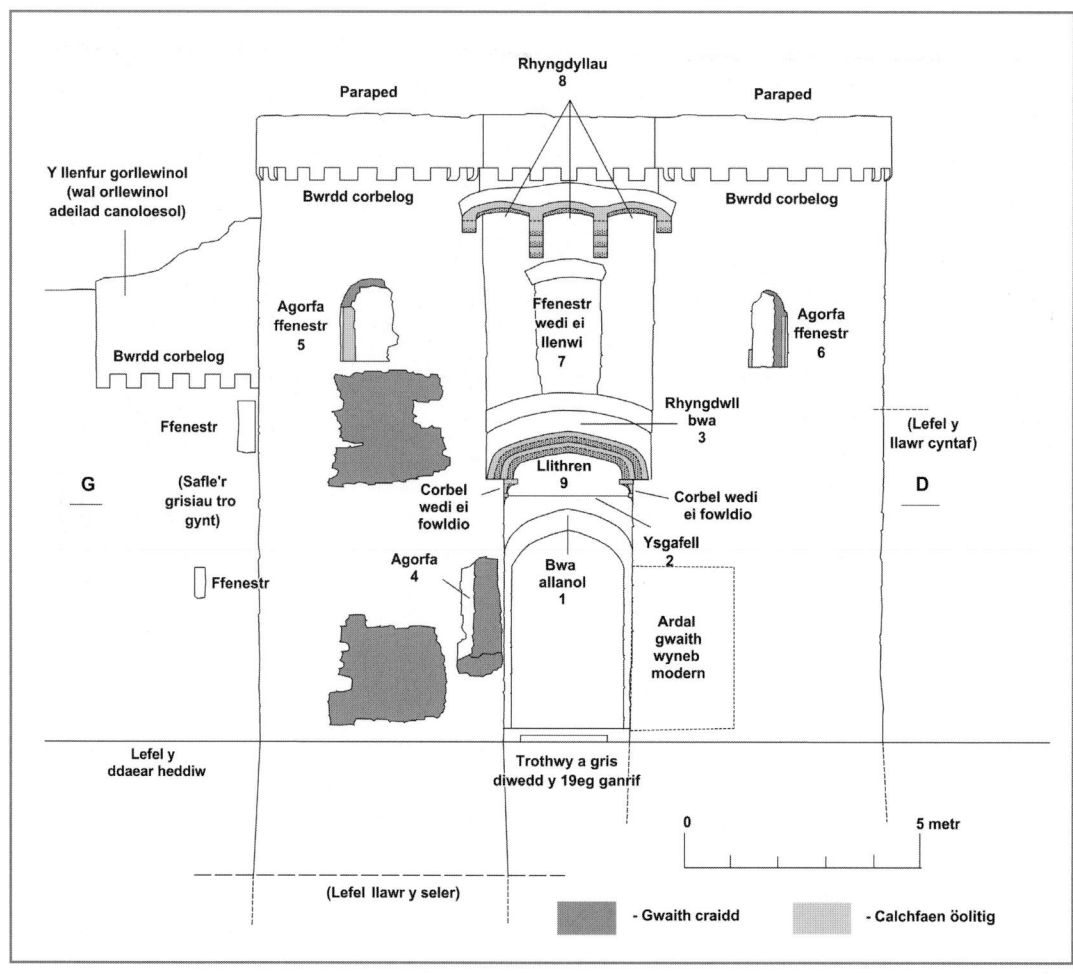

Ffigur 67 Golwg o'r tu allan ar ffasâd gorllewinol y porthdy

Ffigur 66 Y Porthdy Mawr: y ffasâd gorllewinol (mynedfa) yn 2012

Gorwedd ysgafell blaen yn union uwch ei ben (2). Cynhelir bwa 'hedegog' pedwar canolbwynt (3) rhwng y ddau dŵr, yn union uwchben yr ysgafell, ac mae'n dynodi twll arllwys ar gyfer llithren (3) yn gwacáu dros y fynedfa o'r llawr cyntaf (Ffigur 68; gweler isod). Mae'n cynnwys pedwar order siamffrog mewn calchfaen öolitig wedi'i fewnforio, yn tarddu o gorbelau wedi eu mowldio. Ymhlith y gwahanol eiriau a ddefnyddiodd David Cathcart King i ddisgrifio'r manylyn hwn mae 'spurious', 'recooked' a 'phoney'.[38] Fodd bynnag, fe welir y cyfan yn y darlun manwl cyntaf o'r porthdy tua 1860 (Ffigur 134) ac yma fe'i hystyrir yn elfen wreiddiol.

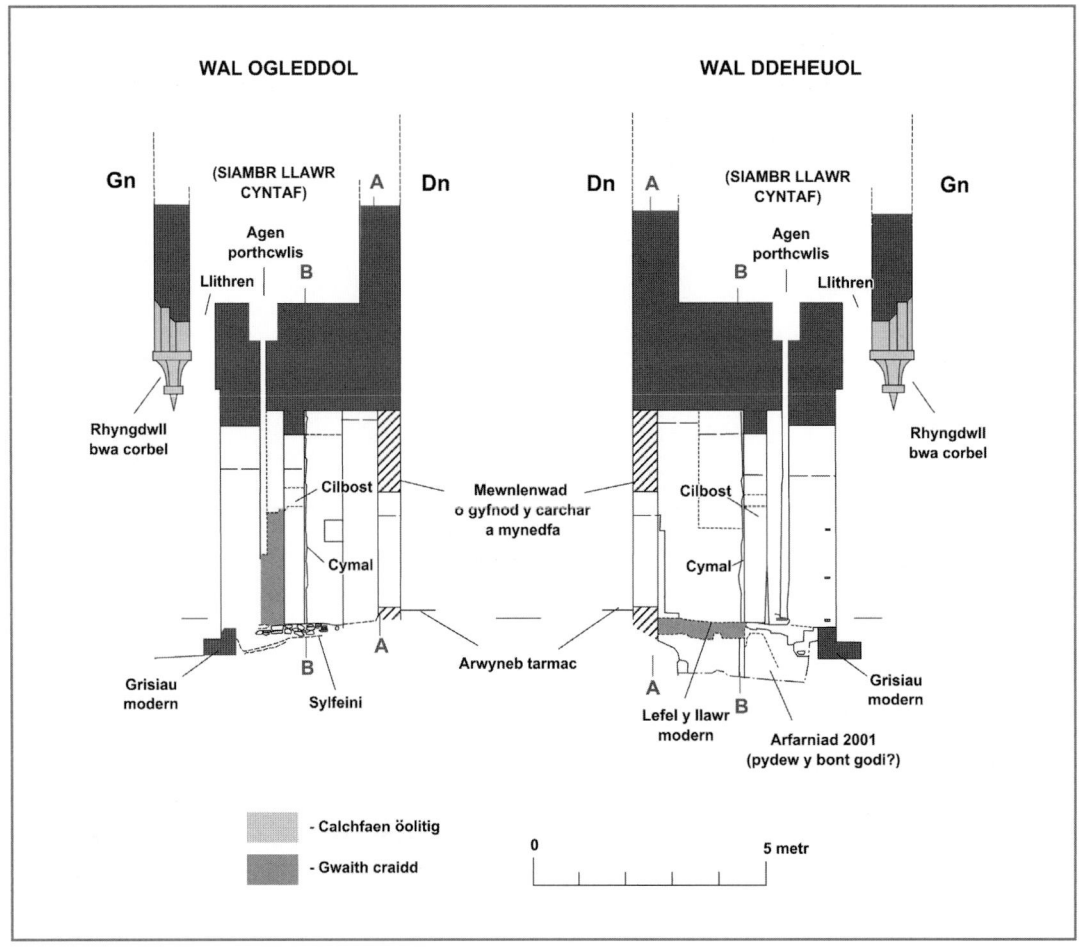

Ffigur 68 Golwg o'r gogledd a'r de ar dramwyfa'r porth

Mae'r dramwyfa i'r porth a oroesodd yn dynodi hanner allanol (gorllewinol) y dramwyfa wreiddiol yn unig; roedd honno'n mynd yn ei blaen i gyfeiriad y dwyrain drwy'r hen ran ôl (Ffigurau 65, 68–9). Mae'n 4.1 m o hyd, yn 3 m ar draws ac yn 4 m o uchder, o dan fowt faril segmentol sy'n dirwyn drwyddi. Roedd ei dynesfa'n gorwedd o dan y llithren a ddisgrifiwyd uchod, tra bod agen porthcwlis wedi goroesi hyd heddiw. Gwelir olion yr ystlysbyst ar gyfer un pâr o ddrysau'n unig arno, ond mae'n bosibl fod ail bâr yn arfer bod yn yr hen ran ôl. Caewyd pen dwyreiniol y dramwyfa a oroesodd yn ystod cyfnod y carchar gyda wal a gynhwysai ddrws (1, Ffigur 81). Efallai fod rhagor o newidiadau wedi digwydd pan atgyfnerthwyd waliau ochr y dramwyfa i bob golwg. Mae lefelau presennol y lloriau, y grisiau a'r rheiliau haearn ar y rhiniog yn perthyn i ddiwedd y bedwaredd ganrif ar bymtheg ar y cynharaf.

Hanner ffordd ar hyd y dramwyfa, gwelir asiad fertigol amlwg yn union i'r dwyrain o'r ystlysbyst ar y ddwy wal ochr (Ffigurau 65, 68–9). Maen nhw'n codi i uchder llawn y dramwyfa, sy'n awgrymu fod y waliau'n cynnwys dau gyfnod adeiladu ac mae'n bosibl

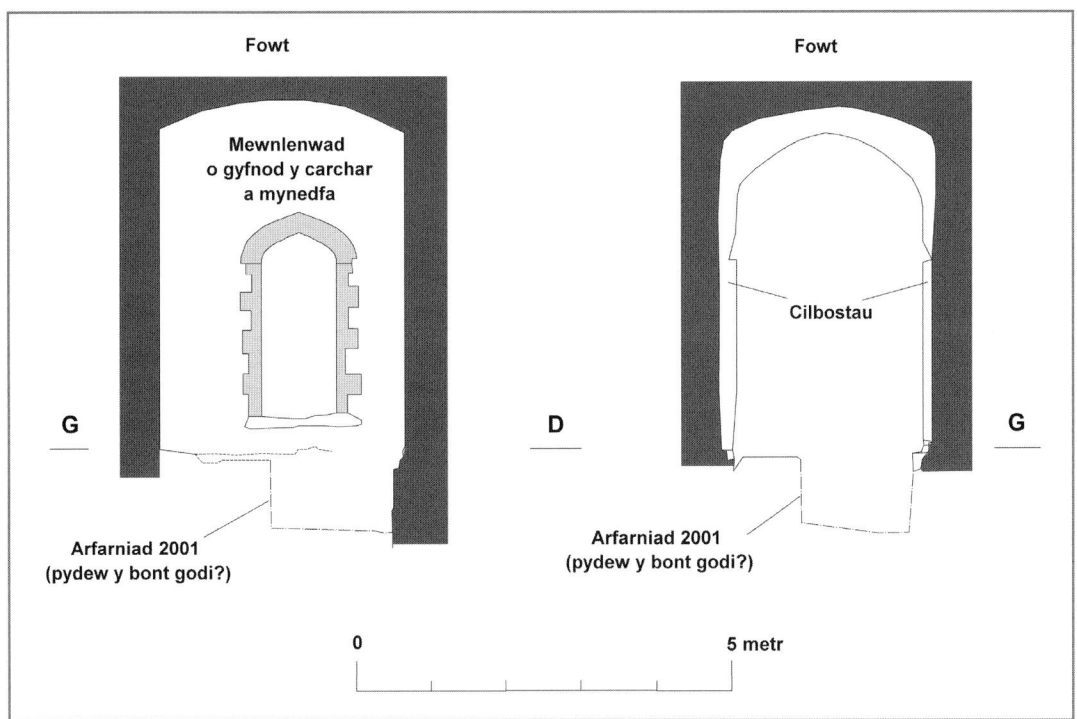

Ffigur 69 (uchod) *Adrannau A–A a B–B drwy dramwyfa'r porth*

Ffigur 70 (de) *Cynllun o ffos werthuso tramwyfa'r porth*

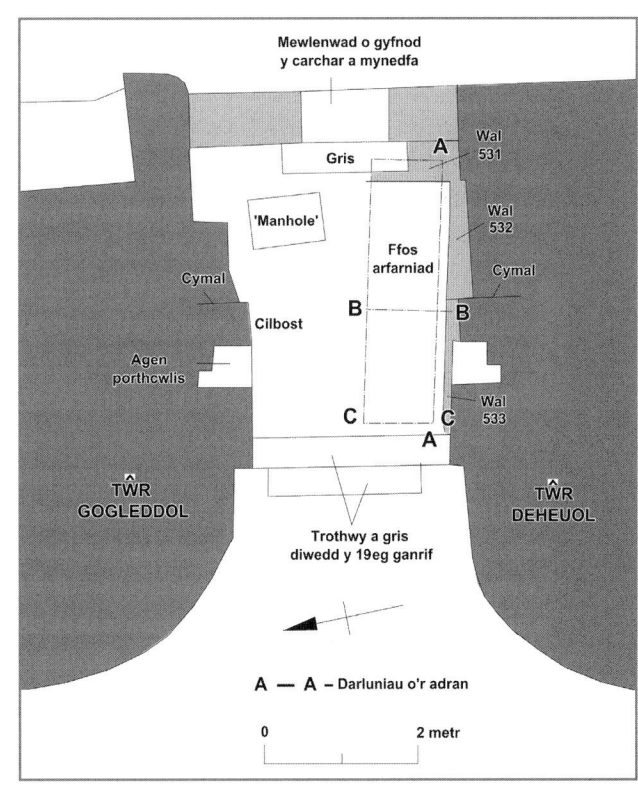

fod yr hanner dwyreiniol yn ddarn o'r porthdy cyn 1409.

Cynhaliwyd gwerthusiad yn nhramwyfa'r porth yn 2001 (Ffigurau 70–1), yn nodi ei fod yn arfer cynnwys pydew pont godi. O dynnu'r arwyneb concrit o'r ugeinfed ganrif datgelwyd dilyniant o ddyddodiadau, a gloddiwyd hyd at ddyfnder o 0.9 m ar gyfartaledd. O ran eu nodweddion roeddent i gyd yn perthyn i'r cyfnod ôl-ganoloesol. Roedd wal ddwyreiniol y pydew, 531, a oedd yn cael ei dilyn hyd at waelod y ffos, yn gorwedd 0.5 m i'r gorllewin o'r wal dramwyfa ddwyreiniol bresennol. Parhâi wal debyg i lawr y wal

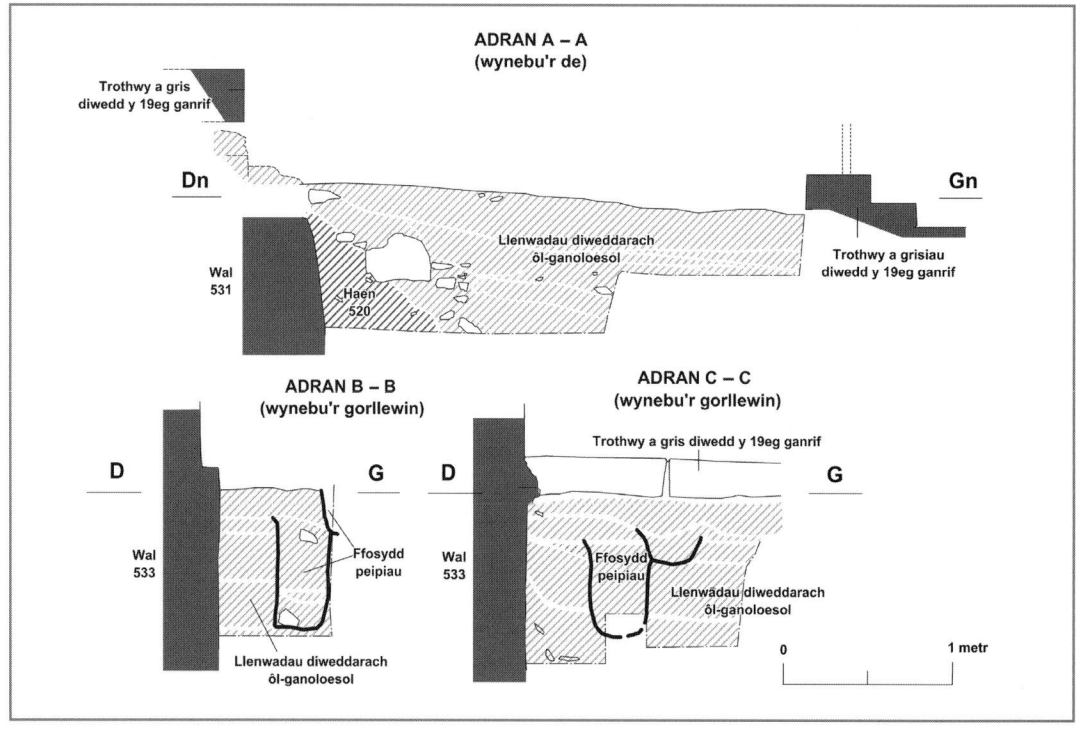

Ffigur 71 Trawsluniau o ffos werthuso tramwyfa'r porth

ochr ddeheuol, ond ei bod wedi ei gosod ar ongl i'r gogledd ohoni, ond roedd olion arni o uniad bôn fertigol yn cyfateb i'r uchod, tra bod y ddau ddarn o waith adeiladu (532 a 533) yn dangos bondin gwahanol. Roedd y wal i gyd yn cynnwys defnydd allanol o ansawdd dda mewn Hen Dywodfaen Coch. Ni chyrhaeddwyd gwaelod y pydew ac ni ddaeth unrhyw lawr i'r golwg ac felly nid oes unrhyw wybodaeth am ei ddyfnder. Fodd bynnag mae'r asiad yn ei wal ddeheuol yn awgrymu y gall, fel tramwyfa'r porth, gynnwys nodwedd yn perthyn i'r cyfnod cyn 1409.

Y tyrau ochr (Ffigurau 65, 67 a 72)
Mae dau dŵr y porthdy bellach yn solet ar lefel y llawr gwaelod ond siambrau agored oeddent yn wreiddiol. Roeddent yn cynnwys mewnlenwad o rwbel wedi ei gymysgu â morter sy'n amlwg yn eilaidd, yn gorchuddio agoriad a gaewyd ac a ddifrodwyd ar ochr y tŵr gogleddol ac efallai ei fod yn dynodi agen saethu yn gorchuddio dynesfa'r porthdy (4, Ffigur 67; Ffigur 65). Yn ogystal â hynny roedd yr asiad rhwng y mewnlenwad a waliau'r tŵr i'w weld yn amlwg ar lefel y llawr cyntaf yn y tŵr deheuol (Ffigur 72), yn dangos fod siambrau'r llawr gwaelod â diamedr o 3 m yn wreiddiol ac roedd eu waliau allanol yn 1.5 m o drwch. Roedd tystiolaeth o'r llawr cyntaf yn awgrymu hefyd fod modd mynd i mewn i'r ddwy siambr yn wreiddiol o lefel y llawr isaf, a thrafodir mynedfeydd posibl isod. Nid oes unrhyw ôl o unrhyw agoriad arall yn y tŵr deheuol ac efallai mai siambr ddi-olau ydoedd.

Y llawr cyntaf a'r parapet (Ffigurau 72–7)

Siambr unigol, agored yw llawr cyntaf y rhan a oroesodd o'r porthdy ac mae'n gorwedd uwchben tramwyfa'r porth a siambrau'r llawr gwaelod (Ffigur 72). Mae'n mesur 11 m o'r gogledd i'r de ac ar gyfartaledd mae'n mesur 4.5 m o'r dwyrain i'r gorllewin ac mae'n 5 m o uchder hyd at lefel rhigol y to. Mae ei waliau allanol yn 1.2 m o drwch, hynny yw, ychydig yn deneuach na siambrau'r llawr isaf. Ar y tu allan gwelir olion cyfres o dri thwll arllwys ar y blaen gorllewinol ar lefel y parapet ac mae'r rhain yn gorwedd ar ben y fynedfa ac fe'u cynhelir gan gorbelau ôolit grisiog, amlwg ar ffurf cynllun o ddiwedd yr Oesoedd Canol (8, Ffigur 66; Ffigur 67). Credai David Cathcart King fod y manylyn hwn yn rhy ffug, gan ddweud fod y tyllau arllwys 'too like Kidwelly to be true'.[39] Fodd bynnag, fe'i dangoswyd hefyd tua 1860 (Ffigur 134) ac fe'i hystyrir yma hefyd yn elfen wreiddiol. Cynhelir y parapet, a gollodd ei greneliadau, ar fwrdd corbelog culach, sydd hefyd yn perthyn i ddiwedd yr Oesoedd Canol o ran ei nodweddion.

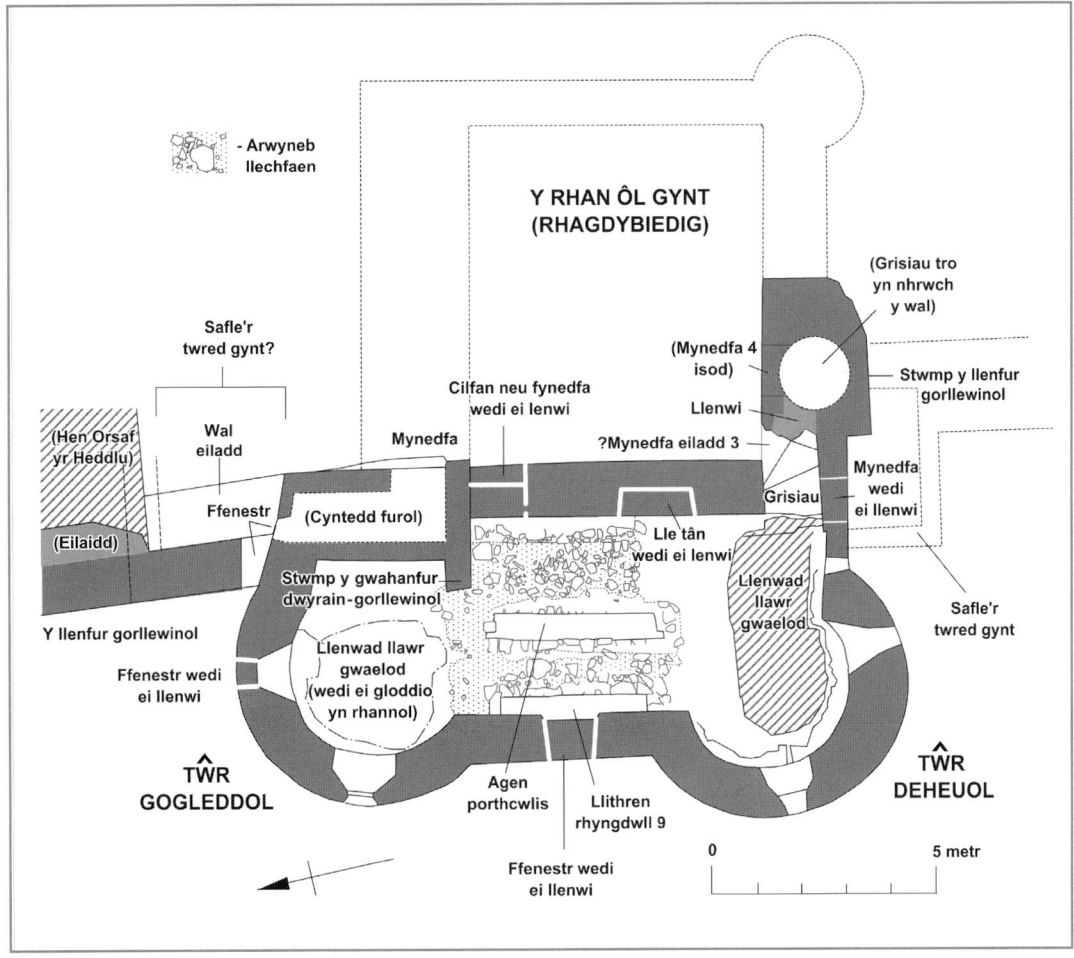

Ffigur 72 Cynllun o'r porthdy ar lefel y llawr cyntaf

Cyrhaeddir y fynedfa, ym mhen deheuol y wal ddwyreiniol (Ffigurau 72 a 73d), drwy dramwyfa furol fer, 0.8 m o led, yn y wal ddeheuol a gwtogwyd yn y rhan ôl gynt, ac mae'n arwain o fynedfa allanol amrwd (3, Ffigur 83; Ffigur 72). Mae'n ymddangos mai adwy eilaidd yw'r fynedfa allanol hon, ac nid ydym yn gwybod i ba gyfnod y mae'n perthyn. Fodd bynnag, mae'r dramwyfa yn nodwedd wreiddiol yn amlwg – er iddi gael ei newid yn sylweddol – fel y mae'r fynedfa fewnol, sydd â phen segmentol fel yr agoriadau eraill ar y llawr cyntaf, er nad oes meini bwa arni. Cesglir y gall fod y dramwyfa wedi cysylltu'r siambr yn wreiddiol â'r grisiau tro, y gellir eu gweld ar lefel y parapet, yn y cyswllt â'r llenfur gorllewinol (Ffigurau 72, 77 ac 83). Ymddengys fod y grisiau wedi eu cau â gwaith maen ar lefel y llawr cyntaf, ac uwchben hwn gellir gweld mewnlenwad pridd ar lefel y parapet. Ni wyddom o ble mae'n tarddu felly ond efallai ei fod wedi disgyn i'r llawr gwaelod fel yr unig fynediad gwreiddiol i'r siambr ar y llawr cyntaf. Yn wal ddeheuol y dramwyfa gellir gweld ffrâm pedwar canolbwynt mewn öolit siamffrog (Ffigur 73b), yn perthyn i fynedfa a gaewyd i mewn i'r hen dyred deheuol (5, Ffigur 79).

Goleuwyd siambr y llawr cyntaf gan dair ffenestr yn wynebu'r gorllewin, a ffenestr ym mhob un o'r ochrau gogleddol a deheuol, pob un o'r pump gyda saethdyllau sblae o dan bennau segmentol. Goleuadau unigol yw'r bedair ffenestr yn y tŵr sydd, i raddau helaeth wedi colli eu naddiadau öolit; fodd bynnag mae'r golau sy'n wynebu'r de mewn cyflwr da, gyda ffrâm öolit siamffrog â phen meillionen â chwsb wedi'i suddo yn nodweddiadol o ddechrau'r bymthegfed ganrif (2, Ffigur 79; Ffigur 73b), ac efallai fod y gweddill yn debyg iddo. Caewyd y golau cyfatebol sy'n wynebu'r gogledd. Mae'r bumed ffenestr yn ganolog, yn wynebu'r gorllewin dros y brif fynedfa (Ffigurau 67, 72 a 73a). Mae hon hefyd wedi colli ei ffrâm ac fe'i caewyd. Mae'n gorwedd o dan fwa segmentol ac mae rhywfaint yn lletach na'r bedair arall ond mae'n debyg mai golau unigol oedd hon hefyd. Mae golau arall, llai gyda lintel syml, yn gorwedd yn yr ongl rhwng y tŵr deheuol a'r hen dyred (3, Ffigur 79; Ffigur 73b).

Mae lle tân wedi ei gau yn y wal ddwyreiniol, 2 m ar draws ac 1.6 m o uchder, o dan fwa segmentol (Ffigurau 72 a 73d). Nid yw'n ganolog i'r siambr gan ei fod wedi ei osod ar ongl i'r de. Mae hyn yn awgrymu fod yr agoriad posibl a gaewyd, ac sy'n weladwy ar wyneb allanol y wal hon, yn fynedfa a arferai gysylltu â'r rhan ôl (12, Ffigur 81; gweler isod), gan y byddai'n gymesur â'r fynedfa bresennol o boptu i'r lle tân. Fodd bynnag nid oes olwg o unrhyw agoriad o'r siambr, tra bod sil ?agoriad 12 bron i 2 m o dan lefel y llawr cyntaf.

Mae trydedd ran ogleddol y wal ddwyreiniol gryn dipyn yn fwy trwchus (2 m), lle mae'n cynnwys tramwyfa furol. Aed i mewn i hon o fynedfa uchel yn wyneb dwyreiniol y wal (4, Ffigur 81), ac roedd yn dod i ben ymhen 3 m yn yr ongl â'r wal ogleddol (Ffigur 72), lle roedd yn cael ei goleuo gan ffenestr fechan golau sengl, yn gorwedd oddi mewn i dorlun yn y llenfur gorllewinol, ac efallai mai safle geudy ydyw. Mae'r ffrâm o gwmpas y ffenestr mewn cyflwr da gyda phen meillionen a chwsb wedi'i suddo, fel honno yn y tŵr deheuol (Ffigur 33). Ym mhen deheuol y rhan mwy trwchus hwn o'r wal mae bonyn wal fewnol yn dirwyn o'r dwyrain i'r gorllewin (Ffigurau 72, 73c a 73d). Nid yw'n ymddangos

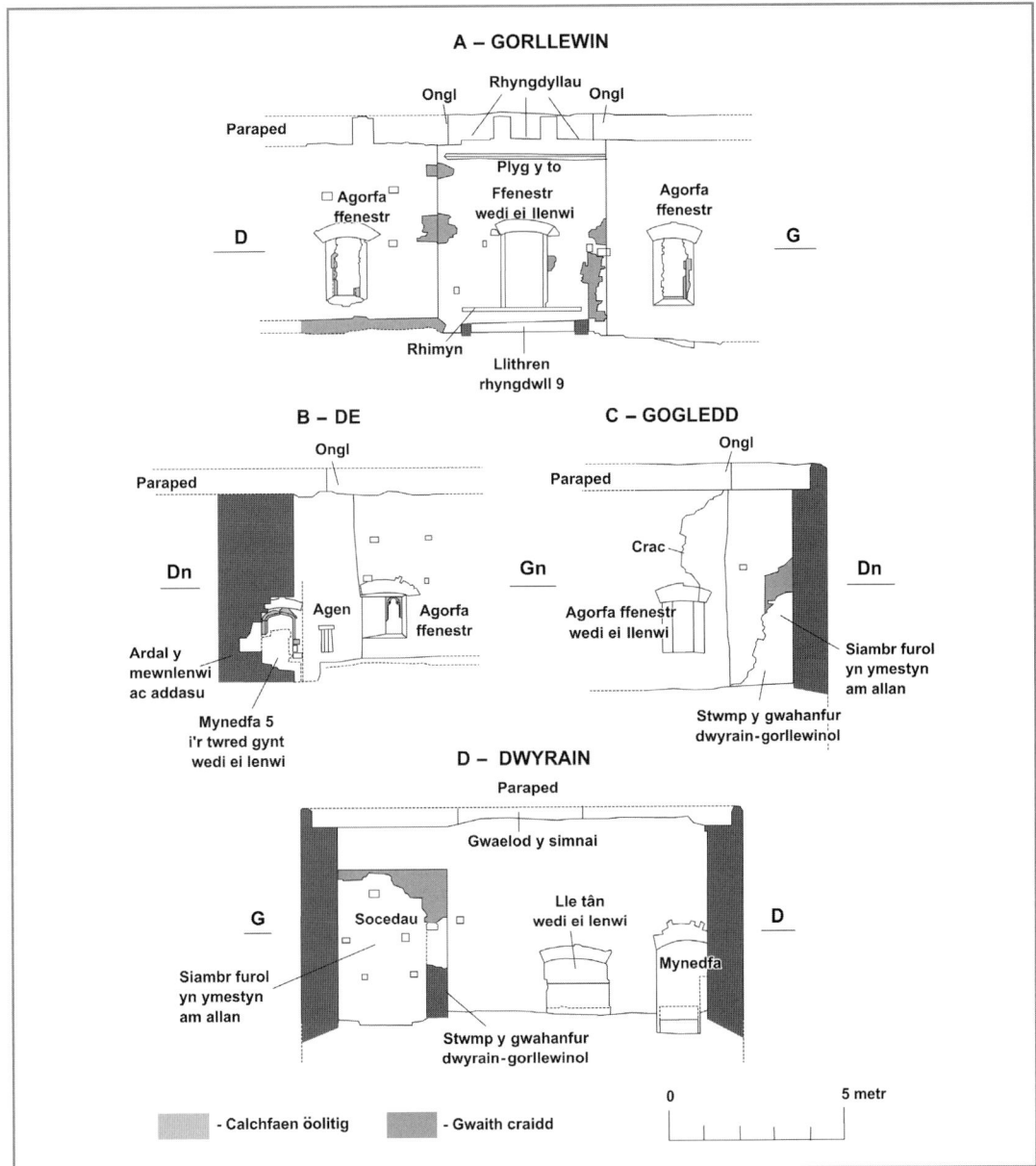

Ffigur 73 Golygfeydd o'r tu mewn ar lawr cyntaf y porthdy

ei bod wedi codi i uchder llawn y siambr, neu ei bod wedi ymestyn ymhellach o gwbl i'r gorllewin fel gwahanfur, ac nid ydym yn gwybod beth oedd ei swyddogaeth.

Tynnwyd llawr concrit modern yn 2001,[40] gan ddatgelu wyneb o fflagiau dros fowt cyntedd y porth – un a luniwyd yn bennaf o slabiau Hen Dywodfaen Coch – a phen uchaf y mewnlenwad yn lloriau gwaelod y tŵr (Ffigur 72). Roedd dwy agen hydredol yn yr wyneb fflagiau, y ddwy yn 0.5 m ar draws ac yn llenwi lled cyfan cyntedd y porth.

Ffigur 74 Y porthdy y tu mewn i'r llawr cyntaf, gan edrych i gyfeiriad y gogledd-orllewin, yn 2012

Ffigur 75 Y porthdy, y tu mewn i'r llawr cyntaf, gan edrych i gyfeiriad y de-ddwyrain, yn 2012

Ffigur 76 Porthdy, y tu mewn i'r llawr cyntaf: agen y porthcwlis, yn edrych i gyfeiriad y gogledd, fel y'i datgelwyd yn 2002

Mae'r un i gyfeiriad y gorllewin yn dynodi llithren y twll arllwys dros y fynedfa (9, Ffigur 67; Ffigur 68 a gweler uchod), tra bod yr agen ddwyreiniol, y gosodwyd slabiau drosti'n ddiweddarach, yn cynnwys y porthcwlis (Ffigur 76; gweler hefyd Ffigur 68). Gadawyd y ddwy agen ar agor yn yr wyneb fflagiau newydd a osodwyd yn 2002.

Prin yw'r dystiolaeth o strwythur y to. Cyfyngir y rhigolau sydd wedi goroesi i'r wal orllewinol, rhwng y tyrau (Ffigur 73a), ac mae'n gorwedd yn union o dan lefel y rhodfa ben mur. Fodd bynnag, efallai mai llithrfa dŵr glaw yw'r agoriad allanol ar ochr ddeheuol y porthdy, yn union uwchben y bwrdd corbel ar y parapet (gweler Ffigur 79), sy'n awgrymu fod y bargod yn gorwedd ar lefel y rhodfa ben mur (neu eu bod wedi eu cario dros y rhodfa ben mur hyd yn oed). Nid oes unrhyw gorbelau, na socedau, ar gyfer unrhyw waith coed. Mae socedau o'r fath yn bodoli – wedi eu crynhoi oddi mewn i'r tŵr deheuol a wal orllewinol y tŵr gogleddol (Ffigur 73b a 73c) – ond nid ymddengys eu bod yn adeileddol, ond efallai fod yr olaf yn dynodi aradeiledd yn gysylltiedig â rhyw ddefnydd arbennig a wnaed o'r man 'ar wahân' hwn.

Roedd lefel y parapet yn ddinodwedd i raddau helaeth (Ffigur 77). Safai'r parapet ei hun hyd at uchder o 0.5 m yn unig ar gyfartaledd ac roedd wedi colli ei greneliadau, ond fe'u dangosir yn engrafiad Buck yn 1740 (Ffigur 126). Roedd y rhodfa ben mur yn 0.8 m ar draws ar gyfartaledd, y tu ôl i wal barapet a oedd yn 0.7 m o drwch. Roedd yn bargodi'r hen ran ôl, gan ddirwyn yn ei flaen o gwmpas ochr ddwyreiniol y porthdy lle roedd simnai'n arwain o le tân y llawr cyntaf yn dod ar ei draws. Mae'r simnai hon, na ddangosir gan y Brodyr Buck, wedi cael ei chau a'i chwtogi, ond mae ei gwaelod wedi goroesi ac mae'n llydan iawn, yn mesur 4.5 m o'r gogledd i'r de. Gellir gweld y tri agoriad ar gyfer yr haen uchaf o dyllau arllwys ar yr ochr orllewinol (8, Ffigur 67; Ffigur 77), wedi eu gwahanu gan rannau isel o wal; ymddengys mai cleddu ar gyfer y parapet yw 'bwtres' debyg ar ochr orllewinol y tŵr deheuol.

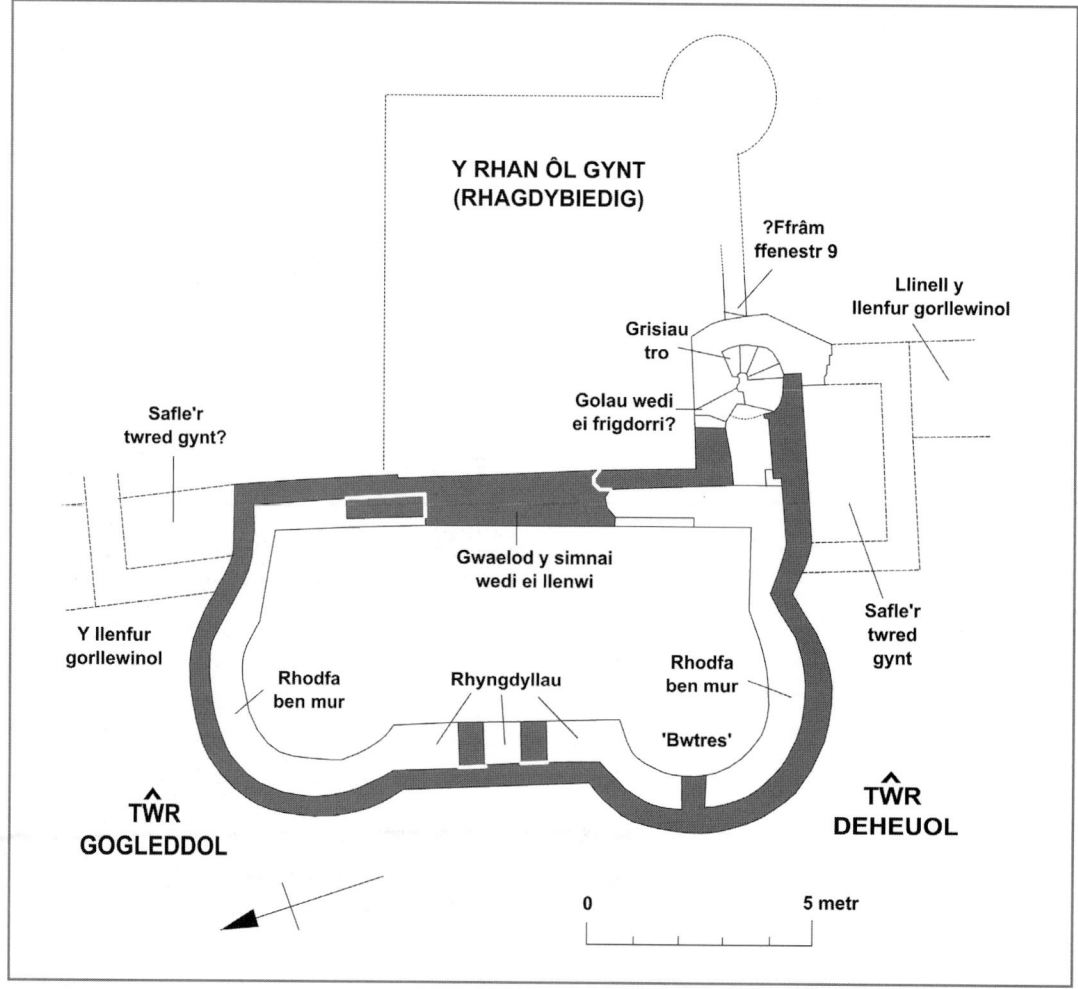

Ffigur 77 Cynllun o'r porthdy ar lefel y parapet

Gellid cyrraedd y rhodfa ben mur o'r grisiau tro yn rhan ôl y wal ddeheuol a ddisgrifiwyd uchod. Cafodd hwn ei gwtogi ac mae carreg ffenestr golau agen ar yr ochr ogleddol yn cadarnhau ei fod yn arfer bargodi'r parapet fel 'tyred' bach neu dyred.

Y tyred deheuol (Ffigurau 78–9)

Gellir gweld bonyn yr hen lenfur yn amlwg ar wyneb deheuol y porthdy (1, Ffigur 79; Ffigur 78), ac mae tystiolaeth amlwg yn yr un man fod tyred yn arfer gorwedd yn yr ongl rhwng y porthdy a'r llenfur. Gellir gweld craith ei wal orllewinol (4), 0.6 m o drwch, 2.5 m i'r gorllewin o'r llenfur, sy'n dangos ei fod yn codi i uchder llawn y porthdy. Nid yw bwrdd corbel y porthdy'n parhau rhwng y ddwy wal hyn, ond fe'i cariwyd o gwmpas y tyred ar lefel is (14), sy'n arwydd fod y tyred a'r porthdy'n cydoesi. Roedd siambrau ar dair lefel yn y tyred, a oedd yn un sgwâr mae'n debyg, a dynodir llawr gwaelod y porthdy gan ddau gyfnod

Ffigur 78 Ochr ddeheuol y porthdy yn dangos safle'r tyred, a'r mewnlenwad, o'r de (trwy garedigrwydd Ken Day)

yn y tyred. Cwtogwyd yn arw ar y ddwy siambr isaf yn ystod y cyfnod ôl-ganoloesol, ond mae'r olion yn dangos mai dim ond tua 2.5 m oeddent o ran uchder ac aed i mewn i bob un, o'r dwyrain, drwy fynedfa isel (10) drwy'r llenfur gorllewinol; mae'r ystlysbost öolit siamffrog i'w weld o hyd ar y fynedfa uchaf (8). Mae'r mynedfeydd yn awgrymu fod y llenfur yn perthyn i'r un cyfnod â'r porthdy a'r tyred, hynny yw, fe'i hailadeiladwyd yn 1409–11. Roedd y ddwy siambr â fowtiau baril, yr isaf yn dangos gweddillion wedi eu cwtogi o fowt gogledd-ddeheuol (9) tra gellir gweld colofnig fowt dwyrain-ddeheuol (7) yn yr un uwch ei ben. Roedd y siambr ar y llawr cyntaf yn uwch, ac heb fowt; mae'r rhigol to (6) wedi goroesi ar wyneb deheuol y porthdy ac mae'n dangos ei fod yn 5.5 m o uchder. Aed i mewn o'r porthdy drwy'r drws, a ddisgrifiwyd uchod, sy'n weladwy ar yr wyneb hon fel ffrâm pedwar canolbwynt (5) mewn öolit a thywodfaen coch.

Yr hen ran ôl

Gwelir tystiolaeth ar gyfer yr hen ran ôl yn y ffabrig sy'n parhau i sefyll, fel olion o dan y ddaear ac mewn ffynonellau mapiau a lluniau. Dangosir adeiledd deulawr, sy'n cyfateb i'r mesuriadau a awgrymwyd ar gyfer y rhan ôl, y tu cefn i'r porthdy ym mhrintiadau Buck yn yr 1740au (Ffigurau 126–7). Yn ogystal â hynny, darlunnir adeiledd hirsgwar sylweddol yn y lleoliad hwn o hyd mewn llun yn dyddio o 1829 (Ffigur 132). Efallai fod y rheswm dros oroesiad y rhan ôl i'w weld mewn nodwedd hynod a welir ar gynllun yn dyddio o 1819 (Ffigur 130). Dangosir dau dŵr y porthdy ond nodir a labelir trydydd tŵr yn union y tu ôl i'r porthdy ar linell wal y carchar heddiw. Efallai fod y tŵr hwn yn cael ei ddarlunio ym mhrint

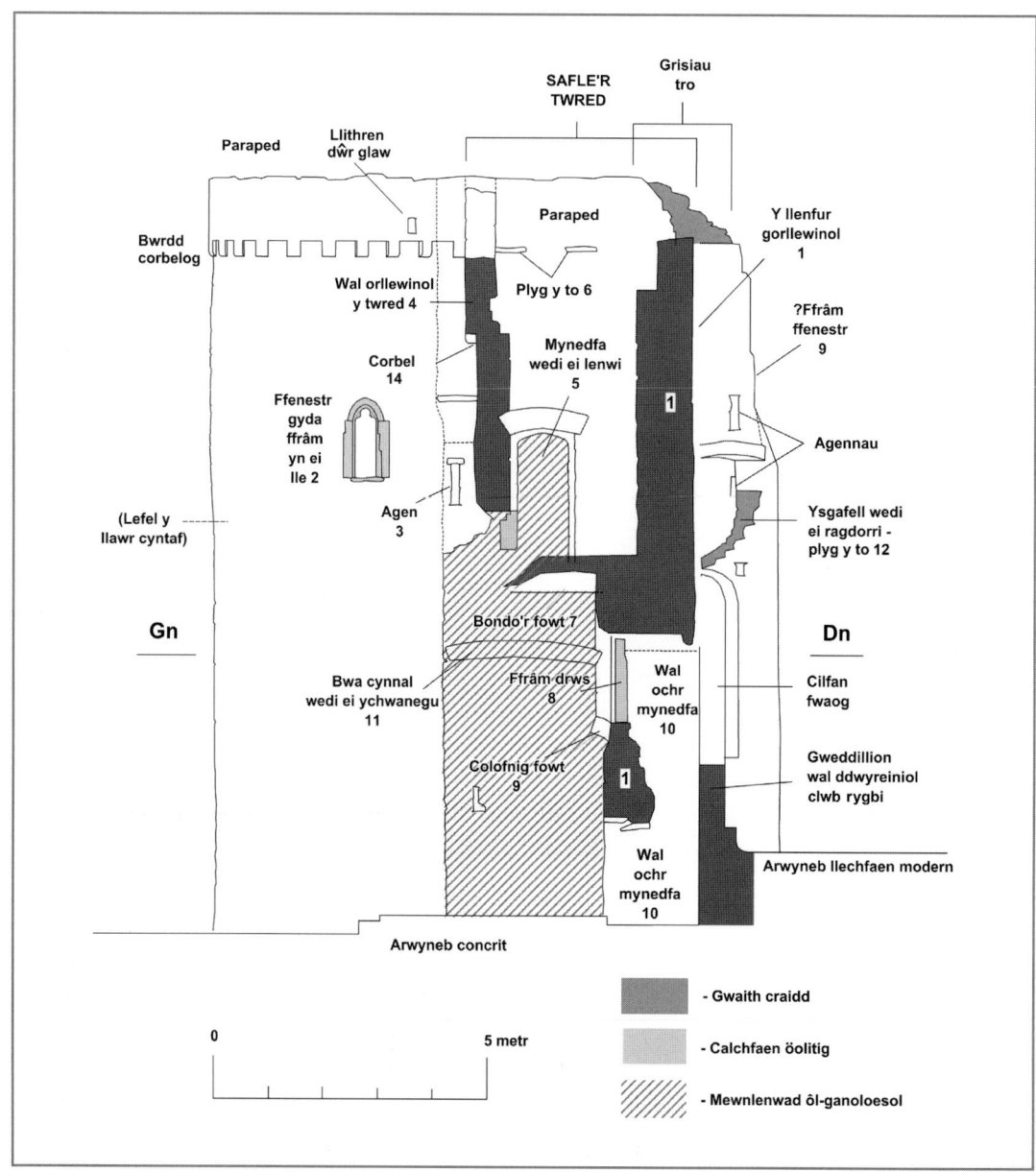

Ffigur 79 Golwg o'r tu allan ar ochr ddeheuol y porthdy a'r hen dyred

Buck yn 1740, lle'r ymddengys fod nodwedd silindraidd cul iawn yn cael ei ddangos yng nghornel de-ddwyreiniol y rhan ôl (Ffigur 126), ond mae'n ymddangos yn nodwedd llawer iawn mwy sylweddol yn y darlun yn 1829, yn dynodi tyred â grisiau tro o bosibl.

Roedd y rhan ôl, gan gynnwys unrhyw dyred, wedi mynd erbyn yr 1840au (Ffigurau 136 a 139), er bod ei wal ddeheuol wedi parhau fel llinell wal hyd ddiwedd y bedwaredd ganrif ar bymtheg (gweler Pennod 5). Mae bonyn gorllewinol y wal hon a gwtogwyd wedi goroesi hyd heddiw, tra daeth ei gyrsiau isaf i'r golwg, yn union o dan yr wyneb modern i'r dwyrain o'r porthdy yn ystod gwaith gosod sylfeini yn 2002 (Ffigur 34). Roedd eu ffabrig yn debyg i hwnnw yn yr adfeilion sy'n parhau i sefyll, a hefyd yn 1.2 m o led. Er eu bod wedi eu disodli'n rhannol gan ffos o'r cyfnod ôl-ganoloesol roeddent yn dirwyn i gyfeiriad y dwyrain cyn belled â wal y carchar o'r bedwaredd ganrif ar bymtheg lle gwelir 'bolio' afreolaidd yn y cyswllt. Mae'r rhan hon hefyd yn waith adeiladu gwahanol i weddill wal y carchar, ac yn amlwg yn fwy trwchus na honno, ac o bosib yn cynrychioli cornel de-ddwyreiniol ffosiledig y rhan ôl. Ar ben hynny mae'n bosibl fod ceugrymedd, a welir ar ei wyneb gorllewinol (Ffigur 34), yn cadarnhau presenoldeb tyred grisiau tro yma, yn perthyn efallai i du mewn ei siafft. Mae Ffigur 124 yn ceisio ail-lunio trefn y porthdy a'r rhan ôl yn ystod y bymthegfed ganrif.

Tystiolaeth o wyneb dwyreiniol y porthdy (Ffigurau 80–1)
Mae wyneb dwyreiniol y porthdy bellach yn wal allanol (Ffigur 80), ond arferai fod yn wal fewnol yn rhannu'r hanner gorllewinol a oroesodd o'r rhan ôl a aeth ar goll, ac mae'n 1.2 m o drwch. Mae'n ddarn cymhleth o waith maen ac yn anodd i'w ddatrys. Mae trefniadau'r llawr gwaelod wedi cael eu cuddio i raddau helaeth iawn gan newidiadau diweddarach gan gynnwys mewnlenwi cyntedd y porth yn ystod cyfnod y carchar (14, Ffigur 81) lle'r arferai fynd yn ei flaen drwy'r rhan ôl. Fodd bynnag, gellir gweld y wal ochr ogleddol a gwtogwyd yn y cyntedd fel stribyn o waith craidd (2), ac fel darn o slabiau a ddatgelwyd ar ei waelod, sydd gyda'i gilydd yn dangos fod y wal yn 2.5 m o drwch ar y lefel gwaelod. Mae gwaith craidd 2 yn codi, drwy lefel y llawr cyntaf, bron iawn at y parapet lle gellir gweld, mewn trawsdoriad, broffil y copin a'r llin-gwrs (6) yng nghornel gogledd-ddwyreiniol y rhan sydd wedi goroesi. Mae hyn yn dangos fod y waliau, yn y gornel hon, yn waliau allanol, a bod wal ogleddol cyntedd y porth yn ffurfio wal ogleddol y rhan ôl, gan roi dimensiwn cyfan o 7 m iddo rhwng gogledd a de. Ar ben hynny mae'r parapet corbelaidd yn dod i ben wrth y linell wal hon lle mae rhigol to yn ei ddisodli (11), a hwnnw'n perthyn i du mewn y rhan ôl, a arferai barhau o gwmpas y wal ddeheuol (2, Ffigur 83; gweler isod), sy'n dangos fod gan y rhan ôl dalcendo. Nid oes unrhyw dystiolaeth i'w weld fod wal ddeheuol cyntedd y porth wedi parhau, ond ailwynebwyd y fan o'i gwmpas yn sylweddol (15, Ffigurau 81 ac 83), ac efallai fod hyn yn dynodi mewnlenwad siambr y llawr gwaelod.

Saif cilan ar lefel y llawr gwaelod (3, Ffigur 81), oddi mewn i'r cyswllt â rhan ôl y wal ogleddol. Mae'n 1 m o drwch, yn 2.3 m ar draws ac yn 2.2 m o uchder o dan fwa segmentol. Er ei bod yn eithaf llydan, efallai ei bod yn dynodi hen fynedfa i dŵr gogleddol y porthdy, a gaewyd efallai pan fewnlenwyd siambrau'r llawr gwaelod. Uwch ei phen mae ail fynedfa (4), ar lefel y llawr cyntaf, sydd hefyd oddi mewn i drwch rhan ôl y wal ogleddol. Mae ei pherthynas â chilan 3 ar y llawr gwaelod yn awgrymu y gellid mynd i mewn iddo o risffordd a oedd yn rhan o wal ogleddol y rhan ôl yn yr un modd, ac efallai'n cael ei chludo dros gilan 3 gan fwa (gweler Ffigur 124). Mae gwaith craidd 2 yn deneuach uwchben mynedfa 4 (dim ond 0.5 m o drwch), ac mae llinell copin 6 fel pe bai wedi parhau am i

Ffigur 80 Ochr ddwyreiniol y porthdy, o'r gogledd-ddwyrain, yn 2012

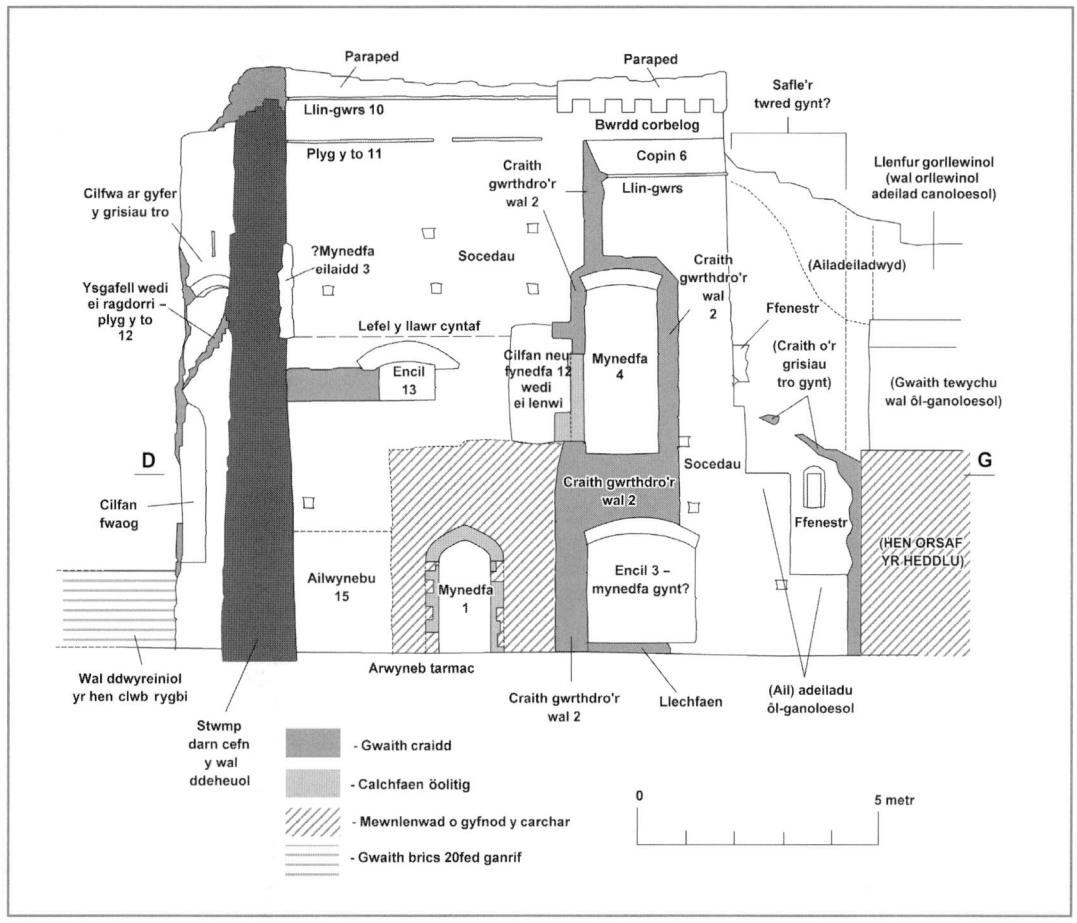

Ffigur 81 Golwg o'r tu allan ar ochr ddwyreiniol y porthdy

lawr fel to ar oledd dros y wal ogleddol a'r fynedfa. Ni archwiliwyd y fynedfa uchel – 3.5 m o uchder o dan ben segmentol – yn llawn, ond mae'n edrych allan ar y dramwyfa furol yn wal ddwyreiniol y rhan a oroesodd ac a ddisgrifiwyd uchod, sydd hefyd yn gorwedd o dan gopin 6.

Gorwedd agoriad a gaewyd, 2.5 m o uchder (12, Ffigur 81), nesaf at fynedfa 4 ac y mae'r ddau yn amlwg yn gysylltiedig. Mae'n edrych yn debyg i ail fynedfa, gan rannu gweddillion ffrâm ôlit, ar lefel y sil, â mynedfa 4. Fodd bynnag, ni ellir gwahaniaethu rhwng y ddau ar y tu mewn (gweler uchod), ac nid ydym yn gwybod beth oedd ei wir bwrpas. Mae'n ymddangos mai cilan gaeedig fu agoriad llai (13) erioed. Mae'n 0.3 m o ddyfnder, yn 1.2 m ar draws ac yn 0.8 m o uchder o dan fwa segmentol ac efallai mai cwpwrdd ydoedd, er ei fod yn cefnu ar y lle tân yn y siambr ar y llawr cyntaf. Mae patrwm rheolaidd o socedau sgwâr (14) i'w gweld yn uwch i fyny yn y wal, ac mae'n ymddangos mai socedau adeileddol yn hytrach na rhai sgaffaldiau oeddent. Gan ei bod yn annhebygol fod llawr arall ar y lefel hon, efallai eu bod yn gysylltiedig ag adeiledd y to.

Rhan ôl y wal ddeheuol (Ffigurau 78–9, 82–3)
Fel y gwelsom, mae'r dystiolaeth maes ar gyfer rhan ôl y wal ddeheuol yn cynnwys olion o dan y ddaear a'r ffabrig sy'n parhau i sefyll. Goroesodd ei wal ddeheuol a gwtogwyd fel wal yn mesur 3.8 m o hyd, yn dirwyn i'r dwyrain o'r gornel de-ddwyreiniol a oroesodd o'r porthdy (Ffigurau 65, 72, 79–83). Gwnaed llawer o newidiadau iddo ac mae'n anodd canfod y trefniadau gwreiddiol. Fodd bynnag, gwelsom hefyd fod ei hanner uchaf, o leiaf, yn cynnwys grisiau tro (gweler Ffigurau 72 a 77). Cludir hanner uchaf y grisiau ar letraws dros yr ongl rhwng y porthdy a'r llenfur gorllewinol gan fwa segmentol, i ffurfio cilfwa, ac fe'i goleuwyd gan olau agen bychan (Ffigur 79); gorwedd ail golau agen o dan y bwa, sy'n dangos nad yw'r grisiau wedi'u cyfyngu i'r man lle mae'r cilfwa.

Ar y lefel hon, roedd wyneb deheuol y wal yn wal allanol. Fodd bynnag, mae'n edrych yn debyg fod ysgafell groeslin yn union oddi tano, a oleddai am i lawr i ymuno â'r llenfur gorllewinol a gwtogwyd ar lefel y llawr cyntaf (12, Ffigur 79) yn derbyn pen to ar ongl a oedd yn perthyn i adeilad cyffiniol, yn gorwedd i'r de ac yn erbyn y llenfur. Oddi tano mae cilan, sy'n cyrraedd uchder llawn yr adeilad a awgrymir; cariwyd ei fwa dros yr ongl â'r llenfur hefyd.

Yn yr wyneb gogleddol (mewnol) mae dau ddrws wedi eu cau (4 a 5, Ffigur 83; Ffigur 82). Maen nhw'n gorwedd wrth ochr ei gilydd, tua 1.7 m o dan y fynedfa bresennol i siambr bresennol y llawr cyntaf, 3 (gweler uchod), ac oherwydd hynny nid ydynt yn cyfateb i unrhyw un o'r lefelau llawr a oroesodd. Mae gan bob un ffrâm pedwar canolbwynt mewn carreg nadd, ôolit ym mynedfa 5 tra bo pen mynedfa 4, i'r dwyrain, wedi'i ddisodli gan goncrit cast. Saif mynedfa 4 dros y ffordd â'r grisiau tro ac oherwydd hynny efallai ei fod wedi arwain ato. Nid ydym yn gwybod beth oedd diben na chyrchfan mynedfa 5 fodd bynnag. Tynnwyd ei sil gan ?fewnosodiad eilaidd bwa amrwd (6), sy'n ymddangos fel pe bai'n gorwedd uwchben man a fewnlenwyd a oedd ychydig yn rhy fychan i fod yn fynedfa arall. Gellir gweld olion ail fwa (7) yn yr ongl â wal ddwyreiniol bresennol

Ffigur 82 Wyneb gogleddol y wal ddeheuol a gwtogwyd yn yr hen ran ôl, yn 2002

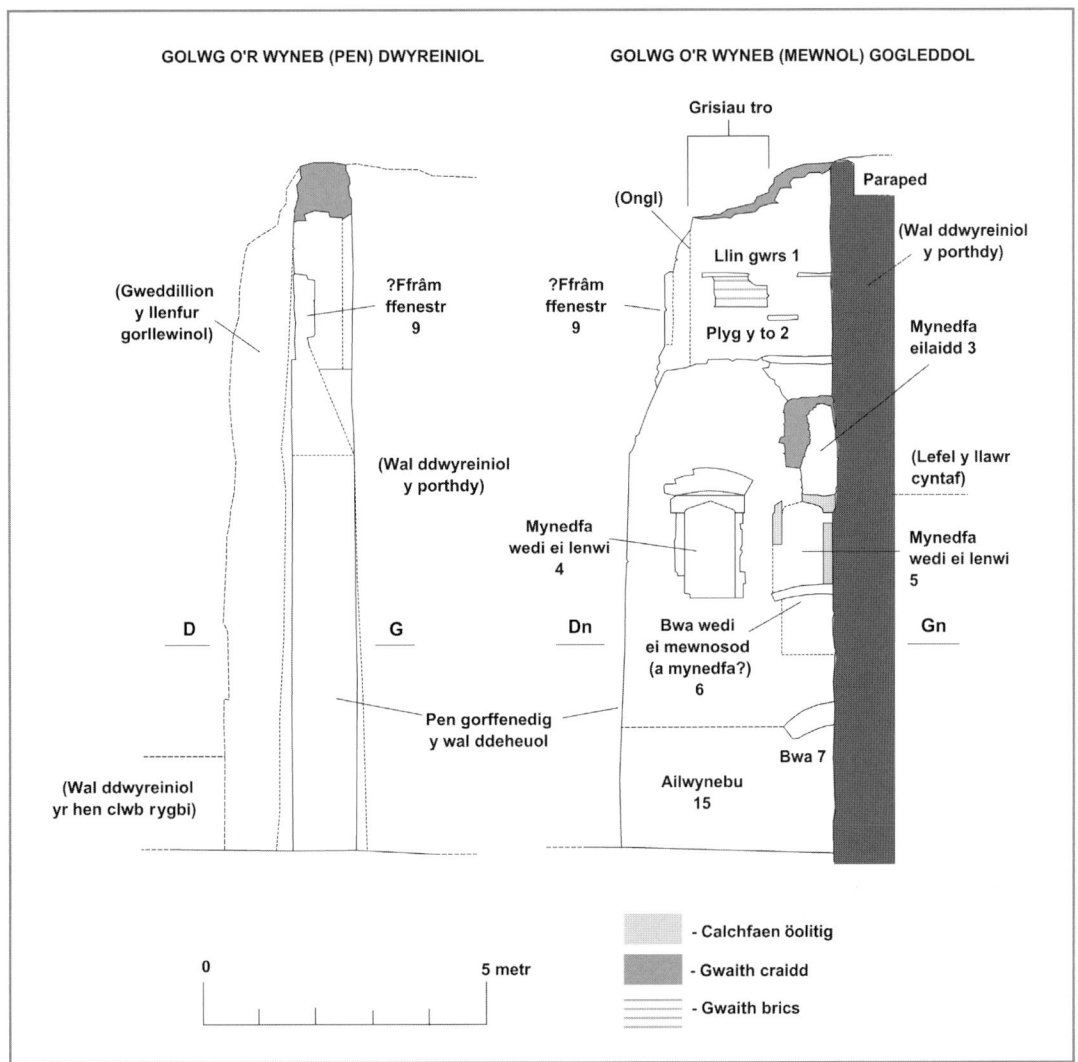

Ffigur 83 Golygfeydd o'r dwyrain a'r gogledd ar y wal ddeheuol a gwtogwyd yn yr hen ran ôl

y porthdy, ei ben yn gorwedd 2.2 m uwchben lefel y ddaear. Mae'n codi tuag at wal ddwyreiniol y porthdy, lle mae'n dod i ben yn ôl bob golwg. Fodd bynnag mae llenwad rwbel llawr gwaelod y tŵr deheuol, a welir ar wyneb y siambr ar y llawr cyntaf, yn ymestyn i fyny i'r wal ddwyreiniol (Ffigur 72; gweler uchod), sy'n awgrymu fod cyntedd mynedfa o'r dwyrain wedi'i fewnlenwi hefyd. Oherwydd hynny efallai fod y bwa'n perthyn i gyntedd, sy'n gorwedd ar letraws yn yr ongl rhwng y ddwy wal, a fewnlenwyd ar ôl hynny a'i chuddio o dan ddefnydd allanol 15 (Ffigurau 81 ac 83).

Gorffennwyd hanner isaf y pen dwyreiniol a gwtogwyd o'r wal, ond gwelir rhai nodweddion gwreiddiol yn yr hanner uchaf, gan gynnwys un ystlysbost yn perthyn i ffrâm, ar gyfer ffenestr mae'n debyg (9, Ffigurau 79 ac 83).

Newidiadau yn y cyfnod ôl-ganoloesol

Gwelwyd o'r disgrifiad uchod fod y porthdy wedi cael ei ddifrodi a'i newid yn sylweddol yn ystod y cyfnod ôl-ganoloesol, yn arbennig o ran colli ei ran ôl. Er bod y newidiadau hyn yn perthyn i nifer o gyfnodau a'u bod yn deillio o achosion gwahanol, nid oes unrhyw dystiolaeth adeileddol ychwaith ar gyfer ei ddefnydd yn ystod ei gyfnod fel carchar, neu ar gyfer y math o dresmasu domestig a ddigwyddodd fel yn y tyrau eraill.

Dadleuir ym Mhennod 5 y gallai'r siambrau ar y llawr isaf fod wedi eu mewnlenwi gyda rwbel fel cam yn erbyn canonau, yn ystod Rhyfel Cartref 1642–8. Tynnwyd y mewnlenwad yn rhannol o'r tŵr gogleddol a'i ôl-lenwi â phridd rhydd, llawn morter a gloddiwyd yn 2002 (Ffigur 84). Roedd yn cynnwys cerrig, darnau o fricis, rhai esgyrn yn perthyn i anifeiliaid a bowlen pibell glai yn dyddio o'r ddeunawfed ganrif/y bedwaredd ganrif ar bymtheg gan nodi fod yr ôl-lenwad yn perthyn i ddiwedd y ddeunawfed ganrif ar y cynharaf a'i fod yn perthyn i'r carchar sirol ar ôl 1789 oherwydd hynny.

Mae'n ymddangos fod y porthdy wedi dioddef oherwydd y dinistr yr awgrymir iddo ddigwydd ar ôl y Rhyfel Cartref. Fodd bynnag, cyfyngwyd y difrod i ardal yr hen lenfur gorllewinol yn ôl pob golwg, i'r de, a'r tyred deheuol a gollodd ei siambrau cromennog; gellir gweld bod dwy ran o dair isaf wal ddeheuol y porthdy yn fewnlenwad eilaidd, gyda bwa cynnal hanner ffordd i fyny (11, Ffigur 79; Ffigur 78). Felly mae'n debygol fod y wal wreiddiol wedi cwympo pan ddaeth fowtiau'r tyredau i lawr. Ni chollwyd y rhan ôl tan yn ddiweddarach ac mae'r dystiolaeth a geir mewn mapiau a phrintiadau'n awgrymu ei fod wedi goroesi hyd y bedwaredd ganrif ar bymtheg.

Ffigur 84 Y mewnlenwad eilaidd yn y porthdwr gogleddol, yn ystod y cloddio yn 2002, yn wynebu'r de-ddwyrain

Caewyd y porthdy pan adeiladwyd y carchar sir newydd yn 1789–92 ac ar ôl hynny, yn ôl bob golwg, fe'i gadawyd yn wag. Ailddechreuwyd defnyddio cyntedd y porth yn ystod yr 1870au–1880au er mwyn darparu mynedfa i Hen Orsaf yr Heddlu (gweler Pennod 5), ac mae'n debyg fod y pen dwyreiniol a fewnlenwyd, gyda'i fynedfa (1, Ffigur 81; Ffigurau 68–9), yn perthyn i'r cyfnod hwn. Yn y fynedfa mae ffrâm pedwar canolbwynt mewn öolit melyn, sy'n cynnwys rhwyll haearn dros y drws fel yr un a welir yn Hen Orsaf yr Heddlu, lle daw o ddechrau'r 1880au (gweler isod). Mae'n debyg fod y rheiliau a'r grisiau ym mhen gorllewinol y cyntedd yn rhai cyfoes; fe'u dangosir mewn braslun a wnaed yn 1909.[41]

Y ffos orllewinol, y bont a'r selerydd

Hyd yr 1970au aed i mewn i'r Porthdy Mawr drwy lôn gul a ddirwynai rhwng y ddau eiddo, Rhif 11 Maes Nott i'r gogledd a Rhif 21 Heol y Bont i'r de (Ffigur 85; gweler hefyd Ffigurau 133–4, 148–50 a 153). Yn gyffredinol, ymddangosai fod y lôn yn dilyn llinell y bont ganoloesol ar draws y ffos orllewinol, ond fel y gwelwn roedd ei aliniad yn gogwyddo'n raddol i'r de wrth i'r ffos gael ei mewnlenwi'n gynyddol ac adeiladwyd drosti yn ystod y gwaith datblygu a ddigwyddodd yn ystod y cyfnod ôl-ganoloesol ym Maes Nott a Heol y Bont. Mae tystiolaeth topograffig a thystiolaeth cloddio yn nodi fod ochrau dwyreiniol y ddwy stryd, sy'n gorwedd rhwng 18 m ac 20 m o'r llenfur gorllewinol, fwy neu lai yn cyfateb i ymyl gorllewinol y ffos.

Mae hanner gorllewinol (blaen) Rhif 21 Heol y Bont yn dal i sefyll, ac mae'n gorwedd ar ben seler; dymchwelyd yr hanner ôl yn 2002. Ynghyd â Rhif 11 Maes Nott, mae'n ymddangos fod gwaith adeiladu wedi digwydd ar ben y llain erbyn tua 1610 (Ffigur 112), ond mae'n edrych yn debyg ei fod wedi'i ailddatblygu'n llwyr ar ôl y Rhyfel Cartref: o edrych ar bob map wedi hynny mae'n amlwg fod adeiladau wedi eu codi drosto ac mae'n ymddangos fod y trefniant presennol – adeilad hirsgwar yn sgwaronglog â Heol y Bont, ac ar wahân i borthdy'r castell – yn ei le erbyn 1834 (Ffigur 133). Mae mapiau hanesyddol yn awgrymu fod yr eiddo yn perthyn i'r tŷ tafarn yn Rhif 20 Heol y Bont i'r de, sef y 'Buffalo Inn' (Ffigurau 128–30), yn ystod y rhan fwyaf o'r bedwaredd ganrif ar bymtheg ac efallai iddo fod yn rhan ohono.

Arferai Rhif 11 Maes Nott fod yn eiddo siâp L gydag un ystlys yn wynebu Maes Nott a'r llall yn gorwedd ar ben seler yn dirwyn o'r dwyrain i'r gorllewin yn y cefn, Seler I (Ffigur 85; gweler hefyd Ffigur 149). Roedd adeilad ar wahân, ond un cysylltiedig, yn gorwedd ar ben ail seler (Seler II), i'r gogledd-ddwyrain, rhwng tŵr gogleddol y porthdy a'r llenfur gorllewinol. Gorweddai iard gefn agored rhwng y tri adeilad, yn gorwedd ar ben seler arall (Seler III). Tra bod y dystiolaeth a ddatgloddiwyd yn awgrymu nad oedd yr adeiladau hyn yn rhai dim cynharach na'r ddeunawfed ganrif, mae map manwl Thomas Lewis o Gaerfyrddin, o 1786 (Ffigur 111), yn nodi eu bod yn eu lle erbyn diwedd y ddeunawfed ganrif, o leiaf. Roedd yr adeilad yn dafarn arall, sef y 'Swan Inn', o 1818 o leiaf (Ffigur 129).

Dymchwelwyd Rhif 11 Maes Nott (ynghyd â Rhif 12 i'r gogledd), yn 1971–2.[42] Fodd bynnag daeth y selerydd oddi tanynt i'r golwg pan wnaed gwaith tirlunio yn 2002–3, pan gawsant eu gwagio, eu cofnodi a'u cyfuno yn y diwedd o dan wyneb newydd. Roedd gan bob un o'r dair seler waliau a wnaed o waith maen o rwbel lleol, a fowtiau brics (Ffigurau 86, 93–4). Fe'u caewyd a'u hôl-lenwi yn ystod yr ugeinfed ganrif, pan ddymchwelwyd yr eiddo a oedd yn eu gorchuddio mae'n debyg.

Gwelwyd fod wal ddeheuol Seler I yn cynnwys rhan o bont, a oedd yn perthyn i ddyddiad canoloesol o bosibl, ac a oedd yn croesi'r ffos rhwng y porthdy a'r dref (Ffigurau 65 ac 85). Mae'n ymddangos fod y bont yn cynnwys dwy biler o waith maen yn cynnal dec o goed. Roedd dau aliniad cyfochrog o wal eilaidd, a fewnosodwyd rhwng y ddwy biler, yn awgrymu i ddechrau fod y bont wedi cael ei throi'n sarn parhaus o waith maen a dilynwyd y gwaith clirio yn ei dro gan gloddio dan reolaeth, dan arweiniad Duncan Schlee o YAD, yn ystod haf 2003.[43] Fodd bynnag dangosodd y cloddiad fod y wal ddiweddarach hon yn perthyn i'r cyfnod ôl-ganoloesol.

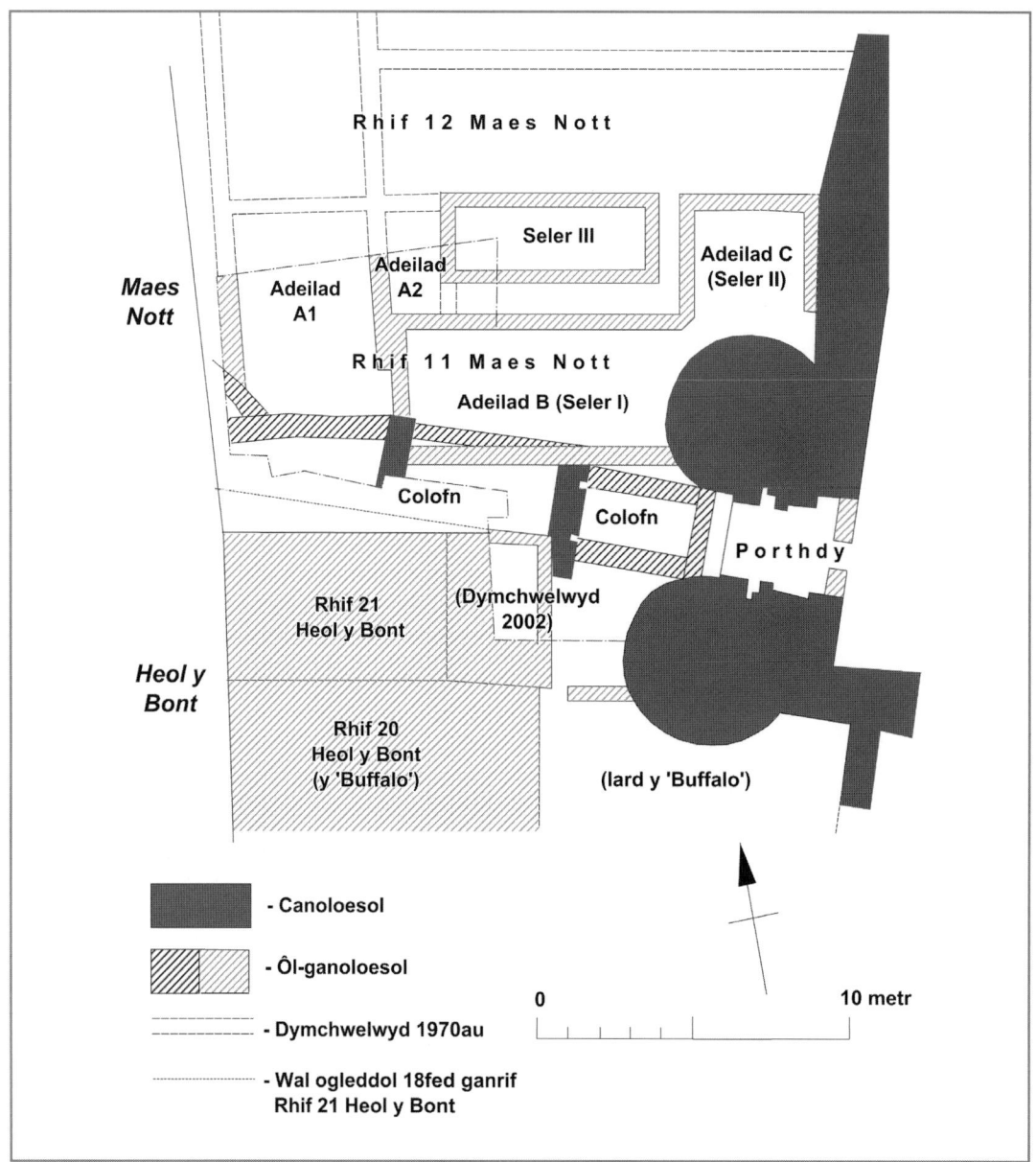

Ffigur 85 Cynllun yn dangos lleoliad cloddiad 2003, selerydd, colofnau'r bont ac ati, mewn perthynas â'r hen adeiladau

Roedd y datgloddio a wnaed yn 2003 yn cynnwys tri phrif ran a wahanwyd gan waliau ac na ellid eu cydberthyn yn gyflawn â'i gilydd. Daeth y gyfres lawnaf o ddyddodiadau i'r golwg o dan Rhif 11 Maes Nott, ond roedd cyfyngiadau ymarferol ac aflonyddu diweddarach yn golygu na ellid ei glymu'n llawn â'r cyfresi mwy cyfyngedig mewn rhannau eraill o'r safle. Yn ogystal â hynny, mae llinell y bont yn dal i ddynodi'r lôn a arweiniai o Faes

Nott i'r porthdy; fel llinell hwylus ar gyfer gwasanaethau tarfwyd arni'n arw gan ffosydd peipiau – a cheblau – nifer ohonynt yn fyw – ac ni ellid ei datgloddio. Roedd cyfyngiadau tebyg hefyd yn golygu na ellid archwilio Seler III yn llawn.

Mae cyflwr y crochenwaith a adferwyd o ddyddodion y ffos orllewinol yn nodi fod y mwyafrif o'r mewnlenwadau uchaf yn rhai eilaidd, yn dynodi mewnlenwadau a fewnforiwyd o rywle arall, o domen ysbwriel efallai (gweler Pennod 6). Oherwydd hynny mae'r canfyddiadau o ddefnydd cyfyngedig o ran dyddio naill ai mewnlenwadau'r ffos, neu'r adeileddau a godwyd arnynt; efallai i'r mewnlenwadau gael eu dyddodi'n llawer iawn mwy diweddar na dyddiad y canfyddiadau o'u mewn.[44] Mae'n golygu hefyd nad oedd y canfyddiadau na'r gweddillion esgyrn anifeiliaid a phlanhigion cysylltiedig yn deillio o gyffiniau'r castell o angenrheidrwydd.[45] Fodd bynnag, roedd yn ymddangos fod cyfres o ddyddodiadau yn is i lawr yn y ffos *in situ*. Ildiodd y rhain gasgliad pwysig o esgidiau lledr a phowlenni pren, yn perthyn i ddiwedd yr Oesoedd Canol, a adferwyd o fan a oedd yn llawn dŵr.

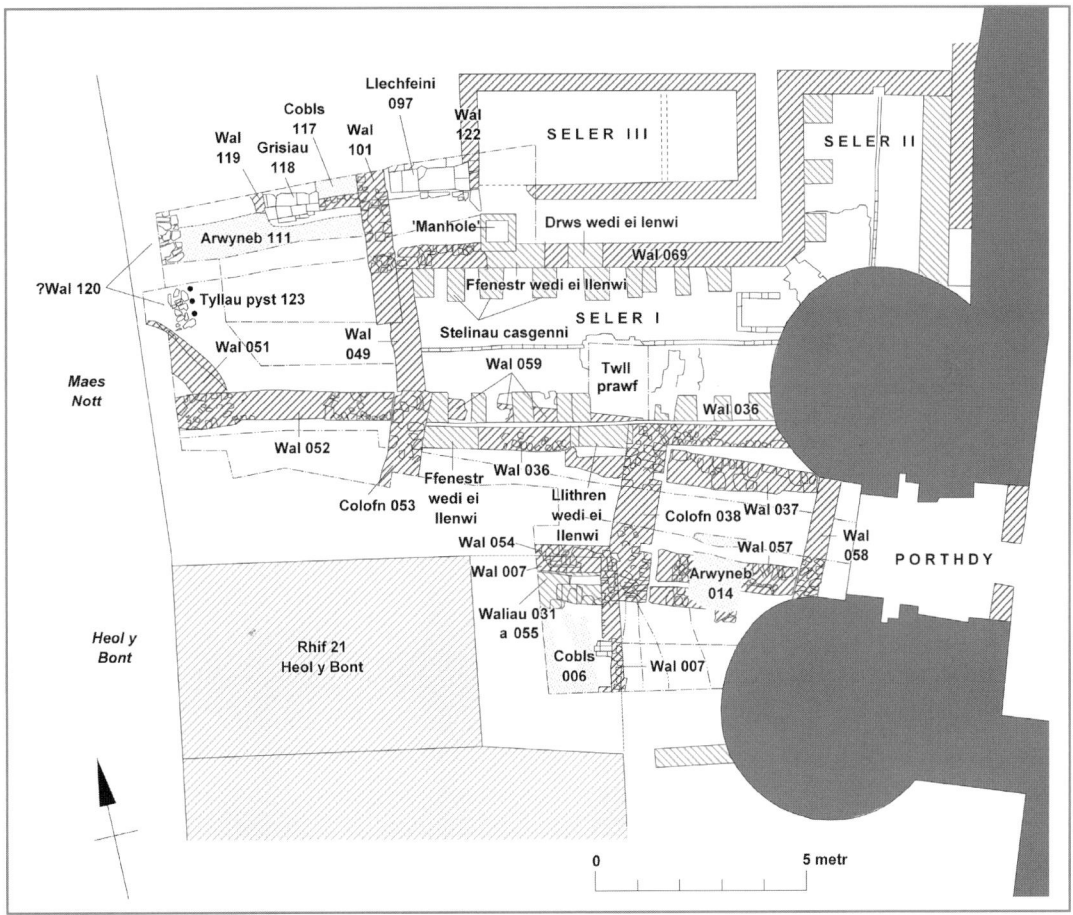

Ffigur 86 Cynllun cyfansawdd o ardal y bont yn dangos y nodweddion a ddatgloddiwyd

Y ffos ganoloesol a'r bont (Ffigurau 85–90)
Roedd y ffos orllewinol – na ellid cyrraedd ei gwaelod am resymau ymarferol – yn 5.3 m o ddyfnder o leiaf (Ffigurau 87 a 90). Roedd ei hymyl gorllewinol, allanol (085) yn gorwedd 16 m i'r gorllewin o'r ymyl mewnol a ddaeth i'r golwg trwy rigoli gwerthusiad yn 2001 (gweler uchod). Roedd yn ymddangos ei fod yn cyfateb i ymyl presennol Maes Nott, ac o'r fan honno roedd yn dirwyn ar oleddf am i lawr tua 45 gradd yn fras. Fodd bynnag, gwelwyd ei fod wedi ei dorri trwy ddefnydd cymysg lomog (087), o natur eithaf gwahanol i'r graeanau naturiol ffrwd-rewlifol a'r clog-gleiau, a'i fod yn edrych yn debyg i isbridd a ailddyddodwyd. Oherwydd hynny mae'n bosibl mai eilaidd oedd y ffos a dorrwyd a'i bod wedi ei thorri oddi mewn i fewnlenwad (bwriadol?) ffos gynharach, letach; fodd bynnag nid oedd unrhyw dystiolaeth dyddio ar gyfer yr (ail) dorri.

Nodwyd y dystiolaeth o bont bosibl i ddechrau yn wal ddeheuol ôl-ganoloesol Seler I (36; Ffigur 87), ac oddi mewn i'w ffabrig gorweddai dwy biler gul, arwahanol, o waith maen, 038 a 053. Dangosodd cloddio pellach mai dwy golofn oeddent a oedd yn arfer sefyll ar eu traed eu hunain, ac a oedd efallai'n cynnal pont bren â thri bae. Roedd y ddwy yn cynnwys rwbel a chwarelwyd yn lleol, calchfaen yn bennaf. Fel gyda'r ffos, ni lwyddwyd i gyrraedd gwaelod y colofnau, felly nid ydym yn gwybod beth oedd eu huchder gwreiddiol, ond roedd yn 5.3 m o leiaf.

Gorweddai'r golofn ddwyreiniol, 038 (gweler Ffigur 89), 4.60 m i'r gorllewin o riniog y porthdy ac roedd y golofn orllewinol, 053, yn gorwedd 5.5 m i'r dwyrain o ymyl gorllewinol y ffos, tra bod 4.90 m rhyngddynt (Ffigur 86). Roedd colofn 038 yn 0.92 m o

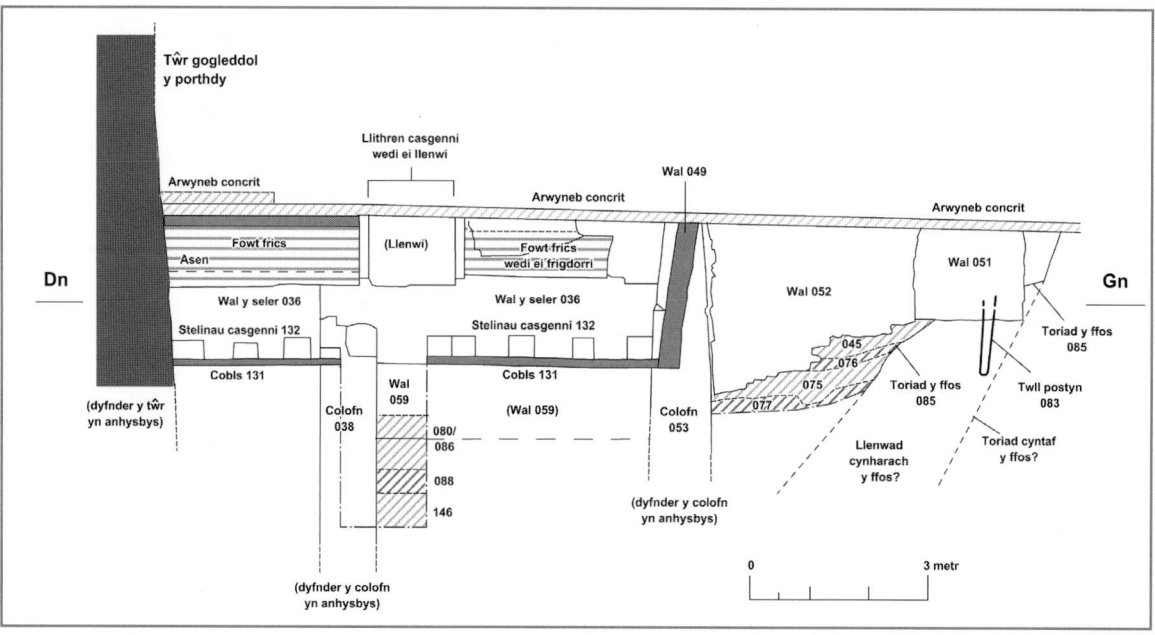

Ffigur 87 Golwg o gyfeiriad y gogledd ar wal ddeheuol Seler I yn dangos colofnau'r bont a'r wal ôl-ganoloesol

drwch (dwyrain-gorllewin) ac yn 4.30 m ar draws (gogledd-de). Roedd dwy agen fertigol toriad sgwâr, y ddwy'n 0.24 m ar draws ac yn 0.30 m o ddyfnder, gyda gwaelodion lletraws, yn rhedeg i lawr ei wyneb dwyreiniol o bwynt 1.10 m o dan y brig fel y goroesai (Ffigur 86). Yn ogystal â hynny rhedai agen lorweddol toriad sgwâr debyg, 0.20 m ar draws, o'r dwyrain i'r gorllewin trwy'r golofn, 0.20 m i'r de o'r agen ddeheuol. Efallai fod agen lorweddol debyg wedi bodoli ar ochr ogleddol y golofn, ond fe'i cuddiwyd gan wal y seler. Ni ddaeth y golofn orllewinol, 053, i'r golwg yn llawn, ond tybiwyd fod ei mesuriadau'n debyg i eiddo colofn 038. Yn weddluniol, fodd bynnag, gwelwyd ei bod yn meinhau'n bendant tua'r brig, gan gulhau i drwch o 0.50 m, ond roedd tystiolaeth ei bod wedi cael ei hailadeiladu.

Yn dilyn cloddio o dan lawr y seler, daeth tystiolaeth o doriad i'r golwg, 145, yn erbyn wyneb gogleddol colofn 038 (Ffigur 90). Er efallai ei fod yn arwydd o ffos adeiladu, ni ddaethpwyd ar draws gwaelod y golofn ac mae'r toriad yn gorwedd ar lefel eithaf uchel mewn perthynas ag ongl ymyl ffos 085, ac felly efallai ei fod yn dynodi'r ffos ar gyfer trwsio neu ailadeiladu yn hytrach na cham cyntaf yr adeiladu. Fe'i torrwyd trwy ddyddodiad na ddyddiwyd, ond gorweddai o dan gyd-destunau *in situ* (078–080) a oedd yn cynnwys defnydd yn perthyn i ddiwedd y bymthegfed ganrif/dechrau'r unfed ganrif ar bymtheg. Y rhain oedd y mewnlenwadau cynharaf y gellid eu dyddio a'r rhai dyfnaf bron iawn (Ffigur 90). Ar ben hynny y rhain oedd yr unig ddyddodion a gynhwysai arteffactau y gellid eu dyddio'n bendant i unrhyw gyfnod cynharach na diwedd yr ail ganrif ar bymtheg. Maent yn amlwg yn dynodi un digwyddiad o ran dyddodiad ac yn cynnwys y casgliad o esgidiau lledr a phowlenni y cyfeiriwyd atynt uchod. Mae natur y canfyddiadau eraill yno, a gynhwysai gwastraff crydd, ynghyd â theilchion mawr o ddau botyn canoloesol (jar a jwg) yn 079 a 080, yn nodi dyddodiad cyntaf, a arllwyswyd yn uniongyrchol i mewn i'r ffos fel tomen sbwriel.[46] Mae arddull yr esgidiau a ffabrig y crochenwaith, a ddisgrifir ym Mhennod 6, yn rhoi dyddiad o tua 1500 i'r digwyddiad dadlwytho, neu ychydig yn ddiweddarach efallai. Mae'n dal yn anhysbys a yw'n perthyn i'r castell, neu i ddatblygiad domestig oddi mewn i ffos y castell. Efallai fod cyd-destun 080 yr un fath â 086 oddi tano (Ffigur 90). Mae'r olaf yn gorchuddio dyddodiad arall, 088, sy'n gorwedd yn union uwchben ffos 145; cofnodwyd ei fod yn cynnwys darnau o frics ac ni fyddai hyn yn gwbl anghyson â dyddiad 1500+, ac felly efallai fod y dyddodiad yn perthyn i'r un cyfnod yn fras â 078–080. Awgrymir isod, fodd bynnag, y gallai'r bric fod wedi perthyn i gyd-destun gwahanol, diweddarach.

Mae'n ymddangos felly fod y colofnau'n perthyn i bont ganoloesol, ond ni ellir eu dyddio'n fanwl. Mae nifer o gyfeiriadau at 'the castle bridge' yn ystod y drydedd ganrif ar ddeg a'r bedwaredd ganrif ar ddeg – fe'i ddisgrifir yn 'newydd' yn 1317, sydd efallai'n gysylltiedig ag adeiladu'r colofnau i gymryd lle adeiledd a oedd yn gyfan gwbl o goed (gweler Pennod 4). Mae'n debyg y byddai unrhyw bont wedi cael ei difrodi'n ddifrifol, er hynny – ynghyd â'r porthdy – yn ystod gwrthryfel Glyndŵr, felly mae'r dyddiadau a awgrymir gan y canfyddiadau, a'r dystiolaeth ar gyfer ailadeiladu yn y ddwy golofn, yn gysylltiedig efallai â'r gwaith trwsio yn y porthdy a gofnodwyd yn ystod y cyfnod 1409–11.

Adeileddau a nodweddion ôl-ganoloesol (Ffigurau 86–7, 90 a 92)

Cyfnod ôl-ganoloesol 1 (diwedd yr ail ganrif ar bymtheg?)
Hefyd yn gorchuddio colofn pont 038 (Ffigur 90), ond yn anffodus heb unrhyw berthynas uniongyrchol â 078–080, roedd pedwar cyd-destun a ymddangosai eu bod yn cynrychioli un digwyddiad unigol – 062, 064, 065 a 074. Roeddent yn debyg o ran eu cymeriad, ac yn cynnwys cerameg yn perthyn i'r unfed ganrif ar bymtheg/dechrau'r ail ganrif ar bymtheg yn bennaf mewn casgliad cymysg iawn o deilchion bychain, hynod dreuliedig. Mae hyn yn dangos fod y dyddodion yn rhai eilaidd mae'n debyg – hynny yw, fe'u dadlwythwyd rhywle arall yn y lle cyntaf, mewn tomen ysbwriel efallai, cyn cael eu hailddyddodi yn y ffos yn ystod diwedd yr unfed ganrif ar bymtheg, ar y cynharaf, ac efallai'n llawer mwy diweddar.[47] Fel 078–080, roedd y dilyniant yn goleddu'n bendant i lawr yr allt i gyfeiriad y gogledd.

Efallai mai bwriad y dadlwytho oedd codi lefelau yn y ffos cyn ei datblygu, gan fod pâr o waliau dwyrain-gogledd cyfochrog wedi eu mewnosod ar ôl hynny rhwng colofnau'r bont, yn y bae canolog ac yn y bae dwyreiniol rhwng colofn 038 a'r porthdy (Ffigurau 86 a 90). Roedd bae canolog y wal ogleddol, 059, yn bargodi yn erbyn y ddwy golofn, yn gyfwyneb â'u hwynebau gogleddol. Gan gynnwys rwbel tywodfaen wedi'i sgwario'n fras, roedd yn 0.50 m o drwch, a daeth i'r golwg yn union o dan lefel llawr y seler, lle y'i gorchuddiwyd yn rhannol gan wal seler 36, sy'n awgrymu iddo gael ei gwtogi. Roedd wal 059 yn gysylltiedig â ffos adeiladu posibl (081), yn torri drwy ddyddodion ysbwriel 078–080, a'i waelod yn gorwedd 3.9 m o dan lefel presennol y ddaear (Ffigur 90). Mae'n bosibl fod y darnau o fricsia gofnodwyd yng nghyd-destun 088 yn perthyn mewn gwirionedd i lenwad y ffos hon.

Roedd wal gyfochrog yn gorwedd 2.6 m i'r de o 059 – 054 – a osodwyd am yn ôl 0.50 m oddi wrth bennau'r colofnau (Ffigur 86). Roedd ychydig yn fwy trwchus na 059 (0.55 m) ac nid oedd wedi cael ei chwtogi, gan iddi ddod i'r golwg yn union o dan yr wyneb modern. Yn wahanol i 059, fe'i hadeiladwyd heb sylfaen na ffos yn ôl pob golwg, yn union ar ben dyddodion yn perthyn i ddiwedd yr unfed ganrif ar bymtheg

Ffigur 88 *Dyddodion y ffos a wal 049 yn ystod y cloddio, gan edrych i gyfeiriad y dwyrain (wal 052 a cholofn 053 ar y dde; Seler I y tu hwnt)*

neu rai diweddarach 062, 064–5 a 074 (Ffigur 90). Daeth ei gwaelod i'r golwg ar ddyfnder o 3 m, sydd mwy neu lai ar yr un lefel – o ystyried y llethr ar i waered – o'r un yr awgrymir y torrwyd y ffos adeiladu ar gyfer wal 059. Efallai fod y ddau'n perthyn i'r un cyfnod felly.

I'r dwyrain o golofn 038 roedd dwy wal gyfochrog, 037 i'r gogledd a 057 i'r de, y ddwy hefyd mewn Hen Dywodfaen Coch a'r olaf yn parhau â llinell wal 054 (Ffigur 86). Gorweddent yn union o dan yr wyneb modern, 1.7 m oddi wrth ei gilydd, ac roeddent yn 3.5 m o hyd ac yn 0.65 m o drwch. Roeddent yn bargodi yn erbyn wal gul yn dirwyn o'r gogledd i'r de (058) a honno yn ei thro yn gorwedd yn erbyn tyrau'r porth ac yn eu bargodi. Mae'r tair wal felly yn perthyn i gyfnod diweddarach na'r porthdy a thra mai 058 yw'r gynharaf, efallai eu bod yn perthyn i'r un cyfnod yn fras. Roedd gwaelod wal 057 yn gorwedd ar lefel ychydig yn uwch na wal 054 i'r gorllewin, ond ar yr un terfynlin (Ffigur 90).

Dangoswyd fod wal 054 yn perthyn i gyfnod ôl-ganoloesol. Ni lwyddwyd i gyrraedd gwaelod y rhai eraill ac felly dim ond trwy gysylltid y gellir eu dyddio. Mae'n ymddangos yn debygol, er hynny, eu bod yn perthyn i ddyddiad tebyg; roeddent yn dilyn yr un aliniad, roeddent mewn rwbel tebyg a chwarelwyd yn lleol, Hen Dywodfaen Coch yn bennaf, ac roedd dwy wedi eu gosod ar derfynlin stratigraffig tebyg. Mae map Speed o tua 1610 (Ffigur 112) yn dangos datblygiad parhaus ar hyd ymyl dwyreiniol Maes Nott a Heol y Bont, sy'n awgrymu fod y ffos wedi'i hôl-lenwi'n rhannol o leiaf. Mae rhai prydlesi o ddiwedd yr unfed ganrif ar bymtheg, a drafodir ym Mhennod 5, hefyd yn gysylltiedig â lleiniau domestig oddi mewn i'r hen ffos. Fodd bynnag, mae'n debygol fod yr holl dai wedi'u clirio yn ystod yr 1650au pan ddinistriwyd y llenfur gorllewin mae'n debyg. Yn ogystal â hynny, tra bod waliau 054 a 057, o leiaf, yn perthyn i ddiwedd yr unfed ganrif ar bymtheg/dechrau'r ail ganrif ar bymtheg, mae natur y dystiolaeth ddyddio'n nodi eu bod yn fwy tebygol o fod yn rhai diweddarach, yn llawer diweddarach efallai.

Felly, o bwyso a mesur, mae'r dystiolaeth yn awgrymu fod y waliau a'r dyddodion a ddisgrifir uchod yn rhai o'r ail ganrif ar bymtheg ar y cynharaf, ac o adeg yn ddiweddarach yn ystod y ganrif mae'n debyg, ond mae'n ansicr a oeddent yn gysylltiedig â'r castell, neu ag anheddiad sifil. Mae'r waliau'n amlwg yn diffinio'r lôn fynediad i brif fynedfa'r castell, a barhaodd i gael ei ddefnyddio hyd nes y caewyd y porthdy yn 1789–92. Fodd bynnag, mae'r dystiolaeth dyddio'n dadlau yn erbyn cysylltiad â'r castell – erbyn dechrau'r ail ganrif ar bymtheg roedd y Goron wedi cael gwared ar y castell ac o hynny ymlaen fe'i rheolwyd gan awdurdodau'r sir fel carchar, ac ychydig iawn a wariwyd arno wedi hynny. Yn yr un modd, ychydig iawn o wariant a gofnodwyd yn ystod diwedd yr unfed ganrif ar bymtheg. O ganlyniad, mae'r dystiolaeth hefyd yn dadlau yn erbyn y ffaith fod y waliau'n dynodi sarn, tra nad oedd llinell wal ogleddol 037/059 yn ymestyn yr holl ffordd ar hyd y lôn fynedfa beth bynnag.[48]

Awgrymir yn lle hynny fod y waliau'n perthyn i ailddatblygiad domestig ar ôl y difrod bob ochr i lôn fynedfa'r castell; maen nhw hefyd yn diffinio ymylon lleiniau Rhif 11 Maes Nott a Rhif 21 Heol y Bont. Tra'r ymddengys fod y lleiniau hyn yn wag i raddau helaeth am beth amser ar ôl y Rhyfel Cartref – mae printiadau hynafol yn awgrymu nad oedd yr ardal wedi cael ei hailddatblygu'n llawn yn yr 1740au (Ffigurau 126–7) – mae maen dyddio o 1688, a ailddefnyddiwyd yn yr hen Rif 12 Maes Nott, yn awgrymu fod rhywfaint o waith

150 CASTELL CAERFYRDDIN

Ffigur 89 Colofn pont 038 a'r waliau ôl-ganoloesol 054 a 057, o'r de-orllewin

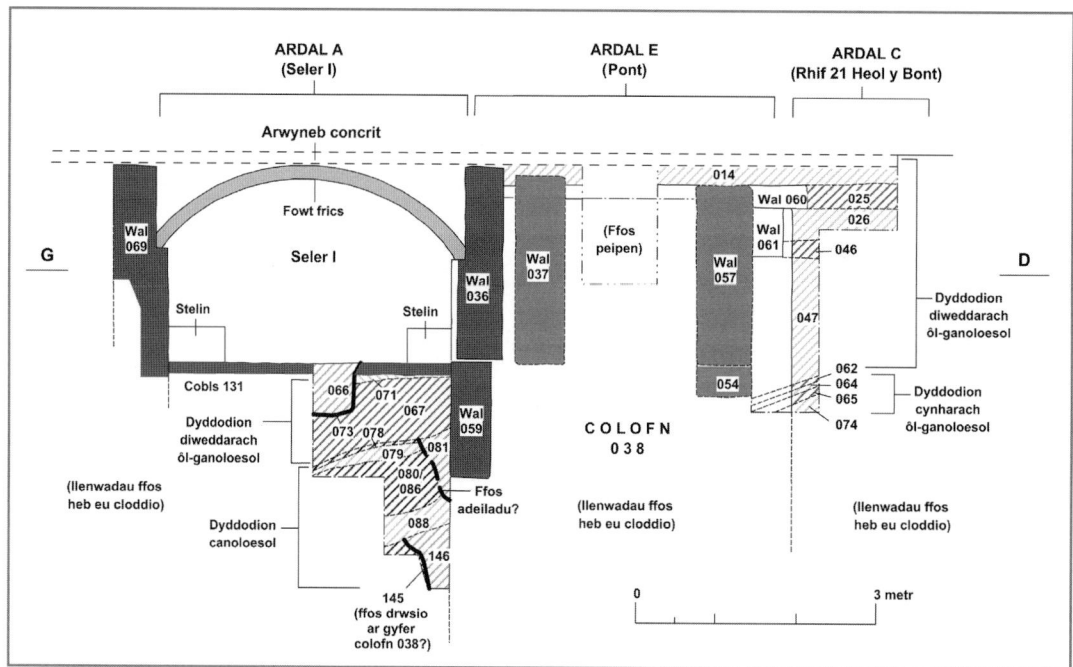

Ffigur 90 Trawslun cyfansawdd, ardraws drwy adeileddau a dyddodion y ffos, yn wynebu'r dwyrain

YR ADFEILION GWELEDOL   151

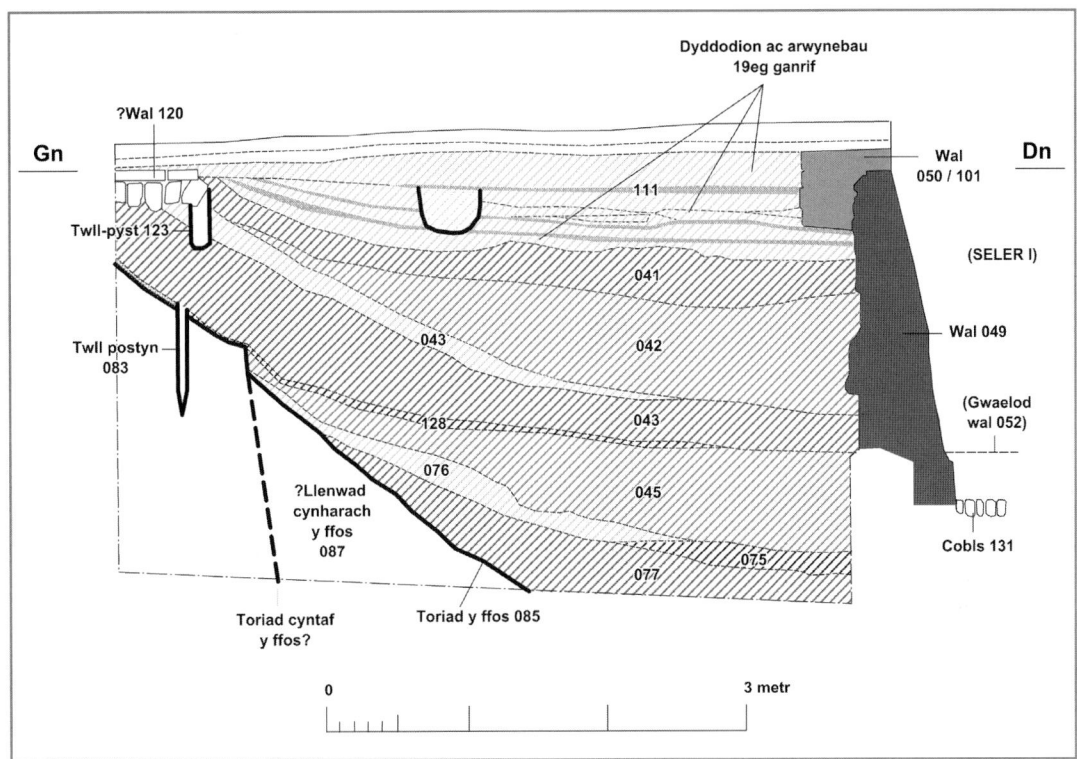

Ffigur 91 Trawslun yn wynebu'r de drwy ddyddodion o dan ochr orllewinol Rhif 11 Maes Nott

adeiladu wedi dechrau yn y cylch. Ar ben hynny, byddwn yn gweld fod llinell wal ddeheuol 054/057 yn wal ogleddol y tŷ a oedd yn Rhif 21 Heol y Bont erbyn diwedd y ddeunawfed ganrif. Ond tra bod y dystiolaeth yn awgrymu fod y waliau'n perthyn i'r dref, yn hytrach nag i'r carchar, nid yw eu hunion bwrpas yn ystod Cyfnod 1 yn hysbys.

Cyfnod ôl-ganoloesol 2 (canol y ddeunawfed ganrif)
Mae gweddill y waliau a'r dyddodion yn y man a gloddiwyd yn amlwg yn gysylltiedig â datblygu'r lleiniau fel eiddo domestig. Dechreuodd hyn yn fuan ar ôl 1740 ac roedd wedi ei gwblhau mwy neu lai erbyn 1786, ac mae'n debyg ei fod wedi'i wneud mewn dwy ymgyrch (Ffigur 92). Ystyriwyd bod cyfnod arall o ddadlwytho, a welir eto mewn dyddodion eilaidd (026, 046–7, 067, 071, 045 a 075–7, Ffigurau 87, 90–1) ac a ildiodd grochenwaith yn perthyn i'r ail ganrif ar bymtheg hyd ganol y ddeunawfed, yn ddigwyddiad unigol.[49] I'r gorllewin, gorchuddiwyd y dilyniant gan wal ddwyreiniol-orllewinol (052) yn cysylltu colofn pont 053 ag ymyl ffos y castell. Ar aliniad gwahanol i waliau Cyfnod 1, roedd wal gymharol gyfoes (051) a redai ar letraws i gyfarfod ag ymyl y ffos yn ei bargodi (Ffigurau 86–7). Efallai fod llinell ogleddol-ddeheuol o dyllau stanc i'r gogledd, 083, wedi cynnal gwahanfur er mwyn sefydlogi ymyl y ffos (Ffigurau 87 a 91). Mae'n ymddangos na safodd waliau Cyfnod 1 037

a 059 am gyfnod hir. Yn ystod Cyfnod 2 cawsant eu cwtogi a'u disodli gan wal unigol (036), yn dilyn aliniad wal 052, er iddi gael ei gosod yn ôl 1 m i'r de (Ffigurau 86–7); oherwydd hynny efallai fod y ddwy wal yn rhai cyfoes ac yn yr un man â'r llinellau wal a ddangosir ar fap 1786 (Ffigur 111).

Mae map 1786 hefyd yn dangos fod dau adeilad wedi eu toi ar lain Rhif 11 (Adeiladau A a B, Ffigurau 86 a 92), wedi eu rhannu gan wal ogleddol-ddeheuol (049) ym mhen gorllewinol Seler I (Ffigurau 86–8, 91 a 93), a oedd ar yr un terfynlin â waliau 036 a 052. Gorweddai llawr cobls Seler 1 ar yr un lefel (131, Ffigurau 87 a 91; Ffigur 94). Fodd bynnag, ynghyd â wal ogleddol y seler (069), awgrymir fod y cyfan yn eilaidd i waliau 036 a 052. Er bod y waliau hyn yn ymestyn allan o waelod y ffos pan ddechreuodd y gwaith adeiladu, buan iawn y ddaeth Seler I i orwedd o dan lefel y ddaear, fel oedd y bwriad o'r dechrau

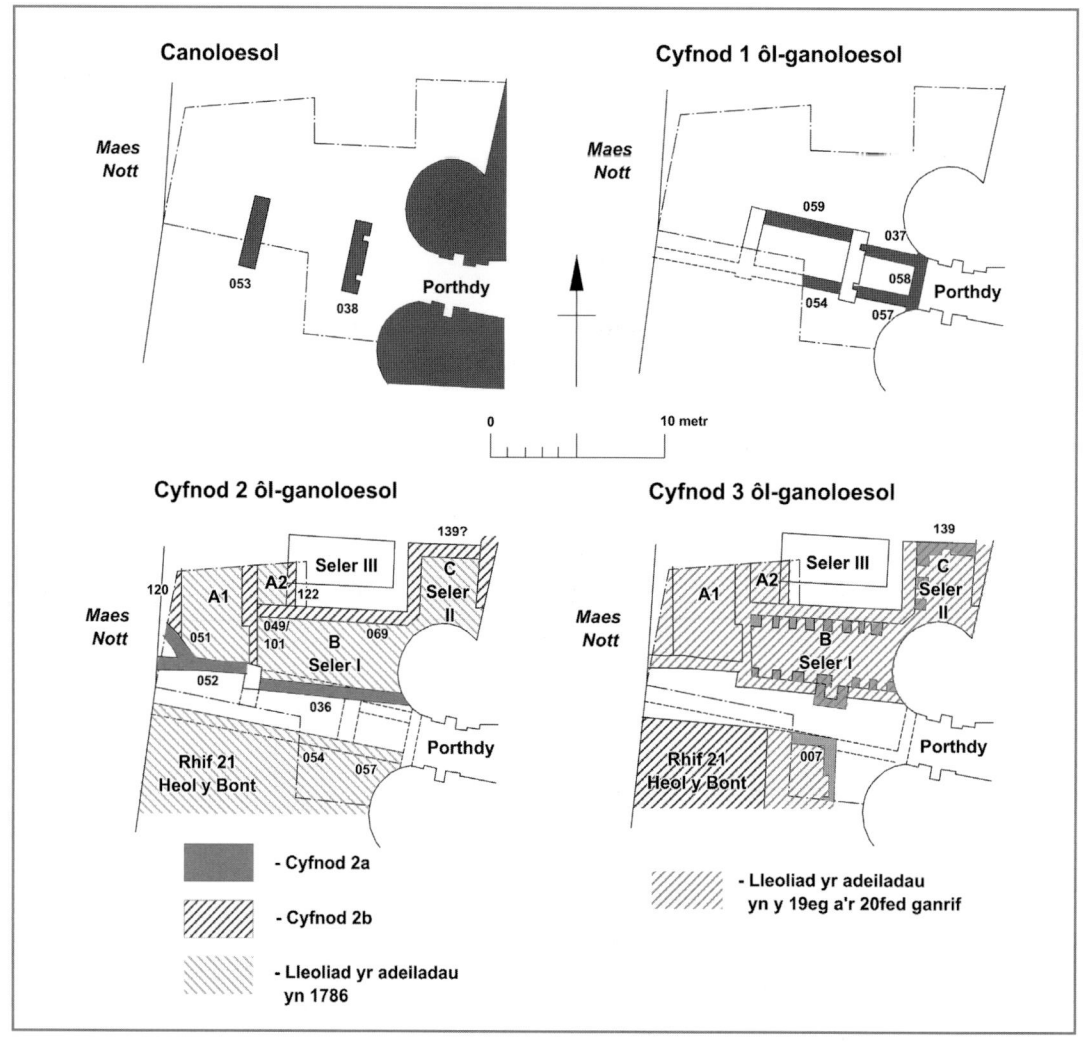

Ffigur 92 Cynlluniau cyfnod nodweddion a ddatgloddiwyd yn ardal y bont

efallai – mae'n ymddangos fod codi wal 049 wedi digwydd ar yr un pryd ag y dadlwythwyd yn erbyn ei hochr orllewinol (039 a 041–4, Ffigur 91). Roedd y tomenni hyn hefyd yn cynnwys defnydd wedi'i ddifrodi o'r unfed ganrif ar bymtheg/yr ail ganrif ar bymtheg ac mae'n amlwg yn arwydd o drydydd cyfnod o ddyddodi eilaidd. Fe'u gosodwyd er mwyn paratoi ar gyfer datblygu hanner orllewinol y llain (Adeilad A1), gan ei godi i'r un lefel â Maes Nott. Gall llinell o slabiau ar hyd pen blaen Maes Nott, yn gysylltiedig â llinell o byst stanc, ddynodi sylfaen ar gyfer wal orllewinol y llain (120 a 123, Ffigurau 86 a 91), a ddangosir yn 1786 (Ffigur 111). Fodd bynnag mae'n ymddangos fod yr holl wynebau a gloddiwyd yn Adeilad A1 yn rhai diweddarach, yn perthyn i Gyfnod 3.

Yn 1786 dangosir hefyd ?adeilad cul (Adeilad A2), yn ffinio ag ochr ddwyreiniol Adeilad A1. Roedd ei wal ddwyreiniol, a ailadeiladwyd yn rhannol yng Nghyfnod 3, hefyd yn wal orllewinol Seler III (122, Ffigur 86), sy'n awgrymu fod y seler hefyd yn gynnyrch y ddeunawfed ganrif. Mae'n ymddangos na fu adeilad gorchuddiol erioed a pharhaodd y fan yn iard agored (Ffigur 86). Fodd bynnag dangosir adeilad arall i'r gogledd o'r iard yn 1786 (Adeilad C). Gorchuddiai Seler II, yr oedd ei wal orllewinol yn cydgyffwrdd â wal ogleddol Seler I 069 (148, Ffigurau 86 a 93) ac, fel Seler I, roedd ganddo lawr cobls (138).

Gwelwyd llai o weithgaredd Cyfnod 2 yn Rhif 21 Heol y Bont. Parhaodd waliau 054 a 057 rhyw gymaint yn hwy na 037 a 059 yn Rhif 11. Ffurfient y wal ogleddol, a ddarlunnir ar fap 1786, a berthynai i adeilad sy'n ymestyn yr holl ffordd o Faes Nott i dŵr deheuol y porthdy (Ffigur 111). Roedd haen (025), oedd yn ymddangos fel pe bai'n gorchuddio'r waliau hyn (Ffigur 90), yn cynnwys canfyddiadau'n perthyn i ddiwedd y ddeunawfed ganrif.

Cyfnod ôl-ganoloesol 3
Gwelwyd olion cryn dipyn o weithgaredd diweddarach yn llain Rhif 11 Maes Nott a gellir ei ddyddio'n fras i ddiwedd y ddeunawfed ganrif/y bedwaredd ganrif ar ddeg, ond nid oedd o bwysigrwydd mawr yn gyffredinol. Ailadeiladwyd waliau dwyreiniol Adeiladau A1 ac A2 i bob golwg; roedd cyrsiau uchaf wal 049 yn amlwg yn perthyn i waith adeiladu ar wahân (101, Ffigurau 86 a 91), tra'r ailadeiladwyd wal 122, a orchuddiai wal orllewinol Seler III hefyd, gyda brics y tro hwn (Ffigurau 86 a 94). Efallai fod y gwaith ailadeiladu hwn yn gysylltiedig â mewnosod y fowtiau brics presennol ym mhob un o'r tair seler ac sy'n ymddangos yn rhai eilaidd. Leiniwyd waliau ochr Selerydd I a II gyda chyfres o gyneilyddion baril o waith maen neu 'stelinau', yn gysylltiedig â'i ddefnyddio fel tŷ tafarn; ynghyd â'r agoriadau presennol a leiniwyd â brics, mae'n debyg eu bod yn perthyn i'r un cyfnod â'r fowtiau (Ffigurau 87 a 93). Efallai fod wal ogleddol Seler II (139), gyda lle tân brics, wedi cael ei ailadeiladu hefyd, gan ei fod yn bargodi yn erbyn waliau ochr 148 a 140.

Ymyrrwyd cryn dipyn ar lefelau uchaf Adeilad A1 a chollwyd nodweddion mewnol. Fodd bynnag, roedd gweddillion ei arwynebau llawr (111 a 117, Ffigur 86) yn gorwedd yn erbyn wal 101 ac maent yn amlwg yn perthyn i Gyfnod 3. Roedd wyneb o gobls ar lawr Adeilad A2 (098) a orweddai ar ben wyneb Cyfnod 2 (108) ac yn erbyn waliau 101 a 122; fe'i seliwyd o dan lawr o fflagiau calchfaen (097), oedd yn gysylltiedig â chanfyddiadau o'r bedwaredd ganrif ar bymtheg (Ffigur 86).

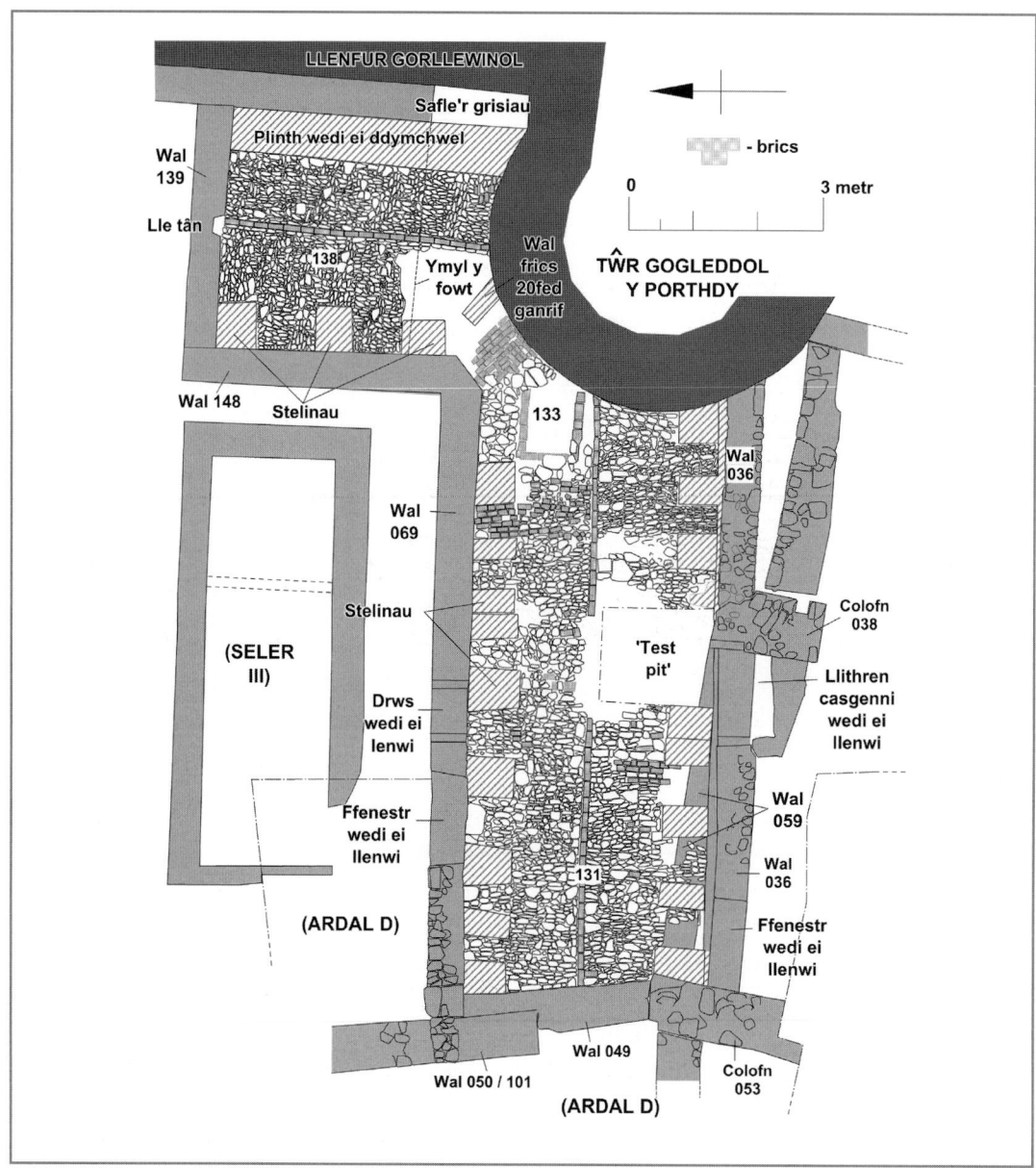

Ffigur 93 Cynllun Selerydd I a II

Roedd newid mwy i'w weld yn Rhif 21 Heol y Bont. Ailadeiladwyd ei wal ogleddol Cyfnod 1 054/057 yn llwyr, ar aliniad gwahanol, er mwyn diffinio eiddo llai, ac mae hanner blaen hwnnw wedi goroesi hyd heddiw; tybir fod y seler yn un cyfoes. Roedd yr adeilad newydd yn dilyn aliniad a sefydlwyd gan waliau 052 a 036 yn ystod Cyfnod 2 (gweler Ffigur 92). Yn dilyn cloddiadau yn hanner ôl yr adeilad (Ffigur 86) datgelwyd sylfeini (007), llawr cobls (006) a lle tân (004). Ni sefydlwyd eu perthynas â'r hanner blaen sy'n parhau i sefyll,

Ffigur 94 Seler I, yn ystod y cloddiad, gan edrych i gyfeiriad y dwyrain tuag at dŵr gogleddol y porthdy

ond tybiwyd ei fod yn gyfoes. Gellir dyddio'r adeilad newydd i tua 1800, ac fe'i dangosir ar ei ffurf bresennol yn 1818 (Ffigur 129), sy'n gyson â'r manylion a ddangosir yn Ffigur 134. I'r dwyrain o wal 007 roedd gweddillion darniog dau arwyneb iard allanol, (014) a (015), a darfwyd arnynt gan nodweddion yn perthyn i'r bedwaredd ganrif ar bymtheg.

TU MEWN Y CASTELL

Cyfyngwyd archwiliadau archeolegol fwy neu lai i gyrion safle'r castell, ac ychydig iawn o waith sydd wedi digwydd ar y tu mewn. Mae cofnodion hynafol o archwiliadau cyfyngedig, er bod yn anodd eu dehongli. Mae'n debyg fod 'dungeon' wedi cael ei ddarganfod 'in the County Gaol', yn 1814, gyda 'stout wooden pillar in the middle, to which it is supposed condemned criminals were fastened in feudal times'.[50] Mae'n ymddangos ei fod yn disgrifio claddgell, er na ellir ei leoli na'i ddyddio o'r disgrifiad.

Mae adroddiad yn *The Welshman*, ym Mai 1883, yn adrodd sut y bu i waith draenio yn y carchar ddatgelu:

> about twelve or fourteen feet below the surface . . . what appears, at first sight, to be a peat bed but which . . . is evidently only an accumulation of vegetable matter such as might be supposed to form in the eddy of a current. [Mae'n] contains what appear to be beech leaves . . . and [asgwrn anifail], a piece of thong of primitive manufacture; and some other remains which can only be determined as vegetable. Curiously, the Gaol is on a hill, yet we have here matter that must have been deposited in a water-channel.[51]

Nid ydym yn gwybod beth yw lleoliadau'r cloddiadau hyn. Fodd bynnag, mae'r adroddiad fel pe bai'n disgrifio mewnlenwad llawn dŵr mewn ffos, ac ni all fod yn unman arall ond y ffos groes rhwng y cyrtiau mewnol ac allanol a gynhwyswyd o dan y carchar ar ôl 1869 (Ffigur 5). Adferwyd ysgrifbin asgwrn, ond ni lwyddwyd i roi dyddiad pendant iddo.

Cyfyngwyd gwaith mewnwthiol dan reolaeth i'r hen gwrt mewnol. Archwiliwyd tri man yno, y cyfan yn y stribyn cul sy'n gorwedd oddi allan i wal allanol y carchar o'r bedwaredd ganrif ar bymtheg (Ffigur 5). Mae arsylwadau i'r dwyrain o'r Prif Borthdy yn gysylltiedig â'r porthdy a'r carchar, ac fe'u disgrifir mewn rhan arall o'r bennod hon. Roedd y ddau fan arall

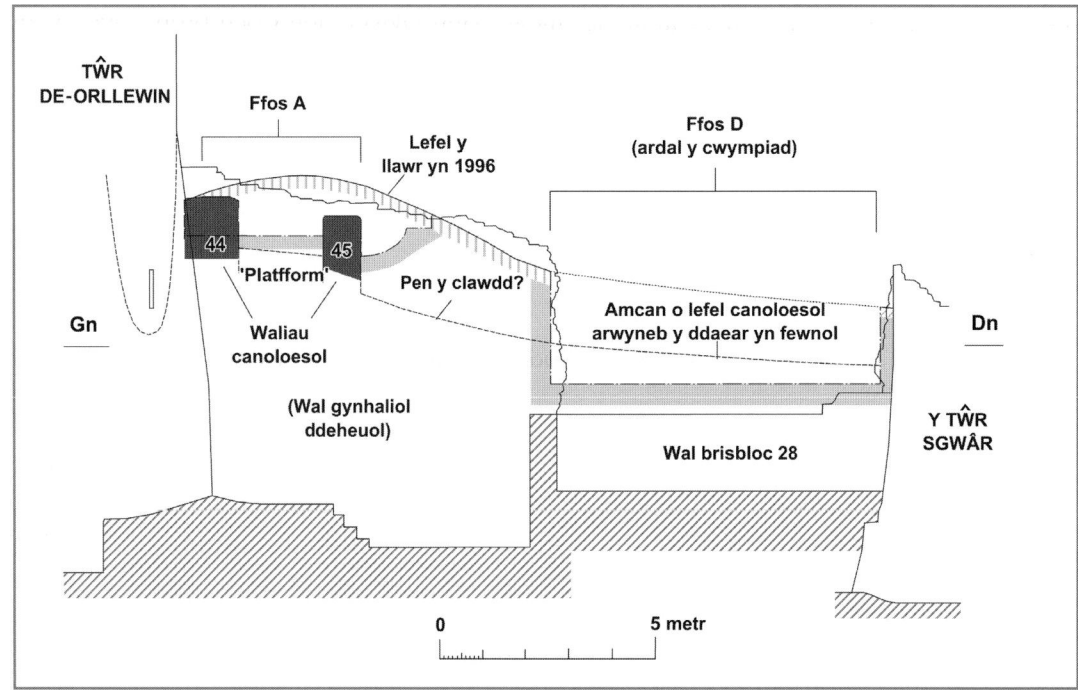

Ffigur 95 Proffil o'r lefelau mewnol rhwng y Tŵr De-orllewinol a'r Tŵr Sgwâr, yn wynebu'r gogledd

yn gorwedd yn union i'r gogledd o'r wal gynnal ddeheuol, rhwng y Tŵr De-orllewinol a'r Tŵr Sgwâr (Ffigur 39), lle mae lefelau'r ddaear – yn wahanol i weddill tu mewn y castell, sydd bellach yn gymharol wastad – yn parhau i fod yn uwch i gyfeiriad y gorllewin nag i'r dwyrain, gan adlewyrchu llethr hanesyddol am i lawr o tua 2.5 m (Ffigur 95). Cloddiwyd y cyntaf o'r mannau hyn, Ffos A, yn union i'r dwyrain o'r Tŵr De-orllewinol, gan Heather James o YAD yn 1980 (gweler Ffigurau 39 a 51), a hwn oedd yr archwiliad cyfoes cyntaf o safle'r castell;[52] datgelwyd cyfadeilad o waliau mewnol, sydd bellach wedi eu cyfnerthu er mwyn eu dangos. Roedd yr ail, Ffos D, mewn man lle cafwyd cwymp y tu ôl i'r wal gynnal ddeheuol (Ffigurau 39 a 95); cafodd y rhannau a ddaeth i'r golwg eu sythu, eu glanhau a'u cofnodi yn ystod y gwaith o osod sylfeini yn 1996.[53] Ar yr un pryd, cloddiwyd dwy ffos fechan a wnaed gan adeiladwyr (Ffigur 51, Ffosydd B ac C) oddi mewn i ôl-lenwad Ffos A, gan gadarnhau canlyniadau 1980.[54]

Ffos A: cloddiad 1980 (Ffigurau 39, 51, 95–7)
Gorweddai Ffos A yng nghongl de-orllewinol y cwrt mewnol, yn yr ongl – a arferai fod ychydig dros 90 gradd – rhwng y llenfuriau gorllewinol a deheuol canoloesol. Ar gyfartaledd roedd yn mesur 3.7 m o'r gogledd i'r de wrth 6.7 m o'r dwyrain i'r gorllewin (Ffigurau 39 a 51). Dangoswyd fod y fan hon wedi cael ei datblygu'n helaeth. Datgelwyd waliau wedi eu cwtogi yn union o dan yr uwchbridd, yn gysylltiedig ag arwynebau lloriau. Roedd y waliau,

a oroesodd i uchder o 1 m ar gyfartaledd, mewn Hen Dywodfaen Coch bron i gyd, wedi eu bondio â'i gilydd yn dda ac ymddangosent yn rhai cyfoes. Roeddent yn ffurfio trefniant rheolaidd â llinellau waliau'r llenfur canoloesol ac roeddent yn sylweddol, eu trwch cyfartalog o 1 m yn awgrymu eu bod yn arfer codi hyd at uchder dau lawr gynt.

Nid oedd yn bosibl sefydlu unrhyw berthynas, naill ai â'r hen lenfur gorllewinol a orweddai tu hwnt i'r man a gloddiwyd, na gyda'r Tŵr De-orllewinol, yr oedd ei riniog yn gorwedd ar ei ymyl de-orllewinol lle nad oedd dyddodion canoloesol wedi goroesi. Ar ben hynny ni wnaed cloddiad cyflawn gan y cadwyd rhai arwynebau *in situ* ac ni ddatgelwyd y dilyniant llawn. Fodd bynnag, dangoswyd bod yr adeiladau'n eilaidd i'r llenfur gorllewinol. Roedd yn ymddangos fod y terfynlin gwaelodol yn naturiol, ond er ei fod yn galed ac yn lân fe'i clymwyd fesul haen, ac efallai ei fod yn dynodi defnydd clawdd a ledaenwyd. Yn wahanol i waliau'r llenfur a'r tyrau, roedd dwy wal o leiaf yn sefyll mewn ffosydd adeiladu dyfnion. Fe'u torrwyd yn uniongyrchol trwy'r defnydd gwaelodol hwn, ac ni nodwyd unrhyw ddyddodion rhyngol.

Ymddengys fod yr adeiladau wedi sefyll mewn man lle codwyd terasau bwriadol, wedi eu cynnal gan wal yn dirwyn o'r gogledd i'r de, 45, ac i'r dwyrain o hon roedd y tir yn goleddu i lawr tuag at y Tŵr Sgwâr (Ffigurau 51, 95–7). Roedd ail wal (44), 1.3 m ar

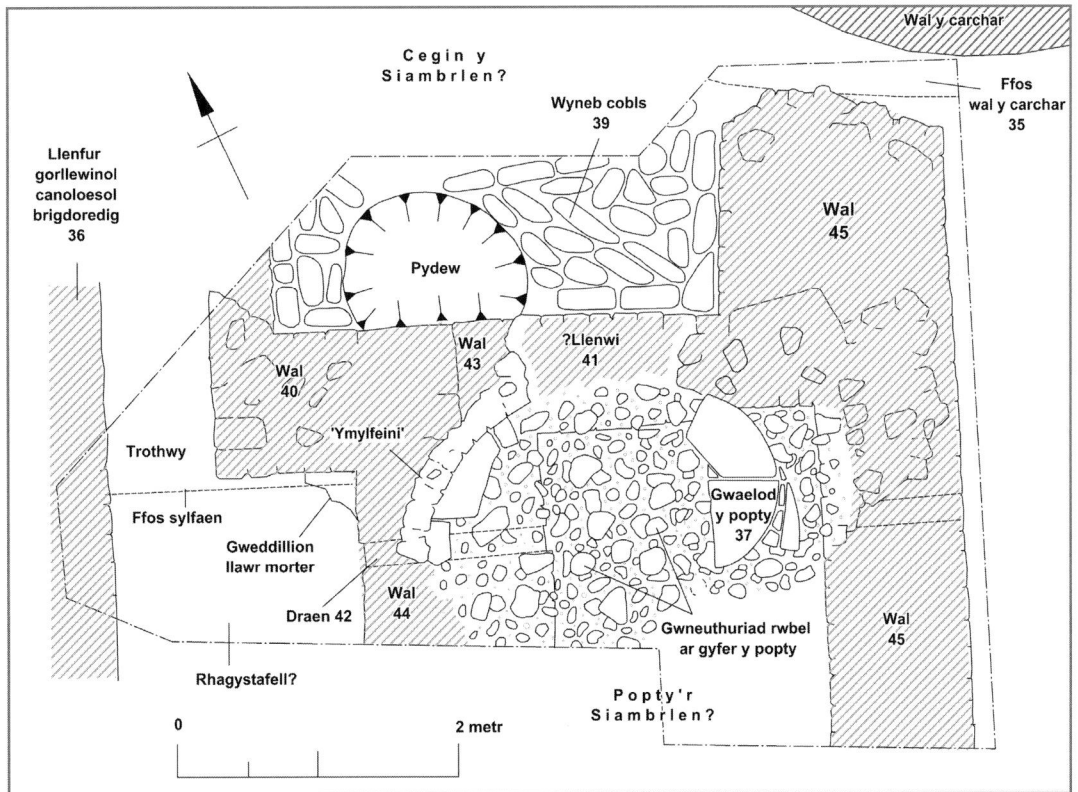

Ffigur 96 Cynllun Ffos A

draws, yn rhedeg yn gyfochrog â 45, 1.9 m i'r gorllewin. Mae'n debyg fod y ddwy'n dirwyn at yr hen lenfur gorllewinol, ychydig dros 1 m i'r de a thu hwnt i'r man a gloddiwyd. Cafodd wal 45 ei chwtogi gan ffos adeiladu wal carchar y bedwaredd ganrif ar bymtheg (35), ac nid yw ei therfyn gogleddol yn hysbys. Roedd pen gogleddol wal 44 yn cysylltu â wal ddwyreiniol-gorllewinol (40), a oedd yn 1 m ar draws ar gyfartaledd. Dirwynai hon i gyfeiriad y dwyrain i ymuno â wal 45, a oedd yn lleihau o ran ei lled, o 1.6 m i 1 m, i'r de o'r cyswllt hwn. I'r gorllewin, roedd wal 40 yn dod i ben mewn cornel, ac oddi yno roedd darn pellach o wal (43) a ddirwynai i gyfeiriad y gogledd am 0.5 m cyn mynd o dan ymyl y cloddiad.

Gorweddai bwlch neu dramwyfa gul, 0.8 m ar draws, rhwng wal 43 ac olion y llenfur gorllewinol, 36, a ddisgrifiwyd uchod. Mae'n ymddangos fod y trefniant yn diffinio man sgwâr bychan o gwmpas mynedfa'r Tŵr De-orllewinol, sy'n dynoti cyntedd o bosibl, yr aed i mewn iddo o'r gogledd rhwng wal 43 a'r llenfur gorllewinol; roedd ffos sylfaen wal 40 yn ymestyn i'r gorllewin at y llenfur ac roedd yn eilaidd iddo, sy'n awgrymu fod rhiniog yma. Goroesodd un rhan fechan o wely llawr morter yn y fan hon, yn yr ongl rhwng waliau 43 a 44, tua'r un lefel yn fras â llawr gwaelod y Tŵr De-orllewinol. Efallai fod draen sgwâr, cul (42), a redai drwy waliau 44 a 45, yn eilaidd. Mae'n ymddangos fod waliau 'cynnal' amrwd ôl-ganoloesol yn y fan hon (na ddangosir yn y ffigurau) wedi eu hadeiladu i gynnal dyddodion mewnlenwad y bedwaredd ganrif ar bymtheg yn llawr gwaelod y Tŵr De-orllewinol.

Mae ail arwyneb na chloddiwyd (39) yn cynnwys mân gerrig afon wedi eu gosod yn agos at ei gilydd, yn awgrymu fod siambr yn gorwedd rhwng waliau 40, 43 a 45; efallai fod y llawr wedi cael ei osod yn uniongyrchol dros ddefnydd y ?clawdd. Nodwyd olion rhaniadau mewnol gan slabiau siâl ar ogwydd. Efallai fod taeniad o falurion siarcol yn deillio o le tân a leolwyd i'r gogledd o'r man a gloddiwyd. Roedd arwyneb glân y llawr yn arwydd fod yr holl falurion yn deillio o ddymchwel neu gwympo yn ystod yr ail ganrif ar bymtheg wedi'u clirio erbyn diwedd y ddeunawfed ganrif, fel yr oedd yn y Tŵr De-orllewinol. Torrwyd yr arwyneb gan bydew diweddarach.

I'r de o wal 40, yn gorwedd rhwng waliau 44, 45 a'r llenfur deheuol, roedd trydedd 'siambr'. Roedd yn cynnwys pentwr o rwbel a morter mewn concrit, a ddynodai gwaelod llawr slabiau lle gellid gweld rhai slabiau o hyd, tra bod olion yn y morter yn nodi rhai eraill. Fodd bynnag, fe'i gorchuddiwyd gan ddau flocyn calchfaen crwn, mawr iawn (37), pob un yn chwarter-segment o ran cynllun a hyd at 0.70 m ar draws, sy'n amlwg yn dynodi gwaelod popty bara. Roeddent yn 6 cm o drwch ar yr ymyl allanol ac yn 0.45 cm o drwch yn y canol – meini melin wedi'u hailddefnyddio efallai? – ac roeddent yn dangos ôl cochi oherwydd gwres. Roeddent yn gysylltiedig â man lle ceid 'cyrbau' i'r gorllewin, yn ymestyn arc y cylch ac yn arwydd o wely ar gyfer mwy o gerrig o bosibl. Roedd diamedr allanol y cyfan bron yn 3 m. Mae gwahaniaeth bychan yn ei waith maen yn awgrymu fod wal 40 yn cynnwys agoriad rhwng y ddwy wal gogleddol-deheuol, 1.3 m ar draws, a gaewyd yn ddiweddarach (41). Efallai mai arwydd ydoedd o'r fynedfa i'r popty, o'r siambr i'r gogledd, ac roedd ei llawr yn gorwedd 1 m yn is na gwaelod y popty.

Ffigur 97 Ffos A o'r gogledd-orllewin, yn 1980, yn dangos yr holl waliau a gwaelod y popty 37

Mae'n ymddangos fod yr holl waliau'n perthyn i gyfnod diweddarach na'r llenfur gorllewinol a gellir dweud i sicrwydd fod y popty'n eiddo i bopty'r siambrlen ar ddechrau'r bedwaredd ganrif ar ddeg a oedd, fel y gwelwn ym Mhennod 4, wedi ei leoli yn erbyn y llenfur deheuol. Fe'i hailadeiladwyd yn rhannol yn 1338–9, gan gynnwys y wal gydrannol gyda chegin gyffiniol (gweler yr Atodiad) – a all gael ei ddynodi gan y siambr i'r gogledd – sy'n cyfrif am natur eilaidd y popty a ddatgloddiwyd. Efallai fod y gegin, ac efall-ai'r popty, wedi ei leoli ar lawr gwaelod adeilad deulawr.

Roedd y fan wedi cael ei glirio o unrhyw falurion cyn dyddodi haen o rwbel (38), a oedd yn cynnwys gwydr poteli o'r ddeunawfed ganrif a swm bychan o grochenwaith. Nid yw'n ymddangos fod unrhyw ddyddodion a ddatgloddiwyd yn gysylltiedig â'r defnydd hysbys a wnaed o'r ardal fel gardd yn ystod y ddeunawfed ganrif.

Ffos D (Ffigurau 98–9)

Roedd Ffos D yn gorwedd oddi mewn i'r wal gynnal ddeheuol ac yn union i'r gogledd ohoni, ac yn erbyn wyneb gogleddol (h.y. cefn) y Tŵr Sgwâr. Roedd yn mesur 7.5 m o'r dwyrain i'r gorllewin ac ar gyfartaledd roedd yn 4 m o'r gogledd i'r de, gan ddod i ben yn union o flaen wal y carchar o'r bedwaredd ganrif ar bymtheg (gweler Ffigur 39).

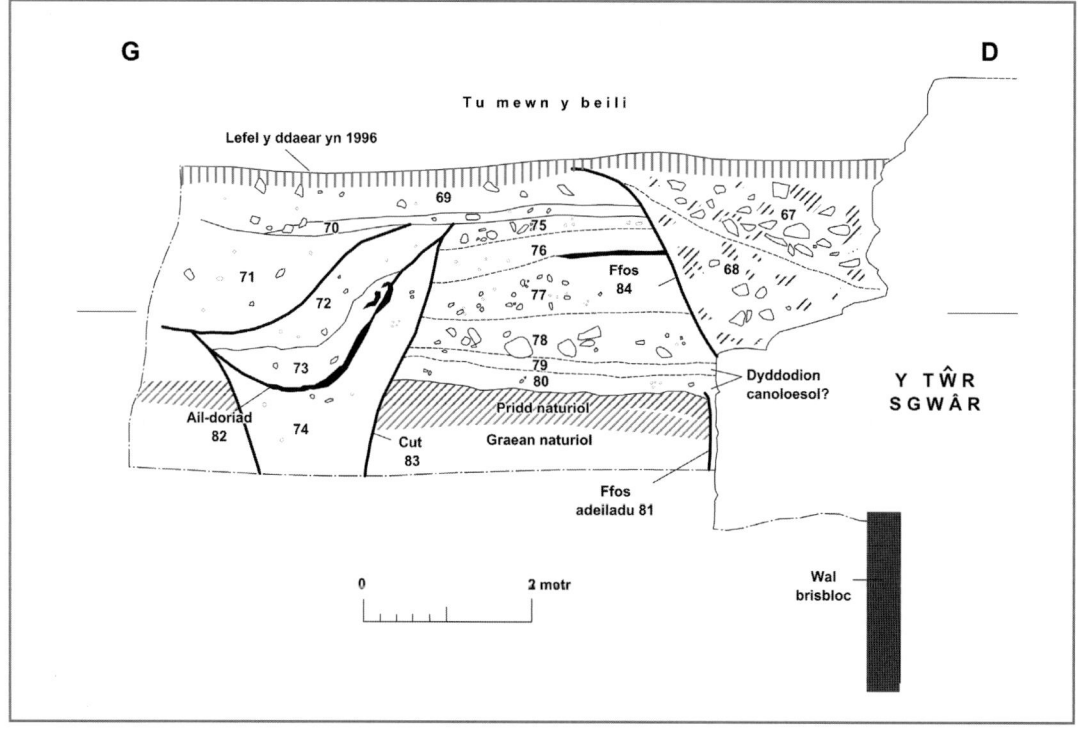

Ffigur 98 Rhan ddwyreiniol Ffos D

Roedd y rhan orllewinol â dyfnder o 2.6 m ar gyfartaledd, yn erbyn dyfnder o 1.8 m yn y rhan ddwyreiniol, oherwydd y llethr am i lawr rhwng y ddwy (Ffigur 95). Mae hyn yn adlewyrchu'n rhannol y llethr yn lefel y pridd naturiol, a oedd yn 0.35 m yn is yn y rhan ddwyreiniol (ac a orweddai 20.90 m uwchben lefel y môr). Prin oedd y dystiolaeth ddyddio yn y ddwy ran, a gallai fod yn weddillol beth bynnag.

Y rhan ddwyreiniol (Ffigurau 98)
Roedd y rhan ddwyreiniol yn mesur 4.2 m o'r gogledd i'r de. Dynodwyd y proffil naturiol gan derfynlin o bridd wedi'i gladdu, a gynhwysai arwyddion o beth cletir haearn, ar ddyfnder o 1.3 m ar gyfartaledd o dan wyneb presennol y ddaear. Roedd yn wastad, fel yr oedd yr holl ddyddodion dilynol, ac ymestynnai, drwy haenlinau 'A', 'B' ac 'C', i waelod y ffos a orweddai 0.5 m oddi tanodd. Clog-glai graeanog oedd yr isbridd, yn hytrach na'r graeanau pur a welir mewn mannau eraill yn y castell. Roedd nifer o nodweddion mewnwthiol. Roedd yn ymddangos fod y ffos adeiladu ar gyfer wal ogleddol y Tŵr Sgwâr (81), wedi ei dorri'n uniongyrchol trwy'r nodwedd naturiol. Roedd yn gul iawn (0.02 m) ac wedi ei lenwi gan bridd a oedd yn llawn morter. Fe'i gorchuddiwyd gan ddwy derfynlin anheddiad i bob golwg, 79 ac 80, a oedd yn briddlyd. Roedd yr isaf, 80, braidd yn gleiog tra bod olion llawer o fflawiau golosg yn 79. Roedd haenau 77 a 78 uwch eu pen yn ddyddodion cymysg, trwchus yn cynnwys graeanau ffrwd-rewlifol a ailddyddodwyd â mân gerrig wedi

eu treulio gan ddŵr. Gorweddai dwy haen denau o natur amhenodol uwchben 77. Fe'u torrwyd gan nodwedd ddofn, 83, 1.5 m ar draws ac yn ymestyn y tu hwnt i waelod yr adran, a ymddangosai fel pe bai wedi cael ei aildorri fwy nag unwaith dros gyfnod o amser. Seliwyd y mewnlenwadau, a gwtogwyd i bob golwg, gan 70, sef haen o bridd du a gynhwysai ddarnau o frics a chrochenwaith o'r bedwaredd ganrif ar bymtheg, a ymestynnai trwy'r rhan hon. Fel y dyddodion gwaelodol fe'i cwtogwyd gan ffos, 84, a dorrwyd rhyw ychydig o dan yr wyneb, a oleddai am i lawr at olion wal ogleddol y Tŵr Sgwâr ac a oedd yn amlwg yn gysylltiedig ag ymyriad â'r tŵr.

Y rhan orllewinol (Ffigurau 99)
Roedd y rhan orllewinol yn mesur 3.7 m o'r gogledd i'r de. Roedd terfynlin gwastad o bridd wedi'i gladdu, fel yn y rhan ddwyreiniol, yn gorwedd ar ddyfnder o 1.8 m ar gyfartaledd o dan wyneb y tir presennol. Roedd y dilyniant gorchuddiol ychydig yn wahanol. Yn union uwchben y pridd a gladdwyd roedd clai lomog melynfrown anhyblyg (66), a godai i gyfeiriad y de. Roedd yn cynnwys rhai lensys clai wedi'u llosgi ac efallai eu bod yn arwydd o ddefnydd yn perthyn i'r clawdd; os felly, efallai ei fod hefyd, fel yn y llenfur gorllewinol, yn perthyn i gyfnod cynharach na'r amddiffynfeydd o waith maen.

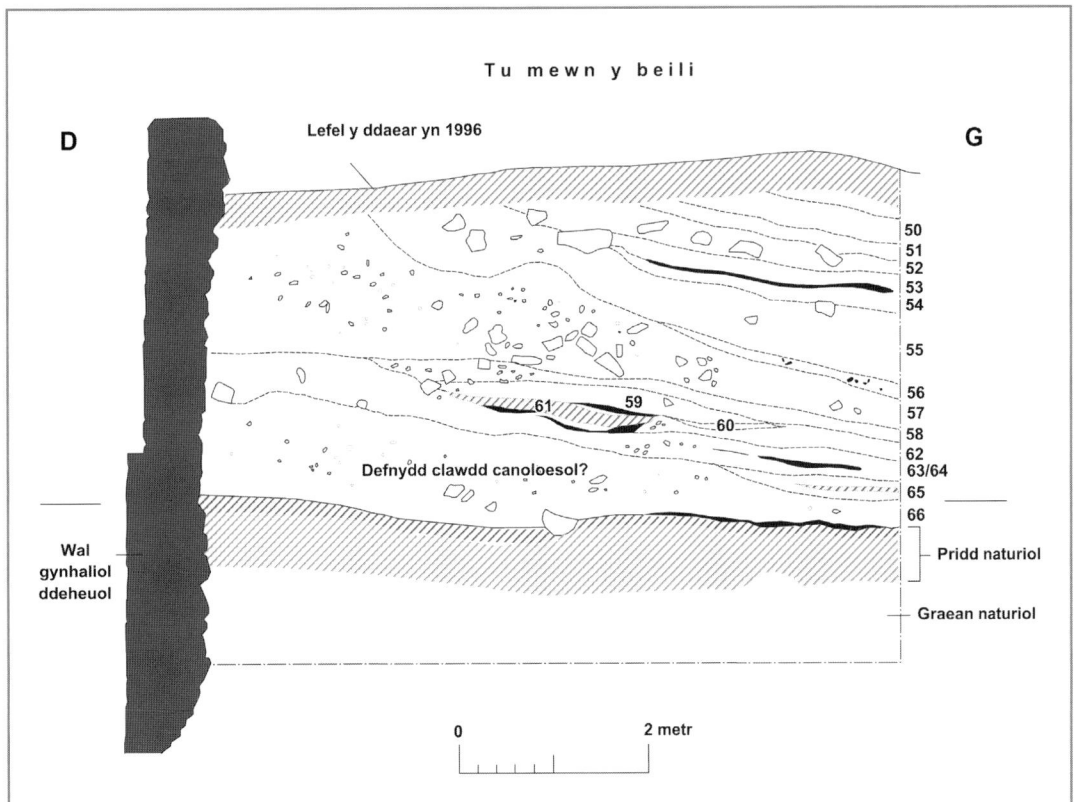

Ffigur 99 Rhan orllewinol Ffos D

Gorweddai dilyniant helaeth o ddyddodion uwch ei ben, y rhan fwyaf ohonynt yn dynodi haenau dadlwytho i bob golwg yn hytrach na therfynlinau anheddiad. Ymhlith pethau eraill roeddent yn cynnwys defnydd organig, defnydd wedi'i losgi, taeniadau golosg a morter, a oedd yn gymysg iawn ac yn edrych fel pe bai'n olion haenau malurion yn hytrach na llosgi *in situ*. Roedd y dyddodion yn codi'n amlwg tua'r de, yn dilyn y tueddiad yn 66 ac efallai hefyd yn arwydd eu bod wedi'u dyddodi yn erbyn ffin solet. Roedd un ohonynt, 64, yn cynnwys talch o *tegula* Rhufeinig a oedd yn bendant yn weddillol ac nid o safle'r castell o angenrheidrwydd. Uwchben yr haenau hyn gorweddai dyddodyn cymysg, trwchus – 57 – tebyg i 77 a 78 yn y rhan ddwyreiniol. Roedd yn codi i fyny yn ei ben deheuol, lle cafodd ei gwtogi cyn ffurfio (neu ddyddodi'r) uwchbridd. Roedd dilyn--iant y chwe dyddodyn uwchben 57 yn debyg o ran nodweddion i'r haenau llosg ac ati oddi tano. Fel 57, roedd wedi cael ei gwtogi hefyd.

Trafodaeth

Roedd cyd-destun 66 yn y rhan orllewinol yn gorchuddio'r pridd naturiol yn uniongyrchol ac roedd yn glai lomog homogenaidd tebyg i'r un y sylwyd arno ar ochr orllewinol y castell, lle y cafodd ei ddehongli fel defnydd yn perthyn i'r clawdd canoloesol. Oherwydd hynny efallai fod Ffos D yn gorwedd ym mhen pellaf y clawdd gorllewinol (wedi'i gwtogi a/neu ei daenu efallai?), a allai fod wedi troi i ddirwyn ar hyd ochr ddeheuol y safle hyd yn oed cyn darfod.

Roedd ffos adeiladu'r Tŵr Sgwâr, 81, yn torri'r nodwedd naturiol yn uniongyrchol. Roedd hyn yn annisgwyl o ystyried y dyddiad hwyr ar gyfer y tŵr yn arddulliadol, ond gall fod unrhyw gyd-destunau yn y cyfamser fod wedi cael eu cwtogi. Fel arall, gallai wal ôl y tŵr fod wedi defnyddio ffos a oedd yn bodoli eisoes ac a dorrwyd o'r llenfur deheuol blaenorol. Roedd cyd-destunau 79 ac 80 yn yr un rhan yn perthyn i ddyddiad hwyrach na'r Tŵr Sgwâr ond roedd yn ymddangos eu bod yn dynodi olion dyddodion anheddiad, ac efallai eu bod yn ganoloesol.

Fodd bynnag, mae'r rhan fwyaf o'r haenau dilynol yn llawer iawn diweddarach. Yn y rhan orllewinol, maent yn cynnwys dilyniant o haenau malurion tebyg iawn, yn gorwedd y naill ochr a'r llall i'r isbridd 57 a ailddyddodwyd. Mae'n ymddangos eu bod yn dynodi un cyfnod o ddadlwytho, pridd a fewnforiwyd efallai, tra gall 57 fod yr un fath â 77 a 78 yn y rhan ddwyreiniol. Ni ellir rhoi dyddiad pendant i'r cyfnod hwn ond fe'i hystyrir yn ôl-ganoloesol. Mae hyn yn awgrymu y gall fod rhagor o gyd-destunau canoloesol sydd wedi eu cwtogi. Er enghraifft, nid oedd unrhyw dystiolaeth ar gyfer unrhyw adeileddau o waith maen ond byddaf yn dadlau er hynny ym Mhennod 4 fod adeiladau domestig, y dechreuwyd eu hadeiladu yn ystod canol y drydedd ganrif ar ddeg, yn sefyll yn y fan hon.

Roedd wyneb gogleddol (h.y. ôl) wal gynnal 24 o'r bedwaredd ganrif ar bymtheg yn anwastad iawn ac efallai iddi gael ei chodi yn erbyn yr holl ddyddodion hyn, hynny yw, roedd yn ddiweddarach na'r rhain. Fodd bynnag, mae'n ymddangos eu bod wedi eu gosod yn erbyn ffin solet, y wal gynnal ôl-ganoloesol gynharach a awgrymwyd uchod, efallai.

Defnyddiwyd y rhan hon o'r castell fel gardd, o ddiwedd y ddeunawfed ganrif o leiaf hyd 1868, pan y'i gadawyd fel man 'anial' y tu hwnt i gwrtil y carchar yn dilyn codi wal y carchar (gweler Pennod 5). Fodd bynnag ni sylwyd ar unrhyw briddoedd gardd. Roedd cyd-destunau 50–7 yn y rhan orllewinol yn amlwg wedi cael eu cwtogi, ac efallai fod unrhyw briddoedd gardd gorchuddiol wedi cael eu symud oddi yno oherwydd yr un digwyddiad. Ni ellid nodweddu arwedd 83 – gall fod wedi bod yn bydew neu ffos wedi'i dorri o lefel uchel ond wedi'i gwtogi yn yr un modd. Roedd yn amlwg wedi cael ei dorri ddwywaith o leiaf.

Cwtogwyd pob cyd-destun yn y rhan ddwyreiniol gan ffos 84, a oedd yn ddiweddar iawn ac a dorrwyd o'r fan yn union o dan yr wyneb cyfoes. Efallai ei fod yn gysylltiedig â'r gwaith o atgyfnerthu'r Tŵr Sgwâr yn 1964 ac adeiladu ei 'dyred' bach.

Gweddill y safle

Mae swmp rhan fewnol y castell yn gorwedd o dan Neuadd y Sir a'i maes parcio, ardal sy'n parhau i fod yn un nas archwiliwyd mwy neu lai. Fodd bynnag datgelodd gwaith gosod sylfeini a wnaed yn 2002 ddarn 3 m o hyd o wal frics a gwtogwyd, 3 m i'r de o'r llenfur gogleddol a rhwng 2.5 m a 5.5 m i'r de o ragadeilad y gorthwr gwag (Ffigur 13). Mae'n dynodi wal ogleddol bloc celloedd y dyledwyr a adeiladwyd gan John Nash rhwng 1789 ac 1792, a oedd yn rhannu'r celloedd o iard agored wrth droed y llenfur (Ffigurau 100, 131 a 139). Dirwynai o'r dwyrain i'r gorllewin yn fras ac roedd bron yn 1 m o drwch.

Gorweddai wal y bloc celloedd 22.65 m uwchben lefel y môr, tra bod y dyddodion canoloesol yn Ffos D, a ddisgrifiwyd uchod, yn gorwedd ar ddyfnder o 20.92 m – gwahaniaeth o 1.73 m a fyddai'n awgrymu cwymp o 1 m o leiaf o'r gogledd i'r de yn y terfynlinau canoloesol (gweler Ffigurau 12b a 12e). Gwelsom hefyd fod cwymp graddol, ar hyd ochr ddeheuol y safle o leiaf, yn y proffil naturiol, a wnaed yn fwy gan estyniad y clawdd gorllewinol. Mae'r tueddiad cyffredinol felly'n ymddangos yn llethr naturiol am i lawr o'r gogledd-orllewin i'r de-ddwyrain, ar draws y safle cyfan.

Fodd bynnag, gorweddai wal y bloc celloedd yn union o dan wyneb man palmantog modern, a godwyd 0.5 m uwchben lefel maes parcio Neuadd y Sir, fel stribyn,

Ffigur 100 Sylfeini wal ogleddol bloc celloedd y dyledwyr, o'r gorllewin, yn 2002

5 m ar draws, yn dirwyn ar hyd gwaelod y llenfur gogleddol (Ffigurau 12b ac 13–14). I'r de o'r stribyn hon, cwtogwyd olion cyfnod y carchar yn amlwg – a rhai dyddodion cynharach o bosibl – pan gynlluniwyd Neuadd y Sir a'i maes parcio (gweler Ffigur 165). Tra bo'r llethr am i lawr yn awgrymu y gall fod unrhyw golledion wedi eu cyfyngu i ogledd-orllewin y safle, roedd y sylfeini canoloesol y tu ôl i'r porthdy – a orweddai 0.75 m uwchben lefel y maes parcio, yn dynodi fod y man a gwtogwyd yn ymestyn i'r de i'r porthdy. Yn ogystal â hynny, mae'n ymddangos fod dyddodion canoloesol yn Ffos D, ar ymyl deheuol y safle, wedi cael eu cwtogi i raddau. Ar ben hynny, mae'r waliau a'r dyddodion yn Ffos A, ar y tir uwch sy'n deillio o ddefnydd y clawdd gorllewinol a awgrymwyd, yn gorwedd 2 m uwchben y maes parcio – bydd unrhyw barhad o'r terfynlinau hyn i gyfeiriad y gogledd-dwyrain i mewn i ardal y maes parcio, ar yr un lefel, wedi cael eu cwtogi.

Fodd bynnag, datgelodd ffos gwasanaeth, a agorwyd yn 2002 hefyd, fod rhywfaint o ddyddodion haenedig wedi goroesi hyd heddiw yng nghornel gogledd-orllewinol y maes parcio, 0.45 m o dan yr wyneb tarmac presennol rhwng wal y carchar a mynedfa'r maes parcio (Ffigur 13). Roedd maint bychan y ffos yn golygu fodd bynnag na ellid nodweddu'r dyddodion.

Cyn belled ag y gwn i, ni wnaed unrhyw archwiliad pellach oddi mewn i'r castell, nac oddi mewn i ardal y cwrt allanol, felly defnyddiwyd mathau eraill o dystiolaeth, ym Mhenodau 4 a 5, i awgrymu anian yr adeileddau a'r nodweddion mewnol.

WAL AC IARD Y CARCHAR, A HEN ORSAF YR HEDDLU

Mae nifer o nodweddion ac adeileddau hanesyddol eraill yn sefyll a'r cyfan yn gysylltiedig â'r carchar sy'n dyddio o ddiwedd y ddeunawfed ganrif/y bedwaredd ganrif ar bymtheg. O'r rhain, y mwyaf arwyddocaol yw rhan o'r wal derfyn, sy'n perthyn i'r carchar a ailadeiladwyd ac a ehangwyd rhwng 1868 ac 1872, ac a redai'n gonsentrig oddi mewn i linell yr hen lenfuriau. Fe'i dymchwelyd i raddau helaeth iawn yn yr 1920au, ac mae wedi goroesi bellach ar yr ochrau gorllewinol a'r de yn unig, lle mae'n ffurfio terfyn maes parcio Neuadd y Sir (Ffigur 5). Mae rhan fechan o'r wal hon hefyd wedi goroesi oddi mewn i ffabrig diweddarach ar ochr de-ddwyreiniol y maes parcio.

Mae hanner gogleddol wal y carchar yn cynnwys gwaith maen oedd yno eisoes ac sy'n perthyn i waith John Nash yn ystod 1789–92, gan gynnwys rhan o glafdy'r carchar (Ffigur 101). Daeth yr adeilad hwn yn ganolfan i Heddlu Sir Gaerfyrddin ar ôl hynny ond fe'i dymchwelyd yn 1880 a'i ddisodli gan orsaf a charchar newydd, sydd wedi goroesi fel Hen Orsaf yr Heddlu (neu 'Castle House').

Fel y nodwyd uchod, mae wal y carchar hefyd yn cynnwys rhan o hen ran ôl y Porthdy Mawr canoloesol. Mae tystiolaeth a welir ar fapiau a phrintiadau'n awgrymu fod hwn wedi cael ei ddymchwel yn y diwedd rhwng 1829 a'r 1840au, pan ddisodlwyd ei wal ddwyreiniol gan wal is, deneuach. Daeth y fan a ddiffiniwyd yn y modd hwn yn iard agored (Ffigur 101). Cadwyd ei wal ddeheuol tan tua 1900, ond efallai i'w uchder gael ei ostwng.

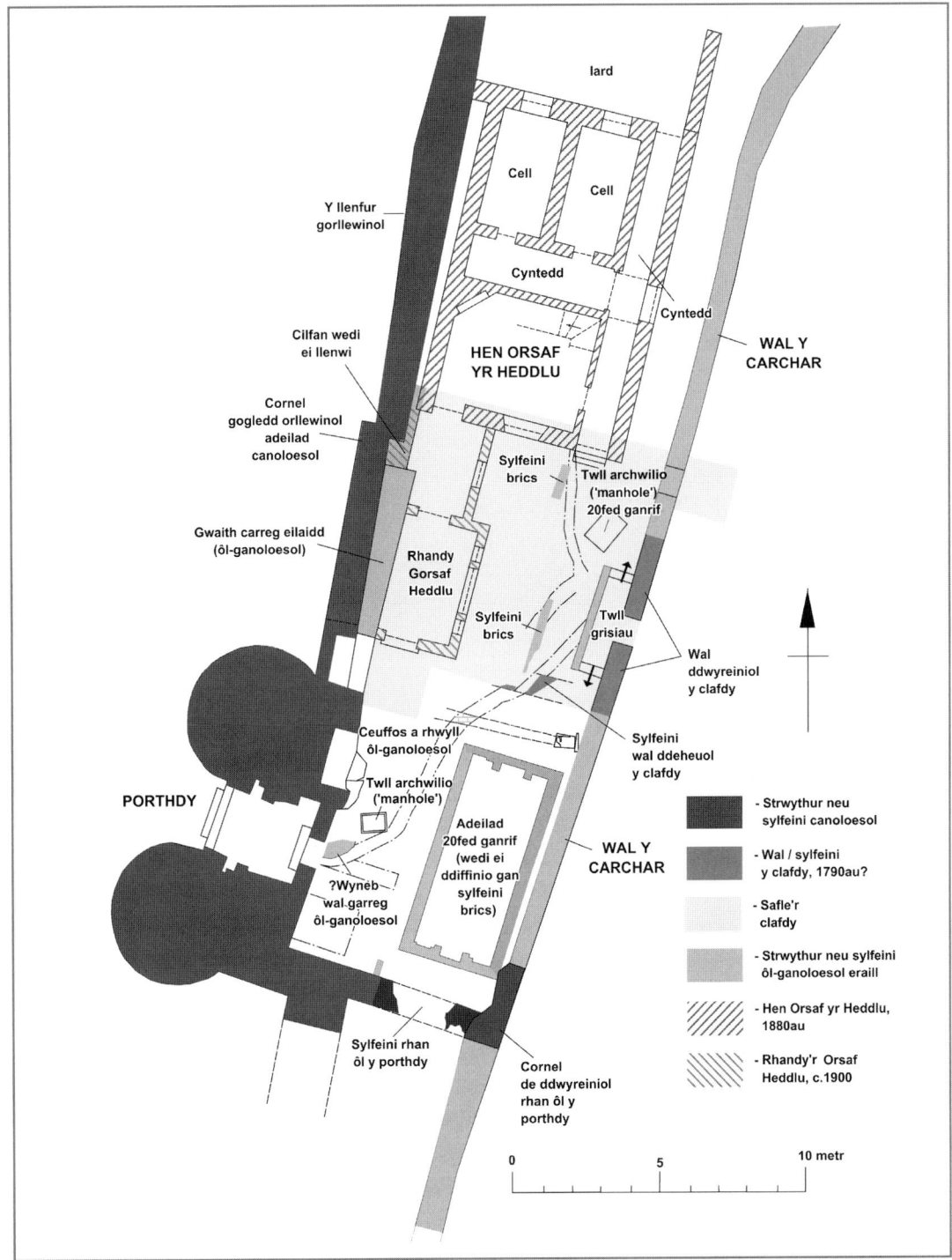

Ffigur 101 Cynllun o'r iard i'r dwyrain o'r porthdy yn dangos yr hen glafdy, Hen Orsaf yr Heddlu a nodweddion archeolegol

Y carchar ac waliau'r clafdy

Mae wal y carchar, fel y mae wedi goroesi, yn dirwyn o'r gogledd i'r de tua 9 m i'r dwyrain o'r llenfur gorllewinol. Mae'n 74.5 m o hyd yn gyffredinol ac mae'r wyneb dwyreiniol, lle mae lefelau 1.2 m yn is na'r rhai hynny y tu ôl i'r porthdy, yn 6.5 m o uchder ar gyfartaledd. Mae'n 0.8 m o drwch ar gyfartaledd a hynny'n eithaf cyson. Fodd bynnag, cynnwys pedair rhan wahanol (Ffigur 106). Y rhain, o'r gogledd i'r de, yw:

1. Yr 16.9 m gogleddol sydd, yn ei ben gogleddol, yn troi i gyfeiriad y dwyrain i ymuno â rhagadeilad y gorthwr gwag
2. Darn 11.2 m o hyd yn dynodi wal ddwyreiniol y clafdy, ac yn cynnwys yr unig fynedfa bresennol
3. Wal 12.9 m o hyd yn arwain i gyfeiriad y de o'r clafdy i gynnwys olion cornel de-ddwyreiniol rhan ôl y porthdy
4. Darn hir 33.5 m o hyd a adeiladwyd o'r newydd rhwng 1868 ac 1869. Mae ei ben deheuol yn troi i gyfeiriad y dwyrain, ac roedd yn arfer parhau o gwmpas y carchar i ymuno â blaen y brif fynedfa ar ochr ogleddol y safle.

Adran 2: wal ddwyreiniol y clafdy (Ffigurau 101–3, 106)

Safai'r clafdy yn erbyn y llenfur gorllewinol. Diffinir ei wal ddwyreiniol (dalcen) gan ddau gyswllt fertigol yn wal y carchar (Ffigur 103). Mae'r ddwy wal ochr wedi mynd ond mae'n

Ffigur 102 Wal ddwyreiniol clafdy'r carchar, o'r dwyrain, yn 2007 (trwy garedigrwydd Ken Day)

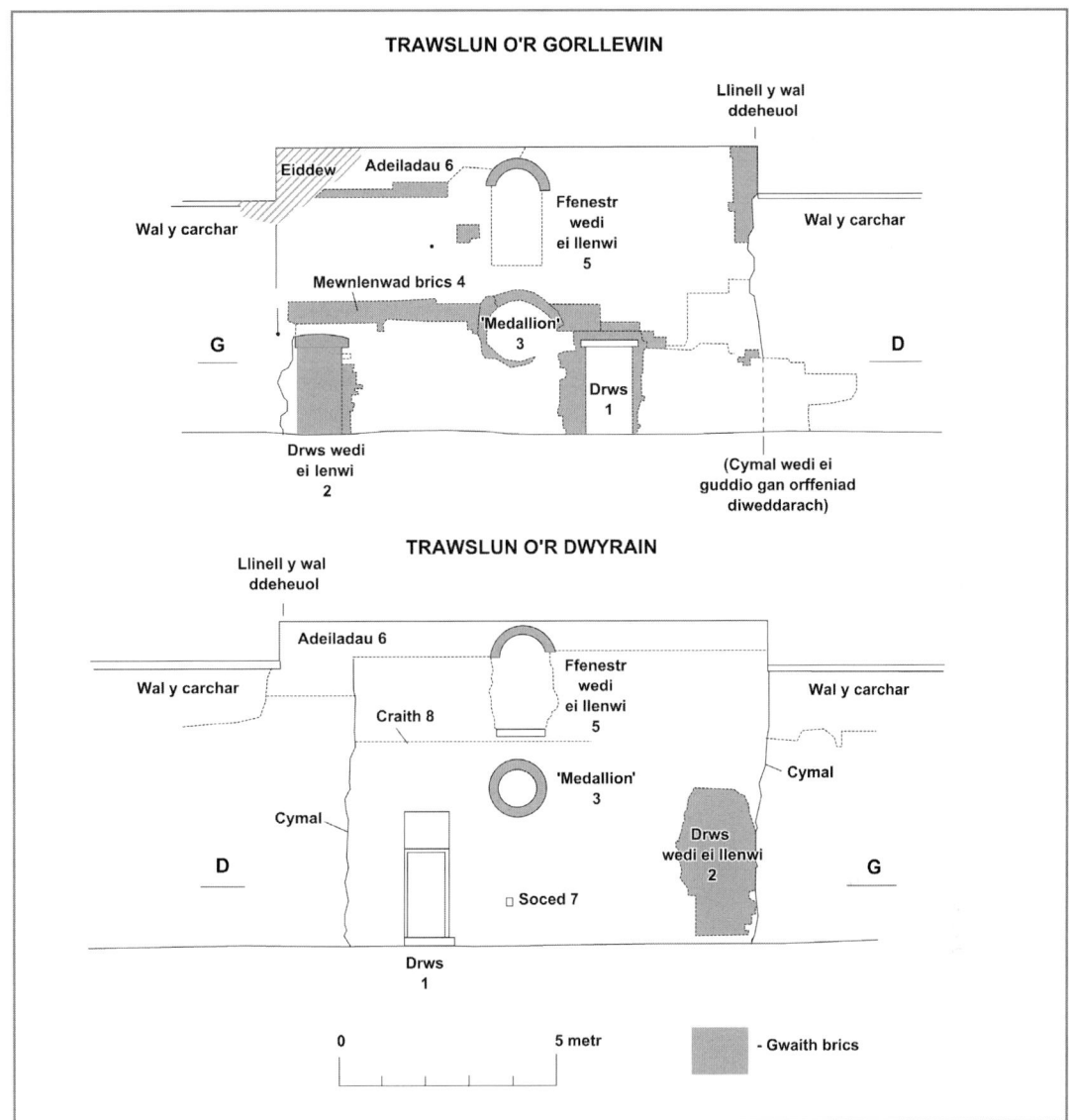

Ffigur 103 Golygfeydd o wal ddwyreiniol y clafdy

debyg fod sylfaen 0.9 m o led mewn Hen Dywodfaen Coch, a ddaeth i'r golwg wedi gwaith sylfaen yn 2002, yn dynodi ei wal ddeheuol (Ffigur 101); gorwedd y wal ogleddol o dan Hen Orsaf yr Heddlu. Mae'r olion yn awgrymu adeilad yn mesur 11.2 m o'r gogledd i'r de wrth 9 m o'r dwyrain i'r gorllewin, sy'n cyfateb â'r mesuriadau a ddarlunnir ar gynlluniau yn perthyn i tua 1860 (Ffigur 139) a chanol yr 1870au (Ffigur 104). Mae'r wal ddwyreiniol bellach yn codi 7.5 m uwchben maes parcio Neuadd y Sir, 1 m yn uwch na'r wal ar y naill ochr a'r llall, ond cafodd ei chwtogi, gan ei bod yn uwch cyn hynny gynt. Hen Dywodfaen Coch yw'r defnydd allanol yn bennaf.

Er nad yw'n ymddangos fod y clafdy wedi'i sefydlu hyd 1838–42 (gweler Pennod 5), mae'n ymddangos fod adeilad a oedd yn bodoli eisoes ac a ddangosir ar fap yn dyddio o 1834 wedi cael ei addasu (Ffigur 133). Mae tystiolaeth ar y wal ddwyreiniol fod nifer o agoriadau y mae'r manylion arnynt yn gyson o ran arddull â dyddiad yn perthyn i ddiwedd y ddeunawfed ganrif/y bedwaredd ganrif ar bymtheg, ac mae'n debyg fod yr adeilad yn dynodi gwaith gwreiddiol gan Nash rhwng 1789 ac 1792 (Ffigur 102). Wedi'i osod yn uchel i fyny yng nghanol y wal mae ffenestr, 2.2 m o uchder, ond sydd bellach wedi cael ei chau gan waith maen (5, Ffigur 103). Mae ei bwa hanner-cylchog lluniaidd a wnaed o frics – nodwedd wreiddiol yn amlwg – wedi goroesi ar y ddau wyneb. Yn union o dan y ffenestr mae 'medaliwn' crwn, cilannog (3), 0.9 m o ran diamedr, gyda ffrâm debyg mewn brics. Gellir gweld hwn hefyd ar y ddau wyneb sy'n awgrymu ei fod yn *oculws* agored. Fe'i caewyd â gwaith maen yn ddiweddarach, o bosibl pan dorrwyd ysgythriad llorweddol 4 i mewn i'r wal, ar gyfer llawr eilaidd yn ôl pob golwg. Mewnlenwyd hwn hefyd yn ddiweddarach, gyda brics y tro hwn. Mae Mynedfa (1), gyda ffrâm frics o dan lintel concrit, yn amlwg yn eilaidd ac ni chafodd ei ddangos yn yr 1870au (Ffigur 104), ond mae'n bresennol ar ffotograff a dynnwyd o'r awyr tua 1935 (Ffigur 147). Roedd Mynedfa (2), i'r gogledd, sydd bellach wedi cael ei gau, yn amlwg yn arwain i'r estyniad bychan a ddangosir tua 1860 (Ffigur 139). Efallai fod hwn hefyd yn eilaidd – mae ei ben brics segmentol yn gwbl wahanol i'r agoriadau bwaog yng ngweddill y wal. Roedd y brif fynedfa'n amlwg yn gorwedd yn yr hen wal ddeheuol (Ffigur 104).

Prin iawn yw'r nodweddion eraill. Gall soced (7) ar wyneb dwyreiniol (allanol) y wal fod yn wreiddiol neu beidio, tra bod craith lorweddol (8), hanner ffordd i fyny'r un wyneb, yn perthyn o bosibl i adeilad ar oledd sydd wedi mynd bellach, ac ni chaiff ei ddangos ar fapiau na ffotograffau hanesyddol. Ailadeiladwyd y wal yn rhannol uwchben lefel y ffenestr, mewn gwaith maen (6), pan gafodd y wal dalcen ei chwtogi mae'n debyg.

Mae'r dystiolaeth yn awgrymu fod y clafdy ar ei ffurf wreiddiol yn un siambr uchel, un llawr. Erbyn 1851, roedd wedi'i rannu yn ddau lawr ar gyfer carcharorion gwrywaidd a benywaidd, a mewnosodwyd llinell llawr 4.[55] Yng nghanol yr 1870au, trowyd yr adeilad yn Orsaf yr Heddlu Sirol ac yn garchar. Mae'r cynlluniau ynghlwm yn dangos y trefniadau newydd a argymhellwyd (Ffigur 104), gydag ystafelloedd ar wahân ar y ddwy lawr, gan gynnwys celloedd ar y llawr gwaelod, ond nid yw'n amlwg a roddwyd y cyfan ar waith.[56] Fodd bynnag, dangosir y llawr cyntaf, ac fel yr ysgythriad 4 a oroesodd, mae'n mynd ar draws yr *oculws*, ynghyd â ffenestr 6 a'r brif fynedfa.

Gweddill wal y carchar (Ffigurau 105–6)

Roedd Rhan 1 y wal yn dirwyn i'r gogledd o wal ddwyreiniol y clafdy i ymuno â rhagadeilad y gorthwr gwag. Er ei fod yn bargodi yn erbyn wal ddwyreiniol y clafdy, awgrymir hefyd iddo fod yn rhan o ymgyrch 1789–92 – fel elfen angenrheidiol o'r carchar newydd – ac fe'i dangosir ar fap o 1834 (Ffigur 133). Mae'r defnydd allanol mewn rwbel calchfaen a Hen Dywodfaen Coch. Mae'r hyn sy'n edrych yn debyg i linell to talcennog i'w weld ar yr wyneb dwyreiniol, er na ddangosir unrhyw adeilad yn y lleoliad hwn ar unrhyw fapiau neu ffotograffau hanesyddol. Mae'r wal hefyd yn dangos tystiolaeth o waith trwsio niferus

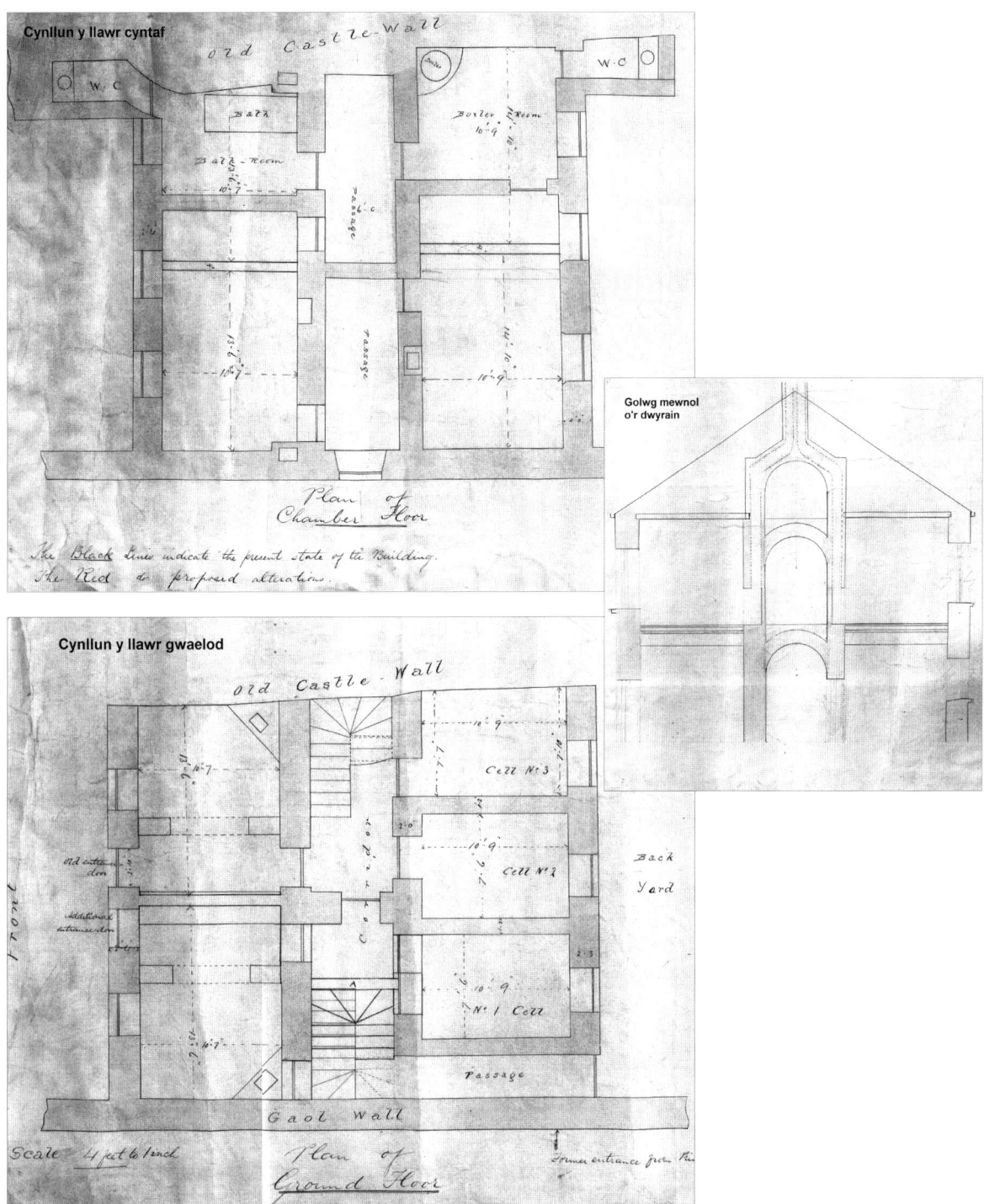

Ffigur 104 Cynlluniau a golwg fewnol ddwyreiniol o'r clafdy/Gorsaf yr Heddlu, 1870au
(Gwasanaeth Archifol Sir Gaerfyrddin, SCG Mus. 19, 'New police station at Carmarthen', d.d.)

mewn brics ac efallai ei bod wedi'i hailadeiladu'n rhannol. Mae cyswllt i'w weld hanner ffordd i fyny'r wyneb dwyreiniol, tra bo'r trydedd ran uchaf (1.5 m) yn eilaidd ac yn amlwg yn perthyn i'r cyfnod 1868–72 gan ei fod yn codi'r wal i'r un lefel â Rhan 4. Efallai fod y copin presennol, yn y ddwy ran, yn ddiweddarach fyth. Mae drws wedi'i gau gyda ffrâm o frics – sy'n eilaidd o bosibl – yn gorwedd yn ganolog ar yr ochr ddwyreiniol, ac mae'n cyfateb i fwa hanner crwn isel ar yr wyneb gorllewinol, hefyd mewn brics, sy'n gorwedd 1 m uwchben lefel y ddaear. Efallai fod y fynedfa'n gysylltiedig â'r grisiau a ddangosir yn erbyn yr wyneb gorllewinol ar gynllun yn perthyn i tua 1860 (Ffigur 139).

Roedd Rhan 3 wal y carchar yn cysylltu'r clafdy â'r gongl dde-ddwyreiniol sydd wedi goroesi o ran ôl y porthdy, gan fargodi yn erbyn y ddwy ac yn perthyn i gyfnod diweddarach. Efallai ei fod yn sefyll ar linell rhan ôl y wal ddwyreiniol, ond yn ddim ond 0.8 m o drwch mae'n denau iawn, tra'r awgrymaf uchod y gall y wal ddiweddarach fod wedi gorwedd ychydig i'r gorllewin. Goroesodd rhan ôl y wal ddeheuol tan tua 1900, pan gafodd ei chwtogi a gorffennwyd olion y gongl dde-ddwyreiniol. Maent bellach yn ffurfio pilcr braidd yn ddi-ffurf sy'n cynnwys gwaith maen o rwbel calchfaen yn bennaf, 2 m o led, sy'n bochio i drwch o 1.8 m yn y man hwn. Nid oes modd ei weld ar yr wyneb dwyreiniol lle mae'n gorwedd dan ddefnydd allanol o'r bedwaredd ganrif ar bymtheg.

Adeiladwyd Rhan 4, sydd oddi allan i garchar cyfnod Nash (gweler Pennod 5), o'r newydd yn 1868–72 (Ffigurau 105–6). Mae'n dynodi bron i hanner hyd y wal carchar a

Ffigur 105 Wal carchar yn perthyn i ddiwedd y bedwaredd ganrif ar bymtheg, yng nghornel de-orllewinol y safle, o gyfeiriad y de-orllewin yn 2012

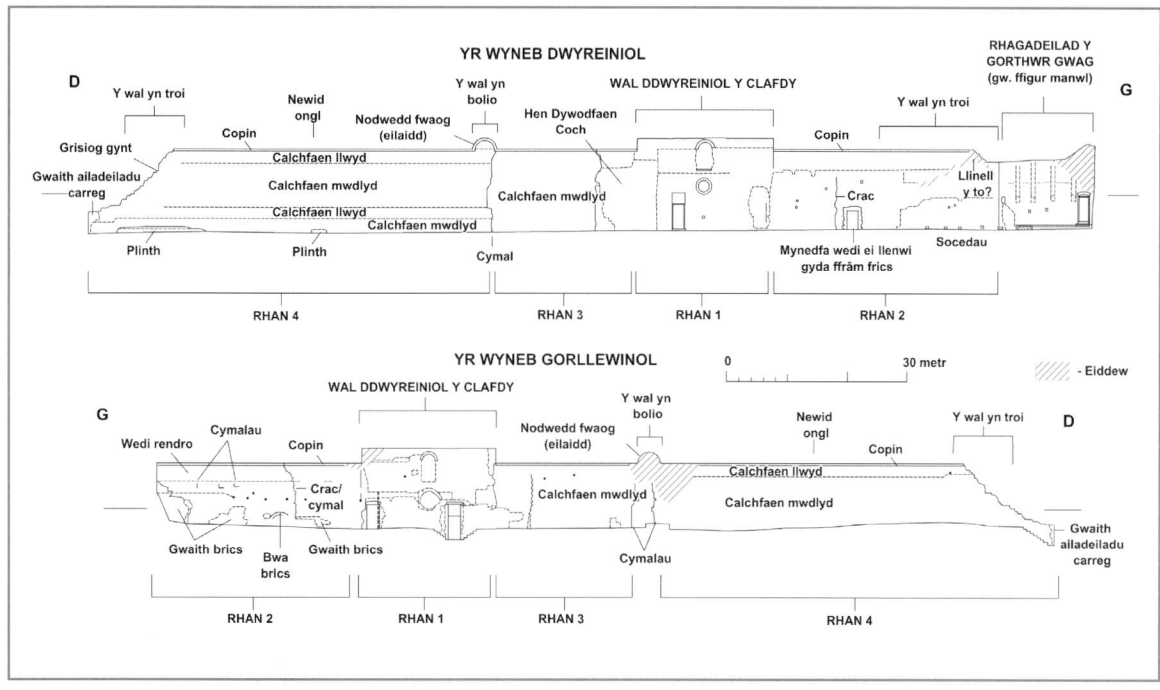

Ffigur 106 Golwg o'r de a'r gorllewin ar y wal carchar yn perthyn i ddiwedd y bedwaredd ganrif ar bymtheg

oroesodd. Mae'r defnydd allanol wedi ei batrymu a'i sgwario'n fras, mewn haenau bob yn ail o galchfaen llwyd a rwbel calchfaen mwdlyd. Yn ei phen deheuol, mae'r wal yn troi o gwmpas i gyfeiriad y dwyrain lle, o ganlyniad i'r gwaith dymchwel yn yr 1920au, lle y mae bellach yn disgyn ar ffurf grisiau i ffurfio wal is sy'n dirwyn i gyfeiriad y dwyrain am 25 m.

Mae rhan fechan o wal y carchar wedi goroesi hefyd 70 m i'r dwyrain, oddi mewn i wal derfyn maes parcio presennol Neuadd y Sir (Ffigur 5). Mae'n cynnwys rwbel wedi'i gymysgu ar hap, sy'n wahanol i'r gwaith maen o'i gwmpas. Mae'n deillio o ddechrau'r bedwaredd ganrif ar bymtheg, yn rhan o wal derfyn ddomestig a welir mewn print yn dyddio o 1830 (Ffigur 135), a map o 1845 (Ffigur 137). Fe'i codwyd rhwng 1868 ac 1872 pan gafodd ei chynnwys yng ngweddill wal y carchar. Rhywsut neu'i gilydd llwyddodd yr ynys hon o waith maen i oroesi gwaith dymchwel wal y carchar yn ystod yr 1930au a'r 1960au, ac mae'n Radd II rhestredig. Mae gweddill wal derfyn y maes parcio mewn gwaith maen ag wyneb carreg o ddiwedd yr ugeinfed ganrif.

Hen Orsaf yr Heddlu a'r iard (Ffigurau 12b, 101, 108–10)

Estynnwyd yr iard agored, a grëwyd yn dilyn symud rhan ôl y porthdy, i gyfeiriad y gogledd yn yr 1880au, pan ddymchwelwyd y clafdy a'i ddisodli gan Hen Orsaf yr Heddlu llai. Wrth osod sylfeini yn hanner ddeheuol yr iard yn 2002 datgelwyd helaethrwydd o ddraeniau, ceuffosydd a nodweddion gwasanaeth eraill o'r cyfnod ôl-ganoloesol, ac mae rhai o'r rhain yn torri llinellau waliau'r clafdy. Daeth darn o waith maen a morter a dau hyd o sylfaen mewn gwaith brics i'r golwg hefyd (Ffigurau 101 a 107), ond ni ellir eu neilltuo i unrhyw adeileddau hysbys. Ar ben hynny, datgelwyd waliau brics wedi eu cwtogi yn perthyn i adeilad hirsgwar hir, wedi ei alinio o'r gogledd i'r de, yn union o dan yr wyneb. Roedd yn mesur 7.5 m wrth 3.5 m ac yn sefyll yn y rhan fwyaf o'r ardal rhwng y porthdy a wal y carchar (Ffigur 107). Gwnaed y brics ar ddechrau'r ugeinfed ganrif. Dangosir yr adeilad mewn ffotograff a dynnwyd drwy gyntedd mynedfa'r porthdy yn yr 1920au (Ffigur 153), lle mae'n ymddangos fel adeiledd wedi ei rendro gydag agoriadau ffenestr syml, sgwâr; mae'r olion yn awgrymu fod lle tân yn arfer bod ym mhob wal pen. Nid yw ei swyddogaeth yn hysbys ond mae'n debyg iddo gael ei ddymchwel ynghyd â'r carchar yn yr 1930au.

Mae Hen Orsaf yr Heddlu (neu 'Castle House') yn adeilad deulawr, talcennog, dwy ystafell o ddyfnder, sy'n bargodi yn erbyn y llenfur gorllewinol (Ffigurau 12b a 108). Wedi'i rendro ar y tu allan a'i blastro oddi mewn, rwbel gwaith maen yw'r defnydd adeiladu lle mae'n hysbys. Er yn mesur 10.1 m o'r gogledd i'r de wrth 7 m o'r dwyrain i'r gorllewin, mae ei linell doeau yn dirwyn o'r dwyrain i'r gorllewin. Mae'n ymddangos yn eithaf tebyg i'r hyn ydyw heddiw ar y cynllun gwreiddiol, fel y'i hargymhellwyd, yn 1880 (Ffigur 151), ac fe'i cwblhawyd erbyn 1886 (Ffigur 148). Roedd yr estyniad i'r de, adeilad ar oledd yn erbyn y llenfur gorllewinol, yn bresennol hefyd yn 1886 ond fe'i hailadeiladwyd ar ei ffurf bresennol a'i ehangu'n sylweddol rhwng 1895 ac 1905, pan ddangoswyd yr adeilad cyfan fel y mae heddiw mewn ffotograff yn perthyn i Heddlu'r Sir (Ffigur 152). Fe'i defnyddiwyd fel gorsaf heddlu hyd 1947, pan gyfunwyd heddluoedd y bwrdeistref a'r sir,[57] ac wedi hynny fe'i cymerwyd drosodd gan y cyngor. Wedi ei ailwampio yn 2006–7, roedd yn gartref i Ganolfan Gwybodaeth i Ymwelwyr Caerfyrddin yn 2012 a'r nod oedd cynnwys canolfan ddehongli'n darlunio hanes y dref.

Mae'r trefniadau mewnol yn y prif floc yr un fath mwy neu lai ag y'u hadeiladwyd. Mae'r llawr gwaelod yn cynnwys tai bae. Tramwyfa gul yw'r bae dwyreiniol yn dirwyn rhwng mynedfeydd ym mhob wal ochr. Fe'i cysylltir gan dramwyfa groes, ac i'r de o honno mae siambr unigol a alwyd yn 'Living Room' yn 1880 – gydag ail fynedfa yn y bae gorllewinol, yn cysylltu â'r estyniad. Mae celloedd â fowtiau yn y ddau fae i'r gogledd o'r dramwyfa groes (Ffigur 109). Ymddengys fod y gosodiadau ac ati yn rhai a gynhyrchwyd yn lleol yn bennaf; adferwyd y drysau celloedd presennol, a wnaed o haearn, o hen orsaf yr heddlu yn y Tymbl,

Ffigur 107 *Sylfeini'r adeilad o'r ugeinfed ganrif yn yr iard, o'r de, yn 2002*

Ffigur 108 Hen Orsaf yr Heddlu a'r estyniad, o'r de, yn 2012

sir Gaerfyrddin, yn 2005,[58] ond mae'r platiau rhifau carcharorion gwreiddiol sy'n troi drosodd yn dal i fod yn y mynedfeydd i'r celloedd, tra bod fframiau haearn wedi eu stampio â'r geiriau 'Carmarthen Foundry' ar y ffenestri arsylwi bychan. Mae gosodiadau eraill o'r bedwaredd ganrif ar bymtheg wedi goroesi, gan gynnwys tapiau nwy, y gloch larwm a rhwyll haearn dros y drws yn y dramwyfa drwodd. Mae modd cyrraedd y llawr cyntaf trwy risiau agored o'r ystafell fyw. Fe'i rhannwyd yn bedair ystafell wely (a enwyd felly yn 1880), pob un â lleoedd tân; mae simnai ar bob wal dalcen. Enwir pumed ystafell i fyny'r grisiau, sydd bellach yn ystafell ymolchi, yn 'Weights and Measures' ar gynllun 1880. Mae'r agoriadau i gyd yn bensgwar; mae conglfeini a fframiau Adam wedi eu rendro. Iard ymarfer oedd y fan rhwng Hen Orsaf yr Heddlu a'r gorthwr gwag, a diffinnir ei ochr dwyreiniol gan wal sy'n perthyn i'r un cyfnod â'r adeilad. Mae olion y creithiau o adeilad cyffiniol i'w gweld, yn y stribyn cul rhyngddo â wal y carchar, lle nodir adeiledd bychan yn 1895 ac 1906 (Ffigurau 149–50). Mae'n debyg mai toiled oedd hwn.[59]

Mae'r estyniad yn mesur 8 m wrth 2.5 m ac mae'n cynnwys dau fae wedi eu rhannu gan wal fewnol. Yr un defnyddiau a'r driniaeth a welir yma ag yn y prif floc, ond nid oes fframiau Adam o gwmpas yr agoriadau. Eir i mewn o'r de. Mae cilfach fwaog, yn cynnwys ffenestr, yn y wal ddwyreiniol sy'n ymestyn am allan, gyda ffenestr arall ar y naill ochr a'r llall. Ar ôl tynnu gwaith rendro yn y bae gogleddol datgelwyd cilfach wedi'i chau, gyda phen brics segmentol yn y llenfur gorllewinol (Ffigur 110). Mae'n ymddangos

Ffigur 109 Un o'r celloedd yn Hen Orsaf yr Heddlu, yn 2006

mai olion o'r 'Pantri' yw hwn a nodwyd ac a labelwyd, yn yr estyniad cynharach, ar gynllun 1880 (Ffigur 151); fe'i caewyd a'i guddio o dan ddarn mwy trwchus o wal pan ailadeiladwyd yr estyniad. Fodd bynnag, mae'n debyg iddo gael ei addasu o gilfach gynharach, yn hytrach na'i fod yn fwlch *de novo* yn y llenfur, ac efallai ei fod yn deillio o'r Oesoedd Canol. Mewn cyferbyniad i hyn mae'n ymddangos fod y wal orllewinol yn sefyll ar ei thraed ei hun (Ffigurau 101 a 151), gyda gwagle rhyngddi a'r llenfur gorllewinol ac efallai fod ei nodweddion gwreiddiol felly wedi goroesi'n ddigyfnewid.

Hen Orsaf yr Heddlu yw'r unig carchar sirol a oroesodd yng Nghymru ac oherwydd hynny mae o bwysigrwydd cenedlaethol, ond dim ond lle mae'n ymuno â'r llenfur canoloesol y mae'n Adeilad Rhestredig. Ond mae rhai nodweddion oddi mewn yn anghyffredin, er enghraifft y platiau rhifau carcharorion sy'n troi drosodd, na fuont erioed yn bethau cyffredin.[60] Bydd nodweddion eraill oddi mewn, fel y bariau ar y ffenestri, yn unigryw i'r safle; yn ystod y cyfnod cynnar hwn adeiladwyd celloedd fel arfer gan fasnachwyr lleol a gwnaed drysau celloedd, er enghraifft, i ffitio maint yr ystafell yn hytrach nag er mwyn dilyn unrhyw batrwm cyffredinol, tra bod addurniadau fel rhifau ar y drysau yn nwylo contractwyr unigol.

Ffigur 110 Estyniad Hen Orsaf yr Heddlu: cilfach gaeedig yn y llenfur gorllewinol yn 2006

NODIADAU

1   W. L. Morgan a W. Spurrell, 'Carmarthen Castle mount', *TCASFC*, 10 (1915), 61–2.
2   Roedd y dilyniant twll turio llawn, a gofnodwyd gan Opus International Consultants UK (Veryards Ltd gynt) fel a ganlyn: 0 m–5.0 m, artiffisial – clai a brics. 5.0 m – 5.2m, artiffisial – clai brown golau. 5.2 m – 6.6 m, artiffisial – pridd cleiog brown. 6.6m – 7.3 m, artiffisial – clai a graean. 7.3 m – 10.0 m, 'gravel boulder fill' (ond i'w weld ymhell o dan waelod y mwnt ac yn naturiol felly mae'n debyg). 10.0 m – 16.0m, graeanau naturiol (Opus International Consultants UK Ltd, 'Carmarthen Castle phase 4: ground investigation report for base of shell keep walls' (2007), cyf. CS7058-01-GIR-1.0). Gellir cymharu'r canlyniadau ag archwiliadau a wnaed yn yr un man yn gyffredinol, rhwng y ddwy wal ar yr ochr dde-orllewinol, lle digwyddodd y gwymp yn 1913. Roedd y ddaear wneud yn cynnwys 'a 6 foot (1.83m) layer of ordinary garden soil and debris, next under this about 3 feet (0.91m) of clay, and lower still a mass of loose, large stones' (Morgan and Spurrell, 'Carmarthen Castle mount', 62).
3   SCG, Mapiau Cawdor 41, 'Plan of part of Carmarthen showing county gaol and premises', (d.d., *c*.1857).
4   Ibid.
5   J. F. Jones, 'Carmarthen "Mount"', *Carms. Antiq.*, 5 (1963), 188.
6   Morgan and Spurrell, 'Carmarthen Castle mount', 61–2.
7   D. J. C. King, 'Carmarthen Castle', mewn llyfrau nodiadau maes heb eu cyhoeddi a stori yn Llyfrgell Cymdeithas Hynafiaethwyr Llundain, Burlington House, Piccadilly, 1 (1949), 19–20, a 2 (1950), 53.
8   SCG, Mapiau Cawdor 41.
9   King, 'Carmarthen Castle', 1, 19.
10 SCG, Mapiau Cawdor 41.
11 King, 'Carmarthen Castle', 1, 20.
12 G. E. Evans (gol.), 'Caermarthen, 1764–1797', *TCASFC*, 1 (1906), 101.
13 Jones, 'Carmarthen "Mount"', 188.
14 Morgan a Spurrell, 'Carmarthen Castle mount', 61–2.
15 N. D. Ludlow a B. Allen, 'Carmarthen Castle: archaeological evaluation within the shell-keep, 1997' (adroddiad gan YAD heb ei gyhoeddi, 1997); N. Page, 'Carmarthen Castle shell-keep, archaeological evaluation, 1998' (adroddiad gan YAD heb ei gyhoeddi, 1998).
16 Jones, 'Carmarthen "mount"', 188.
17 Page, 'Carmarthen shell-keep', 9.
18 Datgelodd y ffosydd *decking*, a gofnodwyd gan Pete Crane o YAD, gyfres o bedair bwtres o waith maen yn erbyn wal fewnol bresennol y gorthwr, yn ei gongl gogledd-ddwyreiniol. Ystyriwyd eu bod yn perthyn i'r un cyfnod â'r wal a roeddent yn gorwedd o dan bridd yr ardd yn yr un modd. Cawsant eu cwtogi i lefel bresennol y ddaear pan gynlluniwyd yr ardd.
19 Gweler hefyd King, 'Carmarthen Castle', 1, 19, a 2, 53, am awgrymiadau ynghylch gwreiddiau canoloesol y waliau hyn.
20 N. D. Ludlow, 'Carmarthen Castle: phase 3 archaeological work, 2001–2003' (adroddiad gan YAD heb ei gyhoeddi, 2004), 28–32.
21 Nodwyd y bythynnod yn 1908, mewn modd braidd yn ddifrïol, gan Ella Armitage, a awgrymodd y gallai fod mwy ohonynt (E. Armitage, 'Carmarthen Castle', *TCASFC*, 3 (1908), 14). Roedd preswylwyr yn parhau i fyw ynddynt yng nghanol yr ugeinfed ganrif ond roeddent wedi mynd erbyn yr 1960au (AO 1:2500, cynlluniau SN4019 a SN4119, 1969). Nid ydym yn gwybod beth yw dyddiad y gwaith o godi'r wal yn ei ben gorllewinol ond roedd wedi digwydd erbyn tua 1935 o leiaf, pryd y mae ffotograff a dynnwyd o'r carchar o'r awyr yn dangos y wal fel y mae heddiw (Ffigur 147).

22 P. Crane, 'Carmarthen Castle, phase 3 interim report, October 2001' (adroddiad gan YAD heb ei gyhoeddi, 2001).
23 Ludlow, 'Carmarthen Castle: phase 3', 68–71.
24 E. Donovan, *Descriptive Excursions through South Wales and Monmouthshire in the Year 1804, and the Four Preceding Summers*, 2 (Llundain: Edward Donovan, 1805), tt. 171–2; CBHC, *Inventory of Ancient Monuments V: County of Carmarthen* (Llundain: LlEM, 1917), t. 249.
25 Heather James, *Roman Carmarthen: Excavations 1978–1993* (Llundain: Britannia Monograph Series 20, 2003), t. 4.
26 W. Spurrell, *Carmarthen and its Neighbourhood* (Caerfyrddin: Spurrell and Co., 1879), t. 136.
27 Camenwir y Tŵr De-orllewinol yn 'Wyrriott's Tower' ar fap AO 1895 (1:500, Carmarthenshire Sheet XXIX.7.6); mae Terry James wedi dangos fod yr enw hwn yn perthyn yn gywir i dŵr sgwâr ar fur y dref (T. A. James, *Carmarthen: An Archaeological and Topographical Survey* (Caerfyrddin: Monograff CHSG 2, 1980), t. 33)
28 P. Crane, 'Carmarthen Castle Square Tower: evaluation and watching brief, 1993' (adroddiad YAD heb ei gyhoeddi, 1994); N. D. Ludlow, 'Carmarthen Castle Southwest Tower: recording and watching brief, 1994' (adroddiad YAD heb ei gyhoeddi, 1994); N. D. Ludlow, 'Carmarthen Castle: archaeological recording and watching brief 1995–6' (adroddiad YAD heb ei gyhoeddi,1996).
29 Roedd haen o bridd o dan y cap yn cynnwys plât rhif car o'r 1950au ac mae'n bosibl fod y gwaith hwn yn perthyn i ganol yr 1960au, pan ddymchwelyd sawl eiddo yn Heol y Bont i wneud lle i Ffordd y Cwrwg.
30 Crane, 'Carmarthen Castle Square Tower'.
31 Ludlow, 'Carmarthen Castle 1995–6', 21–9.
32 Defnyddir yr enw hefyd yng nghronfa ddata AC Cadw (Cadw, AC Rhif 9507 (Carmarthen Castle), cronfa ddata Cadw AC a gyrchwyd via END, Gorffennaf 2006).
33 Perthynai'r waliau bloc bris a adeiladwyd yn erbyn y tŵr yn y fan hon i adeilad a adawyd heb ei orffen ar ddechrau'r 1980au.
34 Cronfa ddata AC Cadw, Castell Caerfyrddin.
35 Cynhyrchodd mewnlenwad y seler ganfyddiadau o'r ugeinfed ganrif gan gynnwys plastigau.
36 Gweler hefyd King, 'Carmarthen Castle', 1, 19.
37 C. Barnett, 'Carmarthen Castle: the chamberlain's hall', *TCASFC*, 26 (1936), 18.
38 King, 'Carmarthen Castle', 1, 19.
39 Ibid. Fodd bynnag, efallai mai gwaith yr un prif saer maen, John Hirde o Benfro (trafodir ym Mhennod 4) yw porthdai Caerfyrddin a Chydweli.
40 Yr wyneb 'asffalt' a osodwyd gan CHSG yn 1915–17 o bosibl? Roedd yn parhau i fod yn gadarn yn 1936 (Barnett, 'Carmarthen Castle', 18).
41 Braslun gan A. W. Matthews, *TCASFC*, 5 (1910), opp. 62.
42 Gwybodaeth a gafwyd gan John Llewelyn o CSC.
43 D. Schlee, 'Carmarthen Castle: excavations outside the gatehouse, June–August 2003' (adroddiad YAD heb ei gyhoeddi, 2004).
44 Mae fy nyled yn fawr i Paul Courtney a Mark Redknap am eu cymorth i ddehongli canlyniadau cloddiad 2003, yn arbennig y cyntaf o ran sylweddoli pwysigrwydd y dyddodiad eilaidd.
45 Schlee, 'Carmarthen Castle', Atodiad 3, 99–108.
46 Mark Redknap, goheb. bers.; gweler Pennod 6.
47 Paul Courtney yn Schlee, 'Carmarthen Castle', 34, a pers. comm.
48 Ystyriwyd y posibilrwydd fod y waliau'n dynodi sarn yn perthyn i gyfnod y Rhyfel Cartref, ond roedd y gweithiau eraill a awgrymwyd yn y cyfnod hwn yn gwneud y porthdy'n llai hygyrch, nid yn fwy felly. Ar ben hynny gwelsom na fyddai'n rhychwant cyfan.

49 Paul Courtney yn Schlee 'Carmarthen Castle', 34.
50 Spurrell, *Carmarthen and its Neighbourhood*, t. 137.
51 Atgynhyrchwyd yn J. F. Jones, 'Carmarthen stylus', *Carms. Antiq.*, 2 (1957), 46–7. Gweler hefyd Anhysbys, 'Long loans', *TCASFC*, 11 (1917), 82.
52 H. James, 'Carmarthen Castle excavations, September–October 1980: interim excavation report' (teipysgrif YAD heb ei chyhoeddi, 1980; gweler YAD Detailed Record File PRN 57).
53 Ludlow, 'Carmarthen Castle 1995–6', 40–44.
54 Ibid., 38–40.
55 R. W. Ireland, *'A Want of Order and Good Discipline': Rules, Discretion and the Victorian Prison* (Caerdydd: GPC, 2007), t. 112 n. 100.
56 Nid oes unrhyw dystiolaeth weledol, er enghraifft, o'r lle tân ar y llawr gwaelod a ddarlunnir yn y wal ddeheuol, ond efallai iddo gael ei dynnu oddi yno ger mynedfa eilaidd 2.
57 Charles Griffiths (curadur/archifydd, Amgueddfa Heddlu Dyfed-Powys), goheb. bers.
58 John Llewelyn (CSC), pers. comm.
59 Ni ddangosir y wal hon ar y cynllun a argymhellwyd yn 1880 (Ffigur 151), sy'n dangos wal rhwng swyddfa'r heddlu a'r gorthwr gwag yn lle hynny, gyda thoiled yn yr ongl â wal y carchar.
60 Charles Griffiths (curadur/archifydd, Amgueddfa Heddlu Dyfed-Powys), goheb. bers.

PENNOD PEDWAR

AIL-LUNIO'R CASTELL

NID YW ail-lunio'r castell canoloesol yn rhywbeth syml. Nid yw'n sefyll ar safle maes glas, ond yn hytrach fe'i difrodwyd yn sylweddol a'i ailfodelu'n helaeth yn dilyn gweithgaredd diweddarach. Ychydig iawn o'r ffabrig sydd wedi goroesi a bu'r gwaith cloddio'n gyfyngedig. Mae'r bennod hon yn trafod y dystiolaeth archeolegol ochr yn ochr â'r deunydd o ffynonellau gwreiddiol mewn ymdrech i gynhyrchu ail-luniad cynhwysfawr o'r castell. Mae hefyd yn edrych ar y modd y newidiodd dros amser a'r dylanwadau a fu ar ei ddatblygiad o ganlyniad i'w swyddogaethau gwahanol, yn rai milwrol a sifil.

Mae dogfennaeth gyfoes yn cynnwys cyfrifon adeiladu (a atgynhyrchir yn yr Atodiad). Yn gyffredinol, mae'r rhain yn ymwneud â'r cyfnodau hynny pan oedd dan reolaeth frenhinol, a cheir y brif dystiolaeth yng nghyfrifon y Rhôl Siecr a'r Rhôl Pensiwn a Lwfans yn ystod y ddeuddegfed ganrif a'r drydedd ganrif ar ddeg. Mae'r ddogfennaeth yn datblygu'n rhywbeth helaethach yn ystod y bedwaredd ganrif ar ddeg a'r bymthegfed ganrif ac mae Cyfrifon y Gweinidogion a Chyfrifon y Trysorlys o'r cyfnod hwn ymhlith y cofnodion a gyhoedd-wyd gan Francis Green ac a gyflwynwyd ym Mhennod 1. Nid ydynt yn gwbl gyflawn; canfuwyd bod cofnodion eraill yn y Rholiau'n berthnasol, tra bod Stephen Priestley wedi bod mor garedig â darparu trawsgrifiadau o gofnodion ychwanegol heb eu cyhoeddi yn yr Archifau Cenedlaethol (TNA). Mae'r olaf yn cynnwys Cyfrifon y Siambrlen a'r Swyddwr (TNA: PRO SC 6), Cyfrifon y Trysorlys (PRO E 101) ac Amrywiol Bethau'r Siawnsri (PRO C 47), ac adroddiad pwysig o 1343 (PRO E 163/4/42).

Tra bod y cofnodion hyn yn amhrisiadwy fel cyfrwng hanesyddol yn eu hawl eu hunain, gellir eu defnyddio hefyd i ail-lunio cynllun o'r castell – yn arbennig Ymchwiliad y Siawnsri yn 1275 (gweler Pennod 2), er enghraifft.[1] Rhywbeth arall sydd o ddefnydd mawr yw corff sylweddol o ddeunydd o'r bymthegfed ganrif sydd, er nad yw'n cofnodi llawer o waith adeiladu newydd, yn hynod fanwl ac mae'n fodd inni ddychmygu beth oedd y cynll-uniau mewnol.[2] Rhaid cydnabod, fodd bynnag, y gall y cofnodion a oroesodd fod yn rhai anghyflawn – prin yw'r deunydd o'r ddeuddegfed ganrif, tra'i bod yn bosibl fod bylchau, er enghraifft yn ddiweddar yn y drydedd ganrif ar ddeg, pan ymddengys fod mwy o waith wedi ei wneud yn y castell nag y mae'r ffynonellau yn ei awgrymu. Dadansoddwyd adroddiadau cyfoes ochr yn ochr â'r dystiolaeth archeolegol, topograffeg y safle a oroesodd, mapiau a phrintiadau diweddarach, ffynonellau hynafiaethol, a thrwy ei gymharu â chestyll Prydeinig eraill.

Daw'r bennod i ben gyda thrafodaeth fer ynghylch hunaniaeth y castell fel preswylfan a'i drefniadaeth gymdeithasol, a'u heffaith ar ei drefn ofodol a'i ddatblygiad.

Y gwrthgloddiau

Roedd y castell yn cynnwys mwnt a dau feili (Ffigur 113). Parhaodd lleoliad sylfaenol ei wrthgloddiau hyd at 1789 – pan y'i cuddiwyd gan garchar Nash – ac fe'i dangosir gan gyfliniau ar fap Thomas Lewis yn 1786 (Ffigur 111).[3] Mae'r dystiolaeth weledol yn awgrymu mai twmpath conigol, penfflat oedd y mwnt, 9 m uwchben lefel y beili, a bod cyfanswm ei uchder tua 15 m yn ôl pob tebyg, yn goleddu ar 45 gradd a bod diamedr ei frig tua 20 m (Renn's type Bd3),[4] yn llenwi tua 0.2 hectar ac wedi'i amgylchynu gan ffos 15 m o led.[5]

I'r de gorweddai beili, a oedd yn wynebu'r dref ac a fu'n gwrt mewnol, ar wahân o'r dechrau efallai. O ran cynllun roedd yn betryal afreolaidd, yn mesur 85 m o'r gogledd i'r de a 50 m ar gyfartaledd o'r dwyrain i'r gorllewin (bron i 0.4 hectar ar y tu mewn, heb y mwnt). Amgylchynwyd ei ochrau gogleddol, gorllewinol a dwyreiniol gan ffos a oedd yn 15 m o led ar gyfartaledd. I'r dwyrain o'r ffos hon gorweddai'r cwrt allanol. Ffurfiai hwn driongl yn mesur 45 m o'r dwyrain i'r gorllewin, a 65 m o'r gogledd i'r de yn ei ran lletaf (bron i 0.3 hectar ar y tu mewn). Fe'i diffiniwyd gan ffos a oedd rhwng 10 m a 15 m o led ar ei ochr ogledd-ddwyreiniol. Fodd bynnag nid oedd unrhyw ffos o gwmpas ochrau deheuol a de-ddwyreiniol y naill feili na'r llall lle, yn hytrach, ehangwyd y llethr sgarp naturiol oedd yno eisoes.

Roedd yr archwiliadau cyfyngedig a wnaed oddi mewn i'r castell yn awgrymu fod lefel y ddaear ganoloesol yn goleddu i lawr yn raddol, ar draws y ddau feili, o'r gogledd-orllewin i'r de-ddwyrain (Ffigur 12); ehangwyd y llethr ar hyd ochr ddeheuol y cwrt mewnol gan du ôl y clawdd amddiffynnol gorllewinol. Rhedai'r ffos allan rhwng y ddau feili – a elwid yn 'Castle Ditch' o hyd yn 1739[6] – i mewn i'r llethr sgarp yn ei ben deheuol, er ei bod yn ymddangos fod ei ben uwch, gogleddol wedi'i fewnlenwi erbyn y ddeunawfed ganrif pan roedd tramwyfa ôl-ganoloesol yno, bellach wedi mynd, o'r enw 'Castle Green' (Ffigur 111). Roedd y ffos o gwmpas yr ochrau gorllewinol a gogleddol ar y safle wedi dioddef gwaith adeiladu neu waith mewnlenwi a dim ond ar ochr ogledd-ddwyreiniol y cwrt allanol y goroesodd, lle roedd llwybr yn y fan hon hefyd, sef y Castle Hill presennol.

Dangosodd gwaith cloddio 2003 rhywfaint o dystiolaeth ynghylch dyfnder y ffos orllewinol, ac ar ba raddfa y cafodd ei mewnlenwi. Byddai proffil 45 gradd yn rhoi dyfnder estynedig o 6 m pan godwyd colofnau'r bont, gan dybio fod y gwaelod yn wastad ac wedi'i gyfyngu rhwng y ddwy golofn. Ni allwn ond dyfalu beth oedd ei ddyfnder gwreiddiol, fel yr oedd wedi ei balu ar ddechrau'r ddeuddegfed ganrif; byddai dyfnder o 7 m yn rhoi lled gwaelodol o 2.5 m, a byddai hefyd yn cyd-daro â gwaelod y llethr sgarp

Ffigur 111 Manylyn o fap Thomas Lewis o Gaerfyrddin, yn 1786, yn dangos ardal y castell (Gwasanaeth Archifau Sir Gaerfyrddin, SCG Mapiau Cawdor 219, Map o eiddo'r teulu Vaughan yng Nghaerfyrddin)

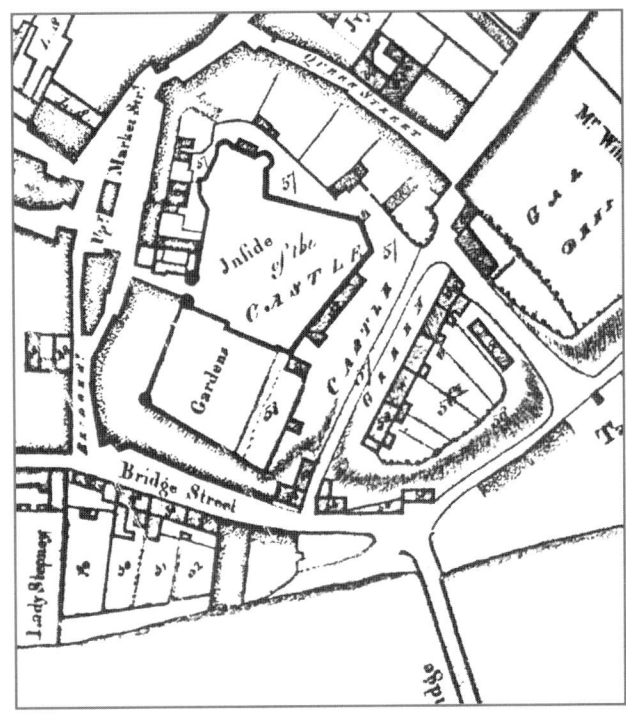

lle roedd y ffos yn rhedeg allan i'r de. Mae'n ymddangos ei fod yn cydgyffwrdd â'r ffos rhwng y mwnt a'r cwrt mewnol; roedd y ffos hon yn arwain i gyfeiriad y dwyrain o dan dŵr gogleddol y porthdy – a orweddai'n gyfan gwbl o'i mewn – gan roi diamedr gwaelodol o 65 m i'r mwnt. Mae'n ymddangos fod yr holl ffosydd yn sych fel arfer, ond gwelwyd yn y bennod flaenorol ei bod yn amlwg yn gallu llenwi â dŵr yn dymhorol – lle cawsant eu torri drwy'r clog-glai mae'n debyg. Roedd y ffos orllewinol wedi'i mewnlenwi a'i datblygu gyda thai erbyn 1610, pan ymddengys fod y Castle Hill dechreuol wedi'i sefydlu oddi mewn i ffos y cwrt allanol (Ffigur 112).

Ym Mhennod 3 cyflwynwyd y dystiolaeth fod clawdd amddiffynnol yn dirwyn o gwmpas ochr orllewinol y castell, oddi mewn i'r ffos, ac awgrymwyd ei fod o leiaf 2.5 m o uchder yng nghornel de-orllewinol y cwrt mewnol. Awgrymwyd hefyd fod y clawdd yn parhau o gwmpas y cwrt mewnol, ac eithrio ar yr ochr ddeheuol lechweddog, a bod y llenfuriau wedi eu hadeiladu ar ei ben. Roedd yn amlwg yn dirwyn allan o'r porthdy, sy'n cyd-daro â ffos y mwnt, tra'r adeiladwyd y Tŵr De-orllewinol yn erbyn llethr naturiol yn hytrach nag ar y clawdd. Mae'r ddau adeiledd wedi goroesi felly, ynghyd â'r llenfuriau oddi mewn i ffos y mwnt, tra roedd y waliau a'r tyrau hynny a adeiladwyd ar y clawdd yn naturiol yn llai sefydlog, ac maent wedi mynd.

Y cwrt mewnol

Disgrifir amddiffynfeydd gwaith maen y cwrt mewnol am y tro cyntaf, er mai amlinelliad ydyw, yn Ymchwiliad y Siawnsri yn 1275.[7] Roeddent yn cynnwys 'certain good donjon (*dungeo*) constructed from five small Towers', tra bod '[roedd] a certain great Tower [. . .] there'. Nododd Cathcart King mai'r gorthwr gwag oedd y 'donjon'.[8] Fodd bynnag, mae'n amlwg fod 'donjon' yn y fan hon yn cyfeirio at y cwrt mewnol, fel yr oedd yng Nghastell Maldwyn yn 1248–50, er enghraifft,[9] yn ogystal â Deganwy (sir Gaernarfon) a Beeston (sir Gaer);[10] mae'r adroddiad yn amlwg yn gwahaniaethu rhwng y donjon a'r 'great tower', sy'n ymddangos yn ychwanegol i bum twr y cyrtiau mewnol ac fe welir yn amlwg mai'r gorthwr gwag ydyw mewn adroddiad arall o 1343.[11] Cymhlethir y mater fodd bynnag gan y disgrifiad o'r tyrau fel rhai 'small', a gan adroddiad 1343 sy'n awgrymu fod gan y gorthwr gwag hefyd bum tyred.[12] Fodd bynnag mae'n amlwg o arolwg arall a wnaed yn 1321[13] fod pum tyred y 'donjon' yn weddol fawr, yn wahanol i dyredau'r gorthwr gwag, a'u bod yn gwbl gaeedig. Ac mae'r holl ffynonellau'n cadarnhau fod y cwrt mewnol yn dilyn cynllun sylfaenol pum tŵr hyd ddiwedd yr Oesoedd Canol (Ffigurau 117, 119–22), a bod y tyrau'n grwn.

Gall map 1786 fod o gymorth i ni yma eto (Ffigur 111). Mae'n ymddangos mai trawsnewidiad syml o amddiffynfeydd coed i rai cerrig ddigwyddodd yn y cwrt mewnol ac na fu unrhyw newid i'w gynllun sylfaenol. Dangosir y Tŵr De-orllewinol, y Porthdy Mawr a'r gorthwr gwag, ond nid y Tŵr Sgwâr a gafodd ei gynnwys mae'n debyg o dan yr adeiladau cyfagos ar hyd Heol y Bont. Ni ddangosir chwaith y cynlluniau mewnol oddi mewn i'r carchar a gyfyngwyd yr adeg honno i hanner gogleddol y cwrt mewnol. Fodd bynnag, dangosir y llenfur gogleddol tebygol ar ei linell bresennol, tra bod naill ai'r llenfur deheuol neu'r hyn a'i disodlodd yn y cyfnod ôl-ganoloesol yn ffurfio ymyl deheuol y cwrt mewnol. Roedd yn dod i ben yn y ffos draws rhwng y ddau feili, lle dirwynai wal i gyfeiriad y gogledd ar 90 gradd, oddi mewn i'r ffos draws, gan ymuno yn y diwedd â'r llenfur gogleddol i ddiffinio ochr ddwyreiniol y cwrt mewnol. Fodd bynnag nid oedd y wal hon yn un syth ac roedd yn cynnwys dwy ran wahanol. Goroesodd y rhan ddeheuol hyd 1868, fel gwrthglawdd i'r llethr naturiol a'i barhad i mewn i'r ffos draws (gweler Ffigur 139), a gall felly fod wedi sefyll ar linell y llenfur dwyreiniol canoloesol ac efallai ei fod yn cynnwys ffabrig yn perthyn iddo. Gwyrwyd y rhan ogleddol 8 m tuag at y rhan fewnol (h.y. y gorllewin), a rhedai ar ongl wahanol. Yn hytrach na dilyn y llenfur – a oedd efallai wedi'i godi ar glawdd ac a ddiflannodd oherwydd hynny – mae'n bosibl ei fod yn dynodi wal gyfochrog oddi mewn i'r beili; byddaf yn awgrymu ymhellach ymlaen y gall y wal hon hefyd fod yn un sy'n perthyn i'r Oesoedd Canol, fel wal fewnol adeilad yn gorwedd yn erbyn y llenfur (cf. Castell Holt, sir Ddinbych, lle mae waliau mewnol yr adeiladau yn erbyn y llenfur wedi goroesi, tra bod y llenfur ei hun wedi diflannu).

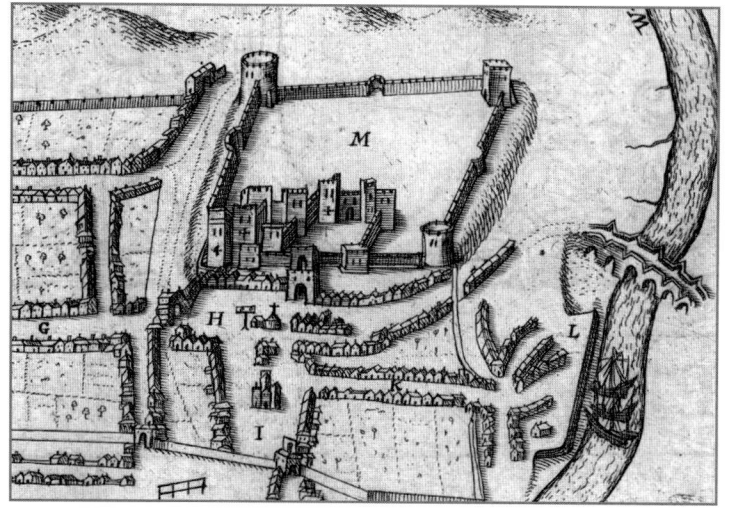

Darlunnir y wal sy'n dirwyn o'r dwyrain i'r gorllewin ac yn gwahanu carchar y ddeunawfed ganrif a'r ardd i'r de ar gynllun Speed tua 1610 yn ôl pob golwg (Ffigur 112), ac efallai ei bod yn deillio o raniad, eilaidd o bosib, o'r cwrt mewnol yn wreiddiol.

Ffigur 112 Manylyn o fap John Speed o Gaerfyrddin, tua 1610, yn dangos Castell Caerfyrddin o'r gorllewin (Gwasanaeth Archifau Sir Gaerfyrddin, SCG2 (M) 21)

Fodd bynnag nid yw bob amser yn rhwydd i ddehongli cynllun Speed a rhaid ei drin â gofal. Er enghraifft, ni ddangosir y ffos draws, tra cyfyngir y cwrt mewnol i ardal carchar 1786 mewn darlun sy'n mynd yn groes i dystiolaeth mapiau a'r cyfrifon adeiladu canoloesol.

Gallwn gasglu mai'r pum tŵr yn 1275 yw'r Tŵr De-orllewinol, dau dŵr y porthdy (os oedd yn ddeudyrog o'r 1220au ymlaen), a dau arall sydd wedi mynd. Mae Speed yn dangos y Tŵr De-orllewinol a'r porthdy yn eglur (Ffigur 112), yn ogystal â'r gorthwr gwag, tra'r ymddengys fod tŵr mawr yn cael ei ddarlunio ar wal ddwyreiniol y cwrt mewnol. Dangosir tŵr arall i gyfeiriad y gogledd, yn union i'r dwyrain o'r gorthwr gwag, gan roi cyfanswm o bump. Fel y Tŵr Sgwâr a oroesodd, mae'n debyg mai ychwanegiad tua diwedd yr Oesoedd Canol yw'r tŵr sgwâr a ddangosir rhwng y porthdy a'r Tŵr De-orllewinol. Ni ddangosir yr olaf ac efallai ei fod eisoes wedi'i guddio gan dai. Fodd bynnag, gellir gweld y Porthdy Canol a gofnodwyd, rhwng y cyrtiau mewnol ac allanol, gyferbyn â'r porthdy.

Y cwrt allanol

Mae darlun Speed o'r cwrt allanol fel sgwâr rheolaidd, wedi'i ddiffinio gan lenfuriau a thyrau congl, yn amlwg wedi'i ffurfioli ac nid oes gysylltiad rhyngddo â'r dystiolaeth weledol. Mae ffynonellau eraill yn rhoi syniad cliriach i ni o linell ei amddiffynfeydd. Mae dau adroddiad, o 1343 ac 1464–5, yn awgrymu fod y llenfur allanol yn ymuno â chongl de-ddwyreiniol y cwrt mewnol, o'r lle roedd yn dirwyn am 30 m at gilborth (gweler Ffigur 120).[14] Roedd pen deheuol Castle Green – y lôn ôl-ganoloesol yn y ffos draws – yn dod i'r golwg sawl medr uwchben Heol y Bont, ac o'r fan hon gellid ei gyrraedd drwy res serth o risiau yn y bedwaredd ganrif ar bymtheg (e.e. Ffigurau 133, 139 a 148). Mae'n ymddangos fod y cynllun wedi'i bennu gan fynedfa a oedd yn bodoli eisoes ar waelod y ffos draws, lle gall adeiledd a ddifrodwyd ac a ddangosir ar brint Buck yn 1740 ac sy'n cynnwys mynedfa yn ôl pob golwg (Ffigur 126) fod yn olion y tŵr cilborth y cyfeirir ato yn 1343.[15] Nid oes modd gweld proffil y ffos yn y print, ond gall fod wedi cael ei siltio neu ei fewnlenwi'n sylweddol.

Mae'n ymddangos fod gweddill y llenfur allanol wedi dilyn y gwrthgloddiau a oedd yn bodoli eisoes er mwyn diffinio man trionglog (gweler Ffigurau 120–2). Roedd y porth allanol yn amlwg ar yr ochr ogleddol. Fe'i disgrifiwyd fel un oedd 'towards the town' yn 1338,[16] ac yn ddiau tarddodd Heol Spilman yn wreiddiol fel llwybr echelinol yn arwain at y fynedfa hon. Mae'n unioni â'r ffos draws, yn hytrach na'r cwrt allanol ei hun, ond efallai fod y porthdy wedi sefyll ar ongl â Heol Spilman. Mae map 1786 yn dangos iard ar ongl hynod rhwng y ddau (Ffigur 111); efallai fod hyn yn arwydd o allfur neu ragdwr canoloesol.

Mae'n bosibl fod printiadau Buck ychydig yn fwy dibynadwy na Speed yn lleoli tyrau eraill y cwrt allanol. Ymddengys eu bod yn dangos waliau ochr a gwtogwyd ac sy'n perthyn i dŵr ym mhen deheuol y cwrt allanol, yn edrych allan dros bont y dref, a cheir awgrym o dŵr arall wedi'i ddifrodi yn y pen dwyreiniol (Ffigurau 126 a 127). Er na ellid ei olrhain, roedd safle'r tŵr dwyreiniol yn hysbys yn 1917 pan nododd cynllun o'r castell ef fel 'site of tower'.[17] Efallai fod y ddau dŵr yn perthyn i'r un cyfnod â'r llenfur allanol, ond awgrym o'u siâp yn unig a ellir ei gael.

Cyfnodi

Nodwyd yn y bennod flaenorol mai prin yw'r dystiolaeth dyddio o ran archeoleg ar gyfer unrhyw un o adeileddau'r castell, tra nad adferwyd gwaith carreg pensaernïol o unrhyw fath yn ystod y gwaith cloddio. Fodd bynnag, mae'r deunydd gwreiddiol a atgynhyrchwyd yn yr Atodiad yn darparu cronoleg ar gyfer llawer o'r adeiladau, yn eu lleoli ar adegau ac, o'i ddefnyddio ochr yn ochr â'r dystiolaeth mewn mapiau a'r dystiolaeth weledol, mae weithiau'n fodd i ddyfalu eu ffurf a'u dimensiynau. Mae'r dogfennau'n awgrymu bod saith prif gyfnod adeiladu (Ffigurau 113, 115, 117 a 119–22). Mae'r cyntaf yn dynodi castell a wnaed yn gyfan gwbl o goed a gall fod wedi parhau yn y ffurf honno i raddau helaeth hyd ail chwarter y drydedd ganrif ar ddeg. Er y gall y gorthwr gwag fod yn perthyn i ddiwedd y ddeuddegfed ganrif, gwnaed y gwaith ailadeiladu mewn carreg yn ystod yr 1230au–1240au yn bennaf. Parhaodd y gwaith dan Harri III pan ychwanegwyd rhes ffurfiol o letyau, ond efallai na roddwyd wal garreg ar y cwrt allanol tan ymhellach ymlaen yn y drydedd ganrif ar ddeg. Ychwanegwyd dwy gyfres o siambrau hunangynhaliol – Plasau'r Prif Ustus a'r Siambrlen[18] – ar ddechrau'r bedwaredd ganrif ar ddeg. Cafwyd yr ymgyrch fawr olaf ar ddechrau'r bymthegfed ganrif pan wnaed gwaith ailadeiladu sylweddol yn dilyn ymosodiadau Glyndŵr. Dylid darllen y rhannau canlynol ochr yn ochr â'r Atodiad.

Ac yntau'n gastell brenhinol yn ystod y rhan fwyaf o'r Oesoedd Canol roedd Caerfyrddin yn ddibynnol ar wariant y Goron am ei amddiffynfeydd. Roedd cryn dipyn o gystadleuaeth am hyn, yn arbennig o'r safleoedd hynny a ffafriwyd gan frenhinoedd unigol fel Marlborough (Wilts.) oedd yn eiddo i Harri III, cestyll Edward I yng ngogledd Cymru ac ati. Mae'r ffaith fod hyd yn oed gwariant sylfaenol, i gadw'r castell mewn cyflwr da, ddim ar gael bob amser i'w weld yn y cyfeiriadau niferus – trwy gydol yr Oesoedd Canol – at y ffaith ei fod 'in want of repair' neu'n 'decayed'. Gellid gwneud hyn yn waeth oherwydd esgeulustod ar ran y cwnstabliaid.

Gair yn olaf am y cyflenwad dŵr. Efallai fod ffynnon y castell, y cyfeirir ati yn y ffynonellau,[19] yr un un â ffynnon y carchar y cyfeirir ati mewn ffynonellau o'r ddeunawfed ganrif (gweler Pennod 5), ac na leolwyd. Ni ddylid ei chymysgu â'r ffynhonnau sy'n perthyn i'r carchar ar ôl 1792 (gweler Ffigur 141, er enghraifft), a oedd yn nodweddion newydd sbon.

CYFNOD 1: Y CASTELL COED, 1106–80 (Ffigur 113)

Mwnt a beili oedd Castell Caerfyrddin o'r cychwyn cyntaf fel y gwelir yn eglur mewn adroddiad o 1116 sy'n gwahaniaethu rhwng y ddwy elfen.[20] Nid oes unrhyw beth arbennig iawn am ei wrthgloddiau, yn lleol ac yn genedlaethol. Mae sir Gaerfyrddin yn sir o fyntiau gyda deunaw enghraifft wedi eu cofnodi, dwsin ohonynt gyda beilïau; mewn cyferbyniad, dim ond pum cylchfur sy'n hysbys.[21] Fodd bynnag, ac eithrio Sanclêr a Llangadog, nid oes unrhyw fwnt cwbl artiffisial yn cymharu o ran maint â Chaerfyrddin, er mai un o faint canolig ydyw ar lefel genedlaethol. Nid yw beilïau unionlin yn anghyffredin ym Mhrydain – er enghraifft Lincoln, Warwig, Warkworth (Northumberland), etc. – ac mae'n ymddangos mai un hirsgwar rheolaidd oedd hwnnw yn Sanclêr yn wreiddiol.[22]

Ar y dechrau roedd y mwnt yn cario twr coed (*tŵr* 1116)²³ y gellid ei gyrraedd o'r cwrt mewnol mae'n debyg, dros ramp o goed, ar draws ffos y mwnt. Gwelsom fod y cwrt mewnol wedi'i amddiffyn gan lethrau serth yn ôl pob golwg, ac eithrio i'r de, a phalisâd pren. Roedd y Prif Borthdy'n dynodi'r brif fynedfa i'r castell o waith maen ac mae'n debygol y bu mynedfa o ryw fath yma erioed gan ei fod yn wynebu'r dref, a oedd yn bodoli erbyn 1116. Bu'r castell yn ganolfan weinyddol ac yn breswylfan o'r dechrau, gyda neuadd a llety. Fodd bynnag ni thynnir sylw'n benodol at unrhyw adeiladau mewnol hyd y drydedd ganrif ar ddeg, ac eithrio'r capel y cyfeiriwyd ato gyntaf mewn rhodd ategiad yn ystod y cyfnod 1158–76;²⁴ awgrymaf ymhellach ymlaen ei fod yn gorwedd ar ochr ogleddol y cwrt mewnol.

Efallai fod nifer o gestyll gwrthglawdd lleol wedi cael dau feili o'r dechrau, gan gynnwys Cydweli ac efallai Llansteffan a Thalacharn,²⁵ ac efallai hefyd Rhydaman a Llanymddyfri (y cyfan yn sir Gaerfyrddin). Fodd bynnag nid yw'n eglur a oedd dau feili yng Nghaerfyrddin yn ystod y blynyddoedd cynnar hynny. Ni chyfeirir yn benodol at y cwrt allanol hyd y bedwaredd ganrif ar ddeg ac mae'n gorwedd mewn safle anghyffredin ar gyfer castell trefol, gan wynebu i ffwrdd o'r dref – a'r porthdy – ac felly i gyfeiriad 'cefn' y castell. Mae gan Gastell Richmond, Swydd Efrog gwrt allanol bychan mewn safle tebyg, fel y gall Southampton fod wedi cael, tra bod un o'r ddau gwrt allanol yn Northampton yn gorwedd i gyfeiriad y cefn.²⁶ Fodd bynnag, mae'n gynllun na welir mewn unrhyw fwrdeistrefi castell eraill yng Nghymru. Tra ei bod yn bosibl fod y castell yn cynnwys cwrt mewnol yn unig ar y dechrau, a bod cwrt allanol wedi'i ychwanegu ar ôl i'r dref ddatblygu, mae'r top-ograffeg yn awgrymu fel arall; mae'r safle yn fan hunangynhaliol, mwy neu lai yn wastad, lle mae'r mwnt wedi'i leoli ar y pwynt uchaf ac o ganlyniad y cwrt *allanol* sy'n edrych allan dros y bont. Efallai fod un beili wedi'i israannu'n ddau, fel digwyddodd o bosibl yng Nghyd-weli, sir Gaerfyrddin a Rochester, Swydd Caint, er enghraifft.²⁷ Fodd bynnag, nes i fur y dref gael ei ymestyn ar ddechrau'r bymthegfed ganrif, roedd y cwrt allanol yn wynebu'r cae. Oherwydd hynny mae'n bosibl fod y brif fynedfa o'r cyfeiriad hwn yn wreiddiol (fel y gwelir yn Warkworth, Caerefrog ac ati), a bod Heol Spilman, a gychwynnodd fel llwybr echelinol yn arwain i'r porth allanol,²⁸ yn nodwedd sylfaenol o'r dref. Os felly, cafodd y gastell 'ei droi o gwmpas' i wynebu'r gorllewin rhywbryd ar ôl sefydlu'r dref yn 1106–16. Digwyddodd y broses

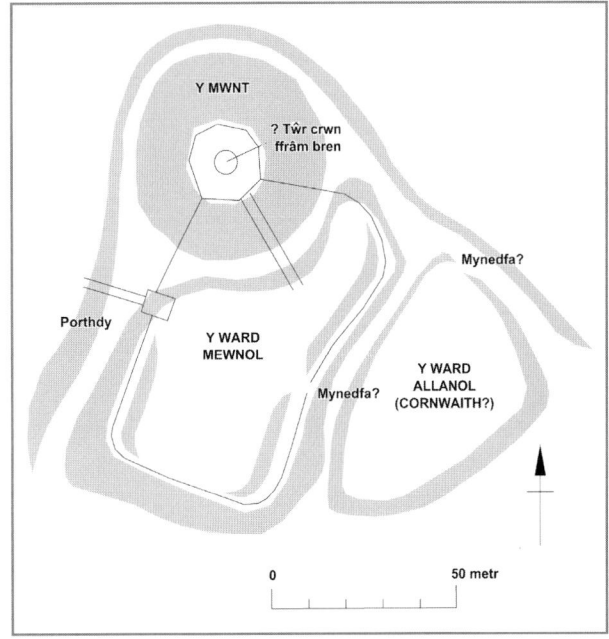

Ffigur 113 Cynllun bras o Gastell Caerfyrddin yn dangos awgrym o'i gynllun yn ystod Cyfnod 1, 1109–80 (ni ddangosir yr adeiladau mewnol tybiedig)

hon yng Nghastell Brynbuga, sir Fynwy, dan William Marshal II mae'n debyg, a oedd hefyd yn weithredol yng Nghastell Caerfyrddin ar ddechrau'r drydedd ganrif ar ddeg; cadwyd yr hen gwrt allanol ym Mrynbuga fel 'cornwaith' amddiffynnol yn unig pan adeiladwyd cwrt allanol newydd i gyfeiriad y dref.[29] Awgrymwyd fod proses debyg wedi digwydd, er mai'n betrus y bu hynny, yng Nghastell Cas-gwent, sir Fynwy, a oedd ym meddiant Marshal hefyd.[30] Fodd bynnag mae cwrt allanol Caerfyrddin yn fychan iawn; efallai mai fel cornwaith amddiffynnol y'i bwriadwyd ar y dechrau, yn gorchuddio cefn y castell, fel yng nghestyll cyfagos Rhydaman a Llanymddyfri o bosibl.[31]

Roedd adeiledd crwn 121, a gloddiwyd ar y mwnt, yn rhy fychan i fod yn waelod twr o waith maen ac fe'i dehonglir yma fel wal sil ar gyfer twr coed, crwn neu amlonglog. Efallai fod y gilfach ar ei wyneb mewnol yn dynodi ôl-osodiad ar gyfer yr aradeiledd, tra bod y golosg a'r clai llosg cysylltiedig 038, 039 a 047 yn dynodi malurion yn dilyn ei ddymchwel. Efallai fod yr adeiledd yn cyfrif am ran o'r £160 a wariodd y Goron yn ystod yr 1180au (gweler yr Atodiad). Yn lle hynny, efallai iddo gael ei godi yn ystod un o'r cyfnodau pryd y bu'r castell ym meddiant y Cymry ar ôl 1146. Gyda diamedr allanol o 5.8 m yn unig, roedd yn amlwg yn fychan – a dim ond fel twr gwylio yn hytrach na 'gorthwr' preswyl y gallai fod wedi gweithredu'n gredadwy ond roedd y gwaelod twr tebyg a gloddiwyd ar y mwnt yn Totnes (Dyfnaint), ac a ddyddiwyd i'r ddeuddegfed ganrif, tua'r un maint yn fras (Ffigur 114).[32] Fodd bynnag roedd yr olaf yn sgwâr, rhywbeth a ystyrir yn arferol o hyd ar gyfer tyrau o'r ddeuddegfed ganrif, boed hynny o goed neu waith maen; nid wyf yn gwybod am unrhyw enghreifftiau eraill ym Mhrydain o dyrau coed, crwn yn sefyll ar eu traed eu hunain er yr ymddengys i ryngdyrau crwn gael eu hadeiladu mewn coed yn Hen Domen, Powys, yn ystod y ddeuddegfed ganrif.[33] Ni wyddom chwaith am unrhyw orthyrau crwn yn sefyll ar eu traed eu hunain a adeiladwyd â gwaith maen gan dywysogion Cymreig Deheubarth, neu gan y Goron, hyd yr 1220au.[34] Er hynny mae'r twr bychan o waith maen, sy'n sefyll ar ei draed ei hun ac a gloddiwyd yn ddiweddar ar y mwnt yng Nghastell Nanhyfer, sir Benfro, yn dangos fod y siâp silindraidd wedi'i ddefnyddio'n fuan yng ngorllewin Cymru. Gadawyd y castell yn 1195, sy'n awgrymu mai'r Eingl-Norman William FitzMartin a adeiladodd y twr tua 1171–91; ystyrir ei fod yn llai tebygol mai'r Arglwydd Rhys a'i cododd yn ystod y cyfnod yr oedd y castell yn ei feddiant, rhwng 1191 ac 1195.[35] Gyda diamedr allanol o 9 m yn unig nid yw'n llawer iawn mwy nag adeiledd 121.

Ar ben hynny nid yw'n sicr o gwbl fod adeiledd 121 yn perthyn i gyfnod cyn y gorthwr gwag, gan mai'r unig gysylltiad y sylwyd arno oedd y rhan o wal y gorthwr a ailadeiladwyd. Hefyd roedd golosg a'r haenau o glai llosg 038, 039 a 047 yn selio dyddodyn a oedd yn cynnwys talch o grochenwaith yn perthyn i ddiwedd y drydedd ganrif ar ddeg neu ddechrau'r bedwaredd ganrif ar ddeg. Os ydynt yn dynodi ei falurion, yna ni ddymchwelwyd y twr hyd ddiwedd y drydedd ganrif ar y cynharaf, hynny yw, ar ôl adeiladu'r gorthwr gwag. Felly gall y ddau fod wedi cydfodoli am beth amser, mewn dull a ystyrir bellach oedd yn gyffredin ym Mhrydain a thu hwnt,[36] ac a gofnodwyd yng Nghastell Durham yn ystod yr 1140au,[37] yn yr un modd ag yr oedd waliau gorthyrau'n cydfodoli â thyrau o waith maen yng Nghastell Tre-twr, Powys[38] a Chastell Launceston, Cernyw (Ffigur 114)

Ffigur 114 Cynlluniau cymharol o orthyrau gwag gyda thyrau annibynnol cysylltiedig

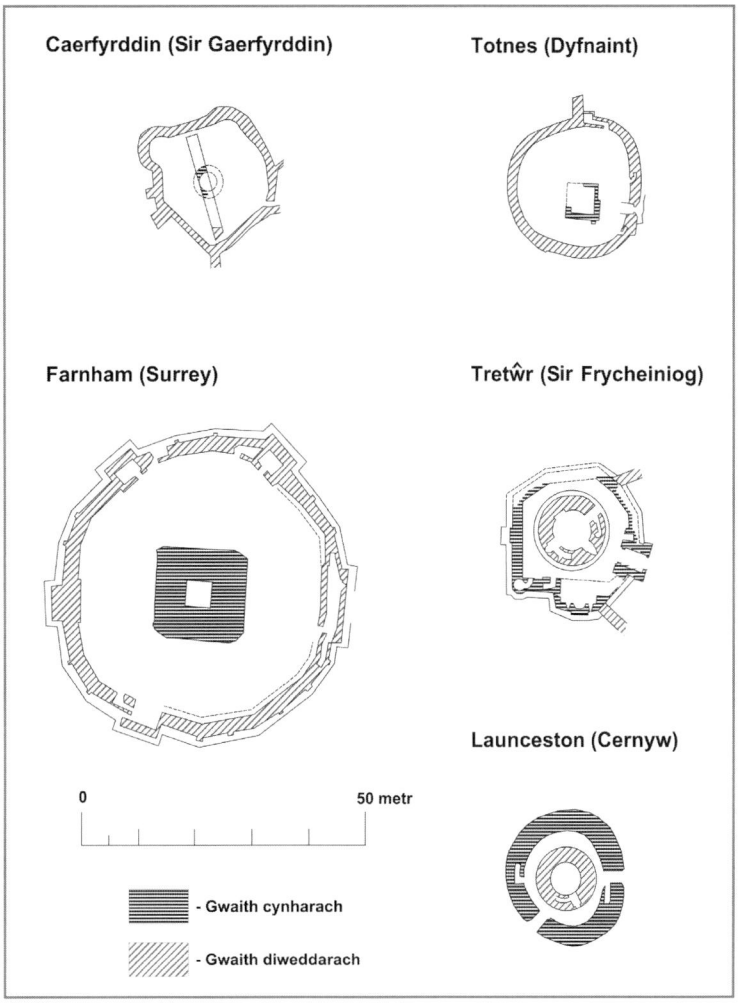

er enghraifft.³⁹ Fodd bynnag rhoddwyd y gorau i ddefnyddio adeiledd 121 yn bendant pan ailadeiladwyd wal ddeheuol y gorthwr at ddiwedd yr Oesoedd Canol.

Mae'n bosibl hefyd nad yw adeiledd 121 yn dynodi twr o gwbl. Gall, er enghraifft, fod yn leinin ffynnon,⁴⁰ fel yn Farnham, Surrey, a oedd o faint tebyg, ond yn gysylltiedig â thŵr o waith maen, a'r ffynnon a gloddiwyd yn ddiweddar ar yr ail fwnt yng Nghastell Lewes, Sussex, a oedd yn llai, sef 1.8 m o ran diamedr.⁴¹ Fel adeiledd 121, ystyrir fod y ddwy ffynnon yn perthyn i gyfnod pan y disgwylid o hyd i fyntiau ddarparu llety amddiffynnol, hunangynhaliol, a'u bod angen cyflenwad dŵr o'r herwydd.

CYFNOD 2: Y GORTHWR GWAG, 1181–1222? (Ffigurau 115 a 116)

Ni fyddai twr coed ar ei ben ei hun yn cyfrif am y gwariant yn yr 1180au, a all fod wedi cynnwys gwaith ailadeiladu cynhwysfawr mewn coed. Fodd bynnag, efallai ei fod yn dynodi codi'r gorthwr gwag o waith maen. Llwyddodd y castell i wrthsefyll gwarchae yn 1189, un y mae ffynhonnell gyfoes⁴² yn awgrymu oedd yn un hir ac efallai ei fod yn arwydd o rywbeth mwy sylweddol nag amddiffynfeydd coed.

Gelwid y gorthwr gwag yn 'Great Tower' yn 1275, ac unwaith eto yn 1343 pan oedd yn cynnwys pum tyred (*'quinque turrel in magna turr'*).⁴³ Efallai fod dau o'r rhain yn cael eu dynodi gan y llabedau ar yr ochrau gogledd-orllewinol a'r gogledd-ddwyreiniol ac awgrymwyd eu gwreiddiau canoloesol posibl ym Mhennod 3 lle nodwyd hefyd fod trydedd llabed yn bodoli mae'n debyg ar yr ochr dde-orllewinol (Ffigur 116).⁴⁴ Mae'n bosibl fod y rhagadeilad, all fod yn dyddio o ddechrau'r bedwaredd ganrif ar ddeg, yn dynodi pedwerydd 'tyred'. Ond nid yw'n ymddangos fod unrhyw le ar y perimedr ar gyfer pumed. Efallai ei fod y tu mewn i'r muriau: mae'n ymddangos mai'r gorthwr gwag oedd y 'four high towers with the watch-tower (*garit*)' a geir mewn adroddiad o 1321[45] a gall y pumed tyred fod wedi codi uwchben wal y gorthwr heb ymestyn allan ohono; cymharer y man trwchus a'r grisiau murol a ddatgelwyd ar ei ochr orllewinol. Neu, wrth gwrs, efallai mai'r tŵr gwylio oedd y tŵr coed 121 a awgrymwyd os oedd yn parhau i sefyll yn 1321.

Ar yr wyneb, nid yw'n ymddangos fod y gorthwr gwag wedi'i fabwysiadu'n aml yn ne-orllewin Cymru – Castell Cas-wis, sir Benfro, sy'n dynodi'r unig enghraifft arall a brofwyd. Fodd bynnag, ychydig o fyntiau lleol a archwiliwyd ac efallai eu bod yn fwy cyffredin yn yr ardal nag sy'n amlwg ar hyn o bryd. Mae'n bosibl, er enghraifft, fod y mwnt yn Sanclêr yn cario wal gorthwr.[46]

Mae'r dystiolaeth yn awgrymu fod gan orthwr Caerfyrddin ddiamedr mewnol gwreiddiol o tua 16 m (Ffigur 116) – ychydig yn llai ac yn fwy crwn nag ydyw heddiw, ac yn llai na'r cyfartaledd ar gyfer Prydain. Fel y'i hadeiladwyd roedd yn adeiledd eithaf syml. Mae'n ymddangos mai drws plaen oedd y fynedfa, heb unrhyw borthdwr. Nid yw hyn o angenrheidrwydd yn awgrymu dyddiad cynnar – gall mynedfa'r un mor syml a geir yn y gorthyrau yng Nghas-wis a Totnes fod yn perthyn i'r drydedd ganrif ar ddeg.[47] Fodd bynnag mae cynllun clustennog Caerfyrddin yn anghyffredin – waliau terfyn syml oedd y rhan fwyaf o orthyrau gwag. Yr un sy'n cyfateb agosaf yw gorthwr Harri II yng Nghastell Berkeley yn Swydd Gaerloyw (Ffigur 116), y sir yr oedd Castell Caerfyrddin ynghlwm wrth ei thrysorlys yn ystod y ddeuddegfed ganrif (gweler Pennod 2). Ychydig dros ddwywaith ei faint, gyda diamedr o 36 m, mae gorthwr Berkeley hefyd yn cynnal y mwnt (yn llawn yn yr achos hwn). Mae ei dri thyred bychan hanner-cylchog â chefnau agored yn adlewyrchu 'llabedau' Caerfyrddin ac yn perthyn i'r un cyfnod â wal y gorthwr fel y'i defnyddiwyd ar y dechrau.[48] Mae modd mynd i mewn i'r gorthwr yn yr un modd, drwy ddrws syml, yn arwain o risiau wedi eu lleoli mewn rhagadeilad hirsgwar sydd yma hefyd yn eilaidd i wal y gorthwr er yn agos iddi o ran dyddiad.

Gellir rhoi dyddiad pendant o 1153–6 i orthwr Berkeley ac fe'i hadeiladwyd bryd hynny gan y Brenin Harri ar ran arglwydd Berkeley[49] a byddai hyn yn cydfynd ag adeiladu gorthwr Caerfyrddin yn ystod

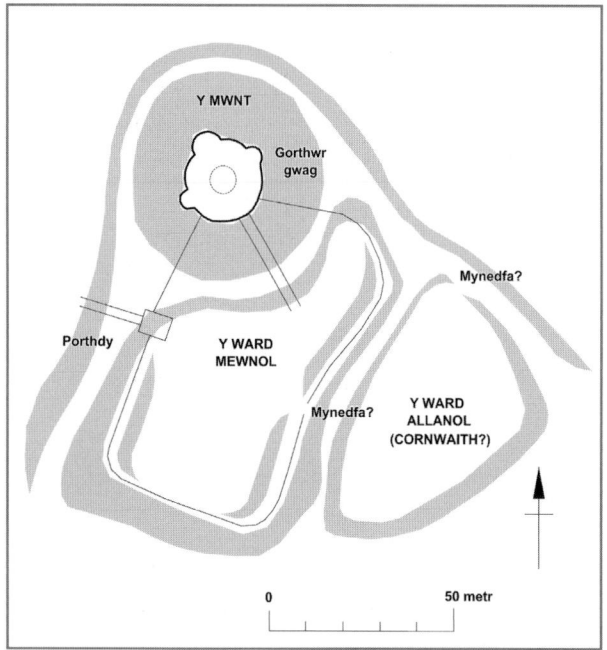

Ffigur 115 Cynllun bras o Gastell Caerfyrddin yn dangos awgrym o'i gynllun yng Nghyfnod 2, 1181–1222 (ni ddangosir yr adeiladau mewnol tybiedig)

AIL-LUNIO'R CASTELL ■ 189

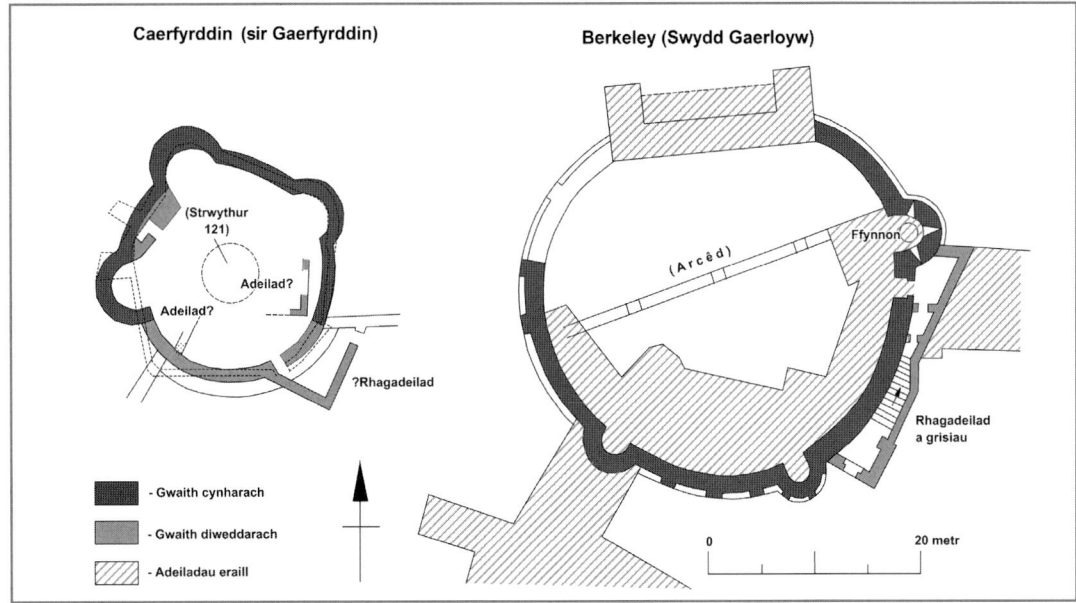

Ffigur 116 Cynlluniau cymharol y gorthyrau gwag yng Nghastell Caerfyrddin a Chastell Berkeley (ail-luniad dychmygol o Gaerfyrddin)

cyfnod pryd yr oedd y Goron yn ei reoli'n gyffredinol yn yr 1180au.[50] Gellir cymharu'r gwariant o £160 dros dair blynedd â dau gastell brenhinol arall, sef Berkhamstead, Herts., lle'r aeth £114 tuag at adeiladu'r gorthwr gwag yn 1157–62, a Peveril, Derbys., lle costiodd y gorthwr tŵr bychan £184 yn 1175–7.[51] Mewn gwrthgyferbyniad costiodd y gorthwr tŵr mwy yn Bowes, Swydd Efrog, bron i £600 yn 1171–87.[52]

Fodd bynnag nid oes unrhyw dystiolaeth dyddio ar gyfer wal wreiddiol y gorthwr yng Nghaerfyrddin, tra cuddiwyd ei berthynas weledol â'r llenfuriau cyffiniol. Ffafriwyd dyddiad yn ystod cyfnod yr 1220au–1230au yn draddodiadol, dan yr ieirll Marshal neu Hubert de Burgh. Ond tra nad oedd adeiladu gorthyrau gwag drosodd o bell ffordd yn y drydedd ganrif ar ddeg, roedd llai ohono ac fe'i cyfyngwyd yn gyffredinol i ailadeiladu gorthyrau oedd yn bodoli eisoes. Er enghraifft, ailadeiladwyd y gorthwr gwag yng nghastell brenhinol Windsor yn 1224–5, dan gystodaeth Hubert de Burgh.[53] Er hynny, efallai mai wal gorthwr ar y mwnt oedd yno'n barod oedd y 'great tower' a adeiladwyd gan Edward I yn Llanfair-ym-Muallt (Powys), yn 1277–80.[54] Ar ben hynny, efallai fod gorthwr gwag Cas-wis wedi'i adeiladu gan William Marshal II, ar orchymyn Harri III,[55] tra bod y gorthwr a ddiflannodd yng Nghaerleon, Mynwy, all hefyd fod yn perthyn i ddaliadaeth Marshal, o'r math hwn o bosibl.[56] Byddai Marshal a de Burgh wedi cael eu cyfyngu'n arw gan y mwnt oedd eisoes yn bodoli yng Nghaerfyrddin, a wal gorthwr fyddai wedi bod y dull rhwyddaf a'r rhataf o atgyfnerthu ar sawl ystyr. Yn ogystal â hynny gall llabedau Caerfyrddin, sydd, yn wahanol i Berkeley, yn wynebu'r cae, fod wedi eu hadeiladu yn nhraddodiad tŵr drwm y drydedd ganrif ar ddeg, er nad oes unrhyw beth yn cyfateb yn agos iddynt yn ystod y cyfnod hwn.⁵⁷ Ac yn 1215 cafodd y castell ei 'razed to the ground' gan Llywelyn ap Iorwerth, ar ôl gwarchae dros bum niwrnod, sy'n awgrymu ei fod yn parhau i fod wedi ei lunio o goed i raddau helaeth, ac efallai'n gyfan gwbl felly.⁵⁸

CYFNOD 3: YR AMDDIFFYNFEYDD O WAITH MAEN, 1223–40
(Ffigur 117)

Mae'n amlwg fod Llywelyn wedi gwneud atgyweiriadau ac er nad ydym yn gwybod i ba raddau y bu hynny, roedd Castell Caerfyrddin yn gyfanheddol erbyn 1223 pan y'i hildiwyd i William Marshal II⁵⁹ ac ystyria'r rhan fwyaf o'r awdurdodau mai cyfnod adfer y castell ganddo ef sy'n nodi ei droi yn gaer o garreg.⁶⁰ Mae'r *Brut* yn dweud iddo gael ei 'repaired' gan Marshal yn 1223, ar ran y Goron, ond mae'n parhau gyda disgrifiad gwenieithus o gastell Marshal ei hun, oedd yn cael ei godi yng Nghilgerran, fel 'an ornate castle of mortar and stones' – mewn gwrthgyferbyniad amlwg i'r cofnod swta am Gaerfyrddin.⁶¹ Rhyngddynt gwariodd Marshal a'r brenin £800 ar gestyll Caerfyrddin ac Aberteifi rhwng 1224 ac 1226, a dadleuwyd mai Caerfyrddin a dderbyniodd y gyfran fwyaf o hyn.⁶² Er hynny, ni fyddai'n ddigon i dalu am gwblhau cylch helaeth o lenfur a 'five round towers', hyd yn oed a chymryd fod y gorthwr gwag wedi'i adeiladu eisoes, a bod y cwrt allanol yn parhau i fod yn un coed. Yn Nhrefaldwyn, er enghraifft, costiodd y cwrt mewnol gwaith maen a'r porthdy £3,600 i'r brenin rhwng 1224 ac 1228.⁶³ Er hynny, roedd mur tref Caerfyrddin wrthi'n cael ei adeiladu yn 1233,⁶⁴ sy'n arwydd fod y gwaith o godi'r llenfuriau wedi dechrau o leiaf, tra'i fod wedi gwrthsefyll gwarchae am dri mis yn ystod yr un flwyddyn,⁶⁵ o'i gymharu â phum niwrnod yn 1215.

Mae'n ymddangos fod y gwaith wedi'i gwblhau mwy neu lai erbyn 1241, pan ddaeth y castell dan reolaeth uniongyrchol y brenin, gan na chofnodwyd unrhyw wariant ychwanegol ar amddiffynfeydd y cwrt mewnol hyd yn ddiweddarach yn yr Oesoedd Canol. Dim ond mân 'atgyweirio', mewn coed, a gofnodwyd dan reolaeth y Goron yn 1226–8, felly efallai mai gwaith Hubert de Burgh a'r Marshals iau, a ddaliodd Caerfyrddin fel arglwyddi'r Mers rhwng 1228 ac 1241, oedd y rhan fwyaf o'r gwaith maen – byddai'r annibyniaeth honno wedi cyfiawnhau'r gwariant personol angenrheidiol, ond mae'n golygu hefyd yn anffodus nad yw'r cyfrifon perthnasol wedi goroesi.

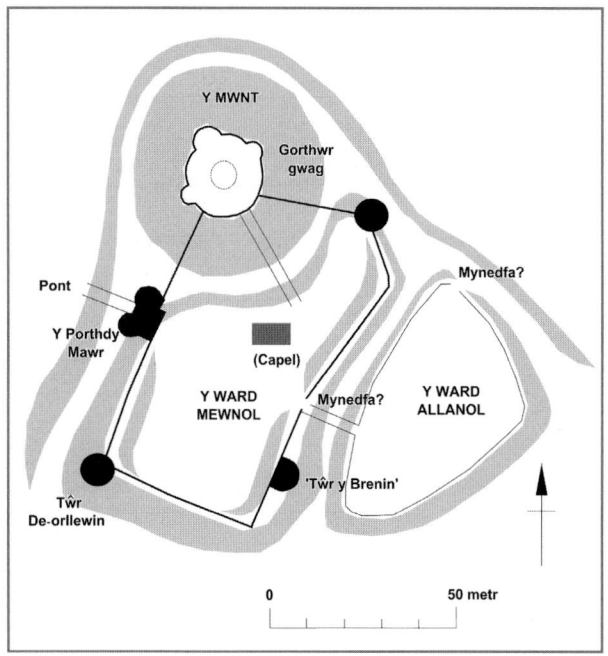

Ffigur 117 *Cynllun bras o Gastell Caerfyrddin sy'n dangos awgrym o'i gynllun yng Nghyfnod 3, 1223–40*

Roedd Hubert de Burgh a'r ieirll Marshal ymhlith yr arloeswyr blaenllaw ym maes cynllunio cestyll ar ddechrau'r drydedd ganrif ar ddeg. Bu'r Marshals yn gyfrifol am adeiladu'n helaeth, yng Nghas-gwent, Penfro, yn Iwerddon a mannau eraill. Bu Hubert de Burgh – fel rhaglyw gweithredol yn ystod minoriaeth Harri III ac a *oedd* y Goron i bob pwrpas – yn gyfrifol am adeiladu ar raddfa eang iawn hefyd. Fodd bynnag mae'r gwaith yng Nghaerfyrddin yn sefyll ar gyfwng pwysig yn natblygiad cestyll Prydain. Tan hynny bu'r barwniaid mawr yn fawr eu dylanwad o ran y datblygiad hwn. O ganol y drydedd ganrif ar ddeg, fodd bynnag, edrychent fwyfwy i gyfeiriad adeiladau'r Goron – y 'king's works' – am dueddiadau pensaernïol a phatrymau cynllunio cestyll.[66]

Y Tŵr De-orllewinol

Mae'r Tŵr De-orllewinol yn dŵr drwm sbardunog mawr o'r math y gellir ei ddyddio'n gyffredinol i dair degawd olaf y drydedd ganrif ar ddeg, a gellir tybio fod tŵr Caerfyrddin yn perthyn i ddyddiad tebyg. Fodd bynnag mae'n ymddangos fod tŵr sbardunog tebyg iawn yng Nghastell Aberteifi yn perthyn i'r drydedd ganrif ar ddeg. Yn ogystal â hynny nid oes unrhyw gofnod wedi goroesi o'r gwariant angenrheidiol yng Nghaerfyrddin yn ystod blynyddoedd olaf y drydedd ganrif ar ddeg; yn ystod y cyfnod hwnnw yr unig wariant sylweddol oedd y £169 a wariwyd ar amrywiaeth eang o waith yn 1288–9 (gweler isod). Gellir cymharu hyn â'r £284 a aeth tuag at un llawr yn unig yn nhŵr Aberteifi yn 1261.[67]

Mae bron yn sicr fod tŵr yng nghornel de-orllewinol Castell Caerfyrddin erbyn 1275, fel un o'r pum tŵr y cyfeirir atynt yn yr ymchwiliad;[68] mae'r holl dystiolaeth sydd ar gael yn awgrymu mai'r adeiledd presennol oedd hwnnw, a'i fod wedi'i adeiladu yn yr 1230au–1240au. Os felly, fodd bynnag, mae angen esboniad am y bwtresi ysbardun. Gwelir sbardunau am y tro cyntaf ym Mhrydain yng Nghastell Dover, mewn peth o waith y Brenin John ac ym Mhorthdy'r Cwnstabl a thyrau'r cwrt mewnol a adeiladwyd yn yr 1220au dan gyfarwyddyd Hubert de Burgh.[69] Yn deillio o Ffrainc yn ôl pob golwg, Chinon (1180–1200) er enghraifft, maent ar ffurf gwahanol iawn fodd bynnag – na welir yn aml iawn yng Nghymru – lle mae gwaelod sgwâr wedi'i siamffro yn ôl i mewn i dŵr crwn.[70]

Gwelir defnydd cynnar o'r bwtres sbardunog pyramidaidd, sy'n cau ochrau'r tŵr fel yng Nghaerfyrddin ac Aberteifi, yn y porthdy yng Nghastell Tonbridge, Caint, a adeiladwyd gan iarll Richard de Clare tua 1250. Ystyrir fod yr adeilad hwn wedi'i ddylanwadu gan y 'king's works' ar lun yr hen borthdy gorllewinol yn Nhŵr Llundain a adeiladwyd gan Harri III yn 1238–9.[71] Fodd bynnag, ni fu sbardunau pyramidaidd o'r fath erioed yn gyffredin yn Lloegr[72] er iddynt fod yn boblogaidd iawn yn ne Cymru a'r Mers lle maent yn nodweddiadol o'r gwaith, o'r 1270au ymlaen, yng nghestyll Gwydris a Chaeriw, argae gogleddol Caerffili, Tŵr Capel Cydweli, Tŵr Marten yng Nghas-gwent a mannau eraill.

Mae'n werth nodi fod y tyrau sbardunog hyn ar yr holl gestyll barwnol. Gydag un eithriad – y porthdy yng Nghastell St Briavels,[73] a adeiladwyd yn 1292–4 ac sy'n gopi mwy neu lai o borthdy Tonbridge – nid yw'n ymddangos fod sbardunau erioed wedi cael eu defnyddio gan y Goron: nid ydynt yn ymddangos yn unrhyw un o gestyll Edward I yng ngogledd Cymru, er enghraifft, ac nid oes unrhyw awgrym eu bod yn y porthdy a ddiflannodd yn Nhŵr Llundain.⁷⁴ Felly efallai nad oedd eu gwreiddiau yng ngwaith y brenin. Pa fodd bynnag, roedd Richard de Clare yn arglwydd Mers gyda stadau enfawr ym Morgannwg a oedd yn adnabod Cymru ac felly yn hyn o beth efallai fod ei sbardunau yn Tonbridge yn arwydd o ddylanwad Cymreig. Wedi eu cyfyngu bron yn gyfan gwbl i dde Cymru a'r Mers, ac o'r golwg bron yn gyfan gwbl mewn cestyll brenhinol, efallai fod gwreiddiau'r sbardun pyramidaidd i'w gweld ymhlith y barwniaid Cymreig felly.

Mae'r tŵr gogleddol yn Aberteifi yn efell unfath bron i Dŵr De-orllewinol Caerfyrddin (Ffigur 118), gyda'r un sbardunau amlwg. Er ei fod rhywfaint yn fwy – 10.5 m o ran diamedr, o'i gymharu ag 8 m Caerfyrddin – mae yntau hefyd yn cynnwys siambrau hirsgwar, gyda fowtiau, agoriadau a nodweddion mewnol yn adlewyrchu'r rhai hynny yng Nghaerfyrddin.⁷⁵ Dywedir wrthym fod y 'King's Tower' yn Aberteifi wrthi'n cael ei adeiladu yn yr 1250au. Os gellir ei nodi fel y tŵr gogleddol⁷⁶ – ac nid oes unrhyw reswm i dybio'n wahanol – yna gall fod yn perthyn i'r un cyfnod, neu efallai'n gynharach na'r porthdy yn Tonbridge ac felly efallai mai dyma'r tŵr cyntaf â sbardunau pyramidaidd i'w gofnodi ym Mhrydain. Efallai fod y Goron wedi dechrau codi'r tŵr yn 1250⁷⁷ – cyfeirir yn benodol ato am y tro cyntaf yn 1252⁷⁸ – ond gall fod yn gynharach hyd yn oed. Awgrymodd Cathcart King iddo gael ei gychwyn ar ran Iarll Gilbert Marshal gan ei frawd Walter, cyn i'r Goron adfer ei rheolaeth yn 1241, ac mae'n dynodi 'an early example [o'r ffurf sbardunog]'.⁷⁹ Mae ei ddyddio'n gywir yn hanfodol. Seiliodd King ei awgrym ar gofnodion yn y Croniclau sy'n cofnodi fod 'Walter Marshal came to fortify Cardigan' yn 1240.⁸⁰ Mae'r geiriad yn amhendant ac mae'n awgrymu fod gwaith ar y tŵr wedi parhau am gyfnod hir. Er hynny mae'n creu'r posibilrwydd fod tŵr Aberteifi wedi'i gychwyn dan ddaliadaeth barwnol, er iddo gael ei gwblhau gan y Goron. Ychwanegwyd yr ail lawr yn 1261 (gweler uchod), ond ni chofnodwyd unrhyw wariant ychwanegol yn ystod gweddill y drydedd ganrif ar ddeg.

Roedd Caerfyrddin yn eiddo i Gilbert Marshal hefyd rhwng 1234 ac 1241, felly mae'n bosibl mai tŵr oedd yno eisoes oedd y model ar gyfer Aberteifi. Ychydig a wyddom am waith adeiladu cestyll eraill gan Gilbert er mai ef mae'n debyg oedd yn gyfrifol am y rhagdwr uwch yng Nghas-gwent, lle nad yw'r tŵr murol crwn yn y fan honno yn sbardunog, fodd bynnag.⁸¹ Er hynny, mae nifer o briodoleddau'n awgrymu dyddiad cynnar ar gyfer y Tŵr De-orllewinol. Mae'n ymddangos ei fod yn gydgysylltiedig â mur y dref (a gychwynnwyd erbyn 1233) neu wedi'i fargodi ganddi, a gallai hon felly fod yn dal i gael ei hadeiladu pan gychwynnodd y gwaith ar y tŵr.⁸² Mae lleoliad y grisiau tro oddi mewn i ystlys y tŵr, ac oddi allan i'r llenfur cyffiniol, yn nodwedd anghyffredin ac efallai'n un cynnar a rennir â thŵr Aberteifi. Mae grisiau mewn lleoliad tebyg un o'r porthdyrau yng Nghastell Pevensey, Sussex, yn dyddio o'r 1190au,⁸³ tra bod y porthdy cyfoes yng Nghastell Skipton, Swydd Efrog, yn cynnwys grisiau tua pen blaen un o'r tyrau.⁸⁴ Gwelir y siambrau hirsgwar yng Nghaerfyrddin ac Aberteifi hefyd ym mhorthdy Skipton ac, er enghraifft, mewn tŵr cornel silindraidd yng Nghastell Helmsley, Swydd Efrog, rhwng 1190 ac 1227, ym Mhorth Canol (tua 1250) y castell brenhinol yn Corfe, Dorset, a thŵr yng Nghastell Barnwell, Northants., o'r 1260au.⁸⁵

Gwelir goleuadau hollt syml fel y rhai hynny yn y Tŵr De-orllewinol ym Mhorth y Cwnstabl yn Dover, ac yng Nghastell y Grysmwnt, Mynwy lle maent yn waith yn perthyn i

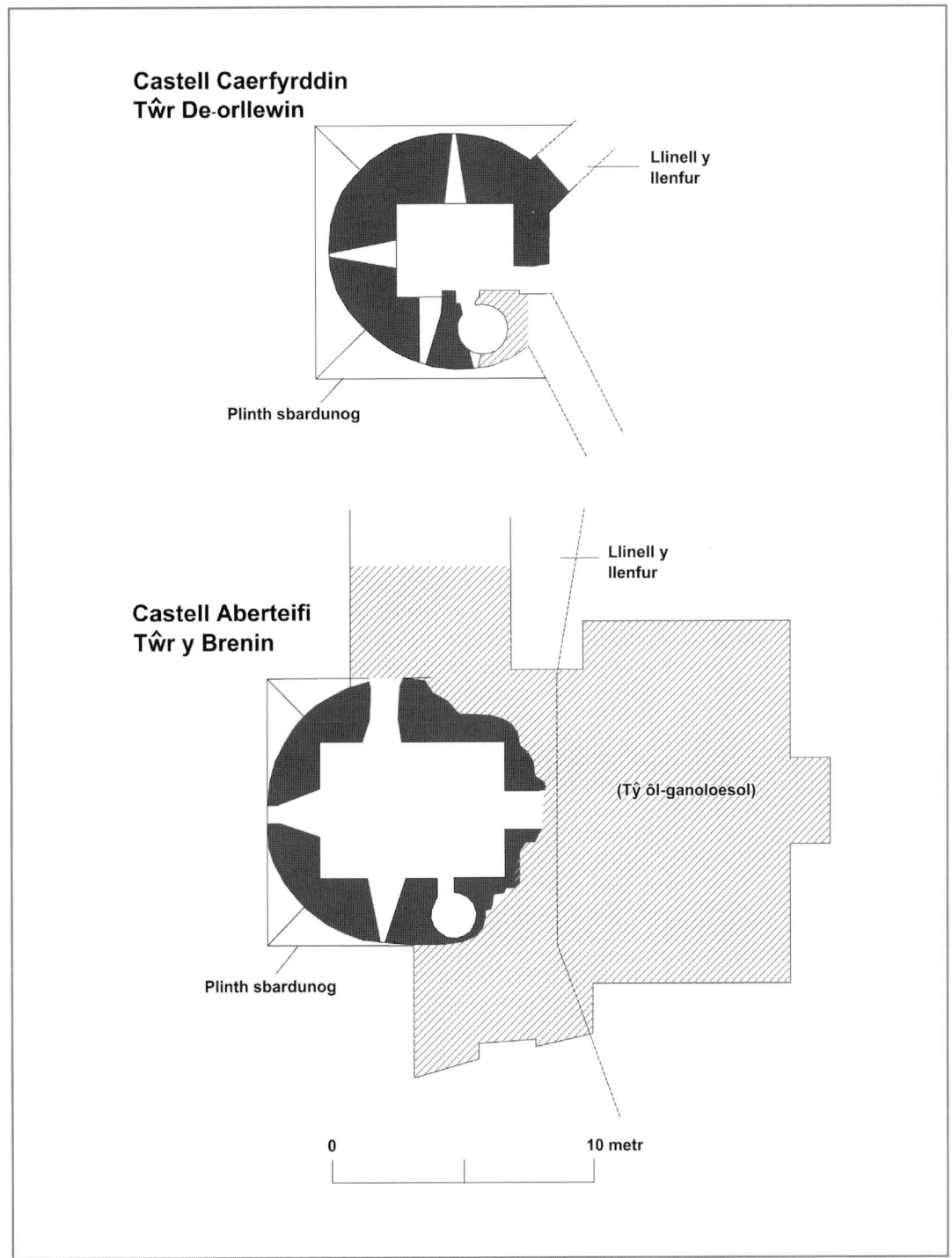

Ffigur 118 Cynlluniau cymharol o'r tyrau sbardunog yng Nghastell Aberteifi ('King's Tower') a Chastell Caerfyrddin (Tŵr De-orllewinol)

Hubert de Burgh yn ystod y cyfnod 1219–32.⁸⁶ Mae gan agoriadau Caerfyrddin saethdyllau cul iawn sy'n cyfyngu ar eu defnyddioldeb fel agennau saethu – hyn ynddo'i hun yn ddadl o bosibl dros ddyddiad cynharach yn hytrach nag un diweddarach, cymharer y saethdyllau cul yn y Tŵr Gorllewinol yng Nghilgerran pan oedd ym meddiant William Marshal II rhwng yr 1230au a'r 1240au.⁸⁷ Ar ben hynny mae'r saethdyllau yn y ffenestr fawr ar y llawr cyntaf, sy'n gynllun sgwâr gyda phennau segmentol, yn debyg i'r rhai hynny yng ngwaith de Burgh o'r un cyfnod yng Nghastell Ynysgynwraidd (Mynwy), ac yn Nhrefaldwyn, a ddelid hefyd gan de Burgh yn ystod cyfnod ei adeiladu rhwng 1228 ac 1232.⁸⁸ Tra eu bod yn gwbl wahanol i'r pennau hanner crwn a welir yn yr agoriadau yn ystod cyfnod Marshal yng Nghas-gwent a Chilgerran,⁸⁹ gall arddull yr olaf, gyda'u goleuadau dwbl, efelychu'r rheiny yn nhŵr mawr Castell Penfro fel gwrogaeth i'w bwysigrwydd.⁹⁰

Mewn cyferbyniad, ychydig iawn sy'n gyffredin rhwng y Tŵr De-orllewinol a gwaith y Goron yn ddiweddarach yn y drydedd ganrif ar ddeg. Yn ogystal â diffyg sbardunau mae cestyll Edward I yng ngogledd Cymru, er enghraifft, yn arddangos nifer o *motifs* na welir ac nad awgrymir yng Nghaerfyrddin ac Aberteifi. Maent yn cynnwys cymhlethdod cyffredinol, a manylder cywrain nad yw'n bendant ar gael yn y Tŵr De-orllewinol gyda'i ddolenni syml a'i fanylion amrwd. Nodwedd eu hagoriadau yw pennau nodedig ar ffurf arddulliol, yn hanner crwn neu'n sgwâr yn aml, yn gwbl wahanol i agoriadau Caerfyrddin.⁹¹ Mae'r gwahaniaethau hyn yn ymestyn i waith Edward oddi allan i Gymru. Ni welir y siambrau hirsgwar a geir yng Nghaerfyrddin ac Aberteifi yn unlle, tra bod grisiau fel arfer yn codi mewn tyredau yn y cyswllt rhwng y tŵr a'r llenfur, yn hytrach nag yn ystlysau'r tŵr. I grynhoi, nid oes unrhyw un o'r nodweddion sy'n eu diffinio yn cysylltu tyrau Caerfyrddin ac Aberteifi gyda'r 'king's works'. Ar ben hynny nid oes unrhyw un o'u hagoriadau'n dangos y pennau trionglog sy'n nodweddiadol o waith adeiladu yn ddiweddarach yn y drydedd ganrif ar ddeg yn ne Cymru.

Gall y fowtiau baril ar bob llawr o'r Tŵr De-orllewinol fod yn anghyffredin mewn cyddestun mor gynnar. Fodd bynnag, mae'r rabedi amrwd ar gyfer eu bondoeau'n awgrymu y gallant fod yn rhai eilaidd, ac yn ymateb i arddulliau rhanbarthol; mae'n ymddangos fod y fowtiau yn nhŵr Aberteifi hefyd yn eilaidd.⁹² Er hynny, gwelir fowtiau baril yn nhyrau'r porthdy yn Pevensey, tra'r oedd Porth y Cwnstabl yn Dover wedi'i fowtio'n rhannol yn ystod yr 1220au.⁹³ Mae traddodiad hir i fowtiau baril yng nghestyll gorllewin Cymru gan ddechrau gyda'r gorthwr ym Mhenfro, tua 1204, lle copïwyd y fowt yng Nghastell Talacharn a Chastell Maenorbŷr (sir Benfro) yng nghanol y drydedd ganrif ar ddeg.⁹⁴

Er hynny mae sbardunau Caerfyrddin yn uchel iawn, ac – yn wahanol i weddill manylion y tŵr – yn nodweddiadol o flynyddoedd diweddarach y drydedd ganrif ar ddeg, felly mae'n parhau i fod yn bosibl fod y tŵr yn perthyn i gyfnod o wariant brenhinol dan Edward I na chofnodwyd, ac a adeiladwyd gan ddilyn cynllun 'syml' fel arall wedi'i ddylanwadu gan Gastell Aberteifi.

Mae ei osodiadau sylfaenol braidd yn awgrymu mai rhywbeth amddiffynnol yn bennaf oedd y Tŵr De-orllewinol. Fodd bynnag mae'n anghyflawn, ac mae'n debygol fod y fowt ar y llawr cyntaf yn cynnal pedwerydd llawr – gellid disgwyl i'r lefel uchaf fod wedi'i thoi yn hytrach na'i fowtio, tra byddai pedwerydd llawr yn bargodi'r llenfuriau. Mae'r siambr ar y llawr cyntaf wedi'i goleuo'n well na'r llawr gwaelod, felly gallai'r bedwaredd lefel fod wedi cynnwys rhagor o gonsesiynau domestig.[95] Er hynny mae'r llawr isaf cromennog yn dywyll, gyda golau'n disgyn yn serth, ac fe'i defnyddiwyd mae'n debyg fel seler (byddaf yn trafod y posibilrwydd y gellid defnyddio holl dyrau'r cwrt mewnol i gadw carcharorion ymhellach ymlaen).

Tyrau eraill

Mae'n debyg fod y 'King's Tower' a geir yn ffynonellau canol y drydedd ganrif ar ddeg wedi'i gwblhau erbyn 1247 pan roedd angen ei drwsio. Mae'n ymddangos y gall y castell fod wedi'i ddifrodi yn yr ymosodiadau gan y Cymry yn 1244 ac 1246, gan y gwariwyd cyfanswm o £38 8s. ar yr atgyweiriadau hynny a 'king's works' eraill 'in the castle'.[96] Mae ei enw'n awgrymu fod Tŵr y Brenin yn fwy neu'n bwysicach na'r pedwar arall. Mae'n bosibl mai'r Tŵr De-orllewinol a olygir (cf. tŵr Aberteifi), neu gallai fod yn enw gwahanol ar gyfer y gorthwr gwag, fel yng Nghastell Pickering Swydd Efrog.[97] Fodd bynnag, mae geiriad y ffynonellau'n awgrymu ei fod yn dŵr ar wahân, â chyswllt agos â Neuadd a Siambr y Brenin – a oedd, fel y byddaf yn dadlau, wedi eu lleoli yn erbyn llenfur ddwyreiniol y cwrt mewnol. Gall felly fod wedi'i gwblhau, o leiaf, gan y Goron yn ystod Cyfnod 4.

Darlunnir tŵr mawr ar y llenfur dwyreiniol gan Speed (Ffigur 112). Mae'n cyfateb i fan gwastad a ddangoswyd, yn ymestyn i mewn i'r ffos draws, yn 1786 (Ffigur 111), ac a oedd efallai'n dynodi safle tŵr – naill ai fel llwyfan, neu fel pentwr blêr yn y ffos.[98] Mae'n gorwedd yn ystlys y beili, yn hytrach nag yn y gornel de-ddwyreiniol lle roedd y llethr sgarp ychydig yn rhy serth efallai i ganiatáu lle i dŵr. Roedd tyrau murol mawr siâp D yn nodweddiadol o'r king's works yng nghanol y drydedd ganrif ar ddeg,[99] ac mae tŵr unigol o'r math hwn yn ymylu ar y beili ym Maldwyn yn yr un modd.[100] Fodd bynnag, adeiladwyd tŵr tebyg iawn, rhwng 1190 ac 1227, yn Helmsley farwnol.[101] Mae'n amlwg iddo gael ei gynllunio i gael ei weld ac i wneud argraff,[102] a thŵr tebyg ar lenfur dwyreiniol Caerfyrddin fyddai prif elfen y golygfeydd eang o'r castell o Ddyffryn Tywi ac wrth ddynesu o diriogaethau'r Cymry.

Awgrymir fod trydydd tŵr crwn yng nghornel gogledd-ddwyreiniol y cwrt mewnol a ddangosir fel ongl aflem ar fap 1786 (Ffigur 111). Gellid disgwyl gweld tŵr yn yr ymwthiad ymestynnol hwn, lle mae'r tir yn wastad, ac yn wir mae'n ymddangos ei fod yn cael ei ddangos ar gynllun Speed (Ffigur 112). Mae'n ymddangos fod print Buck yn 1748 hefyd yn dangos adeiledd o waith maen yma, mewn darluniad niwlog ellid ei ddehongli o bosibl fel tŵr crwn sbardunog (Ffigur 127).[103] Fodd bynnag nid oes unrhyw dŵr o'r fath i'w weld ym mhrint 1740 (Ffigur 126) ac mae'n fwy tebygol fod y gwaith maen a ddarlunnir yn perthyn i'r llenfur gogleddol, yn arwydd fod dymchweliad neu gwymp y ddau dŵr wedi digwydd a'u bod wedi dod i lawr yn gymharol rhwydd. Mae'n debygol felly eu bod, fel y llenfuriau rhyng-gysylltiol, wedi eu codi ar ddefnydd y clawdd.

Mae'n debygol hefyd, am yr un rheswm, nad oeddent yn sbardunog nac yn grommenog. Yn wir, dywedir wrthym mai lloriau coed a osodwyd yn Nhŵr y Brenin yn yr

1250au,[104] ac roedd o leiaf un arall o dyrau'r cwrt mewnol â lloriau coed yn 1321,[105] pan y'i gelwid yn 'Prison Tower' ac mae'n annhebygol felly ei fod yn dynodi Tŵr y Brenin. Ni chafodd ei ddynodi ond gall gyfeirio at garchar yn un o dyrau'r porthdy, fel yr ymddengys y gwnaeth yn 1360–1 (gweler isod).

Porthdy a phont y drydedd ganrif ar ddeg

Gall hanner dwyreiniol cyntedd y porth presennol o'r bymthegfed ganrif fod yn weddill porthdy cynharach. Nid oes unrhyw dystiolaeth yno o ystlysbyst nag agen porthcwlis sy'n awgrymu fod yr adeiledd cynharach, fel heddiw, yn ymestyn i gyfeiriad y gorllewin y tu hwnt i linell y llenfur. Gall felly fod wedi bod yn ddeudyrog o'r dechrau, sy'n esbonio'r ddau dŵr oedd yn weddill yn arolwg 1275. Defnyddiodd William Marshal I borthyrau deudyrog, crwn tua 1190 yng Nghas-gwent, a chyn 1211 yn Kilkenny a Dunamase, yn Iwerddon.[106] Adeiladwyd porthdai tebyg rhwng tua 1190 a thua 1220 yn Helmsley, Skipton, Pevensey a mannau eraill, ac ar ddechrau'r 1220au yn Beeston.[107] Ni fyddai porthdy tebyg wedi bod yn rhywbeth annisgwyl yng Nghaerfyrddin yn ystod y cyfnod hwn. A thra bod William Marshal II a Hubert de Burgh wedi dewis porthdyrau cymharol syml yng Nghilgerran, y Grysmwnt ac Ynysgynwraidd,[108] mae gan y porthdy a adeiladwyd yn ystod daliadaeth de Burgh ym Maldwyn, rhwng 1223 ac 1232, dyrau ymylol crwn hefyd, er eu bod yn solet ar lefel y llawr gwaelod.[109]

Mae'n bosibl fod y porthdy eisoes yn cael ei adeiladu yn 1227, pan wariodd y Goron £33 ar bontydd cestyll Caerfyrddin ac Aberteifi.[110] Efallai na chyfyngwyd y swm sylweddol hwn i adeiledd coed, a'i fod yn gysylltiedig â dwy golofn gwaith maen y bont o bosibl. Defnyddiwyd dwy golofn o'r fath ym Maldwyn gan Harri III, lle roedd pont tri bae tebyg yn cynnwys pont godi yn y bae mewnol. Fodd bynnag roedd y colofnau'n hirach ac yn gulach, gan fesur 7.5 m wrth 0.75 m o'i gymharu â rhai Caerfyrddin oedd yn 4.4 m wrth 0.92 m, a thybir iddynt fod yn gyneilyddion ar gyfer gwadnau haearn a thrawstiau coed; efallai eu bod yn dynodi'r bont a oedd yno erbyn 1250-1 pan gafodd ei 'renewed'.[111] Torrwyd y ffos yn Beeston – sy'n perthyn i'r un cyfnod â'r porthdy – drwy graigwely, gan adael colofn debyg, ganolog, 4 m o uchder ond yn uwch yn wreiddiol, a gynhaliai bont bren yn llawn.[112] Ar eu ffurf bresennol, fodd bynnag, mae'n debyg fod colofnau Caerfyrddin yn ganlyniad atgyweirio, neu ailadeiladu rhannol, ar ôl gwrthryfel Glyndŵr ar ddechrau'r bymthegfed ganrif.

CYFNOD 4: ADEILADAU AR GYFER Y BRENIN, 1241–78 (Ffigur 119)

Unwaith yr oedd amddiffynfeydd carreg y cwrt mewnol wedi eu cwblhau i bob pwrpas gallai'r gwaith o ddiweddaru'r adeiladau mewnol ddechrau. Tybir fod amrediad llawn o adeiladau domestig a gwasanaethau wedi bod yno o'r dechrau, ond ar ôl ailsefydlu rheolaeth frenhinol uniongyrchol yn 1241 darparwyd llety addas i dderbyn Brenin Harri III yn y castell. Adeiladwyd 'King's Hall' a 'King's Chamber' newydd rhwng tua 1250 ac 1254, tra'r atgyweiriwyd Tŵr y Brenin a'i (ail)doi â phlwm.[113]

Ffigur 119 Cynllun bras o Gastell Caerfyrddin yn dangos awgrym o'r cynllun yng Nghyfnod 4, 1241–78

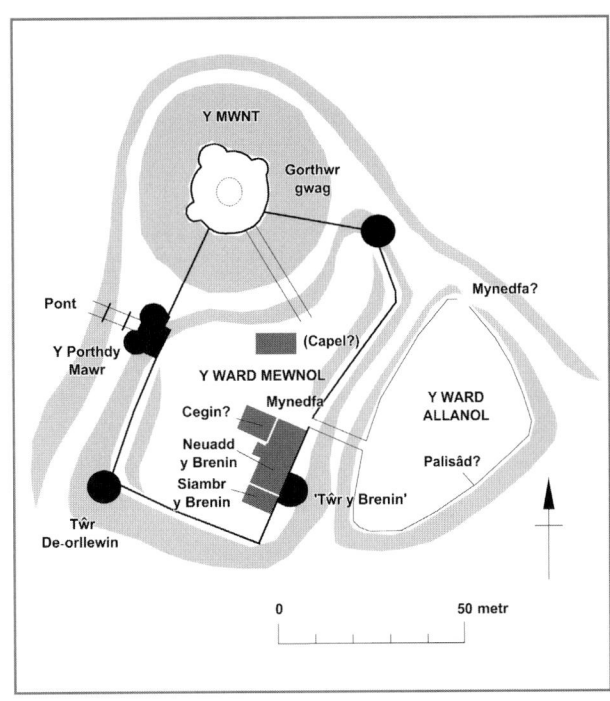

Tybir mai o waith maen y gwnaed y neuadd a'r siambr yng Nghaerfyrddin – prif eiddo Harri yng Nghymru. Cofnodir costau o £160 o leiaf, bron i ddwywaith yn fwy na'r rhes ddeulawr a adeiladwyd ddeugain mlynedd yn ddiweddarach ym Maldwyn, lle roeddent yn adeiladu ysgafn o fframwaith coed.[114] Fodd bynnag ni nodir pob eitem yn fanwl yn y cyfrifon ac weithiau cânt eu cyfuno. Er enghraifft, roedd y £182 3s. 3d a ad-dalwyd i'r ceidwad, Waleran, yn 1261, yn cynnwys gwariant ychwanegol yng Nghaerfyrddin.[115] Mae'n debyg mai neuadd llawr gwaelod nodweddiadol o'r cyfnod oedd Neuadd y Brenin fel honno yng Nghastell Harri III yng Nghaer-wynt, er enghraifft, a Launceston oedd yn perthyn i'w frawd Richard o Gernyw.[116] Efallai y gellir dychmygu rhywbeth tebyg i'r adeiladau neuadd a oedd yn perthyn bron i'r un cyfnod yn Ynysgynwraidd ac a oedd yn eiddo i Hubert de Burgh – un o'r rhes adeiladau domestig o ddechrau a chanol y drydedd ganrif ar ddeg a ddiogelwyd yn well na'i gilydd. Neuadd llawr gwaelod ddi-eiliog a siambr garreg oedd hwn yn wreiddiol ond a adeiladwyd yn gymharol ysgafn, gyda'r waliau yn 0.75 m o drwch ar gyfartaledd.[117]

Neuadd y Brenin yw'r unig neuadd a nodir yn arolwg 1275 ac oherwydd hynny hon yn ôl pob tebyg yw'r 'Great Hall' mewn cyfrifon diweddarach, a'r 'Large Hall' y trwsiwyd ei phorth yn 1306.[118] Yn ôl cofnod o 1343, gorweddai'r 'Great Hall' 30 m o gilborth y castell a oedd, fel yr awgrymais, ar ochr ddeheuol y cwrt allanol.[119] Byddai hyn wedi'i lleoli yn chwarter de-ddwyreiniol y cwrt mewnol. Fe'i codwyd fel rhan o'r un raglen adeiladu â Thŵr y Brenin a'r 'King's Chamber' sydd, fel y gwyddom o arolwg 1275, yn adeilad cyffiniol, fel yn y rhes adeiladau yn Ynysgynwraidd. Mae'n debyg fod y neuadd a'r siambr, felly, yn uned a orweddai yn erbyn y llenfur dwyreiniol a'r tŵr. Roedd cysylltiadau tebyg rhwng neuadd a thŵr yng nghanol y drydedd ganrif ar ddeg yn Nhŵr Llundain, Deganwy a Chastell Barnard, Co. Durham. Mae'r posibilrwydd, y cyfeiriwyd ato uchod, fod y llenfur dwyreiniol wedi goroesi yn y fan hon hyd 1868 yn awgrymu y gall unrhyw glawdd a oedd yma fod wedi ei symud er mwyn gwneud lle ar gyfer y datblygiadau hyn.

Rhestrir y gegin ar wahân yn arolwg 1275 ac efallai ei fod yn adeilad ar wahân, fel yn Ynysgynwraidd unwaith eto; cyfeirir at y granar, pantri a bwtri cysylltiedig yn 1338–9.[121] Efallai mai Neuadd a Siambr y Brenin oedd y 'houses of the castle' a aildowyd â phlwm yn 1287–8, a thowyd yr adeiladau to gwellt a oedd yn weddill â cherrig teils neu lechi yn 1289.[122]

CYFNOD 5: MWY O LETY, 1279–1300 (Ffigur 120)

Gyda'i bum tŵr crwn, gan gynnwys y Tŵr De-orllewinol 'datblygedig', roedd Castell Caerfyrddin yn parhau i fod yn gaer modern, soffistigedig pan y'i hadferwyd i'r Goron yn 1279, ac ychydig iawn o wariant a gofnodwyd yn ystod blynyddoedd olaf y drydedd ganrif ar ddeg. Mae hyn wedi peri peth syndod, ar ran Ella Armitage, er enghraifft, gan ei fod yn dynodi cyfnod adeiladu cestyll Edward I.[123] Fodd bynnag, tra nad oedd hyn yn gyfyng-edig i ogledd Cymru o gwbl, roedd y gwariant yn ei eiddo eraill yn isel o'i gymharu.[124] Yn ogystal â hynny, tra efallai fod y cofnodion yn anghyflawn, mae'n debygol nad oedd angen llawer o waith yng Nghaerfyrddin mewn gwirionedd yn ystod blynyddoedd olaf y drydedd ganrif ar ddeg.[125] Adeiladwyd y cestyll yng Nghaernarfon, Conwy ac ati gan gychwyn o ddim i raddau helaeth; yng Nghaerfyrddin roedd Edward eisoes yn berchen adeilad a oedd yn fwy na digonol. Nid oedd angen holl adeiladau gweinyddol Caernarfon ar y dechrau yng Nghaerfyrddin chwaith. Oherwydd er i'r ddau ddod yn benaethiaid rhanbarthol y dywysogaeth newydd yn 1284, roedd hyn yn golygu pethau eithaf gwahanol ar gyfer y ddau gastell. O dan delerau Statud Rhuddlan, roedd Caernarfon i'w gyflenwi'n llawn er mwyn gweithredu'r drefn newydd o'r cychwyn cyntaf. Yng Nghaerfyrddin cyflwynwyd y newidiadau gweinyddol yn fwy graddol: penodwyd Prif Ustus yn 1280 ond nid oes unrhyw gofnod o Lys y Prif Ustus ar wahân hyd 1301 a bu'n rhaid disgwyl hyd 1299 cyn penodi siambrlen ffurfiol – â'i drysorlys ei hun.

Er hynny mae'n ymddangos fod rhai adeiladau domestig ychwanegol wedi cael eu codi. Roedd y 'Queen's Chamber', y cyfeirir ati mewn adroddiad yn perthyn i 1306, yn amlwg yn adeilad a oedd yn bodoli eisoes, a thrwy ddiffiniad roedd yn anhebygol iddi gael ei hadeiladu yn ystod daliadaeth mab Edward fel Tywysog Cymru rhwng 1301 ac 1307. Cofnodir darparu siambr breifat i'r frenhines – gyda chapel personol yn gysylltiedig yn aml – yn y rhan fwyaf o gestyll brenhinol ond nid ym mhob un ohonynt o bell ffordd (e.e. Caer-wynt a Marlborough), a chawn ein temtio i ddychymygu'r siambr hon yn cael ei hadeiladu 20 mlynedd ynghynt ar gyfer dyfodiad Edward I a'r Frenhines Eleanor yn 1284. Cyfeirir at adeilad arall a oedd yn bodoli eisoes, sef Siambr y Marchogion, yn 1309–10.[126] Yn y cyfamser efallai i'r porthdy gael ei ailfodelu i ddiwallu anghenion y cwnstabl ar ôl 1284.

Fodd bynnag, nid oes unrhyw gofnod o adeiladu unrhyw un o'r adeiladau hyn. Mewn gwirionedd yr unig wariant o bwys a gofnodwyd ar ddiwedd y drydedd ganrif ar ddeg oedd yn 1288–9, pan ddywed y Rholiau Siecr wrthym fod £169 15s. 3d wedi'i wario ar 'reconditioning' y castell.[127] Dim ond mân waith a wnaed ar ben hynny. Er na nodwyd pob eitem – rhoddir cyfrif am £67 yn unig – mae'r symiau i gyd yn gymharol fychan, ac yn sicr yn annigonol ar gyfer unrhyw brosiectau mawr fel y Tŵr De-orllewinol, er enghraifft. O'i gymharu, costiodd gwaith yn ystod yr un cyfnod yng Nghaernarfon a Chonwy Edward £1,500 ar gyfartaledd, dros naw mlynedd, gyda chyfansymiau rhwng £12,000 a £15,000.[128] Yn ogystal â hynny, mae'r cyfrif yn ei gwneud yn eglur fod y cwrt mewnol wedi cadw ei gynllun pum tŵr sylfaenol ac ni chyfeirir at unrhyw dŵr arall. Fodd bynnag, efallai nad yw cyfrifon y Rholiau Siecr yn gyflawn – ni chofnodwyd y £30 a wariwyd ar ddefnydd toi yn 1289, er enghraifft.

Ffigur 120 Cynllun bras o Gastell Caerfyrddin yn dangos awgrym o'i gynllun yng Nghyfnod 5, 1279–1300

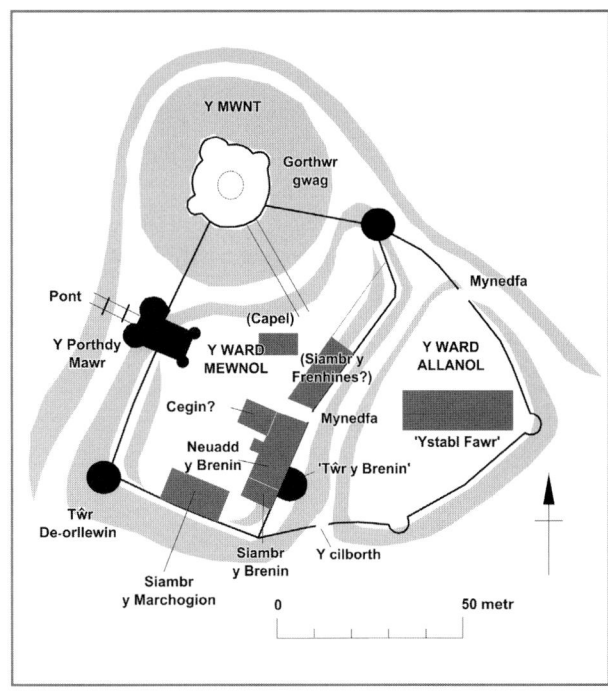

Erbyn 1289, o leiaf, roedd muriau'r castell wedi eu gwyngalchu,[129] arddangosiad gweledol a fwriadwyd i wneud argraff ac a gynhaliwyd; yn 1435–6, er enghraifft, prynwyd calch ar gyfer gwynnu'r muriau.[130] Y cyfan oedd ei angen i ddiweddaru'r castell yn llawn oedd ailadeiladu'r cwrt allanol mewn carreg ac mae'r Rhôl Siecr o leiaf yn cadarnhau fod y gwaith hwn wedi dechrau; mae'r symiau'n cynnwys £5 15s. i 'making a new wall below the castle towards the Bridge of Tywi, on both sides of the postern'. Fodd bynnag, mae'r swm yn rhy fychan i ddynodi adeiladu'r cylch cyfan. Ac er iddo gael ei alw'n 'new' yn 1288–9, disgrifiwyd y llenfur, 50 mlynedd yn unig yn ddiweddarach, fel un 'destroyed on account of its age'.[131] Efallai mai yng Nghyfnod 4 y dechreuwyd ei godi, fel rhan o'r 'king's works' yn 1241–54, cymharer Maldwyn, lle'r amgylchynwyd y cwrt allanol (neu 'ganol') gan wal yn 1251–3.[132]

Siambr y Marchogion

Mae adroddiad yn 1309–10 yn lleoli Siambr y Marchogion yn agos at Siambr y Brenin, hynny yw yn hanner deheuol y cwrt mewnol.[133] Roedd yn amlwg yn dynodi llety ychwanegol ar gyfer ymwelwyr pwysig, ar yr un patrwm â'r neuaddau a siambrau i westeion yng Nghastell Restormel, Cernyw, er enghraifft.[134] Byddai siambr o'r fath i westeion wedi bod yn angenrhaid o ddyddiau cynnar, a gall adeilad oedd eisoes yn bodoli fod wedi'i ailadeiladu i'r diben. Erbyn 1338, mae'n ymddangos fod siambr ar gyfer yr ysweiniaid wedi'i hychwanegu, drwy rannu Siambr y Marchogion i bob golwg.[135]

Rwyf wedi dadlau fod Neuadd a Siambr y Brenin eisoes yn hanner de-ddwyreiniol y cwrt mewnol. Roedd yr ochr orllewinol yn wag, ond cawn weld yn ddiweddarach ei fod wedi'i ddatblygu'n fuan wedyn. Efallai i Siambr y Marchogion gael ei hadeiladu wedyn yn erbyn y llenfur deheuol – lle oedd ar gael mewn ystyr arall, hefyd, gan nad oedd unrhyw glawdd amddiffynnol i rwystro unrhyw ddatblygiad. Roedd y dystiolaeth a ddatgloddiwyd yn dangos fod lefel y ddaear yn y fan hon yn goleddu i lawr o'r gorllewin i'r dwyrain, gan awgrymu fod y clawdd gorllewinol naill ai wedi cael ei gwtogi a/neu ei ymestyn, neu ei fod yn troi i gyfeiriad y dwyrain am ychydig yn unig cyn dod i ben. Fodd bynnag ni ddatgelwyd unrhyw dystiolaeth o unrhyw gyd-destunau canoloesol wedi hynny – nag adeileddau gwaith maen – drwy'r cloddio a wnaed yma, sy'n awgrymu fod y man hwn wedi'i gwtogi wedi hynny.

Siambr y Frenhines

Efallai fod Siambr y Frenhines wedi sefyll ar wahân i'r adeiladau domestig eraill. Efallai mai'r siambr ar wahân yn y beili uchaf yng Nghas-gwent oedd y 'Countess's Chamber' y cyfeirir ati yn 1271–2, at ddefnydd preifat gwraig Iarll Roger Bigod.[136] Awgrymwyd mai swyddogaeth debyg oedd i'r Neuadd Orllewinol ym Mhenfro, rhwng 1219 ac 1245, sydd wedi'i gosod i ffwrdd o'r Neuadd Fawr yn yr un modd, nesaf at yr hyn oedd yn gapel o bosibl.[137]

Awgrymwyd uchod y gall wal derfyn ddwyreiniol y carchar cyn cyfnod Nash, a ddangosir yn 1786 (Ffigur 111), fod wedi perthyn i adeilad domestig a orweddai yn erbyn y llenfur dwyreiniol, fel wal fewnol gyfochrog. Gan orwedd yn hanner ogleddol y cwrt mewnol, byddai adeilad yn y fan hon ar wahân i Neuadd y Brenin a Siambr y Marchogion a gall felly fod wedi cyflawni swyddogaeth arbennig, un fwy benywaidd efallai. A hithau tua 40 m, mae'r wal a ddangosir yn un hir, ond gall adeiladau gwasanaeth, a chapel preifat efallai, fod wedi bod yn gysylltiedig â Siambr y Frenhines – cyfeirir at eudy cyfagos a 'garret', yn 1343.[138] Byddai hefyd yn yr unig fan a oedd ar gael yn hanner ogleddol y beili yn ystod blynyddoedd olaf y drydedd ganrif ar ddeg gan fod y gweddill yn cynnwys ffos y mwnt a chapel y castell efallai (gweler isod).

Y Porthdy Mawr

Yn gyffredinol roedd porthdai deudyrog cynnar ar ffurf cyntedd bychan rhwng y tyrau o bobtu iddo, fel yng Nghas-gwent a Helmsley.[139] Mae'n ymddangos mai'r dramwyfa porth gynharaf bob ochr i siambrau i du cefn y tyrau, oddi mewn i'r beili, oedd honno yn Warkworth farwnol, o tua 1200;[140] gwelir y ffurf hon eto yn Dover a Maldwyn de Burgh. Fodd bynnag ni ddaeth yn gyffredin hyd ganol y drydedd ganrif ar ddeg a defnyddiwyd cynteddau syml, byr yn Beeston yn yr 1220au, a'r Castell Gwyn, Mynwy, yn yr 1250au.[141] Felly gall rhan ôl Caerfyrddin fod wedi'i ychwanegu'n ddiweddarach yn y drydedd ganrif ar ddeg. Mae'r awgrym o dyred grisiau silindraidd yn ei gornel de-ddwyreiniol, ar fapiau a phrintiadau hynafol (gweler Pennod 3), yn nodweddiadol o'r hyn a elwid yn 'keep-gatehouses' a godwyd gan Edward I yn yr 1280au–1290au.[142] Efallai mai un o bâr ydoedd yn wreiddiol.

Efallai i'r gwaith gael ei wneud rhwng 1275, pan ddisgrifiwyd y porthdy yn 'decayed', ac 1288–9 pan oedd yn cynnwys dau lawr ac wedi'i oleuo'n dda yn ôl pob golwg.[143] Goroesodd waliau deheuol a dwyreiniol y rhan ôl i'w huchder llawn yn 1829, pan mae darlun yn dangos yn eglur bâr o ffenestri bwaog mawr ar bob lefel o'r wal ddeheuol (Ffigur 132); gellir gweld cil un o'r ffenestri hyn o hyd, ar lefel y llawr cyntaf, ar fonyn byr y wal ddeheuol (9, Ffigurau 79, 81 ac 83). Gall mai statws cynyddol cwnstabl y castell ar ôl 1284 a'r angen wedyn am lety addas fu'n gyfrifol am yr angen i weithio ar y porthdy. Roedd y lletyau hyn wedi eu lleoli yn y porthdy mae'n debyg, fel mewn nifer o gestyll o'r un cyfnod gan gynnwys Caerffili; felly'r oedd yn sicr erbyn 1354–5, pan gyfeirir at y 'Constable's Chamber over the large gate' yn y ffynonellau, a gallwn eu dychmygu'n gorwedd ar lawr cyntaf y rhan ôl a adeiladwyd i'r diben.[144] Fodd bynnag gorweddai Cegin y Cwnstabl, a adeiladwyd am £37 yn 1360–1,[145] uwchben 'prison', sy'n awgrymu ei fod wedi'i leoli yn un o'r tyrau o bobtu, fel yr oedd yn y porthdy'n dyddio o ddechrau'r bymthegfed ganrif yng Nghydweli.[146] I bob golwg ailfodelwyd rhan ôl Caerfyrddin pan ailadeiladwyd y porthdy ar ddechrau'r bymthegfed ganrif, ond gall ail grisiau tro, sy'n ffosiledig yn yr ongl â'r llenfur gorllewinol ac a ddisgrifiwyd ym Mhennod 3, fod yn ddarn arall o'r cynllun cynharach.

Y llenfur allanol a'r stabl

Tra bod y Rhôl Siecr yn nodi fod y cilborth yn bresennol erbyn 1288, nid yw'n eglur a oedd rhan gyffiniol y 'new wall' yn dynodi cam olaf ail-atgyfnerthu'r cwrt allanol mewn carreg, neu ai gwaith ailadeiladu llenfur a oedd yno'n barod ydoedd yn unig. Mae'n debygol fod y llenfur wedi'i gychwyn ar yr ochr ogleddol a oedd yn wynebu tir gwastad a lle'r oedd y porth allanol; roedd y rhan o boptu i'r cilborth, fodd bynnag, yn y ffos draws ar yr ochr ddeheuol a gall yn hawdd fod wedi'i ychwanegu yn ddiweddarach, fel sbardun yn cysylltu'r llenfuriau mewnol ac allanol.

Mae'r ddau dŵr a ddangosir ar brintiadau Buck, ar ochrau deheuol a dwyreiniol y cwrt allanol, yn ymddangos yn rhai hanner-crwn (gweler Ffigurau 126 a 127). Mae print 1740 yn awgrymu fod y tŵr deheuol yn gwbl gaeedig, yn hytrach nag yn dyred â chefn agored a oedd yn nodweddiadol o ddiwedd y drydedd ganrif ar ddeg,[147] ond gall y wal gefn (neu hyd yn oed y tŵr ei hun) fod wedi'i fewnosod yn ddiweddarach.

Mae'n ymddangos fod y llen allanol wedi'i adeiladu'n wael ac yn 1336 dymchwelodd yn rhannol oherwydd 'age'.[148] Gorchymynnodd Edward III iddo gael ei ailadeiladu, ond i bob golwg roedd yn parhau i fod yn anorffenedig sawl blwyddyn yn ddiweddarach a gorchmynnwyd gwario £40 yn 1340.[149] Roedd tŵr arall wedi'i adeiladu erbyn 1343, dros y cilborth,[150] y tŵr sgwâr a ddangosir yn 1740 mae'n debyg y gellir ei gymharu â thŵr y cilborth yn y ffos yn Pickering, sy'n dyddio o 1323–6.[151] Yna, yn 1338–9, rhaid hefyd oedd i'r linell ogleddol gael ei 'made anew' am bris o 66s. dros 11 wythnos.[152] Cyfeirir am y tro cyntaf at y porth allanol yn y cyfrif hwn ac erbyn yr adeg hon gellir tybio o leiaf ei fod yn dŵr/dyrau; cyfeirir at y siambr dros gyntedd y porth yn 1355.[153]

Roedd y rhan fwyaf o'r gwariant *manwl* yn 1288–9 yn ymwneud â 'work on the new stable', a oedd i gyfrif am dros £10.[154] Adeilad gwaith maen ydoedd, yn disodli'r stabl a oedd yn 'decayed' yn 1275 o bosibl. Yn un gweddol fawr yn amlwg, a'r 'large stable' y cyfeirir ati yn 1338 yn ôl pob tebyg, gall fod wedi'i lleoli yn y cwrt allanol.[155] Gellir disgwyl bod y cyflenwad arferol o adeiladau a gweithdai ategol eraill oddi mewn i'r cwrt allanol er mai ychydig iawn o sylw a gânt yn y ffynonellau.

CYFNOD 6: ADEILADAU AR GYFER LLYWODRAETH, 1301–1408
(Ffigur 121)

Dan y darpar frenin Edward II, fel tywysog Cymru 1301–7, y sefydlwyd y castell yn llawn fel canolfan i'r llywodraeth a oedd newydd gael ei ad-drefnu yn ne a gorllewin Cymru a pharhaodd i ddatblygu gydol teyrnasiad Edward, dan brif ustusiaid Cymru gyfan – yn arbennig y Mortimers, a oedd yn y swydd rhwng 1308 ac 1330. Yn ystod y dair degawd hynny, trawsnewidiwyd Castell Caerfyrddin drwy ychwanegu adeiladau gweinyddol a lletyau newydd ar gyfer y prif swyddogion – y Prif Ustus a'r Siambrlen – ynghyd â'u dirprwyon, clerciaid a staff yr osgordd. Dechreuodd y gwaith gyda thrysorlys; er y cyfeirir ato gyntaf yn 1306,[156] mae'n ymddangos mai adeilad a oedd eisoes yn bodoli ydoedd – roedd y Prif Ustus wedi cynnal ei drysordy ei hun ers 1280, ond efallai na chafodd y trysorlys ei adeiladu hyd nes y penodwyd siambrlen yn 1299.[157] Trwsiwyd Cegin y Prif Ustus hefyd yn 1306 a'r awgrym yw bod y gwaith o godi ei lety wedi cychwyn. Gall peth o'r gwaith hwn fod wedi codi o arolwg a wnaed yn 1303–4,[158] ond mae'n ymddangos mai dim ond £11 a wariwyd rhwng 1299 ac 1306.[159] Digwyddodd y rhan fwyaf o'r gwariant ar ôl penodi Roger Mortimer yn 1308, tra roedd lletyau ar gyfer y siambrlen wedi eu hadeiladu erbyn 1321. Cyfeirir at letyau'r ddau swyddog fel 'mansions' mewn dogfennau canoloesol diweddarach a dynodent arwydd pendant o'u statws, eu grym a'u bri – a thrwy hynny eiddo'r brenin; byddent yn arbennig o weladwy i ddeisebwyr yn y llysoedd. Gan gynnwys rhesi o adeiladau oddi mewn i lociau annibynnol yn ôl pob golwg, gellir eu cyferbynnu â Chaernarfon lle roedd y Prif Ustus a'r Siambrlen yn byw mewn tyrau yn lle hynny – Tŵr yr Eryr a Thŵr y Siambrlen yn y drefn honno.[160] Mae'r rhain yn dyrau mwy, yn rhai mwy mawreddog ac yn fwy diweddar na'r rheiny yng Nghaerfyrddin, na allent fod wedi darparu'r lletyau helaeth a awgrymir yn y ffynonellau.

Roedd gweddill y gwariant yn deillio o gynnal a chadw a thrwsio, y llenfuriau yn bennaf a llenfur deheuol y cwrt mewnol yn benodol, a oedd angen ei ailadeiladu'n rhannol yn 1338–9.[161] Ond yn gyffredinol roedd datblygiad y castell, fel mewn mannau eraill ym Mhrydain, wedi arafu erbyn canol y bedwaredd ganrif ar ddeg. Er gwario £192 yn ystod cyfnod y Tywysog Du rhwng 1343 ac 1376, aeth tuag at waith trwsio tameidiog a oedd yn ymateb hirfaith i arolwg o gyflwr yr adeilad a gomisiynwyd yn 1343.[162] A gwariwyd £200 ar drwsio ar ôl i'r castell ddychwelyd at y Goron yn 1376, a hynny ar lenfuriau deheuol trafferthus y ddau feili yn bennaf, a oedd angen gwaith parhaus i bob golwg hyd ddiwedd y ganrif.

Fodd bynnag, ychwanegwyd rhai adeiladau eraill gan gynnwys, cyn 1310, capel arall ac, yn yr 1390au, tŵr ar draws y Porth Canol rhwng y ddau feili. Cyfeirir at y ffynnon yn 1348 pan roedd ffynhondy wedi'i adeiladu drosti.[163] Roedd toeau'r rhan fwyaf o'r adeiladau gwasanaeth yn parhau i fod yn rhai llechi gydol y

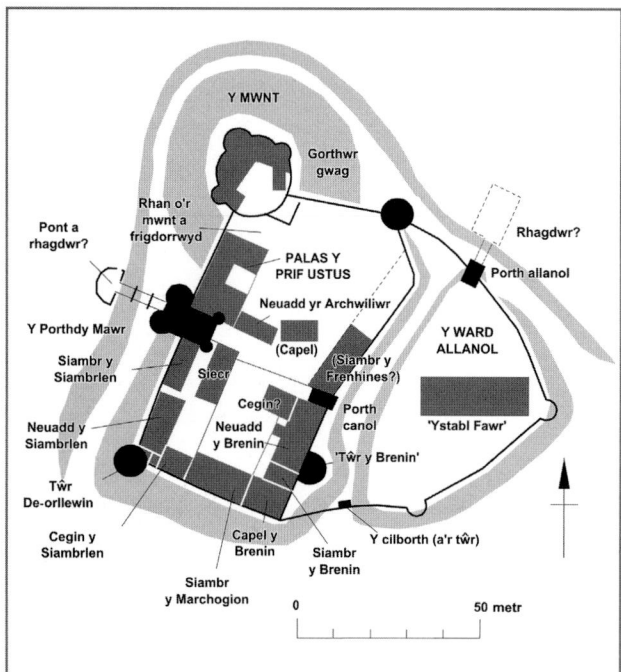

Ffigur 121 Cynllun bras o Gastell Caerfyrddin yn dangos awgrym o'i gynllun yng Nghyfnod 6, 1301–1408

bedwaredd ganrif ar ddeg, er i'r toeau plwm dros y tyrau a neuadd a siambrau Harri III gael eu cynnal yn ôl pob tebyg; roedd gan Neuadd y Siambrlen do plwm hefyd erbyn 1355.[164]

Y 'plasau' a'r trysorlys

Mae'r gwariant manwl yn ystod degawd cyntaf y bedwaredd ganrif ar ddeg yn ymwneud yn bennaf â'r lletyau a adeiladwyd ar gyfer Roger Mortimer, y Prif Ustus o 1308 hyd 1311. Mae'n debyg fod yr 'house newly built' ar gyfer Mortimer yn 1309–10 yn dynodi Siambr y Prif Ustus,[165] er y gall y gost isel o 75s. ddynodi naill ai adeilad o goed, neu efallai'r gwaith o drwsio adeilad carreg a oedd yno'n barod o ystyried fod y gegin wedi'i hadeiladu eisoes. Mae'n debyg fod y dreser, y bwtri a'r popty/bragdy cyfun, a gostiodd £21 ac a luniwyd â gwaith maen yn ôl pob tebyg, ynghlwm wrth y gegin.[166] Penodwyd archwilwyr am y tro cyntaf yn 1349 ac roedd neuadd wedi'i hadeiladu ar eu cyfer, oddi mewn i gyfadeilad y Prif Ustus yn ôl pob golwg, erbyn 1418 ac roedd siambr wedi'i hychwanegu ati erbyn 1424.[167] Lleolwyd yr adeiladau 'next to the great gate[house]', ar ei ochr ogleddol mae'n debyg, oherwydd fe welir fod llety'r siambrlen i gyfeiriad y de.[168]

Ni awgrymir yng nghyfrifon adeiladu'r drydedd ganrif ar ddeg fod adeilad llys ar wahân ac mae'n debygol mai Neuadd y Brenin a ddefnyddiwyd, swyddogaeth ddeublyg fel yr un a wasanaethai'r neuaddau mewn nifer o gestyll eraill. Fodd bynnag, ar ôl i'r hen Lys Sirol yng Nghaerfyrddin gael ei rannu'n lysoedd Cymraeg a Saesneg ar wahân yn 1301, ac yr ymsefydlodd Llys y Prif Ustus yng Nghaerfyrddin tua 1327 (gweler Pennod 2), byddai'r angen am neuadd weinyddol arall wedi dod yn amlwg. Ac, yn y 1330au, cynydd-odd nifer y llysoedd a gynhaliwyd yng Nghastell Caerfyrddin i chwech. Ymddengys fod adeilad llys pwrpasol wedi'i adeiladu erbyn 1339–40, pan y'i galwyd yn 'King's County Hall' – er mwyn gwahaniaethu rhyngddo â'r 'Great Hall'.[169] Mae'n debyg ei bod yn ffurfio rhan o gyfadeilad y Prif Ustus, gan fod y 'Justiciar's Hall', a'i disodlodd ar ddechrau'r bym-thegfed ganrif mae'n ymddangos, yn sefyll i'r gogledd o'r porthdy (gweler isod). Nid oedd adeiladau llys ar wahân yn bethau cyffredin mewn cestyll Prydeinig, ond mae'n debyg mai siambr yn perthyn i ddiwedd y drydedd ganrif ar ddeg nesaf at y neuadd ym Mhen-fro, ac a adnabuwyd am gyfnod maith fel y 'Chancery', yw 'County Court' y ffynonellau, tra gall y 'courthouse' a gofnodwyd yng Nghydweli fod wedi'i leoli mewn adeilad yn per-thyn i ddiwedd yr Oesoedd Canol yn y cwrt allanol, ac mae'n ymddangos fod un o ddwy neuadd yn perthyn i'r drydedd ganrif ar ddeg yn Launceston wedi cyflawni swyddogaeth debyg.[170] Ar ben hynny mae'n bosibl mai gweinyddol yn unig fu'r 'Great Hall', sydd wedi goroesi yn Nhrefynwy, erioed.[171]

Gwariwyd dros £1,600 ar bum castell brenhinol de-orllewin Cymru yn 1311–12.[172] Nid oes awgrym o waith mawr yn y pedwar arall,[173] ac felly gall rhan o leiaf o'r gwariant hwn fod wedi mynd tuag at Balas y Siambrlen yng Nghaerfyrddin a oedd, fel Palas y Prif Ustus, yn helaeth. Adeiladwyd y gegin yn 1309–10[174] ond cyfeirir at y 'Chamberlain's Hall' am y tro cyntaf yn 1321;[175] roedd siambr wedi'i hychwanegu erbyn 1355.[176] Roeddent yn amlwg wedi eu lleoli yng nghornel de-orllewinol y cwrt mewnol, gan orwedd yn erbyn y ddau lenfur; yn ôl adroddiadau diweddarach roedd y neuadd yn 'faced the town', hynny yw, yn ffinio â'r llenfur gorllewinol,[177] roedd y gegin a'r popty yn edrych allan dros yr afon,[178] hynny yw, yn ffinio â'r llenfur deheuol, tra mai'r 'tower next to the [siambrlen] house', yn 1343, oedd y Tŵr De-orllewinol yn amlwg.[179] Efallai fod y cyfadeilad wedi datblygu o gwmpas y trysorlys a oedd yno'n barod ac a gysylltai â Siambr y Siambrlen yn 1424.[180] Fodd bynnag ymddengys fod y trysorlys wedi'i ailadeiladu erbyn y cyfnod hwn – fe'i disgrifiwyd yn 'new' yn 1400–1, am bris o dros £26[181] – a gall fod wedi symud felly.

Cadarnhaodd y cloddiad yn 1980 fod y gornel hon o'r cwrt mewnol wedi'i ddatblygu'n sylweddol, a datgelwyd olion adeiladau gwaith maen yn cynnwys dau lawr o leiaf, o ansawdd da ac yn amlwg o statws uchel. Fe'u lleolwyd mewn man lle crewyd teras bwriadol (y clawdd gorllewinol a estynwyd?), ac o'r fan hon roedd y tir yn goleddu i lawr tuag at y Tŵr Sgwâr (Ffigur 95). Mae olion y popty bara'n cadarnhau mai yma oedd lleoliad popty'r siambrlen. Mae'n amlwg fod yr adeiladau'n ymestyn i'r gogledd cyn belled â'r porthdy – mae ysgafell wedi'i chwtogi ar letraws yn rhan ôl y wal ddeheuol (12, Ffigur 79), yn amlwg yn dynodi llinell do adeilad â thalcen cyffiniol yn gorwedd yn erbyn y llenfur gorllewinol; roedd dros 8 m o uchder ac mae'n debyg ei fod yn dynodi neuadd neu siambr y siambrlen ac efallai fod y gegin a'r popty wedi bod yn is-grofft iddi. Dangosir maint cyflawn craith ei tho ar brint Buck o 1740 (Ffigur 126).

Erbyn 1452 roedd Palas y Prif Ustus wedi'i leoli mewn lloc caeedig i'r gogledd o'r porthdy.[182] Roedd cyfadeilad y siambrlen yn ffurfio lloc cyfatebol a oedd wedi'i furio erbyn 1338, tra crewyd iard o flaen y Neuadd Fawr yn 1338–9.[183] Prin yw'r dystiolaeth o gyfadeiladau caeedig o'r fath mewn mannau eraill – ac mae'n aml, oherwydd ei natur, yn ddarfodedig – ond roedd y rhes neuaddau yng Nghastell Stamford, Lincs., yn gysylltiedig ag iard neu ardd furiog yn y drydedd ganrif ar ddeg a'r bedwaredd ar ddeg.[184] Mae'n ymddangos fod 'plasau' Caerfyrddin yn anghyffredin fodd bynnag – yn arbennig yng nghyd-destun blynyddoedd cynnar y bedwaredd ganrif ar ddeg[185] – er bod rhes o adeiladau o fframwaith coed yn Pickering wedi eu gosod o gwmpas iard ac mae'n ymddangos mai lletyr cwnstabl, y cyfeiriwyd ato yn 1441–3 ydynt gan gynnwys neuadd, pantri, bwtri, seler, cegin a stordai.[186]

Y mwnt a'r gorthwr gwag

Yr hyn na ddatgelir yn y cofnodion yw'r gamp aruthrol a gyflawnwyd o ran peirianneg sifil er mwyn cynnwys lletyau'r Prif Ustus. Gwelsom eu bod yn sefyll i'r gogledd o'r porthdy mae'n debyg, ond roedd mwnt a ffos yn y man hwn. Gan fod y cwrt mewnol yn llawn o adeiladau fel arall erbyn y cyfnod hwn, yr unig ffordd y gellid cynnwys y lletyau oedd torri pedrant de-ddwyreiniol y mwnt yn ôl, yn gyfwyneb â wal y gorthwr gwag, ac i ôl-lenwi ei ffos (gweler Pennod 3). Yna estynwyd wal y gorthwr yn y rhan hon i lawr i lefel y beili; efallai fod ei orffeniad concrit modern yn gorchuddio plinth grisiog yn perthyn i'r Oesoedd Canol, fel y gwelwyd mewn nifer fawr o orthyrau hirsgwar yn dyddio o'r ddeuddegfed ganrif, ond hefyd yn y porth allanol yn perthyn i'r drydedd ganrif ar ddeg yn y Castell Gwyn.[187] Mae'n debyg fod yr ymgyrch hon wedi dechrau pan adeiladwyd lletyr Prif Ustus ar y dechrau tua 1308. Roedd yn gam eithafol a, hyd y gwn i, ni welwyd unrhyw beth tebyg ym Mhrydain er bod cyrion y mwnt yng Nghaerefrog wedi'i dorri'n ôl hefyd, ond i raddau llawer iawn llai, ar ddechrau'r bedwaredd ganrif ar bymtheg er mwyn gwneud mwy o le i lysoedd a charchar.[188]

Mae rhagadeilad y gorthwr gwag hefyd wedi'i leoli yn y man a oedd ar gael o'r newydd ac felly gall fod yn perthyn i'r un cyfnod â'r gwaith hwn. Mae'n ymddangos fod newidiadau pellach wedi eu gwneud i'r gorthwr gwag. Efallai mai cam yn ystod yr ailfodelu hwn oedd dymchwel yr hyn a awgrymir oedd twr coed 121 – rhywbeth a ddigwyddodd, yn ôl awgrym tystiolaeth y canfyddiadau, ar ddiwedd y drydedd ganrif ar ddeg neu ddechrau'r bedwaredd ar ddeg ar y cynharaf; torrwyd arwyneb cysylltiedig 134/144 gan ran newydd wal y gorthwr.[189] Beth bynnag, mae'n ymddangos fod yr adeiladau o fframwaith coed oddi mewn i'r gorthwr gwag yn perthyn – yn eu ffurf bresennol o leiaf – i'r cyfnod hwn, gan fod eu waliau sil yn bargodi wal y gorthwr, gan gynnwys ei ran deheuol a ailadeiladwyd. Yn 1353, dechreuodd Edward III adeiladu casgliad newydd o adeiladau o fframwaith coed oddi mewn i'r gorthwr gwag yn Windsor a oedd, er nad oeddent yn tynnu sylw at eu hunain fel adeileddau, yn lletyau brenhinol.[190] Yn yr un modd roedd ailfodelu'r gorthwr gwag yng Nghaerdydd yn ddiweddarach yn yr Oesoedd Canol yn cynnwys neuadd newydd a phorthdwr. Fodd bynnag, y prif ganolbwynt yng Nghaerfyrddin erbyn yr adeg hon yn amlwg oedd y cwrt mewnol ac efallai fod yr adeiladau newydd yn rhai eithaf di-nod o ran eu swyddogaeth – ni ellir dynodi unrhyw un ohonynt o'r ffynonellau sy'n awgrymu nad oeddent yn rhai o statws uchel, fel mewn nifer o gestyll gan gynnwys Carisbrooke (Ynys Wyth) a Warwig.[191]

Croesfur y cwrt mewnol

Roedd mwy a mwy o barthau'n datblygu yn y cwrt mewnol yn amlwg erbyn canol y bedwaredd ganrif ar ddeg, ac mae'n debyg mai dyma pryd y cafodd ei rannu'n ei hanner gan groesfur yn dirwyn o'r dwyrain i'r gorllewin yn gwahanu lletyr Prif Ustus a Neuadd y Brenin a lloc y siambrlen.[192] Roedd y wal hon yn un eithaf sylweddol hyd yn oed os nad oedd yn arbennig o uchel. Mae Speed yn ei ddangos tua 1610 (Ffigur 112)[193] ac, fel wal isel, yn 1740 (Ffigur 126). Goroesodd hyd 1868, fel wal ddeheuol y carchar, ar gynllun yn perthyn i ddechrau'r bedwaredd ganrif ar bymtheg ac fe'i labelir yn 'ancient wall of the gaol' arno (Ffigur 129; gweler hefyd Ffigur 130 am ddarlun gweddlun). Dirwynai o'r llenfur dwyreiniol i gongl de-ddwyreiniol rhan ôl y porthdy, gyda thro cam amlwg i gyfeiriad ei phen gorllewinol (Ffigur 111) lle cynhwysai wal ôl adeilad a oedd yno'n barod. Roedd yr adeilad hwn, a oedd yn perthyn i gyfadeilad plasau'r Prif Ustus mae'n debyg – y trysorlys, efallai – wedi mynd erbyn 1740, ond dangosir drws a dau agoriad ffenestr yn ei wal ôl ym mhrint Buck. Gwelir parthau tebyg yn Helmsley, er enghraifft, lle roedd un o'r croesfuriau'n weddill llenfur cynharach a gadwyd pan ehangwyd y castell.[194]

Y ddau gapel

Mae'n debygol fod prif gapel y castell, a oedd yn gwasanaethu'r gosgordd, yn adeilad o waith maen erbyn y bedwaredd ganrif ar ddeg, o leiaf, ac efallai gryn dipyn cyn hynny

– roedd y capel ymhlith yr adeiladau carreg cyntaf yn Pevensey a Pickering, er enghraifft.[195] Mae'r gorlenwi sydd yn amlwg ym mhen deheuol y cwrt mewnol, a'r ffaith eu bod yn agos at Siambr posibl y Frenhines (cf. Penfro), yn awgrymu y gall fod wedi'i leoli yn hanner gogleddol y beili. Roedd y capel yn berthynol i eglwys blwyf Sant Pedr.[196]

Roedd ail gapel, y 'King's Chapel' a geir mewn cyfrifon diweddarach yn ôl pob tebyg, wedi cael ei 'newly built' rhwng Siambr y Brenin a Siambr y Marchogion yn 1309–10,[197] er mwyn ffurfio rhes siâp L parhaus o gwmpas ochrau deheuol a dwyreiniol y cwrt mewnol (Ffigur 121).[198] Bwriadwyd Capel y Brenin, a gysegrwyd i'r Santes Fair a Sant Ioan yr Efengylwr i bob golwg, ar gyfer defosiynau preifat y brenin yn y lle cyntaf, pe bai'n dewis ymweld, ac fe'i hailgynhwyswyd fel siantri dan Edward y Tywysog Du; mae cartwlari Priordy Caerfyrddin yn cofnodi bod Eglwys Merthyr, sir Gaerfyrddin wedi'i rhoi i'r priordy yn 1370 'so that they shall find, at their own charge', caplan seciwlar i gynnal offeren eiriolaethol ddyddiol yn y capel ar gyfer y tywysog a'r teulu brenhinol.[199] Roedd Capel y Brenin yn amlwg mewn safle da ac yn 1424–5 prynodd John Matthew, y caplan, baentiad Fflemaidd i'w ddefnyddio fel allorlun.[200]

Nid yw bob amser yn bosibl gwahaniaethu rhwng y ddau gapel yn y ffynonellau. Fodd bynnag, disgrifir y 'big bell' a'r 'window' a drwsiwyd yn 1387–8 fel rhai a oedd yn perthyn i 'the chapel of the castle',[201] yn hytrach na Chapel y Brenin, fel roedd y cyntedd 'new' a adeiladwyd yn 1433–5.[202] Yn ôl y traddodiad, roedd trydydd capel yn y castell.[203] Fodd bynnag, fe'i henwir, mewn nifer o adroddiadau hynafiaethol o'r bedwaredd ganrif ar bymtheg, fel 'St Edward's Chapel' neu 'Prince Edward's Chapel',[204] gan gyfeirio'n amlwg at y siantri a sefydlwyd yng Nghapel y Brenin gan Edward y Tywysog Du, ac nid oes unrhyw awgrym fod trydydd capel mewn ffynonellau'n perthyn i'r un cyfnod.[205] Diddymwyd Capel y Brenin yn yr 1540au, ynghyd â siantrïau eraill, er mwyn codi arian ar gyfer y Goron,[206] ond mae'n bosibl fod capel y castell wedi goroesi'n ddiweddarach hyd yr unfed ganrif ar bymtheg.

Y Porth Canol

Byddai porth rhwng y cyrtiau mewnol ac allanol ers y dyddiau cynnar, sef 'Middle Gate' 1430-2, mae'n debyg,[207] a dderbyniodd 'crenellated chamber' ar y llawr cyntaf yn 1394–5, am bris o ychydig dros £6.[208] Darlunnir y porth gyferbyn â'r Prif Borthdy ar gynllun Speed (Ffigur 112), sy'n cyfateb i'r ongl fewnol – a'r tro cam – yn wal ddwyreiniol y carchar ôl-ganoloesol (gweler Ffigur 111). Oherwydd hynny byddai'n gorwedd rhwng yr hyn a awgrymir yw Neuadd y Brenin a Siambr y Frenhines, ac efallai fod cost isel y gwaith o'i droi'n dŵr yn arwydd ei fod yn cynnwys eu waliau ôl a oedd yno eisoes. Yn ôl pob golwg roedd wedi mynd, ynghyd â'r rhan helaethaf o'r llenfur dwyreiniol erbyn 1740, ond gall adeilad a ddangosir yn 1786, stabl efallai, fod wedi'i leoli ar ei safle.

Y bont a'r ?rhagdwr

Mae cyfrif yn perthyn i 1318 yn cofnodi fod 'New Bridge' wedi cael ei drwsio'n ddiweddar.[209] Efallai ei fod yn dynodi pont yn y Porthdy Canol, dros y ffos draws. Fodd bynnag gall fod yn gysylltiedig â'r brif fynedfa a'r gwaith trwsio – a/neu efallai'r adeiladu diweddar a wnaed ar y colofnau gwaith maen. Roedd y bont ei hun wedi mynd yn 'decayed' erbyn 1343 ac amcangyfrifwyd y byddai'r gwaith trwsio'n costio £6, swm sy'n awgrymu gwaith cymharol fychan ar adeiledd a oedd yn parhau i fod wedi'i lunio o goed yn bennaf.[210]

Mae'n ymddangos fod y 'foundation of an enclosure (wall) opposite the gate', y cyfeirir ati yn 1321,[211] yn disgrifio rhagdwr.[212] Mae lloc rhagdwr tebyg, yn perthyn i'r 1270au, mewn lleoliad tebyg yn Nhŵr Llundain.[213] O ran cynllun roedd yn hanner-cylchog ac efallai mai dyma'r model ar gyfer y rhagdwr, o tua 1300, yng Ngwydris,[214] ac efallai'r un ym Mhenfro.[215] Roedd llociau rhagdwr hefyd i'w cael yng nghestyll Sandal (Swydd Efrog) a Rhydychen.[216]

CYFNOD 7: DIFROD AC AILADEILADU, 1409–C.1550 (Ffigur 122)

Bu dwy warchae yn y castell yn ystod gwrthryfel Glyndŵr pan ddifrodwyd rhannau helaeth o'r dref a'i muriau. Mae'n amlwg fod y castell wedi dioddef hefyd. Gwariwyd dros £380 ar 'building and repairs' yn 1409–11 ac aeth llawer ohono tuag at y gwaith o ailadeiladu'r Prif Borthdy a ddioddefodd waethaf yn amlwg oherwydd y difrod, ar ei ffurf bresennol.[217] O'i gymharu, mae'n ymddangos fod y porthdy o'r un cyfnod yng Nghastell Caerhirfryn Harri IV, a ddifrodwyd yn yr un modd yn ystod gwarchae gan yr Albanwyr, wedi llyncu'r rhan helaethaf o'r £2,500 a wariwyd yn y castell rhwng 1402 ac 1422, tra bod y Northwest Bastion cymhleth yng Nghastell Rochester, Caint, ei hun wedi costio £350 i Richard II yn 1378–83.[218] Fodd bynnag mae porthdy Caerfyrddin – gyda dau lawr yn unig o'i gymharu â'r tri arferol – yn gymharol fychan, tra ei bod yn debygol fod elfennau o'r porthdy cynharach wedi eu cadw.

Er hynny roedd yr ymgyrch yn arwydd o'r gwaith adeiladu mwyaf yng Nghastell Caerfyrddin ers y drydedd ganrif ar ddeg ac, unwaith eto fel yng Nghaerhirfryn, Rochester, a hefyd Cydweli – y cyfeiriaf ato ymhellach isod – roedd yn anarferol o eang o'i gymharu â'r gwaith yn y rhan fwyaf o gestyll brenhinol yn ystod y cyfnod hwn.[219] Efallai hefyd fod y llenfur gorllewinol, i gyfeiriad y gogledd, wedi'i ddifrodi gan Glyndŵr – mae'r dystiolaeth weledol yn awgrymu iddo gael ei fyrhau a'i ailadeiladu fel wal orllewinol adeilad newydd, sef Neuadd y Prif Ustus. Roedd angen trwsio'r tŵr cilborth hefyd yn y cwrt allanol,[220] tra gall dau dŵr sgwâr newydd hefyd fod yn perthyn i'r cyfnod hwn.

Mae cofnodion diweddarach yn cyfeirio'n bennaf at waith trwsio adeiladau a oedd yn bodoli eisoes. Fodd bynnag adeiladwyd stabl 'anew' ar gyfer y siambrlen yn 1418–19,[221] tra gall ail stabl newydd y cyfeirir ati yn 1424 fod yr un un â'r 'Justiciar's Stable' a ffiniai â Neuadd y Prif Ustus yn 1435–6,[222] gan ddod â'r nifer o stablau yn y castell i dri.[223] Mae'n ymddangos fod y carchar, a'r 'new house over', a adeiladwyd yn 1413–14 am £28,[224] yn adeilad newydd, ar wahân. Safai 'near the gate of the castle', o'i gyferbynnu ag oddi mewn i'r porthdy, ac mae'n ymddangos nad oedd yn dynodi tŵr gan fod wal dalcen

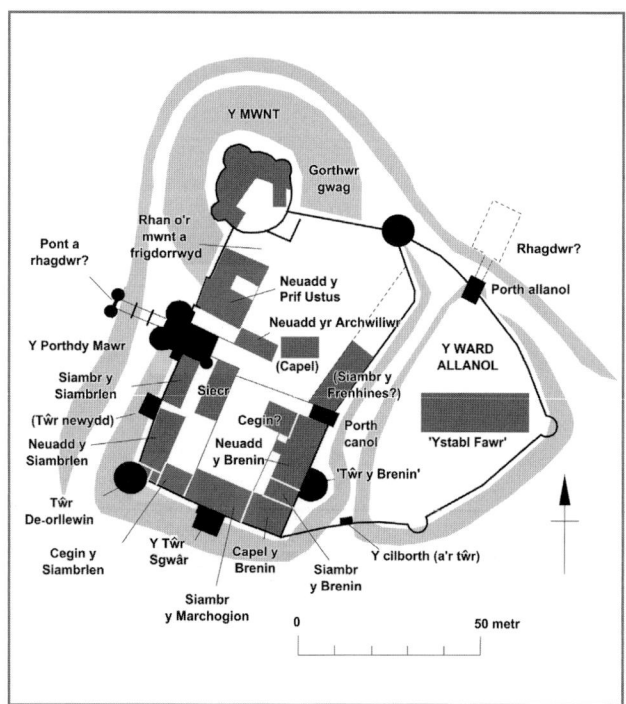

Ffigur 122 Cynllun bras o Gastell Caerfyrddin yn dangos awgrym o'r cynllun yng Nghyfnod 7, 1409–c.1550

wedi'i hychwanegu yn ystod y flwyddyn ganlynol.[225] Gall felly fod wedi bod yn lloc y Prif Ustus.

Roedd neuaddau'r Prif Ustus a'r Siambrlen yn parhau i gael eu cynhesu gan leoedd tân agored, gyda lwferau to, yn yr 1420au–1430au,[226] ond roedd lleoedd tân â simneiau yn eu siambrau preifat fel roedd mewn sawl adeilad arall. Mae costau plymwyr yn nodi fod gan nifer o adeiladau doeau plwm, er mai to llechi oedd gan neuadd newydd y prif ustus, ac roedd gan rai o'r 'divers houses, chambers and stables' yn y castell doeau estyll hyd yr 1490au.[227]

Y Porthdy Mawr

Tra cyfeirir ato fel y 'New Gate' yn 1411, gwelsom fod y porthdy wedi'i ailadeiladu o adeiledd a oedd yno'n barod mewn gwirionedd ac efallai fod rhan ohono wedi'i gadw gan gynnwys rhan o gyntedd y porth, yr hen ran ôl, ac olion y ddeudwr mae'n debyg.[228] Er hynny mae'r tyrau a'r llawr cyntaf presennol yn amlwg yn perthyn i ddechrau'r bymthegfed ganrif.

Sylwyd ar y tebygrwydd i'r porthdy cyfagos yng Nghastell Cydweli.[229] Wedi'i ddechrau gan Ddugiaeth Lancaster, dan John o Gaunt, ar ddiwedd y bedwaredd ganrif ar ddeg, aeth gwaith yn ei flaen yn y fan hon hyd 1422 – fel yng Nghaerhirfryn – dan ei fab Harri IV.[230] Roedd y ddau borthdy'n debyg o ran manylion ond nid o ran maint (Ffigur 123). Mae un Cydweli'n llawer iawn mwy, gyda thri llawr dros islawr ac roedd yn ddrutach. Ond roedd yn gyfan gwbl newydd, heb ei gyfyngu o gwbl i bob golwg gan ffabrig a oedd yno eisoes. Yn ogystal â hynny mae'r cynllun llawr sylfaenol, gyda rhan ôl a thyred(au) o boptu, yn gyffredin i'r ddau, tra bod y rhyngdyllau, yr agoriadau ffenestr a'r byrddau corbelaidd yn drawiadol o debyg,[231] er nad oes gan Gydweli'r bwa allanol wedi'i naddu'n gain dros y fynedfa fel a geir yng Nghaerfyrddin. Mae'n werth nodi felly mai'r prif saer maen a gyflogwyd i oruchwylio'r gwaith o ailadeiladu'r llenfur deheuol yng Nghaerfyrddin yn 1396 oedd gŵr o'r enw John Hirde o Benfro.[232] Mae ei enw'n ymddangos yn y llyfr cyfrifon ar gyfer gwaith yng Nghydweli yn 1402-3 ac mae'n bosibl mai ef oedd yn gyfrifol am oruchwylio'r gwaith o adeiladu'r ddau borthdy.[233] Mae'r ymdriniaeth yn y ddau le yn 'lleol' o ran arddull ar ben hynny, sy'n awgrymu fod y seiri maen wedi eu dwyn o'r ardal gyfagos.[234]

AIL-LUNIO'R CASTELL ◼ 209

Caerfyrddin

Cydweli

Llawhaden

Ffigur 123 Y porthdai yng nghestyll Caerfyrddin, Cydweli a Llawhaden

Efallai fod ôl dylanwad yr enghraifft Lancastraidd cynharach yng Nghastell Dunstanburgh, Northumberland a adeiladwyd tua 1313 ar y tri phorthdy.[235] Ond nid oedd y porthdai diweddar hyn yn unigryw i Lancaster. Mae trydedd enghraifft leol sy'n debyg iawn, yng Nghastell Llawhaden, sir Benfro (Ffigur 123). Wedi'i adeiladu gan esgob Tyddewi, efallai fod hwn hefyd yn perthyn i ddegawd cyntaf y bymthegfed ganrif.[236] Fel Caerfyrddin mae'n cynnwys dau lawr yn unig, mae ganddo fwa allanol tebyg ar gorbelau wedi eu mowldio, yr un ffenestr ganolog fawr ar y llawr cyntaf a'r un rhyngdyllau triphlyg. Hefyd fel Caerfyrddin, ar bob ochr iddo mae tyred sgwâr yn cynnwys pedair siafft geudy, ond gall hyn fod yn weddillion cyfnod cynharach, diwedd y drydedd ganrif ar ddeg efallai.[237] Yn ogystal â hynny mae'r tyrau'n llawer iawn mwy, ar ffurf siâp D ac yn sbardunog tra bod y grisiau wedi eu lleoli mewn wal fewnol, nid mewn tyred i gyfeiriad y cefn, fel y bwriadwyd yng Nghydweli yn wreiddiol. Ynghyd â Chaerhirfryn, roedd y tri hyn ymhlith y porthdai mawr olaf i gael eu hadeiladu ym Mhrydain yr Oesoedd Canol.[238]

Ail-lunir porthdy Caerfyrddin yn y bymthegfed ganrif yn Ffigur 124. Mae'r dystiolaeth yn nodi fod gan y rhan ôl dalcendo a orweddai o dan – ac a fargodwyd gan – y rhagfur dwyreiniol a oroesodd. Efallai fod rhan ôl y wal ogleddol wedi'i hailadeiladu'n gyfan gwbl lle roedd yn uno â'r hyn a awgrymir oedd yn Neuadd y Prif Ustus a oedd yn perthyn i'r un cyfnod mwy neu lai (gweler isod). Mae'n ymddangos fod adroddiad o 1409–10 yn lleoli'r 'Armourer's Tower' neu'r 'Armoury Chamber' oddi mewn i'r porthdy;[239] roedd ganddo le tân a dwy simnai yn 1424,[240] ac oherwydd hynny gall ddynodi'r siambr fawr dros gyntedd y porth. Tra ei bod mewn safle da, roedd y siambr hon hefyd yn cynnwys peirianwaith y porthcwlis (a'r bont godi?) sy'n arwydd efallai fod Neuadd y Cwnstabl yn parhau i fod yn y rhan ôl; cynheswyd yr olaf gan dân agored, gyda 'louvre', yn 1428–9.[241] Gall y tyred rhwng yr wyneb deheuol a'r llenfur gorllewinol fod wedi'i adeiladu o'r newydd yn 1409–11 er mwyn cynnwys gcudai a siambrau gwasanaeth eraill efallai. Cwblhawyd y toeau plwm yn rhan flaen y porthdy yn 1415, ond gosodwyd teils carreg yn Neuadd y Cwnstabl yn 1435–7.[242]

(Neuadd y Prif Ustus)

Gwelsom fod yr hen borthdy wedi cynnwys carchar yn 1360–1. Nid oes unrhyw dystiolaeth fod yr un drefn yn bodoli yn y porthdy newydd er hynny, naill ai yn y ffynonellau neu'r olion gweledol sy'n awgrymu fod gan y ddwy siambr ar y llawr gwaelod fynedfeydd i'r beili; mae siambr ar yr islawr ym mhorthdy Cydweli, a oedd ar un adeg yn cael ei ystyried i fod yn cynrychioli carchar, wedi cael ei ail-ddadansoddi fel ystafell ddiogel ar gyfer cadw pethau gwerthfawr.[243]

Y bont a'r rhagdwr

Waeth beth oedd ffurf y bont ganoloesol i'r Porthdy Mawr yn 1400, mae'n debygol fod hon hefyd wedi'i difrodi'n ddifrifol gan Glyndŵr. Gall y trwsiadau ar ddechrau'r bymthegfed ganrif osod cyd-destun ar gyfer y gwaith ailadeiladu a wnaed i bob golwg

Ffigur 124 Ail-luniad dychmygol o'r Porthdy Mawr yn ystod Cyfnod 7 gan gynnwys yr hen ran ôl, o gyfeiriad y gogledd-ddwyrain, ar sail tystiolaeth adeileddol, darluniadol a mapiau

ar golofn orllewinol 053 ar ei ffurf taprog presennol a'r ffos adeiladu posibl yn erbyn colofn ddwyreiniol 038 (145, Ffigur 90).

Mae'n debyg fod 'turning-bridge' yn croesi'r bae dwyreiniol, o flaen y porthdy, a ostyngwyd i mewn i bydew pont godi cyntedd y porth. Gall yr astell a ddefnyddiwyd 'for mending the bridge of the castle', yn 1424, gyfeirio at hyn, ond mae'n fwy tebygol o fod yn rhan o'r byrddau coed sefydlog dros y ddau fae arall.[244] Mae cynllun Speed fel pe bai'n dangos rhagdwr deudyrog ym mhen gorllewinol y bont (Ffigur 112),[245] ac efallai fod unrhyw loc rhagdwr blaenorol wedi'i ddifrodi, ynghyd â'r porthdy, yn ystod gwrthryfel Glyndŵr. Mae rhagdwr y 'Middle Tower' yn Nhŵr Llundain yn ddeudyrog hefyd, ond mae'n gynharach, yn perthyn i ddiwedd y drydedd ganrif ar ddeg, tra bod rhagdwr castell yn ymestyn yn yr un modd i mewn i'r farchnadfa yn Alnwick, Northumberland, fel yr arferai wneud yn Durham.[246] Ni adferwyd unrhyw dystiolaeth weledol ar gyfer y naill ragdwr na'r llall yng Nghaerfyrddin, ond gallant fod wedi gorwedd y tu hwnt i'r man a gloddiwyd.

Neuadd y Prif Ustus

Disgrifiwyd Neuadd y Prif Ustus yn 'new' yn 1424.[247] Fe'i defnyddiwyd i ddibenion cyfreithiol yn amlwg ac fe'i galwyd yn 'King's Shire Hall' yn ddiweddarach yn ystod y ganrif[248] ac roedd yn amlwg yn disodli neu'n ailadeiladwaith cynhwysfawr o 'County Hall' y bedwaredd ganrif ar ddeg. Efallai fod yr ailadeiladu hwn yn un o'r 'other divers necessaries' yn ymgyrch 1409–11 a gwariwyd £34 ychwanegol ar y neuadd yn 1424–5;[249] mae'n amlwg fod gwaith ar adeiladau gweinyddol wedi parhau yn ddifwlch er gwaethaf yr ansicrwydd cyfreithiol ar ddechrau'r bymthegfed ganrif ac yn ei chanol, fel y'u disgrifiwyd ym Mhennod 2.

Mae'n ymddangos fod y neuadd newydd wedi'i lleoli yn yr un fan â'i rhagflaenydd ac, fel yr awgrymwyd ym Mhennod 3, gorweddai yn erbyn y llenfur gorllewinol. Mae'r hyn a ddehonglir fel ei wal orllewinol yn gorchuddio rhan o'r llenfur a gwtogwyd ac a oedd – ynghyd â'r neuadd o'r bedwaredd ganrif ar ddeg – yn rhywbeth arall all fod wedi'i ddifrodi yn ystod ymgyrch Glyndŵr. Mae corff yr adeilad a awgrymwyd yn gorchuddio ffos y mwnt, sy'n gyson â dyddiad o ddechrau'r bedwaredd ganrif ar ddeg ar gyfer mewnlenwad y ffos (gweler uchod). Mae'n anhebygol ei fod yn dynodi adeilad yn perthyn i'r cyfnod ar ôl y Rhyfel Cartref, yn gorchuddio dinistr yn perthyn i'r ail ganrif ar bymtheg, am y rhesymau a nodwyd ym Mhennod 3. Ar ben hynny mae'n anodd dychmygu cyd-destun ôl-ganoloesol ar gyfer cwtogi'r mwnt a mewnlenwi ei ffos – gyda'r gwariant angenrheidiol – cyn i Nash ailfodelu'r carchar yn 1789–92; roedd yr adeilad wedi mynd erbyn yr adeg honno (gweler Pennod 5).

Y tyrau

Parhaodd cynllun pum tŵr sylfaenol y cwrt mewnol yn ddigyfnewid ond ychwanegwyd ato gan ddau dŵr murol arall o leiaf, y ddau yn sgwâr, yn ystod blynyddoedd mwy diweddar yr Oesoedd Canol. O ran arddull mae'r Tŵr Sgwâr a oroesodd yn perthyn i ddiwedd yr Oesoedd Canol ond gan nad oes unrhyw fanylion wedi goroesi mae'n anodd ei ddyddio'n fanwl gywir. Ar ben hynny roedd ei ffos adeiladu'n torri'r pridd naturiol yn uniongyrchol ac roedd y cyd-destunau dilynol y gellid eu dyddio yn brin. Gellid dadlau iddo gael ei ychwanegu at y llenfur deheuol ansefydlog oherwydd ei effaith atgyfnerthu llawn gymaint ag unrhyw ystyriaethau amddiffynnol ac oherwydd hynny efallai ei fod yn perthyn i un o'r ymgyrchoedd ailadeiladu rhwng canol a diwedd y bedwaredd ganrif ar ddeg pryd y gellid fod wedi talu'r costau. Defnyddiwyd tyrau murol sgwâr yn Pickering yn 1323–6; tra nad aethant erioed allan o fri yn hollol yng ngogledd Lloegr, dyma'r tro cyntaf iddynt gael eu defnyddio yng ngwaith y brenin ers y ddeuddegfed ganrif.[250] Daethant yn fwyfwy poblogaidd ledled Prydain yn ystod y bedwaredd ganrif ar ddeg, er enghraifft yng Nghastell Rochester a Bodiam, Sussex, a daethant yn nodwedd o'r bymthegfed ganrif[251] yn y sylfeini newydd ac fel ychwanegiadau i gaedleoedd oedd yn bodoli eisoes, fel yng Nghoety, sir Forgannwg, lle gallant fod yn perthyn i gyfnod o ailadeiladu ar ôl cyfnod Glyndŵr.[252]

Felly gall y Tŵr Sgwâr fod yn perthyn i'r bymthegfed ganrif hefyd. Mae'n edrych yn debyg fod ei ddefnydd allanol, er yn perthyn i'r ugeinfed ganrif, yn efelychu'r gwreiddiol, ac yn yr un Hen Dywodfaen Coch sydd amlycaf yn y porthdy, tra bod cilfwâu grisiau tro tebyg iawn yn y ddau. Yn ogystal â hynny gall yr ail dŵr sgwâr tebyg, sydd bellach wedi mynd ond a ddangosir gan Speed ar y llenfur gorllewinol i'r de o'r porthdy (Ffigur 112), fod wedi bod yn rhan o waith ailadeiladu angenrheidiol ar y llenfur gorllewinol ar ôl difrod Glyndŵr, efallai hefyd fel bwtres yn y lle cyntaf.

Gwaith diweddarach, 1425–c.1550

Erbyn ail chwarter y bymthegfed ganrif, roedd Castell Caerfyrddin yn llawn o adeiladau ac wedi'i ddatblygu'n llawn fel canolfan lywodraeth ac mae ei hanes adeileddol diweddarach yn un o drwsio yn bennaf. Adlewyrchir sefyllfa wleidyddol newidiol Cymru yn y ffaith fod gwariant wedi canolbwyntio ar ei adeiladau gweinyddol a'i breswylfeydd swyddogol. Er y cydnabuwyd ei werth strategol o hyd yn ystod Rhyfeloedd y Rhosynnod nid oes unrhyw gofnod o unrhyw wariant ar amddiffynfeydd yn ystod y cyfnod hwn. Roedd 'gunner' yng ngwasanaeth y brenin yng Nghastell Caerfyrddin yn 1540, tra datgelwyd yr hyn a dybiwyd oedd yn 'platform for two or three guns' oddi mewn i'r gorthwr gwag i bob golwg yn 1913 (gweler Pennod 3). Fodd bynnag, gall y sylw fod yn gysylltiedig â'r wal gorthwr canoloesol a orweddai oddi tanodd lle mae'n cynnwys y grisiau murol ar ochr orllewinol y mwnt, yn hytrach na thewychiad ar gyfer magnelaeth.

Ymddengys fod gwaith yn y castell wedi'i gyfyngu'n bennaf i adeiladau a oedd yno eisoes. Er gwario dros £214 rhwng 1425 ac 1465, ar drwsio y bu hynny'n bennaf ac o'r swm hwnnw aeth dros £97 tuag at lenfur gorllewinol trafferthus y cwrt allanol a thŵr y cilborth. Cafodd gwariant blynyddol dilynol, hyd yr 1480au, ei gyfyngu i symiau bychan iawn, sef cyfanswm o £76 yn unig (gweler yr Atodiad).

Erbyn blynyddoedd olaf yr Oesoedd Canol roedd y Goron, drwy sawl dull a modd, wedi dod yn berchen ar fwy o gestyll nag y gallai eu cynnal yn rhesymol a gadawyd i nifer lithro'n raddol i gyflwr dadfeiliedig.[253] Mae'r dystiolaeth yn awgrymu mai dim ond adeiladau gweinyddol Caerfyrddin, a'i gelloedd carchar, oedd â rhywun yn byw ynddynt yn rheolaidd ac yn cael eu cynnal yn briodol erbyn degawd olaf y bymthegfed ganrif. Ailadeiladodd Rhys ap Thomas ran o Balas y Siambrlen yn 1488–9 am bris o dros £194[254] – swm sylweddol – ond mae'n ymddangos na fu unrhyw wariant cyfatebol ar Balas y Prif Ustus. Cyfyngir cyfrifon yr unfed ganrif ar bymtheg i dri chyfnod yn unig o wario, gyda chyfanswm o ychydig dros £46 yn unig.[255] Er hynny, yn ôl Leland, roedd y castell tua 1534 yn 'very fair and double walled',[256] sy'n awgrymu ei fod mewn cyflwr rhesymol a bod y ddau feili'n parhau i gael eu defnyddio.

TREFNIADAETH GYMDEITHASOL: Y CASTELL FEL PRESWYLFAN

Cynlluniwyd Caerfyrddin, fel pob castell, i letya gosgordd arglwyddiaethol arglwydd a'i ddeiliaid. Tra nad oedd yn breswylfan barwnol preifat, gwelsom ei fod yn gartref i swyddogion y Goron o wahanol raddau, mewn swyddi a oedd yn amrywio o ran hyd a deiliadaeth. Awgrymir mai dim ond un gosgordd – eiddo'r ceidwad – oedd yn bodoli hyd yr 1280au. Wedi hynny, fodd bynnag, bu cynnydd cyflym ym mhoblogaeth y castell a chododd nifer y gosgorddion preswyl i dair – eiddo'r Prif Ustus, y Siambrlen a'r cwnstabl, a/neu eu dirprwyon. Roedd hyn yn golygu treblu'r holl brif adeiladau domestig – tair neuadd, tair cegin ac ati – tra bod y brenin yn cadw casgliad o randai ar gyfer materion yn ymwneud â'r wladwriaeth.[257] Trafodir cyflenwi a pharatoi'r gosgorddion hyn ym Mhennod 2.

Prin yw'r cofnodion ynghylch cynnwys y gosgordd(ion), neu'r isadeiledd domestig yn gyffredinol, yn ystod y 200 mlynedd cyntaf. Fodd bynnag, byddent, fel ym mhob sefydliad arglwyddiaethol, wedi dilyn hierarchiaeth gymdeithasol gaeth, roeddent yn rhai gwrywaidd yn bennaf ac, mewn cestyll yn perthyn i'r Goron yn arbennig, nid oedd gwragedd yn gwmni iddynt.[258] Tra nad oedd y gosgorddion preswyl yn rhai mawr ar y dechrau, byddai gweision ar gadw fel y porthor, y gwarchodwyr, macwyiaid, gwastrodion – a'r caplan, er enghraifft – wedi bod yn breswylwyr parhaol o'r dechrau, yn ogystal â'r staff domestig yn y gegin, y popty ac ati. Efallai fod awgrym o stiward *domestig* (o'i gyferbynnu â stiward maenorol; gweler Pennod 2), ond nid oes sôn amdano yn y ffynonellau. Byddai'r daliedyddion hyn wedi dod â staff clerigol preswyl gyda nhw – roedd y ceidwaid cyn cyfnod Edward yn siryfion de facto, yn cynnal llysoedd yr arglwyddiaeth. Ac roedd pob cartref arglwyddiaethol yn sefydliadau milwrol yn eu hanfod, gyda rhai daliedyddion arfog o leiaf a oedd yn cynnwys 'garsiwn' bychan, parhaol mewn gwirionedd, yn wahanol i'r garsiynau go iawn a oedd yng ngwasanaeth y brenin am gyfnodau penodol o ddylestwydd (gweler isod).[259] Nid oes cofnod o unrhyw ddaliadaeth 'gwarchodaeth castell' ffurfiol yng Nghaerfyrddin, a dim ffioedd gwarchodaeth castell yn gysylltiedig â hynny. Ar ben hynny, dim ond yn y maes yr oedd tenantiaid y Sir Gymreig ac Arglwydd Sanclêr yn gorfod rhoi gwasanaeth milwrol, ac yn ystod cyfnod rhyfel,[260] yn hytrach na'r castell, yn ystod cyfnod o heddwch.

Yn ogystal â'i gymuned preswyl, roedd Castell Caerfyrddin yn denu nifer fawr o ymwelwyr. Byddai tenantiaid, beiliaid ac ymgyfreithwyr yn llifo drwy ei byrth i fynychu llysoedd misol, ynghyd â'r drafnidiaeth reolaidd o negeswyr, crefftwyr, masnachwyr a chyflenwyr. Ni ellir dweud cymaint yn bendant am y gosgordd, y trefniadau domestig a milwrol a'r ymwelwyr yn ystod cyfnodau o reolaeth gan y Cymry.

Gosgorddion, neuaddau a lletyau

Gellir tybio fod amrywiaeth o adeiladau domestig – neuadd(au), cegin(au), capel a stabl ac ati – o'r dechrau. Fodd bynnag, nid yw'n amlwg o angenrheidrwydd sut oeddent yn gweithredu yn ystod y ddeuddegfed ganrif a'r drydedd ganrif ar ddeg. Er enghraifft, gall y Neuadd fawr fod wedi bod yn un seremonïol a/neu weinyddol yn unig,[261] gyda chartref y ceidwad mewn ail osgordd lai o bosibl mewn man arall yn y castell – uwchben y porthdy efallai, fel llety'r cwnstabl diweddarach.[262]

Mae'n ymddangos mai rhywbeth tebyg i hyn a gafwyd ar ôl 1241, o leiaf, pan grewyd casgliad o letyau brenhinol yn y castell – Neuadd y Brenin, siambr a thŵr. Maent yn arwydd o frenhiniaeth Harri III a cheir gwaith tebyg mewn mannau eraill yng Nghymru a Lloegr sy'n datgelu ei chwaeth bersonol a'i werthfawrogiad brwd o symbolau bri ac awdurdod.[263] Mae ei henw'n awgrymu mai un seremonïol oedd Neuadd y Brenin yn bennaf, un a ddefnyddiwyd ar gyfer achlysuron pwysig ac fel llety ar gyfer gosgorddlu'r brenin pe bai'n ymweld. Efallai mai rhandy preifat ar gyfer y brenin oedd Siambr y Brenin; fel arall efallai mai siambr gwrandawiad ydoedd, tra gall Tŵr y Brenin fod wedi cynnwys rhandai megis yn Nhŵr Wakefield yn Llundain, o'r 1220a–1230au, a Thŵr yr Arglwydd diweddarach yng Nghastell Cydweli'r Mers.[264]

Fel y gwelsom, ychwanegwyd rhagor o adeiladau o statws uchel, rhai seremonïol a domestig. Adeiladwyd siambr ar gyfer y frenhines ac uwchraddiwyd y llety ymhellach ar gyfer yr osgordd frenhinol pan godwyd Siambr y Marchogion. Mae'n ymddangos mai hon oedd yr 'hall where the great lords . . . usually stay', y cyfeirir ati yn 1321;[265] gall y 'great lords' hyn fod wedi cynnwys gwesteion pwysig eraill, fel yr arglwyddi lleol hynny – rhai Sanclêr, Talacharn ac ati – a oedd, fel penaethiaid y tenantiaid, yn gorfod mynychu'r llys sirol.

Y gosgorddion diweddarach

Gall Neuadd y Brenin fod wedi parhau'n ddibreswyl yn y lle cyntaf. Byddai gosgorddion y prif ustusiaid a'r siambrleniaid ar ôl cyfnod Edward – neu, yn fwy arferol, eu dirprwyon[266] – wedi byw yn y neuaddau, y siambrau a'r swyddfeydd oddi mewn i'w 'plasau' priodol, a byddai'r ddau, fel llety'r cwnstabl, â'u ceginau eu hunain. Hyd 1341, penodwyd y siryf gan y Prif Ustus ac fe'i cynhwyswyd yn ei osgordd,[267] ond wedi hynny datblygodd yn benodiad gan y brenin gan gynrychioli pedwaredd gosgordd efallai, er bod y lleihad yn ei fri'n awgrymu mai dim ond nifer fechan o weision ar gadw oedd ganddo.

Yn ogystal â mwy o staff i wasanaethu'r nifer cynyddol o osgorddion, cynyddodd y staff clercyddol pan amlhaodd y llysoedd ar ôl 1300. Buan iawn y cafodd y siecr, fel trysorlys a siawnsri, ysgrifenyddiaeth fawr dan y siambrlen.[268] Ychwanegwyd nifer o swyddi is yng ngosgordd y Prif Ustus hefyd, gan gynorthwyo'r swyddogion a ddisgrifiwyd ym Mhennod 2. Yn eu plith roedd y cyfarwydd a gynorthwyai yn y llysoedd o tua 1343 ymlaen,[269] tra bod swydd Atwrnai'r Brenin wedi'i sefydlu erbyn 1389.[270] Roedd Marsial y Llys wedi'i benodi erbyn yr 1430au, ynghyd â Chlerc y Cwrt Bach.[271] Roedd y datganwr, a oedd hefyd wedi'i sefydlu erbyn y pymthegfed ganrif, yn cynorthwyo i gynnal y llysoedd.[272] Fodd bynnag rhannwyd rhai o'r swyddogion hyn gydag Aberteifi (cf. y staff cyfreithiol ar ôl 1536 a ddisgrifir ym Mhennod 5).[273]

Roedd penodiadau'r brenin, dan y Prif Ustus fel ei ddirprwy, wedi cynyddu erbyn y bymthegfed ganrif i gynnwys nifer o fân swyddi segur a ddyfarnwyd yn aml am wasanaeth milwrol. Hyd yn oed ymhlith y swyddi is hyn rhaid bod yn ofalus i wahaniaethu rhwng deiliad y swydd, a oedd yn derbyn y breintiau a lifai ohoni – nad oedd yn ymwelydd cyson â'r castell, os o gwbl – a'r swyddog a neilltuwyd i ymgymryd â'i ddyletswyddau. Er enghraifft, caniatawyd gwarchodaeth o storfeydd y brenin yng Nghastell Caerfyrddin i Aeneas Moyle, 'one of the king's bowmen', fel gwobr am wasanaeth yn yr Alban a Ffrainc.[274] Yn yr un modd, rhoddwyd swydd prif saer, am oes, i ringyll y brenin, Geoffrey Williams, 'Page of the Kitchen', yn 1447, tra bod gweision seler a siambr y brenin wedi cael swydd y Prif Saer Maen ar y cyd yn 1449.[275] Fodd bynnag, gallai rhai crefftwyr dderbyn cytundebau tymor hir eu hunain ac oherwydd hynny gallant fod wedi bod yn breswylwyr yn y castell gydol y cyfnod hwnnw; cyflogwyd teilsiwr, Adam Scot – os nad yn barhaol – ar brosiectau aildoi o 1318 hyd ddiwedd yr 1330au, gan dderbyn cyflog o 16s. y flwyddyn.[276]

Lletyau

Roedd eu gweision ar gadw'n byw'n agos at y swyddogion, gan fwyta yn eu neuaddau priodol a chysgu lle gallent – yn y siambrau lle roeddent yn gweithio fel arfer.[277] Fodd bynnag, roedd yr elfen o breifatrwydd a gynyddai â safle'n cynyddu hefyd gydag amser ac erbyn 1433 canfyddwn gyfeiriadau at, er enghraifft, the 'Janitor's House' a'r 'chamber of Jenkin Maredudd';[278] cyfeiriwyd at y Gof Arfau, a'i siambr (yn y porthdy?), uchod. A neilltuwyd siambr, drws nesaf i Gapel y Brenin, i'r caplan erbyn dechrau'r bymthegfed ganrif.[279]

Ac eithrio'r rhain, ychydig o dystiolaeth sydd ar gael yn y ffynonellau fodd bynnag fod llety ychwanegol ar ben y rhai a drafodwyd eisoes. Awgrymwyd uchod fod tyrau'r porthdy a Thŵr y Brenin yn cael eu defnyddio; o'r ddau dŵr gwreiddiol arall mae gan y Tŵr De-orllewinol nodweddion sy'n awgrymu iddo gael ei ddefnyddio o bosibl i ddiben domestig (er ar raddfa gyfyngedig), a gallai lloriau uchaf tŵr gogleddol y ward mewnol a ddiflannodd fod wedi bod yn lety yn ôl yr angen. Mewn cestyll eraill o'r 1220au–1230au, mae'n ymddangos fod tyrau murol wedi bod yn gartref i siambrau'r gwarchodwyr yn y lle cyntaf, yn Ynysgynwraidd a'r Grysmwnt, Mynwy, a Maenorbŷr, er enghraifft.[280] Mewn cyferbyniad, roedd gan bob un o dri thŵr y cwrt mewnol yn Pevensey, o tua 1246–54, leoedd tân a geudai,[281] tra'r ailwampiwyd tyrau o ddechrau'r drydedd ganrif ar ddeg i'w defnyddio i ddibenion domestig mewn nifer o gestyll, yn y Grysmwnt a Brynbuga, er enghraifft.[282] Hyd yn oed yn niffyg nodweddion sylfaenol fel lleoedd tân, geudai neu ffenestri, gellid defnyddio tyrau gan staff 'iau' fodd bynnag, er nad oedd rhywun yno'n barhaol o bosibl; gallai, er enghraifft, fod yn ymateb ad hoc i ymweliadau brenhinol neu anghenion garsiwn a oedd, yng Nghaerfyrddin, efallai'n cynnwys dau dŵr y cwrt allanol a'r porth allanol.

Efallai fod y siambr dros y Porth Canol y cyfeiriwyd ato uchod, a'r ddau dŵr sgwâr a ychwanegwyd at y llenfur mewnol, yn ymateb yn rhannol i alw cynyddol am letyau preifat yn ystod yr Oesoedd Canol diweddarach, cf. y tyrau yn y cwrt allanol yn Pickering.[283] Ar ddechrau'r bedwaredd ganrif ar ddeg, cynhwyswyd y Tŵr De-orllewinol yn llety'r siambrlen ac efallai i'w lawr/loriau uchaf gael eu defnyddio gan un o'i swyddogion; nid oes unrhyw dystiolaeth adeileddol ei fod wedi cyflawni unrhyw fath arall o swyddogaeth domestig oddi mewn i'r cyfadeilad, fel rhan o'r gegin/popty drws nesaf, er enghraifft. Rhoddir enwau personol i ddau dŵr yn y ffynonellau. Mae'n amlwg fod 'Skidmore's Tower', a dderbyniodd gwterydd, ynghyd â'r 'Armourer's Tower', yn 1409–10,[284] wedi'i enwi ar ôl y cwnstabl ar y pryd;[285] mae bron yn sicr yn gysylltiedig â'r porthdy newydd, lle roedd yn byw, gan y gwelsom uchod fod yr 'armourer' yn byw yn yr un adeilad. Ni ddynodwyd 'Greyndour's Tower', y cyfeirir ato yn 1424–32,[286] ond mae'n ymddangos fod ei enw'n deillio o Syr John de Greyndor. Ac yntau'n Gwnstabl Castell Aberystwyth yn 1409–10, roedd Greyndor yn amlwg yn llywodraeth y Mers ac fe'i cyflogwyd ar ôl gwrthryfel Glyndŵr ar gomisiynau crwydrol yn ne Cymru,[287] all olygu ei fod yn ymwelydd cyson â Chaerfyrddin; gall y tŵr ddynodi ei lety ad hoc.[288]

Creu parthau

Mae elfen o drefniadaeth gymdeithasol, o ran y defnydd hierarchaidd o le, yn amlwg ym mharthau gweledol y castell. Mae'r ffynonellau'n ei gwneud yn eglur fod y cwrt mewnol, yn ôl yr arfer, yn ganolog i fywyd cymdeithasol y castell – ni ellir lleoli unrhyw adeiladau domestig yn bendant oddi mewn i'r cwrt allanol – ac mae'n ymddangos fod ei hanner deheuol wedi'i ddiffinio fel y craidd 'o fri', i'w ddefnyddio yn y lle cyntaf ar gyfer materion yn ymwneud â'r wladwriaeth. Dilynwyd rhandai Harri III yn y gornel de-ddwyreiniol gan adeiladau eraill o statws uchel, i'w defnyddio gan y brenin yn y lle cyntaf – Capel y Brenin, Siambr y Marchogion ac ati – a gwelsom fod yr hanner hwn o'r beili wedi'i amgylchynu gan wal er mwyn ffurfio man ar wahân a oedd hefyd yn cynnwys Palas y Siambrlen.[289]

Awgrymwyd, fodd bynnag, fod Siambr y Frenhines yn hanner gogleddol y cwrt mewnol, oherwydd diffyg lle o bosibl, a/neu ei bod wedi'i lleoli'n fwriadol i ffwrdd oddi wrth Neuadd a Siambr y Brenin. Roedd Palas y Prif Ustus yn yr hanner gogleddol hefyd, a wna'i rhaniad hwn yn aneglur i bob golwg, ond mae'n amlwg mai oherwydd diffyg lle roedd hyn oherwydd ei leoliad dros y mwnt a gwtogwyd a'i ffos a fewnlenwyd. Roedd creu parthau'n amlwg yn rhywbeth cymdeithasol yn hytrach nag yn ymarferol – dyblygwyd yr un adeiladau gwasanaeth ym mhob un o'r tri llety, ac yng nghyfadeilad Neuadd y Brenin.

Gwelsom hefyd ei bod yn ymddangos fod y mwnt a'r gorthwr gwag bob amser o statws cymharol di-nod, fel mewn nifer o gestyll eraill. Mae'r adeiladau a ddatgelwyd oddi mewn i'r gorthwr gwag, fwyaf tebyg yn dyddio i ddechrau'r bedwaredd ganrif ar ddeg, at bwrpas aneglur ond, fel y tyrau, roeddent yn dynodi lle posibl ar gyfer lletty yn ôl yr angen.

Ymweliadau brenhinol: gosgorddlu'r brenin

Byddai lletty priodol ar gyfer y brenin a'i osgordd helaeth, pe bai'n ymweld, wedi bod yn angenrheidiol o'r cychwyn. Cofnodir ymweliad brenhinol mor fuan ag 1116 pan dderbyniodd mab Harri I – William 'Adelin' (ganwyd yn 1103) yn ôl pob tebyg – yr is-gapten brenhinol Gerald de Windsor yn Nghaerfyrddin.[290] Mae'n debygol fod Harri II wedi aros yn y castell yn ystod ei daith i Ddeheubarth yn 1163,[291] ac ar ei ffordd i Iwerddon yn 1171,[292] tra gall y Brenin John hefyd fod wedi aros *en route* i Iwerddon ac ar ei ffordd oddi yno yn 1210.

Er i Harri III wario ar ei adeiladau domestig, nid oes unrhyw gofnod o unrhyw ymweliad personol. Roedd ei fab, y Tywysog Edmund, yng Nghastell Caerfyrddin yn ystod rhyfel Cymreig haf 1277, ac anfonodd lythyr oddi yno.[293] Yr ymweliad cyntaf a gofnodwyd gan frenin oedd yn teyrnasu, fodd bynnag, oedd hwnnw yn 1284, pan arhosodd Edward I a'r frenhines Eleanor yng Nghastell Caerfyrddin rhwng 4–6 Rhagfyr[294] – awgrymwyd yn betrus uchod y gellir fod wedi adeiladu Siambr y Frenhines gan wybod fod yr ymweliad ar droed. Mae'n ymddangos fod Edward y Tywysog Du wedi ymweld yn 1365,[295] tra bod Richard II wedi aros yn y castell ar ddau neu dri achlysur. Efallai iddo fod yng Nghaerfyrddin yn 1383 ac 1394,[296] tra bod y castell wedi croesawu ei osgordd a'i fyddin yn 1399 pan arhosodd yn y castell yn ystod dau gyfnod ei ymgyrch aflwyddiannus yn erbyn y Gwyddelod. Arweiniodd ei olynydd, Harri IV, ailgipio'r castell oddi ar gefnogwyr Glyndŵr ym Medi 1403, ac arhosodd yno gyda'i fyddin am bum niwrnod.[297] Roedd mab Harri, y Tywysog Harri (Harri V yn ddiweddarach) – fel is-gapten brenhinol yng Nghymru – yng ngofal y garsiwn yn 1406,[298] ac roedd yn y castell unwaith eto yn 1408.[299]

Nid yw bob amser yn bosibl ail-lunio gydag unrhyw bendantrwydd y niferoedd a oedd yn eu plith na beth oedd cyfansoddiad yr osgordd frenhinol. Ond, hyd yn oed heb fyddin gyda nhw, byddai'n fawr. Lle bynnag yr âi'r brenin, yno hefyd yr âi ei lys a'i lywodraeth, gyda chorff mawr o glercod, gweision a gweision ar gadw wedi eu harfogi, a hefyd nifer o'r barwniaid blaenllaw a swyddogion mawr y wladwriaeth, pob un â'i osgordd a'i glercod ei hun; gallai gosgordd Edward I gynnwys bron i 400 o bobl.[300] Ymddengys hyn yn ddim hyd yn oed o'i gymharu â byddin ymgyrchol Richard II yn 1399 a oedd yn cynnwys o leiaf 4,500 o ddynion.[301] Tra na ellid bod wedi lletya pob un ohonynt yng Nghastell Caerfyrddin yn amlwg, roeddent yn cynnwys elfen osgordd fawr a nifer o bendefigion, a dderbyniodd letty yno mwy na thebyg. Yn eu plith roedd dugiaid Aumerle, Exeter a Surrey, ieirll Salisbury a Worcester, ynghyd â chwech esgob, llu o gaplaniaid y llys a staff y Capel Brenhinol.[302] Roedd gosgordd Richard wedi cyrraedd Caerfyrddin erbyn 14 Mai, pan anfonwyd Llythyrau Clos o'r castell,[303] ac ni lwyddodd i groesi o Aberdaugleddau hyd 1 Fehefin,[304] felly awgrymir iddo aros am beth amser – gan roi cryn straen ar yr isadeiledd.[305]

Erbyn dechrau'r bedwaredd ganrif ar ddeg gallai'r castell gynnig amrywiaeth o lety ar gyfer haenau uwch yr osgordd frenhinol – Siambr y Marchogion ac ati – ac nid oes unrhyw gyfeiriad at ychwanegu unrhyw lety statws uchel pellach. Mae'n amlwg fod y llety a oedd yno'n barod wedi gwneud y tro i weddill yr osgordd.

Garsiynau

Tra nad oes lawer o fanylion ar gael am niferoedd a chyfansoddiad mae'n amlwg fod y garsiynau sefydlog yng Nghastell Caerfyrddin yn fach yn gyffredinol, yn wahanol i'r byddinoedd ymgyrchu y cyfeiriwyd atynt uchod. Yr un oedd y sefyllfa mewn cestyll eraill ym Mhrydain; rhoddir ffigyrau o rhwng 20 a 100 o ddynion fel arfer yn y ffynonellau.[306] Yn 1226, roedd 30 o ringylliaid a 10 o groesfwawyr yn y garsiwn yng Nghestyll Caerfyrddin ac Aberteifi, a wasanaethai bryd hynny fel canolfannau yn erbyn y bygythiad o du Llywelyn ap Iorwerth.[307] Cynhaliwyd garsiwn yng Nghaerfyrddin yn erbyn Llywelyn yn 1231[308] ac 1234,[309] ac yn y ddau gastell gydol ansicrwydd 1245–6,[310] ond ni cheir unrhyw ffigyrau. Yn Ionawr 1277, gosodwyd garsiwn unwaith eto yn ystod cyfnod agoriadol y Rhyfeloedd Cymreig. Yn fyddin fwy, roedd yn cynnwys 47 o farchogion a 66 o ysweiniaid, ar gyfer y 40 niwrnod arferol o wasanaeth marchog; ymhlith y marchogion roedd nifer o bendefigion blaenllaw fel William FitzWarin a John de Beauchamp, y cwnstabl a oedd newydd ei benodi.[311] Gosodwyd garsiwn yng Nghaerfyrddin sawl gwaith yn ystod blynyddoedd olaf y bedwaredd ganrif ar ddeg, mewn ymateb i'r bygythiad o gyfeiriaid y Ffrancwyr, mewn niferoedd tebyg i'r hyn a gafwyd o'r blaen – yn 1370, roedd yn cynnwys 10 saethwr, gan awgrymu nifer yr un mor fychan o osgorddau, tra treuliodd 24 o saethyddion fis yn y castell yn ystod haf 1385.[312]

Yn ystod gwrthryfel Glyndŵr, fodd bynnag, roedd garsiynau yn fwy yn gyffredinol. Castell Caerfyrddin oedd y ganolfan i bob byddin yn gweithredu yn ne Cymru ac fe'u cadwyd yn barod ar gyfer brwydr. Cynhaliwyd 4 arglwydd, 17 o farchogion, 91 o osgorddau, 453 o saethwyr ac 16 o *scutifers* (marchfilwyr) yn y castell yn ystod 1401,[313] gan gynrychioli byddin ar gyfer ymosod yn y maes, yn hytrach na bod yn fyddin amddiffynnol yn unig.[314] Ym Medi 1402, gorchmynnwyd y Prif Ustus, Richard de Grey, i gynnull llu hyd yn oed yn fwy o 120 o osgorddau a 600 o saethwyr.[315] Fodd bynnag, gwelsom ym Mhennod 2 fod strategaeth garsiwn Harri IV wedi methu yn y pen draw ac ni reolwyd y wlad gyfagos yn llwyr. Ym Medi 1403 gadawodd y brenin fyddin o 120 o osgorddau a 500 o saethwyr yn y castell, ynghyd ag ysbïwyr a sgowtiaid dan John Beaufort, iarll Somerset.[316] Hefyd yn y castell roedd nifer o uchelwyr o fri gan gynnwys esgob Caerfaddon a Wells a'i osgorddlu, y Prif Ustus Richard de Grey, Thomas Beaufort a Thomas Chaucer (mab Geoffrey Chaucer). Ar ôl hynny dug Iorc a reolodd y sefyllfa gyda byddin a gynyddwyd yn enfawr ac a gynhwysai 250 o osgorddau a 780 o saethwyr,[317] tra rhoddwyd cyfarwyddiadau i siryfion Gwlad yr Haf, Dorset a Dyfnaint 20 ugain o osgorddau a 50 o saethwyr i wasanaethu dros gyfnod o dri mis.[318] Er hynny, roedd y ffigwr hwn wedi gostwng i 91 o osgorddau a 240 o saethwyr erbyn Mehefin 1404.[319] Yn Ebrill 1405 derbyniodd Syr Thomas Beaufort, hanner brawd y brenin, 120 o osgorddau a 600 o saethwyr ar gyfer dyletswydd garsiwn dros gyfnod o flwyddyn.[320]

Cynhaliwyd garsiwn yng Nghaerfyrddin am beth amser ar ôl y gwrthryfel a chofnodwyd 20 o osgorddau a 40 o saethwyr yn 1406.[321] Roedd dau osgordd ac wyth o saethyddion yn 'keeping the castle' yn 1409–10, tra gwasanaethodd dwsin o saethyddion am 132 niwrnod yn ystod y flwyddyn ganlynol.[322] Prin yw'r manylion am y garsiynau yn ystod Rhyfeloedd y Rhosynnod, ond cofnodir garsiynau mawr yn 1461–2, gydag 84 o 'soldiers' yn bresennol yn Hydref 1461, 58 ym mis Tachwedd, a 34 ar ddechrau 1462.[323]

Wrth drafod y castell yn gyffredinol, holodd Norman Pounds lle roedd marchog garsiwn yn cysgu tra roedd yn gwasanaethu, pwy oedd yn gyfrifol am ei fwydo ac a oedd ef mewn unrhyw ffordd yn helpu i gadw'r castell mewn cyflwr pwrpasol; ei ateb ef ei hun oedd nad oedd 'no clear answers'.[324] Fodd bynnag roedd y garsiynau cynnar yng Nghaerfyrddin, a godwyd drwy wasanaeth ffiwdal, yn fach, ac fe'u trefnwyd a'u lletya oddi mewn i'r castell yn ôl gosgordd arglwyddiaethol; nid oedd unrhyw ystyr i'r cysyniad o wersylloedd ar wahân, tebyg i 'farics', ar gyfer rhengoedd is yn y gymdeithas ganoloesol.[325] Gall y llety a oedd yno eisoes fod wedi bod yn ddigon. Tra bod symudiad tuag at filwyr proffesiynol oedd yn cael eu talu yn ystod yr Oesoedd Canol diweddarach, parhaodd y rhwymyn daliadaeth[326] a'r osgordd a barhaodd i fod yn uned sylfaenol ymgyrchoedd.

Ond roedd y garsiynau maes ymosodol mawr a geid ar ddechrau'r bymthegfed ganrif, fel y gosgorddion a'r byddinoedd a ymwelai, yn amlwg yn creu problem gyflenwol sylweddol. Un farn gyffredin a geid yn y gorffennol oedd fod cyrtiau allanol y castell yn dynodi safleoedd wedi eu hamddiffyn lle gallai'r lluoedd mawr hyn wersylla. Mae'r farn wedi newid yn dilyn cloddiadau archeolegol ac arolygon geoffisegol sy'n dangos y gallai cyrtiau allanol nifer o gestyll fod yr un mor orlawn o adeiladau â'u cyrtiau mewnol. Yn y Castell Gwyn, er enghraifft, awgrymwyd fod y cwrt allanol mawr yn wersyll amddiffynedig o'r fath,[327] ond dangosodd gwaith diweddar fod ysgubor fawr a nifer o adeiladau eraill yno ac nad oedd fawr ddim lle gwag.[328] Mae'r ffynonellau'n awgrymu fod y cwrt allanol yng Nghaerfyrddin wedi'i ddatblygu yn yr un modd ac mae'n debyg fod yn rhaid i fyddinoedd Richard II, er enghraifft, wersylla allan ar diroedd y diriogaeth. Disgwylid fod garsiynau, erbyn dechrau'r bymthegfed ganrif, yn amddiffyn y dref gaerog yn ogystal â'r castell ac mae'n bosibl fod rhai'n lletya ymhlith y bwrdeiswyr, fel yn ystod y Rhyfeloedd Cartref yn yr ail ganrif ar bymtheg.[329]

Trafodir ffynonellau cyflenwi ar gyfer poblogaeth estynedig y castell pan oedd garsiwn yno ym Mhennod 2 lle dangosir yr anawsterau a geid i gyflenwi tra dan warchae pan ddefnyddiwyd rhwyflong y brenin yn ystod gwarchae 1233.

NODIADAU

1 J. R. Daniel-Tyssen (gol.), *Royal Charters and Historic Documents relating to the Town and County of Carmarthen* (Caerfyrddin: William Spurrell, 1878), tt. 45–50.

2 Gweler F. Green (gol.), 'Carmarthen Castle. A collection of historical documents relating to Carmarthen Castle from the earliest times to the close of the reign of Henry VIII', *WWHR*, 4 (1914), 1–71.

3 Gweler hefyd L. Austin, C. Hill, H. James, T. James a P. Poucher, 'Carmarthen historic town survey: understanding and protecting the archaeology of Wales' oldest town' (adroddiad YAD heb ei gyhoeddi, 2005), 15.

4 D. F. Renn, 'Mottes: a classification', *Antiquity*, 33 (1959), 106–12.

5 Mae'r man cyffredinol, gan gynnwys y ffos, yn mesur 0.4 hectar.

6 SCG, Cawdor 103/8056, cofrestr prydlesi ym Mwrdeistref Sirol Caerfyrddin (tua 1750), 180.

7 Daniel-Tyssen, *Royal Charters*, t. 45.

8 D. J. C. King, 'Carmarthen Castle', mewn llyfrau nodiadau maes heb eu cyhoeddi a ddelir yn Llyfrgell Cymdeithas Hynafiaethwyr Llundain, Burlington House, Piccadilly, 1 (1949), 19.

9 J. K. Knight, 'Excavations at Montgomery Castle, part I', *Archaeologia Cambrensis*, 142 (1992), 111–12, 133.

10 D. J. C. King, *The Castle in England and Wales* (Llundain: Croom Helm, 1988), t. 78.

11 TNA: PRO E 163/4/42, Arolwg o Gastell Caerfyrddin (1343).

12 Ibid.

13 F. Green (gol.), 'Carmarthen Castle. A collection of historical documents relating to Carmarthen Castle from the earliest times to the close of the reign of Henry VIII', *WWHR*, 3 (1913), 61, o BL Harl. Roll 7198, a ddyddiwyd yn anghywir yno i 1340 (Stephen Priestley, pers. comm.); gweler yr Atodiad.

14 Yn 1343, '6 rods in length . . . of walling between the Postern tower and the great hall' (TNA: PRO E 163/4/42); yn 1464–5 – 'the wall of the said castle . . . between the chapel and the gate there called the Postern' (Green, 'Carmarthen Castle', 4, 56). Rwy'n dadlau ymhellach ymlaen fod y neuadd a'r capel wedi eu lleoli yng nghornel de-ddwyreiniol y cwrt mewnol.

15 TNA: PRO E 163/4/42.

16 Green, 'Carmarthen Castle', 3, 57; 'Carmarthen Castle', 4, 46.

17 CBHC, *Inventory of Ancient Monuments V: County of Carmarthen* (Llundain: LlEM, 1917), t. 250.

18 'Mansion' oedd y term a ddewisodd Francis Green wrth gyfieithu cofnodion eu hadeiladu (Green, 'Carmarthen Castle', 3 a 4, *passim*). Mae'n arwyddocaol na ddewisodd 'house' neu 'lodging', dau derm a ddefnyddir mewn mannau eraill yn y testun hwn. Oherwydd hynny rwyf wedi cadw at ei derminoleg ef.

19 Green, 'Carmarthen Castle', 3, 62.

20 T. Jones (gol.), *Brut y Tywysogyon: Red Book of Hergest Version* (Caerdydd: GPC, 1955), tt. 88–9.

21 D. J. C. King, *Castellarium Anglicanum* (New York: Kraus International, 1983), t. 53.

22 Roedd y beili yn Sanclêr wedi'i guddio gan ddadlwytho cyfoes, ond fe'i dangosir yn ei ffurf wreiddiol mewn cynllun yn perthyn i tua 1907 (M. H. Jones, 'Report of the first field day', *TCASFC*, 2 (1907), 149 a Phlât 3, opp. 163).

23 Jones, *Brut Red Book*, tt. 88–9.

24 J. C. Davies (gol.), *Episcopal Acts relating to the Welsh Dioceses 1066–1272*, 1 (Caerdydd: Historical Society of the Church in Wales, 1946), t. 283; gweler yr Atodiad ar gyfer y dyddiad.

25 R. Avent, 'The early development of three coastal castles', yn H. James (gol.), *Sir Gâr: Studies in Carmarthenshire History*

(Caerfyrddin: CHSG, 1991), tt. 167–88; R. Avent, *Laugharne Castle* (Cardiff: Cadw, 1995), t. 6.
26 J. Goodall, *Richmond Castle/Easby Abbey* (Llundain: English Heritage, 2001), tt. 3–5; J. Oxley (gol.), *Excavations at Southampton Castle* (Stroud: Alan Sutton/Southampton City Museums, 1986), tt. 114–17; B. L. Giggins, 'Northampton's forgotten castle', *Castle Studies Group Bulletin*, 18 (2005), 185–7.
27 J. R. Kenyon, *Kidwelly Castle* (Caerdydd: Cadw, 2007), t. 6; H. M. Colvin (gol.), *A History of the King's Works 2*, The Middle Ages (Llundain: LlEM, 1963), t. 808.
28 Awgrymodd Terry James yn lle hynny fod gwreiddiau Heol Spilman yn y llwybr yn arwain at y bont a hynny ar sail y dystiolaeth fod Speed yn dangos porth posibl, drwy wal ddiweddarach y dref, rhwng Rhiw'r Castell a'r bont (T. A. James, *Carmarthen: An Archaeological and Topographical Survey* (Caerfyrddin: Monograff CHSG 2, 1980), t. 31). Fodd bynnag nid yw Speed yn dangos unrhyw lwybr rhwng Heol Spilman a'r bont (Ffigur 112).
29 J. K. Knight ac A. Johnson (goln), *Usk Castle, Priory and Town* (Almeley: Logaston, 2008), t. 57.
30 R. Turner ac A. Johnson (goln), *Chepstow Castle: Its History and Buildings* (Almeley: Logaston, 2006), t. 20. Trowyd y Castell Gwyn, Mynwy, safle gwledig, o gwmpas hefyd a chodwyd cwrt allanol newydd yno – dan y Goron y tro hwn, 1239–66 – ac unwaith eto cadwyd yr hen gwrt allanol neu'r cornwaith (J. K. Knight, *The Three Castles: Grosmont Castle/Skenfrith Castle/White Castle* (Caerdydd: Cadw, 2009), t. 12.
31 Fodd bynnag efallai fod y lloc cilgantaidd bychan yn Rhydaman, a oedd efallai yn sefydliad Cymreig, yn dynodi'r beili ei hun (R. Turvey, 'The defences of twelfth-century Deheubarth and the castle strategy of the Lord Rhys', *Archaeologia Cambrensis*, 144 (1997), 108); King, *Castellarium Anglicanum*, t. 56; C. J. Spurgeon, 'Llandovery Castle' (nodyn heb ei gyhoeddi yn ffeil gofnodion CHC (NPRN 92751), CBHC, Aberystwyth, 1980).
32 S. E. Rigold, *Totnes Castle* (Llundain: LlEM, 1975), t. 6. Yn y testun fe'i disgrifir fel 'about 15ft across' (h.y. 4.6 m) ond mae'n ymddangos ychydig yn fwy ar y cynllun, tua 6 m.
33 P. A. Barker ac R. Higham, *Hen Domen, Montgomery: A Timber Castle on the English-Welsh Border. Excavations 1960–1988: A Summary Report* (Llundain: Royal Archaeological Institute, 1988), tt. 8–11.
34 Colvin, *King's Works*, t. 77; C. Caple, *Excavations at Dryslwyn Castle 1980–95* (London: SMA Monograph 26, 2007), t. 70; S. E. Rees a C. Caple, *Dinefwr Castle/Dryslwyn Castle* (Caerdydd: Cadw, 2007), tt. 10–13.
35 C. Caple, 'Nevern Castle: searching for the first masonry castle in Wales', *Medieval Archaeology*, 55 (2011), 330, 332.
36 J. Goodall, *The English Castle 1066–1650* (Newhaven a Llundain: Yale University Press, 2011), t. 108; King, *Castle in England and Wales*, t. 64; et al.
37 D. F. Renn, *Norman Castles in Britain* (Llundain: John Baker, 1973), t. 179.
38 D. M. Robinson, *Tretower Court and Castle* (Caerdydd: Cadw, 2010), tt. 1–2.
39 A. Saunders, *Excavations at Launceston Castle, Cornwall* (Llundain: SMA Monograph 24, 2006), t. 254.
40 Cf. yr adeiledd tebyg ar y mwnt yn Baile Hill, Caerefrog, a ddehonglwyd naill ai fel gwaelod twr neu ffynnon (J. R. Kenyon, *Medieval Fortifications* (Leicester University Press, 1990), 92), tt. 15, 17).
41 M. W. Thompson, *Farnham Castle Keep* (London: LlEM, 1961), t. 17; Sussex Archaeological Society, 'Lewes Castle and Brack Mount', *Castle Studies Group Bulletin*, 18 (2005), 163–5.
42 J. Williams ab Ithel (gol.), *Annales Cambriae*, Rolls Series (Llundain: Longman, Green, Longman and Roberts, 1860), t. 57.
43 TNA: PRO E 163/4/42.

44 Roedd David Cathcart King yn dadlau fod y ddau fwtres ar yr ochr ddwyreiniol yn dynodi tyred a gwtogwyd (D. J. C. King, 'Carmarthen Castle', mewn llyfrau nodiadau maes heb eu cyhoeddi ac a ddelir yn Llyfrgell Cymdeithas Hynafiaethwyr Llundain, Burlington House, Piccadilly, 2 (1950), 53), ond cadarnhaodd y cloddiad eu bod yn newydd yn y bedwaredd ganrif ar bymtheg ac mae'r tyred y ceir awgrym ohono ar fap 1786 yn gorwedd ychydig pellach i'r de. Honnai hefyd ei fod wedi gweld olion o dyred arall yn y cyswllt â'r llenfur gorllewinol (King, 'Carmarthen Castle', 1, 20), ond nid oes dystiolaeth weledol, ddarluniadol nag mewn mapiau o nodwedd o'r fath.

45 Green, 'Carmarthen Castle', 3, 61 (fe'i dyddiwyd yn anghywir i 1340).

46 King, *Castellarium Anglicanum*, t. 59; Jones, 'Report of the first field day', 149.

47 R. Turner, *Wiston Castle* (Caerdydd: Cadw, 1996), t. 5; Rigold, *Totnes Castle*, t. 6; Goodall, *English Castle*, tt. 236–9.

48 Renn, *Norman Castles*, t. 107. Fodd bynnag mae tyredau Berkeley sy'n parhau yn wynebu ochr fewnol y beili yn hytrach na'r tu allan, fel yng Nghaerfyrddin. Mae'r rhan allanol yn cynnwys, yn nodweddiadol o ffasiwn y ddeuddegfed ganrif, stribedi pilast rheolaidd, nad oes dystiolaeth ohonynt o gwbl yng Nghaerfyrddin (lle, fodd bynnag, mae'r defnydd allanol gwreiddiol yn gorwedd o dan waith ailadeiladu gwahanol).

49 W. St C. Baddeley, 'Berkeley Castle', *Transactions of the Bristol and Gloucestershire Archaeological Society*, 48 (1926), t. 136; Goodall, English Castle, t. 129.

50 Bu'r arglwydd Berkeley, Robert FitzHarding, yn farsiandïwr ym Mryste, lle oedd â chysylltiadau agos â Chaerfyrddin gydol yr Oesoedd Canol.

51 Colvin, *King's Works*, tt. 561, 776 n. 6.

52 Ibid., t. 574.

53 Goodall, *English Castle*, t. 177. Cf. cestyll Iarll Richard o Gernyw (ibid., tt. 236–9).

54 Ibid., t. 213; Colvin, *King's Works*, tt. 293–6; et al.

55 Turner, *Wiston Castle*, t. 5.

56 J. K. Knight, 'The road to Harlech: aspects of some early thirteenth-century Welsh castles', yn J. R. Kenyon ac R. Avent (goln), *Castles in Wales and the Marches: Essays in Honour of D. J. Cathcart King* (Caerdydd: GPC, 1987), t. 79.

57 Mae'r tyrau ar wal y gorthwr yn Lewes, Sussex, er enghraifft, yn ychwanegiadau eilaidd yn perthyn i tua 1202 (Goodall, *English Castle*, t. 183).

58 T. Jones (gol.), *Brut y Tywysogyon: Peniarth MS. 20 Version* (Caerdydd: GPC, 1952), t. 91.

59 Ibid., t. 99.

60 James, *Carmarthen Survey*, t. 35; King, *Castle in England and Wales*, t. 109; et al.

61 Jones, *Brut Pen. 20*, t. 100.

62 King, *Castellarium Anglicanum*, t. 54 n. 14; King, *Castle in England and Wales*, t. 109 n. 5.

63 Knight, 'Excavations at Montgomery Castle', 100.

64 Yn 1233 caniatawyd murdreth i'r 'good men of [Newydd] Carmarthen' a hynny 'in aid of enclosing their town' (*CCR*, Hen. III 2, 1231–1234 (Llundain, 1908), t. 199), tra'r adeiladwyd melin 'without the walls of Carmarthen' (*CChR* 1, Hen. III 1226–1257 (Llundain, 1903), t. 182). Tra gall hyn fod yn gyfeiriad at amddiffynfeydd pridd a choed a oedd yno eisoes, mae'n fwy tebygol fod y waliau o waith maen wrthi'n cael eu hadeiladu.

65 Jones, *Brut Pen. 20*, t. 103.

66 Y 'king's works' oedd y seiri maen brenhinol, a ddatblygodd steil bensaernïol a ddaeth yn gyson bwysig trwy gydol y drydedd ganrif ar ddeg (Goodall, *English Castle*, t. 198).

67 Colvin, *King's Works*, t. 590.

68 Yn ôl Alcwyn Evans, a ysgrifennai yn 1875, mae ymchwiliad 1275 yn cyfeirio at 'western tower' i'r de o'r porthdy (gweler H. S. Holmes, 'Carmarthen Castle', *TCASFC*, 3 (1908), 21). Fodd bynnag, fe'i nodwyd gan Daniel-Tyssen

fel 'western *corner*' yn ei drawgrifiad o'r Lladin ac yn ei gyfieithiad Saesneg (Daniel-Tyssen, *Royal Charters*, t. 45). Gweler yr Atodiad.
69 Goodall, *English Castle*, tt. 171, 173.
70 Ibid., tt. 173, 176–7.
71 Ibid., tt. 190–1; E. Impey a G. Parnell, *The Tower of London: The Official Illustrated History* (Llundain/Efrog Newydd: Merrell, 2011), t. 29.
72 Mae gan dŵr siâp D yng Nghastell Bramber, Sussex, sy'n dyddio mae'n debyg o'r 1260au, waelodion dwfn sbardunog (Goodall, *English Castle*, t. 184). Defnyddiwyd sbardunau hefyd mewn gwaith o'r bedwaredd ganrif ar ddeg yn Alnwick a Kenilworth (ibid., tt. 242, 248, 344). Roedd y tri chastell yn rhai barwnol.
73 Lle gall y sbardunau hefyd fod yn ymateb i ffasiwn lleol; mae'r porthdy i gyd yn dangos cymysgedd o fanylion 'brenhinol' a 'lleol' (ibid., t. 236).
74 Impey a Parnell, *Tower of London*, tt. 29–30.
75 K. Murphy a C. O'Mahoney, 'Excavation and survey at Cardigan Castle', *Ceredigion*, 10/2 (1985), 194–7.
76 Fel y mae yn Colvin, *King's Works*, t. 590; King, *Castle in England and Wales*, t. 122; et al.
77 Colvin, *King's Works*, t. 590; gweler hefyd R. A. Griffiths, 'The making of medieval Cardigan', *Ceredigion*, 11/2 (1990), 109.
78 King, *Castellarium Anglicanum*, t. 45 a n. 23.
79 King, *Castle in England and Wales*, t. 122.
80 T. Jones (gol.), *Brenhinedd y Saesson, or The Kings of the Saxons* (Caerdydd: GPC, 1971), t. 233. Gweler Jones, *Brut Pen. 20*, t. 105, Jones, *Brut Red Book*, t. 237 ac Williams ab Ithel, *Annales*, t. 83, am gofnodion tebyg iawn.
81 R. Turner, 'The upper barbican', yn Turner a Johnson, *Chepstow Castle*, tt. 113–18.
82 Mae'n bosibl fod mur y dref wedi'i lefelu yn y fan hon yn lle hynny fel y gellid gosod y tŵr yno.
83 J. Goodall, *Pevensey Castle* (Llundain: English Heritage, 1999), tt. 7–8. Mae'r llenfur o tua 1250 bellach yn bargodi'r rhan lle mae'r grisiau.

84 D. F. Renn, 'An Angevin gatehouse at Skipton Castle', *Chateau Gaillard*, 7 (1975), 179.
85 J. Clark, *Helmsley Castle* (Llundain: English Heritage, 2004), t. 27; Goodall, *English Castle*, tt. 156, 159, 205–6.
86 Knight, 'Road to Harlech', t. 82.
87 J. B. Hilling, *Cilgerran Castle/St Dogmaels Abbey* (Caerdydd: Cadw, 1992), tt. 13–14, 19.
88 Knight, 'Excavations at Montgomery Castle', 100, 129.
89 Turner, 'Upper barbican', tt. 113–18; Hilling, *Cilgerran Castle/St Dogmaels Abbey*, tt. 2, 21.
90 Goodall, *English Castle*, tt. 162–4.
91 Ibid., t. 227, et al.
92 Murphy ac O'Mahoney, 'Cardigan Castle', 196.
93 Goodall, *Pevensey Castle*, tt. 7–8.
94 N. D. Ludlow, 'Pembroke Castle and town walls', *Fortress*, 8 (1991), 27–8; Avent, *Laugharne Castle*, tt. 34, 36; King, *Castle in England and Wales*, t. 122 n. 26; Goodall, *English Castle*, tt. 162–4.
95 Mae tŵr Aberteifi wedi'i gwtogi yn yr un modd ond efallai mai dim ond tri llawr yn unig oedd ynddo.
96 *CLR* Hen. III, 3, 1245–1251 (Llundain, 1937), tt. 134–5.
97 L. Butler, *Pickering Castle* (Llundain: English Heritage, 1993), t. 5.
98 Roedd adeilad mawr ar y llwyfan hwn a labelwyd yn 'Smith's Shop' ac fe'i dangosir yn erbyn wyneb dwyreiniol y wal ar bob map o 1786 hyd at yr 1860au.
99 Goodall, *English Castle*, t. 191.
100 Cychwynnwyd yn 1223–32, dan Hubert de Burgh (L. Butler a J. K. Knight, *Dolforwyn Castle/Montgomery Castle* (Caerdydd: Cadw, 2004), tt. 45–7).
101 Clark, *Helmsley Castle*, t. 12.
102 Ibid.
103 Mae'r darlun gwreiddiol ar gyfer y print yr un mor amhendant (Carmarthenshire Museums Service, CAASG 1975/0037).

104 *CLR* 5, 1260–1267 (Llundain, 1961), t. 40.
105 Green, 'Carmarthen Castle', 3, 61 (dyddiwyd yn anghywir i 1340).
106 R. Avent, 'William Marshal's castle at Chepstow and its place in military architecture', yn Turner a Johnson, *Chepstow Castle*, tt. 86–7.
107 Clark, *Helmsley Castle*, t. 21; Goodall, *Pevensey Castle*, tt. 7–8; Renn, 'Skipton Castle', 173–8; R. Liddiard ac R. McGuicken, *Beeston Castle* (Llundain: English Heritage, 2007), t. 13.
108 Hilling, *Cilgerran Castle/St Dogmaels Abbey*, tt. 12–14; Knight, 'Road to Harlech', 81–4.
109 Knight, 'Excavations at Montgomery Castle', 124–9.
110 *CLR* Hen. III, 1, 1226–1240 (Llundain, 1916), t. 17.
111 Butler a Knight, *Dolforwyn Castle/Montgomery Castle*, t. 41.
112 Liddiard a McGuicken, *Beeston Castle*, t. 11; Kenyon, *Medieval Fortifications*, t. 92.
113 *CLR*, 1245–51, tt. 303–4; *CLR* 4, 1251–1260 (Llundain, 1959), t. 43. D.S. yn Colvin, *King's Works*, t. 601, nodir y 'Chamber' yn anghywir fel y capel ac ystyrir mai'r gorthwr gwag yw'r 'Tower'.
114 J. D. K. Lloyd a J. K. Knight, *Montgomery Castle* (Caerdydd: LlEM, 1981), tt. 10, 21; gweler hefyd Butler a Knight, *Dolforwyn Castle/Montgomery Castle*, tt. 46–7. Ni wnaeth yr un o'r ddwy ymgyrch gostio unrhyw beth tebyg i neuadd eiliog ysblennydd Harri III yng Nghastell Caer-wynt, er enghraifft, a gwariwyd £800 arni yn 1222 yn unig; roedd yn parhau i fod yn anorffenedig 14 blynedd yn ddiweddarach Colvin, *King's Works*, tt. 858–9). Yn yr un modd, costiodd Siambr y Frenhines yn Marlborough £235 yn 1244–5 (ibid., t. 736). Fodd bynnag, roedd y ddau gastell hyn yn rhai yr oedd Harri III yn rhoi sylw arbennig iddynt.
115 *CLR*, 1260–7, t. 40.
116 Saunders, *Launceston Castle*, tt. 256–7.
117 O. E. Craster, 'Skenfrith Castle: when was it built?', *Archaeologia Cambrensis*, 116 (1967), 133–58; Knight, *The Three Castles*, tt. 33–4.
118 Green, 'Carmarthen Castle', 3, 49. Efallai iddi gael ei hailenwi'n 'great' neu'n 'large' ar ddechrau'r bedwaredd ganrif ar ddeg i wahaniaethu rhyngddi â'r 'King's County Hall' newydd.
119 TNA: PRO E 163/4/42.
120 Impey a Parnell, *Tower of London*, t. 26; Kenyon, *Medieval Fortifications*, tt. 54–5; D. Austin, *Acts of Perception: A Study of Barnard Castle in Teesdale*, 1 (Llundain: English Heritage/Architectural and Archaeological Society of Durham and Northumberland Research Report 6, 2007), t. 257.
121 Green, 'Carmarthen Castle', 3, 58. Mae trefn a geirio'r ddogfen yn dileu unrhyw ddryswch gyda Chegin y Siambrlen, y cyfeirir ati hefyd.
122 TNA: PRO E 159/61, Memoranda Roll 16 Edw. I (1287–8); *CCcR*, 1277–1326 (Llundain, 1912), t. 321.
123 E. Armitage, 'Carmarthen Castle', *TCASFC*, 3 (1908), 15.
124 Goodall, *English Castle*, t. 235
125 Ac ni chofnodwyd unrhyw wariant yn ystod daliadaeth Edward fel tywysog Cymru, 1254–65. Yn wir, roedd cwynion fod y castell yn 'weakened and collapsing' (TNA: PRO SC 1/3/1, Llythyr i Harri III (n.d., tua 1257–9)). Efallai mai protestio braidd ormod oedd hyn ar ran bwrdeiswyr a deimlai dan fygythiad wrth reswm gan i arolwg 1275 nodi'r costau angenrheidiol yn £66 yn unig (Daniel-Tyssen, *Royal Charters*, t. 45). Er hynny mae'n sicr fod y llenfur deheuol yn peri pryder – roedd mewn 'ruinous condition and . . . partly fallen down' (ibid.), cyflwr y byddai ynddo unwaith eto yn ystod y ganrif ddilynol. Disgrifiwyd y llenfur gorllewinol hefyd yn adfail rhwng y porthdy a'r gongl de-orllewinol, canlyniad ei godi ar glawdd o'r ddeuddegfed ganrif o bosibl.
126 TNA: PRO E 372/159, Enrolled Account (1309–10).
127 Atgynhyrchwyd yn Green, 'Carmarthen Castle', 3, 46–8.

128 Colvin, *King's Works*, tt. 337–54, 372–7.
129 Green, 'Carmarthen Castle', 3, 47.
130 R. A. Griffiths, T*he Principality of Wales in the Later Middle Ages: The Structure and Personnel of Government, 1. South Wales 1277–1536* (Caerdydd: GPC, 1972), t. 38 n. 19 (o Exchequer K. R., Various Acc. 487/27).
131 Green, 'Carmarthen Castle', 3, 57.
132 Knight, 'Excavations at Montgomery Castle', 148; Butler a Knight, *Dolforwyn Castle/Montgomery Castle*, t. 38.
133 TNA: PRO E 372/159.
134 English Heritage, *Restormel Castle* (Llundain: English Heritage, 1996), t. 10.
135 Green, 'Carmarthen Castle', 3, 56, 58.
136 R. Turner, 'The upper bailey', yn Turner a Johnson, *Chepstow Castle*, t. 80. Fodd bynnag, fel y mae Turner yn dangos, efallai mai'r 'Gloriette' a geir yn yr un adroddiad yw'r siambr yn Nghas-gwent, gyda swyddogaeth ehangach, tra bod Goodall yn bwrw amheuaeth ar 'ladies chambers' o'r fath (*English Castle*, t. 28).
137 Ludlow, 'Pembroke Castle', 28 a n. 6.
138 TNA: PRO E 163/4/42.
139 Avent, 'William Marshal's castle at Chepstow', tt. 85–7.
140 Goodall, *English Castle*, t. 165.
141 Liddiard a McGuicken, *Beeston Castle*, t. 13; Knight, *The Three Castles*, tt. 11–12, 40–2.
142 Fe'u canfuwyd gyntaf yng nghestyll de Clare yn Tonbridge (*c.*1250) a Chaerffili, sir Forgannwg (tua 1268–74), a hefyd yng Nghastell Llansteffan, o'r 1260au mae'n debyg (Goodall, *English Castle*, tt. 191–5). Gall y ffurf ddeillio'n wreiddiol o waith y brenin, a ddylanwadwyd gan borthdy diflanedig Harri III yn Nhŵr Llundain (ibid.).
143 Daniel-Tyssen, *Royal Charters*, t. 45; Green, 'Carmarthen Castle', 3, 47.
144 Ibid., 63. Fodd bynnag, yn draddodiadol, adnabuwyd y siambr llawr cyntaf sydd wedi goroesi fel y 'Chamberlain's Hall' er bod hynny ar gam, tra galwyd y lôn sy'n arwain i'r Prif Borthdy o Faes Nott yn 'Chamberlain's Lane' gynt (C. Barnett, 'Carmarthen Castle: the chamberlain's hall', *TCASFC*, 26 (1936), 18).
145 Green, 'Carmarthen Castle', 3, 64.
146 Lle roedd Cegin y Cwnstabl ar y llawr cyntaf, o dan lety'r cwnstabl (Kenyon, *Kidwelly Castle*, t. 30), sy'n awgrymu fod trefniadau Caerfyrddin wedi parhau ar ôl iddo gael ei ailadeiladu yn 1409–11 (gweler isod).
147 Gweler, e.e., Turner, 'Upper barbican', t. 117.
148 TNA: PRO SC 6/1220/10, Chamberlain's Account (1336); Green, 'Carmarthen Castle', 3, 57.
149 Green, 'Carmarthen Castle', 3, 61–2.
150 TNA: PRO E 163/4/42.
151 Butler, *Pickering Castle*, tt. 13–15. Mae'n bosibl mai cilborth Caerfyrddin, sy'n wynebu'r Tywi, yw'r 'old Water-Gate' mewn adroddiad yn perthyn i 1691 (NLW, MS 12358D, 'Records of the corporate borough of Carmarthen, 1590–1764' (trawsgrifiwyd gan Alcwyn Evans, 1851–3), 113).
152 Green, 'Carmarthen Castle', 3, 57.
153 TNA: PRO SC 6/1221/9, Chamberlain's Account (1354–5).
154 Green, 'Carmarthen Castle', 3, 47.
155 Efallai mai un o'r ddau adeilad o waith maen, yn perthyn i ddiwedd yr Oesoedd Canol, yng nghwrt allanol Cydweli yw'r 'great stable' yn y ffynonellau (Kenyon, *Kidwelly Castle*, tt. 34–5). Mae'r ddau yn fawr, tua 20 m wrth 10 m.
156 Green, 'Carmarthen Castle', 3, 49–50.
157 Roedd y trysorlys hefyd yn siawnsri lle cedwid cofnodion y brenhinoedd ar gyfer de-orllewin Cymru, a sgriniwyd man ar wahân ar ei gyfer yn 1447 (Griffiths, *Principality*, t. 39).
158 *Cal. Inq. Misc.* 2, 1307–1349 (Llundain, 1916), t. 19.
159 Green, 'Carmarthen Castle', 4, 65.
160 A. J. Taylor, *Caernarvon Castle and Town Walls* (London: LlEM, 1953), tt. 29–34. Gweler hefyd A. J. Taylor, Caernarfon Castle and Town Walls (Caerdydd: Cadw, 2008), t. 27.

161 Green, 'Carmarthen Castle', 3, 57.
162 TNA: PRO E 163/4/42.
163 Green, 'Carmarthen Castle', 3, 62.
164 TNA: PRO SC 6/1221/9.
165 TNA: PRO E 372/159.
166 Ibid.
167 Green, 'Carmarthen Castle' 4, 26, 69 n. 2. Mae adroddiad yn dyddio o 1452–3 yn cyfeirio at 'the entrance of the ward of the Justiciar and the King's Auditors', gan ei wneud yn eglur fod Palas y Prif Ustus wedi'i leoli yn ei loc ar wahân ei hun, a bod Neuadd yr Archwiliwr wedi'i leoli o'i mewn hefyd – ac nid, fel y gellid disgwyl, yn lloc y siambrlen. Ibid., 52.
168 TNA: PRO E 372/159.
169 Green, 'Carmarthen Castle', 3, 60. Fe'i neilltuwyd ar gyfer gwrando achosion, e.e. yn y Sesiwn Fawr, y Cwrt Bach a'r Llysoedd Sirol (Griffiths, *Principality*, 22 n. 24).
170 D. J. C. King, 'Pembroke Castle', *Archaeologia Cambrensis*, 127 (1978), 110; Kenyon, *Kidwelly Castle*, t. 30; Saunders, *Launceston Castle*, t. 256.
171 A. J. Taylor, *Monmouth Castle and Great Castle House* (Llundain: LlEM, 1951), t. 17.
172 N. Fryde (gol.), *List of Welsh Entries in the Memoranda Rolls, 1282–1343* (Caerdydd: GPC, 1974), t. 33.
173 Ar gyfer Castell Aberystwyth yn ystod y cyfnod hwn, gweler Colvin, *King's Works*, tt. 299–308; ar gyfer Aberteifi, gweler ibid., tt. 590–1; ar gyfer Dinefwr a Dryslwyn, gweler Rees and Caple, Dinefwr Castle/Dryslwyn Castle.
174 TNA: PRO E 372/159.
175 Green, 'Carmarthen Castle', 3, 61 (dyddiwyd yn anghywir i 1340).
176 Ibid., 63–4.
177 TNA: PRO SC 6/1221/9.
178 Green, 'Carmarthen Castle', 3, 55–60.
179 TNA: PRO E 163/4/42.
180 Green, 'Carmarthen Castle', 4, 22.
181 Ibid., 1.
182 Green, 'Carmarthen Castle', 4, 52.
183 Green, 'Carmarthen Castle', 3, 57.
184 C. Mahany, *Stamford Castle and Town* (Stamford: South Lincolnshire Archaeology 2, 1978), tt. 24–6.
185 Gweler Goodall, *English Castle*, t. 233.
186 Butler, *Pickering Castle*, tt. 11–13. Roedd iard gaeedig hefyd rhwng adeiladau mewnol a'r amddiffynfeydd yn Launceston yn ystod y ddeuddegfed ganrif (Saunders, *Launceston Castle*, tt. 109 a 254–5).
187 Knight, *The Three Castles*, t. 38.
188 J. Clark, *Clifford's Tower and the Castle of York* (Llundain: English Heritage, 2010), t. 38.
189 Mae'n parhau i fod yn bosibl mai adeiledd 121, a ddymchwelwyd cyn ailadeiladu wal y gorthwr, oedd y 'watch-tower' y cyfeiriwyd ato yn 1321 (gweler uchod), sy'n awgrymu dyddiad diweddarach ar gyfer ailfodelu'r mwnt – efallai mor ddiweddar â dechrau'r bymthegfed ganrif, pan adeiladwyd neuadd newydd y prif ustus?
190 Colvin, *King's Works*, t. 876.
191 C. Young, *Carisbrooke Castle* (London: English Heritage, 2003), t. 6; M. W. Thompson, *The Decline of the Castle* (Cambridge University Press, 1987), t. 105. Cydnabyddir fwyfwy statws isel nifer o fyntiau (King, *Castle in England and Wales*, tt. 64–5).
192 Ystyriai Heather a Terry James mai llenfur oedd y wal hon, yn rhannu'r 'inner ward' i'r gogledd oddi wrth yr 'outer ward' i'r de a chyfeiriwyd at y beili allanol ei hun yn unig fel 'Castle Green' (Austin et al., 'Carmarthen historic town survey', 15). Fodd bynnag, nid wal amddiffynnol ydoedd yn amlwg, yn wahanol i'r gwahanfur eilaidd yng Nghastell Rochester, Swydd Caint, er enghraifft, a adeiladwyd yn 1230–1 ar draws y beili mawr a oedd yno eisoes (Colvin, *King's Works*, t. 808).
193 Ond, er dryswch, ni ddangosir hanner deheuol y llenfur dwyreiniol.
194 Clark, *Helmsley Castle*, tt. 7–8.
195 Goodall, *Pevensey Castle*, t. 12; Butler, *Pickering Castle*, t. 9.

196 Davies, *Episcopal Acts*, t. 283; Daniel-Tyssen, *Royal Charters*, tt. 4–6. Yn 1355 honwyd fod y rhodd o gapel y castell i gwfaint wreiddiol Sant Pedr, Priordy Caerfyrddin, yn golygu fod yn rhaid i'r prior ddarparu canon i weinyddu gwasanaeth dwyfol yn ddyddiol yn y castell. Gwadodd y prior hyn, gan ddweud ei fod wedi'i gysylltu â Sant Pedr yn y rhodd. Haerodd os oedd unrhyw ganon yn gweinyddu yn y castell, roedd yn gwneud hynny oherwydd fod y prior wedi caniatáu hynny, neu roedd wedi gwneud hynny yn ôl dymuniad penodol y prif ustus (J. E. Lloyd (gol.), A History of Carmarthenshire, 1 (Llundain: London Carmarthenshire Society, 1935), t. 299.
197 TNA: PRO E 372/159. Nodir yn ddiweddarach fod mur – h.y. y llen allanol – yn rhedeg o'r cilborth i'r capel (Green, 'Carmarthen Castle' 4, 56), sy'n cadarnhau ei leoliad yn y fan yma.
198 Unwaith eto, fel Castell Ynysgynwraidd, lle'r adeiladwyd y capel yn 1244 i ffurfio siâp L gyda bloc neuadd de Burgh (Knight, *The Three Castles*, t. 33; gweler hefyd Colvin, *King's Works*, t. 837).
199 T. Phillipps (gol.), *Cartularium St Johannis Baptistae de Caermarthen* (Cheltenham: John Lowe, 1865), tt. 31–2.
200 Colvin, *King's Works*, t. 601. Costiodd y paentiad sy'n cynnwys y Santes Fair a Sant Ioan 3s. 4d, ynghyd â llech y gusan yn cynnwys yr un seintiau (Green, 'Carmarthen Castle', 4, 30–1). Ymhlith y gosodiadau eraill roedd 'red cope with green orphreys, an amice, a gown with a maniple, a silver-gilded chalice and a similar paten, two pewter cups, an iron chandelier with two flowers for holding candles, an altar cover, a crucifix with the images of Holy Mary and St John the Evangelist in gold, and a sacring-bell with a new missal' (ibid.). Prynwyd 'stained cloths' ar gyfer yr allor yn 1435–7, 'one above the altar with images of the crucifix, SS Mary and John, and the Apostles Peter and Paul, and the other below before the altar, with the images of Holy Mary, and SS Catherine, Margaret, Cythia and Appolos [SS Sytha ac Apollonia, gwyryfon sanctaidd?]' (ibid., 47).
201 Green, 'Carmarthen Castle', 3, 68.
202 Green, 'Carmarthen Castle', 4, 41. Prynwyd 'cope, maniple, stole and complete apparel . . . and a chalice and missal' ar gyfer y 'castle chapel' yn 1384–5 (Green, 'Carmarthen Castle', 3, 65–6), felly hefyd a 'new chasuble with orphreys, and a stole maniple, and seven yards of Brabant linen for an alb' yn 1430–2, pan dalwyd 5d i Lleucu [Lucy], merch Ieuan ap Henry, 'for making the said vestments' (Green, 'Carmarthen Castle', 4, 38–9). Cyfeirir at 'linen altarcloths, curtains and frontals, curtain-rings and a wax torch' y capel yn 1433–5 (ibid., 45–6).
203 Gweler e.e. J. Lodwick a V. Lodwick, *The Story of Carmarthen* (Caerfyrddin: V. G. Lodwick and Sons Ltd, 1972), t. 19.
204 W. Spurrell, *Carmarthen and its Neighbourhood* (Caerfyrddin: Spurrell and Co., 1879), tt. 21–2, et al.
205 Roedd awduron hynafiaethol yn cysylltu 'Prince Edward's Chapel' â chladdgell o dan Rhif 2 Maes Nott. Fodd bynnag saif yr adeilad hwn 40 m i'r gorllewin o'r castell, gyferbyn â Maes Nott. Yn ogystal â hynny datganodd y Comisiwn Brenhinol yn 1917 fod y gladdgell – fel y rhai eraill yn y cyffiniau – yn seler domestig ôl-ganoloesol (CBHC, *Inventory*, t. 260). Mae adroddiadau eilaidd hefyd yn cyfeirio at gapel ar gyfer y marchogion a'r ysweiniaid (e.e. Lloyd, *History of Carmarthenshire*, t. 298) ond nid wyf yn gwybod am unrhyw ffynhonnell wreiddiol ar gyfer hyn.
206 Daniel-Tyssen, *Royal Charters*, tt. 37–40, lle mae'n amlwg mai cyfeirio at Gapel y Brenin a wneir. Yn 1546 roedd yn werth £5 6s. 8d; roedd y degymau'n cynnwys 10s. 8d o hyn ac roedd y gweddill yn gyflog y caplan (ibid.). Ar ôl iddo gael ei ddiddymu, cofnododd Cwrt yr Ychwanegiadau fod y cyn-gaplan, John Molde, yn parhau i dderbyn ei gyflog o £4

16s. 0d y flwyddyn, fel pensiwn (ibid.; gweler hefyd E. D. Jones (gol.), 'Survey of south Wales chantries, 1546', *Archaeologia Cambrensis*, 89 (1934), 140).
207 Green, 'Carmarthen Castle', 4, 36.
208 Green, 'Carmarthen Castle', 3, 71, lle mae'n amlwg fod y porth yn sefyll rhwng y cyrtiau mewnol ac allanol.
209 TNA: PRO E 159/92, Memoranda Roll 12 Edw. II (1318–19).
210 TNA: PRO E 163/4/42.
211 Green, 'Carmarthen Castle', 3, 61 (dyddiwyd yn anghywir i 1340).
212 Mae'r geiriad yn amwys, fodd bynnag, ac mae'n bosibl fod y lloc yn un *mewnol*, yn cyfeirio efallai at yr iard o flaen Neuadd y Brenin, a oedd, cyn i groesfur y cwrt mewnol gael ei adeiladu, yn wynebu'r Porthdy Mawr.
213 Impey a Parnell, *Tower of London*, tt. 34–8.
214 J. Ashbee, *Goodrich Castle* (Llundain: English Heritage, 2009), t. 5.
215 Ludlow, 'Pembroke Castle', 30.
216 Kenyon, *Medieval Fortifications*, t. 79.
217 Mae'n ymddangos fod y £100 a ddyfynwyd gan Colvin (*King's Works*, t. 601) yn cynrychioli rhan yn unig o'r gwariant ar y porthdy (gweler Green, 'Carmarthen Castle', 4, 16–17).
218 Colvin, *King's Works*, tt. 692–3, 813.
219 Thompson, *Decline of the Castle*, t. 96.
220 Green, 'Carmarthen Castle', 4, 17.
221 Ibid., 22, 69 n. 2.
222 Ibid., 23, 49.
223 Gall y 'Justiciar and Chamberlain's stable' cyfrannol mewn cyfrif o 1387–8 (Green, 'Carmarthen Castle', 3, 67) gyfeirio at y prif stabl o'r drydedd ganrif ar ddeg yn y cwrt allanol, sef yr 'old stable' y cyfeirir ato yn 1343 efallai (TNA: PRO E 163/4/42).
224 Green, 'Carmarthen Castle', 4, 18.
225 Ibid., 19.
226 Ibid., 43, 49.
227 Ibid., 58.
228 Ibid., 17.
229 Kenyon, *Kidwelly Castle*, t. 26.
230 Ibid., tt. 15–17, 20, 30–1. Newidiwyd ei gynllun yn ystod y cyfnodau diweddarach, ond gan gadw elfennau o'r cynllun gwreiddiol.
231 Gweler sylwadau David Cathcart King a atgynhyrchwyd ym Mhennod 3.
232 Green, 'Carmarthen Castle', 3, 72.
233 Kenyon, *Kidwelly Castle*, t. 26; Stephen Priestley, pers. comm.
234 Goodall, *English Castle*, t. 343.
235 Ibid., t. 342.
236 R. Turner, *Lamphey Bishops Palace/ Llawhaden Castle* (Caerdydd: Cadw, 2000), t. 33.
237 Ibid., t. 32.
238 Dechreuwyd codi porthdy newydd yng nghastell brenhinol Trefynwy yn ystod y bymthegfed ganrif ond ni chafodd ei gwblhau. Nid ydym yn gwybod beth oedd ei ffurf yn bendant (Taylor, *Monmouth Castle*, t. 13). Nid ydym yn gwybod chwaith a oedd y 'new hall and chamber' a adeiladwyd ar gyfer y cwnstabl yn Aberteifi, yn 1410–11, wedi'i leoli yn y porthdy (gweler Colvin, *King's Works*, t. 591).
239 Green, 'Carmarthen Castle', 4, 17.
240 Ibid., 25.
241 Ibid., 34.
242 Ibid., 47.
243 Kenyon, *Kidwelly Castle*, t. 26. Fodd bynnag, mae ffynonellau dogfennol hefyd yn cofnodi carchar yn y porthdy o'r bymthegfed ganrif yn Nhrefynwy (Taylor, *Monmouth Castle*, t. 13).
244 Green, 'Carmarthen Castle', 4, 24.
245 Gweler hefyd E. Armitage, 'Carmarthen Castle', *TCASFC*, 2 (1907), 197.
246 Impey a Parnell, *Tower of London*, tt. 34–6; D. Bythell a M. Leyland, *Durham Castle: University College, Durham* (Norwich: University College Durham and Jarrold, 1992), t. i.
247 Green, 'Carmarthen Castle', 4, 26.
248 Ibid., 53.
249 Ibid., 28.
250 Goodall, *English Castle*, tt. 246–7.
251 Ibid.

252 J. R. Kenyon a C. J. Spurgeon, *Coity Castle/Ogmore Castle/Newcastle* (Caerdydd: Cadw, 2001), tt. 16, 22–6.
253 Thompson, *Decline of the Castle*, t. 105.
254 Wedi'i alw yn 'new place', gorweddai ar 'south side' y castell, felly mae'n amlwg ei fod yn defnyddio safle Plas y Siambrlen oedd yno eisoes (Green, 'Carmarthen Castle', 4, 57).
255 Ibid., 59, 71.
256 L. T. Smith (gol.), *The Itinerary in Wales of John Leland in or about the Years 1536–1539* (Llundain: George Bell and Sons, 1906), t. 59.
257 Yn ystod yr Oesoedd Canol diweddarach, pan geid cyd-ddaliadau, efallai mai dim ond un brif osgordd a gynrychiolid. Yn yr 1390au, er enghraifft, llenwyd y dair brif swydd – prif ustus, siambrlen a chwnstabl – gan Roger Mortimer, iarll March (gweler Pennod 2), ac ef a fyddai wedi penodi'r holl ddirprwyon.
258 Gweler C. M. Woolgar, *The Great Household in Late Medieval England* (New Haven/Llundain: Yale University Press, 1999), tt. 18–19, 34–6; Goodall, *English Castle*, t. 21.
259 Woolgar, *Great Household*, tt. 34–6, 103–4; R. A. Brown, *English Castles* (Llundain: Batsford, 1976), t. 185.
260 Daniel-Tyssen, *Royal Charters*, t. 47. Ac, er nad oeddent yn warcheidwaid ar y castell fel y cyfryw, yn ôl amodau eu braint roedd disgwyl i arglwyddi Arberth yn y drydedd ganrif ar ddeg sefyll yn gadarn gyda Chaerfyrddin ar adegau o warchae neu ymosodiad (H. Owen (gol.), *A Calendar of the Public Records Relating to Pembrokeshire*, 2 (Llundain: Anrhydeddus Gymdeithas y Cymmrodorion, 1914), t. 74).
261 Gweler e.e. Kenyon, *Medieval Fortifications*, t. 97.
262 Mae'r dystiolaeth a gloddiwyd yn awgrymu nad oedd unrhyw adeiladau o statws priodol yn y mwnt yn ystod y cyfnod hwn, ac yn wir mae'n ymddangos na fu rhai yno erioed.
263 Roedd gan Harri III 'highly developed aesthetic sense which he was determined to gratify in a truly royal manner' (Colvin, *King's Works*, t. 94).
264 Impey a Parnell, *Tower of London*, t. 26; Kenyon, *Kidwelly Castle*, t. 39. Fel arall, gall y tŵr fod wedi darparu ystafelloedd gwasanaeth i Siambr y Brenin, fel Tŵr y Brenin yng Nghonwy, o'r 1280au (J. Ashbee, *Conwy Castle and Town Walls* (Caerdydd: Cadw, 2007), tt. 34, 40–1.
265 Green, 'Carmarthen Castle', 3, 61 (dyddiwyd yn anghywir i 1340).
266 Ac eithrio Rhys ap Thomas o bosibl, a fu'n preswylio yno ei hun yn ôl pob golwg ac a wnaeth y castell yn brif ganolfan, gan wario ei arian ei hun ar lety'r siambrlen.
267 Lloyd, *History of Carmarthenshire*, t. 211.
268 Prynwyd cist ar gyfer y 'Record Rolls', cyfrifon y gweinidog ac ati ar gyfer y 'Treasury', h.y. y trysorlys, yn 1413–14 (Green, 'Carmarthen Castle', 4, 18; gweler yr Atodiad), a phrynwyd ail un yn 1443–5 (ibid., 44). Mae hon yn amlwg yn wahanol i'r gist a ddarparwyd ar gyfer capel y castell, a gadwyd ar gyfer 'the ornaments of the said chapel' (ibid.), yn hytrach na chofnodion y brenin fel yr awgrymodd Griffiths (*Principality*, t. 39 a n. 22), o'r un ffynhonnell.
269 Griffiths, *Principality*, t. 34.
270 W. Rees (gol.), *Calendar of Ancient Petitions relating to Wales* (Caerdydd: GPC, 1975), t. 424.
271 *CPR*, Hen. VI 3, 1436–41 (Llundain, 1907), tt. 233, 400.
272 Griffiths, *Principality*, t. 34.
273 Ac fel y gwelsom, mae'n bosibl nad oedd yr holl staff yn byw yn y castell erbyn diwedd y cyfnod canoloesol, o leiaf.
274 *CFR* 5, Edw. III, 1337–1347 (Llundain, 1915), t. 155.
275 *CPR*, Hen. VI 5, 1446–1452 (Llundain, 1909), tt. 44, 246.
276 TNA: PRO SC 6/1219/9, Chamberlain's Account (1318–19); TNA: PRO E 101/683/54, Letter of Adam Scot, tiler (1336).

277 Goodall, *English Castle*, t. 23.
278 Green, 'Carmarthen Castle', 4, 40–1.
279 Ibid., 46; CBHC, *Inventory*, t. 250.
280 Knight, *The Three Castles*, tt. 21, 29; D. J. C. King a J. C. Perks, 'Manorbier Castle, Pembrokeshire', *Archaeologia Cambrensis*, 119 (1970), 107–8.
281 Goodall, *Pevensey Castle*, tt. 11, 23.
282 Knight, *The Three Castles*, t. 21; Knight a Johnson, *Usk Castle*, tt. 69–70.
283 Butler, *Pickering Castle*, tt. 13–17.
284 Green, 'Carmarthen Castle', 4, 17. Gweler Pennod 2 am Skidmore/Scudamore.
285 Cf. Pickering's 'Coleman Tower' (Butler, *Pickering Castle*, t. 7).
286 Y cyfan a ddywed y ffynonellau wrthym yw bod plwm wedi'i osod ar ei do yn 1430–2 (Green, 'Carmarthen Castle', 4, 23, 34–5).
287 Griffiths, *Principality*, tt. 235–7.
288 Efallai mai Greyndor a orchmynnodd adeiladu'r tŵr yn lle hynny, gan dderbyn ei enw yn unol â hynny, cf. 'Giffard's Tower', un o'r porthdai yng Nghaerffili a adeiladwyd ar orchymyn y gweinyddwr brenhinol John Giffard (Renn, *Caerphilly Castle*, t. 33). Os felly, efallai mai un o'r tyrau sgwâr a ddynodir.
289 Awgrymir bod gwahaniaeth cymdeithasol rhwng hanner uchaf ac isaf y beili, a wahanwyd gan derfyn caled, hefyd yn Hen Domen, lle gall y rhaniad fod wedi bod yn llinell amddiffynnol hefyd (R. Higham a P. Barker, *Timber Castles* (Llundain: Batsford, 1992), t. 335).
290 Jones, *Brenhinedd*, t. 135; Jones, *Brut Pen. 20*, tt. 44–5.
291 Jones, *Brut Pen. 20*, t. 62.
292 Ibid., tt. 65–8. Fodd bynnag cyfarfu â'r Arglwydd Rhys yng Nghastell Penfro, a gipiwyd dros dro oddi wrth Iarll Richard 'Strongbow' de Clare.
293 J. G. Edwards (gol.), *Calendar of Ancient Correspondence relating to Wales* (Caerdydd: GPC, 1935), t. 158.
294 *CFR* I, Edw. I, 1272–1307 (Llundain, 1911), t. 208, et al.
295 Anfonwyd llythyr gan y tywysog, neu ei brif weinidog, o Gaerfyrddin ar Fedi 25 (M. C. B. Dawes (gol.), *Registers of Edward the Black Prince, 3, 1351–1365* (Llundain: LlEM, 1932), t. 483).
296 Dyddiwyd breinlythyr 30 Medi 1383, yng Nghaerfyrddin, 'with the king's seal which he uses in Wales' (*CPR* Rich. II 3, 1385–1389 (London, 1900), t. 206). Mae'n ymddangos fodd bynnag fod Richard II yno o gwmpas y dyddiad hwnnw. Gall y llythyr felly fod wedi'i arwyddo gan Simon de Burley, a oedd yn brif ustus ac yn gwnstabl yn 1383 (gweler Pennod 2) ac oedd â hawl i ddefnyddio ei sêl. Yn 1394 mae'n debygol fod Caerfyrddin hefyd wedi croesawu byddin alldeithiol Richard a hwyliodd o Aberdaugleddau i Iwerddon yn Hydref y flwyddyn honno (N. Saul, Richard II (New Haven/Llundain: Yale University Press, 1997), t. 279).
297 R. R. Davies, *The Revolt of Owain Glyn Dŵr* (OUP, 1995), t. 114.
298 Griffiths, *Principality*, t. 31.
299 Lle derbyniodd grant (Daniel-Tyssen, *Royal Charters*, tt. 28–9).
300 Ashbee, *Goodrich Castle*, t. 35.
301 Saul, *Richard II*, t. 289.
302 Ibid. Er na allwn fod yn sicr o union faint byddin Richard yn 1394, roedd yn eithriadol o fawr ac wedi'i chyflenwi'n dda – 7,000–8,000 o ddynion efallai (ibid., t. 279). Roedd ei chraidd yn cynnwys mintai gosgordd o 4,000–5,000, gan gynnwys ieirll Rutland, Huntingdon (Siambrlen yr Osgordd), Thomas Despenser, Thomas Percy (Stiward yr Osgordd) a William Scrope (Is-siambrlen yr Osgordd).
303 *CCR*, Rich. II 6, 1396–1399 (Llundain, 1927), t. 502.
304 Saul, *Richard II*, t. 289.
305 Pan ddychwelodd Richard II ar ymweliad yng Ngorffennaf 1399, roedd hynny yn ystod cyfnod o gyni a gyda gosgordd llawer llai. Yng Nghaerfyrddin y clywodd am lwyddiant Bolingbroke a ffodd am hanner nos, gyda

phymtheg o gymdeithion yn unig yn gwmni (ibid., t. 411).
306   Cyfyngir y ffigurau hyn fel arfer i'r dynion arfog – y marchogion, y gosgorddau, y croesfwawyr a'r saethyddion. Ni chofnodir staff ategol fel gofaint, porthorion a seiri fel arfer.
307   Green, 'Carmarthen Castle', 3, 32.
308   G. E. Evans, 'Carmarthen. Documents relating to the town from the earliest times to the close of the reign of Henry VIII', *TCASFC*, 17 (1924), 62.
309   Green, 'Carmarthen Castle', 3, 37.
310   *CLR* 3, 1245–51, tt. 7, 50.
311   Green, 'Carmarthen Castle', 3, 42–4.
312   Ibid., 64, 66.
313   Lloyd, *History of Carmarthenshire*, t. 303.
314   Ac roedd wedi'i ostwng i 20 o osgorddau a 40 o saethyddion erbyn 1402 (H. Nicolas (gol.), *Proceedings and Ordinances of the Privy Council of England, 1, 1386–1410* (Llundain: Record Commission/Eyre and Spottiswoode, 1834), t. 174).
315   Green, 'Carmarthen Castle', 4, 2–3.
316   Ibid., 4–6; Davies, *Glyn Dŵr*, t. 114.
317   Lloyd, *History of Carmarthenshire*, tt. 254–5.
318   Green, 'Carmarthen Castle', 4, 7.
319   Ibid., 9.
320   Ibid., 15; J. L. Kirby (gol.), *Calendar of Signet Letters of Henry IV and Henry V, 1399–1422* (Llundain: LlEM, 1978), tt. 81–2.
321   Green, 'Carmarthen Castle', 3, 22.
322   Green, 'Carmarthen Castle', 4, 17. Roedd un gosgorddyn a dwsin o saethyddion yn gwasanaethu yn 1413–14 (ibid., 18), mewn ymateb i'r bygythiad o du'r Lolardiaid dan Syr John Oldcastle, cyn-ffefryn i'r brenin a oedd wedi gwasanaethu yng Nghaerfyrddin yn 1407, yn ystod gwrthryfel Glyndŵr (Green, 'Carmarthen Castle', 3, 22).
323   Green, 'Carmarthen Castle', 4, 54.
324   N. J. G. Pounds, *The Medieval Castle in England and Wales: A Social and Political History* (Cambridge University Press, 1990), t. 49.
325   Gweler Brown, *English Castles*, t. 186.
326   Gweler, e.e., King, *Castle in England and Wales*, tt. 192–3.
327   C. A. R. Radford, *White Castle* (Llundain: LlEM, 1962), t. 16.
328   Knight, *The Three Castles*, t. 39. Er hynny, ystyrir fod rhyw fath o lety dros dro ar gyfer milwyr yn bosibl yn y Castell Gwyn. Awgrymir gan Knight y gallai tŵr ystlysol yn dyddio o ddiwedd y drydedd ganrif ar ddeg, gyda lletty bychan yn cynnwys lle tân a geudy, fod wedi bod yn lety i swyddog cyflenwi a oedd yn gyfrifol am filwyr a chyflenwadau tra roeddent yn y cwrt allanol (ibid.).
329   Yn 1403, er enghraifft, cynullwyd gosgorddau a saethyddion er mwyn 'keeping the town and castle of Carmarthen' (Green, 'Carmarthen Castle', 4, 4), ac roedd milwyr o'r de-orllewin yn gwasanaethu'r brenin yn 'the town and castle of Carmarthen' (ibid., 7).

PENNOD PUMP

YMRANNU, DYMCHWEL A DATBLYGU: Y CASTELL ÔL-GANOLOESOL

MAE HANES ôl-ganoloesol y safle'n dechrau gyda'r dirywiad yn ystod yr unfed ganrif ar bymtheg, gan arwain at ei adael bron yn llwyr fel preswylfan a chanolfan gyfreithiol – cyn diwedd y ganrif yn ôl pob tebyg – a'r Goron yn cael gwared arno. Dilynwyd hyn gan gyfnod o'i ailddefnyddio gan filwyr yn ystod y Rhyfel Cartref a'r Weriniaeth ac, fe awgrymir, ei ddinistrio'n fwriadol, tua diwedd yr 1650au. Fodd bynnag, cedwid carcharorion yn y castell drwy gydol y cyfnod hwn ac wedi hynny parhawyd i ddefnyddio'r hyn oedd yn weddill ohono fel carchar. Yn y cyfamser cafodd y cwrt allanol a oedd wedi cael ei adael ei neilltuo ar gyfer datblygiadau domestig. Cofnodir rhai adeiladau carchar newydd yn yr 1770au ac yn 1789–92 adeiladwyd carchar cwbl newydd oddi mewn i'r hen safle. Symudwyd y rhan fwyaf o hwn er mwyn gwneud lle i garchar mwy, a oedd yn llenwi holl safle'r castell, yn 1868–72. Cafodd hwn yn ei dro ei ddymchwel ar ddiwedd yr 1930au i wneud lle ar gyfer y neuadd sir bresennol.

Ymgymerwyd â chorff sylweddol o ymchwil newydd, yn canolbwyntio yn y lle cyntaf ar y cyfnod cyn dechrau codi carchar Nash, yn 1789, cyfnod nad oedd wedi derbyn fawr ddim sylw cyn hynny. Hyd at ddechrau'r ail ganrif ar bymtheg, parhaodd y castell i fod dan weinyddiaeth y Goron ac mae'n ymddangos yng Nghyfrifon y Trysorlys a Chalendrau'r Rholiau Patent, Llythyrau a Phapurau, Papurau'r Wladwriaeth (*CSPD*) ac ati a hefyd Llyfrau Trysordy'r ail ganrif ar bymtheg, er enghraifft,[1] tra disgrifiwyd peirianwaith gweinyddol diwedd yr unfed ganrif ar bymtheg a dechrau'r ail ganrif ar bymtheg yn 1630.[2] Er hynny, collwyd llawer o ddeunyddiau a oedd yn perthyn i'r sir, gan gynnwys y castell, ac mae'r cofnodion a ddelir gan Wasanaeth Archifau Sir Gaerfyrddin yn Archifdy Caerfyrddin, er enghraifft, yn gysylltiedig â'r fwrdeistref yn bennaf. Fodd bynnag, maent yn cynnwys casgliad papurau pwysig Cawdor, llawer ohonynt yn gysylltiedig â safle'r castell ac maent yn cynnwys prydlesi, a chynlluniau weithiau, yn perthyn i ddechrau'r ail ganrif ar bymtheg hyd at ganol y bedwaredd ganrif ar bymtheg. Yn Archifdy Caerfyrddin hefyd y mae Llyfrau Archebion Corfforaeth y bwrdeistref o'r unfed ganrif ar bymtheg a'r ail ganrif ar bymtheg, a chyhoeddwyd cofnodion dethol ohonynt;[3] trawsysgrifiwyd nifer ohonynt hefyd yn y bedwaredd ganrif ar bymtheg fel rhan o gasgliad helaeth o lawysgrifau'n perthyn i Alcwyn Evans yn Llyfrgell Genedlaethol Cymru.[4] Ymhlith cofnodion eraill a archwiliwyd yn y Llyfrgell Genedlaethol mae cofnodion dethol yn y 'Gaol Files' neu gofnodion y Sesiwn Fawr.[5]

O ran y Rhyfel Cartref a'r rhyngdeyrnasiad, mae *Memoirs of the Civil War in Wales* J. R. Phillips yn parhau i fod yn ffynhonnell bwysig ac mae'n cynnwys trawsysgrifiadau o ohebiaeth o'r cyfnod, pamffledi ac ati.[6] Archwiliwyd rhestr y 'Thomason Tracts'[7] – casgliad o dros 22,000 o bamffledi'r Rhyfel Cartref a'r Weriniaeth, papurau, adroddiadau seneddol, llythyrau a chylchlythyrau – ynghyd â rhagor o lenyddiaeth yn perthyn i'r un cyfnod gan gynnwys adroddiad John Vicars am y gwrthdaro;[8] mae deunydd sy'n gysylltiedig â gorllewin Cymru yn brin fodd bynnag. Archwiliwyd deddfau seneddol a deddfiadau ar gyfer y cyfnod 1642–60, ynghyd â'r *Journals of the House of Commons* (*JHC*) ar gyfer yr un cyfnod.[9] Cyhoeddwyd llawer o drafodaethau defnyddiol ynghylch amddiffynfeydd Rhyfel Cartref Caerfyrddin gan Terry James, gan adeiladu ar waith Bryan O'Neil.[10] Ni ddaeth unrhyw bapurau preifat, dyddiaduron ac ati yn perthyn i'r cyfnod hwn i'r golwg.

Mae papurau Cawdor (Archifdy Caerfyrddin) yn parhau i fod y ffynhonnell bwysicaf ar gyfer diwedd yr unfed ganrif ar bymtheg a dechrau'r ddeunawfed. Ymhlith rhai eraill mae adroddiad y diwygiwr John Howard ar y carchar cyn cyfnod Nash (ac adroddiad James Neild am adeilad newydd Nash).[11] Fel arall prin yw'r ffynonellau dogfennol ar gyfer y cyfnod hwn. Bu'n rhaid disgwyl tan 'Gyfnod y Teithwyr' ar ddiwedd y ddeunawfed ganrif a dechrau'r bedwaredd ganrif ar bymtheg yn bennaf i gael disgrifiadau ysgrifenedig, a maent yn ymwneud â charchar Nash yn hytrach na'i ragflaenydd. Yn anffodus ychydig a ddywed awduron cynharach, rhai fel Daniel Defoe a Thomas Dineley, am ffurf a chyflwr y safle.[12] Fodd bynnag mae llond llaw o fapiau a darluniau ar gael. Edrychwyd ar fap Speed o tua 1610 ym Mhennod 4, ynghyd â map Thomas Lewis sy'n perthyn i 1786 ac mae dau fersiwn o hwn yn dangos perchnogaeth eiddo unigol.[13] Y ddau brint gan Buck, o 1740 ac 1748 (Ffigurau 126 a 127), yw'r unig ddarluniadau bron o'r castell cyn codi carchar Nash yn 1789–92; copïwyd yr olygfa o'r de yn 1740 yn slafaidd gan arlunwyr ac engrafwyr ymhell hyd at ddechrau'r bedwaredd ganrif ar bymtheg ac mae llu o'r fersiynau eilradd hyn yn bodoli yn Llyfrgell Genedlaethol Cymru ac mewn casgliadau eraill.[14] Mae'n ddiddorol nodi nad oes unrhyw ddarluniau o Gaerfyrddin gan Richard Wilson – a fu'n gynhyrchiol yng ngorllewin Cymru fel arall – i ni fod yn gwybod amdanynt.[15] Er bod nifer o olygfeydd o'r cei yn perthyn i'r bedwaredd ganrif ar bymtheg, gan gynnwys safle'r castell (e.e. Ffigurau 135–6 a 138), prin yw'r lluniau sy'n dangos carchar Nash yn benodol.[16]

Dim ond cyfeirio wrth basio, os o gwbl, a wnaeth teithwyr o'r un cyfnod fel Nicholas Carlisle, Syr Richard Colt Hoare, Richard Fenton a Benjamin Heath Malkin at y carchar ar ôl 1792;[17] cafwyd disgrifiad cryno ohono gan Edward Donovan tra bod Samuel Lewis, gryn dipyn yn ddiweddarach, wedi cynnwys cofnod cynhwysfawr amdano yn ei *Topographical Dictionary*.[18] Yn ddiweddar cyhoeddodd Richard Ireland hanes cymdeithasol manwl y carchar yn y bedwaredd ganrif ar bymtheg,[19] a bu mor garedig â darparu proflenni cyn eu cyhoeddi, tra bod Richard Suggett wedi cynhyrchu disgrifiad byr o garchar Nash gyda chynllun wedi'i adlunio.[20] Ychwanegwyd at y ffynonellau hyn drwy archwilio rhagor o ddogfennau yn Archifdy Caerfyrddin, gan gynnwys archif helaeth o gynlluniau o'r carchar o ganol/diwedd y bedwaredd ganrif ar bymtheg,[21] a ffynonellau mapiau eraill gan gynnwys map John Wood o Gaerfyrddin, o 1834,[22] a mapiau AO yn perthyn i'r bedwaredd ganrif ar bymtheg, yn ogystal â darluniau'n perthyn i'r bedwaredd ganrif ar bymtheg/dechrau'r ugeinfed a ffotograffau o'r carchar a ddelir gan Wasanaeth Amgueddfeydd Sir Gaerfyrddin a'r Cofnodion Henebion Cenedlaethol.[23]

Gellir dod o hyd i drawsysgrifiadau o nifer o ffynonellau eilradd a llawysgrifau mewn cylchgronau hynafiaethol lleol,[24] tra casglwyd rhagor o ddeunydd gwreiddiol a'i gyhoeddi gan gofiadur Caerfyrddin, William Spurrell, yn 1879.[25] Ymddangosodd adroddiadau achlysurol o'r carchar yn y *Carmarthen Journal* a phapurau newydd eraill. Derbyniwyd rhagor o wybodaeth drwy garedigrwydd Charles Griffiths, curadur Amgueddfa Heddlu Dyfed-Powys. Archwiliwyd ffynonellau eilradd hefyd ar gyfer deunydd cefndir yn ymwneud â stad Cawdor (Golden Grove), swyddogion y castell a phrydleswyr, ac yn arbennig er mwyn ei gymharu â safleoedd eraill.[26]

DIRYWIAD: DIWEDD YR UNFED GANRIF AR BYMTHEG/CANOL YR AIL GANRIF AR BYMTHEG

Nid ydym yn gwybod yn union sut y defnyddiwyd Castell Caerfyrddin ar ôl tua 1540. Yn genedlaethol, dirywio roedd y cestyll – ystyria Michael Thompson mai dim ond trydedd ran o'r cestyll a ddisgrifiwyd yn yr 1530au, gan Leland, a ddefnyddiwyd mewn modd arferol, ond roedd dros trydedd rhan o'r rhain, a oedd yn cynnwys Caerfyrddin, yng Nghymru, sy'n awgrymu eu bod yn parhau i fod yn bwysicach yma.[27] Fodd bynnag, aeth cestyll barwnol yn amherthnasol i raddau helaeth o ganlyniad i Ddeddfau Uno 1536 ac 1543 a theimlodd cestyll y Goron effaith y rhain hefyd: aeth Caerfyrddin yn llawer llai pwysig fel canolfan gyfreithiol a gweinyddol. Gwanhaodd ei arwyddocâd milwrol yn yr un modd o ganlyniad i'r newidiadau cymdeithasol ym Mhrydain y Tuduriaid. Mae'r 'gynnwr' yng Nghastell Caerfyrddin yn 1540, y cyfeirir ato ym Mhennod 4, yn awgrymu fod ei ddefnydd strategol wedi parhau hyd at ganol y ganrif, ond roedd cyfuniad o amgylchiadau'n graddol ddod â'i fywyd gweithredol i'w derfyn.

Mae'r dystiolaeth ddogfennol brin ar gyfer ffurf a chyflwr y castell yn dweud ychydig iawn wrthym am y modd yr effeithiwyd arno yn ystod y cyfnod pwysig hwn o drawsnewid. Fel eiddo'r Goron, gweinyddwyd y castell gan swyddogion sir Gaerfyrddin; nid oedd gan y bwrdeistref unrhyw reolaeth arno. Ond mae cofnodion y Gaerfyrddin ôl-ganoloesol yn Archifdy Caerfyrddin, er yn helaeth, yn dynodi'r rhai hynny a gadwyd gan y bwrdeistref ac fe'u cyfyngir yn bennaf i faterion y bwrdeistref.[28] Adlewyrchir y ffaith fod y Goron yn colli diddordeb yn y castell yn y gostyngiad cyffredinol yn nifer y cofnodion gan y Goron (a'r sir), ac fe gyfyngir y rhain fwyfwy i achosion llys. Dim ond pan brynir y safle gan stad y Golden Grove yn ystod yr ail ganrif ar bymtheg y mae'r ddogfennaeth yn ailddechrau. Parhaodd gwaith gweinyddu'r fwrdeistref a'r sir ar wahân hyd at y Ddeddf Corfforaethau Dinesig yn 1835.

Felly mae tri phrif gwestiwn ynghylch swyddogaeth a natur Castell Caerfyrddin yn ystod y cyfnod hwn:

- Pryd y peidiodd â bod yn ganolfan weinyddol?
- Pryd y 'cefnwyd' arno i bob pwrpas, gan golli ei osgordd(au) canoloesol a'i staff?
- A phryd y cafodd y Goron wared arno yn y diwedd?

Cefnu graddol: diwedd yr unfed ganrif ar bymtheg

Bu farw Rhys ap Thomas, prif ustus a siambrlen, yn 1525 (gweler Pennod 2). Rhoddwyd y ddau benodiad ar ôl hynny i Walter Devereux, Arglwydd Ferrers,[29] a oedd yn y swydd pan basiwyd y Deddfau Uno yn 1536 ac 1543. Canfu fod ei awdurdod wedi lleihau yn arw. Dan y deddfau hyn datblygodd sir Gaerfyrddin yn sir sifil, wedi'i huno ag arglwyddiaethau Cydweli, Sanclêr, Cantref Bychan a Thalacharn (Ffigur 125), a lywodraethwyd i bob pwrpas o Westminster a Llwydlo. Yn gyfreithiol, rhannwyd Cymru'n bedair cylchdaith, pob un ag ustus (dau yn ddiweddarach) wedi'i benodi gan y brenin. Caerfyrddin oedd canolfan cylchdaith de Cymru – sir Gaerfyrddin, sir Aberteifi a sir Benfro – a lleolwyd ei ustus yn y castell. Fodd bynnag, ddwywaith y flwyddyn, roedd yn deithiol, yn llywyddu dros y Sesiwn Fawr 'in each shire at the appointed place for six days',[30] yn ffurfioli'r 'tourns' ysbeidiol a gyflwynwyd yn y bymthegfed ganrif.[31] Ar ben hynny, sefydlwyd Llys Chwarter Sirol.[32]

Roedd gan ustusiaid yr unfed ganrif ar bymtheg staff o swyddogion a leolwyd yn y castell hefyd yn y lle cyntaf. Yn eu plith roedd y siryf, stiward y cymydau, archwiliwr, crwneriaid a siedwr, yn ogystal â chlerciaid a notariaid.[33] Talwyd dyroddiadau'r llysoedd i mewn i drysorlys Caerfyrddin, a weinyddwyd fel o'r blaen gan y siambrlen, neu 'Drysorydd y Gylchdaith' fel y'i galwyd hefyd ymhen amser. Oherwydd hynny parhaodd y castell i fod yn ganolfan weinyddol, ond â llai o awdurdod. Roedd llywodraeth ffiwdal yn cael ei ddisodli gan lywodraeth sifil.

Cyfrannodd y galwadau gweinyddu a chosb cyson at barhad cestyll fel sefydliadau, yng Nghaerfyrddin a mannau eraill, ond golygai hyn eu bod yn lleoedd cynyddol annymunol i fyw ynddynt; trowyd cefn ar nifer ohonynt fel preswylfeydd erbyn canol yr unfed ganrif ar bymtheg.[34] Ar ben hynny roedd y Goron wedi rhoi'r gorau i wario ar ei chestyll i bob pwrpas – y gwaith olaf a gofnodwyd yng Nghaerfyrddin oedd hwnnw a wnaed yn 1546, pan wariwyd £7 16s. yn unig.[35] Felly tra bod modd i swyddogion y gylchdaith ar gyfer de Cymru fod wedi eu lleoli yng Nghastell Caerfyrddin mae tystiolaeth nad oeddent hwy – na'u dirprwyon – yn preswylio yno o angenrheidrwydd. Yn ogystal â hynny roeddent yn aml yn parhau i fod yn uchelwyr ac yn amlwg absennol, fel Ferrers a'i olynydd Syr Rhys Mansel o Gastell Oxwich, sir Forgannwg, a benodwyd yn siambrlen, am oes, yn 1554.[36]

Yn yr un modd dewiswyd cwnstabliaid yr unfed ganrif ar bymtheg o blith yr uchelwyr, rhai fel William Herbert, iarll Penfro yn ddiweddarach, a benodwyd yn 1543;[37] parhaent i fod yn absennol, fel y buont yn ystod yr Oesoedd Canol diweddarach, er bod eu dirprwyon

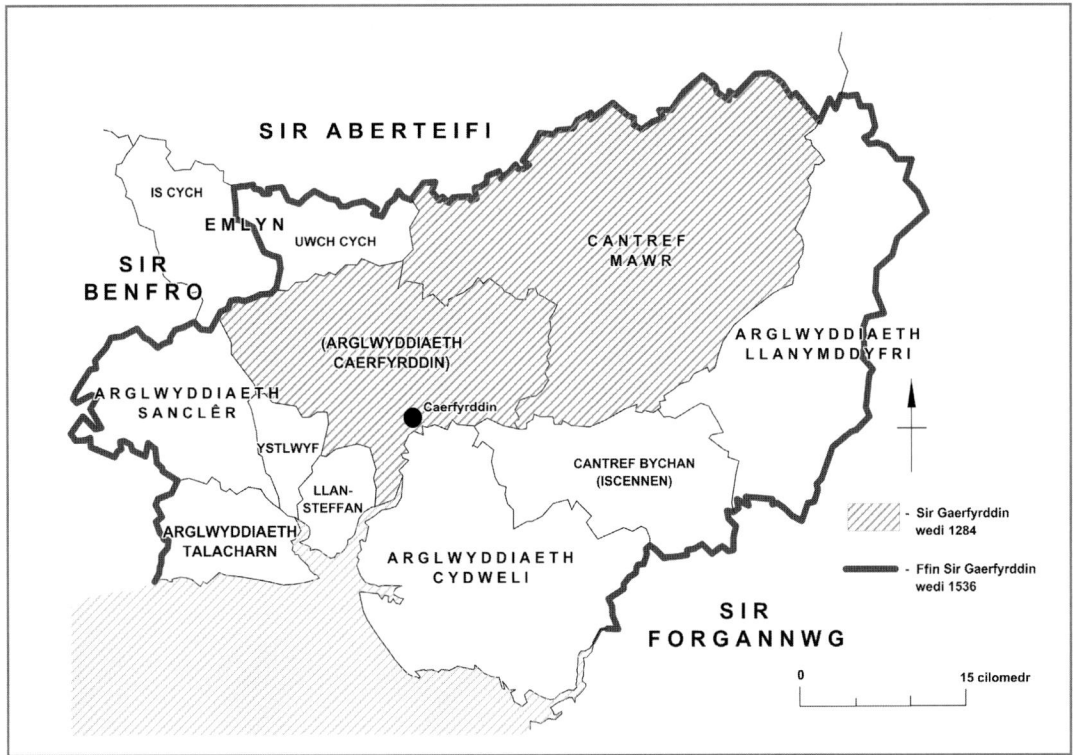

Ffigur 125 Sir Gaerfyrddin ar ôl 1536

yn byw yn y castell. Er enghraifft, dywedir wrthym fod ŵyr Ferrers, Walter (iarll Essex yn ddiweddarach a fu farw yn 1576) wedi derbyn swydd cwnstabl, am oes, yn yr 1570au, ar yr amod fod ei ddirprwy'n arhosol yn barhaol, a bod y castell yn cael ei drwsio a'i gynnal a'i gadw.[38] Fodd bynnag cyfyngwyd yr atgyweirio a argymhellwyd, a amcangyfrifwyd yn rhai a fyddai'n costio dros £233, i Neuadd y Prif Ustus a'r lletyau – ynghyd â Siambr yr Archwiliwr – y porthdy, a'r trysorlys.[39] Roedd costau cynnal a chadw cestyll brenhinol yn dod yn gyfrifoldeb cynyddol i swyddogion lleol, fodd bynnag, a'u hesgeulusodd er mwyn arbed arian iddynt eu hunain.[40]

Yn y cyfamser, gwyddom o'r Llyfrau Archebion Corfforaeth fod Neuadd Tref y Bwrdeistref hefyd yn cael ei alw'n 'Shire Hall' erbyn 1581,[41] gan ddynodi fod busnes y sir – ar ffurf y Sesiwn Fawr a'r Llys Chwarter – wedi dechrau cael eu cynnal yno yn lle yn y castell. Gan nad ydym yn clywed dim mwy am y castell yn cael ei ddefnyddio i ddiben gweinyddol rheolaidd mae'n debygol fod y symudiad allan oddi yno'n un parhaus; mae Neuadd y Dref yn parhau i fod yn gartref i'r Llys Sirol a'r Llys Ynadon, ac fe'i hystyrir yn Llys y Goron. Collodd Castell Launceston, Cernyw, ei lysoedd hefyd tua 1610, tra'n cael ei gadw fel carchar sirol yn yr un modd.[42]

Roedd y castell felly wedi colli popeth a oedd yn ymdebygu i'w osgordd canoloesol preswyl erbyn diwedd yr unfed ganrif ar bymtheg. Fodd bynnag, efallai fod y cwnstabl wedi cynnal lletý hyd at y Rhyfel Cartref, gan mai oherwydd bod y castell wedi'i ddinistrio y diddymwyd ei swydd yn y diwedd (gweler isod).⁴³ A chadwyd carcharorion, os nad oedd hynny dan geidwad carchar preswyl, yn y castell trwy gydol yr unfed ganrif ar bymtheg a thu hwnt.⁴⁴ Gwelsom ym Mhennod 4 fod Capel y Brenin, fel siantri, wedi'i ddiddymu yn yr 1540au, ond mae'n bosibl y gall prif gapel y castell fod wedi gwasanaethu'r gymuned a leihaodd yn yr unfed ganrif ar bymtheg.

Y castell ar ddechrau'r ail ganrif ar bymtheg

Efallai fod darlun Speed o tua 1610 yn gamarweiniol. Mae'n dangos y castell fel adeilad a oedd yn gyflawn i raddau helaeth iawn (Ffigur 112), ond gwyddom fod nifer o gestyll a ddarluniwyd yn yr un modd gan Speed yn adfeilion.⁴⁵ A phan gynhaliwyd ymchwiliad yng Nghastell Caerfyrddin yn 1630 i asesu ei werth, dim ond 'two several chambers, Castle Green and ditches' y cyfeirir atynt a'r rheiny'n werth 20s. y flwyddyn.⁴⁶ Mae'r adroddiad twyllodrus o swta hwn yn dweud llawer wrthym. Mae'r ffaith mai dim ond dwy siambr y cyfeirir atynt yn benodol yn awgrymu mai'r ddwy hon yn unig a ddefnyddiwyd ac a gynhaliwyd yn rheolaidd. Mae printiadau Buck yn cadarnhau nad oedd Neuadd y Prif Ustus yn cael ei defnyddio fel ystafell y llys gan eu bod yn dangos fod ei waliau mewnol wedi mynd erbyn 1740 (Ffigur 126), sy'n awgrymu ei bod wedi ei dinistrio; fodd bynnag fe fyddai wedi cael ei chadw a'i chynnal yn ôl pob tebyg pe bai wedi'i neilltuo ar gyfer defnydd sifil, yn yr un modd ag y diogelwyd y neuaddau gweinyddol yn Nhrefynwy, Caerhirfryn a Chaer-wynt, er enghraifft, pan ddymchwelwyd gweddill y castell.⁴⁷ Felly mae'n bosibl fod yr ymchwiliad yn cyfeirio at y siambr yn y porthdy yn lle hynny – a oedd yn parhau i fod

Ffigur 126 Castell Caerfyrddin o'r de, gan S. ac N. Buck, 1740 (Gwasanaeth Amgueddfeydd Sir Gaerfyrddin, CAASG 1976/1964)

yn gartref i'r cwnstabl mae'n debyg – a'r carchar. Yn arwyddocaol, diogelwyd y porthdy, yr argymhellwyd ei drwsio hefyd yn 1578, yn ei gyfanrwydd ar ôl y Rhyfel Cartref.[48]

Mae'r 'Castle Green' ym mhrisiad 1630 yn amlwg yn cyfeirio at y cwrt allanol, defnydd cynnar o'r enw y byddid yn ei adnabod bob amser yn ddiweddarach. Nid yw'r elfen 'green' ar ei ben ei hun yn awgrymu na ddefnyddid y beili bellach ac nad oedd yn cynnwys unrhyw adeiladau – gelwid y beilïau yng nghestyll Trefynwy a Chaerefrog yn 'Greens' yn yr un modd yn ystod cyfnod pryd y'u defnyddiwyd yn rhannol o leiaf.[49] I bob golwg roedd 'ffosydd' y castell yn adroddiad 1630 yn parhau i gael eu hawlio fel llain o gwrtil y castell, ond mae tystiolaeth yn deillio o gloddio, dogfennau a mapiau'n awgrymu na weithredwyd hyn bob amser yn ymarferol. Roedd cryn dresbasiad wedi digwydd erbyn tua 1610, pan ddarluniodd Speed y ffos orllewinol fel un a oedd bron yn llawn o dai (Ffigur 112); yn wir mae'n ymddangos fod y bwrdeistref wedi hawlio perchnogaeth ffurfiol ar beth o'r eiddo hwn – yn 1576 rhoddwyd prydles gan y gorfforaeth ar 'piece of commons, adjoining the Castle Ditch, on the north side . . . and the Castle Gate on the east', a oedd yn amlwg yn gorwedd oddi mewn i linell y ffos.[50] Fodd bynnag nid oes unrhyw gofnod o werthiant na phrydles o'r cyfnod wedi goroesi – yn wahanol i Gastell Lincoln dan Siarl I, er enghraifft[51] – ac mae'n bosibl fod y tresbasiadau'n rhai na chafodd eu hawdurdodi, fel yng Nghastell Trefynwy,[52] ond a oedd yn anodd eu newid erbyn dechrau'r ail ganrif ar bymtheg. Nid oedd y datblygiad, yn ôl pob golwg, yn ymestyn yn llawn o gwmpas ochr ogleddol y castell; dim ond un ochr o'r llwybr gwreiddiol (Rhiw'r Castell yn ddiweddarach), oddi mewn i ffos y cwrt allanol, a ddangosir wedi'i ddatblygu gan Speed (Ffigur 112).

Gwaredu, 1620–40

Mae'n ymddangos fod y Goron wedi cael gwared ar y castell yn ystod yr 1620au. Cyn 1630 roedd wedi dod i feddiant y teulu Phillips o Gwmgwili ac o ganlyniad daeth ynghlwm wrth arglwyddiaeth Elfed (rhan o'r hen sir Gaerfyrddin).[53] Efallai fod y teulu Phillips wedi caffael prydles yr arglwyddiaeth, gyda'r castell, yn 1628–30,[54] gan fod gweithred yn dyddio o 1639[55] yn cadarnhau ei fod wedi'i osod ar les yn 1628, ac eto yn 1630. Yn 1634 fe'i rhoddwyd i Syr Henry Browne a John Cliffe, ynghyd â'r 'Manors and Commotes of Elfed and Widigada, with their appurtenances, to be held of the Crown in free and common socage, and not in chief, for an annual rent of £3 6s 8d'.[56] Roedd Browne a Cliffe yn amlwg yn y broses o gaffael tir y Goron, gan elwa'n ddi-os o'r Comisiwn ar gyfer Gwerthu Tiroedd y Brenin a arweiniodd at leihau'r nifer anghyfartal o fawr o gestyll a phlasdai brenhinol dan y Stiwartiaid cynnar. Yn 1631–2 fe'u gwelwn yn caffael tir y Goron yn Llundain, Middlesex, Surrey a Swydd Rydychen, a hefyd Castell Caergrawnt, a gadwyd ganddynt mewn ymddiriedolaeth ar gyfer y sir fel y gallai'r llys barhau i gael ei gynnal mewn castell a oedd yn adfail fel arall.[57] Nid oes unrhyw gofnod o drefniant tebyg yng Nghaerfyrddin sydd efallai'n cadarnhau fod y llysoedd wedi symud allan o'r castell yn barhaol. Mae'n ymddangos fod y brydles wedi'i throsglwyddo i'r Vaughans yn Golden Grove yn 1639.[58] Fodd bynnag, cadwyd carcharorion y castell gan awdurdodau'r sir, ar ran y Goron.

DINISTRIO: O'R RHYFEL CARTREF I'R ADFERIAD, 1642–60

Ychydig iawn o'r ffynonellau'n perthyn i'r cyfnod sy'n cyfeirio'n uniongyrchol at y castell naill ai yn ystod y Rhyfel Cartref neu yn ystod yr hyn a ddigwyddodd wedyn. Gosodwyd garsiwn yno, felly mae'n amlwg ei fod wedi'i drwsio'n ddigonol fel y gellid ei amddiffyn a byw ynddo, er nad oedd to uwchben y cyfan ohono o angenrheidrwydd. Penodwyd llywodraethwyr, yn ystod y rhyfel ac wedi hynny, a symudodd i mewn i lety'r cwnstabl yn ôl pob tebyg ac a oedd yn gyfrifol am unrhyw garcharorion fel digwyddodd, er enghraifft, yng Nghastell Caerhirfryn.[59] Fodd bynnag, ar wahân i hyn, prin iawn yw'r hyn a ddywed y ffynonellau wrthym am natur y castell. Yn ystod y rhyfel, roedd mwyafrif y cylchlythyrau'n cydymdeimlo â'r Seneddwyr – yn arbennig ar ôl 1649 – felly rydym yn gwybod ychydig yn llai am weithgarwch y Brenhinwyr yng Nghymru. Yn ogystal â hynny, cofnodwyd yr ymgyrchoedd yn sir Benfro yn fanwl, tra na wnaed hyn gydag ymgyrchoedd sir Gaerfyrddin. Ac mae'r ffynonellau, yn gyffredinol, yn llawer manylach ar gyfer Lloegr na Chymru. Mae'r un cyfyngiadau'n parhau trwy gydol y rhyngdeyrnasiad.

Y Rhyfel Cartref

Mae'n ymddangos fod y castell yn parhau i fod ar les i'r Vaughans pan dorrodd y rhyfel allan yn 1642. A hwythau'n gymeriadau gwleidyddol blaenllaw yn sir Gaerfyrddin, roeddent yn rheoli'r sir a'r bwrdeistref i bob pwrpas.[60] Yn 1642 ymunodd Richard Vaughan o Golden Grove, Iarll Carbery ac Aelod Seneddol ddwywaith dros Gaerfyrddin, ag achos y Brenhinwyr, ynghyd â'r boneddigion mwyaf dylanwadol yn y bwrdeistref a'r sir. Dewiswyd Castell Caerfyrddin yn bencadlys Cymdeithas y Brenhinwyr ar gyfer y dair sir orllewinol.[61] Wedi hynny penodwyd Vaughan yn gadbennaeth i'r brenin yn ne Cymru.[62] Ar y dechrau cyfyngwyd lluoedd Seneddol, dan yr Is-gadfridog Rowland Laugharne, i sir Benfro, ond fe gipiwyd Caerfyrddin ganddynt yn Ebrill 1644,[63] 'together with a great store of prisoners, many arms and ammunition'.[64] Mae'n debyg mai prin fu'r gwrthwynebiad ac nid oes unrhyw awgrym fod unrhyw ymosodiad ffurfiol wedi digwydd ar y castell; datganodd y bwrdeiswyr eu bod o blaid 'King and Parliament', gan orfodi'r garsiwn i dynnu'n ôl, ac yn dilyn hynny ildiodd Vaughan ei awdurdod. Ailgipiwyd Caerfyrddin ym Mehefin 1644 gan y sawl a'i disodlodd, sef y Cyrnol Charles Gerard, a gosodwyd ei garsiwn dan reolaeth y Cyrnol Francis Lovelace, fel llywodraethwr Castell Caerfyrddin.[65] Oherwydd y cynnydd mewn cydymeimlad â'r Seneddwyr yn yr ardal gwelwyd cyn-Frenhinwyr yn troi eu cefn a rhannwyd teyrngarwch Caerfyrddin rhwng garsiwn y castell, dan Lovelace, a'r boneddigion lleol dan y Vaughans, a oedd yn dechrau simsanu yn eu cefnogaeth.[66] Tra bod 'the garrison of Carmarthen required 1,200 men to keep it' ym Medi 1645, dim ond 700 a oedd modd eu cynnull yn yr holl ardal[67] a, gyda chefnogaeth y rhai a oedd o blaid y Seneddwyr, ildiodd Caerfyrddin yn y diwedd i filwyr Laugharne, yn ddiwrthwynebiad, ar 12 Hydref 1645.[68]

Yn ôl pob golwg cofnodwyd fod Caerfyrddin, pan ymosodwyd arni gyntaf gan y Senedd yn 1644, yn 'fortified with a mud wall around it', ond collwyd y ffynhonnell berthnasol a dim ond ar ffurf eilradd y mae'n bodoli.[69] Gall fod wedi cyfeirio at y system ffosydd anorffenedig, a oedd wedi'i chynllunio'n wael ac ar frys o bosibl, a archwiliwyd gan Terry James, i'r de o Heol Awst, yn yr 1980au, ac a all fod wedi'i phalu dan orchymyn Vaughan.[70] Nid ydym yn gwybod a gryfhawyd y castell ar yr un pryd. Fodd bynnag, gall mewnlenwad gwaith maen tyrau'r porthdy fod wedi bod yn gam a gymerwyd yn ystod y Rhyfel Cartref yn erbyn canonau, er mai pridd oedd y dewis arferol wrth fewnlenwi dan amgylchiadau o'r fath, fel yng Nghastell Cas-gwent, sir Fynwy.[71] Efallai y gosodwyd y gyfres ddofn o haenau dadlwytho ôl-ganoloesol, a gofnodwyd yn y ffosydd ar hyd ymyl deheuol y cwrt mewnol, fel clawdd amddiffynnol y tu ôl i'r llenfur deheuol. Ar ben hynny, gall fod y castell, tra roedd yn ganolfan i filwyr lleol yn y lle cyntaf, fod wedi'i ddefnyddio fel llwyfan gynnau i warchod y bont a'r cei;[72] ym Mhennod 4 codwyd amheuon ynghylch y 'platform for two or three guns' yn y gorthwr gwag, y sylwyd arnynt yn ôl pob tebyg yn 1913–14, ond gellir nodi fod 'eight pieces of ordnance' wedi eu darganfod mae'n debyg pan ildiodd y castell yn 1645 ynghyd â 'about fifteen hundred arms'.[73] Nid ydym yn gwybod beth a wnaed â'r carcharorion yn y castell yn ystod y cyfnod hwn, ond symudwyd y rhai hynny a oedd yng Nghastell Lincoln, er enghraifft, pan gafodd ei atgyfnerthu yn 1643.[74]

Mae'n fwy tebygol mai'r Cyrnol Gerard a oedd, yn wahanol i Vaughan, yn filwr proffesiynol, a orchmynnodd fod gwaith amddiffyn yn cael ei wneud yn y castell yn ddiweddarach yn 1644. Mae'n amlwg ei fod yn bwriadu i'r castell fod yn gnewyllyn amddiffynfeydd y Brenhinwyr oddi mewn i'r dref, rhywbeth a gadarnhawyd pan rannwyd teyrngarwch yn 1645.[75] Dywedwyd fod Gerard yn 'fortifying [Caerfyrddin] for the king' mewn pamffledyn o'r cyfnod.[76] Roedd wedi hyfforddi fel milwr yn yr Iseldiroedd, a chredir mai ef fu'n gyfrifol am yr amddiffynfeydd a oroesodd o gyfnod y Rhyfel Cartref – 'The Bulwarks' – ym mhen gorllewinol y dref.[77] Maent yn cynnwys rhagfur, bastiwn a hanner-bastiwn, a'r rhain yw'r unig enghraifft ym Mhrydain o amddiffynfa tref o bridd sydd wedi goroesi ar ffurf sy'n ymdebygu i'w chyflwr gwreiddiol.[78] Nodwyd bastiwn arall yn ddiweddar i gyfeiriad y gogledd-ddwyrain,[79] sy'n profi fod y rhagfur – fel y tybiwyd ers amser – yn ymestyn yn wreiddiol i gyfeiriad y dwyrain i ymuno ag amddiffynfeydd y dref Rufeinig i ffurfio llinell barhaus (Ffigur 3). Felly mae'n bosibl fod gwaith Gerard yn cynnwys rhywfaint o (ail) adeiladu yn y castell, ond mae'r un mor bosibl fod rhannau o'r castell wedi eu dymchwel i gael gwaith maen er mwyn creu llinell amddiffynnol newydd.

Ystyriwyd dinistrio yn y lle cyntaf yn 1645. Cyn iddynt ildio'n derfynol roedd y trefwyr wedi cyflwyno cytundeb drafft fod 'the workes and all fortifications about the Towne and Castle be utterly demolished' – ynghyd â phob garsiwn arall yn y sir[80] – ond oedodd y Senedd ar y sail y byddai angen barics ar gyfer ei milwyr.[81] Roedd garsiwn yn parhau i fod yn y castell yn 1647, ond ym mis Mawrth gorchmynnodd Tŷ'r Cyffredin y dylai gael ei 'disgarrisoned, slighted, and made untenable' ynghyd â nifer o gestyll eraill ledled Prydain.[82] Fodd bynnag, diddymwyd y gorchymyn ym mis Gorffennaf ac yn lle hynny argymhellodd Tŷ'r Cyffredin fod garsiwn o 100 o ddynion i'w cadw yno.[83] Roedd y gwaith dinistrio eang yn 1647, beth bynnag, fel arfer wedi ei gyfyngu i waith amddiffynnol newydd, a godwyd yn benodol yn ystod y rhyfel, yn hytrach na chestyll; roedd nifer o'r rheiny, fel Caerfyrddin, yn cyflawni swyddogaethau sifil fel carcharau ac ati.[84] Efallai fod The Bulwarks wedi eu difrodi bryd hynny.

Er bod Caerfyrddin yn ganolfan filwrol unwaith eto yn ystod yr Ail Ryfel Cartref yn 1648, nid oes unrhyw arwydd eglur fod unrhyw weithredu wedi digwydd yn y dref ei hun: ni ddioddefodd warchae, ac nid oes unrhyw gyfeiriad chwaith at amddiffynfeydd,[85] er i rai cadarnleoedd eraill yng ngorllewin Cymru gael eu 'fortified' yn ôl pob golwg.[86] Tra bod garsiwn Caerfyrddin wedi cyhoeddi ei fod o blaid y gwrthryfelwyr ym mis Mawrth,[87] a bod yr arweinwyr lleol, y Cyrnoliaid Poyer a Powell wedi ymuno â nhw,[88] digwyddodd y cyrchoedd milwrol achlysurol oddi allan i'r dref ac ni ymosodwyd arni ei hun. Nid oedd y gefnogaeth i'r gwrthryfel yn unfryd o bell ffordd yng ngorllewin Cymru a bu Richard Vaughan yn ddylanwadol wrth atal nifer o'r boneddigion rhag ymuno ag ef.[89] Yn ogystal â hynny ciliodd garsiwn y gwrthryfelwyr o'r dref pan glywsant fod Cromwell wedi cyrraedd Cymru ym mis Mai,[90] gan adael i Cromwell fynd yn ei flaen yn ddi-wrthwynebiad ar ei ffordd i ddarostwng Penfro.[91]

Adladd

Penododd y Senedd ei lywodraethwr ei hun i Gastell Caerfyrddin, sef gŵr o'r enw Cyrnol Rowland Dawkins o Kilvrough, sir Forgannwg. Yn Fedyddiwr o deulu blaenllaw yn sir Forgannwg, roedd Dawkins yn swyddog llawn addewid yn y weinyddiaeth newydd. Bu'n gomisiynydd lleol ar gyfer nifer o Ddeddfau'r Weriniaeth,[92] a datblygodd yn un o gymeriadau gwleidyddol blaenllaw Cymru yn ystod y rhyngdeyrnasiad. Fe'i penodwyd yn lywodraethwr, ac yn Gapten y Milwyr, yn 1648,[93] ac ef oedd yn y swydd pan oedodd Cromwell yng Nghaerfyrddin, yng Ngorffennaf 1649, ar ei ffordd i Iwerddon.[94] Daeth Dawkins hefyd yn lywodraethwr Castell Dinbych-y-pysgod lle roedd garsiwn wedi'i gadw rhag ofn i ymosodiad ddigwydd o du tramorwyr neu'r Gwyddelod.[95]

Cofnodir fod garsiwn yng Nghaerfyrddin yn Hydref 1651[96] ac mae'n bosibl, er yn annhebygol efallai, fod peth o'r gwaith ar yr amddiffynfeydd yn y castell yn perthyn i'r cyfnod hwn, fel y gallent fod yng Nghas-gwent, er enghraifft.[97] Roedd cefnogaeth i'r Brenhinwyr yn parhau i fod yn gryf yng ngorllewin Cymru a pharhaodd gwrthdaro hyd at yr 1650au. Ym Mehefin 1651, er enghraifft, dywedir i Lywodraethwr Dawkins 'marched from Carmarthen to Cardigan', er mwyn darostwng gwrthryfel gan y Brenhinwyr lle lladdwyd 28 o wrthryfelwyr ac y cipiwyd 60 o garcharorion, a chymerodd ran yn y treialon dilynol.[98] Ailbenodwyd Dawkins yn bennaeth y milisia ym Mawrth 1655, pan gynyddodd y Weriniaeth gamau diogelwch, a sefydlwyd rheolaeth filwrol i bob pwrpas.[99] Roedd Dawkins, hefyd, yn ddirprwy yng ngorllewin Cymru i James Berry, is-gadfridog Cymru a'r Mers – un o'r dwsin o is-gadfridogion a reolodd mwy neu lai fel unbeniaid yn Lloegr a Chymru rhwng 1655 ac 1657.[100] Fe'i etholwyd hefyd yn AS ar y cyd dros Gaerfyrddin yn 1654 ac 1656; fodd bynnag heriwyd ei drydedd fuddugoliaeth yn 1659, a chollodd ei sedd, a daeth ei gysylltiad â Chaerfyrddin i ben gyda'r Adferiad ar ddechrau 1660.[101]

Dinistrio

Roedd Castell Caerfyrddin yn parhau i fod yn 'defensible and strong' yn 1652, yn ôl y bardd John Taylor a ymwelodd â'r dref y flwyddyn honno,[102] tra cyfeirir at fur y dref, a oedd yn gyflawn o hyd yn ôl pob golwg, mewn adroddiad sy'n dyddio o 1654.[103] Yn ogystal â hynny, efallai fod y castell yn parhau i gael ei ddefnyddio'n weithredol yn Hydref 1656, pan oedd yr Is-gadfridog Berry yng Nghaerfyrddin gyda Dawkins a nifer o gomisiynwyr seneddol eraill.[104] Ond erbyn Rhagfyr 1660 nodwyd ei fod 'now quite demolished', tra disgrifiwyd y castell a mur y dref yn 1673 gan y cartograffydd Richard Blome yn 'long since reduced to ruin'.[105] Mae'n amlwg felly fod y ddau wedi eu dinistrio'n fwriadol.

Er chwilio'n fanwl drwy'r 'Thomason Tracts', *CSPD*, *JHC* ac *Acts and Ordinances*,[106] yn ogystal â ffynonellau llawysgrifol yn Llyfrgell Genedlaethol Cymru ac Archifdy Caerfyrddin, ni ddaethpwyd o hyd i unrhyw ddogfennau'n ymwneud â'r dinistrio hwn. Ond fel mae Michael Thompson wedi dangos, roedd y gwaith dymchwel ar ôl 1648 fel arfer wedi eu gwneud gan bwyllgorau sirol neu ddirprwy is-gapteniaid, nad yw eu cofnodion, fel deunydd arall yn perthyn i'r sir, wedi goroesi.[107] Fe'u cofnodwyd weithiau gan ddyddiadurwyr lleol, fel yng Nghastell Trefynwy – lle na roddwyd awdurdod i wneud y gwaith dymchwel[108] – neu mewn papurau preifat, fel y rhai hynny yng nghasgliad Stad Castell Powis sy'n cofnodi dymchwel Castell Trefaldwyn.[109] Fodd bynnag, ni chofnodwyd y dinistrio a ddigwyddodd yng nghestyll cyfagos Talacharn a Chastell Newydd Emlyn chwaith.[110]

Mae cyflwyniad yn 1657 yn cyfeirio at yr 'houses under the castle walls';[111] gan ei bod yn debygol y byddai'n rhaid clirio unrhyw dai o'r fath – gan gynnwys y rheiny yn y ffos orllewinol – er mwyn hwyluso'r gwaith o ddymchwel y llenfuriau, awgrymaf fod y dinistrio wedi digwydd rhwng 1657 a Rhagfyr 1660.[112] Oherwydd hynny gall Caerfyrddin fod wedi bod ymhlith yr enghreifftiau niferus o ddinistrio a ddilynodd marwolaeth Cromwell yn 1658 ac a sbardunwyd yn rhannol gan y gwrthryfel byr yng ngogledd-orllewin Lloegr rhwng Gorffennaf ac Awst 1659. Unwaith eto y Senedd a orchmynnodd y dymchwel, gan swyddogion lleol, llywodraethwyr a pherchnogion preifat, o nifer o 'inland garrisons and castles'.[113] Roedd pobl yn gyndyn iawn i gydymffurfio'n aml, yn arbennig y llywodraethwyr hynny a oedd yn dymuno diogelu eu cestyll fel canolfannau gweinyddol a chosb; fel hyn y bu yng Nghaerhirfryn, ac efallai ei fod yn arwyddocaol fod carcharorion wedi eu cadw yng Nghastell Caerfyrddin hyd at 1658 o leiaf.[114]

Fodd bynnag, roedd Castell Caerfyrddin wedi profi'n amlwg ei fod o werth i'r Weriniaeth, ac felly efallai na chafodd ei ddymchwel hyd yr Adferiad a brysurodd cyfnod arall o ddinistrio – mor ddiweddar ag 1662 yng Nghastell Northampton.[115] Mae geiriad yr adroddiad ym mis Rhagfyr, lle roedd y castell '*now* quite demolished, [fi piau'r italeiddio], yn awgrymu ymhellach mai digwyddiad diweddar oedd ei ddymchwel. Pasiwyd deddf ar gyfer dadfyddino garsiynau ar 15 Medi 1660,[116] ond roedd y gwaith dymchwel yng Nghaerfyrddin yn amlwg wedi hen fynd rhagddo (os nad yn gyflawn) erbyn mis Rhagfyr ac efallai ei fod wedi dechrau eisoes; gorchmynnwyd ei wneud ym Mawrth–Mai 1660 mewn tri chastell Cymreig arall, sef Caernarfon, Cas-gwent a Dinbych.[117]

Mae'r dystiolaeth ychwanegol fod y castell wedi'i ddinistrio yn anuniongyrchol, ond mae'n argyhoeddi, a gellir ei ddarllen drwy gymharu'r rhannau hynny o'r castell a oroesodd i mewn i'r ganrif ganlynol – neu y caniatawyd iddynt aros – â'r rhai hynny a oedd wedi mynd (gweler Ffigurau 126 a 127). Awgrymwyd ym Mhennod 3 fod waliau'r cestyll, ac eithrio'r llenfur gogleddol, a'r llenfur gorllewinol i'r gogledd o'r porthdy, wedi eu hadeiladu

Ffigur 127 *Manylyn o 'The south-east view of Carmarthen', gan S. ac N. Buck, 1748*
(Gwasanaeth Amgueddfeydd Sir Gaerfyrddin, CAASG 1976/1695)

ar lethrau ansefydlog, neu ddeunydd cloddiau, a byddent wedi dod i lawr yn rhwydd. Efallai hefyd mai'r llenfuriau a dargedwyd, yn hytrach na'r tyrau, ac efallai mai damweiniol fu'r difrod i'r rhain. Efallai mai ei sbardunau a arbedodd y Tŵr De-orllewinol (fel yn Aberteifi), ond efallai eu bod wedi eu cadw'n fwriadol hefyd fel gwrthglawdd i'r gornel dde-orllewinol yn erbyn y datblygiad oddi tano. Fodd bynnag, mae'n ymddangos ei fod wedi colli ei wal ôl a'r fowtiau pan ddaeth y llenfuriau cyffiniol i lawr. Efallai fod y Tŵr Sgwâr, mewn cyferbyniad, wedi cael ei arbed oherwydd ei fowt, er iddo golli ei lawr/loriau uwch, tra ei fod yntau hefyd yn rhagfurio ochr ddeheuol y safle. Efallai fod tyrau'r cwrt mewnol, fel y llenfuriau, wedi sefyll ar gloddiau. Mae'r print o 1740 yn dangos y gorthwr gwag yn adfail ac yn anghyflawn (Ffigur 126). Mae'r hyn oedd yn weddill o lenfur y cwrt allanol a'r tyrau a ddangosir gan y Bucks yn awgrymu eu bod hwythau hefyd wedi eu dinistrio, er ei bod yn ymddangos fod porth y cilborth ar yr ochr ddeheuol wedi goroesi. Ychydig o ddifrod a wnaed i'r porthdy, a chyfyngwyd hynny i'r cyswllt â'r llenfur gorllewinol, a dynnodd y tyred deheuol i lawr gydag ef pan syrthiodd, a'r rhagdwr tybiedig. Tra y gall hyn fod yn rhannol oherwydd ei fod yn anodd i'w ddymchwel, oherwydd ei fewnlenwad â gwaith maen ac effaith sefydlogi dyddodion y ffos o'i gwmpas, efallai i'r porthdy gael ei arbed yn fwriadol.

DIWEDD YR AIL GANRIF AR BYMTHEG A'R DDEUNAWFED GANRIF

Adferwyd prydles y castell i'r Vaughans o'r Golden Grove ar ôl yr Adferiad, ac mae'n amlwg fod hynny'n berthnasol i'r safle i gyd – yn 1669, cynhwyswyd y 'Castle of Carmarthen and Ye Green' mewn prisiad o arglwyddiaeth Elfed a Widigada.[118] Parhaodd diddordeb y Goron er hynny – parhaodd carcharorion y sir i gael eu cadw oddi mewn i'r adfeilion yn dilyn y dinistrio, tra efallai y bwriadwyd i'r porthdy fod yn lletŷ i'r cwnstabl (neu ei ddirprwy) fel y bu cyn i'r rhyfel dorri ar draws pethau. Fodd bynnag, adolygwyd swydd y cwnstabl gan y trysorlys yn Rhagfyr 1660, ac o ganlyniad fe'i diddymwyd, oherwydd cyflwr adfeiliedig y castell fel arall.[119] Drwy'r ddeddf hon, bodolai Castell Caerfyrddin fel carchar yn unig, a pheidiodd â bod yn breswylfan swyddogol byth wedi hynny. Yn 1669 canfyddwn fod y carchar dan reolaeth ceidwad ffurfiol, yn cydweithio â'r siryf, ond nid oedd yntau'n byw yno ychwaith o angenrheidrwydd.[120]

Roedd y carchar yn cymryd llai na hanner lle safle'r castell; defnyddiwyd y gweddill at ddibenion eraill, gan gynnwys datblygiad domestig. Rhywbryd tua diwedd yr ail ganrif ar bymtheg neu ddechrau'r ddeunawfed ganrif, ildiodd stad y Golden Grove ei hawl ar yr hen gwrt mewnol a sicrhaodd berchnogaeth lwyr ar y cwrt allanol. O hynny ymlaen rhannwyd y castell yn dair llain ar wahân – y carchar, hynny yw, hanner gogleddol y cwrt mewnol, a ddelid gan awdurdodau'r sir; hanner deheuol y cwrt mewnol, y rhan fwyaf o hwnnw'n cael ei ddal gan y sir hefyd ac a ddatblygodd yn ardd ar gyfer Clerc y Llys (a alwyd yn 'Cursitor' yng Nghaerfyrddin); a'r cwrt allanol a'r ffos draws a oedd yn eiddo i Golden Grove.

Mae'n debyg i'r rhaniad hwn, a'r cyfnewid ymddangosiadol, ddigwydd yn 1713 pan diflannodd y llinach Vaughan ac y priododd yr aeres, Arglwyddes Anne Vaughan, Charles Paulet, ardalydd Winchester a dug Bolton yn ddiweddarach. Yn 1753, yn fuan ar ôl i'r Arglwyddes Anne farw, diflannodd y stad allan o'r olyniaeth uniongyrchol yn y diwedd gan fynd i gefnder pell, sef John Vaughan. Fodd bynnag triniwyd y castell fel siêd, a barnodd Uchel Reithgor fod y stad i gyd yn 'right and property of the Crown and [yn berchen] to His Majesty, his heirs and successors'.[121] Gorfodwyd Golden Grove i fforffedu ei lain i'r Goron.[122] Fodd bynnag rhywbeth dros dro oedd y fforffedu hwn ac roedd yn ôl yn nwylo'r teulu cyn bo hir iawn. Bu farw ŵyr John Vaughan yn ddi-blant yn 1804 a chymynodd stad y Golden Grove – heb unrhyw gymhlethdod ychwanegol – i'w ffrind John Campbell, arglwydd Cawdor. Yn weinyddol, fodd bynnag, parhaodd y cwrt allanol i fod yn rhan o'r sir yn hytrach na'r bwrdeistref. Fel preswylwyr yn arglwyddiaeth Elfed ac Widigada, ar ben hynny, roedd deiliaid tai Castle Green yn atebol i gwrt lît Elfed ac yn blwyfolion Llannewydd, yn Elfed, yn hytrach na Sant Pedr yn y bwrdeistref.[123]

Carchar y sir (Ffigur 128)
Yn dilyn y Ddeddf Uno roedd y castell wedi datblygu'n garchar 'sirol', ar wahân i'r bwrdeistref oedd â charchar ei hun dros un o borthdai canoloesol y dref, o'r enw 'Upper House' (Ffigur 128).[124] Fel carcharau sir eraill roedd dan awdurdodaeth yr awdurdodau sir drwy eu hustusiaid, ac fe'i gweinyddwyd drwy drafodaeth yn y Llys Chwarter.[125] O'r unfed ganrif ar bymtheg ymlaen, cadwyd ei gofnodion gyda chofnodion y llys, ond mae'r rhain yn ymwneud ag achosion llys yn bennaf (e.e. Rholiau Gwacáu'r Carcharau, sy'n dechrau yn yr 1650au, a rhestri o garcharorion yn dechrau yn 1675), yn hytrach nag unrhyw drafodaeth ynghylch ffabrig y castell.[126]

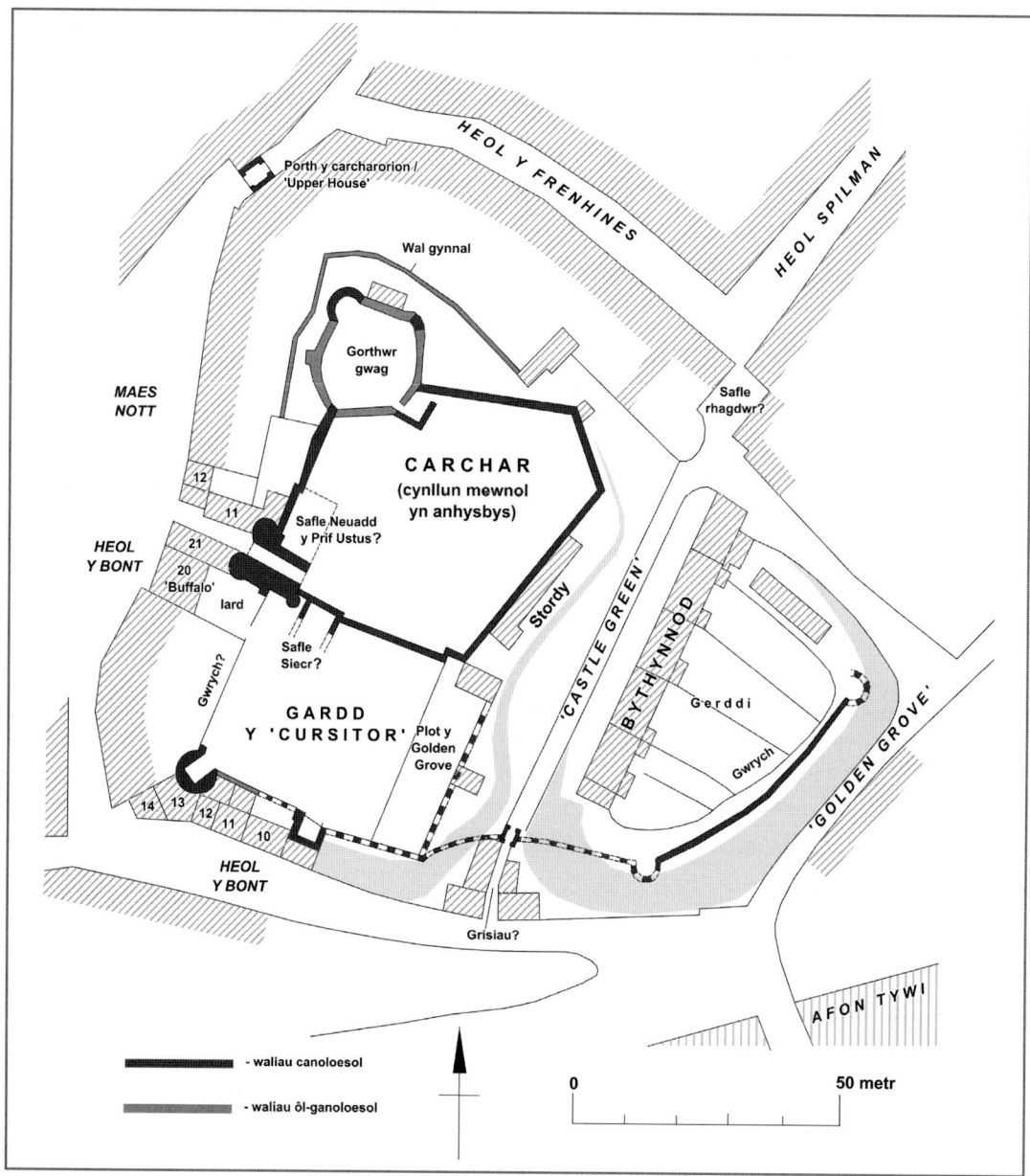

Ffigur 128 *Cynllun o safle'r castell i gyd yng nghanol y ddeunawfed ganrif (adluniad)*

Felly prin yw'r ffynonellau ysgrifenedig o ran natur y castell wedi iddo gael ei ddinistrio, tra bod tystiolaeth archeolegol hefyd yn brin, ac mae'n rhaid troi at ffynonellau darluniadol a mapiau. Ychydig iawn o ffabrig a oedd yn parhau i sefyll a gafodd ei ddangos gan y Bucks yn yr 1740au – fawr ddim mwy na'r hyn sy'n bodoli heddiw (Ffigurau 126–7). Parhaodd y llen-fur gogleddol a'r llenfur gorllewinol i'r gogledd o'r porthdy, wal groes y cwrt mewnol a wal ar yr ochr ddwyreiniol – a all, fel rwyf wedi awgrymu, fod wedi bod yn wal fewnol adeilad canoloesol – i ddiffinio lloc y carchar neu'r 'cwrt' (gweler Ffigurau 111, 126–8). Cadwodd y porthdy, fel y mae heddiw fel arall, ei ran ôl lle roedd y talcendo canoloesol wedi'i ddisodli gan dalcen yn dirwyn o'r gogledd i'r de, gyda simneiau ôl-ganoloesol o ran ffurf. Adfeilion oedd y gorthwr gwag canoloesol a'r rhagadeilad. Roedd y Tŵr De-orllewinol hefyd yn adfail, fel y mae heddiw, gan ei fod wedi colli ei do, ei wal ôl a'i loriau uchaf, tra cuddiwyd y Tŵr Sgwâr y tu ôl i dai ar Heol y Bont ac ni ddangosir mohono. Roedd yr holl adeiladau canoloesol eraill wedi mynd a gall y rhain hefyd fod wedi eu dinistrio, ond mae'n bosibl eu bod eisoes wedi dirywio cyn y Rhyfel Cartref. Mae'n ymddangos mai ychydig iawn o lety oedd ar gael ar gyfer carcharorion (fel yn e.e. Castell Launceston[127]), ac fe'i cyfyngwyd i'r porthdy. Nid oes golwg o adeiladau carchar ôl-ganoloesol ym mhrintiadau Buck.[128]

Fodd bynnag efallai fod poblogaeth y carchar yn gymharol fychan erioed. Roedd 26 o garcharorion pan ymwelodd y diwygiwr John Howard â'r carchar yn 1774, a dim ond 11 ar ei ail ymweliad yn 1776.[129] Er hynny fe'i cafodd yn gyfyng, ac yn 'offensive', ac yn wir mae'r ffigyrau'n ymddangos fel pe baent yn nodi ei fod yn llawn at yr ymylon – adroddwyd ei fod yn 'crowded with prisoners' yn 1787,[130] ond er hynny dim ond 14 o garcharorion oedd yno pan ymwelodd Howard am y trydydd tro y flwyddyn ganlynol.[131] Rhannwyd carcharorion bron yn gyfartal rhwng ffeloniaid a dyledwyr, tra bod y carchar hefyd yn lety i'r Cyweirdy (neu 'Bridewell') ar gyfer mân droseddwyr y sir.[132] Canfu Howard fel a ganlyn

> The old apartments are too close, and so are the new cells for criminals. These are about 7ft by 6ft, apertures in the doors are only about 9" square; earth floors. The Day-Room is used as a chapel. Over it is a free ward, and over that, a room for the sick. One court-yard, but it is spacious.[133]

Roedd yn amlwg fod peth gwaith adeiladu newydd wedi digwydd ers yr 1740au. Mae disgrifiad Howard yn awgrymu adeilad â thri llawr tra bod y porthdy'n cynnwys dau yn unig, er ei bod yn bosibl mai llawr yn yr atig a ddynodir. Er hynny, mae Howard hefyd yn gwahaniaethu rhwng 'the old apartments' a 'the new cells'. Dywedir wrthym fod y 'castle' yn 'repaired' yn 1774, pan osodwyd pwmp hefyd.[134] Efallai fod hyn yn ymwneud ag ymgyrch adeiladu newydd gyfyngedig. Adroddodd Howard ar ben hynny fod 'house for the gaoler' wedi cael ei 'lately built in the yard' ac roedd 'convenient rooms for Masters' Sidedebtors'; fodd bynnag roedd y pwmp a oedd newydd ei osod yn fethiant yn amlwg, gan fod 'no water', ac roedd y ffynnon yn 'useless'.[135] Nid ydym yn gwybod beth oedd lleoliad yr adeiladau newydd hyn; gadewir y tu mewn i'r carchar yn wag ar fap Thomas Lewis yn 1786 (Ffigur 111); nid yw chwaith yn cynnwys rhan ôl y porthdy, a rhagadeilad y gorthwr gwag, yn yr hyn all fod yn ddarlun wedi'i ffurfioli. Fodd bynnag, ymddengys fod wal bresennol y gorthwr wedi'i hadeiladu rhwng 1740 ac 1786, ac fe'i dangosir ar fap Lewis: tybed ai hon oedd un o'r 'repairs' a wnaed yn 1774? Fel arall ychydig iawn o dystiolaeth archeolegol neu adeileddol a ddaeth i'r golwg ar gyfer y cyfnod hwn.

I bob golwg, yn dilyn gwrthdaro gwleidyddol yn 1755, rhwng cefnogwyr y Chwigiaid a'r Torïaid, 'atgyfnerthwyd' carcharau'r sir a'r bwrdeistref gan garfan y Torïaid a dywedir iddynt 'made port-holes etc. and supplied themselves with great guns and small arms'.[136] Dywedir hefyd fod 'attack was made on the gaol, and pieces of cannon were brought into the town with the declared intent of battering it down'. Nid ydym yn gwybod beth oedd maint y 'fortification' na'r difrod, ond mae'n ymddangos na fu'n rhaid defnyddio'r canonau.

Gardd y 'Cursitor'

Roedd Gardd y 'Cursitor', yn hanner deheuol y cwrt mewnol, yn perthyn i'r sir, ond cadwyd y drydedd ran ddwyreiniol gan stad y Golden Grove ac fe'i gosodwyd ar brydles i gyfres o unigolion (gweler Ffigurau 129–30). Ni ddangosir yr ardd yn eglur yn y naill na'r llall o'r printiadau Buck ond fe'i labelir ar fapiau o 1786 ymlaen.

Ailddatblygwyd y ffos orllewinol ochr yn ochr â Maes Nott a Heol y Bont yn raddol ar ôl y Rhyfel Cartref (gweler Pennod 3), ond mae'r printiadau Buck yn awgrymu nad oedd y broses wedi dechrau o ddifrif tan ar ôl yr 1740au (Ffigurau 126 a 127). Roedd y llenfur gorllewinol canoloesol, lle'r oedd yn wynebu Heol y Bont, wedi diflannu i raddau helaeth a sefydlwyd gwrych terfyn ar hyd ei linell erbyn tua 1800 (dangosir yn 1819; Ffigur 130). Fodd bynnag mae'r ddau ddarn o wal sydd yn nhrydedd ran ddeheuol y llinell wal ganol-oesol yn cadw lefelau'r ddaear sydd, i'r dwyrain, hyd at 3 m yn uwch nag iardiau cefn Heol y Bont – iardiau a adeiladwyd gan eu tenantiaid yn ôl pob tebyg. Dangosir y ddau ar fap sy'n dyddio o 1845 (Ffigur 137), ac efallai iddynt gael eu hadeiladu, o raid, yn eithaf buan ar ôl dinistrio'r llenfur. Gydag amser disodlwyd y gwrych gan ragor o waliau domestig trwy gydol y bedwaredd ganrif ar bymtheg.

Fodd bynnag mae'n ymddangos fod print Buck yn 1740 yn dangos y llenfur deheuol canoloesol, ar ffurf fyrrach. Efallai mai hwn hefyd yw'r terfyn solet a ddangosir ar fap 1786, er y gall y darn i'r gorllewin o'r Tŵr Sgwâr fod wedi'i ddisodli eisoes gan waliau ôl Rhifau 11–12 Heol y Bont (gweler Ffigur 128). Mae map 1786 hefyd yn dangos terfyn solet ar ochr ddwyreiniol yr ardd, yn rhagfurio'r llethr serth i lawr i'r ffos draws rhwng y cyrtiau mewnol ac allanol, a all ddynodi'r llenfur dwyreiniol byrrach yn yr un modd.

'Castle Green': y cwrt allanol

Erbyn 1725, roedd y cwrt allanol a'r ffos draws – fel 'Castle Green and Castle Ditch' – yn cael eu gosod ar les i nifer o unigolion gan stad y Golden Grove.[137] Wedi'i ddisgrifio fel 'a waste piece of ground', roedd yn wag bryd hynny yn ôl pob tebyg, ond dechreuodd y gwaith o sefydlu ffordd yn y ffos, hefyd o'r enw 'Castle Green', a datblygu ei ochr ddwyreiniol â thai, yn fuan wedyn. Roedd rhes o fythynnod wedi'i hadeiladu erbyn 1740 (Ffigurau 126 a 127), a goroesodd hyd 1868, er efallai iddynt gael eu hailadeiladu yn ystod y cyfnod 1789–92 neu wedi hynny pan estynnwyd y carchar i gyfeiriad y dwyrain ac y lledwyd y ffordd (cymharwch Ffigurau 111 a 129).[138] Daeth y ffordd yn fan cyfarfod cyhoeddus poblogaidd – yn 1744, pregethodd y Methodist Howell Harris yno,[139] fel y gwnaeth John Wesley yn 1763 ac 1767.[140]

Darluniodd y Bucks olion llenfur a thyrau'r cwrt allanol canoloesol, gyda'r tŵr cilborth, yn yr 1740au (Ffigurau 126 a 127). Dangosir y llethr sgarp deheuol fel clogwyn fertigol, uchel – llawer iawn uwch nag mewn darluniau mwy diweddar (e.e. Ffigur 132) – a ddisgrifiwyd fel 'steep, and rather craggy precipice' yn 1805 (gweler Pennod 3), er y gallwn gymryd fod elfen o benrhyddid yn perthyn i hyn. Mae'n ymddangos mai ffordd bengaead oedd Castle Green yn yr 1740au, yn dod i ben ar ymyl y sgarp, ond erbyn 1786 fe'i cysylltwyd â Heol y Bont a symudwyd y tŵr cilborth. Mae'r lôn hon – a adnabuwyd fel 'Castle Ditch' ymhell i'r bedwaredd ganrif ar bymtheg[141] – yn syth yn Ffigur 111, ond mae'r holl fapiau diweddarach yn dangos rhes igam-ogam o risiau serth, cul yn arwain i fyny o Heol y Bont i'r ffos draws a'r hen gilborth (Ffigurau 133 a 137), gan adlewyrchu'r cynllun yn yr Oesoedd Canol efallai. Roedd cyfadeilad o eiddo domestig wedi datblygu'r naill ochr a'r llall i'r grisiau erbyn canol y bedwaredd ganrif ar bymtheg,[142] ond parhaodd rhan o'r 'clogwyn' i ddiffinio pen deheuol y ffos draws, ar ei ochr dwyreiniol, mor ddiweddar â 1845 (a labelir yn 'Mount' ar Ffigur 137).

Roedd olion llenfur y cwrt allanol wedi diflannu i raddau helaeth erbyn 1786 pan ddangosir gwrych yn dirwyn ar hyd brig y llethr sgarp (Ffigur 111). Lledwyd hanner gwaelod Rhiw'r Castell yn 1804,[143] ac mae'n amlwg o dystiolaeth mapiau fod hyn ar draul y castell gan y collwyd rhyw 8 m o ymylon de-ddwyreiniol y cwrt allanol.[144] Fodd bynnag efallai fod y golled yn allanol i linell wal y llenfur yn bennaf, gan fod modd adnabod safle'r tŵr dwyreiniol o hyd yn 1917 yn ôl pob golwg.[145] Adeiladwyd wal newydd er mwyn cynnal y llethr a gwtogwyd, ac adeiladwyd ail un o gwmpas y copa, yn union oddi mewn i linell y gwrych cynharach (Ffigurau 129 a 132). Ychydig iawn o newid a ddigwyddodd wedyn oddi mewn i'r hen gwrt allanol hyd 1868–72, pan y'i cynhwyswyd oddi mewn i'r carchar a ehangwyd.

CARCHAR NEWYDD Y SIR, 1789–1868

Yn dilyn cyhoeddi adroddiad Howard, argymhellwyd codi carchar newydd yn 1783.[146] Penodwyd John Nash, a oedd wedi ail-lansio ei yrfa yng Nghaerfyrddin

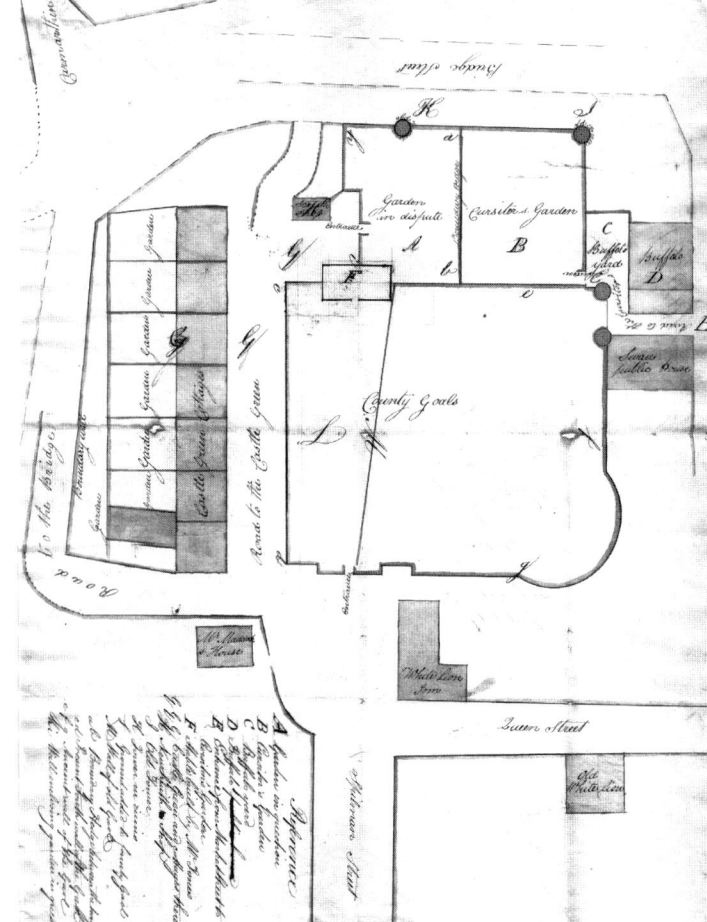

Ffigur 129 Cynllun o Garchar Caerfyrddin yn 1818. Sylwer fod y gogledd ar waelod y ffrâm (Gwasanaeth Archifau Sir Gaerfyrddin, SCG Mapiau Cawdor 43, 'Plan of County Gaol and premises', 1818)

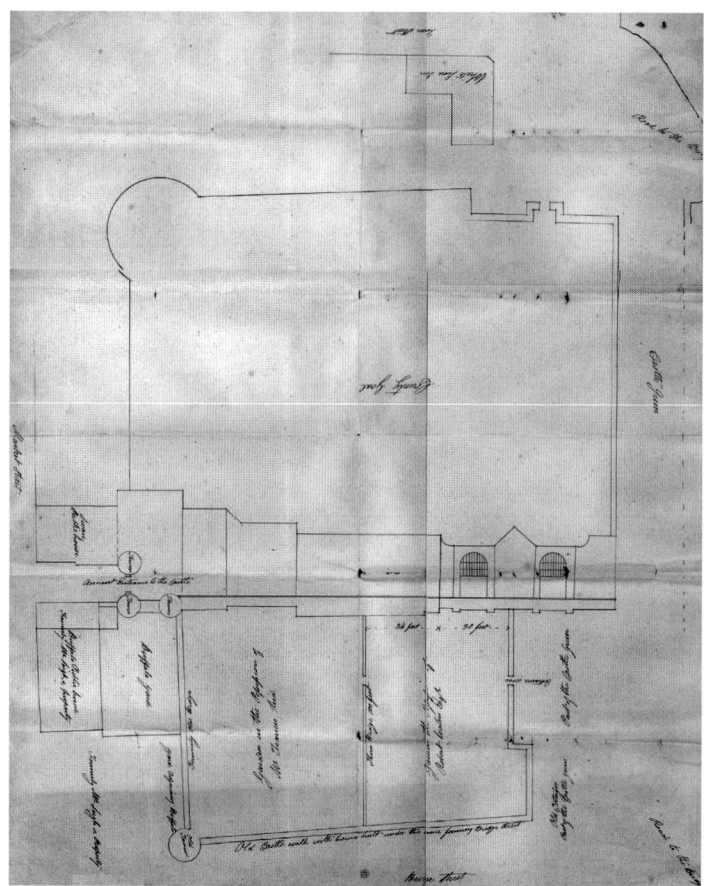

Ffigur 130 *Cynllun o Garchar Caerfyrddin yn 1819* (Gwasanaeth Archifau Sir Gaerfyrddin, SCG Cawdor 2/112, 'Plan of the County Gaol etc.', 24 Awst 1819)

ac a fyddai'n cynllunio carcharau tebyg yn Aberteifi a Henffordd, yn bensaer. Dechreuodd y gwaith yn 1789 ac agorodd y carchar newydd yn 1792. Gwasanaethai'r bwrdeistref, hefyd, a throsglwyddwyd carcharorion yr 'Upper House' neu Borth y Carcharorion yn 1792.[147]

Fel ei ragflaenydd, roedd y carchar newydd wedi'i leoli yn hanner gogleddol y cwrt mewnol ond fe'i estynnwyd i gyfeiriad y dwyrain i fyny at dramwyfa Castle Green, ar dir a brynwyd gan stad y Golden Grove (Ffigur 129), gan gynyddu'r man a amgaewyd o chwarter arall (o 0.28 hectar i 0.34 hectar). Roedd hyn yn golygu dymchwel hen wal ddwyreiniol y carchar all, fel y gwelsom, fod wedi tarddu o'r Oesoedd Canol, a chodi wal ddwyreiniol newydd, ond nid yw'n ymddangos fod unrhyw ffabrig canoloesol arall a oroesodd wedi'i effeithio. Mae cynllun manwl yn perthyn i 1858–66 (Ffigur 139) yn dangos y carchar cyn iddo gael ei ailadeiladu yn 1868–72 sydd, o edrych arno ochr yn ochr â map John Wood o Gaerfyrddin, yn 1834 (Ffigur 133), yn fodd i adlunio cynllun o garchar yr 1790au (gweler Ffigur 131).[148]

Carchar John Nash (Ffigur 131)
Parhaodd y llenfuriau gogleddol a gorllewinol, a oedd wedi cymryd eu ffurf bresennol erbyn 1786 o leiaf, i gael eu defnyddio fel waliau terfyn, tra'r estynnwyd croesfur y cwrt mewnol i gyfeiriad y dwyrain, am tua 35 m, i gyfarfod â'r wal ddwyreiniol newydd, ac efallai hefyd iddi gael ei chodi (cf. Ffigurau 126 a 130). Cadwyd rhan ôl y porthdy canoloesol a, gyda thyred y grisiau de-ddwyreiniol, fe'i gwelir yn amlwg mewn darlun sy'n perthyn i 1829 (Ffigur 132; gweler hefyd Ffigur 130). Fodd bynnag, er ei fod yn sefyll i'w uchder llawn yn ôl pob golwg, ac yn cadw ei ffenestri canoloesol, mae'n ymddangos ei

YMRANNU, DYMCHWEL A DATBLYGU: Y CASTELL ÔL-GANOLOESOL ▧ 251

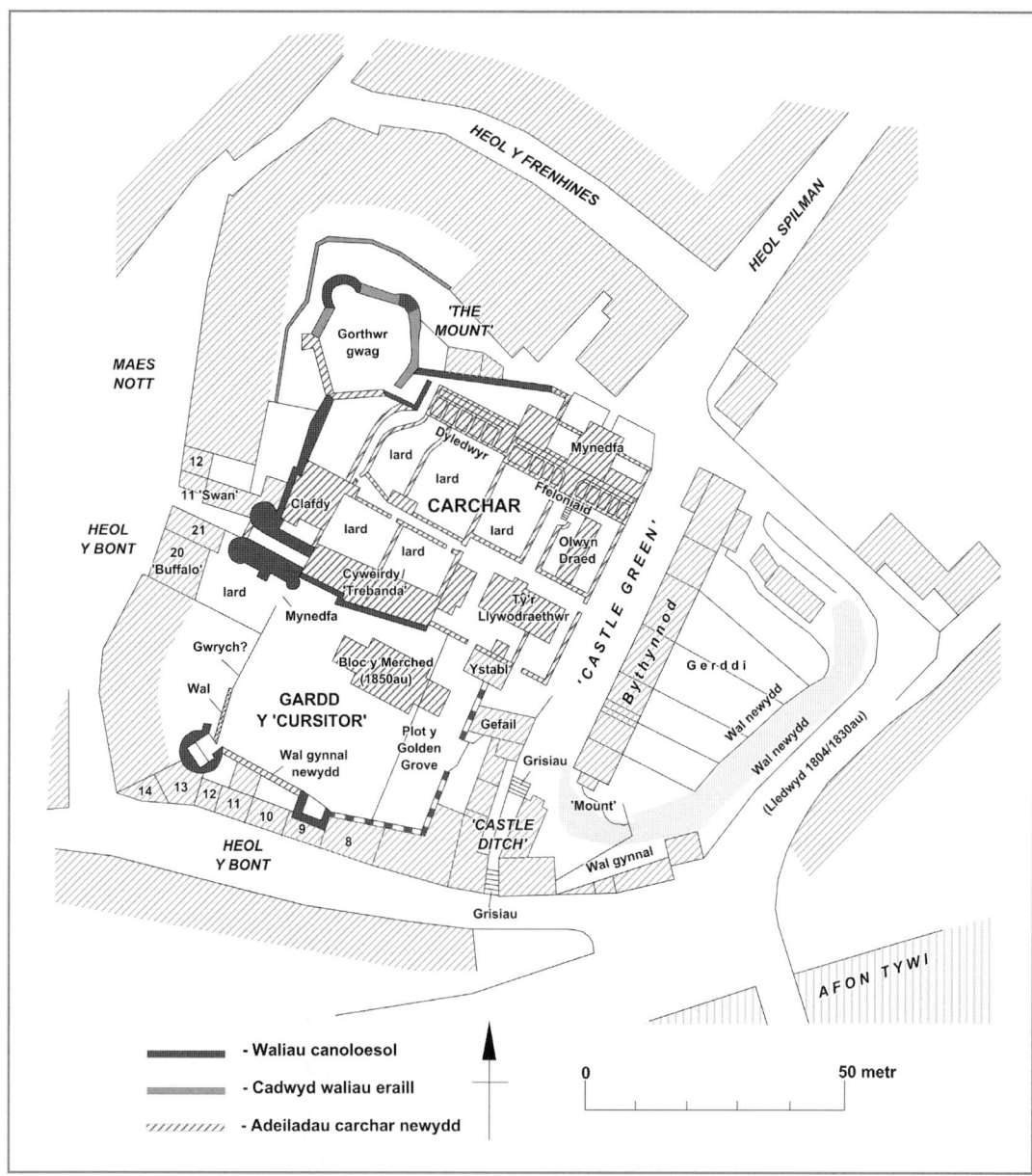

Ffigur 131 Cynllun o safle'r castell i gyd ar ddechrau'r bedwaredd ganrif ar bymtheg (adluniad)

fod wedi troi yn iard agored, di-do. Mae tystiolaeth mapiau a phrintiadau'n awgrymu iddo gael ei ddymchwel yn y diwedd rhwng 1829 a thua 1840 (Ffigur 136), pan gollwyd ei fur gogleddol ac efallai i'w fur dwyreiniol gael ei (ail)adeiladu fel y wal is, deneuach sy'n parhau i sefyll fel rhan o wal y carchar. Fodd bynnag cadwyd ei wal ddeheuol (Ffigurau 133, 137 a 139).

Disodlwyd y celloedd ym mhorthdy'r castell, ac unrhyw lety a ychwanegwyd yn yr 1770au, gan gyfadeilad trefnus o flociau celloedd newydd ac adeiladau cysylltiedig. Roedd y rhain yn cymryd bron i drydydd rhan o'r cowrt, wedi eu gosod o gwmpas man agored wedi'i isrannu. Adeiladwyd y blociau celloedd â brics, roeddent wedi eu hawyru'n dda ac yn fwaog o bosibl, gan gynnwys dau lawr o dan dalcendoeau (gweler Ffigurau 132 a 136).[149] Didolwyd carcharorion yn dri grŵp – ffeloniaid, dyledwyr a mân droseddwyr – pob un mewn bloc ar wahân, gyda'i 'iard awyru' ei hun. Roedd dylanwad Howard ar gynllun y carchar, gyda chelloedd unigol, ac yn gyffredinol roedd cryn feddwl ohono; enillodd gymeradwyaeth petrus y diwygiwr James Neild,[150] tra yn 1796 disgrifiodd y teithiwr Syr Christopher Sykes y carchar fel man 'convenient, clean and airy'.[151] Roedd yn lletya 26 o garcharorion, neu 60 'by placing more than one [carcharor] in the same cell'.[152]

Trowyd echelin y castell drwy 90 gradd ac aed i mewn i'r carchar newydd o gyfeiriad y gogledd. Caewyd y porthdy canoloesol gan wal rhwng y tyrau a pharhaodd felly hyd nes i'r carchar gael ei ailadeiladu yn 1868–72 (Ffigurau 129 a 134). Roedd y fynedfa newydd, yn wynebu Heol Spilman, yn ganolog i floc ffasâd cywrain. Gyda dau lawr a thri bae, roedd mewn arddull Glasurol manwl gywir gyda charreg nadd ar yr wyneb, yn rwstig oddi tano,

Ffigur 132 Castell Caerfyrddin o'r de yn 1829 (LlGC, Drawing Vol. 404 t. 21, PG 321, 'Carmarthen Castle' gan Parch. E. Edwards, 1829: drwy ganiatâd Llyfrgell Genedlaethol Cymru/The National Library of Wales)

YMRANNU, DYMCHWEL A DATBLYGU: Y CASTELL ÔL-GANOLOESOL   253

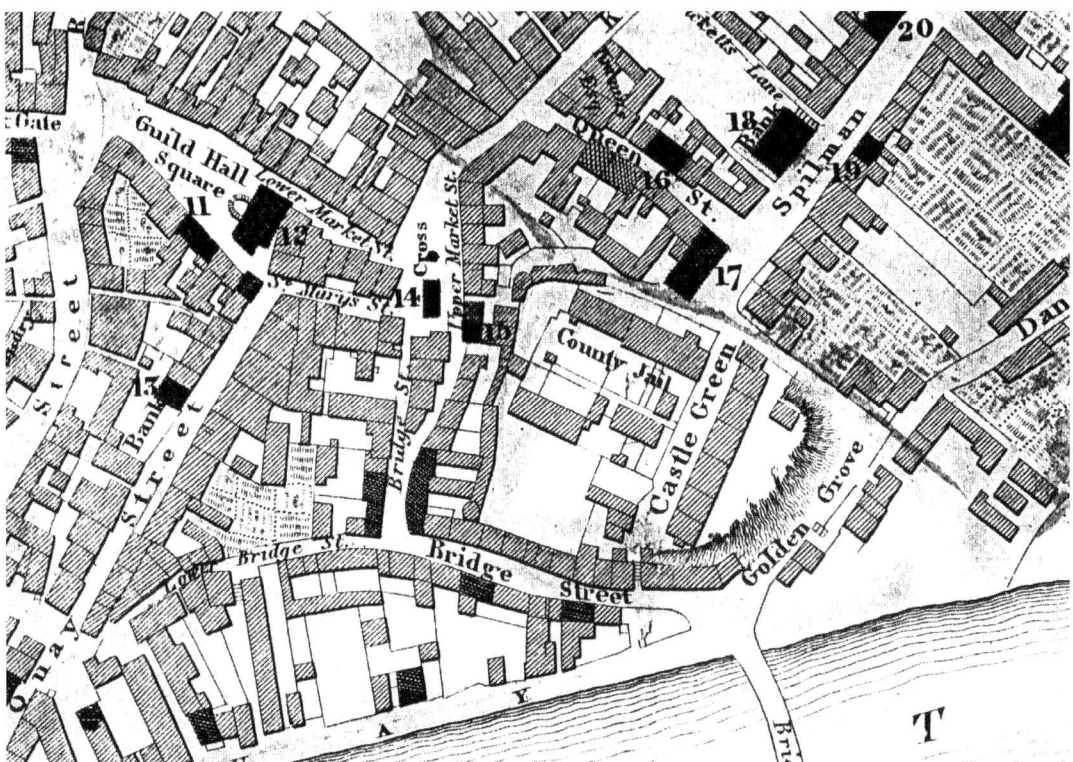

Ffigur 133 Manylyn o fap Caerfyrddin yn perthyn i 1834 (Gwasanaeth Archifau Sir Gaerfyrddin, SCG (M) 786, Map o Gaerfyrddin gan John Wood, 1834)

a chornis ar lefel y to (Ffigurau 139 a 145). Roedd y bae canolog yn cynnwys portico'n ymestyn allan i gynnwys cyntedd y fynedfa, ac uwchben roedd llety ceidwad y carchar.[153] Gosodwyd y drws segmentol, yr aed iddo ar hyd rhes isel o risiau, mewn cilfach uchder llawn â phen hanner-cylchog, gyda meini bwa trawiadol, a oedd yn cynnwys rhwyll uwchben lefel y llin-gwrs (cf. Carchar Henffordd). Roedd plac, ar lefel y cornis, yn cynnwys yr arysgrif 'The Gaol. County of Carmarthen'. Roedd y baeau o boptu'n cynnwys iardiau agored, pob un gydag agoriad â phen hanner-cylchog, fel y fynedfa, yn y ffasâd. Roedd capel y carchar, a oedd ar lawr cyntaf y pedwerydd bae i'r gorllewin, yn annatod i floc y ffasâd. Roedd hwn hefyd wedi'i wahanu, gan ganolfuriau, ac aed iddo o'r iard orllewinol drwy resi ar wahân o risiau.[154]

Rhannwyd y tu mewn yn bedwar pedrant, un ar gyfer pob dosbarth o garcharor a phedwerydd at ddefnydd domestig. Llenwyd y tri phedrant cyntaf i raddau helaeth gan eu hiardiau awyru ac amgaewyd pob un o'r rhain gan wal uchel 'surmounted by a *chevaux-de-frise*, giving it an air of security', gydag wyneb o gerrig llorio mawr a thrwm.[155] Yn y pedrant gogledd-ddwyreiniol roedd Bloc y Ffeloniaid, rhes yn dirwyn o'r dwyrain i'r gorllewin yn ymuno â rhan ôl ffasâd y fynedfa, a gwahanwyd y ddau gan goridor. Roedd yn cynnwys rhes o naw ystafell ddydd, gyda dwsin o gelloedd nos uwchben.[156] Arweiniai tramwyfa groes ganolog

Ffigur 134 Y Porthdy Mawr o'r gorllewin tua 1860, gan Mary Ellen Bagnall Oakley
(atgynhyrchwyd drwy ganiatâd caredig Mrs Suzanne Hayes)

i gyfeiriad y de o'r brif fynedfa gan fynd yn ei blaen rhwng y ddau iard awyru cysylltiedig. Goleuwyd pob cell ac ystafell ddydd gan ffenestr fechan, wydrog yn wynebu'r de (Ffigur 147), tra bod y lloriau wedi eu gwneud o frics.[157] Roedd Bloc y Ffeloniaid hefyd yn lleoliad i'r ffynnon newydd, a oedd wedi'i chafnu erbyn 1803 ynghyd â 'a reservoir prepared to supply the prison with water'.[158] Er ei bod wedi disodli'r ffynnon a ddisgrifiwyd yn 'useless' gan Howard, a'i bod mewn lleoliad newydd, roedd hon hefyd yn ôl pob golwg yn un a ddarparai 'an insufficient supply of water'.[159] Yn ddiddorol iawn, o dan lefel yr islawr roedd 'two dark cells measuring 7' 3" and 7' in height without any warmth or even a hole for the admission of air', ond nid oes unrhyw reswm i dybied fod y rhain yn selerydd neu'n is-grofftydd canoloesol yn wreiddiol.[160] Codwyd olwyn draed, yn cynnwys '16 divisions for prisoners, immediately partitioned from one another', yn yr iard awyru ddwyreiniol yn 1833 (Ffigur 139).[161]

Yn y pedrant gogledd-orllewinol roedd Bloc Dyledwyr tebyg, a ymunai â Bloc y Ffeloniaid i ffurfio rhes hir yn dirwyn o'r dwyrain i'r gorllewin. Dadorchuddiwyd sylfeini brics ei wal ogleddol yn 2002, wedi'i wahanu oddi wrth y llenfur gogleddol gan fan neu iard agored. Roedd y bloc yn cynnwys rhes o bum ystafell ddydd, a gysylltwyd hefyd gan goridor a gyda chelloedd nos uwchben,[162] gyda ffenestri fel Bloc y Ffeloniaid (Ffigurau 144 a 147). Roedd tramwyfa groes yn y cyswllt rhwng y bloc a rhagadeilad y gorthwr gwag ac mae wal ddwyreiniol hwnnw'n dangos olion meini isaf ei fowt. Roedd Bloc y Dyledwyr hefyd yn wynebu'r ddau iard awyru, ac roedd y mwyaf o'r ddau, i'r dwyrain, wedi datblygu'n ardd erbyn 1858–66 (Ffigur 139). Mae wal orllewinol yr ail iard wedi goroesi yn wal bresennol y carchar.

Y Cyweirdy a safai ym mhedrant y de-orllewin ac fe'i cwblhawyd erbyn 1796.[163] Yn adeilad mawr, ar wahân, yn dirwyn o'r dwyrain i'r gorllewin, roedd hwn hefyd yn un deulawr, ac wynebai ddau iard awyru yn yr un modd a wahanwyd oddi wrth iardiau'r dyledwyr gan dramwyfa. Roedd ganddo gynllun anghyffredin, yn gorwedd ar ongl i brif echelin yr adeiladau newydd a gyda gwyriad yn y wal ddeheuol; deilliai'r ddwy nodwedd o groesfur y cwrt mewnol canoloesol, yr adeiladwyd yn ei erbyn ac a gynhwysai ei wal ddeheuol. Galwyd yr hanner dwyreiniol, a'i iard cysylltiedig, yn 'The Trebanda', lle roedd tair cell ar y llawr cyntaf ar gyfer carcharorion ar remand dros dro uwchben cell ar y llawr gwaelod ac ystafell ddydd.[164] Roedd yr hanner gorllewinol, ar gyfer mân droseddwyr, yn cynnwys ystafell ddydd a phum cell, a defnyddiwyd un o'r rhain fel ward arwahanu ar gyfer carcharorion â chlefyd crafu.[165] Roedd gan yr ystafelloedd ar y llawr gwaelod yn y ddwy hanner loriau fflagenni carreg, roedd lle tân ym mhob ystafell ddydd ac roedd y ffenestri'n wydrog.[166] Gellir gweld y Cyweirdy mewn golygfeydd o 1829 ac 1830, gydag agoriadau bychan, sgwâr braidd yn llym, a tho talcen iselgrib gyda thair simnai'n codi ohono (Ffigurau 132 a 135); roedd ganddo wyneb brics, ynghyd â'r capel, yn ystod yr 1840au–1850au.[167]

Neilltuwyd y pedrant de-ddwyreiniol ar gyfer Tŷ'r Llywodraethwr (Ffigur 133),[168] a safai ar dir caeedig sgwâr, gyda mynedfeydd o Castle Green a Gardd y 'Cursitor'; darlunnir y ddau olaf, yn rhan newydd y croesfur, fel bwâu hanner cylchog gyda 'phorthcwlisau' mewn darlun yn dyddio o 1819 (Ffigur 130). Ehangwyd Tŷ'r Llywodraethwr yn 1857–8, pan drowyd adeilad arall, a ddangosir yn 1834, yn gegin.[169]

Ffigur 135 Castell Caerfyrddin o'r de-orllewin, gan Henri Gastineau, 1830 (LlGC, Carm. Top. A5 A007: drwy ganiatâd Llyfrgell Genedlaethol Cymru/The National Library of Wales)

Darparai Deddf Carchardai Peel yn 1823 ar gyfer swydd meddyg, ond nid ymddengys fod unrhyw ddarpariaeth ar gyfer carcharorion claf hyd nes sefydlwyd clafdy yn 1838–42.[170] Fe'i lleolwyd mewn adeilad a oedd yn bodoli eisoes a ddangoswyd, rhwng y carchar ei hun a'r llenfur gorllewinol, yn 1834 (Ffigur 133) ac efallai ei fod hyd hynny wedi bod yn ward i wallgofiaid.[171] Roedd yn siambr uchel, unllawr gyda llawr fflagenni, wedi'i oleuo a'i awyru'n dda ac wedi'i isrannu'n wardiau yn ôl pob tebyg;[172] mae'r manylion pensaernïol a oroesodd yn awgrymu mai cynllun Nash ydoedd. Mae'n amlwg na chafodd ei addasu o adeilad cynharach ar yr un safle, a ddehonglir yma fel Neuadd Prif Ustus yr Oesoedd Canol, a oedd yn adfail erbyn 1740 (Ffigur 126). Mae'n ymddangos fod yr adeilad hwn eisoes wedi mynd ac nid yw ei gornel gogledd-orllewinol, a ffosileiddiwyd yn y llenfur gorllewinol, yn cyfateb i unrhyw un o linellau wal y clafdy ac roedd eisoes yno erbyn 1786 p'run bynnag (Ffigurau 101 a 111). Nid yw'n ymddangos fod y Clafdy wedi ymestyn mor bell i'r de â rhan ôl wal ogleddol y porthdy nac wedi'i chynnwys. Defnyddiwyd yr iard y tu ôl i'r porthdy, a'r man amgaeedig i'r de o'r gorthwr gwag, fel iardiau awyru'r clafdy.[173]

Mae tri charchar Nash yn dynodi 'an interesting group in terms of their plans and façades'.[174] Roedd Caerfyrddin yn anghyffredin am ei fod wedi'i gynnwys yn y castell, yn wahanol i Aberteifi a Henffordd a oedd ar safleoedd newydd ac a ysbrydolwyd gan y cynllun rheiddiol a hyrwyddwyd gan William Blackburn, un a oedd yn flaenllaw yn y maes adeiladu carcharau a chyfaill i Nash. Fodd bynnag, roedd pob un o'r tri yn debyg o ran cynllun yn eu hanfod. Roedd y carchar ychydig yn ddiweddarach yn Henffordd, a adeiladwyd rhwng 1792 ac 1796, yn adeilad deulawr croesffurf oddi mewn i fan caeedig muriog a hirsgwar.[175] Roedd blociau celloedd mewn tair o'r adrannau ac fe'u gosodwyd o gwmpas neuadd wyliadwriaeth ganolog; arweiniai'r bedwaredd adran at gyntedd y fynedfa lle lletyai ceidwad y carchar, fel yng Nghaerfyrddin. Gorweddai'r iardiau awyru rhwng yr adrannau.

Fel darn o bensaernïaeth, edmygwyd Carchar Caerfyrddin yn gyffredinol.[176] Yn 1805 disgrifiodd Edward Donovan y carchar yn 'handsome building', a pharhawyd i'w ganmol tua chanol y ganrif, gan Samuel Lewis, er enghraifft, a'i galwodd yn 'appropriately massive, without any unnecessary heaviness'.[177] Mae'r barnau hyn yn ymwneud yn y lle cyntaf â'r ffasâd, a oedd yn debyg iawn i hwnnw yn Henffordd, ac fel Henffordd roedd yn fersiwn lai o Garchar Newgate.[178] Pwrpas y ffasadau hyn, fodd bynnag, oedd atal yn y lle cyntaf – crogwyd garlantau o efynnau dros fynedfeydd pob un o'r tri.[179] Ac roedd yr ymwybyddiaeth wedi newid erbyn 1867, pan ddisgrifiwyd Caerfyrddin fel 'repulsive looking building', a'r gefynnau, yn eu 'sombre festoons', yn arbennig yn destun gwaradwydd.[180] Er hynny, er gwaethaf mân newidiadau, cadwyd y ffasâd hyd nes y dymchwelwyd y carchar yn yr 1930au, gan gynnwys y capel, a newidiwyd yn 1859 a'i ymestyn drwy ychwanegu ysgoldy, gan y pensaer lleol J. L. Collard.[181]

Ffigur 136 Carmarthen Quay and Castle, gan Alfred Keene, 1840au (Gwasanaeth Amgueddfeydd Sir Gaerfyrddin, CAASG 2006/0332)

Er nad oedd carchar Nash mor gryf yn weledol â naill ai'r castell, y carchar a godwyd yn ddiweddarach yn y bedwaredd ganrif ar bymtheg na'r Neuadd Sir bresennol – mae lluniau o'r cyfnod yn dangos fod ei waliau a'i adeiladau'n bethau cymharol 'low-rise' (gweler Ffigurau 132, 136 a 138) – gellid gwneud yn fawr o'i safle amlwg o hyd. Yn 1833 adroddwyd fod mân ddihirod wedi eu hebrwng 'out of town, with . . . a distant view of the treadwheel in full operation'.[182] Uwchben y wal ddwyreiniol gellid gweld yn ôl pob golwg 'metal figure of a man in prison garb, which was mechanically connected with the treadwheel and was automatically set in motion when [. . .] was being worked'.[183]

Yn draddodiadol roedd dienyddiadau'r sir wedi digwydd ym Mhensarn, yn union i'r de o'r dref ond, ar ôl 1817, fe'u cynhaliwyd yn y carchar.[184] Ac roedd Deddf Diwygio Dedfryd Marwolaeth 1820 yn gofyn yn benodol fod dioddefwyr yn cael eu claddu yn y man y cawsant eu carcharu. Yn ystod blynyddoedd olaf y bedwaredd ganrif ar bymtheg mae'n debyg y claddwyd y rhai a ddienyddiwyd yng Nghaerfyrddin yn yr iard newydd, estynedig o gwmpas carchar 1868, ond nid ydym yn gwybod yn union lle.[185] Fodd bynnag gellir disgwyl fod claddedigaethau wedi digwydd rhywle oddi mewn i gwrtil y castell a dylid ystyried y gellir eu darganfod wrth wneud unrhyw waith yn y dyfodol. Nid oedd y penglog dynol a ddaeth i'r golwg yn ystod y cloddio yn y gorthwr gwag, yn 1997, yn gysylltiedig â thoriad bedd adnabyddus, ac ni ddarganfuwyd unrhyw weddillion dynol eraill ond defnyddiwyd y mwnt, yng Nghastell Lincoln, er enghraifft, ar gyfer claddedigaethau carchar yn ystod y bedwaredd ganrif ar bymtheg a gellir awgrymu cyd-destun tebyg ar gyfer penglog Caerfyrddin.[186]

Dynodir y bod y gorthwr gwag o leiaf yn parhau i gael ei ddefnyddio'n weithredol gan y ffaith iddo gael ei ailwynebu a all, fel y gwelsom ym Mhennod 3, fod yn perthyn i ail-luniad Nash. Roedd y tu mewn, fodd bynnag, wedi'i gynllunio fel ail gardd rai blynyddoedd cyn 1862,[187] a dangosir grisiau i fyny i'r brig ar ei linell bresennol yn y rhagadeilad ar gynllun yn dyddio o 1857 (Ffigur 139; gweler hefyd SCG, Mapiau Cawdor 41). Mae'n ymddangos iddo barhau i gael ei ddefnyddio fel gardd hyd yr ugeinfed ganrif (gweler Ffigur 147).

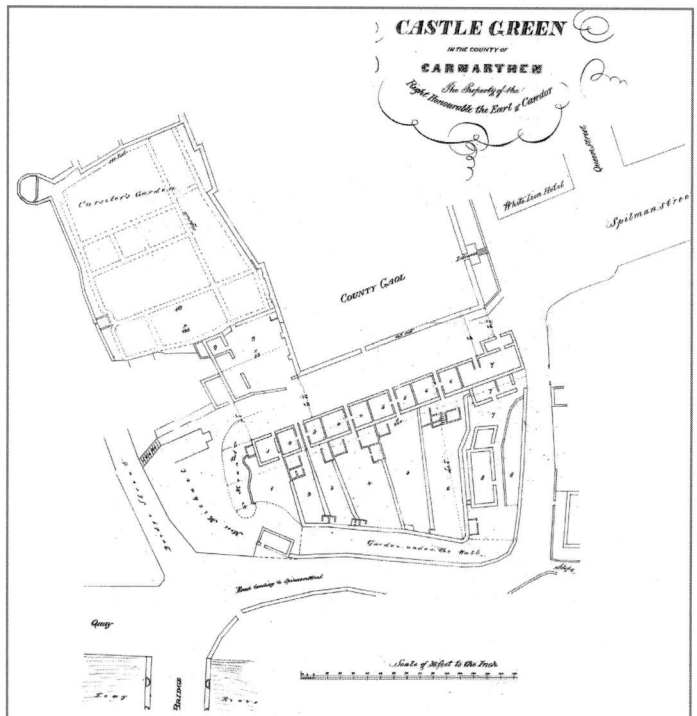

Ffigur 137 Cynllun o Castle Green a Gardd y Cursitor, 1845. Sylwer fod y gogledd ar ochr dde'r ffrâm (Gwasanaeth Archifau Sir Gaerfyrddin, SCG Mapiau Cawdor 38, 'Plan of the Castle Green in Carmarthen, 20 August 1845')

Gardd y Cursitor

Erbyn 1818, o leiaf, roedd Gardd y Cursitor go iawn wedi'i gwahanu oddi wrth lain y Golden Grove i'r dwyrain gan wrych o ddrain, a ddangosir yn 1818–19 pan roedd y ddwy lain ar brydles i unigolion preifat (Ffigurau 129 a 130). Fodd bynnag roedd yr holl le wedi'i gynllunio fel gardd ffurfiol, gyda llwybrau, erbyn 1845 (Ffigur 137).[188] Erbyn 1818, os nad ynghynt, aed i mewn iddi drwy fwlch yng ngwrych y ffin orllewinol yn union i'r de o'r porthdy a gaewyd (Ffigur 129). Roedd dwy fynedfa hefyd o'r carchar (gweler uchod), ac un o'r dwyrain, lle'r ymddengys fod yr hyn a awgrymir ei fod yn weddillion y llenfur canoloesol wedi'i ailadeiladu'n rhannol gyda mewndro bob ochr i'r fynedfa (Ffigurau 129 a 130).

Bu'r Tŵr De-orllewinol yn gongl o'r ardd a esgeuluswyd hyd nes iddi ddechrau cael ei hailddefnyddio gyda llawr newydd, a wal fewnol, a ddaeth i'r golwg yn 1994. Dangosir y wal yn 1845 (Ffigur 137) ac mae'n ymddangos ei bod yn perthyn i'r un cyfnod â chau'r ffenestri; dangosir yr olaf yn agored fodd bynnag mewn print o 1830 (Ffigur 135), gan gynnig dyddiad yn yr 1830au efallai ar gyfer yr addasiad; gellir bod wedi gwneud y braslun ar gyfer y print ychydig ynghynt wrth gwrs. Mae'n arwyddocaol fod y rhan o'r tŵr a ailddefnyddiwyd yn cael ei ddarlunio'n gorwedd oddi allan i ffin eiddo'r sir ar fapiau o'r cyfnod (e.e. Ffigur 139), a gall fod wedi perthyn i'r un math o fenter breifat ag a oedd yn hawlio llawr isaf y tŵr. Roedd

Ffigur 138 Castell Caerfyrddin a'r bont o'r de-ddwyrain, priodolwyd i Hugh Hughes, tua 1850 (Gwasanaeth Amgueddfeydd Sir Gaerfyrddin, CAASG 1976/1864)

yn parhau i gael ei ddefnyddio'n ddiweddarach yn y bedwaredd ganrif ar bymtheg, ac mae'r croeslinellu a ddangosir yn 1895 yn cadarnhau mai'r hanner de-orllewinol 'allanol' a oedd yn siambr â tho tra bod y 'tu mewn' yn agored (Ffigur 149), ond roedd yn amlwg nad oedd yn cael ei ddefnyddio erbyn 1906, cyn cau'r carchar (Ffigur 150). Roedd y siambr newydd yn un llawr, ac oni bai fod ffenestr yn y gwahanfur, nid oedd wedi'i goleuo. Mae'n ymddangos iddi gael ei theilwrio'n fwriadol i swyddogaeth benodol. Roedd arfdy powdwr gwn, ar gyfer '300 barrels', yn nodwedd o garchar Nash yn ôl pob golwg hyd 1811 pan y'i symudwyd i leoliad newydd yn y dref.[189] Ni ddangosir yr arfdy ar unrhyw fapiau neu gynlluniau o'r carchar, ond byddai siambr y Tŵr De-orllewinol – â'i waliau trwchus, yn dywyll ac uwchben y ddaear – yn fan delfrydol. Fodd bynnag, gwelsom fod y dystiolaeth, er yn brin, yn awgrymu dyddiad diweddarach ar gyfer yr addasiad, tra bod yr arfdy, yn wahanol i'r siambr, yn eiddo i'r sir. A pham y torrwyd cymaint o'r waliau canoloesol yn ôl?

Awgrymwyd ym Mhennod 3 mai wal gynnal ôl-ganoloesol rhwng y Tŵr De-orllewinol a'r Tŵr Sgwâr (24, Ffigur 41) efallai oedd y 'castle wall' a syrthiodd yn 1811. I'r dwyrain o'r Tŵr Sgwâr, fodd bynnag, gellid adnabod y llenfur deheuol o hyd yn 1819, er ei fod wedi'i fyrhau; fe'i labelir yn 'old Castle Wall with houses built under' ar Ffigur 130. Goroesodd hyd yr 1960au.

Bloc newydd y merched, 1857-8

Parhaodd natur adeiladau'r carchar yn ddigyfnewid mwy neu lai hyd yr 1850au. Fodd bynnag, bu newidiadau sylweddol yn y modd y'u defnyddiwyd (gweler Ffigur 139). Nododd arolwg yn 1851 fod mân droseddwyr bellach yn cael eu cadw ym Mloc y Ffeloniaid, a alwyd yn Gyweirdy (neu 'Correction Ward').[190] Nid oedd mewn cyflwr da; roedd ei ystafell ddydd, tra roedd yn cael ei defnyddio gan garcharorion dan gollfarn ddiannod, yn weithdy hefyd ar gyfer plicio ocwm a defnyddiwyd y celloedd a oedd yn weddill ar y llawr gwaelod, 'owing to their dampness', ar gyfer coed cadw yn bennaf.[191] Fodd bynnag roedd un o'r celloedd hyn, ers 1840, wedi'i ddefnyddio fel cell i rai anodd eu trin gyda threfn lymach (â'i iard ei hun), ac o ganlyniad rhoddwyd y gorau i ddefnyddio'r celloedd dan ddaear.[192] Rhannwyd yr hen Gyweirdy rhwng carcharorion heb eu rhoi ar brawf a rhai euogfarnedig, a galwyd yr adeilad cyfan erbyn hynny yn Trebanda.[193] Parhaodd dyled i fod yn gosb a arweiniai at garchariad hyd 1869,[194] a defnyddiwyd celloedd dyledwyr Nash i'r diben hwnnw hyd nes yr ailadeiladwyd y carchar (Ffigur 139).

Ond bu llety i garcharorion benywaidd yn gyfyngedig ers yr amod a gynhwyswyd yn Neddf Carchar 1823 fod rhaid rhannu'r rhywiau.[195] Ac felly erbyn 1851, gall rhan o Floc y Dyledwyr fod wedi'i neilltuo fel adain i'r merched; roedd y clafdy wedi'i rannu'n ddau lawr yn y cyfamser er mwyn lletya carcharorion o'r ddau ryw, 'carefully separated from one another and approached by separate staircases'.[196]

Adeiladwyd bloc merched newydd yn 1857-8.[197] Fe'i lleolwyd yng nghornel gogledd-ddwyreiniol Gardd y Cursitor, y tu allan i gyffin carchar Nash (Ffigurau 131 a 139), a gorweddai'n rhannol oddi mewn i lain y Golden Grove, y prynwyd ei hanner gan y stad am £30.[198] Comisiynwyd y cynllun, gan R. Kyrke Penson yn wreiddiol,[199] gan ynadon y sir yn groes i'r 'separate system' newydd o garchariad unigol a gymeradwywyd gan yr arolygwr carchardai.[200] Roedd yn floc hirsgwar â thri bae, yn dirwyn o'r dwyrain i'r gorllewin, ar gyfer 16 carcharor ac yn cynnwys chwe ystafell gysgu, dwy gell gosb a golchdy ar wahân.[201] Ni fu yno'n hir ac fe'i dymchwelwyd yn 1868.

Tresmasau domestig

Cofnodwyd eiddo domestig ar Heol y Bont, i'r de o'r castell, mor fuan â 1268,[202] ond mae Speed yn awgrymu eu bod wedi eu cyfyngu i ochr ddeheuol y ffordd tua 1610 (Ffigur 112). Roedd gwaith datblygu ar hyd yr ochr ogleddol wedi dechrau erbyn 1740 (Ffigur 126), ac wedi ymestyn i gyfeiriad y dwyrain at y bont erbyn 1786 (Ffigur 111). Yr hyn na ddarlunnir ar y mapiau hanesyddol yw'r ffaith fod yr eiddo hyn wedi ymwthio i mewn i gorff y Tŵr De-orllewinol a'r Tŵr Sgwâr, er mwyn creu mwy o le domestig, fel y disgrifiwyd ym Mhennod 3.

Erbyn diwedd y ddeunawfed ganrif roedd y ffos orllewinol, o flaen y porthdy, wedi cael ei hailddatblygu'n llawn gydag adeiladau domestig.

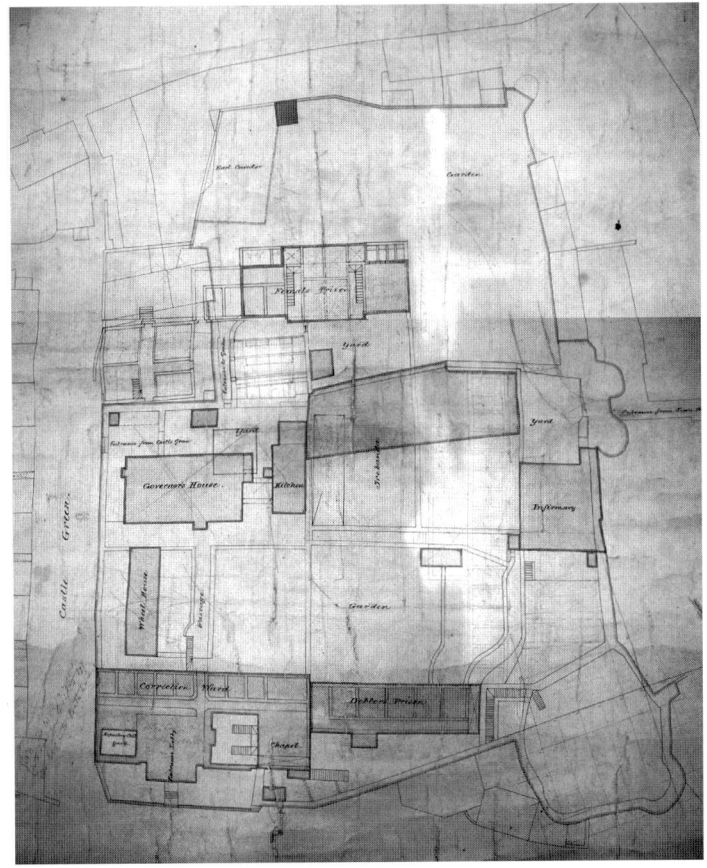

Ffigur 139 Cynllun o Garchar Caerfyrddin, tua 1858–66. Sylwer fod y gogledd ar waelod y ffrâm (Gwasanaeth Archifau Sir Gaerfyrddin, SCG MS 19, 'Plan showing boundary of Carmarthen Gaol and land belonging to the County', d.d.)

Roeddent yn ymestyn yr holl ffordd o gwmpas ochrau gorllewinol a gogleddol y castell, ar hyd Heol y Bont, Maes Nott a Heol y Frenhines (Ffigur 111), gan ddirwyn hyd at y llenfur gorllewinol ac ochrau'r mwnt. Roedd y mwnt wedi derbyn ei wal gynnal is erbyn 1786, gan greu lôn o'r enw 'The Mount' a barhai hyd waelod y llenfur gogleddol ac a oedd, gyda'i fythynnod, yn eiddo i'r Golden Grove (Ffigur 139; gweler hefyd Ffigur 13).

Yn union i'r de o'r porthdy, roedd y llenfur gorllewinol canoloesol wedi peidio â bod yn unrhyw fath o derfyn caled. Mae'n ymddangos fod y gwrych yn y fan hon wedi ymuno â thyred (grisiau) de-ddwyreiniol rhan ôl y porthdy (dangosir yn 1819; Ffigur 130), rai medrau i'r dwyrain o'r llinell wal ganoloesol, gan gadarnhau fod yr holl waith maen a oedd yn parhau i sefyll – a deunydd y cloddiau? – wedi mynd, tra'n dangos pa mor bell i mewn i'r castell y caniatawyd i eiddo ar Heol y Bont dresmasu. Erbyn 1761, roedd Rhif 20 Heol y Bont yn dafarn o'r enw 'The Buffalo'.[203] Ymestynnai ei iard i mewn i safle'r castell, tra bod un o'i dai allan, a ddaeth i'r golwg drwy gloddio yn 2001, yn gorchuddio tyred deheuol byrrach y porthdy a mynedfa 1818 i Ardd y Cursitor (Ffigur 139),[204] nad oedd yn cael ei ddefnyddio'n amlwg erbyn yr 1850au. Parhaodd y Buffalo mewn busnes hyd 1906 o leiaf (Ffigur 150).

Gwelsom hefyd ym Mhennod 3 fod yr eiddo hwn wedi manteisio'n llawn ar ffos y castell fel lle hwylus ar gyfer eu seleryddd. Gosodwyd lleoedd tân mewn dwy o'r seleryddd hyn ym mlynyddoedd olaf y bedwaredd ganrif ar bymtheg/dechrau'r ugeinfed ac fe'u defnyddiwyd yn ôl pob golwg fel man byw ychwanegol – tystiolaeth i'r ffaith fod gorlenwi'n gyffredin, hyd yn oed mewn trefi gwledig.[205]

Estynnwyd Castle Hill (fel 'Golden Grove Street' – gweler Ffigur 133), o gwmpas ochr ddwyreiniol y safle, i'r de o'r bont, erbyn 1740 (Ffigur 126). Awgrymir fod datblygiad cyfyngedig ar hyd ei ymyl gogledd-ddwyreiniol yn 1786 (Ffigur 111) ac roedd wedi'i gwblhau erbyn 1834 (Ffigur 133).

Y CARCHAR AR DDIWEDD Y BEDWAREDD GANRIF AR BYMTHEG A NEUADD Y SIR, 1868–1993

Galwodd Deddf Carcharau newydd, a basiwyd yn 1865, am wahanu carcharorion, dileodd y gwahaniaeth rhwng carchardai a 'Chyweirdai', a hyrwyddai llymder ac unffurfiaeth yng nghyfundrefnau carcharau. Er mwyn cydymffurfio â'r ddeddf, byddai'n rhaid ailadeiladu Carchar Caerfyrddin er mwyn darparu 40 o gelloedd o leiaf, gydag iardiau ymarfer mwy.[206] Ym Mehefin 1866 cyflwynwyd cynlluniau yn y lle cyntaf am ailadeiladu sylweddol oddi mewn i gyfyngiadau carchar Nash.[207] Fodd bynnag, penderfynwyd ymestyn y carchar dros y cyfan o safle'r castell canoloesol yn lle hynny, gan gynnwys Gardd y Cursitor a Castle Green.[208] Ar ôl cryn ddadlau ynghylch yr angen i symud tramwyfa Castle Green a dadfeddiannu'r rhai a oedd yn byw yn y bythynnod, prynwyd Castle Green oddi wrth stad y Golden Grove a phenodwyd William Martin, y pensaer o Birmingham, i gynllunio'r carchar newydd am bris o £17,700.[209]

Y carchar newydd (Ffigur 140)

Dechreuodd y gwaith yn Hydref 1868 a chwblhawyd y carchar newydd, a ddisgrifiwyd fel 'substantial and well-finished structure' yn cynnwys 48 o gelloedd, yn 1872.[210] Ni chadwyd unrhyw gofnod o'r gwaith o osod sylfeini, ond darganfuwyd ddau hanner *noble* aur o gyfnod Edward III, 'in mint condition'.[211] Safai'r carchar mewn man amgaeedig mawr, agored gyda wal derfyn newydd yn gorchuddio tua 80 y cant o safle'r castell canoloesol – a chollwyd yr hen raniad rhwng y cyrtiau mewnol ac allanol o'r diwedd. Yn ogystal â hynny, dymchwelwyd y croesfur canoloesol yn y cwrt mewnol. Mae'n ymddangos fodd bynnag mai'r rhain oedd yr unig elfennau o'r Oesoedd Canol a gollwyd. Dymchwelwyd adeiladau Nash i raddau helaeth, ond cadwyd ffasâd y fynedfa, ynghyd â blociau celloedd cyswllt y ffeloniaid a'r dyledwyr.

Roedd y prif floc, ar gyfer carcharorion gwrywaidd, yn gwbl newydd. Fel y Neuadd Sir bresennol, roedd yn adeilad anferthol, yn sefyll ar ei draed ei hun â thri llawr, yn gorwedd yn ganolog oddi mewn i hen safle'r castell (Ffigurau 140 a 141), ac yn tra-arglwyddiaethu ar y dref. O ran cynllun roedd yn groesffurf anghyfartal. Roedd 'A Wing' a 'B Wing', yn yr adrannau dwyreiniol a'r gorllewinol yn y drefn honno, yn fwy ac wedi eu rhannu'n chwe bae. Roedd 'C Wing', yr adain groes ogleddol, yn llai, yn cynnwys tri bae, tra bod yr adain groes ddeheuol yn fae unigol. Roedd yr adeilad yn un hollol unffurf i edrych arno (Ffigurau

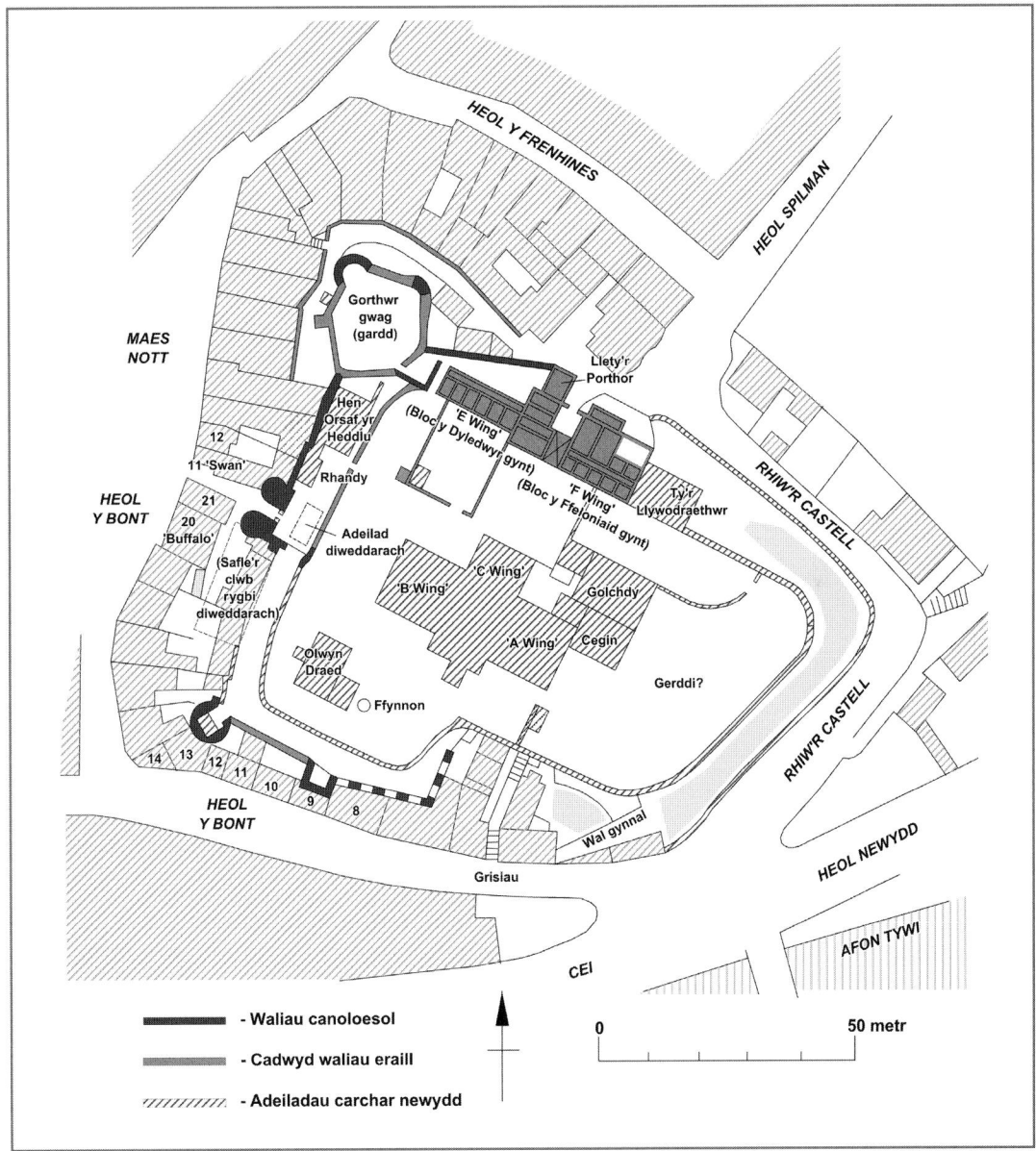

Ffigur 140 Cynllun o safle cyfan y castell yn ystod y bedwaredd ganrif ar bymtheg (adluniad)

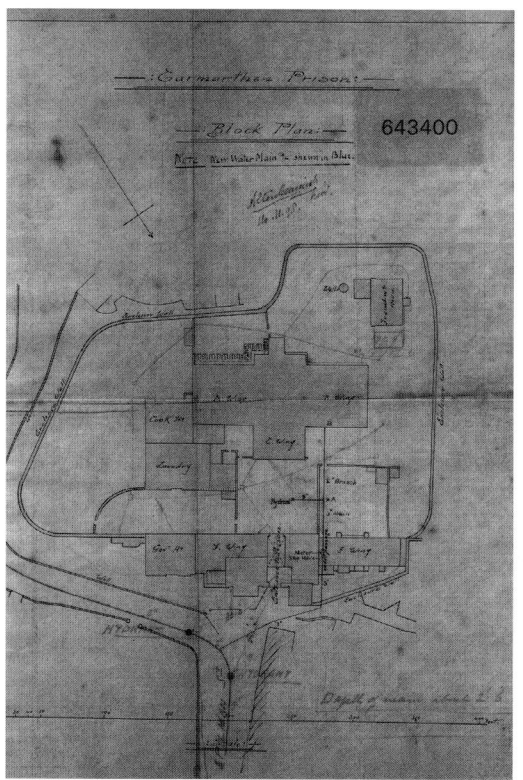

142–3 a 147).²¹¹ Rwbel cerrig llanw oedd y defnydd allanol. Goleuwyd y tri llawr gan ffenestri unigol, â bwâu plaen, gyda fframiau amlwg o garreg nadd blaen. Fodd bynnag, roedd wal dalcen A Wing yn cynnwys ffenestr Gothig tri gwydr, â lawnsedi plaen, o dan fwa allanol pigfain â mowldin capan, ar y llawr cyntaf; roedd yn goleuo'r prif goridor o'r dwyrain i'r gorllewin (gweler isod a Ffigurau 142–3). Roedd y brif fynedfa o'r gogledd, yn C Wing, ac wynebai iard hirsgwar y tu ôl i fynedfa portico Nash, tra bod nifer o ffenestri wedi eu gosod yn wal

Ffigur 141 (chwith) *Cynllun o Garchar Caerfyrddin yn 1898. Sylwer fod y gogledd yng ngwaelod y ffrâm* (Gwasanaeth Archifau Sir Gaerfyrddin, SCG Acc. 7812, Block plan of gaol, 1898)

Ffigur 142 (de ac isod) *Trawsluniau drwy garchar diwedd y bedwaredd ganrif ar bymtheg, 1937* (Gwasanaeth Archifau Sir Gaerfyrddin, SCG CAC/PL/11)

YMRANNU, DYMCHWEL A DATBLYGU: Y CASTELL ÔL-GANOLOESOL   265

Ffigur 143 Bloc carchar diwedd y bedwaredd ganrif ar bymtheg o'r de-ddwyrain, yn *1931* (Gwasanaeth Archifau Sir Gaerfyrddin, SCG Mus. Vol. 36, 'CAS Scrapbook', 124)

dalcen yr adain groes ddeheuol ar y ddwy lefel uchaf, bob ochr i randy deulawr bychan gyda tho ychwanegol hanner talcennog. Fel arall roedd y toeau yn rhai talcen iselgrib o lechi, ar fargodion-cornisiau deintellog, gydag awyryddion ar y cribau a chwpola isel, wythonglog a llusern dros y 'groesfan' ganolog. Codai corn simnai grisiog sgwâr, anferthol drwy'r wal dalcen ddwyreiniol, uwchben y ffenestr Gothig, gan greu tirnod y gellir ei weld am filltiroedd o gwmpas ac sy'n amlwg mewn hen ffotograffau o'r dref (Ffigur 143). Roedd simneiau llai yn wal dalcen yr adain groes ddeheuol a wal ddwyreiniol C wing. Islawr oedd y llawr gwaelod. Roedd celloedd ar y ddau lawr uchaf, wedi eu gosod o boptu i goridorau llydan yn dirwyn yn ganolog ar hyd y ddwy brif echelin (Ffigurau 142 a 144) a gorweddai'r coridorau uchaf o boptu i ffynnon agored, mewn patrwm safonol. Rhai addurnol oedd y trawstiau to bwaog, wedi eu llunio o goed, ac wedi eu cynnal ar gorbelau ar hyd waliau'r coridor. Roedd y tu mewn wedi'i wyngalchu.[213]

Ymunai rhandy, lle roedd cegin a golchdy, â chornel ogledd-ddwyreiniol y prif floc (Ffigur 141). Roedd yn adeilad unllawr, gyda manylion tebyg i'r prif floc a chyfadeilad â thoeau talcen iselgrib.[214] Lleolwyd yr olwyn draed mewn trydydd adeilad newydd, gyda tho talcennog serth, a safai ar ei ben ei hun yng nghornel de-orllewinol y safle – hen Ardd y Cursitor (Ffigurau 140 a 141). Defnyddiwyd yr olwyn i dynnu dŵr o ffynnon y carchar,[215] yn union i'r dwyrain, hon hefyd yn nodwedd cyfan gwbl newydd 'perhaps necessitated by cases of cholera for which the cesspool had been blamed'.[216]

Ailfodelwyd blociau celloedd dyledwyr a ffeloniaid Nash, fel 'E Wing' ac 'F Wing' yn y drefn honno, er mwyn lletya carcharorion benywaidd (Ffigurau 141 a 144),[217] ond roedd eu hiardiau, i'r de, yn gyfan gwbl newydd. Ail-leolwyd Tŷ'r Llywodraethwr a'i adeiladu o'r

Ffigur 144 Yr hen floc dyledwyr ('E Wing') o'r de-ddwyrain, yn y 1930au (Hawlfraint y Goron: Comisiwn Brenhinol Henebion Cymru, B42/1502)

Ffigur 145 Carchar Caerfyrddin: blaen mynedfa John Nash yn 1922 (Gwasanaeth Amgueddfeydd Sir Gaerfyrddin, CAASG 2005/0817/2)

Ffigur 146 Tŷ newydd y llywodraethwr, gan edrych i lawr Heol Spilman o'r gogledd-ddwyrain, d.d. (Gwasanaeth Amgueddfeydd Sir Gaerfyrddin, CAASG 1976/2394)

newydd, yn erbyn pen dwyreiniol Bloc y Ffeloniaid, yn wynebu Heol Spilman (Ffigur 146); yn adeilad o ddwy ystafell o ddyfnder, ac yn cynnwys tri bae, roedd ganddo doeau talcen serth a manylion neo-Gothig. Ail-fodelwyd ffasâd y fynedfa hefyd. Caewyd y brif fynedfa a'i droi'n ffenestr, neilltuwyd yr hen gyntedd bellach i ddibenion domestig a gosodwyd ffenestr arall yn y bwa gorchudd-iol, gan ddisodli'r dellt. Ffurfiwyd mynedfa cwbl newydd yn y bae i'r gorllewin, o dan fwa Nash, yn arwain i mewn i'r iard (Ffigur 145). Ailfodelwyd pedair cell gorllewinol y ffeloniaid i gynnwys tramwyfa llydan i'r fynedfa a ddeuai i'r golwg fel mynedfa fwaog segmentol, fawr i'r tu mewn (Ffigur 147). Newidiwyd y capel unwaith eto a gosodwyd to pyramidaidd arno,[218] tra'r adeiladwyd Llety Porthor newydd, gyda thalcendo isel, yn union i'r gorllewin o'r fynedfa, yn wynebu Heol Spilman (Ffigur 145).

Ffigur 147 Ffotograff wedi'i dynnu o'r awyr o'r carchar, o'r de-ddwyrain, tua 1935 (Gwasanaeth Amgueddfeydd Sir Gaerfyrddin, CAASG 1987/0074)

Ffigur 148 *(chwith, uchod) Manylyn o Arolwg Ordnans 1:2500, Argraffiad Cyntaf, Taflen Sir Gaerfyrddin XXIX.7, 1886* (© Hawlfraint y Goron, 1886)

Ffigur 149 *(chwith, canol) Manylyn o Arolwg Ordnans 1:500, Taflen Sir Gaerfyrddin XXIX.7.6, 1895* (© Hawlfraint y Goron, 1895)

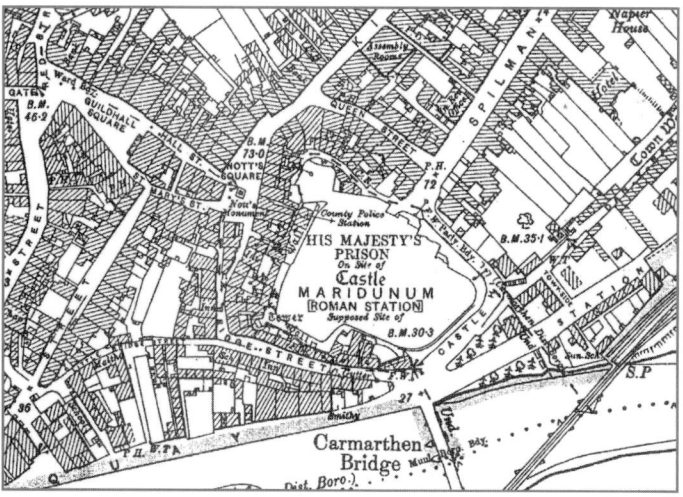

Ffigur 150 *(chwith, isod) Manylyn o Arolwg Ordnans 1:2500, Ail Argraffiad, Taflen Sir Gaerfyrddin XXIX.7, 1906* (© Hawlfraint y Goron, 1906)

Dirwynai'r wal derfyn uchel o gwmpas y carchar newydd, sydd wedi goroesi'n rhannol ym mhen gorllewinol y safle (gweler Ffigurau 5 a 105–6), yn gonsentrig oddi mewn i linell y llenfuriau canoloesol er mwyn creu *cordon sanitaire*, tua 9 m o led. Roedd yn derfyn solet lle nad oedd unrhyw ddrysau yn wreiddiol, ac eithrio prif fynedfa'r carchar (Ffigur 141); ychwanegiad diweddarach yw'r fynedfa bresennol. Dirwynai'r wal i gyfeiriad y de-ddwyrain o Dŷ'r Llywodraethwr er mwyn cynnwys y wal gynnal o ddechrau'r bedwaredd ganrif ar bymtheg o gwmpas Castle Green, a godwyd; mae rhan fechan o'r wal gynharach hon wedi'i chadw o hyd yn ffin bresennol Neuadd y Sir. Âi yn ei blaen i ymuno â wal ddwyreiniol rhan ôl yr hen borthdy a gynhwyswyd hefyd, gyda waliau dwyreiniol yr hen glafdy a iard y dyledwyr (Ffigur 141). Roedd llinellau, o leiaf, dwy neu dair

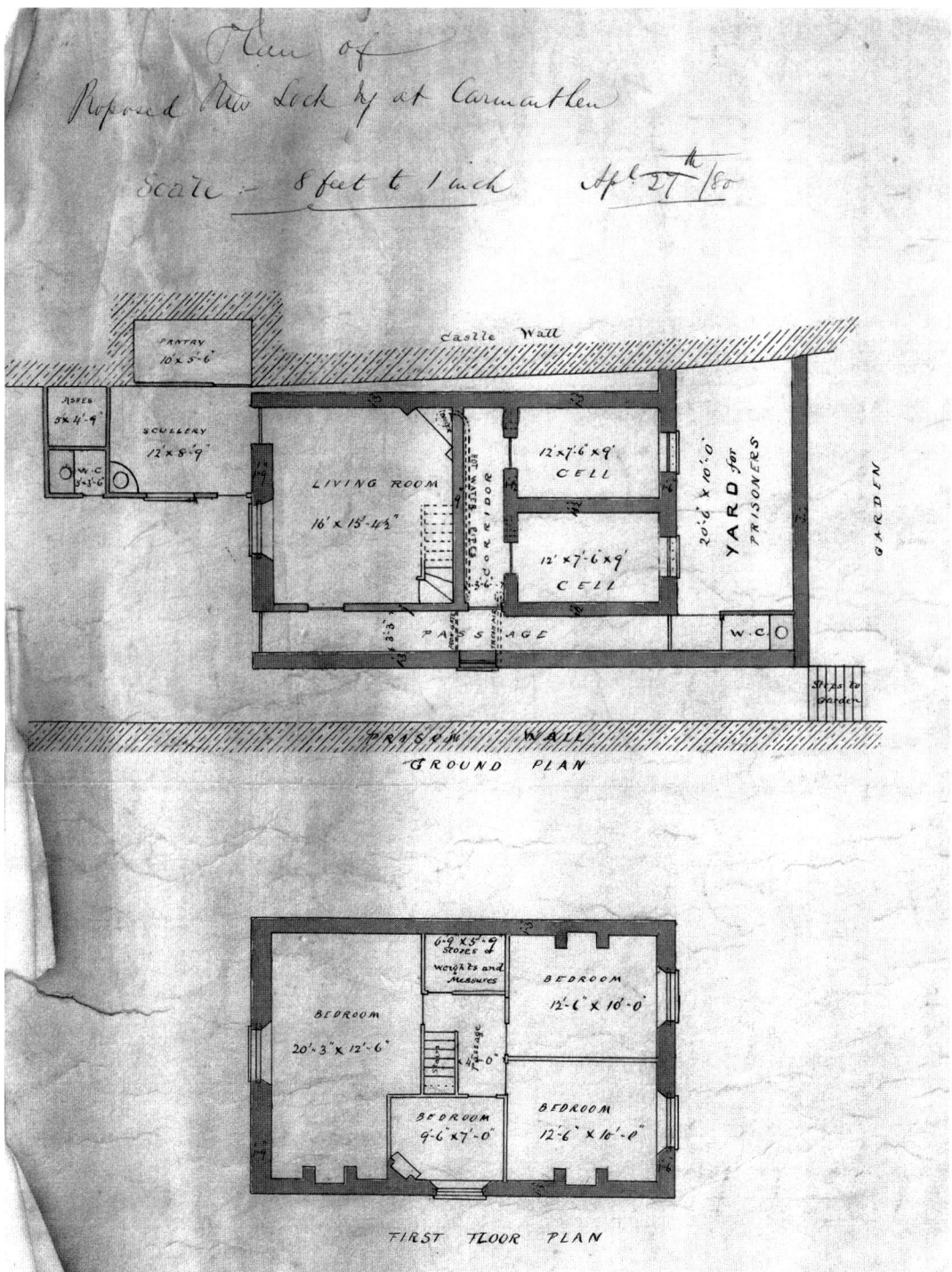

Ffigur 151 *Cynllun o Hen Orsaf yr Heddlu fel y'i hargymhellwyd, 1880* (Gwasanaeth Archifau Sir Gaerfyrddin, SCG MS 19, 'Plan of proposed new lock-up at Carmarthen, 27 April 1880')

o waliau iardiau awyru Nash wedi eu cadw yn rhaniadau mewnol y man amgaeedig newydd, ac i bob golwg lleolwyd gerddi'r carchar yn ei hanner dwyreiniol.[219]

Gorweddai'r llenfuriau gogleddol a gorllewinol a oroesodd yn ogystal â'r wal gynnal ddeheuol oddi allan i'r wal derfyn newydd; cadwyd terfyn dwyreiniol yr hen Ardd Cursitor hefyd. Ymestynnwyd yr olaf i gyfeiriad y dwyrain, o gwmpas ochr ogleddol yr eiddo ar Heol y Bont i ymuno â'r wal gynnal bresennol is o gwmpas Castle Green. Lle dirwynai uwchben y brigiad ar y clogwyn ym mhen pellaf de-ddwyreiniol y safle, fe'i cynhaliwyd gan wrthglawdd ar oledd, gan ffurfio wal 'glasis' (Ffigur 148). Goroesodd y waliau hyn i gyd hyd yr 1960au.

Hen Orsaf yr Heddlu a'r porthdy

Sefydlwyd Heddlu Sir Gaerfyrddin yn 1843,[220] ond nid ydym yn gwybod lle roedd eu pencadlys yn ystod y blynyddoedd cynnar.[221] Addaswyd adeilad clafdy Nash, a oedd wedi goroesi'r ailadeiladu, yn ystod yr 1870au i'w ddefnyddio ar y cyd fel celloedd clo a Gorsaf Heddlu'r Sir, a rhannwyd y llawr gwaelod yn gellocdd a gosodwyd siambrau ar y llawr cyntaf (Ffigur 104). Dymchwelwyd a disodlwyd y clafdy o'r diwedd, rhwng 1880 ac 1886, gan Orsaf Heddlu newydd a chelloedd clo (Ffigurau 151, 108–10), sy'n gorchuddio ei olion yn rhannol (cf. Ffigurau 139 a 148).

Gorweddai'r man hwn oddi allan i'r wal derfyn ac ni ellid mynd yno o'r carchar. Mae'n rhaid felly fod ailagor y porthdy canoloesol, fel y gellid cyrraedd y fan hon a Gorsaf yr Heddlu, wedi digwydd yn ystod yr un cyfnod â wal y carchar.[222] Gwelsom fod rhan ôl y porthdy wedi'i symud oddi yno erbyn 1834; byrhawyd ei wal ddeheuol bellach i'w hyd presennol a gosodwyd mynedfa newydd, llai ym mhen dwyreiniol y cyntedd. Mae gan hon ffrâm â phedwar canol 'neo-Berpendicwlar' (Ffigur 81), yn gwbl gyferbyniol i waith neo-Glasurol Nash. Efallai fod y gwaith o ddadflocio rhan o dŵr gogleddol y porthdy, a ddisgrifiwyd ym Mhennod 3, yn perthyn i'r un cyfnod, ond am resymau sy'n anhysbys.

Mae'r adeilad brics a ddaeth i'r golwg yn yr iard y tu ôl i'r porthdy, yn 2002, yn perthyn i ddechrau'r ugeinfed ganrif ond nid ydym yn gwybod beth oedd ei swyddogaeth. Nid yw'n cael ei ddangos ar fapiau a ffotograffau yn dyddio o 1905–6 (Ffigurau 150 a 152), ond roedd wedi'i adeiladu erbyn yr 1920au (Ffigur 153) ac mae'n ymddangos ei fod yn dal i sefyll tua 1935 (Ffigur 147). Fe'i dymchwelwyd mae'n debyg, ynghyd â'r carchar, yn 1937–9.

Ffigur 152 Hen Orsaf yr Heddlu o'r de, yn 1905 (drwy ganiatâd caredig Amgueddfa Heddlu Dyfed-Powys)

Ffigur 153 Golygfa i gyfeiriad y dwyrain drwy gyntedd y porthdy, yn dangos hen adeilad yr iard tua 1920 (Gwasanaeth Amgueddfeydd Sir Gaerfyrddin, CAASG 2003/0069)

Cau a dymchwel, 1924–39

Gwladolwyd carchardai Prydain yn 1877, a rhoddodd awdurdodau'r sir y gorau i'w rheoli.[223] Caewyd nifer ohonynt ar ôl hynny, gan gynnwys Aberteifi a Hwlffordd, a symudwyd eu carcharorion hwy i Gaerfyrddin gan achosi gorlenwi aruthrol. Fodd bynnag, erbyn dechrau'r ugeinfed ganrif, roedd y carchar wedi'i gyfyngu i garcharorion gwrywaidd yn unig.[224] Ychwanegwyd rhai adeiladau ategol bach, ac fe'u dangosir ar gynlluniau diweddarach, ond ni wnaed unrhyw newidiadau na gwaith adeiladu sylweddol ar ôl 1872. Yn ôl adroddiad o ddechrau'r 1920au, nid oedd Caerfyrddin 'a good prison for carrying out the modern treatment of prisoners [ac] a small place with no industrial possibilities', gyda staff o 12 o warchodwyr a rheolwr yn unig.[225] O ganlyniad dioddefodd y 'Geddes Axe' anfad yn 1922, pan argymhellodd adroddiad Geddes y dylid ei gau er mwyn arbed costau.[226] Gorchmynnwyd ei gau ym mis Medi 1924 yn y diwedd.[227] Symudwyd y carcharorion i Garchar Abertawe, a symudwyd carcharorion benywaidd o'r fan honno i Gaerdydd er mwyn gwneud lle ar eu cyfer.

Fel cyn-awdurdod y carchar, cafodd y Cyngor Sir wahoddiad i brynu'r eiddo am £3,249,[228] ac aeth y gwerthiant yn ei flaen yn ddiweddarach yn 1924. Argymhellwyd ei ddymchwel mor fuan â 1931,[229] ond cyflwynwyd gwahanol gynlluniau i'w addasu wedi hynny, gan gynnwys swyddfeydd sir, amgueddfa a llyfrgell.[230] Yn y diwedd, yn 1934, penderfynwyd dymchwel y carchar er mwyn gwneud lle ar gyfer adeilad newydd y Cyngor Sir.[231] Mae'n debyg i'r cytundeb ar gyfer ei ddymchwel gael ei ddyfarnu yn 1937,[232] ond roedd eisoes wedi dechrau yn 1935[233] pan ddymchwelwyd wal derfyn y carchar (gweler Ffigur 147).

Cafwyd ymdrechion i arbed ffasâd mynedfa Nash a'r portico a ddatgymalwyd yn ofalus, yn ôl pob golwg, er mwyn ei ail-godi. Nid yw'n glir beth ddaeth ohono ar ôl hynny – tra bod un adroddiad yn nodi fod y cerrig wedi mynd ar goll yn ystod yr Ail Ryfel Byd, mae eraill yn honni fod y portico wedi'i dorri i fyny mewn gwirionedd.[234] Fel y bu hi, yr unig adeilad o gyfnod y carchar y daliwyd gafael arno – ac eithrio'r tamaid o wal y carchar a oroesodd – oedd Hen Orsaf yr Heddlu a'r carchar, y parhawyd i'w ddefnyddio hyd 1947, gan barhau â swyddogaeth gosbi'r castell ychydig yn hwy. Fodd bynnag, rhoddwyd cydnabyddiaeth ddiddorol i swyddogaeth amddiffynnol y castell yn ystod yr Ail Ryfel Byd, pan osodwyd y seiren cyrch awyr yng nghornel ogledd-orllewinol y gorthwr gwag.

Roedd dymchwel y carchar yn cyd-fynd â dymchwel pont ganoloesol y dref a'i disodli â'r adeiledd presennol yn 1936–7. Ar yr un pryd, lledwyd Rhiw'r Castell, gyda goblygiadau dwys ar gyfer safle'r castell. Torrwyd ochrau dwyreiniol a de-ddwyreiniol yr hen gwrt allanol, a oedd eisoes wedi colli tua 7 m yn dilyn lledu'r ffordd tua 1804, yn ôl ymhellach rhwng 3 m a 10 m (gweler Ffigur 165); rhwng popeth, collwyd dros 10 y cant o du mewn y castell. Tynnwyd y wal gynnal o gwmpas Castle Green a oedd yn perthyn i ddechrau'r bedwaredd ganrif ar bymtheg a'r wal is ychydig yn ddiweddarach,[235] ac adeiladwyd wal gynnal newydd. Cynhaliwyd 'briff gwylio' anffurfiol ar y gwaith, yn ogystal â chofnod ffotograffig, gan George Eyre Evans o Gymdeithas Hynafiaethwyr Sir Gaerfyrddin.[236]

Neuadd y Sir (Ffigur 154)

Dechreuwyd ar y gwaith o godi Neuadd y Sir, pencadlys gweinyddol sir Gaerfyrddin, o'r diwedd yn 1939. Fe'i cynlluniwyd yn 1935 gan Syr Percy Thomas, a oedd hefyd yn gyfrifol am adeilad clodfawr Neuadd Dinas Abertawe a adeiladwyd yn 1934, y Deml Heddwch ac Iechyd ym Mharc Cathays, Caerdydd, o 1938, a rhan fawr o gampws Prifysgol Aberystwyth ym Mhenglais.[237] Fe'i gwnaed yn farchog yn ddiweddarach am ei wasanaeth i bensaernïaeth.

Tarfodd y rhyfel ar y gwaith adeiladu, a wnaed gan W. T. Nicholls o Gaerloyw,[238] ac ni chafodd ei gwblhau hyd 1955; bu'r agoriad swyddogol yn 1956.[239] Mae'n adeilad mawr gyda dau lawr uwchben islawr. O ran cynllun mae'n floc pedronglog, gan gynnwys pedair rhes o swyddfeydd o gwmpas iard ganolog, a rennir gan adain groes yn cynnwys siambr y cyngor.[240] Mae'r arddull, drwyddo draw, yn efelychu châteaux Ffrengig, mewn cydnabyddiaeth o wreiddiau hanesyddol y safle mae'n debyg. Mae'n anferth o ran ffurf, gydag wyneb carreg llwyd, plaen Fforest y Ddena wedi'i chwarelu, ac mae'r manylion allanol – mewn carreg Portland gwyn – yn eithriadol gynnil. Mae 13 o faeau yn y prif wynebau blaen gogleddol a deheuol gyda'r rhai hynny ar y pen yn ymestyniadau crwm neu *tourelles*; mae dwsin o faeau ar yr ochrau. Goleuir pob bae â ffenestr ar bob un o'r tair llawr. Estynnir y ffenestri croes tal, hirsgwar ar y lloriau uchaf yn ffenestri Ffrengig, gyda balconïau, yn y baeau ymestynnol ar y pen ac ym maeau canolog y prif wynebau blaen; mae'r islawr yn cynnwys parau casment bach. Mae llawr yr islawr yn ffurfio plinth ymestynnol ac mae cornis yn y bondo. Mae'r toeau yn rhai ar oleddf serth ac o lechi gwyrdd sir Benfro, gan greu effaith hardd, a chwyd dau gorn simnai anferthol drwy grib y to yn y ddau brif wyneb blaen. Mae gan y brif fynedfa, yn yr wyneb blaen gogleddol, ffrâm o garreg Portland sy'n cynnwys

YMRANNU, DYMCHWEL A DATBLYGU: Y CASTELL ÔL-GANOLOESOL 273

Ffigur 154 Neuadd y Sir yn 2007, ac olion y castell, o'r de-orllewin (drwy garedigrwydd Ken Day)

cerfweddau gan y cerflunydd David Evans, yn dangos gwahanol weithgareddau'r cyngor. Eir ati i fyny rhes lydan o risiau. Mae'r trydydd bae o bob pen yn cynnwys drws llai, hefyd mewn carreg Portland. Mae'r tu mewn yn ymarferol gyda lloriau a grisiau terrazzo. Arddull hanesyddolaidd cyfoes welir yn siambr y cyngor, lle ceir nenfwd coffrog addurnedig wedi'i gynnal gan fwâu corbelaidd Gothig. Neuadd y Sir yw un o'r adeiladau cyhoeddus mwyaf nodedig o ganol yr ugeinfed ganrif yng Nghymru, gan bensaer Cymraeg blaenllaw, a hwn yw adeilad amlycaf y dref.

Ni chafwyd unrhyw gofnod archeolegol gyda'r gwaith o osod sylfeini ar gyfer ei adeiladu ac nid ydym yn gwybod beth fu eu heffaith, a natur y lefelau gwaelodol. Gallwn fod yn sicr, fodd bynnag, fod nifer fawr o ddyddodion wedi eu colli. Ond ar wahân i isbwerdy trydan bychan a adeiladwyd yn erbyn y llenfur gogleddol, Neuadd y Sir o hyd yw'r unig adeilad newydd ar safle'r castell.

NODIADAU

1   W. A. Shaw (gol.), *Calendar of Treasury Books*, 1–26 (Llundain: Institute of Historical Research, 1904–54).

2   J. Dodridge, A*n Historical Account of the Ancient and Modern State of the Principality of Wales, Duchy of Cornwall and Earldom of Chester* (Llundain: J. Roberts, 1630, ail argraffiad, 1714).

3   J. Davies (gol.), *The Carmarthen Book of Ordinances 1569–1606* (Llandybïe: CHSG, 1996). Trawsysgrifiad yw hwn, gan John Davies o Wasanaeth Archifau Sir Gaerfyrddin, o un o'r ddau Lyfr Archebion Corfforaethol, SCG (M) 156 a 156a, ac mae'r cofnodion yn dyddio o 1569 hyd at 1606. Gellir dod o hyd i ddetholiadau o'r ail lyfr SCG (M) 155, yn LlGC, MS 12358D, 'Cofnodion bwrdeistref gorfforaethol Caerfyrddin', 1590–1764' (trawsysgrifiwyd gan Alcwyn Evans, 1851–3); mae John Davies wrthi'n gwneud gwaith trawsysgrifio pellach. Mae'r ddau lyfr yn ymwneud â'r bwrdeistref yn hytrach na'r sir.

4   Er enghraifft LlGC, MS 12358D; LlGC, MSS 12364D a 12365D, 'Collectanea concerning Caermarthen', 1 a 2 (trawsysgrifiwyd gan Alcwyn Evans); LlGC, MS 12367D, 'Carmarthen borough records, charters etc. 1581–1610, 1738–1835' (trawsysgrifiwyd gan Alcwyn Evans).

5   Gweler G. Parry, 'A guide to the records of the Great Sessions in Wales' (teipysgrif heb ei chyhoeddi, LlGC, Aberystwyth, 1995).

6   J. R. Phillips, *Memoirs of the Civil War in Wales and the Marches 1642–1649*, 1 a 2 (Llundain: Longmans, Green and Co., 1874).

7   Early English Books Online, Thomason Tracts.

8   J. Vicars, *God in the Mount or, England's Parliamentary Chronicle 1 and 2* (Llundain: J. Rothwell and T. Underhill, 1644); J. Vicars, *God's Arke overtopping the World's Waves or, the Third Part of the Parliamentary Chronicle* (Llundain: J. Rothwell and T. Underhill, 1646); J. Vicars, *The Burning-bush not Consumed or, the Fourth and Last Part of the Parliamentarie-Chronicle* (Llundain: J. Rothwell and T. Underhill, 1646).

9   C. H. Firth a R. S. Rait (goln), *Acts and Ordinances of the Interregnum, 1642–1660* (Llundain: History of Parliament Trust, 1911); Cyhoeddwyd rhai o'r cofnodion *JHC* gan Michael Thompson, gan gynnwys nifer a oedd yn berthnasol i Gastell Caerfyrddin – gweler M. W. Thompson, *The Decline of the Castle* (Cambridge University Press, 1987).

10   T. James, 'Carmarthen's Civil War defences', *Carms. Antiq.*, 27 (1991), 21–30; B. H. St J. O'Neil, 'The Bulwarks, Carmarthen', *Archaeologia Cambrensis*, 93 (1938), 126–30.

11   J. Howard, *The State of the Prisons in England and Wales, with Preliminary Observations, and an account of some Foreign Prisons* (Warrington: William Eyres, 1777), tt. 467–8. Gellir dod o hyd i ddetholiadau o adroddiad am ei ail ymweliad yn 1788 yn G. J. Thomas, 'Carmarthen gaols, 1774, 1788', *TCASFC*, 29 (1939), 104–5; J. Neild, *An Account of the Rise, Progress and Present State, of the Society for the Discharge and Relief of Persons Imprisoned for Small Debts throughout England and Wales* (Llundain: John Nichols and Son, 1808) tt. 72–3.

12   D. Defoe, *A Tour through the Whole Island of Great Britain* (Llundain: Longman, golygiad 1962); T. Dineley, *The Account of the Official Progress of His Grace Henry the first Duke of Beaufort through Wales in 1684* (Llundain: Blades and Blades, golygiad ffacsimili 1888).

13   SCG, Mapiau Cawdor 219 (gweler Ffigur 111), a SCG (M) 459a. Mae trydydd map, CRO2 (M) 5, union yr un fath â'r olaf. Mae'r darlun o ardal y castell yr un fath yn y tri.

14   Er enghraifft LlGC, Carm. Top. A5, A011, 'Carmarthen Castle, Metcalf sculpt.', tua 1785; LlGC, Carm. Top. A5, A013, 'South

view of Carmarthen Castle and town', tua 1820; a nifer o rai eraill. Mae rhai golygfeydd gwreiddiol (e.e. LlGC, Carm. Top. A5, A009, 'Carmarthen Castle, south Wales', 1792), ond prin yw'r rhai sy'n dangos y castell yn eglur. Trafodir ffynonellau darluniadol ar gyfer ardal y castell yn A. Dorsett, 'Artist's depictions of Carmarthen quay', yn H. James a P. Moore (goln), *Carmarthenshire and Beyond: Studies in History and Archaeology in Memory of Terry James* (Caerfyrddin: CHSG, 2009), tt. 61–6.

15 P. Lord, 'Artisan painters in Carmarthen', *Carms. Antiq.*, 27 (1991), 48.

16 Ac mae'n ymddangos na wnaeth yr arlunydd o ddechrau'r bedwaredd ganrif ar bymtheg, Charles Norris, o Ddinbych-y-pysgod, ei ddewis fel testun.

17 N. Carlisle, *A Topographical Dictionary of the Dominion of Wales* (Llundain: Nicholas Carlisle, 1811); M. W. Thompson (gol.), *The Journeys of Sir Richard Colt Hoare through Wales and England, 1793–1810* (Gloucester: Sutton Publishing Ltd, 1983); J. Fisher (gol.), *Tours in Wales (1804–1813) by Richard Fenton* (Llundain: Bedford Press, 1917); B. H. Malkin, *The Scenery, Antiquities and Biography of South Wales*, 2 (Llundain: Longman and Rees, 1807).

18 E. Donovan, *Descriptive Excursions through South Wales and Monmouthshire in the Year 1804, and the Four Preceding Summers*, 2 (Llundain: Edward Donovan, 1805), tt. 171–2; S. Lewis, *A Topographical Dictionary of Wales*, 1 (London: S. Lewis and Co., 1849), tt. 180–6.

19 R. W. Ireland, *'A Want of Order and Good Discipline': Rules, Discretion and the Victorian Prison* (Caerdydd: GPC, 2007). Er mai hanes cymdeithasol ydyw yn y lle cyntaf, gan dynnu ar ddyddlyfrau ceidwad y carchar a chofnodion y Llys Chwarter, mae'n cynnwys adroddiad gwerthfawr ynghylch adeiladau'r carchar a'u swyddogaeth.

20 R. Suggett, *John Nash, Architect in Wales* (Aberystwyth: CBHC/LlGC, 1995), tt. 25–30.

21 SCG, MS 19.

22 SCG (M) 786.

23 Curadwyd gan CBHC (NPRN 100074).

24 Yn arbennig nodiadau George Eyre Evans o lawysgrifau'r teulu Phillips o Gwmgwili o'r ail ganrif ar bymtheg a'r ddeunawfed ganrif (G. E. Evans, 'The Cwmgwili manuscripts', *TCASFC*, 23 (1932), 90–3, *TCASFC*, 26 (1936), 26–31), a drawsysgrifiwyd o lawysgrifau MSS yn SCG, a'i gopïau o'r dyddiadur MS, o 1764–97, o John Vaughan o Golden Grove (G. E. Evans, 'Caermarthen, 1764–1797', *TCASFC*, 1 (1906), 101–2).

25 W. Spurrell, *Carmarthen and its Neighbourhood* (Caerfyrddin: Spurrell and Co., 1879).

26 Archwiliwyd rhestri o gasgliadau Alcwyn Evans a George Eyre Evans yn Llyfrgell Genedlaethol Cymru hefyd am ragor o ddeunydd perthnasol pellach.

27 Thompson, *Decline of the Castle*, tt. 105–8.

28 Ni ddylid cymysgu 'sir' â 'bwrdeistref sirol' Caerfyrddin a sefydlwyd yn 1604 (*CSPD*, James I, 1603–1610 (Llundain, 1857), t. 117).

29 R. A. Griffiths, *The Principality of Wales in the Later Middle Ages: The Structure and Personnel of Government*, 1. South Wales 1277–1536 (Caerdydd: GPC, 1972), tt. 162, 189.

30 Dodridge, *Historical Account*, t. 42.

31 Griffiths, *Principality*, t. 30.

32 Davies, *Carmarthen Book of Ordinances*, tt. vi–viii.

33 *CPR*, Elizabeth I 2, 1560–1563 (Llundain, 1948), t. 120; *CPR*, Elizabeth I 3, 1563–1566 (London, 1960), *passim*; Dodridge, *Historical Account*, t. 60; Parry, *Records of the Great Sessions*, iv–v. Cf. Pennod 2.

34 Thompson, *Decline of the Castle*, t. 12.

35 F. Green (gol.), 'Carmarthen Castle. A collection of historical documents relating to Carmarthen Castle from the earliest times to the close of the reign of Henry VIII', *WWHR*, 4 (1914), 71.

36 *CPR*, Philip and Mary 1, 1553–1554 (London, 1937), t. 270. Bu'r Llyngesydd Syr Rhys Mansel,

c.1487–1554, yn siryf Morgannwg ac yn siambrlen Caer dan Harri VIII. Fodd bynnag, bu symudiad wedi hynny tuag at benodi gweision sifil proffesiynol, fel John Walsh, ustus yn ystod yr 1550au, (ibid., t. 269), a'i olynwyr John Restall a gŵr uchel ei barch o'r enw George Fettiplace, o Berkshire, fu'n ustus rhwng 1574 ac 1577 (gweler A. L. Browne, 'George Phetiplace, justice of south Wales, 1574–1577', *TCASFC*, 24 (1933), 38–42, am fywgraffiad byr).

37 Green, 'Carmarthen Castle', 4, 60.

38 Ibid., 60–1, lle rhoddir dyddiad anghywir o 1578 i'r adroddiad, ddwy flynedd ar ôl marwolaeth Essex. Amod arall y rhodd oedd: 'the Auditor and Receiver may have place when they come to the country, and the Justice in circuit time'.

39 Ibid., 62–4. Cf. Castell Trefynwy, lle'r argymhellwyd cwblhau'r porthdy, a adawyd heb ei orffen yng nghanol y bymthegfed ganrif, tua 1550 fel y gallai'r trysorlys, a gynhelid yn y dref, symud yn ôl i mewn i'r castell (A. J. Taylor, *Monmouth Castle and Great Castle House* (Llundain: LlEM, 1951), t. 13).

40 J. Goodall, *The English Castle 1066–1650* (Newhaven/Llundain: Yale University Press, 2011), t. 470.

41 Pryd y gallai hefyd fod wedi'i ailadeiladu (Davies, *Carmarthen Book of Ordinances*, t. iv). Safai ar safle'r adeilad presennol, yng nghanol y dref, ac efallai mai hwn oedd yr un neuadd tref a sefydlwyd erbyn 1313–18 (W. Rees (gol.), *Calendar of Ancient Petitions relating to Wales* (Caerdydd: GPC, 1975), t. 495). Fe'i hailadeiladwyd eto yn 1767–77.

42 A. Saunders, *Excavations at Launceston Castle, Cornwall* (Llundain: SMA Monograph 24, 2006), tt. 41–2. Roedd gwreiddiau'r broses hon yn yr Oesoedd Canol, e.e. yng Nghastell Caernarfon lle roedd y llys wedi symud i mewn i'r dref erbyn y bymthegfed ganrif, gyda lletÿ'r Pris Ustus yn dilyn (A. J. Taylor, *Caernarvon Castle and Town Walls* (Llundain: LlEM, 1953), t. 42).

43 Roedd y 'Constable and Usher of Carmarthen Castle' yn dal i gynrychioli rhan o beirianwaith y llys yn 1630 (Dodridge, *Historical Account*, t. 60).

44 Green, 'Carmarthen Castle', 4, 60; *CPR* 1560–63, t. 604.

45 Goodall, *English Castle*, t. 470.

46 Evans, 'Cwmgwili manuscripts', 23, 92–3.

47 Gweler Taylor, *Monmouth Castle*, t. 21; J. Champness, *Lancaster Castle: A Brief History* (Preston: Lancashire County Books, 1993), tt. 11–13.

48 Green, 'Carmarthen Castle', 4, 63–4.

49 W. Rees (gol.), *A Survey of the Duchy of Lancaster Lordships in Wales 1609–1613* (Caerdydd: GPC, 1953), tt. 10–11; D. F. Renn, *Clifford's Tower and the Castles of York* (Llundain: LlEM, 1971), tt. 18–22.

50 LlGC, MS 12358D, 60.

51 M. Darwen, *Lincoln Castle* (Lincoln: Lincs. County Council, n.d.), t. 4.

52 Rees, *Duchy of Lancaster Lordships*, t. 11.

53 Evans, 'Cwmgwili manuscripts', 23, 92–3.

54 Mae'n bosibl, fodd bynnag, ei fod eisoes mewn dwylo preifat: roedd James I, cyn ei farwolaeth yn 1625, wedi cael gwared ar nifer o eiddo adfeiliedig, gan gynnwys cestyll Penfro a Chaerefrog, er mwyn codi arian (J. Clark, *Clifford's Tower and the Castle of York* (Llundain: English Heritage, 2010), t. 33).

55 SCG, Cawdor 21/613, Inspeximus of deeds (1639), 163.

56 Ibid.

57 A. Crossley a C. R. Elrington (goln), *A History of the County of Oxford*, 12 (OUP, 1990), tt. 82–4; H. E. Malden (gol.), *A History of the County of Surrey*, 3 (Llundain: Constable, 1911), tt. 467–75; W. Page, *A History of the County of Middlesex*, 2 (Llundain: Constable, 1911), tt. 314–19; R. B. Harraden, *History of the University of Cambridge* (Caergrawnt: Harraden and Son, 1814), tt. 252–3.

58 SCG, Cawdor 21/613, 163.

59 Champness, *Lancaster Castle*, t. 13.

60   J. E. Lloyd (gol.) *A History of Carmarthenshire*, 2 (Llundain: London Carmarthenshire Society, 1939), t. 25.
61   A. L. Leach, *The History of the Civil War (1642–1649) in Pembrokeshire and on its Borders* (Llundain: H. F. and G. Witherby, 1937), t. 40.
62   Ibid., t. 31.
63   Phillips, *Memoirs of the Civil War*, t. 215.
64   Vicars, *God's Arke*, t. 224. Nid ydym yn gwybod yr union ddyddiad y cipiwyd Caerfyrddin. Mae'r rhan fwyaf o'r adroddiadau o'r cyfnod yn nodi fod hyn wedi digwydd ym Mai (gweler e.e. ibid.; Thomason 669, f. 10, Lists of Parliamentary victories by Joseph Ricraft, 1646), ond roedd llythyrau'n sôn am y digwyddiad wedi cyrraedd Llundain erbyn 3 Mai (Thomason E46.8, *The Parliament Scout*, gan John Dillingham (1643–5), 383), gan nodi diwedd Ebrill (fel yr awgrymwyd gan James, 'Carmarthen's Civil War defences', 25–6).
65   Phillips, *Memoirs of the Civil War*, t. 232
66   Ibid., tt. 274–6; Thomason E307.15, Letter from Maj-Gen. Laugharne to the House of Commons, 28 Hydref 1645. Gweler hefyd James, 'Carmarthen's Civil War defences', 27.
67   Llythyr oddi wrth George, Lord Digby (G. E. Evans, 'Carmarthen Castle', *TCASFC*, 1 (1906), 27).
68   Thomason E307.25, Journal of Matthew Walbancke (1644–6), 5–6; Phillips, *Memoirs of the Civil War*, t. 337; Vicars, *Burning-bush*, t. 302.
69   Mae'n debyg fod nodyn i'r perwyl hwn wedi'i roi yn sownd gyda phin wrth un o Lyfrau Archebion Corfforaeth y Bwrdeistref ac fe'i gwelwyd yn ystod y bedwaredd ganrif ar bymtheg (LlGC, MS 12364D, 518). Nifer o dyllau pinnau yw'r cyfan sydd wedi goroesi (fel a drafodwyd yn James, 'Carmarthen's Civil War defences', 25–6); o'u dwyn ynghyd, ychydig iawn o gofnodion sy'n gysylltiedig â'r Rhyfel Cartref yn y llyfrau archebion.
70   James, 'Carmarthen's Civil War defences', 29.
71   G. Geear, S. Priestley ac R. Turner, 'After the Restoration', yn R. Turner ac A. Johnson (gol.), *Chepstow Castle; Its History and Buildings* (Almeley: Logaston, 2006), tt. 235–8.
72   Heather James, pers. comm.
73   Thomason E307.25, 5–6.
74   Thomason E84.34, Declaration by Parliament concerning Lincolnshire, 9 Ionawr 1643.
75   James, 'Carmarthen's Civil War defences', 27.
76   Phillips, *Memoirs of the Civil War*, t. 233 (o *The Weekly Account*, 42, 18 Mehefin 1644).
77   O'Neil, 'The Bulwarks', 128–30.
78   Ibid.; James, 'Carmarthen's Civil War defences', 28–9. Hyd yma ni awgrymwyd fod gwreiddiau Seneddol i unrhyw un o'r gweithiau amddiffynnol yng Nghaerfyrddin. Mae'n ddiddorol nodi nad oes unrhyw gofnod dogfennol o un o systemau amddiffyn gorau'r Rhyfel Cartref ym Mhrydain.
79   E. Rae, 'Archaeological investigations at the former Cattle Market, Carmarthen, Carmarthenshire, October 2007–May 2008' (adroddiad heb ei gyhoeddi gan Northamptonshire Archaeology, 2009, delir y copi yn YAD HER), 8, 24–5.
80   Thomason E307.15.
81   Gweler James, 'Carmarthen's Civil War defences', 28.
82   *JHC*, 5, 1646–1648 (London, 1802), tt. 123–5.
83   Ibid., 249–51; gweler hefyd Thompson, *Decline of the Castle*, t. 180.
84   Thompson, *Decline of the Castle*, t. 143.
85   James, 'Carmarthen's Civil War defences', 28; O'Neil, 'The Bulwarks', 127.
86   Thomason E442.11, Declaration of Maj-Gen. Laugharne and Col. Rice Powell, 15 Mai 1648, 5.
87   Leach, *Civil War in Pembrokeshire*, tt. 149, 155, 160. Ysgrifennodd y Cyrnoliaid Poyer a Culpepper o'r garsiwn ddatganiad o blaid y brenin yng Nghaerfyrddin (Thomason E435.9, Declaration of Col. Poyer, 10 Ebrill 1648).

88 Phillips, *Memoirs of the Civil War*, t. 400; Thomason E441.6, 'The particular relation of another great fight in south Wales', gan Thomas Hill, Cornet, 3 Mai 1648.
89 Phillips, *Memoirs of the Civil War*, t. 398.
90 Ibid., t. 406.
91 Mae'n debyg fod cofnod yn Llyfrau Archebion y Gorfforaeth – ar ddarn arall o bapur wedi'i ei roi yn sownd gyda phin – fod barics ar gyfer 160 o ddynion wedi'i ddarganfod yng Nghaerfyrddin, ar gyfer milwyr Cromwell o bosibl (G. E. Evans, 'Carmarthen local events AD 1547–1836', *Yr Encilion*, 1/1 (1912), 13).
92 Firth and Rait, *Acts and Ordinances*, tt. 14–16, 24–57.
93 Ibid., tt. 24–57; S. K. Roberts, 'Dawkins, Rowland (1618–1691)', *Oxford Dictionary of National Biography* (OUP, 2004; fersiwn ar-lein 2008, cyrchwyd Medi 2012).
94 B. S. Capp, *The World of John Taylor the Water Poet, 1578–1653* (OUP, 1994), t. 161; LlGC, MS 12364D 1, 518.
95 Roberts, 'Dawkins, Rowland'; gweler hefyd Thompson, *Decline of the Castle*, tt. 153–4.
96 *JHC*, 7, 1651–1660 (Llundain, 1802), tt. 25–6.
97 Lle parhaodd gwaith ar yr amddiffynfeydd ar ôl yr Adferiad (Geear et al., 'After the Restoration', tt. 229–42; J. Knight, 'Civil War and Commonwealth', yn Turner a Johnson, t. 227).
98 Spurrell, *Carmarthen*, t. 117, o lythyr a anfonwyd gan Dawkins.
99 Roberts, 'Dawkins, Rowland'.
100 Ibid.
101 *JHC*, 7, t. 617.
102 Thomason E1432.2, Adroddiad o siwrnai drwy Gymru gan John Taylor yn 1652, 18 (am Taylor gweler Capp, *World of John Taylor*). Ar ben hynny roedd Dawkins yn parhau i ddwyn y teitl 'Governor of Carmarthen Castle' y flwyddyn honno (Green, 'Carmarthen Castle', 4, 72).
103 LlGC, MS 12358D, 67.
104 R. Mathias, 'The Second Civil War and Interregnum', yn B. Howells (gol.), *Pembrokeshire County History 3, Early Modern Pembrokeshire 1536–1815* (Hwlffordd: Pembrokeshire Historical Society, 1987), t. 221.
105 W. A. Shaw (ed.), *Calendar of Treasury Books*, 1, 1660–1667 (Llundain: Institute of Historical Research, 1904), p. 101; R. Blome, *Britannia or, a Geographical Description of the Kingdoms of England, Scotland and Ireland, with the Isles and Territories thereto Belonging* (Llundain: Thomas Roycroft for Richard Blome, 1673), tt. 269–70.
106 Firth and Rait, *Acts and Ordinances*.
107 Thompson, *The Decline of the Castle*, 142. Nid oes unrhyw gofnodion sirol wedi goroesi, yn SCG neu LlGC, tu hwnt i 'Gaol Files' LlGC, h.y. cofnodion y llys. Yr hyn a gedwir fel arfer yw'r gorchmynion i ddymchwel a gofnodwyd, fel yng Nghaerfyrddin yn 1647, yn *JHC* a *CSPD*).
108 Taylor, *Monmouth Castle*, t. 8; Thompson, *Decline of the Castle*, t. 183.
109 J. K. Knight, 'Excavations at Montgomery Castle, part I', *Archaeologia Cambrensis*, 142 (1992), 119–21.
110 R. Avent, *Laugharne Castle* (Caerdydd: Cadw, 1995), t. 21; C. Parry, 'Survey and excavation at Newcastle Emlyn Castle', *Carms. Antiq.*, 23 (1987), 11.
111 SCG, (M) 49, Presentment on properties within Carmarthen (1657).
112 Awgrymodd yr hanesydd lleol William Spurrell fod 'the castle was dismantled by Cromwell in 1648' (Spurrell, *Carmarthen*, t. 116). Fodd bynnag, gwelsom ei fod wedi cael ei ddefnyddio am beth amser ar ôl hynny.
113 Thomason E993.33, *The Weekly Post*, gan D. Border, 1659–60, 144; *JHC*, 7, tt. 769–70.
114 Champness, *Lancaster Castle*, t. 13; mae chwalfa'r Rhyfel Cartref yn golygu fod bylchau mawr ar gyfer nifer o siroedd Cymru o ran cofnodion y llysoedd yn ystod yr 1640au ac, i raddau llai, yn ystod yr 1650au hefyd; mae sir Gaerfyrddin yn ffodus fod cofnodion, er

yn anghyson i raddau helaeth, yn cynnwys casgliadau o 1653–8 (J. F. Jones, 'Common Law records: Carmarthenshire', *TCASFC*, 24 (1933), 37–8, o'r 'First report of the Deputy Keeper of the Public Records', 1840; Parry, *Guide to the records of the Great Sessions*). Nid ydym yn gwybod beth a wnaed gyda'r carcharorion yn ystod y dinistrio, fel yn ystod yr atgyfnerthu.
115   N. Guy (gol.), 'News: Northampton Castle', *Castle Studies Group Bulletin*, 18 (2005), 99.
116   Thomason E1075.13, 'An act for the speedy disbanding of the army and garrisons of this kingdome', 15 Medi 1660. Gweler hefyd *JHC*, 8, 1660–1667 (Llundain, 1802), tt. 142–3. Yn anffodus nid yw *JHC* yn gyflawn ar gyfer y cyfnod allweddol Medi–Hydref 1660.
117   Gorchmynnwyd dinistrio Cas-gwent ar 21 Mai 1660 (*JHC*, 8, tt. 38–40), ond ni chyflawnwyd hyn (Geear et al., 'After the Restoration', tt. 229–42). Ar gyfer Caernarfon a Dinbych gweler Thompson, *Decline of the Castle*, t. 156.
118   SCG, Cawdor 112/8400, Rhentol eiddo'r teulu Vaughan ym Mwrdeistref Caerfyrddin ac ati (1669), 501.
119   Shaw, *Calendar of Treasury Books*, 1, t. 101.
120   SCG, Cawdor 2/54, Gwrit i geidwad y carchar (1669), 464.
121   SCG, Cawdor 125/8647, Llyfr nodiadau yn cynnwys trawsysgrifiad o gyflwyniadau Uchel Reithgor Caerfyrddin ynghylch ffiniau rhyddid Castell Caerfyrddin (1753), 1141.
122   A ddisgrifiwyd, yn ddadlennol, yn gorwedd oddi mewn i 'the liberty of the County Gaol' (SCG, Cawdor 22/659, 'Specification of the manors and lordships of the late Lady Anne Vaughan' (1753), 493). Bwriodd awdurdodau'r sir ymlaen â'r cais ymhellach wedyn, gan awgrymu – yn aflwyddiannus – fod y cwrt allanol yn perthyn i swydd 'Chamberlain of the Sessions' (SCG, Cawdor 103/8056, Rhestr prydlesi ym mwrdeistref sir Gaerfyrddin (*c.*1750), 180).
123   Gweler SCG, Cawdor Papers Vol. IV, Manorial Records (1275–1814). Yn y diwedd cyhoeddwyd fod Castle Green oddi allan i'r plwyf yn 1835 (G. E. Evans, 'Carmarthen: Castle Green', *TCASFC*, 24 (1933), 9, o ddyddiadur llawysgrif C. D. Williams, 1835).
124   Roedd y porthdy hwn, a safai gynt rhwng Heol y Brenin a Maes Nott, wedi troi'n garchar bwrdeistref erbyn 1581 (Davies, *Carmarthen Book of Ordinances*, t. 14). Fe'i gelwid 'Upper House' o'r unfed ganrif ar bymtheg hyd y ddeunawfed (ibid.; *The Gentleman's Magazine*, 24 Tachwedd 1755, 570) ac, weithiau, y 'Prisoner's Gate' (Evans, 'Carmarthen local events', 15). Roedd wedi datblygu'n garchar i ddyledwyr erbyn iddo gael ei ddymchwel yn 1792 (T. A. James, *Carmarthen: An Archaeological and Topographical Survey* (Caerfyrddin: Monograff CHSG 2, 1980), t. 53).
125   Ireland, *A Want of Order*, passim.
126   Gweler Parry, 'Records of the Great Sessions' (catalogir rhai o'r cofnodion hyn yn Llyfrgell Genedlaethol Cymru, 'Handlist of MSS at NLW, 8 – MSS acquired 1981–1991').
127   Saunders, *Launceston Castle*, tt. 44, 259.
128   Mae tystiolaeth mapiau'n nodi fod yr adeiladau a ddangoswyd gan y Bucks i gyd yn perthyn i ddatblygiadau domestig ar ôl y Rhyfel Cartref ar Castle Green. Bu'n rhaid i'r tyrau canoloesol wneud y tro fel lletty i'r carcharorion, hyd nes y cafwyd adeiladau newydd yn y ddeunawfed ganrif, yn nifer o gestyll eraill e.g. Caerefrog (Clark, *Clifford's Tower*, t. 36).
129   Howard, *State of the Prisons*, tt. 467–8.
130   Evans, 'Cwmgwili manuscripts', 26, 28.
131   Thomas, 'Carmarthen gaols', 105.
132   Howard, *State of the Prisons*, tt. 467–8.
133   Ibid.
134   Evans, 'Caermarthen, 1764–1797', 101; Evans, 'Cwmgwili manuscripts', 26, 28.
135   Howard, *State of the Prisons*, t. 468.
136   *The Gentleman's Magazine*, 570.
137   SCG, Cawdor 103/8056, 180.
138   Cyfeirir at 'upwards of seventeen' o fythynnod yn yr 1750au (ibid.), ond dim ond deg a ddangosir ar bob map o 1786 ymlaen.

139 Spurrell, *Carmarthen*, t. 122.
140 CBHC, *Inventory of Ancient Monuments V: County of Carmarthen* (Llundain: LlEM, 1917), t. 251 n.
141 SCG, Cawdor 2/71, Rhentol eiddo Vaughan (1819).
142 Gweler SCG, Mapiau Cawdor 40, 'Plan of part of Carmarthen (Bridge Street – Gaol), 5 April 1858', ac ati.
143 Spurrell, *Carmarthen*, t. 134.
144 Mae'n ymddangos fod map John Wood yn 1834 yn dynodi Rhiw'r Castell *cyn* unrhyw waith lledu (Ffigur 133). Er hynny, mae printiadau a darluniau cynharach yn dangos y ffordd wedi'i lledu gyda'i wal gynnal newydd (gweler Ffigur 132).
145 CBHC, *Inventory*, t. 250.
146 Pleidleisiwyd o'i blaid yn 1783 (SCG, Mus. 693, Pleidlais yn Nhŷ'r Cyffredin ynghylch adeiladu Carchar Caerfyrddin (1783)). Awgrymodd y sir safle ar Gomin y Royal Oak, Tre Ioan, yn y lle cyntaf ond fe'i gwrthodwyd ar sail costau. Roedd yn well gan John Nash, a oedd eisoes wedi'i benodi, safle'r castell, a hwnnw a ddewiswyd yn y pen draw yn 1788 (Evans, 'Cwmgwili manuscripts', 26, 30).
147 Evans, 'Caermarthen, 1764–1797', 101. Adeiladwyd carchar arall ar gyfer y bwrdeistref fodd bynnag yn 1810, ar safle newydd.
148 A gweler y cynllun a gyhoeddwyd gan Richard Suggett (Suggett, *John Nash*, t. 25). Ychydig iawn o luniau o garchar Nash a leolwyd er bod nifer cymharol fawr o fapiau a chynlluniau.
149 Ibid., t. 27.
150 Neild, *Rise, Progress and Present State*, tt. 72–3.
151 LlGC, MS 2258C, 'A journal of a tour in Wales', gan Syr Christopher Sykes, Bart., 1796 (copi teipysgrif).
152 Lewis, Topographical Dictionary, 1, 184 (mae argraffiad 1833 union yr un fath).
153 Evans, 'Caermarthen, 1764–1797', 101.
154 Suggett, *John Nash*, t. 28.
155 *CarmJ*, 25 Ebrill 1851.
156 Pob un yn mesur '9' 10" by 7' 2", and 9' in height' (ibid.).
157 Ibid.
158 Neild, *Rise, Progress and Present State*, tt. 72–3.
159 *CarmJ*, 25 Ebrill 1851.
160 Ibid. Yn ôl pob golwg roedd dwy gell arall i un o dan y carchardy, ac ar y llawr gwaelod roedd cell i rai anodd eu trin ar wahân (Ireland, *A Want of Order*, tt. 197–8).
161 Ibid., t. 92; *CarmJ*, 25 Ebrill 1851. Cyflwynwyd yr olwyn draed i'r system garcharau yn 1818. O dan delerau y Ddeddf Carcharau 1865, roedd yn rhaid i garcharorion gwrywaidd dreulio tri mis o'u dedfryd ar yr olwyn.
162 Roed pob un 'about 12ft by 9, with fireplaces' (Neild, *Rise, Progress and Present State*, tt. 72–3; cf. Evans, 'Caermarthen, 1764–1797', 101).
163 LlGC MS 2258C.
164 Ireland, *A Want of Order*, tt. 111–12 a n. 97, t. 160; *CarmJ*, 25 Ebrill 1851.
165 *CarmJ*, 25 Ebrill 1851.
166 Ibid.
167 Ireland, *A Want of Order*, t. 191.
168 Roedd Tŵr Llywodraethwr yn rhan o gynlluniau gwreiddiol Nash fel yng Ngharchar Henffordd, er enghraifft (Ireland, *A Want of Order*, t. 115; Suggett, *John Nash*, t. 28).
169 Ireland, *A Want of Order*, tt. 113, 115.
170 Ibid., tt. 112 a n. 98, t. 113 n. 104. Fodd bynnag, roedd meddyg wedi'i benodi yn 1823, gŵr o'r enw John Jenkins a fu'n feddyg cyn hynny i garchar y bwrdeistref (ibid., t. 137).
171 Ibid., t. 113 n. 104.
172 Ibid., t. 191.
173 *CarmJ*, 25 Ebrill 1851.
174 Suggett, *John Nash*, t. 27.
175 Ibid., t. 28.
176 Ond er ei fod 'virtually the only large, neo-Classical building in the vicinity' (ibid., t. 29), dim ond wrth basio y cyfeiriwyd ato gan deithwyr o'r un cyfnod.

177 Donovan, *Descriptive Excursions*, t. 171; Lewis, *Topographical Dictionary*, t. 184.
178 Suggett, *John Nash*, tt. 28–30. Nodwyd fod y cynllun hefyd wedi'i ddylanwadu gan y stablau a adeiladwyd ar gyfer plastai mawr Lloegr gan Robert Taylor, un yr oedd Nash wedi hyfforddi gydag ef (D. L. Baker-Jones, 'John Nash, architect and builder', *Carms. Antiq.*, 3 (1961), 157), ac a gynlluniodd Neuadd Tref Caerfyrddin yn 1765–77 (T. Lloyd, J. Orbach ac R. Scourfield, *The Buildings of Wales: Carmarthenshire and Ceredigion* (Newhaven/Llundain: Yale University Press, 2006), t. 140).
179 Suggett, *John Nash*, tt. 28–30.
180 *CarmJ*, 6 Rhagfyr 1867.
181 SCG, Misc. Mapiau 1, Cynlluniau, golygfeydd, cytundeb ayb ar gyfer adeiladu capel newydd yn y carchar (1859); gweler hefyd Ireland, *A Want of Order*, tt. 115–16. James Collard, o Heol y Frenhines, Caerfyrddin, oedd yn gyfrifol am nifer o eglwysi yn sir Gaerfyrddin a rhai adeiladau masnachol yn nhref Caerfyrddin (Lloyd et al., *Buildings of Wales*, tt. 41, 95, 148). Daeth i'r amlwg fel prif bensaer tref Caerfyrddin yn yr 1840au–1850au.
182 *CarmJ*, 16 Awst 1833. Mae Richard Ireland yn nodi ei bod yn anodd gweld faint ohono a fyddai'n weladwy o'r tu allan (Ireland, *A Want of Order*, t. 92).
183 *CarmJ*, 26 Rhagfyr 1924, o atgofion T. E. Brigstocke.
184 P. J. R. Goodall, *The Black Flag over Carmarthen: Over Three Centuries of Barbarism, Crime, Murder, Punishment and Executions* (Llanrwst: Gwasg Carreg Gwalch, 2005), t. 15). Gellir darllen adroddiad o'r dienyddiad cyhoeddus olaf yn y carchar, yn 1829 yn Anhysbys (gol.), 'A Carmarthenshire diary, AD 1829, 1830', *TCASFC*, 9 (1914), 17. Bu'r dienyddiad olaf yn 1894 (Goodall, *Black Flag*, t. 43).
185 *Daily Express*, 30 Mai 1931.
186 Darwen, *Lincoln Castle*, t. 10. Ni ddyddiwyd y penglog; mae'n bosibl ei fod yn gynharach ac yn rhywbeth a oedd yn weddill o'r cyfnod ôl-ganoloesol.
187 J. F. Jones, 'Carmarthen "Mount"', *Carms. Antiq.*, 5 (1963), 188. Nid yw wedi'i labelu yn 'garden' ar gynllun 1858–66 fodd bynnag (Ffigur 139).
188 Ond roedd perchnogaeth llain Golden Grove, y cafwyd dadl yn ei gylch yn 1818–19, wedi'i ddatrys o blaid y stad erbyn 1846 (SCG, Mapiau Cawdor 39, 'Plan of Carmarthen showing County Gaol (Castle Green)', 1846).
189 Spurrell, *Carmarthen*, t. 136.
190 *CarmJ*, 25 Ebrill 1851.
191 Ibid.
192 Ireland, *A Want of Order*, tt. 197–8; gweler Ffigur 139.
193 *CarmJ*, 25 Ebrill 1851.
194 Ireland, *A Want of Order*, tt. 152–3. Fodd bynnag roedd 18 o garcharorion yn parhau i fod yng Ngharchar Caerfyrddin oherwydd dyled yn 1877.
195 Ibid., tt. 113–14.
196 *CarmJ*, 25 Ebrill 1851.
197 Ireland, *A Want of Order*, tt. 113–14.
198 Ibid.; gweler hefyd SCG, Mapiau Cawdor 41, 'Plan of part of Carmarthen showing County Gaol and premises' (d.d., *c*.1857) a Mapiau Cawdor 42, 'Plan of part of Carmarthen showing property belonging to the Earl of Cawdor' (*c*.1867).
199 Ireland, *A Want of Order*, tt. 114–15. Efallai fod Penson wedi'i ddisodli gan W. H. Lindsay o Hwlffordd (ibid., n. 110), a fu'n gyfrifol hefyd am aildoi Eglwys Sant Pedr Caerfyrddin yn 1860–1, a thynnu'r grisiau allanol o Neuadd Tref Caerfyrddin (Lloyd et al., *Buildings of Wales*, tt. 43, 129 a 141).
200 Ireland, *A Want of Order*, tt. 114–15 a n. 112.
201 Ibid. a n. 111.
202 James, *Carmarthen Survey*, t. 28.
203 SCG, Cawdor 63/6602, Llythyr dyddiedig 26 Ionawr 1761.
204 Gweler hefyd SCG, Mapiau Cawdor 41.

Dangosir yr adeilad gorchuddiol yn eglur fel estyniad i'r Buffalo Inn mewn darlun yn dyddio o 1857 (LlGC, Drawing Vol. 64, 9a, 'Carmarthen Castle (rear view of tower)', 1857).

205 Oherwydd y selerydd cafwyd straeon ffug am 'dramwyfeydd' i mewn ac allan o'r castell, tra'r ystyriwyd bod eraill yn dynodi claddgelloedd capeli canoloesol.

206 Ireland, *A Want of Order*, tt. 116–18.

207 SCG, MS 19, 'Plan showing proposed alteration at Carmarthen County Gaol, 30 June 1866'.

208 Mae tystiolaeth o fapiau'n dangos mai ychydig iawn o fannau agored oedd ar Castle Green o ganol y ddeunawfed ganrif ymlaen (gweler Ffigurau 129, 133 a 137). Fodd bynnag, mae'n ymddangos fod adroddiadau o ddechrau'r ugeinfed ganrif yn derbyn yr enw 'Castle Green' ar ei olwg, gyda honiadau ei fod yn cynnwys, hyd 1868, man agored mawr i'r cyhoedd ar gyfer adloniant, a chynulliadau fel ar gyfer pregeth Wesley. Yn benodol, gweler atgofion T. E. Brigstocke yn *CarmJ*, 26 Rhagfyr 1924; fodd bynnag roedd gan Brigstocke ei resymau ei hun dros wneud yr honiad – er mwyn 'adfer' y lle fel man agored i'r cyhoedd, ar ôl cau'r carchar a phrynu'r safle gan y cyngor yn 1924.

209 Ireland, *A Want of Order*, tt. 116–20. Adnabuwyd William Martin (1829–1900), ynghyd â'i bartner J. H. Chamberlain, yng nghyd-destun adeiladau cyhoeddus yn bennaf: swyddfeydd heddlu, baddonai, llyfrgelloedd ac ysgolion yn benodol. Nid oedd gan yr un o'r ddau lawer o brofiad o gynllunio carcharau, er gwaethaf adroddiad yn y *CarmJ* a fynnai fod Martin yn rhoi 'the whole of his time and attention to gaols'. Fodd bynnag, roedd hefyd wedi derbyn ymholiadau mewn perthynas â Charchar Caerfyrddin (ibid., t. 119 a n. 137).

210 Ibid., tt. 120–2; Spurrell, *Carmarthen*, t. 163.

211 CBHC, *Inventory*, t. 251. Yn ôl pob golwg roedd y carcharorion eu hunain wedi cyfrannu at y gwaith adeiladu, gan ddilyn y drefn safonol (Ireland, *A Want of Order*, t. 191).

212 Honnir fod ffotograff a ddelir gan Wasanaeth Amgueddfeydd Sir Gaerfyrddin yn dangos y tu mewn i'r carchar newydd (Ireland, *A Want of Order*, Plate 3). Fodd bynnag, nid Carchar Caerfyrddin ydyw yn amlwg. Mae trefn y ddwy adain yn wahanol i gynllun Caerfyrddin, tra bod y manylion pensaernïol yn wahanol iawn hefyd.

213 Ibid., t. 191.

214 Ffotograff yn *CarmJ*, 30 Ionawr 1935.

215 Ireland, *A Want of Order*, t. 187. Tynnwyd dŵr o'r ffynnon gynharach drwy gyfrwng pwmp llaw.

216 Ibid., t. 122. Fe'i hagorwyd yn ystod cloddiadau ar gyfer Neuadd y Sir yn 1939 a chanfuwyd ei bod yn grwn, wedi'i leinio â brics ac wedi'i thagu gan falurion i raddau helaeth (J. F. Jones, 'Carmarthen Gaol, 1808', *Carms. Antiq.*, 4 (1962), 88).

217 Ireland, *A Want of Order*, t. 122.

218 Gweler SCG, MS 19, Cynllun o addasiadau a awgrymwyd i dalwyneb Carchar Caerfyrddin (d.d.).

219 *CarmJ*, 26 Rhagfyr 1924.

220 Spurrell, *Carmarthen*, t. 150 n. 34.

221 Charles Griffiths (curadur/archifydd, Amgueddfa Heddlu Dyfed-Powys), pers. comm.

222 Labelir y lôn fynediad o Faes Nott i'r porthdy yn 'entrance from Town Hall' ar gynllun 1858–66 (Ffigur 139), ond darlunnir y porthdy'n eglur gyda wal ar draws y fynedfa ym mhaentiad M. E. Bagnall Oakley tua 1860 (Ffigur 134), lle mae'r holl ffenestri yn yr wyneb gorllewinol wedi eu cau hefyd.

223 Ireland, *A Want of Order*, t. 116.

224 Ibid., t. 221.

225 Ibid. a n. 1; *CarmJ*, 13 Chwefror 1922.

226 Ibid. Syr Eric Geddes oedd cadeirydd pwyllgor a sefydlwyd i archwilio toriadau ym mhob adran o'r llywodraeth ledled Cymru a Lloegr, gan gynnwys Dociau, Byrddau Iechyd, Mwyngloddiau, Heddlu a Charcharau. Caewyd wyth carchar arall hefyd, gan gynnwys Caernarfon a Brynbuga, gan adael

dim ond dau yng Nghymru, yn Abertawe a Chaerdydd.
227 Roedd ei gau yn ergyd i falchder Caerfyrddin, er gwaethaf sicrwydd na fyddai ei statws fel cyrchfan brawdlysoedd yn cael ei effeithio (Ireland, *A Want of Order*, t. 221.).
228 Ibid.
229 *Daily Express*, 30 Mai 1931.
230 Anhysbys, 'County Council action', *TCASFC*, 18 (1925), 47.
231 Cadw, AC No. 82151 (Neuadd y Sir), Cronfa Ddata Cadw AC a gyrchwyd drwy END, Gorffennaf 2006.
232 Ireland, *A Want of Order*, t. 221.
233 Lloyd et al., *Buildings of Wales*, t. 139.
234 Cronfa ddata Cadw AC, Neuadd y Sir; Ireland, *A Want of Order*, t. 221 a n. 2. Honiad arall a wnaed yw bod capel Nash, a newidiwyd i raddau helaeth iawn yn ystod y bedwaredd ganrif ar bymtheg, wedi'i ddatgymalu hefyd a'i ail-godi, 'stone by stone', yn Ysgol Lime Grove i Ferched, Caerfyrddin, yn 1938 (J. Lodwick a V. Lodwick, *The Story of Carmarthen* (Caerfyrddin: V. G. Lodwick and Sons Ltd, 1972), t. 79). Mae cynlluniau a darluniau golwg ar gyfer y capel newydd yn ei gwneud yn glir, fodd bynnag, mai adeilad cwbl newydd ydoedd (SCG, Bwrdeistref Caerfyrddin, 331, Acc. 5570, Capel Lime Grove 1938), ond gan ddefnyddio deunyddiau a adferwyd o gapel y carchar (Lloyd et al., *Buildings of Wales*, t. 155). Mae'r capel, a ailenwyd yn Eglwys yr Holl Saint, bellach yn gapel i Eglwys Dewi Sant, Caerfyrddin, ond mae'n adfail.
235 Ac eithrio rhan fechan, Gradd II rhestredig, a ddiffinnir ym Mhennod 7.
236 SCG, Mus. Vol. A4, 'Carmarthen: book of the bridge'. Gweler hefyd G. E. Evans, 'Castle Hill and Carmarthen bridge works', *TCASFC*, 27 (1937), 43.
237 J. B. Hilling, *The Historic Architecture of Wales* (Cardiff: GPC, 1976), tt. 196–8.
238 Cronfa ddata Cadw LB, Neuadd y Sir.
239 SCG, CAC/CL/32 (ffeil yn ymwneud â chwblhau ac agor Neuadd y Sir.
240 Mae'r disgrifiad hwn yn deillio i raddau helaeth o gronfa ddata Cadw LB a Lloyd et al., *Buildings of Wales*, t. 140.

PENNOD CHWECH

CROCHENWAITH A DARGANFYDDIADAU ERAILL

ER I'R ARCHWILIADAU o dan ddaear fod yn gyfyngedig, maent wedi cynhyrchu casgliad mawr o arteffactau. Cyfyngir y bennod hon i'r rhai hynny a adferwyd o'r pump archwiliad strwythuredig, hynny yw, i ddeunydd stratigraffig sicr a fu'n destun dadansoddiad gan arbenigwyr. Fe'i trefnir yn ôl categori'r defnydd, ac isrennir pob categori yn ôl y parth (a'r awdur) – sef y gorthwr gwag, cyntedd y porthdy, y Tŵr De-orllewinol, seler y Tŵr Sgwâr a'r ffos orllewinol. Prin fu'r defnydd a adferwyd o fannau eraill ar y cyfan ac fe'i cyfyngwyd i raddau helaeth i'r gorlwyth.

Rhaid cymryd pwyll wrth asesu'r dystiolaeth o'r darganfyddiadau. Gall y rhan fwyaf ohonynt, o bob parth, fod o ddyddodion dadlwytho eilradd. Ar ben hynny dim ond canran fechan iawn o'r safle a archwiliwyd ac roedd y rhan fwyaf o'r parthau hynny yn rhai ymylol, tra bod y cloddiad mwyaf – o lle'r adferwyd y mwyafrif llethol o'r darganfyddiadau – oddi allan i'r castell, yn y ffos orllewinol y tu allan i'r porthdy. Cyfyngir y deunydd canoloesol o du mewn i'r castell bron yn gyfan gwbl i grochenwaith a hynny o werthusiad y gorthwr gwag, lle mae'n lleol yn bennaf ac yn ddeunydd y gellir ei gymharu, yn gyffredinol, â'r casgliadau a gloddiwyd o'r cestyll yng Nghaeriw, Dryslwyn a Chas-Wis.[1] Fodd bynnag, efallai nad yw'n arbennig o ddiagnostig gan fod llawer ohono'n weddillol oddi mewn i gyd-destunau diweddarach ac efallai iddo gael ei ddwyn i mewn ymhlith pridd gardd a defnydd dad-lwytho; lle mae in situ, mae'n perthyn i'r cyfnod canoloesol hwyr yn bennaf ac efallai ei fod yn perthyn i gyfnod o ddirywiad yn statws y rhan hon o'r castell (gweler Pennod 4).

Roedd y darganfyddiadau o'r gorthwr gwag, fodd bynnag, yn dyddio o'r cyfnod ôl-ganoloesol yn bennaf, o'r dyddodion gardd. Prin iawn oedd y defnydd o'r cyfnod ôl-ganoloesol cynnar, ac nid oedd dim o'r unfed ganrif a'r bymtheg a'r ail ganrif ar bymtheg, gan gynnwys cyfnod y Rhyfel Cartref, pan y gwyddom fod garsiwn yn y castell. Gall hyn gadarnhau'r dystiolaeth arall fod dyddodion y gorthwr gwag, gan gynnwys malurion cwympo/dymchwel, wedi eu torri'n ôl a'u symud pan gynlluniwyd yr ardd. Efallai mai'r eitem o ddiddordeb mwyaf yw'r penglog dynol a adferwyd o gyd-destun cyfnod y carchar yn ôl pob tebyg.

Roedd y dyddodion yn y Tŵr De-orllewinol naill ai'n eilradd neu'n ddi-haen. Ychydig iawn o ddefnydd yn perthyn i'r cyfnod cyn y ddeunawfed ganrif a oedd yn bresennol, a'r cyfan ohono'n weddillol. Roedd y darganfyddiadau o werthusiad cyntedd y porth yn rhai gweddillol hefyd mae'n debyg. Roedd yr unig ddarganfyddiadau a adferwyd o'r cloddiad yn y Tŵr Sgwâr yn dod o'r seler o'r bedwaredd ganrif ar bymtheg a oedd yn perthyn i'r eiddo domestig cyffiniol. Roeddent i gyd yn perthyn i'r cyfnod rhwng y ddeunawfed ganrif a'r ugeinfed ganrif. Cynhyrchodd priddoedd yr ardd yn ffosydd decio'r gorthwr gwag, a gloddiwyd yn 2002, ddefnydd yn perthyn i ganol/diwedd y bedwaredd ganrif ar bymtheg gan gynnwys llestri a brintiwyd â throslun, ond dim ond symiau bach ohonynt; ni adferwyd unrhyw ddarganfyddiadau o dyllau prawf y gorthwr gwag. Cyfyngwyd y defnydd o gloddiadau hyd linell y clawdd amddiffynnol gorllewinol i'r gorlwyth cyfoes. Roedd Ffos E, o dan linell y llenfur deheuol, yn gyfan gwbl ddiffrwyth ac ni ddaethpwyd o hyd i unrhyw ddarganfyddiadau. O gloddio mewnlenwad eilaidd twr y porthdy gogleddol canfuwyd darnau o frics, rhywfaint o esgyrn anifciliaid ac un powlen getyn glai o'r ddeunawfed ganrif/ bedwaredd ganrif ar bymtheg. Roedd telchyn unigol o wydr potel o'r ddeunawfed ganrif o Ffos C oddi mewn i'r castell, a darn o deil toi Rhufeinig o Ffos D gyfagos yn weddillol, neu o ddyddodion eilradd o ffynhonnell anhysbys. Ni fu unrhyw un o'r defnyddiau hyn yn destun astudiaeth broffesiynol, tra na chynhyrchwyd adroddiad arbenigol llawn ar y darganfyddiadau o'r cloddiadau a wnaed yn 1980 oddi mewn i'r castell.

Daeth gweddill y darganfyddiadau o gloddiadau a wnaed oddi allan i'r cwrtil go iawn. Mae'r dystiolaeth o'r darganfyddiadau'n awgrymu mai dim ond tri dyddodyn yn y ffos orllewinol sy'n perthyn i gyfnod yr Oesoedd Canol (cyd-destunau 078, 079 a 080/086), o tua 1500 yn ôl pob tebyg, yn deillio mae'n debyg o weithgarwch cynhyrchu a domestig oddi allan i'r castell. Mae natur a chadwraeth y darganfyddiadau yn y llenwadau gorchuddiol yn awgrymu mai dyddodion eilradd oeddent, o ffynhonnell anhysbys (gweler Pennod 3).

Mae'r casgliadau lledr a choed o gyd-destunau 078–080 y ffos orllewinol o bwysigrwydd cenedlaethol. Ymhlith y coed mae grŵp bychan o ddysglau, sy'n arwyddocaol oherwydd eu bod mor brin a'u bod mewn cyflwr mor dda. Anaml y darganfyddir grwpiau o lestri pren tra bod powlenni pren o Gymru yn brin. Er yn fychan yn ôl safonau'r DU, mae'r casgliad lledr yn un sylweddol i Gymru hefyd.

Er i rywfaint o lechi gael eu hadfer, o bob parth, roedd yn ddarniog iawn yn gyffredinol. Ychydig iawn ohono ellid ei nodi'n bendant fel defnydd toi a gwaredwyd y rhan fwyaf ohono. Yn gyffredinol, roedd y llechi y sylwyd arnynt yn ffylit gwyrdd, nodweddiadol o ardaloedd y Preseli a rhan isaf dyffryn Teifi. Gweler Pennod 2 am drafodaeth ynghylch llechi'r toeau.

Daeth y mwyafrif llethol o'r esgyrn anifeiliaid o'r ffos orllewinol ac roedd y casgliad stratigraffig mwyaf o ddyddodion o'r ddeunawfed ganrif, y rhan fwyaf ohonynt yn eilradd. Gellir gweld dadansoddiad llawn o'r casgliad o esgyrn anifeiliaid o'r cloddiad hwn gan Lorrain Higbee o Wessex Archaeology yn adroddiad y cleient.[2] Gwaredwyd y swm cymharol fychan o gragen molwsg ac nid yw'n cael ei ddisgrifio yma.

CROCHENWAITH A GWYDR (PAUL COURTNEY A DEE WILLIAMS)

Ymdrechodd y ddau awdur i gydberthyn y gyfres o ffabrig ceramig â honno a sefydlwyd gan O'Mahoney ar gyfer claddiadau Brodordy Caerfyrddin (gweler Ffigur 155 a Thabl 1).[3] Yn anffodus bu hyn yn arbennig o anodd ar gyfer y llestri lleol, a isrannwyd yn 18 o ffabrigau, heb fod teipgyfres ar gael. Oherwydd hynny sefydlwyd cyfres ffabrig symlach. Roedd y gwydr i gyd yn perthyn i'r cyfnod ôl-ganoloesol ond roedd yn cynnwys un telchyn gweddillol o wydr arosod, o'r unfed ganrif ar bymtheg o bosibl, o lenwad o'r ffos orllewinol yn perthyn i ddiwedd y ddeunawfed ganrif (neu'n ddiweddarach).

Roedd y crochenwaith canoloesol o'r holl gloddiadau'n cynnwys teilchion corff bychan ac ychydig o'r rheiny a ddarlunnir yma. Roedd y crochenwaith o'r ffos orllewinol mewn cyflwr gwael yn gyffredinol ac ar ben hynny roedd yn perthyn i'r dyddodion eilradd; fodd bynnag dylunnir pum eitem yn Ffigur 158.

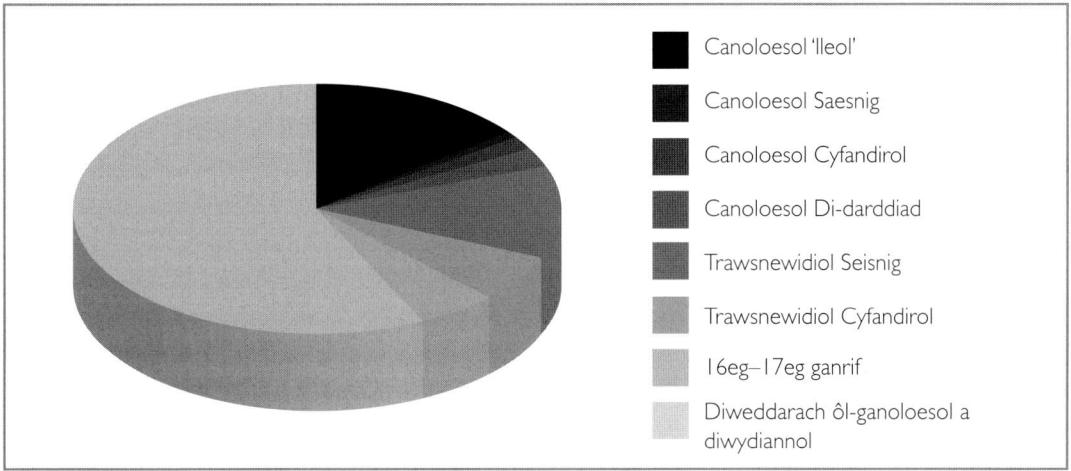

Ffigur 155 Y mathau o ffabrig crochenwaith o'r holl gloddiadau yng Nghastell Caerfyrddin

Yr Oesoedd Canol: llestri lleol
LCP. (*Local medieval cooking pots*). Crochanau coginio lleol canoloesol (O'Mahoney, A2). Ffabrig telchyn anwydrog ocsidiedig yn bennaf gyda llawer o gwarts crwn (hyd at 0.5 mm) a chynhwysion cerrig silt mawr yn amrywio o rai gwasgarog i rai helaeth (llestri llenwad graean o Ddyfed).[4] Darganfuwyd safle odyn ar gyfer y llestri hyn yn ddiweddar ger Castellnewydd Emlyn; hon yw'r odyn ganoloesol bendant gyntaf i'w darganfod i'r gorllewin o Gaerleon a dim ond y chweched yng Nghymru.[5]

LGW. (*Local glazed wares*). Llestri gwydrog lleol (A3 ac A4). Jygiau gwydrog a llestri wedi'u gwydro ar y tu mewn, mewn ffabrig caled (mae rhai teilchion unigol yn rhai anwydrog) gyda chynhwysion cwarts mân yn amrywio o'r canolig i'r helaeth (hyd at 0.5 mm) ac ambell ddarn o garreg silt. Arwynebau ocsidiedig a chraidd rhydwythol yn bennaf.

Mae'n debyg fod y ddwy lestr uchod yn dyddio o'r drydedd ganrif ar ddeg a'r bedwaredd ganrif ar ddeg ond gallent ymestyn yn ddiweddarach. Maent yn debyg yn betrolegol i lestri eraill o dde-orllewin Cymru (dan y term bras 'llestri llenwad graean o Ddyfed') ond mae'n fwy tebygol mai cynhyrchion lleol sydd fwyaf blaenllaw. Nid oes unrhyw ddilyniant teipolegol ac oherwydd hynny rhoddir dyddiad ar lestri fel arfer yn ôl eu cydgysylltiad â llestri eraill.

Jygiau Llansteffan (B11). Jygiau gwydrog, troell, ag ochrau tenau, gyda gwagleoedd bychan o gynhwysion calchaidd o ardal Bae Caerfyrddin, o'r drydedd ganrif ar ddeg–y bymthegfed ganrif yn ôl pob tebyg. Dim safleoedd odynnau hysbys.

LMW. (*Local late medieval wares*). Llestri lleol yn dyddio o ddiwedd yr Oesoedd Canol (A8–9? a 13–14). Llestri ag ochrau trwchus yn bennaf er y ceir llestri ag ochrau teneuach. Mae ganddynt lenwad cwarts anhrefnus a bras yn amrywio o'r gwasgarog i'r canolig (hyd at 1 mm) a chynhwysion cerrig silt, o'r gwasgarog i'r helaeth. Wedi eu hocsideiddio'n gyfan gwbl fel arfer ac yn amrywio o oren i goch o ran lliw, mae ganddynt arwyneb

Tabl 1 Lle mae'r mathau o gerameg yn digwydd yn ôl parthau unigol (ffigurau wedi'u talgrynnu er mwyn eglurder)

Ffabrig	Gorthwr gwag	Tŵr DO	Seler Tŵr Sgwâr	Cyntedd y porth	Ffos orllewinol
Canoloesol lleol	70	1		5	312
Canoloesol Seisnig	15				11
Canoloesol Cyfandirol	20	1			19
Canoloesol di-darddiad	69				
Teilsen grib canoloesol	(4)	(1)		(1)	(101)
Teilsen llawr canoloesol					(1)
Cyfanswm canoloesol	**174**	**2**	**0**	**5**	**342**
Trawsnewidiol Saesneg					312
Trawsnewidiol Cyfandirol	5	1			158
Teilsen grib trawsnewidiol					(13)
Teilsen llawr trawsnewidiol	(1)				(5)
Cyfanswm trawsnewidiol	**5**	**1**	**0**	**0**	**470**
16eg–17eg ganrif					137
Teilsen grib 16eg–17eg ganrif		(1)			(4)
Cyfanswm 16eg–17eg ganrif	**0**	**0**	**0**	**0**	**137**
Diweddarach ôl-ganoloesol	206	189		1	246
Diwydiannol	327	193	195	4	136
Cyfanswm diweddarach ôl-ganoloesol	**533**	**382**	**195**	**5**	**382**
CYFANSWM YR HOLL FFABRIG	**712**	**385**	**195**	**10**	**1331**

mewnol llwyd rhydwythol weithiau. Mae gwydreddau'n aml yn denau ac yn afreolaidd, yn amrywio o wyrdd i frown o ran lliw neu'n wyrdd olewydd trwchus fel arall gyda chanol brown mandyllog. Mae'r llestri hyn yn debyg i'r rhai hynny a gynhyrchwyd gan odyn Trefdraeth (sir Benfro), yn dyddio o ddechrau'r cyfnod ôl-ganoloesol yn ôl pob tebyg, er ei bod yn debygol mai cynhyrchion odyn leol ydynt yn bennaf. Maent hefyd yn debyg yn fras i 'lestri oren' gorllewin Canolbarth Lloegr. Gellir eu dyddio i tua chanol y bymthegfed ganrif er na ellir eu dyddio'n fanwl gywir. Nid ydym yn gwybod i sicrwydd byth a barhawyd i gynhyrchu'r llestri hyd yr unfed ganrif ar bymtheg.

Canoloesol: mewnforion o Loegr
Jygiau Ham Green (O'Mahoney, B5). Jygiau wedi eu gwneud â llaw mewn ffabrig golau gyda gwydredd gwyrdd pŵl o Ham Green ger Bryste. Diwedd y ddeuddegfed ganrif–*c*.1300.

Jygiau Bristol Redcliffe (B16). Jygiau troell mewn ffabrig golau tebyg i Ham Green gyda gwydredd gwyrdd llachar. Canol y drydedd ganrif ar ddeg–*c*.1500.

Piseri teircoes Minety (B2). Ffabrig llwyd rhydwythol wedi'i wneud â llaw gyda gwydredd gwyrdd pŵl a chynhwysion neu wagleoedd calchaidd. Mae addurn cribedig nodweddiadol ar un telchyn unigol. O ddiwedd y ddeuddegfed ganrif/dechrau'r drydedd ganrif ar ddeg yn ôl pob tebyg, o Wiltshire.

Amrywiol A. Jygiau gwydrog taniad golau, yn rhannol rydwythol, mewn ffabrig tywodlyd (Cystradau Glo De Cymru o bosibl), dau delchyn â llenwad carreg silt. Gwydreddau tenau melynaidd. Canoloesol.

Canoloesol Seisnig. Seisnig, tarddiad yn anhysbys. Mae nifer o deilchion gwydrog gwyrdd a melyn yn parhau i fod heb eu dosbarthu. Mae'n debyg mai mewnforion o Loegr yw'r ffabrigau mwy tywodlyd. Yn eu plith mae teilchion o jygiau wedi'u paentio.

Canoloesol: mewnforion tramor
Saint. Green (O'Mahoney, C2). Jygiau â gwydredd gwyrdd o Saintonge, de-orllewin Ffrainc, 1250–pymthegfed ganrif. Gwydreddau gwyrdd brith oedd fwyaf cyffredin, ond cafwyd enghreifftiau o wydreddau gwyrdd drostynt hefyd. Prif gyfnod mewnforio'r ddau fath oedd 1250–1350, er i symiau llai gael eu mewnforio gydol cyfnod yr Oesoedd Canol.

Saint. Poly (C2). Jygiau Saintonge amryliw, *c*.1250–1320.

Canoloesol: mewnforion na wyddom eu tarddiad
Seisnig canoloesol?, Seisnig/Ffrengig canoloesol? a chanoloesol na wyddom eu tarddiad. Mewnforion amhendant. Mae nifer o deilchion â gwydredd gwyrdd a melyn yn parhau i fod heb eu dosbarthu. Mae'n debyg mai mewnforion o Loegr yw'r ffabrigau mwy tywodlyd tra gall y ffabrigau manach fod o Saintonge, yn ne-orllewin Ffrainc (gweler isod). Ymhlith y rhain mae teilchion o jygiau wedi'u paentio.

Trawsnewidiol: mewnforion o Loegr, diwedd y bymthegfed ganrif–canol yr unfed ganrif ar bymtheg

Llestri Sistersaidd (O'Mahoney B36). Llestri coch â gwydredd rhwng brown a du, weithiau'n rhydwythol â gwydredd gwyrdd ar gorff llwyd. Cwpanau amgrwn â rhimynnau ar led yn bennaf. Mae'n werth sylwi hefyd ar un telchyn sy'n efelychu gwddf mwg ag ochrau syth o'r math Raeren, un telchyn rhimyn tebyg gyda gwar onglog o dan y rhimyn, un telchyn corff o gwpan gwrymiog (Brears Math 13), un bondroed (jwg o bosibl) a chwech o deilchion gyda phadiau gwynion gosod, un wedi'i stampio â phatrwm ymledol syml. Diwedd y bymthegfed ganrif/unfed ganrif ar bymtheg. Ffynhonnell/ffynonellau amhendant.

Llestri Malvern (B32). Ffabrig coch caled gydag ambell ddarn o graig Malvern, gwydreddau gwasgarog yn aml â lliw brown. Jygiau anwydrog yn bennaf ond hefyd powlenni â gwydredd mewnol a chwpanau gwydrog. Efallai fod y jygiau mor gynnar â diwedd y bedwaredd ganrif ar ddeg er bod y dystiolaeth ym Mryste a sir Fynwy'n awgrymu mai diwedd y bymthegfed ganrif – dechrau'r unfed ganrif ar bymtheg oedd prif gyfnodau'r mewnforio ar hyd yr Hafren.[6]

Canoloesol Gogledd Dyfnaint? (B6). Mae'n debyg mai cynnyrch o Ogledd Dyfnaint yw powlen anwydrog neu rimyn pancheon o'r ffos orllewinol, gyda llenwad cwarts onglog, bras. Nid yw'n ffitio i mewn i'r deipoleg arferol ar gyfer y cyfnod ôl-ganoloesol ac oherwydd hynny efallai ei fod yn perthyn i gyfnod diwedd yr Oesoedd Canol/y trawsnewidiad.

Amrywiol B. Ffabrig pinc coeth gyda rhai cynhwysion mwyn haearn coch a chwarts mân iawn gyda gwydredd oren-melyn sgleiniog ar y tu allan a'r mewn, jariau yn ôl pob tebyg. Yr unfed ganrif ar bymtheg o bosibl. Mae'n debyg i'r Ffabrig A ôl-ganoloesol o Frynbuga, sir Fynwy.[7] Cynnyrch o Wlad yr Haf neu un o siroedd eraill de-orllewin Lloegr efallai.

Tudor Green (B28). Llestri gwynion â gwydredd gwyrdd o'r ffin rhwng Surrey/Hampshire, diwedd y bymthegfed ganrif–unfed ganrif ar bymtheg.

Trawsnewidiol: mewnforion tramor, diwedd y bymthegfed ganrif–canol yr unfed ganrif ar bymtheg

Daeth y mwyafrif sylweddol o fewnforion tramor o'r cloddiad yn y ffos orllewinol yn 2003. Gweler Hurst et al. am ddiffiniadau o'r teipiau.[8]

Merida (C5). Ffabrig oren anwydrog micaol. Ymhlith y ffurfiau mae fflasgiau, jariau â dolennau, caeadau a phowlenni, o Bortiwgal yn ôl pob tebyg, y bymthegfed/unfed ganrif ar bymtheg.

Saint. anwydrog. Llestri anwydrog mewn ffabrig Saintonge (o'r Oesoedd Canol hwyr–yr unfed ganrif ar bymtheg yn ôl pob tebyg). Darganfyddir mathau anwydrog gyda llestri gwydrog yn safleoedd yr odynnau ac mae'n ymddangos y byddent wedi cael eu llunio ers dechrau'r broses gynhyrchu.[9]

Saint. ôl-ganoloesol (C2). Llestri Saintonge ôl-ganoloesol. Mae dau delchyn o lestri Saintonge a adferwyd o'r ffos orllewinol o gwpan llabedog wedi treulio a phowlen amryliw addurniedig yn perthyn i'r unfed ganrif ar bymtheg.

Raeren (C11). Mygiau crochenwaith caled gyda ffabrig llwyd tywyll ac arwynebau'n amrywio o lwyd golau i frown, mygiau, *c*.1500–50.

Cologne-type SW (C13). Crochenwaith caled mewn ffabrig llwyd golau gydag arwyneb llwyd golau (arwyneb brown clytiog mewn mannau, ond nid yn frith fel Frechen diweddarach), o Cologne neu yn Frechen cynnar o bosibl, *c*.1500–50.[10]

Beauvais SW (C15). Crochenwaith caled llwydwyn, gydag arwynebau'n amrywio o lwyd i frown, o Bicardi/dwyrain Normandi. Dynodir dau fwg a jwg yn ôl pob tebyg, *c*.1500–50.

Beauvais Sgraf (C16). Llestri gwynion, gydag addurn slip coch a sgraffito, o Bicardi/dwyrain Normandi, *c*.1500–50. Un rhimyn llestr.

Slip Dwbl Beauvais (C16). Llestri gwynion gyda slipiau coch a gwyn, o ddysgl llestri sgrafitto mae'n debyg, *c*.1500–50.

Beauvais Green (C18). Mygiau llestri gwynion â gwydredd gwyrdd llachar, *c*.1500–50.

Beauvais Yellow (C17). Mygiau llestri gwynion â gwydredd melyn, *c*.1500–50.

MWW (C3). Llestri gwynion amrywiol, o ogledd Ffrainc o bosibl. Jygiau â gwydredd gwyrdd ydynt yn bennaf, gyda ffabrigau llwydwyn micaol, o wahanol ffynonellau yng ngogledd Ffrainc yn ôl pob tebyg, er y gall copïau Seisnig fod yn dwyllodrus o debyg. Y drydedd ganrif ar ddeg–yr unfed ganrif ar bymtheg.

Seville Maiolica (C10). Powlenni Maiolica o Seville gyda gwydredd gwyn dros ffabrig pinc, weithiau gydag olion o wydredd gwyrdd ar y cefn. Mae Gutiérez yn dyddio ffurfiau gwyn plaen i *c*.1480–1650 a rhai gwyrdd a gwyn wedi hanner eu trochi i'r bymthegfed ganrif.[11] Diwedd y bymthegfed ganrif–dechrau'r unfed ganrif ar bymtheg yn ôl pob tebyg mewn cyd-destun Cymreig.

Isabella Amryliw (C9). Ffabrig pinc, gyda gwydredd Maiolica gwyn, ac addurn mewn glas a phorffor, *c*.1500–50. Cynhyrchwyd yn ardal Seville, *c*.1450–1550 ond mae'n fwyaf tebygol o fod wedi'i gynhyrchu ar ddechrau'r unfed ganrif ar bymtheg yn ne-orllewin Cymru.[12] Mae'n debyg fod yr wyth telchyn a adferwyd i gyd o gyd-destun (046) yn y ffos orllewinol, o un jwg unigol.

Montelupo (C26). Llestri Maiolica Eidalaidd o ddiwedd y bymthegfed ganrif–unfed ar bymtheg (ailddiffiniwyd yn Eidalaidd-Iseldiraidd gan Hurst gan fod peth wedi'i gynhyrchu gan grochenyddion a oedd yn ymfudwyr o'r Eidal). Daw'r telchyn unigol, o'r ffos orllewinol, o lestr neu bowlen ag addurn amryliw llachar wedi'i baentio.

Ffiol flodau Eidalaidd-Iseldiraidd (C30). Mae'n debyg fod telchyn o ffiol flodau wedi'i haddurno'n las, a adferwyd o'r ffos orllewinol, yn gynnyrch de Iseldiraidd er i gerameg tebyg gael ei gynhyrchu yn yr Eidal o lle'r ymfudodd crochenyddion i'r Iseldiroedd. Dyddiwyd *c*.1500–75.

Martincamp I (C21). Teilchion mewn llestri pridd caled ag ochrau tenau, anwydrog rhwng llwydwyn a phinc, o fflasgiau. Diwedd y bymthegfed ganrif–yr unfed ganrif ar bymtheg. Cynhyrchwyd yn ôl pob tebyg yn ardal Beauvais ym Mhicardi, a dwyrain Normandi.[13]

Llestri o ddiwedd yr unfed ganrif ar bymtheg a'r ail ganrif ar bymtheg
Llestri o Wlad yr Haf (B37). Ffabrig trwchus wedi'i danio'n galed gyda chynwysiadau o gwarts mân iawn, arwynebau llyfn. Mae'r ffabrig yn rhannol neu'n gyfan gwbl ocsidiedig gyda slip gwyn yn gyffredin. Mae gwydreddau'n amrywio o'r llyfn i'r clytiog ac y maent yn aml yn wyrdd olewydd. Mae rhigolau allanol yn gyffredin. Jariau yn bennaf, hefyd rhai jygiau a mygiau a llestr bara unigol o 046. Mae nodi llestri Gwlad yr Haf yn ôl safle'r odyn yn ddiarhebol o anodd. Fodd bynnag, mae'n debyg fod y rhan fwyaf o'r llestri yng Nghaerfyrddin yn deillio o odynnau Nether Stowey yng ngogledd Gwlad yr Haf o'u cymharu â ffurfiau a gyhoeddwyd o Fryste.[14] Ym Mryste, y prif gyfnod ar gyfer mewnforio cynnyrch Nether Stowey (a Wanstrow) oedd diwedd yr unfed ganrif ar bymtheg/ yr ail ganrif ar bymtheg. Mae'n ymddangos eu bod wedi eu disodli o fasnach yr Hafren i raddau helaeth gan gynnyrch Gogledd Dyfnaint a ddaeth yn fwy cyffredin ar ôl canol yr ail ganrif ar bymtheg. Byddai tra-arglwyddiaeth llestri Gwlad yr Haf a Gogledd Dyfnaint yn ddadl yn erbyn unrhyw gynnyrch lleol sylweddol ar ddiwedd yr unfed ganrif ar bymtheg/yr ail ganrif ar bymtheg o leiaf.

Frechen SW (C12). Mygiau crochenwaith caled mewn ffabrig llwyd gydag arwynebau brown brith gan grochenyddion Cologne diweddar neu Frechen yn fwy tebygol. Diwedd yr unfed ganrif ar bymtheg/yr ail ganrif ar bymtheg.

Llestri brith gogledd yr Eidal. Adferwyd telchyn o lestri pridd coch, gyda gwydredd amryliw brith ar y tu mewn a gwydredd ar y tu allan o'r ffos orllewinol. O Pisa yn ôl pob tebyg, yr ail ganrif ar bymtheg/y ddeunawfed ganrif.

Llestri coch Ffrengig (C20). Llestri coch cain wedi eu tanio'n galed, ôl-ganoloesol. Efallai fod un telchyn o'r ffos orllewinol, rhimyn powlen bachog, wedi'i wneud o'r ffabrig hwn. Cynhyrchwyd llestr pridd tebyg yn Normandi i'w ddefnyddio'n lleol yn unig neu efallai mai crochenwaith caled wedi'i ffwrndanio o ddwyrain Normandi ydyw.

Llestri ôl-ganoloesol diweddarach, ar ôl 1650
NDGT (B39). Llestri â llenwad graean o Ogledd Dyfnaint, llestri cwrs gwydrog. O'r unfed ganrif ar bymtheg–y bedwaredd ganrif ar bymtheg; ond prif gyfnod mewnforio i mewn i dde-orllewin Cymru oedd yr ail ganrif ar bymtheg/dechrau'r ddeunawfed ganrif, yn arbennig ar ôl *c*.1650. Ni fu fawr o newid yn siâp y llestri dros gyfnod hir o gynhyrchu ac o'r herwydd mae'n anodd dyddio eitemau'n fanwl. Mae'r llestri cegin/llaethdy hyn yn gyffredin iawn ar safleoedd yn ne a gorllewin Cymru.

NDGF (B41). Di-raean o Ogledd Dyfnaint, amrywiad ar y llestri â llenwad graean arferol a ddefnyddiwyd ar gyfer jariau a jygiau.

ND sgraf (B43). Llestri sgraffito o Ogledd Dyfnaint. Yn fwyaf cyffredin yn ystod ail hanner yr ail ganrif ar bymtheg er y canfuwyd enghreifftiau, gyda sgrôl rededog siâp S, o safleoedd o *c*.1625 ymlaen yn Virginia, UDA.[15]

ND slip (B44). Llestri Gogledd Dyfnaint â gorchudd slip. Dysglau i gyd, efallai fod rhai o lestri sgraffito. Diwedd yr ail ganrif ar bymtheg/y ddeunawfed ganrif.

B/S YW (B58). Llestri â gorchudd slip melyn Bryste/Swydd Stafford, ffabrig gwyn, mygiau'n dyddio o *c*.1680–1760.

B/S slip (B57). Llestri wedi eu mowldio o'r math Bryste/Swydd Stafford, mewn ffabrig sy'n amrywio o wyn i bwff, gydag addurn slip. Tua 1680–1760.

B/S gwydrog. Fel B/S slip, ond heb yr arddurn slip, gwydrog. Diwedd yr ail ganrif ar bymtheg/dechrau'r ddeunawfed ganrif.

B/S brith. (B59). Llestri brith brown o'r math Bryste/Swydd Stafford, mewn ffabrig sy'n amrywio o wyn i bwff, mygiau cwrw. Tua 1680–1760.

Llestri Whieldon. Llestri pridd bwff, gwydrog oddi mewn ac oddi allan, gyda phatrymau trilliw brith. Swydd Stafford, dechrau/canol y ddeunawfed ganrif.

Llestri du (B55) Llestri yfed du gyda gwydredd du ar ffabrig llestri pridd coch. Yr ail ganrif ar bymtheg–dechrau'r ddeunawfed ganrif.

LRE (B46 a B56). Llestri pridd coch â gwydredd plwm, llestri defnyddiol, di-addurn neu gydag addurn slip llusg. Yr ail ganrif ar bymtheg–y bedwaredd ganrif ar bymtheg? Sawl ffynhonnell o bosibl gan gynnwys Morgannwg a Gwlad yr Haf.

TGE (*Tin glazed earthenware*). Llestri pridd â gwydredd tun. Seisnig, yr ail ganrif ar bymtheg–canol y ddeunawfed ganrif.

Llestri Westerwald. Crochenwaith caled wedi'i fewnforio o'r Almaen, yr ail ganrif ar bymtheg–dechrau'r ddeunawfed ganrif.

Llestri Bwcle. Llestri pridd coch gyda gwydredd 'du' oddi mewn ac oddi allan. Gogledd-ddwyrain Cymru. Deunawfed ganrif/y bedwaredd ganrif ar bymtheg.

Ol-ganoloesol annosbarthedig. Crochenwaith ôl-ganoloesol; ffurf a ffynhonnell yn amhendant.

Llestri diwydiannol, y ddeunawfed ganrif–yr ugeinfed ganrif

RE. Llestri defnyddiol coch masgynnyrch yn perthyn i'r bedwaredd ganrif ar bymtheg a'r ugeinfed.

BE. Llestri defnyddiol bwff di-addurn, annosbarthedig fel arall, y bedwaredd ganrif ar bymtheg.

Creamware. Llestri pridd llwydwyn gwydrog, *c.*1740au–1800.

Creamware rhesog. Corff llestri pridd, gwydrog. Rhesi cylchfaol mewn gwyn a brown tywyll ar gefndir bwff, ag addurn 'mocha' yn aml. Mae llestri defnyddiol â'r math hwn o addurn yn gyffredin ac fe'u cynhyrchwyd ar raddfa eang mewn nifer o'r crochendai. Diwedd y ddeunawfed ganrif–ugeinfed ganrif.

Pearlware. Llestri gwyn ag arlliw glas, *c.*1770au–1830au.

IYW. Llestri melyn diwydiannol, ffabrig gwyn â gwydredd melyn. Dechrau'r bedwaredd ganrif ar bymtheg.

IBW. Llestri pridd du diwydiannol, y bedwaredd ganrif ar bymtheg.

SGSW. Crochenwaith caled â gwydredd halen, 1720au–*c.*1800.

ESW. Crochenwaith caled Seisnig, gyda gwydredd neu olchiad brown yn bennaf. Y ddeunawfed ganrif/y bedwaredd ganrif ar bymtheg.

Eng. porcelain. Porslen Seisnig, diwedd y ddeunawfed ganrif–yr ugeinfed ganrif.

Llestri gloyw copr. Diwedd y bedwaredd ganrif ar bymtheg.

Llestri brith. Y bedwaredd ganrif ar bymtheg/yr ugeinfed ganrif.

DWW. Llestri gwynion datblygedig. Llestri gwynion wedi'u cynhyrchu'n ddiwydiannol, dechrau'r bedwaredd ganrif ar bymtheg–y presennol. Cynhyrchwyd ar raddfa eang yn nifer o'r crochendai. Amrywiaeth o driniaethau gan gynnwys y print trosglwyddo glas a gwyn cyffredin. I'w weld ym mhobman ar draws safle'r castell.

Cerameg adeiladu

LRT. Teils crib gwydrog lleol mewn ffabrigau tebyg i'r jygiau canoloesol (LGW) ond gyda mwy o gynwysiadau cerrig silt weithiau. Cribau wedi'u torri'n syml. Perthyn i gyfnod y drydedd ganrif ar ddeg–ôl-ganoloesol yn ôl pob tebyg.

Malvernaidd RT. Teils crib mewn ffabrig coch Malvern heb fawr ddim gwydredd neu ddim o gwbl. Y bymthegfed ganrif/yr unfed ganrif ar bymtheg.

NDGT RT. Teilsen grib Gogledd Dyfnaint â llenwad graean a gwydredd gwyrdd. Yr unfed ganrif ar bymtheg/yr ail ganrif ar bymtheg.

LFT. Teilsen lawr leol. Efallai mai lleol yw'r telchyn mewn ffabrig â llenwad carreg silt, rhydwythol heb unrhyw olwg o wydredd wedi goroesi, a adferwyd o gyd-destun (041) yn y ffos orllewinol. Ochrau syth. Dyddiad amhendant.

Normandy FT. Teils llawr o'r math Normandi, teils llawr ag ochrau syth mewn ffabrigau'n amrywio o bwff i binc â gwydreddau gwyrdd neu felyn wedi treulio. Mewnforion o ddechrau'r unfed ganrif ar bymtheg o ardal Dyffryn Seine yn Normandi. Cofnodir eu hallforio o Normandi a Le Havre.[16] Cf. teils llawr tebyg o'r math Normandi o Frodordy Caerfyrddin, nad awgrymwyd unrhyw amrediad dyddiadau ar eu cyfer.[17]

Teilsen ficaol ganoloesol? Pyramid â gwydredd gosod, o jwg neu ddodrefn to, o gyd-destun (026) yn y ffos orllewinol. Mae'r ffabrig micaol yn awgrymu mai'r ffynhonnell yw Hen Dywodfaen Coch. Nodweddiadol o Swydd Henffordd/sir Fynwy.

RT annosbarthedig. Telchyn o deilsen grib na nodwyd ei darddiad, a adferwyd o gyd-destun (008) yn Ffos B/C y gorthwr gwag. Y bymthegfed ganrif/yr unfed ganrif ar bymtheg mae'n debyg.

Trafodir y cerameg adeiladu ym Mhennod 2.

Gorthwr gwag Ffos A, 1997 (gan Dee Williams)

Adferwyd cyfanswm o 323 o deilchion o grochenwaith o Ffos A, y ffos yn dirwyn o'r gogledd i'r de oddi mewn i'r gorthwr gwag (Ffigur 156; Tabl 2). O blith y rhain, dim ond 30 o deilchion oedd yn rhai canoloesol (9.3%), pob un ohonynt yn deilchion corff bychan heb unrhyw nodweddion diagnostig ac o fawr o ddefnydd o ran dyddio manwl gywir oherwydd hynny. Fodd bynnag, o'r teilchion canoloesol hyn, ystyriwyd fod 16 yn 'lleol' (53.3%, h.y. 5% o gyfanswm y teilchion a gyfrifwyd yn y castell), ystyriwyd fod un telchyn yn fewnforyn o Loegr (3.3%, h.y. 0.3% o'r cyfanswm), roedd chwech o deilchion o fewnforion tramor (20%, h.y. 1.9% o'r cyfanswm) ac roedd saith o fewnforion na nodwyd eu tarddiad/annosbarthedig (23.4%, h.y. 2.1% o'r cyfanswm).

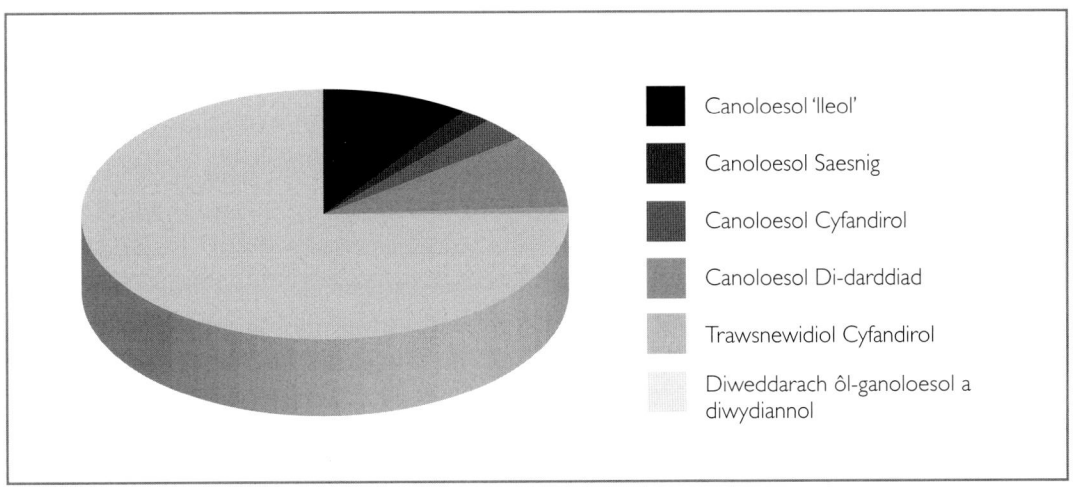

Ffigur 156 Mathau o ffabrig crochenwaith o gloddiadau yn y gorthwr gwag, 1997–8

Tabl 2 Cerameg a gwydr o Ffos A y gorthwr gwag: catalog yn ôl cyd-destun (ym mhob tabl yn y bennod hon, LlY = llestri yfed , LlG = llestri gwastad a LlGwag = llestri gwag)

Ffabrig	Cyfrif teilchion	Sylwadau
Cyd-destun [101] – 19eg ganrif neu ddiweddarach		
Cerameg		
RE	1	
Creamware rhesog	2	LlGwag
DWW	7	LlGwag. Troslun.
Cyfanswm	**10**	
Cyd-destun [102] – 20fed ganrif		
Cerameg		
Canoloesol; di-darddiad	1	Jwg gwydredd gwyrddfelyn allanol
NDGT	13	Gwydredd mewnol
B/S brith	1	Tancard
RE	8	Jariau gwydredd mewnol
RE	2	Gwydredd mewnol & brown
ESW	1	Tancard. Wedi gwydro. Staffs.
BE	1	Pot-dan-gwely. Gwydredd clir
DWW	56	Troslun. Tebygol Staffs.
Eng. porcelain	1	Soser, miniatur. Wedi gwydro
Pibell glai	(30)	
Gosodiad trydanol	(1)	20fed ganr.
Cyfanswm	**84**	
Gwydr		
Potel win; wedi chwythu yn rhydd	1	Olive green. Seisnig; Bryste? 18fed ganrif
Jug or bowl	2	Gwyn. 20fed ganrif
Amhenodol	1	Pinc. 20fed ganrif
Cyfanswm	**4**	
Cyd-destun [103] – 19eg ganrif neu ddiweddarach		
Cerameg		
Saint. Green	2	Jygiau. Gwydredd allanol
Canoloesol; di-darddiad	1	Jwg. Seisnig. Gwydredd gwyrdd allanol
Canoloesol; di-darddiad	1	Jwg. Seisnig? Gwydredd melynwyrdd
Canoloesol; di-darddiad	1	Jwg. Gwydredd allanol gwyrdd tywyll. Diwedd canoloesol
LGW?	1	Jwg? Gwydredd gwyrdd allanol. Llansteffan?
NDGT	26	Jariau & bowlenni. Wedi gwydro
ND slip	2	

Ffabrig	Cyfrif teilchion	Sylwadau
RE	10	Jariau & bowlenni. Gwydredd mewnol
B/S slip	5	LIGwag & LIG. Slip brown
ESW	4	Tancard & jariau. Wedi gwydro â halen
DWW	29	LIGwag & LIG. Wedi peintio a throslunio
Pibell glai	(37)	
Teils/brics coch amr.	(1)	
Cyfanswm	**82**	
Gwydr		
Potel win; wedi chwythu yn rhydd	1	Gwyrddfelyn. Seisnig; Bryste? Diwedd 18fed/19eg ganr.
Cyfanswm	**1**	

Cyd-destun [104] – 19eg ganrif neu ddiweddarach

Ffabrig	Cyfrif teilchion	Sylwadau
Cerameg		
DWW	1	Troslun. Staffs?
Pibell glai	(1)	
Cyfanswm	**1**	

Cyd-destun [106] – 19eg ganrif neu ddiweddarach

Ffabrig	Cyfrif teilchion	Sylwadau
Cerameg		
RE	4	Gwydredd brown mewnol
DWW	4	LIGwag & LIG. Plaen & troslun
Pibell glai	(2)	
Cyfanswm	**8**	

Cyd-destun [107] – 19eg ganrif neu ddiweddarach

Ffabrig	Cyfrif teilchion	Sylwadau
Cerameg		
NDGT	6	Gwydredd mewnol
Llestri Westerwald	1	Tancard. Gwydredd & addurn allanol
BE	1	Gloywedd. Staffs?
DWW	1	LIG. Wedi gwydro
LRT	(1)	
Cyfanswm	**9**	
Gwydr		
Potel win; wedi chwythu yn rhydd	1	Gwyrddfelyn. Seisnig; Bryste? Diwedd 18fed/19eg ganr.
Cyfanswm	**1**	

Cyd-destun [109] – 19eg ganrif neu ddiweddarach

Ffabrig	Cyfrif teilchion	Sylwadau
Cerameg		
NDGT	13	Gwydredd mewnol

Tabl 2 (parhad)

Ffabrig	Cyfrif teilchion	Sylwadau
RE	4	Jar. wedi gwydro
B/S slip	3	LIG. Slip brown
ESW	2	Wedi gwydro â halen
DWW	12	Wedi peintio; troslun; plaen
Pibell glai	(10)	
Cyfanswm	**44**	
Gwydr		
Amhendant	2	Di-liw. Seisnig. Diwedd 19eg/20fed ganr.
Cyfanswm	**2**	

Cyd-destun [110] – 19eg ganrif neu ddiweddarach

Cerameg		
Canoloesol; Seisnig?	1	Jwg. Rhychog. Gwydredd gwyrdd allanol gyda bandiau tywyllach
Saint. Green	2	Jwg(iau). Gwydredd allanol
Canoloesol; Seisnig?	1	Jwg? Gwydredd melynwyrdd
LCP	1	Rhychog. Heb wydro
Llansteffan	2	Jwg(s), wedi lleihau. Gwydredd gwyrdd allanol
LMW	8	Jygiau. Gwydredd brown & gwyrdd rhannol
NDGT	42	Jariau, bowlenni & jygiau. Gwydredd mewnol
NDGF	3	Jwg & bowlen. Wedi gwydro
ND sgraf	1	Jwg. Slip gwyn allanol & gwydredd
RE	18	LIGwag & LIG. Gwydredd mewnol, peth addurn slip
B/S slip	5	LIY.
Llestri Whieldon	2	
ESW	4	Tancardiau. Gwydredd halen
DWW	16	LIGwag & LIG. Wedi peintio; troslun; plaen
Pibell glai	(27)	
Cyfanswm	**106**	
Gwydr		
Poteli gwin; wedi chwythu yn rhydd	2	Gwyrddfelyn. Seisnig; Bryste? 'Onion'. Diwedd 18fed ganr.
Cyfanswm	**2**	

Cyd-destun [114] – 19eg ganrif neu ddiweddarach

Cerameg		
Saint. Green	1	Jwg. Gwydredd allanol trosto
NDGT	1	Jariau. Gwydredd gwyrdd mewnol
Llestri Bwcle?	2	Jar(s). Di-darddiad ond o fath Bwcle
ESW	3	Pot inc

CROCHENWAITH A DARGANFYDDIADAU ERAILL 299

Ffabrig	Cyfrif teilchion	Sylwadau
BE	1	Bowlen/dysgl. Gwydredd clir
DWW	5	LlGwag & LlG. Wedi peintio; troslun
Cyfanswm	**13**	
Gwydr		
Potel ddŵr	1	Naturiol. Seisnig. Diwedd 19eg/20fed ganr.
Cyfanswm	**1**	

Cyd-destun [115] – 19eg ganrif neu ddiweddarach

Cerameg		
Canoloesol; Seisnig	1	Jwg? Gwydredd allanol gwyrdd tywyll
RE	2	Wedi gwydro. 1 gydag addurn cordon
Pibell glai	(1)	
Cyfanswm	**3**	

Cyd-destun [116] – 19eg ganrif neu ddiweddarach

Cerameg		
NDGT	2	LlGwag. Gwydredd mewnol
RE	1	LlG. Gwydredd & addurn ôl-slip
DWW	2	LlG. Troslun; plaen
Pibell glai	(1)	
Cyfanswm	**5**	

Cyd-destun [118] – 19eg ganrif neu ddiweddarach

Cerameg		
Canoloesol: Seisnig?	1	Jwg? Gwydredd allanol gwyrdd tywyll
NDGT	9	LlGwag. Gwydredd mewnol
NDGF	1	Jwg. Wedi gwydro; slip allanol
RE	4	LlGwag. Gwydredd mewnol
RE	2	Jar. Gwydredd du mewnol
RE	2	Pot blodau
B/S gwydrog	2	LlGwag & LlG gydag ymyl crwst pei. Gwydredd mewnol
ESW	3	LlGwag. Addurn wedi ei bwyso & stamp.
DWW	30	LlGwag & LlG. Wedi mowldio; wedi peintio; troslun
Pibell glai	(4)	
Teils/brics coch amrywiol	(2)	
Cyfanswm	**54**	
Gwydr		
Ffenestr; potel; gwydryn	6	Naturiol. Seisnig. 19eg ganr.
Cyfanswm	**6**	

Tabl 2 (parhad)

Ffabrig	Cyfrif teilchion	Sylwadau
Cyd-destun [119] – 18fed ganrif neu ddiweddarach		
Cerameg		
Pibell glai	(1)	
Cyfanswm	**0**	
Gwydr		
Potel win; wedi chwythu yn rhydd	2	Gwyrddfelyn. Seisnig. 'Onion'. 18fed ganr.
Cyfanswm	**2**	
Cyd-destun [122] – 18fed ganrif neu ddiweddarach		
Cerameg		
NDGT	1	Gwydredd gwyrdd mewnol
Pibell glai	(1)	
Cyfanswm	**1**	
Cyd-destun [125] – canoloesol neu ddiweddarach		
Cerameg		
Canoloesol: Seisnig?	1	Jwg. Gwydredd melynwyrdd
Cyfanswm	**1**	
Cyd-destun [126] – 18fed ganrif neu ddiweddarach		
Cerameg		
RE	1	LIG. Gwydredd mewnol; ôl-slip
Cyfanswm	**1**	
Cyd-destun [137] – canoloesol neu ddiweddarach		
Cerameg		
LRT	(1)	
Cyfanswm	**0**	
Cyd-destun [144] – diwedd 17eg ganrif neu ddiweddarach		
Cerameg		
Saint. Green	1	Jwg. Gwydredd allanol
LCP	1	Heb wydro
LMW?	3	Jwg. Gwydredd brown allanol. Diwedd canoloesol. Casnewydd?
B/S slip	1	LIG gydag ymyl crwst pei. Gwydredd mewnol
Cyfanswm	**5**	

Roedd y mwyafrif o'r teilchion canoloesol o jygiau â gwydredd gwyrdd yn dyddio o'r drydedd ganrif ar ddeg/y bedwaredd ganrif ar ddeg wedi eu gwneud yn Ffrainc ac yn Lloegr yn ôl pob tebyg. Roedd y llestri Ffrengig o ardal Saintonge yn ne-orllewin Ffrainc (Saint. Green yn bennaf), tra bod yr enghreifftiau o Loegr yn parhau yn annosbarthedig i raddau helaeth. Roedd defnydd 'lleol' yn bresennol mewn symiau bychain. Roedd yn cynnwys teilchion o grochanau anwydrog mewn ffabrig nodedig â llenwad graean (LCP), teilchion o jygiau o'r math Llansteffan (Caerfyrddin forydol) a defnydd yn dyddio o ddiwedd yr Oesoedd Canol o bosibl o ardal Trefdraeth (LMW). Nid oedd unrhyw grochenwaith 'trawsnewidiol' (diwedd y bymthegfed ganrif/dechrau'r unfed ganrif ar bymtheg), neu unrhyw ddefnydd o ddechrau'r cyfnod ôl-ganoloesol.

Darganfuwyd dau ddarn o deilsen grib ganoloesol a gynhyrchwyd yn lleol (LRT). Roedd y rhain mewn ffabrig â llenwad graean tebyg i hwnnw a ddefnyddiwyd ar gyfer crochenwaith 'lleol'.

Ffosydd B ac C y gorthwr gwag, 1998 (gan Dee Williams)

Adferwyd cyfanswm o 312 o deilchion o grochenwaith o Ffosydd B ac C, y ffosydd sy'n dirwyn o'r dwyrain i'r gorllewin oddi mewn i'r gorthwr gwag (Ffigur 156; Tabl 3). O'r rhain, roedd 153 o'r teilchion yn ganoloesol (49.1%) – canran llawer iawn uwch nag yn Ffos A – ac o'r rhain roedd 58 o deilchion yn 'lleol' (37.9%, h.y. 18.6% o gyfanswm y teilchion a gyfrifwyd yn y castell), roedd 59 o'r teilchion yn fewnforion o Loegr (38.6%, h.y. 18.9% o'r cyfanswm), roedd 13 o'r teilchion yn fewnforion tramor (8.5%, h.y. 4.2% o'r cyfanswm) a 23 yn fewnforion na nodwyd eu tarddiad/annosbarthedig (15%, h.y. 7.4% o'r cyfanswm).

Roedd crochenwaith canoloesol yn cynnwys llestri 'lleol', mewnforion o Loegr, mewnforion annosbarthedig o Ffrainc neu Loegr, a llestri Saintonge o dde-orllewin Ffrainc. Roedd y llestri 'lleol' yn cynnwys jygiau wedi'u gwydro'n denau (LGW) yn bennaf, a nifer fechan iawn o deilchion o jariau gwydrog a chrochanau (LCP), yn y ffabrig 'lleol' â llenwad graean nodweddiadol. Nodir dysglau mewn ffabrig calchaidd ychydig yn bothellog fel rhai o fath Llansteffan (Bae Caerfyrddin). Yr amrediad dyddiadau a awgrymir yw canol/diwedd y drydedd ganrif ar ddeg–y bymthegfed ganrif. Roedd llestri hwyrach neu rai ôl-ganoloesol cynnar (LMW) yn cynnwys cynnyrch posibl o Drefdraeth (sir Benfro). Ymhlith y mewnforion o Loegr roedd llond llaw o deilchion o jygiau Ham Green, gydag amrediad dyddiadau safonol o ddiwedd y ddeuddegfed ganrif–c.1300. Roedd nifer fwy o deilchion o fewnforion annosbarthedig o Loegr a Ffrainc. Ymhlith y mathau o ffabrigau Saintonge a gynrychiolwyd roedd Saint. Green mewn gwydreddau gwyrdd brith a gwyrdd drostynt. Roedd hefyd bump neu chwech o deilchion o Saint. anwydrog, a nodwyd un telchyn yn betrus fel un Saint. cynnar amryliw (cyd-destun 043), ac awgrymwyd dyddiad o c.1280–1320.

Mae'r defnydd ôl-ganoloesol yn cynnwys yr amrywiaeth arferol o ffabrigau a ddarganfuwyd yng nghasgliadau cerameg Caerfyrddin, heb fod yn cynnwys unrhyw beth o bwys. Fodd bynnag, ychydig iawn o grochenwaith 'Trawsnewidiol' oedd yno (diwedd y bymthegfed ganrif/dechrau'r unfed ganrif ar bymtheg) ac, fel yn Ffos A, nid oedd unrhyw ddefnydd o ddechrau'r cyfnod ôl-ganoloesol.

Tabl 3 Cerameg a gwydr o Ffosydd B a C y gorthwr gwag: catalog yn ôl cyd-destun

Ffabrig	Cyfrif teilchion	Sylwadau
Cyd-destun [003] – 19eg ganrif neu ddiweddarach		
Cerameg		
NDGT	12	Jariau & jygiau. Gwydredd mewnol
RE	11	LlGwag & LIG. Wedi gwydro/heb wydro; 1 gydag addurn ôl-slip
ESW	3	LlGwag. Wedi gwydro
Creamware rhesog	4	1 gydag addurn 'mocha'
DWW	10	LlGwag & LIG. Troslun
DWW	11	LlGwag & LIG. Addurn sbrigiau; wedi peintio; addurn sbwng
Pibell glai	(11)	
Teils/brics coch amr.	(3)	
Cyfanswm	**51**	
Gwydr		
Ffiol	1	Gwyrddlas. 18fed ganr.
Cyfanswm	**1**	
Cyd-destun [008] – 20fed ganrif		
Cerameg		
Saint. Green	3	Jwg(s). Gwydredd allanol. Addurn stribed fertigol wedi ei osod
Saintonge?	6	Jygiau. Ffrengig. 4 heb wydro; 2 gyda gwydredd melynwyrdd
Saintonge?	2	Jwg. Gwydredd allanol trosto
Canoloesol; Seisnig	3	Jwg. Gwydredd gwyrdd allanol dros slip oren
Canoloesol; Seisnig?	2	Jwg. Rhychog. Gwydredd gwyrdd allanol gyda bandiau tywyllach
Canoloesol; Seisnig	3	Jwg. Gwydredd brown allanol. 15th ganr.? Malvernaidd?
LMW	4	Jygiau. Gwydredd gwyrdd/brown allanol
LCP?	1	Heb wydro. Diwedd canoloesol?
NDGT	10	Jariau. Gwydredd mewnol; 1 gyda gwydredd allanol dros slip
ND sgraf	1	Bowlen. Gwydredd mewnol dros slip
Diddosbarth RE	4	Jar? Gwydredd mewnol. Ôl-ganoloesol.
Slip di-darddiad	4	Dysgl/powlen. Gwydredd mewnol gydag addurn ôl-slip. Cymreig?
Llestr du	1	Tancard?
B/S slip	3	Dysglau. Ymyl crwst pei
BE	1	Llestr defnyddiol wedi gwydro
DWW	2	LIG. Troslun
Pibell glai	(4)	
Diddosbarth RT	(1)	Teilsen grib di-darddiad. 15fed/16eg ganr.?
Teils/brics coch amr.	(3)	
Cyfanswm	**50**	

CROCHENWAITH A DARGANFYDDIADAU ERAILL 303

Ffabrig	Cyfrif teilchion	Sylwadau
Gwydr		
Potel	1	Gwyrddfelyn. 20fed ganr.
Cyfanswm	**1**	

Cyd-destun [011] – 19eg ganrif neu ddiweddarach

Cerameg		
NDGT	1	Gwydredd mewnol
Creamware rhesog	1	Addurn 'mocha'
Cyfanswm	**2**	
Gwydr		
Caead	2	Gwyrddlas. Diwedd 19eg/20fed ganr.
Cyfanswm	**2**	

Cyd-destun [012] – 16eg ganrif neu ddiweddarach

Cerameg		
Saintonge?	2	Jwg(s). Gwydredd allanol
Canoloesol; Ffrengig?	8	Jygiau? 5 heb wydro; 3 gyda gwydredd melyn allanol
Canoloesol; Seisnig?	20	Jwg. Rhychog. Gwydredd melyn allanol gyda bandiau brown
Canoloesol; Seisnig?	4	Jwg. Rhychog. Gwydredd allanol wedi ei danio'n wael
Canoloesol; Seisnig?	10	Jwg(s). Rhychog. Gwydredd gwyrdd allanol gyda band melyn
Canoloesol; Saes/Ffrengig?	2	Jwg. Gwydredd melyn allanol
Canoloesol; Saes/Ffrengig?	1	Jwg. Handlen strap. Gwydredd clir
Ham Green	2	Jygiau. Rhychog. Gwydredd gwyrdd allanol
Ham Green?	2	Jygiau. Gwydredd gwyrdd allanol
Llansteffan	7	Jwg. Rhychog. Gwydredd gwyrdd allanol
Llansteffan	4	Jwg. Cordon. Gwydredd gwyrdd allanol
Llansteffan?	3	Jwg. Gwydredd gwyrdd tywyll allanol
LCP	11	Heb wydro
LGW	10	Jwg. Gwydredd gwyrdd tywyll allanol
LGW	5	Jygiau. Gwydredd gwyrdd/brown allanol. Diwedd canoloesol/Trawsnewidiol
LGW?	6	Jygiau. Gwydredd brown tenau allanol. Diwedd canoloesol/Trawsnewidiol
LRT	(1)	
Normandy FT?	(1)	Ffrengig. Gwydredd gwyrdd-copr llachar. 15fed/16eg ganr.
Teils/brics coch amr.	(2)	
Cyfanswm	**97**	

Tabl 3 *(parhad)*

Ffabrig	Cyfrif teilchion	Sylwadau
Cyd-destun [013] – diwedd canoloesol neu ddiweddarach		
Cerameg		
Saint. Green	1	Jwg. Gwydredd allanol
Canoloesol; Seisnig	1	Jwg. Gwydredd gwyrdd allanol
Canoloesol; Seisnig	1	Jwg. Gwydredd gwyrdd allanol
Canoloesol; Saes/Ffrengig?	1	Jwg? Gwydredd melynwyrdd allanol
Llansteffan	3	Jygiau. Rhychog. Gwydredd gwyrdd allanol
LGW	2	Jwg. Gwydredd gwyrdd allanol. Diwedd canoloesol/trawsnewidiol
LCP	1	Heb wydro. Diwedd canoloesol?
Teils/brics coch amr.	(1)	Heb ddyddio
Cyfanswm	**10**	
Cyd-destun [016] – 18fed/19eg ganr. neu ddiweddarach		
Cerameg		
Teils/brics coch amr.	(1)	18fed/19eg ganr.?
Cyfanswm	**0**	
Cyd-destun [018] – 18fed/19eg ganr. neu ddiweddarach		
Cerameg		
Saint. Green	3	Jwg(s). Gwydredd allanol
Saint. anwydrog	2	Jwg
Saint. anwydrog?	1	Jwg
Ham Green?	1	Jwg. Gwydredd gwyrdd allanol
Llansteffan?	1	Jwg. Rhychog. Gwydredd gwyrdd-frown allanol
Canoloesol; Seisnig?	1	Jwg. Gwydredd gwyrdd tywyll allanol. Diwedd canoloesol/trawsnewidiol
Canoloesol; Seisnig?	1	Jwg. Gwydredd gwyrddfelyn tywyll allanol. Diwedd canoloesol/trawsnewidiol
Canoloesol; diddosbarth	6	Jygiau. Rhychau gwar. Gwydredd brown allanol. Trawsnewidiol
Ôl-ganoloesol; diddosbarth	1	Jar? Rhychau canol. Gwydredd brown mewnol. 18fed/19eg ganr.
LRT	(1)	Casnewydd? Diwedd canoloesol–16eg ganr.
Cyfanswm	**17**	
Cyd-destun [026] – diwedd canoloesol neu ddiweddarach		
Cerameg		
Canoloesol; Seisnig?	1	Jwg. Gwydredd gwyrdd tywyll allanol. Diwedd canoloesol/trawsnewidiol
Cyfanswm	**1**	

Ffabrig	Cyfrif teilchion	Sylwadau
Cyd-destun [032] – 19eg ganrif neu ddiweddarach		
Cerameg		
Ham Green	1	Jwg. Rhychau llorweddol. Gwydredd gwyrdd allanol
NDGT	7	Jariau. Wedi gwydro & heb wydro
Diddosbarth RE	4	Wedi gwydro & heb wydro. Ôl-ganoloesol.
ESW	1	Potel. Llwyd ESW. Wedi gwydro â halen. 19eg/cynnar 20fed ganrif
DWW	11	LlG& LlGwag. Troslun; wedi peintio; gloywedd; plaen
Pibell glai	(2)	
Cyfanswm	**24**	
Gwydr		
Potel	1	Naturiol. 18fed/19eg ganr.
Cyfanswm	**1**	
Cyd-destun [033] – diwedd canoloesol neu ddiweddarach		
Cerameg		
Saint. Green	1	Jwg. Gwydredd allanol
Saint. Green	1	Jwg. Gwydredd allanol
LGW?	1	Jwg. Gwydredd gwyrdd tenau allanol. Diwedd canoloesol/ trawsnewidiol
Canoloesol; Seisnig	1	Jwg. Gwydredd gwyrdd allanol
Canoloesol; Saes/Ffrengig?	1	Jwg? Gwydredd melyn llachar allanol
Canoloesol; diddosbarth	3	Jygiau. 1 rhychog. Gwydredd brown allanol. Diwedd canoloesol/ trawsnewidiol.
Cyfanswm	**8**	
Cyd-destun [035] – 20fed ganrif		
Cerameg		
NDGT	12	LlGwag. Gwydredd mewnol
Diddosbarth RE	5	LlG. Wedi gwydro/heb wydro. 1 slip. Ôl-ganoloesol/19eg ganr.
Llestr du	1	Tancard. Staffs.
B/S brith	1	LlGwag. Gwydredd mewnol
TGE	1	Bryste?
SGSW	1	Staffs.
ESW	1	Potel. Llwyd ESW. Fulham?
DWW	26	LlGwag & LlG. Troslun; wedi peintio; plaen
Pibell glai	(14)	
Teils/brics coch amr.	(20)	Lleol?
Cyfanswm	**48**	

Tabl 3 (parhad)

Ffabrig	Cyfrif teilchion	Sylwadau
Gwydr		
Potel meddyginiaeth	1	Diliw. Cyfan. Boglynnog. 19eg/cynnar 20fed ganr.
Potel win	2	Gwyrdd tywyll. Bryste? Silindraidd
Cyfanswm	**3**	
Cyd-destun [043] – ôl-ganoloesol		
Cerameg		
Saint. Poly	1	Jwg. Gwydredd melynwyrdd allanol; addurn brown ?wedi peintio
Teils/brics coch amr.	(2)	
Cyfanswm	**1**	

Y Tŵr De-orllewinol, 1994 (gan Dee Williams)

Adferwyd cyfanswm o 385 o deilchion o grochenwaith o'r Tŵr De-orllewinol a'r rhan o du mewn y castell sy'n gorwedd yn union drws nesaf iddo (Tabl 4). Daw'r rhai hynny o gyd-destunau (007–010) o'r cloddiad oddi mewn i lawr gwaelod y tŵr, ac o gwmpas ei fynedfa, a maent yn haenedig. Fodd bynnag, mae'r cyd-destunau'n dynodi haenau o ddefnydd a ddadlwythwyd ac mae'n debyg mai dyddodion eilradd ydynt; ychydig iawn o ddefnydd canoloesol oedd yn bresennol – tri thelchyn o grochenwaith a darn o deilsen grib – ac roedd y cyfan yn weddillol. Mae'r defnydd di-haen, sydd yn gyfan gwbl ôl-ganoloesol, o'r llenwad o islawr y tŵr, a gronnodd dros nifer o flynyddoedd ac a darfwyd arno'n fawr; yn yr un modd mae'n dynodi dyddodyn eilradd. O ddiddordeb lleol fodd bynnag mae'r ddwy fricsen fechan a oedd yn sampl hyrwyddo o'r bedwaredd ganrif ar bymtheg, o iard frics Thomas Morgan, Caerfyrddin, a darn o jwg/jar a'i stamp ef arnynt.

Daeth un telchyn o deilsen grib â gwydredd gwyrdd ac â llenwad graean o Ogledd Dyfnaint, o'r unfed ganrif ar bymtheg/yr ail ganrif ar bymtheg, o gyd-destun (007). Yn haen o ddefnydd a ddadlwythwyd, o darddiad eilradd yn ôl pob tebyg, ni ellir cymryd ei fod yn nodi unrhyw weithgarwch adeiladu yn ystod y cyfnod ôl-ganoloesol yn y fan hon (er y cofnodir gwaith ar Blasty'r Siambrlen cyfagos ar ddechrau'r unfed ganrif ar bymtheg – gweler Pennod 4).

Seler y Tŵr Sgwâr (gan Dee Williams)

Adferwyd cyfanswm o 195 o deilchion o'r tri llenwad, cyd-destunau (006)–(008), o'r seler yn dyddio o'r bedwaredd ganrif ar bymtheg yn perthyn i Rif 8 Heol y Bont, a ymestynnai o dan lefel llawr gwaelod y tŵr (Tabl 5). Roedd yr holl ddarganfyddiadau yn rhai ôl-ganoloesol diweddarach (o'r ddeunawfed ganrif ymlaen), ac roedd yr holl gyd-destunau'n cynnwys defnydd o'r ugeinfed ganrif. Er hynny mae'r llestri coeth o'r bedwaredd ganrif ar bymtheg (DWW) yn dynodi casgliad rhanbarthol da, gyda nifer o gynhyrchion o Lanelli. Cf. casgliadau a gyhoeddwyd o gloddiadau Caerfyrddin, 1976–90.[18]

Tabl 4 Cerameg a gwydr o'r Tŵr De-orllewinol: catalog yn ôl cyd-destun

Ffabrig	Cyfrif teilchion	Sylwadau
U/S llenwad y tŵr twr – 19eg/20fed ganrif		
Cerameg		
NDGT	4	LlGwag. Gwydredd mewnol
IBW	3	LlGwag
RE	2	LlGwag. Wedi gwydro. 19eg ganr.
RE	1	Pot blodau
ESW	1	Jar/Jwg. Argraffwyd 'T Morgan, Dark Gate, Carmarthen'
ESW	1	Tancard
ESW	4	LlGwag
Creamware rhesog	2	LlGwag. Addurn mocha
Llestri brith	1	LlGwag
DWW	65	LlGwag & LlG. Troslun; wedi peintio; plaen; addurn.
Teils/brics coch amr.	(2)	2 fricsen sampl bychain. Lleol
Cyfanswm	**84**	
Gwydr		
Potel win	2	Gwyrddfelyn. 18fed/cynnar 19eg ganr.
Ffiol	1	Diliw. Cyfan. Ffiol cemegydd
Potel meddyginiaeth/tonig	1	Gwyrddlas. Wedi mowldio
Potel lud	1	Gwyrddlas. Cyfan. Wedi mowldio
Cyfanswm	**5**	
Cyd-destun [007] – 19eg ganrif neu ddiweddarach		
Cerameg		
NDGT	115	LlGwag. Gwydredd mewnol
ND sgraf	2	
B/S slip	6	LlGwag. Gwydredd mewnol
B/S brith	8	Tancardiau
RE	34	Wedi addurno â slip
Llestri Bwcle	2	
Llestri Westerwald	1	
SGSW	9	
ESW	19	LlGwag
TGE	1	Cynllun wedi peintio
Creamware	25	LlGwag
Eng. Porcelain	5	Cynllun wedi peintio
DWW	3	LlGwag. Troslun; plaen

Tabl 4 (parhad)

Ffabrig	Cyfrif teilchion	Sylwadau
Pibell glai	(25)	
LRT	(1)	
NDGT RT	(1)	
Cyfanswm	**230**	
Gwydr		
Poteli gwin	9	Gwyrddfelyn. 18fed ganr.
Poteli gwin	11	Gwyrddfelyn. 18fed/19eg ganr. Silindraidd
Poteli gwin	103	Gwyrdd
Ffiol	2	Naturiol. 18fed ganr.
Jwg	1	Glas. Handlen. 'Bryste Blue'
Cyfanswm	**126**	

Cyd-destun [008] – cynnar 19eg ganr./diwedd

Ffabrig	Cyfrif teilchion	Sylwadau
Cerameg		
Saint. Green	1	Handlen
Merida	1	
NDGT	44	
ND sgraf	1	
B/S slip	1	LIG. Ymyl crwst pei
RE	13	Wedi addurno â slip
TGE	1	
ESW	1	
Creamware	3	
Eng. porcelain	1	Dan gynllun gwydredd 'chinoiserie'
Pibell glai	(9)	
Teils/brics coch amr.	(1)	19eg/20fed ganr.
Cyfanswm	**67**	
Gwydr		
Poteli gwin	18	Gwyrddfelyn. 18fed ganr.
Poteli gwin	71	Gwyrdd. Diwedd 18fed/cynnar 19eg ganr.
Cyfanswm	**89**	

Cyd-destun [009] – 17eg ganrif neu ddiweddarach

Ffabrig	Cyfrif teilchion	Sylwadau
Cerameg		
NDGT	2	
Cyfanswm	**2**	

Ffabrig	Cyfrif teilchion	Sylwadau
Cyd-destun [010] – ôl-ganoloesol		
Cerameg		
LGW	1	Gwydredd allanol
Ôl-ganoloesol; heb ddosbarthu	1	Gwydredd allanol brown
Pibell glai	(3)	
Cyfanswm	2	

Tabl 5 Cerameg a gwydr seler y Tŵr Sgwâr: catalog yn ôl cyd-destun

Ffabrig	Cyfrif teilchion	Sylwadau
Cyd-destun [006] – 20fed ganrif		
Cerameg		
RE	4	Pancheon. Gwydredd du
RE	29	Darnau potiau/jariau. Gwydredd brown mewnol
RE	7	Jwg. Gwydredd dwbl
Creamware rhesog	17	Pot-dan-gwely
Llestri gloyw copr	1	Jwg
ESW	3	Jar
DWW	35	LlGwag & LIG. Troslun; wedi peintio; wedi mowldio
Pibell glai	(1)	
Cyfanswm	96	
Gwydr		
Potel win; silindraidd	1	Gwyrdd tywyll. Diwedd 19eg ganr.
Potel	1	Di-liw. Diwedd 19eg/20fed ganr.
Poteli gwin; peiriant	3	Gwyrdd golau. 20fed ganr.
Cyfanswm	5	
Cyd-destun [007] – 20fed ganrif		
Cerameg		
RE	13	Llestri bara. Gwydredd brown mewnol
RE	5	Jwg. Gwydredd dwbl mewnol
ESW	1	Cyflawn. Potel inc
Creamware rhesog	3	Pot-dan-gwely
Llestr gloyw copr	1	Jwg
DWW	14	LlGwag & LIG. Troslun; wedi peintio; wedi mowldio
Cyfanswm	37	

Tabl 5 (parhad)

Ffabrig	Cyfrif teilchion	Sylwadau
Gwydr		
Potel win; peiriant	1	Gwyrdd golau. 20fed ganr.
Cyfanswm	**1**	
Cyd-destun [008] – 20fed ganrif		
Cerameg		
RE	1	Llestri bara. Gwydredd du
RE	8	Jar/jwg. Gwydredd brown mewnol
RE	1	Peth dal pot blodau. Heb wydro
ESW	1	Tancard/mwg. Wedi gwydro, gydag addurn bandiog
Llestr gloyw copr	3	Jwg(iau)
DWW	48	LlGwag & LlG. Troslun; wedi peintio; plaen; wedi mowldio
Cyfanswm	**62**	
Gwydr		
Potel win	1	Gwyrdd. Boglynnog 'X', h.y. 1868
Potel win; silindraidd	3	Gwyrdd golau. 20fed ganr.
Potel Codd	1	Gwyrddlas. 20fed ganr.
Cyfanswm	**5**	

Gwerthusiad o gyntedd y porth, 2001 (gan Dee Williams)

Dim ond deg o deilchion o grochenwaith a adferwyd o'r ffos werthuso oddi mewn i bydew tebygol y bont godi yng nghyntedd y porthdy (Tabl 6). Roedd pump o'r teilchion (50%) yn llestri canoloesol diweddar wedi eu cynhyrchu'n lleol, gan gynnwys un o'r dyddodyn cynharaf (520) yn gorchuddio llawr y pydew; yn ogystal â hynny roedd darn o deilsen grib leol, ond gall y ddau fod yn weddillol. Roedd y dyddodion i gyd yn ôl-ganoloesol o ran natur ac roeddent yn cynnwys llawer o falurion adeiladu gan gynnwys darnau o frics wedi eu gwneud â llaw ac oherwydd hynny efallai mai rhai eilradd ydynt.

Cloddiad ffos orllewinol y castell, 2003 (gan Paul Courtney)

Adferwyd cyfanswm o 1,331 o deilchion crochenwaith o'r cloddiad yn y ffos orllewinol, y tu allan i'r porthdy, yn 2003 (Ffigur 157; Tabl 7). O'r cyfanswm hwn, roedd 342 o'r teilchion yn rhai canoloesol (25.7%), ac o'r rhain roedd 312 o deilchion yn 'lleol' (91.2%, h.y. 23.5% o gyfanswm y teilchion a gyfrifwyd yn y castell), roedd 11 o deilchion yn fewnforion o Loegr (3.2%, h.y. 0.9% o'r cyfanswm) ac roedd 19 o deilchion yn fewnforion tramor (5.6%, h.y. 1.3% o'r cyfanswm). Roedd y 470 o deilchion Trawsnewidiol (diwedd y bymthegfed ganrif/dechrau'r unfed ganrif ar bymtheg) yn cyfrif am 35.3% o'r cyfanswm ac o'r rhain roedd 312 o Loegr (66.4%, h.y. 23.5% o'r cyfanswm) ac roedd 158 yn fewnforion tramor (33.6%, h.y.

Tabl 6 Cerameg a gwydr o gyntedd y porth: catalog yn ôl cyd-destun

Ffabrig	Cyfrif teilchion	Sylwadau
Cyd-destun [507] – 19eg/20fed ganrif		
Cerameg		
DWW	4	Llestri bwrdd. Gwydredd glas mewnol ac allanol
Cyfanswm	**4**	
Cyd-destun [510] – ôl-ganoloesol		
Cerameg		
Teils/brics coch amr.	(4)	Briciau a wnaethpwyd â llaw. Ôl-ganoloesol
Cyfanswm	**0**	
Cyd-destun [516] – ôl-ganoloesol		
Cerameg		
Teils/brics coch amr.	(1)	Briciau a wnaethpwyd â llaw. Ôl-ganoloesol
Cyfanswm	**0**	
Cyd-destun [520] – 15fed/16eg ganrif?		
Cerameg		
LMW	2	Jygiau. Gwydredd gwyrdd allanol; gwydredd brown mewnol
Cyfanswm	**2**	
Cyd-destun [523] – 17eg ganrif neu ddiweddarach		
Cerameg		
LMW	1	Jwg. Gwydredd gwyrdd mewnol
LMW	2	LlGwag. Gwydredd brown mewnol. Pardduo allanol
Pibell glai	(1)	
Teils/brics coch amr.	(2)	Briciau a wnaethpwyd â llaw. Ôl-ganoloesol
Cyfanswm	**3**	
Cyd-destun [527] – ôl-ganoloesol		
Cerameg		
Teils/brics coch amr.	(2)	Briciau a wnaethpwyd â llaw. Ôl-ganoloesol
Cyfanswm	**0**	
Cyd-destun [528] – 18fed ganrif neu ddiweddarach		
Cerameg		
B/S slip	1	Llestr wedi mowldio dan bwysau. Tu allan heb wydro
Teils/brics coch amr.	(3)	Briciau a wnaethpwyd â llaw. Ôl-ganoloesol
Cyfanswm	**1**	

Tabl 6 (parhad)

Ffabrig	Cyfrif teilchion	Sylwadau
Cyd-destun [530] – canoloesol/?ôl-ganoloesol		
Cerameg		
LRT	(1)	Cribau toriad isel
Cyfanswm	**0**	

11.8% o'r cyfanswm). Roedd hefyd 137 o deilchion o grochenwaith ôl-ganoloesol cynnar, o ddiwedd yr unfed ganrif ar bymtheg/yr ail ganrif ar bymtheg, gan gynnwys 10.3% o'r cyfanswm.

Roedd yr holl fewnforion Trawsnewidiol o Loegr y gellid eu nodi'n bendant yn dod o'r cloddiad yn y ffos orllewinol, fel roedd y mwyafrif llethol o fewnforion tramor a'r holl lestri o ddiwedd yr unfed ganrif ar bymtheg–yr ail ganrif ar bymtheg (Tabl 1). Mewn cyferbyniad, cynhyrchodd y canran leiaf o lestri ôl-ganoloesol diweddar, y mwyafrif yn dod o lenwadau'r Tŵr De-orllewinol a seler y Tŵr Sgwâr.

Cerameg oedd yn y dyddodion isaf a'r rheiny'n dyddio o'r bymthegfed ganrif a'r unfed ganrif ar bymtheg. Roedd y rhain yn cynnwys llestri lleol yn bennaf (LMW) tebyg i gynhyrchion odyn Trefdraeth all fod yn rhai'n dyddio o'r bymthegfed ganrif (255 o deilchion), lle roedd jygiau byrdew a dysglau wedi'u gwydro ar y tu mewn yn tra-arglwyddiaethu. Ymhlith y ffurfiau a ellir eu hadnabod yn benodol mae llestri pysgod, sgiled (cyd-destun 065), dysglau storio gyda choleri bodiog gosod hyd at y gwddf (041 a 080), powlen gyda prunts neu rosglymau wedi eu gosod ar y rhimyn, yn efelychu dysglau gogleddol o bosibl (044) a phadell dân (048), yr olaf yn amrywiad mewn ffabrig mân

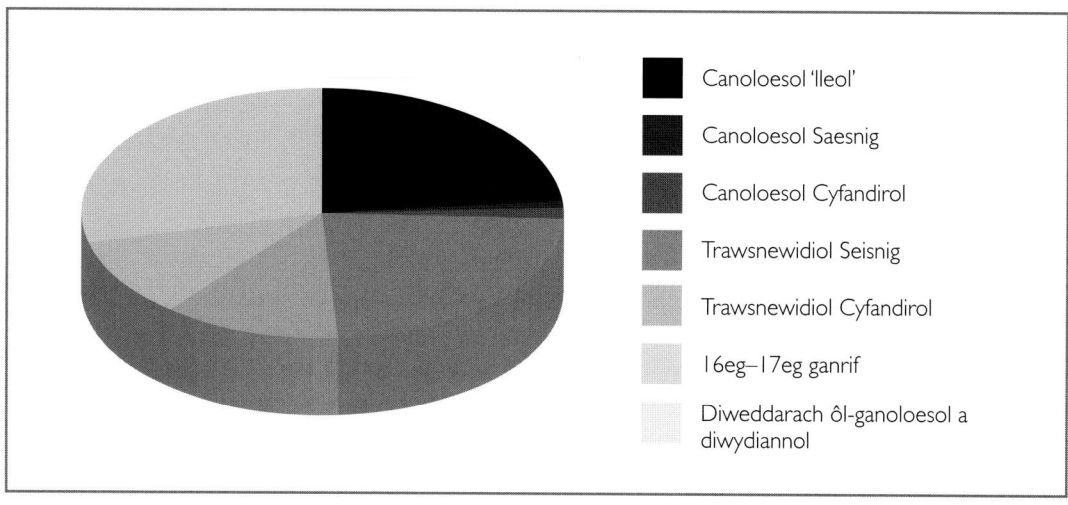

Ffigur 157 Y mathau o ffabrig crochenwaith o'r cloddiadau yn y ffos orllewinol, 2003

rhydwythol ond gyda'r gwydredd panylog clasurol. Cafwyd enghreifftiau niferus hefyd o lestri Sistersaidd o ddiwedd y bymthegfed ganrif–yr unfed ganrif ar bymtheg (216 o deilchion); llestri Gwlad yr Haf o ddiwedd yr unfed ganrif ar bymtheg–dechrau'r ail ganrif ar bymtheg (130 o deilchion); llestri Malvern o'r bymthegfed ganrif/unfed ganrif ar bymtheg (91 o deilchion) a llestri Merida (79 o deilchion). Efallai fod dau delchyn Tudor Green yn dod o gwpan a jwg. Roedd hefyd ddyrnaid o fewnforion tramor o hanner cyntaf yr unfed ganrif ar bymtheg, rhywbeth cyffredin mewn casgliadau dinesig a statws uchel o dde Cymru yn ystod y cyfnod hwn. Gallai rhai o'r rhain ddeillio hefyd o herwlongwriaeth yn hytrach na masnach. Adferwyd swm bychan o gerameg canoloesol gweddillol hefyd (Lleol, Ham Green, Bristol Redcliffe, Saintonge a gogledd Ffrainc). Ymhlith y llestri o ogledd Ffrainc (MWW) roedd darn o bowlen o gyd-destun (047) gyda thu mewn gwyrdd llachar a gwydredd ar y tu allan, yn perthyn i'r cyfnod canoloesol–unfed ganrif ar bymtheg. Mae dau delchyn o MWW (cyd-destunau 018 a 065) yn dod o jwg amryliw o'r un math yn union ag enghraifft mwy cyflawn a ddarganfuwyd yn Langstone Court, sir Fynwy, ac sy'n dyddio o'r unfed ganrif ar bymtheg yn ôl pob tebyg.[19] Mae MWW â gwydredd gwyrdd gydag addurn gwydr 'prunt' wedi'i osod (026) yn cyfateb i'r hyn sydd ar lestr yfed Ffrengig o'r bymthegfed ganrif/unfed ganrif ar bymtheg o Briordy Hwlffordd ac mae i'w weld hefyd ar gwpanau Beauvais o'r bedwaredd ganrif ar ddeg.[20]

Tabl 7 Cerameg a gwydr o'r ffos orllewinol: catalog yn ôl cyd-destun

Ffabrig	Cyfrif teilchion	Pwysau	Sylwadau
Dan wal [031] – 19eg ganrif neu ddiweddarach			
Cerameg			
LMW	2	10 g.	Gwydredd mewnol
Sistersaidd	1	4 g.	Cwpan
Malvernaidd	1	24 g.	Jwg
Saint. Green	1	1 g.	Jwg
Gwlad yr Haf	3	12 g.	Gan gynn. wedi slipio LIY
NDGT	7	177 g.	Jariau/bowlenni
NDGF	4	34 g.	LlGwag/LlG
ND sgraf	1	11 g.	LlGwag
ND slip	1	26 g.	Llestr
LRE	2	7 g.	LlGwag. Gwydredd du
DWW	3	5 g.	
Pibell glai	(2)		
LRT	(1)	39 g.	
Teils/brics coch amr.	(1)		
Cyfanswm	26		

Tabl 7 (parhad)

Ffabrig	Cyfrif teilchion	Pwysau	Sylwadau
Cyd-destun [007] – canol 17eg ganr. neu ddiweddarach			
Cerameg			
ND sgraf	1	9 g.	Llestr
Cyfanswm	**1**		
Llenwad [134] – 19eg ganrif neu ddiweddarach			
Cerameg			
DWW	7	25 g.	Llestri troslun
Cyfanswm	**7**		
U/S llenwad Seler 1 – 19eg ganrif neu ddiweddarach			
Cerameg			
NDGT	1	3 g.	LIG
IBW	1	15 g.	LIGwag gwaelod
SGSW	2	8 g.	Powlen?
Pearlware	1	7 g.	Powlen; wedi peintio
DWW	1	3 g.	LIG. Troslun
Pibell glai	(9)		
Marmor clai	(1)		
Glain	(1)		Perl dynwared
Cyfanswm	**6**		
Gwydr			
Potel	1		Gwyrdd
Cyfanswm	**1**		
Cyd-destun [001] – 17eg ganrif neu ddiweddarach			
Cerameg			
Pibell glai	(2)		
Cyfanswm	**0**		
Cyd-destun [002] – 19eg ganrif neu ddiweddarach			
Cerameg			
NDGT	2	27 g.	LIG
NDGF	2	19 g.	Jwg?
ND slip	2	18 g.	Jygiau
B/S brith	1	1 g.	Tancard
LRE	1		LIG. Di-darddiad. Addurn ôl-slip mewnol ac allanol
Creamware	3	2 g.	Gan gynn. Handlen

Ffabrig	Cyfrif teilchion	Pwysau	Sylwadau
Eng. porcelain	2	2 g.	
SGSW	1	1 g.	LIY?
DWW	1	1 g.	
Pibell glai	(2)		
Teils/brics coch amr.	(1)		Carreg/marmor ffug ailgyfansoddedig mod.
Cyfanswm	**15**		
Gwydr			
Potel	1		Gwyrdd
Cyfanswm	**1**		

Cyd-destun [003] – 19eg ganrif neu ddiweddarach

Cerameg			
NDGT	2	50 g.	
NDGF	1	4 g.	
B/S brith	1	2 g.	Tancard
Pearlware	15	106 g.	Llestr
DWW	1	9 g.	Llestr
Pibell glai	(2)		
Cyfanswm	**20**		

Cyd-destun [008] – 19eg ganrif neu ddiweddarach

Cerameg			
NDGT	2	48 g.	Jar, LIG
ESW	1	5 g.	Jar. Olion golch brown
DWW	1	12 g.	Caead tebot. Gwydredd brown
Pibell glai	(1)		
Cyfanswm	**4**		

Cyd-destun [009] – 19eg ganrif neu ddiweddarach

Cerameg			
NDGT	7	98 g.	LIG
DWW	1	4 g.	Powlen? Addurn mocha
Teils/brics coch amr.	(1)	13 g.	
Cyfanswm	**8**		

Cyd-destun [012] – 19eg ganrif neu ddiweddarach

Cerameg			
Pearlware	4	4 g.	LIG & LIGwag. Wedi bandio; troslun

Tabl 7 (parhad)

Ffabrig	Cyfrif teilchion	Pwysau	Sylwadau
DWW	3	7 g.	LlGwag
Cyfanswm	**7**		
Gwydr			
Potel	1		Gwyrdd
Cyfanswm	**1**		

Cyd-destun [016] – diwedd 17eg ganr. neu ddiweddarach

Cerameg			
Sistersaidd	1	1 g.	Cwpan
NDGT	2	16 g.	LlG
ND sgraf	1	5 g.	Llestr
B/S slip	1	10 g.	Llestr wedi mowldio
Cyfanswm	**5**		

Cyd-destun [018] – 19eg ganrif neu ddiweddarach

Cerameg			
LMW	23	842 g.	Llestri pysgod. Gwydredd mewnol
Sistersaidd	5	11 g.	Cwpanau
Malvernaidd	9	177 g.	Bowlenni, jygiau, mwg
Bryste Redcliffe	1	26 g.	Jwg
Merida	5	58 g.	Jariau
Saint. Poly	1	2 g.	Jwg
MWW	3	16 g.	Jygiau. 1 aml-liwiog, Cu gwyrdd/melyn
Martincamp I	2	6 g.	Fflasg
Fâs blodau Eidal.-Isel.	1	2 g.	Fâs blodau. Addurn glas
Gwlad yr Haf	2	8 g.	LlGwag gwaelod
NDGF	1	18 g.	Jar bach
SGSW	1	26 g.	Plât
Pearlware	5	13 g.	Plât, powlen, jwg?
ESW	6	48 g.	Troslun. 19eg ganr.
DWW	7	24 g.	
LRT	(13)	437 g.	
Pibell glai	(3)	38 g.	
Cyfanswm	**72**		
Gwydr			
Potel	2		Gwyrdd
Cyfanswm	**2**		

CROCHENWAITH A DARGANFYDDIADAU ERAILL 317

Ffabrig	Cyfrif teilchion	Pwysau	Sylwadau
Cyd-destun [019] – 17eg ganrif neu ddiweddarach			
Cerameg			
Sistersaidd	1	11 g.	Cwpan. Cynllun wedi ei stampio ar bad gwyn
NDGT	1	48 g.	Bowl? Wedi pardduo
Saint. ôl-ganoloesol	1	9 g.	Gwaelod cwpan llabedog, wedi gwisgo
Beauvais Green	1	1 g.	Jwg?
Gwlad yr Haf	1	4 g.	Ymyl fel bicer. Wedi slipio
Pibell glai	(4)		
Marmor clai	(1)		
Cyfanswm	**5**		
Cyd-destun [020] – 19eg ganrif neu ddiweddarach			
Cerameg			
Llestri coch Ffrengig?	1	88 g.	Ymyl bachog
ND slip	2	35 g.	Llestri
Creamware	2	8 g.	Bowlenni, addurn wedi bandio
Pearlware	3	6 g.	Ll.Gwag plaen
DWW	12	27 g.	Troslun. 19eg ganr.
Pibell glai	(6)		
Cyfanswm	**19**		
Gwydr			
Potel; silindraidd	1		Gwyrdd. Diwedd 18fed/cynnar 19eg ganr.
Cyfanswm	**1**		
Cyd-destun [025] – diwedd 18fed ganr. neu ddiweddarach			
Cerameg			
LGW	3	25 g.	Jygiau, gwydredd mewnol
LMW	10	65 g.	Jygiau, gwydredd mewnol
Sistersaidd	2	8 g.	Cwpanau
Malvernaidd	2	24 g.	Jygiau
Amrywiol B	1	5 g.	Jar. Dyddiad a tharddiad yn ansicr
Merida	1	3 g.	Ll.Gwag
Beauvais Green	1	8 g.	Ll.Gwag
Gwlad yr Haf	3	16 g.	Ll.Gwag. Slip gwyn allanol; heb wydro?
NDGT	37	847 g.	Amrywiol
NDGF	7	108 g.	Jariau
ND sgraf	1	128 g.	Llestr

Tabl 7 (parhad)

Ffabrig	Cyfrif teilchion	Pwysau	Sylwadau
ND slip	5	19 g.	Llestri
B/S YW	1	2 g.	Mwg?
B/S brith	2	62 g.	Mwg
LRE	2	11 g.	Ôl-slip. Morgannwg? 17eg/19eg ganr.
Pearlware	2	1 g.	LIG. Ymyl gwyrdd. Diwedd 18fed ganr. +
Eng. porcelain	1	1 g.	Cwpan?
Pibell glai	(2)		
Normandy FT	(1)	110 g.	
Teils/brics coch amr.	(1)		
Cyfanswm	**81**		
Gwydr			
Potel; silindraidd	3		Gwyrdd. Diwedd 18fed/cynnar 19eg ganr.
Cyfanswm	**3**		

Cyd-destun [026] – 1740au neu ddiweddarach

Cerameg			
LGW	5	28 g.	
LMW	17	242 g.	Llestri bara/powlen. Gwydredd mewnol
Sistersaidd	12	150 g.	LIY? 2 rhychog/trumiog; 1 gyda pad appliqué
Malvernaidd	3	24 g.	Jwg. Band wedi'i osod
Merida	1	6 g.	Jar
Saint. Green	1	3 g.	Jwg
Raeren	1	6 g.	Mwg. Gwddw silindraidd
Frechen SW	1	8 g.	Mwg
Cologne-type SW	2	35 g	Gwddw jwg
Beauvais Green	1	4 g.	Mwg
MWW	2	10 g.	Prunt LIY/jwg. Roulette wedi'i osod. 16eg ganr.?
Seville Maiolica	1	2 g.	Bowl. Gwydredd gwyrdd allanol
Llestri brith gogledd yr Eidal	1	11 g.	Llestr
Saint. ôl-ganoloesol	1	14 g.	Powlen aml-liwiog. Trimio cyllell allanol
Gwlad yr Haf	4	33 g. +	Jariau
NDGT	33	1020 g.	Jygiau, powlenni, jariau
NDGF	31	732 g.	Jariau, powlenni
ND sgraf	6	163 g.	Llestri
ND slip	2	64 g.	Llestri
B/S slip	1	3 g.	LIY
LRE	2	45 g.	Powlen, llaw fach

Ffabrig	Cyfrif teilchion	Pwysau	Sylwadau
Creamware	8	150 g.	Llestr
Pibell glai	(3)		
LRT	(1)	105 g.	
Malvernaidd RT	(3)	71 g.	
NDGT RT	(1)	48 g.	
Teilsen ficaol ganoloesol	(1)	30 g.	Pyramid wedi gwydro wedi ychwanegu
Normandy FT	(2)	310 g.	
Cyfanswm	**136**		
Gwydr			
Diodlestr	1		Gwyrdd
Cyfanswm	**1**		

Cyd-destun [034] – 16eg ganrif neu ddiweddarach

Cerameg

LMW	1	10 g.	Gwydredd mewnol & allanol
Sistersaidd	3	3 g.	Cwpanau
Malvernaidd	1		Cwpan?
Martincamp I	1	15 g.	Fflasg
Gwlad yr Haf	1		LlGwag. Wedi gwydro
Malvernaidd RT	(1)	54 g.	
Cyfanswm	**7**		

Cyd-destun [039] – diwedd 16eg ganr. neu ddiweddarach

Cerameg

LGW	6	46 g.	Jygiau. Gwydredd mewnol
LMW	9	224 g.	Jygiau. Gwydredd mewnol
LMW	2	1328 g.	Llestri pysgod. ymylon, 1 gyda handlen
Sistersaidd	11	80 g.	Cwpanau
Malvernaidd	5	137 g.	Jariau? 1 gyda chylch gwddf wedi bodio
Amrywiol A	1	49 g.	Jwg. Ffabrig golau
Merida	3	22 g.	LlGwag. 1 gyda handlen
Martincamp I	1	2 g.	Fflasg
Raeren	1	3 g.	Mwg
Seville Maiolica	1	12 g.	Powlen
MWW	1	13 g.	Handlen cwpan?
Gwlad yr Haf	7	98 g.	LlGwag/LlG. Slip & gwydro. 1 wedi tyllu ?handlen
LRT	(3)	325 g.	
Cyfanswm	**48**		

Tabl 7 (parhad)

Ffabrig	Cyfrif teilchion	Pwysau	Sylwadau
Cyd-destun [040] – 18fed ganrif neu ddiweddarach			
Cerameg			
LGW	12	143 g.	Jygiau
Bryste Redcliffe	1	2 g.	Jwg
Saint. Green	5	19 g.	Jygiau. 3 gyda stribedi fertigol wedi ychwanegu
Saint. anwydrog?	3	12 g.	Jygiau; heb wydro?
Saint. Poly	1	5 g.	Jwg
Frechen SW	1	4 g.	Mwg
ESW	1	3 g.	LlGwag. 18fed ganr. neu ddiweddarach
LRT	(11)	521 g.	Gan gynnwys 1 crib
Cyfanswm	**24**		
Gwydr			
Gwydr plwm	1		Gwyrdd
Cyfanswm	**1**		
Cyd-destun [041] – 17eg ganrif neu ddiweddarach			
Cerameg			
LCP	1	10 g.	
LGW	3	28 g.	Jygiau. Gwydredd mewnol
LMW	16	592 g.	Jygiau. Gwydredd mewnol
LMW	4	715 g.	Llestri pysgod
LMW	1	200 g.	Llestr storio. Ffabrig garw
Sistersaidd	16	122 g.	Cwpanau
Malvernaidd	9	337 g.	Bowlenni/jygiau
Merida	7	319 g.	Jariau/caead
Saint. Green	1	1 g.	Jwg
Martincamp I	1	75 g.	Fflasg
Gwlad yr Haf	2	44 g.	
NDGT	1	35 g.	LlG. Gwydredd mewnol
LRT	(9)	530 g.	
LFT	(1)	209 g.	Dim gwydredd wedi goroesi. Band appliqué
Pibell glai	(1)		17eg ganrif neu ddiweddarach
Teils/brics coch amr.	(2)		
Cyfanswm	**62**		

Ffabrig	Cyfrif teilchion	Pwysau	Sylwadau
Cyd-destun [043] – 16eg ganrif neu ddiweddarach			
Cerameg			
LCP	1	10 g.	Cwpan
LGW	4	13 g.	Jygiau
LMW	18	362 g.	Jygiau. Gwydredd mewnol
Sistersaidd	45	234 g.	Cwpanau amgrwn. 1 gyda pad gwyn wedi ei ychwanegu
Malvernaidd	3	249 g.	Jygiau
Amrywiol A	1	24 g.	Troed piser trybedd
Merida	3	31 g.	Fflasg; LlGwag
LRT	(1)	106 g.	
Teils/brics coch amr.	(8)	75 g.	
Cyfanswm	**75**		
Cyd-destun [044] – diwedd 16eg ganr. neu ddiweddarach			
Cerameg			
Llansteffan	1	6 g.	Jwg. Wedi lleihau
LMW	21	677 g.	Jygiau/powlen. Addurn rosette. Ffig. 158
LMW	5	430 g.	Llestri pysgod
Sistersaidd	22	230 g.	Cwpanau amgrwn. 3 gyda smotiau gwyn wedi eu hychwanegu
Malvernaidd	6	125 g.	Jugs/bowl/cup
Amrywiol B	1	10 g.	Jygiau/powliau/cwpan
Merida	2	11 g.	Jar/LlGwag
Martincamp I	4	25 g.	Fflasg
Gwlad yr Haf	17	339 g.	LlGwag. Wedi slipio
Teils/brics coch amr.	(5)	121 g.	
Cyfanswm	**79**		
Cyd-destun [045] – 16eg ganrif neu ddiweddarach			
Cerameg			
LCP	2	33 g.	1 wedi pardduo
LGW	1	6 g.	Jwg. Addurn wedi cribo & slip ?allanol
Ham Green	1	8 g.	Jwg
Bryste Redcliffe	1	5 g.	Jwg
Malvernaidd	2	39 g.	Gwydredd mewnol
Saint. Green	1	3 g.	Jwg
Saint. Poly	1	1 g.	Jwg?
NDGT	1	14 g.	LlG
Cyfanswm	**10**		

Tabl 7 (parhad)

Ffabrig	Cyfrif teilchion	Pwysau	Sylwadau
Cyd-destun [046] – 17eg ganrif neu ddiweddarach			
Cerameg			
LMW	9	122 g.	Gwydredd mewnol. 1 o lestr tân?
Sistersaidd	10	54 g.	Cwpanau
Malvernaidd	2	30 g.	Jygiau
Merida	6	136 g.	Fflasg, costrel
Saint. Green	1		Jwg
Frechen SW	3	62 g.	Jygiau. 17eg ganrif neu ddiweddarach
Beauvais Green	2	8 g.	Handlen mwg
Beauvais Yellow	2	4 g.	Mwg
Seville Maiolica	1	8 g.	Powlen/llestr. Gwydriad pinc mewnol 7 gwydriad gwyrdd allanol
Gwlad yr Haf	19	330 g.	Llestri bara; jariau; handlen fach
NDGT	2	11 g.	Gwydredd mewnol
LRT	(8)	419 g.	
Malvernaidd RT	(4)	155 g.	
Normandy FT	(1)	279 g.	
Cyfanswm	**41**		
Cyd-destun [047] – diwedd 16eg ganr. neu ddiweddarach			
Cerameg			
LCP	3	16 g.	
LGW	8	28 g.	Jygiau. Gwydredd mewnol
LMW	52	1066 g.	Jygiau; padell(i) tân. Gwydredd mewnol
Sistersaidd	35	148 g.	Cwpanau talp
Malvernaidd	25	457 g.	Jygiau; Costrel. Gwydredd mewnol
Bryste Redcliffe	1	10 g.	Jwg
North Devon med?	1		Ymyl
Misc. A	2	27 g.	Jygiau. Ffabrig golau
Tudor Green	1	4 g.	Cwpan?
Merida	35	275 g.	Fflasgiau & bowlenni
Saint. Green	1	3 g.	Jwg
Raeren	5	91 g.	Mygiau
Beauvais SW	3	16 g.	Mygiau
Beauvais Double Slip	1	3 g.	LIG
MWW	7	26 g.	Jygiau/LIY
MWW?	1	14 g.	Powlen
Isabella Polychrome	8	41 g.	Jar?

Ffabrig	Cyfrif teilchion	Pwysau	Sylwadau
Gwlad yr Haf	39	404 g.	LIGwag
NDGT	2	104 g.	Llestr. Gwydredd mewnol
Pibell glai	(1)		
LRT	(31)	1368 g.	Gan gynn. 'disc'
Malvernaidd.RT	(1)	39 g.	
NDGT RT	(3)	380 g.	
Normandy FT	(1)	204 g.	
Teils/brics coch amr.	(1)	15 g.	
Cyfanswm	**230**		

Cyd-destun [048] – 18fed ganrif neu ddiweddarach

Cerameg

LGW	1	19 g.	Gwydredd mewnol
LMW	13	294 g.	Jygiau; padell dân. Gwydredd mewnol. Fig. 158
Sistersaidd	9	61 g.	Cwpanau
Malvernaidd	4	69 g.	Gan gynn. jar
Merida	4	103 g.	Caead; powlen; LIGwag
Seville Maiolica	1	6 g.	Powlen?
MWW	2	6 g.	Jygiau
Creamware	1	9 g.	Ymyl – jwg? 18fed ganrif neu ddiweddarach
LRT	(1)	28 g.	
Cyfanswm	**35**		

Cyd-destun [062] – 16eg ganrif neu ddiweddarach

Cerameg

LCP	1	13 g.	Ymyl
LMW	2	7 g.	Gan gynn. handlen fach. Gwydredd mewnol
Sistersaidd	1	1 g.	Cwpan
Malvernaidd	2	25 g.	Jwg?; LIG
LRT	(3)	30 g.	Brig
Malvernaidd RT	(1)	46 g.	
Cyfanswm	**6**		

Cyd-destun [064] – 16eg ganrif neu ddiweddarach

Cerameg

LMW	4	168 g.	Jwg. Gwydredd mewnol
Sistersaidd	5	25 g.	Cwpanau

Tabl 7 (parhad)

Ffabrig	Cyfrif teilchion	Pwysau	Sylwadau
Malvernaidd	2	67 g.	Jygiau
Bryste Redcliffe	2	5 g.	Jygiau
Merida	1	21 g.	Gwaelod jar?
Raeren	1	11 g.	Handlen mwg
Cyfanswm	**15**		

Cyd-destun [065] – diwedd 16eg ganr. neu ddiweddarach

Cerameg

Ffabrig	Cyfrif teilchion	Pwysau	Sylwadau
LMW	11	335 g.	Jygiau; handlen sgiled. Gwydredd mewnol. Fig. 158
LMW	1	203 g.	Llestr pysgod
Sistersaidd	5	38 g.	Cwpan/costrel?
Tudor Green	1	6 g.	Ll.Y ymyl
Merida	3	5 g.	Ll.Gwag
MWW	3	51 g.	Jygiau. 1 aml-liwiog
Gwlad yr Haf	7	30 g.	Ll.Gwag; cwpan; jariau?
LRT	(13)	375 g.	Brig
Cyfanswm	**31**		

Cyd-destun [066] – 20fed ganrif

Cerameg

Ffabrig	Cyfrif teilchion	Pwysau	Sylwadau
NDGT	1	4 g.	
Gwlad yr Haf	1	4 g.	Ll.Y. Wedi slipio
LRE	3	33 g.	Jar/bowlen
ESW	2	67 g.	Jariau
Eng. porcelain	1		Addurn eurad
DWW	9	206 g.	Troslun coch & glas; wedi bandio
Teils/brics coch amr.	(1)		20fed ganr.
Cyfanswm	**17**		

Gwydr

	-		19eg/20fed ganr.
Cyfanswm	**-**		

Cyd-destun [067] – 17eg ganrif neu ddiweddarach

Cerameg

Ffabrig	Cyfrif teilchion	Pwysau	Sylwadau
LGW	1	9 g.	Ll.Gwag, gyda handlen strap. Math Casnewydd
LMW	12	174 g.	Gwydredd mewnol
Sistersaidd	9	42 g.	Cwpanau

Ffabrig	Cyfrif teilchion	Pwysau	Sylwadau
Malvernaidd	1	8 g.	Gwydredd mewnol
Merida	1	5 g.	LlGwag
Saint. Green	4	63 g.	Jygiau. Gwydredd gwael. Diwedd canoloesol
MWW	1	6 g.	LlY
Gwlad yr Haf	1	12 g.	Jwg/jar
LRT	(2)	68 g.	
Pibell glai	(1)		17eg ganrif neu ddiweddarach
Cyfanswm	30		

Cyd-destun [075] – canol 18fed ganr. neu ddiweddarach

Cerameg

Sistersaidd	2	45 g.	Cwpan, ymledol; gan gynn. handlen
Malvernaidd	1	17 g.	Gwaelod jwg?
Minety	1	23 g.	Piser drybedd? Addurn wedi cribo
Creamware	1	1 g.	LlGwag. Canol-18fed ganrif neu ddiweddarach
Cyfanswm	5		

Cyd-destun [076] – canol 17eg ganr. neu ddiweddarach

Cerameg

Sistersaidd	1	1 g.	Cwpan
Malvernaidd	3	66 g.	Jygiau
Gwlad yr Haf	1	27 g.	Jar neu jwg. Wedi slipio
ND Sgraf	1	1 g.	Llestr
Cyfanswm	6		

Cyd-destun [077] – diwedd 16eg ganr. neu ddiweddarach

Cerameg

Sistersaidd	2	45 g.	Cwpanau. 1 copi o Raeren
Saint. Green	1	11 g.	Jwg, rhan o ymyl 'parrot'. Gwydredd brith
Gwlad yr Haf	6	154 g.	Jygiau? Slip; gwydredd mewnol
Cyfanswm	9		

Cyd-destun [079] – diwedd canoloesol neu ddiweddarach

Cerameg

LMW	1	320 g.	Jwg, byrdew, gyda handlen ffon. Fig. 158
Cyfanswm	1		

Tabl 7 (parhad)

Ffabrig	Cyfrif teilchion	Pwysau	Sylwadau
Cyd-destun [080] – diwedd canoloesol neu ddiweddarach			
Cerameg			
LMW	2	142 g.	Jar. Gwydredd mewnol. Band wedi ei wneud â bawd. Ffig. 158
Malvernaidd	1	11 g.	
Cyfanswm	**3**		
Cyd-destun [084] – diwedd canoloesol neu ddiweddarach			
Cerameg			
LMW	4	239 g.	Gwydredd mewnol
Cyfanswm	**4**		
Cyd-destun [085] – 16eg ganrif neu ddiweddarach			
Cerameg			
LGW	3	79 g.	Jygiau
Sistersaidd	1	6 g.	Handlen cwpan
Merida	1	5 g.	
MWW	1	6 g.	Handlen, bychan
Teils/brics coch amr.	(1)	51 g.	16eg ganrif neu ddiweddarach
Cyfanswm	**6**		
Cyd-destun [088] – 16eg ganrif neu ddiweddarach			
Cerameg			
Teils/brics coch amr.	(3)	296 g.	
Cyfanswm	**0**		
Cyd-destun [092] – canol 17eg ganr. neu ddiweddarach			
Cerameg			
Gwlad yr Haf	2	32 g.	Jar? Wedi ei osod
NDGT	3	11 g.	LIG
NDGF	1	19 g.	Jar?
ND Sgraf	1	9 g.	Llestr
Pibell glai	(4)		
Cyfanswm	**7**		
Cyd-destun [094] – 19eg ganrif neu ddiweddarach			
Cerameg			
Gwlad yr Haf	1	3 g.	Jar. Addurn slip. Smotyn gwyn wedi ei osod ar yr ochr allanol

Ffabrig	Cyfrif teilchion	Pwysau	Sylwadau
NDGT	11	623 g.	Gan gynn. llestr pysgod & handlen. Gwydredd mewnol
NDGF	8	180 g.	Jariau
Blackware	1	3 g.	Tancard
DWW	1	12 g.	Jwg? Print troslun
Cyfanswm	**22**		

Cyd-destun [095] – 19eg ganrif neu ddiweddarach

Cerameg

Creamware	1	5 g.	Handlen
DWW	1	5 g.	Plât ymyl glas
Pibell glai	(35)		Rhai wedi gwydro
Cyfanswm	**2**		

Cyd-destun [096] – 18fed ganrif neu ddiweddarach

Cerameg

Creamware	7	31 g.	Jwg
Pibell glai	(9)		
Cyfanswm	**7**		

Cyd-destun [099] – diwedd 18fed ganr. neu ddiweddarach

Cerameg

LMW	2	70 g.	Gwydredd mewnol
Sistersaidd	3	28 g.	Cwpanau
Beauvais Green	1		Mwg?
MWW	3		Addurn wedi mowldio
Gwlad yr Haf	3	29 g.	LIGwag/LIG
NDGT	2	47 g.	Bowlen/dysgl?; handlen
B/S slip	1	6 g.	Dysgl wedi mowldio
LRE	2	6 g.	LIG. Addurn slip
SGSW	3	3 g.	Tancard/plât
ESW	2	1 g.	LIY
Creamware	2	3 g.	Plât
Pearlware	1	1 g.	Handlen fach
Pibell glai	(3)		
Teils/brics coch amr.	(1)	56 g.	
Cyfanswm	**25**		

Tabl 7 (parhad)

Ffabrig	Cyfrif teilchion	Pwysau	Sylwadau
Gwydr			
Potel	1		Gwyn. appliqué; gwydredd gwyrdd. 16eg ganr.?
Potel	2		Gwyrdd? Wedi mowldio; gwydr gwyrdd Ffrengig. 19eg ganr.?
Potel	33		
Cyfanswm	**36**		
Cyd-destun [100] – 19eg ganrif neu ddiweddarach			
Cerameg			
Creamware	2	2 g.	
Pearlware	2	14 g.	Plât ymyl glas
IYW	1	9 g.	Caead tebot; arwynebedd crawennog
DWW	1	1 g.	
Pibell glai	(5)		
Cyfanswm	**6**		
Cyd-destun [105] – diwedd 17eg ganr. neu ddiweddarach			
Cerameg			
LMW	1	13 g.	Jwg
Sistersaidd	3	13 g.	Cwpanau
Malvernaidd	4	43 g.	Jygiau
Merida	1	9 g.	Jar/fflasg
Gwlad yr Haf	4	115 g.	Jwg(iau); ?handlen sgiled, wedi gwyrdroi, heb wydro
NDGT	4	112 g.	Bowlenni neu jariau
NDGF	4	374 g.	Jariau
ND sgraf	3	110 g.	Llestri
ND slip	2	8 g.	Llestri
B/S brith	3	6 g.	Tancard
Pibell glai	(5)		
Cyfanswm	**27**		
Cyd-destun [106] – 18fed ganrif neu ddiweddarach			
Cerameg			
LMW	2	16 g.	Jwg
Sistersaidd	1	1 g.	Cwpan
Malvernaidd	2	53 g.	Jygiau
Merida	1	5 g.	
Raeren	1	22 g.	Mwg
Gwlad yr Haf	3	60 g.	Jwg/jariau

CROCHENWAITH A DARGANFYDDIADAU ERAILL 329

Ffabrig	Cyfrif teilchion	Pwysau	Sylwadau
NDGT	4	66 g.	Bowlenni?
ND slip	1	3 g.	Jar bychan
B/S YW	2	5 g.	Cwpan/mwg
TGE	1	4 g.	Jar cyffuriau? Addurn glas
Creamware	1	65 g	Llestr hirgrwn
ESW	1	5 g.	Gwaelod ?mwg
LRT	(1)	84 g.	
Cyfanswm	**21**		

Cyd-destun [107] – 16eg ganrif neu ddiweddarach

Cerameg

LMW	1	7 g.	Gwydredd mewnol
Sistersaidd	5	60 g.	Cwpanau
Malvernaidd	2	74 g.	Jygiau
Merida	3	15 g.	Jariau
Beauvais sgraf	1	5 g.	Ymyl powlen
Beauvais Yellow	1	2 g.	Mwg
Montelupo	1	5 g.	Bowl
Gwlad yr Haf	2	9 g.	LlGwag, jariau?
Cyfanswm	**16**		

Cyd-destun [113] – 16eg ganrif neu ddiweddarach

Cerameg

LGW	1	1 g.	Jwg? Gwydredd mewnol?
LMW	1	252 g.	Llestr pysgod
Sistersaidd	1	2 g.	Cwpan
Merida	1	1 g.	
LRT	(2)	14 g.	
Malvernaidd RT	(1)	16 g.	
Cyfanswm	**4**		

Cyd-destun [114] – 17eg ganrif neu ddiweddarach

Cerameg

LMW	3	43 g.	Jygiau
Sistersaidd	3	2 g.	Cwpanau
Llestr du	2	21 g.	LlY. Addurn slip
Pibell glai	(1)		
Cyfanswm	**8**		

Tabl 7 (parhad)

Ffabrig	Cyfrif teilchion	Pwysau	Sylwadau
Cyd-destun [115] – 16eg ganrif neu ddiweddarach			
Cerameg			
LMW	5	239 g.	Gwydredd mewnol
Sistersaidd	1	4 g.	Cwpan? Wedi lleihau
Malvernaidd	3	13 g.	LlG/LlGwag
Raeren	1	6 g.	Mwg
Beauvais SW	2	51 g.	Mwg gan gynn. handlen; jwg?
Martincamp I	1	3 g.	Fflasg
Gwlad yr Haf	3	19 g.	LlGwag, gan gynn. jar gwyn wedi slipio/ymyl jwg
Cyfanswm	**16**		
Cyd-destun [116] – canol 17eg ganr. neu ddiweddarach			
Cerameg			
NDGF	2	22 g.	Gwydredd mewnol
ND sgraf	1	24 g.	Llestr
LRT	(1)	63 g.	Brig wedi ei osod, trydwll
Cyfanswm	**3**		

Adferwyd hefyd 101 o deilchion o deils crib a wnaed yn lleol ac sy'n dyddio o'r Oesoedd Canol yn ôl pob tebyg. Adferwyd nifer fechan o deils crib Malvern a Gogledd Dyfnaint hefyd. Roedd un telchyn unigol, all fod yn grib teilsen ganoloesol, mewn ffabrig micaol nodweddiadol o Swydd Henffordd neu sir Fynwy.

Ymhlith y mewnforion tebygol o ddiwedd y bymthegfed ganrif/dechrau'r unfed ganrif ar bymtheg oedd mygiau o'r math Raeren a Cologne; dynodir yr olaf gan ddau delchyn o gyd-destun (026), o wddf un mwg unigol gyda gwddf cordynnog nodweddiadol. Yn eu plith hefyd roedd Maiolica Sbaenaidd o Seville (jwg amryliw Isabella o gyd-destun 046), a dysglau neu bowlenni mewn gwyn plaen a gwyn a gwyrdd gan gynnwys pedwar telchyn o lestri Seville Maiolica o gyd-destunau (026), (039), (046), (048), y rhai hynny o 026 a 046 â gwydredd gwyrdd rhannol ar y tu allan. Roedd ffiol flodau Maiolica Eidalaidd-Iseldiraidd (un telchyn o gyd-destun 018), a thelchyn o lestri Eidalaidd-Iseldiraidd Montelupo o gyd-destun (107) yn perthyn i ddyddiad tebyg, fel roedd nifer o fflasgiau Martincamp I, crochenwaith caled Beauvais (dau fwg a jwg o leiaf mae'n debyg), Beauvais slip unigol (un telchyn) a sgraffito slip dwbl (un telchyn), mygiau llestri pridd gwyrdd a melyn Beauvais a Saintonge ôl-ganoloesol, yn arbennig cwpan llabedog a phowlen amryliw. Ymhlith mewnforion diweddarach roedd crochenwaith caled Frechen, powlen llestri coch a nodwyd naill ai fel llestri pridd Normandi neu grochenwaith caled wedi'i ffwrndanio, a thelchyn o bowlen brith o ogledd yr Eidal (Pisa). Adferwyd pum darn o deils o'r math Normandi â gwydredd gwyrdd neu felyn yn dyddio o ddechrau'r unfed ganrif ar bymtheg hefyd.

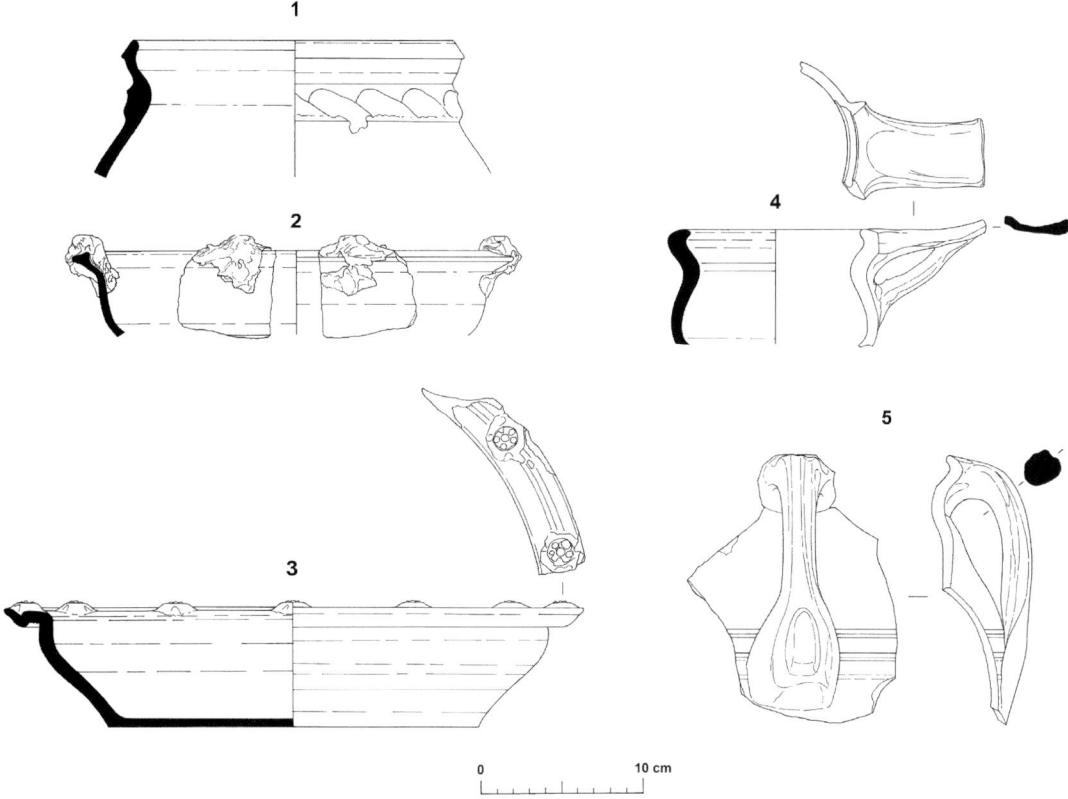

Ffigur 158 Rhai o'r llestri canoloesol diweddar (LMW) o'r ffos orllewinol

1. Dysgl storio â gwarddarn gosod bodiog, yn dasg-wydrog gwyrdd llachar ar y tu mewn, ffabrig orengoch ag arwynebau bwff. Diamedr y rhimyn 24 cm. Canoloesol diweddar. Cyd-destun 080 (dyddodyn gwreiddiol, c.1500)

2. Padell dân, gwydredd gwyrdd olewydd gloyw gyda mandyllau brown dros ffabrig rhydwythol llwyd dywyll. Diamedr y rhimyn 27 cm. Diwedd yr Oesoedd Canol. Cyd-destun 048 (dyddodyn eilradd); teilchion tebygol o'r un ddysgl o ddyddodion eilradd 046 a 047

3. Powlen â rhosglymau ar y rhimyn. Gwydredd gwyrdd olewydd gyda smotiau brown ar y tu mewn, ffabrig ocsidiedig ond rhydwythol ar y tu mewn gyda thasgiadau bychain o wydredd ar arwynebau allanol bwff tywyll. Diamedr y rhimyn 36 cm. Canoloesol diweddar. Cyd-destun 044 (dyddodyn eilradd)

4. Dolen sgiled, tenau a mandyllog, tasg-wydrog gwyrdd golau ar y tu mewn, ffabrig yn oren ocsidiedig yn bennaf gydag arwynebau bwff tywyll. Canoloesol diweddar. Cyd-destun 065 (dyddodyn eilradd)

5. Jwg, handlen ffon gydag un nod bawd is, ffabrig oren tywyll ocsidiedig yn bennaf gydag arwynebau golau-tywyll bwff. Gwyrdd golau tasg-wydrog a mandyllog i wydredd brown ag ychydig o dasgiadau ar y tu allan. Canoloesol diweddar. Cyd-destun 079 (dyddodyn gwreiddiol, c.1500)

Er hynny, dim ond pedwar o deilchion o grochenwaith cyn y bedwaredd ganrif ar bymtheg o'r cloddiadau yn y ffos orllewinol ddaeth o ddyddodion y gellid eu nodi'n bendant fel *in situ*, wedi eu dynodi gan dri telchyn mawr o LMW (Ffigur 158) ac un telchyn o lestri Malvern, o gyd-destunau 079 a 080. Roeddent yn fawr, yn ffurfio rhan o'r dyddodyn a gynhwysai'r esgidiau lledr a'r powlenni ac a oedd yn deillio yn ôl pob tebyg o eiddo domestig a leolwyd yn y ffos (gweler isod). Mae'n ymddangos fod gweddill y dyddodion yn rhai eilradd, ac mae'n debyg eu bod yn deillio o domen sbwriel yn ystod diwedd yr ail ganrif ar bymtheg– diwedd y ddeunawfed ganrif (gweler Pennod 3). Fodd bynnag, mae'r casgliad fel cyfanwaith o ddiddordeb yn ei hawl ei hun. Mae'n ychwanegiad at y defnydd o frodordy Ffransisgaidd Caerfyrddin a rhyngddynt maent yn un o'r grwpiau mwyaf o grochenwaith ôl-ganoloesol yn ne Cymru, ond mae hefyd yn tanlinellu'r angen am fwy o grwpiau o gerameg sy'n perthyn i'r un cyfnod fwy neu lai fel y gellir pennu'r patrymau newidiol o gyflenwi a defnydd o'r bymthegfed ganrif hyd at ddechrau'r ail ganrif ar bymtheg yn fwy manwl gywir.

DEFNYDDIAU ORGANIG A GWAITH METEL O DDYDDODION CANOLOESOL (MARK REDKNAP)

Cyfyngir y defnyddiau organig a'r gwaith metel o ddyddodion haenedig y gellir eu dyddio i'r cyfnod canoloesol i'r ffos orllewinol lle roeddent yn digwydd mewn pedwar cyd-destun – 078, 079, 080/086 a 081 – ochr yn ochr â chrochenwaith o ddiwedd yr Oesoedd Canol a ddisgrifiwyd uchod. Llenwad ffos adeiladu wal ôl-ganoloesol oedd yr olaf yn ôl pob tebyg, wedi'i dorri drwy'r pedwar dyddodyn arall (gweler Pennod 3).

Mae'r lledr yn cynnwys torion yn ogystal â rhannau o esgidiau wedi eu defnyddio, gan ddynodi tomen sbwriel crydd fel un elfen posibl. Mae'r powlenni pren mewn cyflwr da ac maent yn awgrymu tomen unigol sylfaenol unwaith eto. O ran natur, mae'r casgliadau'n dwyn i gof y dyddodion mwy o ffos mur tref Coventry, a ddehonglwyd fel dyddodion slipiog o glawdd dadlwytho o c.1450–1534, yn cynnwys esgidiau lledr, strapiau a darnau o bowlenni pren.[21] Yr amrediad dyddiadau ar gyfer 079 a 080, ar sail lledr a blaenau carrai, yw 1480–1550, a chefnogir hyn gan y crochenwaith. Efallai fod cyd-destun 078, ar sail y bowlen bren, yn perthyn i ddiwedd y bymthegfed ganrif. O bwyso a mesur, awgrymir dyddiad bras o tua 1500 ar gyfer y digwyddiad dadlwytho.

Gwrthrychau lledr (Ffigurau 159-60; Tabl 8)

Archwiliwyd yr holl ledr wedi iddo gael ei sychrewi gan Brifysgol Caerdydd. Bu Mark Lewis yn gyfrifol am nodi'r gwahanol fathau yn ôl patrwm y graen ac mae'n ysgrifennu fel a ganlyn:

> all the surviving grain patterns indicate bovine origin for the leather reported here. The coarse fibre bundles and patterns present in the shoe soles also indicate cattle skin. Many of the shoe upper fragments have grain patterns with an overall appearance and follicle spacing consistent with calfskin rather than skins of mature cattle.

Amcangyfrifwyd meintiau'r esgidiau drwy ddefnyddio graddfeydd maint esgidiau cyfoes, gan ganiatáu 5 y cant ar gyfer crebachu. Triniwyd y darganfyddiadau lledr gan ddefnyddio rhagdriniaeth gyda 20 y cant glyserol wedi'i ddilyn gan sychrewi. Mae mesuriadau wedi dangos fod hyn yn arwain at grebachu nodweddiadol o 0–3.5 y cant o ledr gwlyb. Fodd bynnag, dylid cadw mewn cof fod y lledr gwlyb wedi chwyddo â dŵr ac mae'n debyg fod maint gwreiddiol y lledr mewn gwirionedd yn debygol o fod rhwng y ddau werth hwn.[23]

Cyd-destun 079
1. Esgid dro chwith ddigarrai bron yn gyflawn wedi'i llunio mewn tri darn; blaen pigfain, asiad llydan, canol cul a gwaelod bychan; uchafed â gwnïadau bôn ar adenydd yr uchafed, a dim arwydd o unrhyw ffasnin. Mae'r chwarteri mewn dau ddarn, gydag un darn hirach yn dirwyn ar hyd y tu mewn ac o gwmpas y sawdl gyflawn, a rhan byr o fewnlenwad ar y rhan allanol sy'n weddill. Mae un rhan o'r chwarter allanol ar goll. Roedd ymyl uchaf y lledr uchaf a dorrwyd yn ddiaddurn yn cyrraedd yn union o dan y ffêr. Mae gwneuthuriad yr esgid dro yn cyfateb i Math Caerefrog 2,[24] gyda gwaltas wedi'i mewnosod rhwng y gwadn a'r lledr uchaf i greu asiad cryfach ac er mwyn dal dŵr yn well. Mae gwadnau o'r math hwn o Gaerefrog (Math Caerefrog e3) wedi eu dyddio o ddechrau'r drydedd ganrif ar ddeg ymlaen, yn arbennig y bedwaredd ganrif ar ddeg a'r bymthegfed ganrif.[25] Mae'r math o esgid yn cyfateb i Math Coventry 3.[26] Hyd hiraf y gwadn 240 mm (+5% = 252 mm), maint Seisnig cyfoes 6.5–7.5, maint tramor 38–39.5; rhan letaf y pen blaen 75.5 mm; lled canol cul 27.9 mm; tyllau gwnïad ymyl/tu chwith 4 mm oddi wrth ei gilydd; tyllau gwnïad graen/tu chwith 4 mm oddi wrth ei gilydd. Ychydig o ôl traul ar y pen blaen. Diwedd y bymthegfed ganrif, ar ôl 1450. Ffigurau 159 a 160.

2. Lledr uchaf/gwaltas bron yn gyflawn gydag agoriad toredig yng nghanol y rhan flaen; a darn o waltas o esgid dro chwith; blaen crwn; rhwymyn lledr cul yw'r ffasnin (lled 5 mm) wedi'i dynnu drwy ddau dwll o boptu i'r toriad canolog. Hyd tua 220–30 mm (+5% = 221–41 mm), maint Seisnig cyfoes 5½–6½, maint tramor 36.5–38; tyllau gwnïad graen/tu chwith 3-4mm oddi wrth ei gilydd. Cyfateb i Math Coventry 4.[27] Diwedd y bymthegfed ganrif. Ffigur 159.

3. Lledr uchaf/gwaltas bron yn gyflawn o esgid dro deuddarn wedi'i thorri'n uchel ar y gwddf gydag agoriad toredig yng nghanol y rhan flaen, wedi'i chau ar draws y cefntroed gyda strap lledr cul a dynnwyd drwy holltau bychain (y rhai hynny ar yr hollt dde ar gyfer pin bwcl); mae gan y strapiau labed ar y pen i'w hatal rhag cael eu tynnu drwodd. Gwthir strap y bwcl drwy ddwy hollt fechan yn adain yr uchafed allanol. Blaen crwn. Yr hyd a oroesodd, 262 mm (wedi'i wastatáu rhyw ychydig); tyllau gwnïad ymyl/tu chwith ar gyfer y chwarteri sydd ar goll 2 mm oddi wrth ei gilydd; tyllau gwnïad graen/tu chwith ar gyfer y gwadn 5 mm oddi wrth ei gilydd. Diwedd y bymthegfed ganrif. Mae trefn carrai a bwcl tebyg yn digwydd ar esgid a

briodolir yn stratigraffig i chwarter olaf y bymthegfed ganrif, o Finsbury Circus, Llundain.[28] Ffigurau 159 a 160.

4. Gwadn bron yn gyflawn o esgid dro chwith; blaen hirgrwn; canol cul, sawdl bychan. Hyd hiraf 255 mm (+5% = 268 mm), maint Seisnig cyfoes 8–9½, maint tramor 39.5–41; tyllau gwnïad ymyl/tu chwith 5 mm oddi wrth ei gilydd. Parhaodd patrwm y gwadn hwn gyda blaen crwn hyd yr unfed ganrif ar bymtheg ac fe'i darganfuwyd, er enghraifft, ar y *Mary Rose* (collwyd yn 1545).[29] Mae hyn yn awgrymu dyddiad o tua 1500 ar gyfer yr enghraifft o Gaerfyrddin. Ffigur 159.

5. Sawdl bron iawn yn gyflawn yn perthyn i esgid dro chwith; blaen crwn; canol cul, sawdl bychan. Hyd 218 mm (+5% = 228.9 mm), maint Seisnig cyfoes 5–6½, maint tramor 36–37.5; lled canol cul 30 mm; tyllau gwnïad ymyl/tu chwith 4 mm oddi wrth ei gilydd. Hefyd pump o ddarnau gwaltas (hyd 95, 113, 90, 80, 37 mm, tyllau ymyl/tu chwith 4 mm oddi wrth ei gilydd. Diwedd y bymthegfed ganrif neu ddechrau'r unfed ganrif ar bymtheg. Ffigur 159.

6. Sawdl bron iawn yn gyflawn yn perthyn i esgid dro dde plentyn bychan (y pen blaen ar goll); canol cul, sawdl bychan (wedi'i ddifrodi). Hyd hiraf bellach yn 178 mm (tua 210 mm yn wreiddiol; +5% = 220.5 mm). Nid yw'n bosibl amcangyfrif maint yr esgid yn fanwl gywir, ond gall fod wedi bod ar lun y maint Seisnig cyfoes 1½–3, maint tramor 34–36. Lled canol cul 18 mm; tyllau gwnïad ymyl/tu chwith 3 mm oddi wrth ei gilydd; pedwar darn o waltas (hyd 19.2, 47, 26, 25 mm); hefyd deg darn o ledr uchaf (dim digon i nodi'r ffurf; rhai â phwytho clymu 2 mm rhyngddynt), ac un darn o bren. Mae ffurf gyffredinol y sawdl yn cyfateb i un o Gun and Shot Wharf, Llundain, a ddyddiwyd gan gerameg cysylltiedig i tua 1480–1550.[30] Ffigur 159.

7. Gwadn cyflawn o esgid dro chwith plentyn bychan; blaen crwn; canol cul, sawdl bychan. Hyd hiraf 127 mm (+5% = 133.35 mm), maint Seisnig cyfoes 4½–6½, maint tramor 21–2; canol cul, lled 23 mm; tyllau gwnïad ymyl/tu chwith 5.5–6 mm oddi wrth ei gilydd. Ffigur 159.

8. Rhan ganol gwadn o esgid dro dde; blaen pigfain ar goll, asiad llydan, canol cul, sawdl/gwaelod ar goll. Hyd y gwadn a oroesodd 152 mm; man lletaf y rhan flaen 88 mm; canol cul, lled 35 mm; tyllau gwnïad ymyl/tu chwith 3 mm oddi wrth ei gilydd. Ffigur 159.

9. Torryn o'r lledr uchaf o esgid dro bigfain, gyda thri thoriad eilradd (hyd mwyaf 80 mm x 76 mm; tyllau graen/tu chwith 2–3 mm oddi wrth ei gilydd).

10. Lledr uchaf bron yn gyflawn o esgid dro ddigarrai (heb ei thorri). Blaen crwn.

Tyllau gwnïad ymyl/tu chwith (ar gyfer chwarteri) 2.5 mm oddi wrth ei gilydd; tyllau tu chwith/graen ar gyfer y gwadn 4 mm oddi wrth ei gilydd.

11. Lledr uchaf bron yn gyflawn o esgid dro ddeuddarn neu dridarn digarrai â blaen pigfain. Mesuriadau bras 75 mm x lled mwyaf 150 mm mewn cyflwr wedi'i hanner wastatáu. Tyllau gwnïad ymyl/tu chwith ar gyfer chwarteri 2 mm oddi wrth ei gilydd; tyllau gwadn tu chwith/graen 4 mm oddi wrth ei gilydd. Ffigur 160.

12. Rhan flaen yr hyn sy'n edrych yn debyg i ddarn unigol o wadn de (hyd at ganol cul yn unig) â blaen pigfain hir. Fodd bynnag, tra bod pwythau graen/tu chwith 4–5 mm oddi wrth ei gilydd ar hyd yr ochr chwith, mae pwythau croeslin clymu ar hyd yr ymyl dde grom (3 mm rhyngddynt), sy'n awgrymu mai nid gwadn ydyw efallai (neu os ydyw, efallai iddo gael ei ailddefnyddio). Hyd mwyaf 215 mm, lled ar y belen 72mm. Mae ffurf y blaen pigfain yn debyg i'r rhai hynny ar ffollachau o Lundain a ddyddiwyd drwy gysylltiad â cherameg i tua 1480–1550.[31]

13. Pum darn o ledr, gan gynnwys dau 'fotwm', un gyda naw twll pwyth bach (31 x 29 mm), y llall gyda chwe thwll pwyth bach (29 x 29 mm). Efallai mai gwastraff yw rhai yn deillio o weithio â lledr. Mae'r botymau'n debyg i un a ddarganfuwyd ym mhoced siyrcyn lledr o'r *Mary Rose* a orchuddiwyd â sidan.[32] Ffigurau 159 a 160.

14. Tri darn bychan o ledr esgidiau (40 x 25 mm; 12 x 9 mm; 8 x 8 mm; 17 x 12 mm); un gwaltas posibl, 77 x 13 mm mwyafswm, tyllau graen/tu chwith 4 mm oddi wrth ei gilydd; un darn tebygol o wadn 46 x 22 mm, tyllau graen/tu chwith 3 mm oddi wrth ei gilydd.

> Torryn o esgid dro (77 x 18 mm mwyafswm); darn o waltas (pwythau tu chwith/graen 2 mm oddi wrth ei gilydd); darn trionglog o ledr uchaf (70 x 77 x 110 mm ar hyd yr ymylon).
>
> Torryn trionglog, wedi'i ailddefnyddio o wadn esgid yn ôl pob tebyg. Hyd hiraf 96 x 3 mm.
>
> Darnau bychan o ledr esgidiau (lledr uchaf yn bennaf). Yr hyd mwyaf 80 x 78 mm.
>
> Chwe darn bychan o ledr, tebyg i strapiau (lled 5–10 mm), a dau ymyl o ledr uchaf (pwythau graen/tu chwith â 3–4 mm rhyngddynt).
>
> Chwe darn bychan iawn o ledr.
>
> Chwe darn o ledr uchaf.
>
> Un darn mawr o ledr uchaf anghyflawn (hyd 163 mm); dwsin o ddarnau llai o ledr uchaf; un torryn; stwffin mwsogl gydag ymyl crwn (o leinin esgid?). Adroddwyd fod tri math gwahanol o fwsoglau coetir cymysg wedi eu defnyddio

fel stwffin ar gyfer esgidiau canoloesol o Lundain, tra bod y rhai hynny o Gaerloyw wedi defnyddio mwsoglau afonol.[33] Ffigur 160.

Darn trwsio hirsgwar bychan (47 x 20 mm). Pwythau graen/tu chwith bychan 2 mm rhyngddynt; pedwar torryn bychan; darn o ledr uchaf o esgid â blaen crwn (hyd a oroesodd 173mm); saith darn llai o ledr uchaf.

Saith darn o ledr, gan gynnwys un gwaltas a dau ddarn o ledr uchaf. Gwastraff o weithio â lledr.

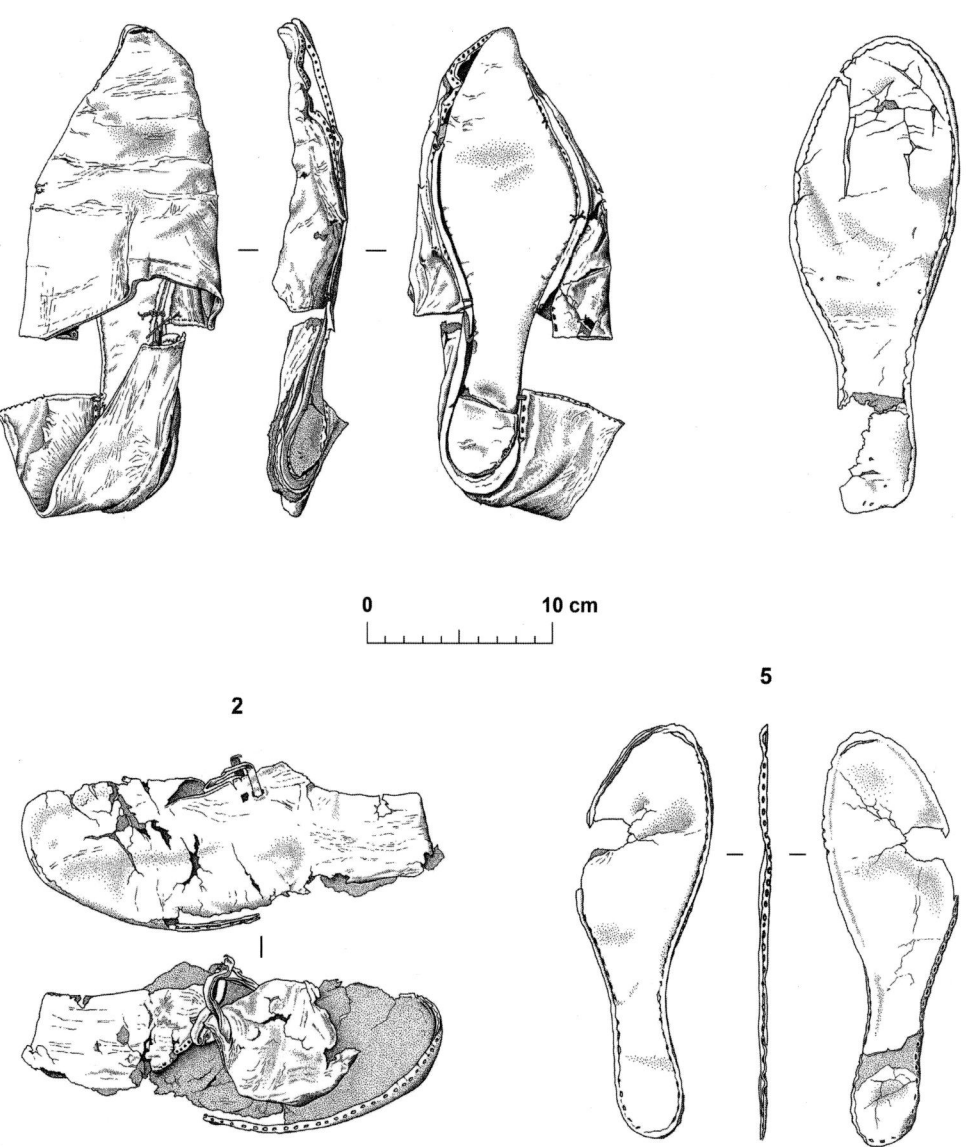

Ffigur 159 (uchod a chyferbyn) Lledr o'r ffos orllewinol

CROCHENWAITH A DARGANFYDDIADAU ERAILL 337

Cyd-destun 080

15. Gwadn bron yn gyflawn o esgid dro dde, a darn bychan o waltas; blaen pigfain, asiad llydan, canol cul a gwaelod bychan. Un rhan fechan o sawdl ar goll. Dyddiwyd gwadnau o'r math hwn o Gaerefrog (Math e3) o ddechrau'r drydedd ganrif ar ddeg ymlaen, yn arbennig y bedwaredd ganrif ar ddeg a'r bymthegfed ganrif.[34] Hyd hiraf y gwadn 257 mm (258/9 mm yn wreiddiol), maint Seisnig cyfoes

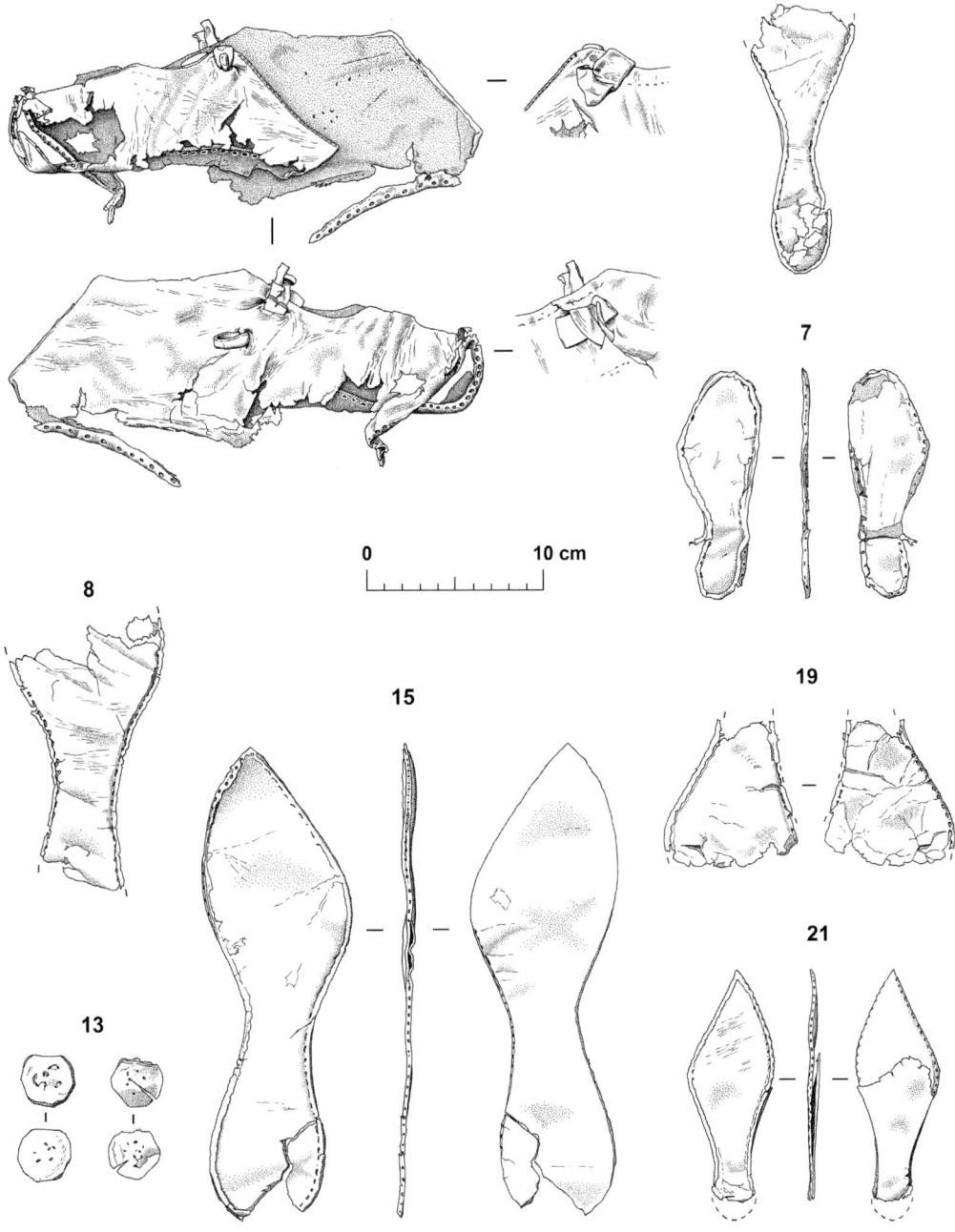

338 CASTELL CAERFYRDDIN

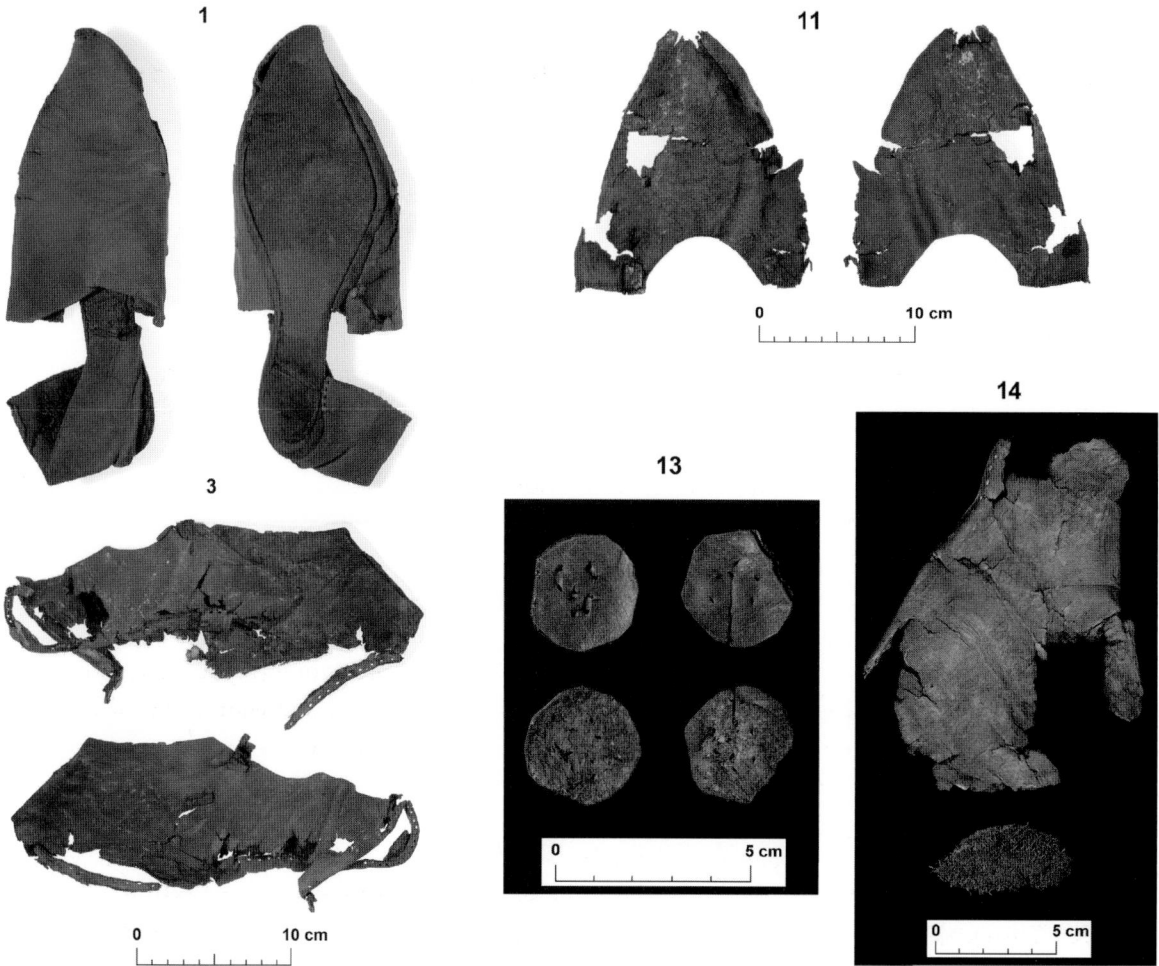

Ffigur 160 Lledr o'r ffos orllewinol (tynnwyd y llun gan AC)

8½, maint tramor 40–1, rhan lletaf y pen blaen 82 mm; canol cul lled 37 mm; lled y sawdl 63 mm; tyllau gwnïad ymyl/tu chwith 4 mm oddi wrth ei gilydd. Ar ôl 1450.

16. Dau ddeg dau darn o ledr gan gynnwys tri darn bychan o ledr uchaf a thri darn o waltas. Gwastraff o weithio â lledr (chwe stribed o wahanol siapiau, un toriad trionglog, un torryn siâp 'deigryn').

17. Pedwar darn ar ddeg o ledr, gan gynnwys un darn o ledr uchaf (tyllau tu chwith/graen 4 mm oddi wrth ei gilydd). Gwastraff o weithio â lledr (gan gynnwys un stribed 115 x 6 mm, ac un torryn trionglog 50 x 71 mm).

18. Dau ddarn bychan iawn o ledr.

Cyd-destun 081 (ffos adeiladu, ôl-ganoloesol yn ôl pob tebyg)

19. Rhan flaen gwadn o esgid dro dde, gyda blaen pigfain ac asiad llydan (hyd a oroesodd 86 mm; lled 75 mm). Canol cul a sawdl ar goll.

20. Tri thorryn o ledr (un 110 x 23 mm; un arall 76 x 13 mm; un arall hyd hiraf 120 x lled 21 mm). Pedwar darn bychan o ledr uchaf ac 11 darn llai o ledr esgidiau (nid toriadau).

Cyd-destun 086 (yr un fath ag 080 efallai)

21. Gwadn bron yn gyflawn o esgid dro chwith plentyn bychan; blaen pigfain; canol cul, hanner sawdl ar goll. Hyd hiraf bellach 127 mm (yn wreiddiol tua 140 mm; +5% = 147 mm), tua maint Seisnig cyfoes 6–7, maint tramor 23–4; lled canol cul 21 mm; tyllau gwnïad ymyl/tu chwith 3 mm oddi wrth ei gilydd.

Sylwadau

Mae'r casgliad yn cynnwys *turnshoes*, gyda gwadnau unigol, a wnaed tu chwith allan. Mae'n cynnwys saith gwadn cyflawn/bron yn gyflawn a gweddillion darniog dau, ynghyd â darnau o ledr uchaf. Mae rhai â gwaltas, gyda gwaltas llydan wedi'i gynnwys yng ngwnïad y gwadn rhwng y lledr uchaf a'r gwadn. Mae chwech o leiaf o esgidiau chwith a phedwar o esgidiau dde. Roedd peth o'r lledr wedi'i dorri i'w ddefnyddio eto neu ar gyfer gwaith trwsio, er enghraifft, cyd-destun 079, Rhif 4, ond nid oedd unrhyw waith trwsio i'w weld er bod rhai esgidiau yn dangos ôl traul. Mae'n anodd adlunio'r lledr uchaf o groen llo/croen gwartheg, ond fe'u nodweddir gan wniadau bôn ymyl/tu chwith.

Daeth esgidiau pigfain neu 'bicellog' yn boblogaidd eto yn yr 1460au, er bod deddf cyfyngu Seisnig yn 1463–4 yn erbyn 'pike or poulaine' yn cyfyngu'r hyd i ddwy fodfedd.[35]

Tabl 8 Lledr: canllaw i feintiau'r esgidiau a ddynodir

Cyd-destun a rhif eitem	Hyd mm (hyd wedi ei gywiro)	Brasamcan o faint esgid DU	Brasamcan o faint esgid Cyfandirol	Siart grŵp a ddefnyddiwyd
079 1	240 (252)	6½–7½	38–39.5	Siart Oedolion (G)
079 2	220–230 (221–241)	5½–6½	36.5–38	Oedolyn (BG)
079 4	255 (268)	8–9½	39.5–41	Oedolyn (G)
079 5	218 (229)	5–6½	36–37.5	Oedolyn
079 6	210 (221)	1½–3	34–36	Person ifanc
079 7	127 (133)	4½–6½	21–22	Plentyn
080 1	257 (259)	8½	40–41	Oedolyn
086	140 (147)	6–7	23–24	Plentyn

Mae gan rai o'r esgidiau o Gaerfyrddin flaenau pigfain byr, 'petal-shaped treads' a chanol cymharol gul, arddull a oedd yn boblogaidd o'r 1460au a'r 1470au. Mae'r dull o lunio esgid, siâp y gwadnau a'r lledrau uchaf yn awgrymu dyddiad o ganol y bymthegfed ganrif hyd ei diwedd ar gyfer peth o'r casgliad. Mae gan rai o'r lledrau uchaf yddfau toredig, er enghraifft cyd-destun 079, Rhif 2, a byddent wedi eu cau â byclau bach o haearn neu aloi tun plwm o bosibl. Erbyn yr 1490au nid oedd blaenau pigfain yn ffasiynol bellach, ac roedd lluniad gwaldasog yn disodli'r esgid dro. Esgidiau â blaenau crwn sydd i'w gweld yn bennaf yng nghasgliad Caerfyrddin, ond maent yn gul (bron yn hirgrwn) yn hytrach nag yn llydan. Gall absenoldeb steiliau Tuduraidd â blaenau llydan a chrwn, sgwâr neu glustiog, a oedd yn boblogaidd tua 1500–50, fod yn arwyddocaol. Mae'n ymddangos yn annhebygol fod oediad amser sylweddol o ran pryd y cyrhaeddai steiliau newydd Caerfyrddin, gyda'i chysylltiadau rheolaidd â chymdeithas Bryste a Llundain (yn arbennig o gwmpas y castell), er y gall oediad amser ar gyfer cymunedau gwledig ynysig fod wedi bod yn hwy. Cyhoeddwyd esgidiau tebyg o Wainfleet St Mary, Lincolnshire.[36]

Gwrthrychau pren (Ffigurau 161–2)
Triniwyd y pren ymlaen llaw mewn proses PEG 400/PEG 4000 mewn dwy ran ac yna ei sychrewi gan Brifysgol Caerdydd.[37] Nodwyd y math yn ôl patrwm y graen gan Paul Atkin a Robin Wood, ond rhai dros dro yw'r dynodiadau, gan nad oedd y graen pen yn eglur.

Cyd-destun 078
1. Rhan ganol powlen durniedig. Diamedr 200 mm+ (rhimyn ar goll). Arwyneb wedi duo oddi mewn ac allan; anhysbys, onnen neu wernen o bosibl. Un llinell gul endoredig hanner ffordd i fyny wyneb allanol yr ochr, a rhigol debyg wedi'i thurnio'n ddyfnach yn y cyswllt rhwng yr ochr a'r gwaelod. Fel arall, dim ond rhigolau consentrig ar y tu mewn yn nodi cylchedd y gwaelod gwastad. Ffigurau 161 a 162.

2. Gwastraff pren (dau ddarn, un sglodyn o dderw gyda gwynnin).

Cyd-destunau 079 a 080
3. Powlen durniedig neu ddysgl ddofn mewn pum darn (derw). Ymyl echdroëdig (blaen wedi'i wastatáu); rhigolau consentrig ar y tu mewn yn nodi cylchedd y gwaelod gwastad. Diamedr 220–30 mm. Uchder tua 60 mm (yn wyrgam bellach). Ffigurau 161 a 162.

Cyd-destun 079
4. Cwpan yfed bychan durniedig neu bowlen lletwad gyda phroffil crwn a rhimyn diaddurn. Diamedr tua 120 mm (rhimyn ychydig yn wyrgam). Pren â graen clos ag arwyneb wedi duo ar y tu mewn ac yn rhannol ar y tu allan (anhysbys). Ochr drwchus (mwyafswm 11.5 mm). Mae'r diamedr yn nes at yr hyn a geir amlaf yn y grŵp o Gaerefrog a ddiffiniwyd fel 'cwpanau' yn hytrach na phowlenni.[38] Ffigurau 161 a 162.

CROCHENWAITH A DARGANFYDDIADAU ERAILL 341

Cyd-destun 080

5. Gwastraff pren (pum torryn ag olion bwyell). Un darn gweithiedig trionglog, clusten bren o erwydden bwced fechan o bosibl, gydag olion o drydylliad croesdoriad. 43 x 62 x T 10 mm.

6. Pum darn o bren (bychan, brigyn bach yn ôl pob tebyg).

Cyd-destun 081

7. Gwastraff pren (naw darn wedi'u hollti ar hyd y rheiddennau); derw.

Sylwadau

Mae grŵp Caerfyrddin o ddysglau turniedig yn rhoi cip prin i ni ar fwrdd ar ddiwedd yr Oesoedd Canol yn ne-orllewin Cymru, cyfnod pryd y tybir fod gan lestri pren yn aml safle cyn bwysiced â chrochenwaith, yn arbennig ar gyfer yfed. Mae'r ddysgl o gyd-destun 079 naill ai'n gwpan cledr llaw syml, neu'n bowlen o letwad bren fawr. Hyd ddechrau'r unfed ganrif ar bymtheg, roedd cwpanau llestri pridd yn brin a dysglau pren yn fwy arferol.[39] Cyfeirir yn aml at 'ashen cups' mewn archebion, er enghraifft pan gawsant eu disodli gan gwpanau crochenwaith yn Ysbytai Brawdlys Llundain yn ystod teyrnasiad Harri VIII.[40]

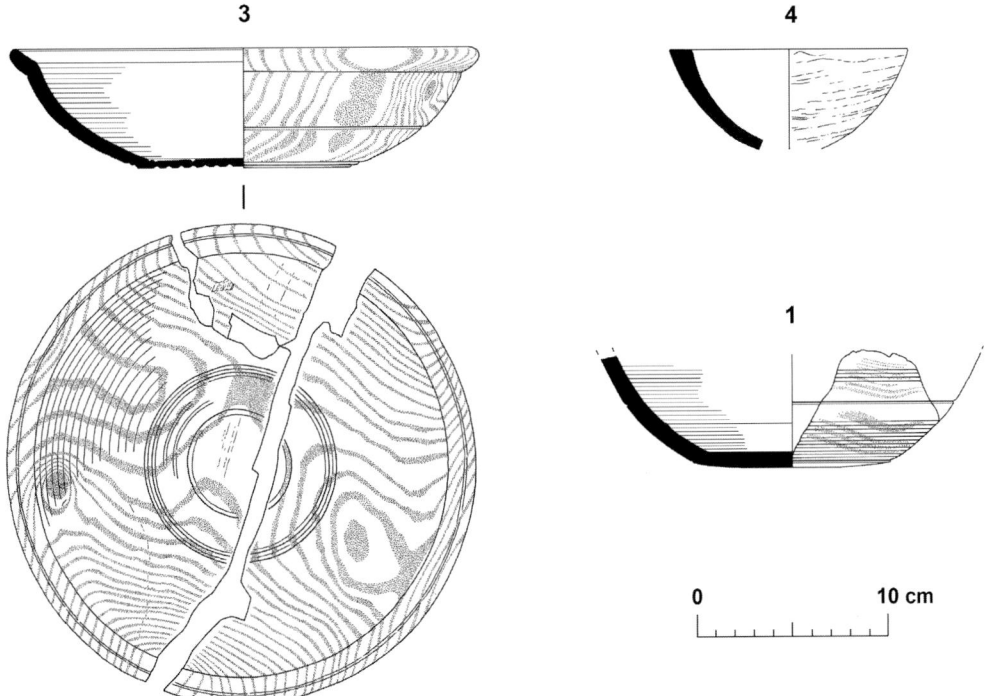

Ffigur 161 Llestri pren o'r ffos orllewinol

342 CASTELL CAERFYRDDIN

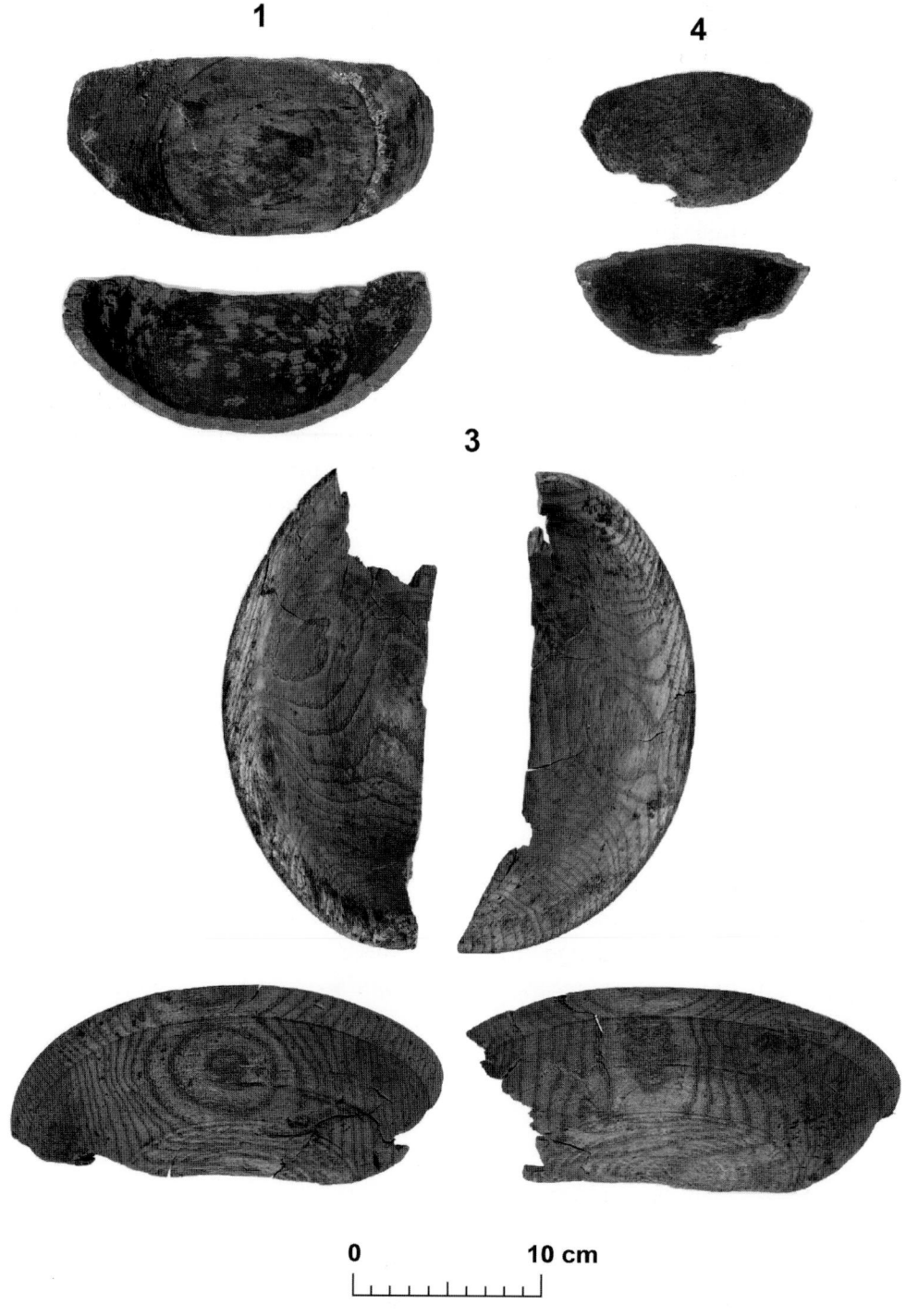

Ffigur 162 *Llestri pren o'r ffos orllewinol (tynnwyd y llun gan AC)*

Er yn anghyffredin i Gymru, mae grŵp Caerfyrddin yn gymharol fychan – adferwyd grwpiau o rhwng wyth a deunaw o lestri o dri chloddiad yn Llundain a Leicester.[41] Adferwyd casgliadau eraill o gloddiadau dinesig gan gynnwys Waterford, Exeter a Chaerwynt.[42] Mae rhimynnau gwastad i'w gweld yng nghasgliad Waterford,[43] ond nid ydynt yn gyffredin. Un o'r eitemau Cymreig enwocaf yw cwpan masarn o'r bymthegfed ganrif, â beindin rhimyn ysgythredig golch arian, all fod wedi perthyn unwaith i'r sefydliad colegol yng Nghlynnog Fawr (sir Gaernarfon). Darganfuwyd powlen bren fechan durniedig gydag ymyl gwastad echdroëdig ar Long Casnewydd, y tybir iddi gael ei datgymalu yn yr 1460au.[44]

Mae powlenni Caerfyrddin yn rhai â chynllun syml â rhimynnau diaddurn ac nid oes farciau ar unrhyw un ohonynt. Parhawyd i ddefnyddio powlenni o'r fath fodd bynnag hyd yr 1540au, ar y *Mary Rose* er enghraifft lle roedd eu gwytnwch yn fantais. Yn y fan honno fe'u gwnaed o lwyfen, ffawydden, gwernen, bedwen, ac roedd ganddynt ymylon gwarrog. Roedd y 19 enghraifft y gellid mesur eu diamedr yn amrywio o 110 mm hyd at 465 mm, ac o'r rhain roedd saith yn perthyn i'r amrediad 230–40 mm.[45] Adferwyd 52 o bowlenni â diamedrau o lai na 260 mm hefyd; o'r rhain roedd 25 yn rhai ffawydd, pedair yn rhai bedwen, 18 yn wernen a'r gweddill yn anhysbys.[46] Daw enghraifft debyg iawn i bowlenni Caerfyrddin o Coventry'r Oesoedd Canol ac mae ganddi rigolau tebyg hanner ffordd i fyny'r corff ac ar ongl y gwaelod;[47] fe'i priodolir i ddechrau/canol y bymthegfed ganrif. Mae rhimynnau echdroëdig â phennau gwastad yn digwydd ar ddwy bowlen ganoloesol o Exeter, y ddwy ag arwynebau wedi duo. Roedd un wedi'i gwneud o lwyfen ac yn gysylltiedig â chrochenwaith a ddyddiwyd i tua 1300; gwnaed y llall o bisgwydden.[48]

Gwrthrychau plwm

Cyd-destun 080
Cryglwyth plyg o blwm y bwriadwyd ei ailgylchu o bosibl. Mae'r mannau gweledol o dreswaith a thrawstoriadau trionglog yn awgrymu awyrydd latis wedi'i grychu neu rywbeth tebyg, wedi'i fwrw mewn mowld agored syml, yn hytrach na sbriwiau castio neu ddarnau ffenestri ('cames'). Mae'n ymddangos fod nod gwneuthurwr neu rywbeth tebyg ar un o ymylon y dellt, ar ffurf tarian herodrol rheiddiol oddi mewn i fforder unigol (â choron o bosibl). 82 x 34.5 mm. Ffigur 163.

Yng Nghymru darganfuwyd awyryddion ffenestri plwm bwrw rhwyllwaith, gyda'r trawstoriadau trionglog neu siâp diemwnt nodweddiadol, ar safleoedd mynachlogydd fel Brodordy Caerfyrddin, Mynachlog Hwlfforrdd a Mynachlog Llanddewi Nant Hodni, sir Fynwy (o gyd-destun adeilad o'r bymthegfed ganrif), tra gwyddom am fowld carreg ar gyfer awyrydd sgwâr bychan yn Abaty Nedd.[49] Gwyddom am awyryddion plwm o'r abatai yn Rievaulx, Roche a Byland (y cyfan yn Swydd Efrog).[50] Ymhlith y bathnodau herodrol ar blwm mae'r rhai hynny ar ingot o Gastell Criciеth (sir Gaernarfon).[51] Mae treswaith gwaith rhwyllog yr eitem o'r ffos orllewinol yn cynnwys yr un elfennau â dellt Mynachlog Llanddewi Nant Hodni ac efallai eu bod yn rhannu'r un math o ddyddiad. Nid yw'n sicr a yw'n gysylltiedig â gwaith yn y castell fodd bynnag.

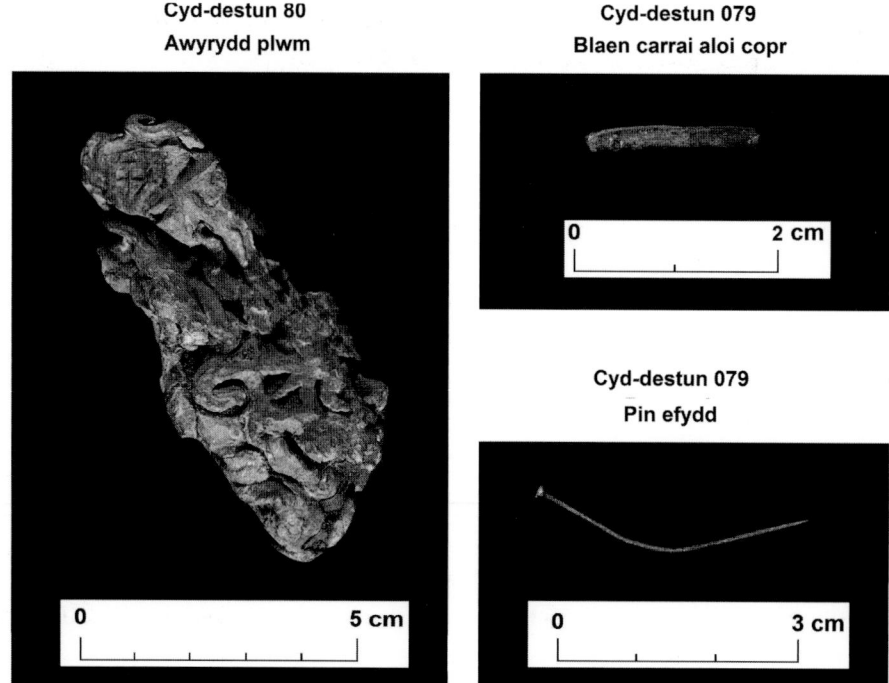

Ffigur 163 *Gwrthrychau metel o gyd-destunau canoloesol yn y ffos orllewinol (tynnwyd y lluniau gan AC)*

Gwrthrychau aloi copr
Cyd-destun 079

1. Pin efydd â phen gwifren wedi troelli. Hyd 37 mm; diamedr y pen 1.8 mm. Adferwyd pinnau tebyg o ddyddodion cyn y Diddymiad ym Mrodordy Caerfyrddin.[52] Ffigur 163.

2. Blaen carrai neu amgarn carrai aloi copr dalennog â gwniadau bôn, â dau fwlch cyferbyniol ar un pen, y pen arall wedi'i gau'n rhannol. Hyd 18.3 mm; diamedr 2.1 mm. Canoloesol neu'r unfed ganrif ar bymtheg. Daeth 165 o flaenau carrai i'r golwg yn y *Mary Rose*, yn amrywio mewn hyd o 16 mm i 28 mm.[53] Datgloddiwyd enghreifftiau hefyd yn Coventry Whitefriars.[54] Ffigur 163.

DARGANFYDDIADAU BYCHAN O DDYDDODION ÔL-GANOLOESOL (MARK REDKNAP, DEE WILLIAMS AC EDWARD BESLY)

Ychydig iawn o arteffactau eraill a adferwyd o'r archwiliadau strwythuredig ac fe'u cyfyngwyd i ddyddodion ôl-ganoloesol (Tabl 9). Ymhlith y rhai hynny o'r ffos orllewinol mae rhai eitemau diddorol, yn dyddio o'r Oesoedd Canol/dechrau'r cyfnod ôl-ganoloesol ond maent i gyd o'r dyddodion eilradd a ddisgrifiwyd uchod, a oedd yn deillio o ffynhonnell anhysbys.[55]

Tabl 9 Darganfyddiadau o gyd-destunau ôl-ganoloesol: catalog yn ôl parth

Ardal	Rhif cyd-destun a dyddiad	Deunydd	Sawl	Math	Dyddiad yr eitem
Gorthwr gwag Ffosydd B ac C	003 (C19+)	Aloi Copr	1	Stribed	?
	008 (C20)	Haearn	1	Hoelen	?
	012 (C16+)	Plwm	1	Stribed	Canoloesol?
		Haearn	3	Hoelen	?
	014 (?)	Haearn	1	Hoelen	?
	017 (?)	Haearn	5	Hoelion	?
	018 (C18+)	Haearn	22	?	?
		Haearn	2	Sorod	?
	035 (C20)	Haearn	2	?	?
		Asgwrn	1	Carn	C19?
		Rwber	1	Cap	C20
Twr De-orllewinol	007 (C19+)	Lledr	1	Strap	Ôl-ganoloesol?
	008 (C19+)	Haearn	1	Hoelen	?
		Haearn	1	Bwcl	Ôl-ganoloesol
	010 (C16+)	Llechen	1	Toi	?
Seler y twr sgwâr	006 (C20)	Plwm	1	Gwastraff	C19/20
		Plwm	1	Bar	C19/20
		Haearn	1	Hoelen	C19/20
		Marmor	1	Teilsen	C19/20
	007 (C20)	Lledr	7	Esgidiau	C20
		Plastig	1	Crib	C20
	008 (C20)	Haearn	1	Bwcl	C19/20
		Asgwrn	1	Tab	C19/20
Llwybr y porth Ffos orllewinol	510 (C16+)	Haearn	5	Hoelion	Ôl-ganoloesol
	018 (C18+)	Plwm	1	Disg	C16–C18?
	019 (C19+)	Aloi Copr	1	Ceiniog	C19
	023 (C19+)	Aloi Copr	1	Botwm	C19
	026 (C18+)	Aloi Copr	1	Blaen carrai	C15/16
		Aloi Copr	1	Weiren	Ôl-ganoloesol
	039 (C16+)	Aloi Copr	1	Stribed	C16?
	041 (C17+)	Aloi Copr	1	Pin	Ôl-ganoloesol
	044 (C16+)	Aloi Copr	1	Gwniadur	C16/17
		Aloi Copr	1	Bwcl	C16?
		Asgwrn	1	Mynawyd	Canoloesol?
	045 (C16+)	Asgwrn	1	Peg tiwnio	Canoloesol
	046 (C17+)	Aloi Copr	1	Blaen carrai	C16/17
		Aloi Copr	3	Pinnau	Ôl-ganoloesol

Tabl 9 (parhad)

Ardal	Rhif cyd-destun a dyddiad	Deunydd	Sawl	Math	Dyddiad yr eitem
West ditch *(cont.)*	064 (C16+)	Aloi Copr	1	Bwcl	C16+
	065 (C16+)	Llechen	1	Disg	?
	066 (C20)	Plastig	3	Amryw	C20
	067 (C17+)	Aloi Copr	1	Ceiniog	Canoloesol
		Lledr	1	Stribed	?
	099 (C18+)	Aloi Copr	3	Gwialenni	Ôl-ganoloesol
	U/S	Aloi Copr	1	Allwedd	C19
		Aloi Copr	1	Spigod	C19

Darganfyddiadau o'r ffos orllewinol

Cyd-destun 039 (Cyfnod 2 ôl-ganoloesol): gwniadur mewn aloi copr dalennog â band gwaelodol o flodau arddulliedig stampiedig am yn ail â marciau pwnsh diemwnt â phelenni canolog, rhwng borderi rhes unigol â 'phatrwm rwlét'. Uchder 23.2 mm; diamedr mwyaf 18.5 mm. Yr unfed ganrif ar bymtheg/yr ail ganrif ar bymtheg yn ôl pob tebyg. Ffigur 164.

Cyd-destun 044 (Cyfnod 2 ôl-ganoloesol): mynawyd asgwrn â phen wedi ei lunio rywsut-rywsut, yn meinhau'n bwynt miniog, llyfn, ar gyfer gweithio â lledr efallai. Yn gaboledig i gyfeiriad y pwynt. Hyd 111.6 mm; lled mwyaf yn y pen 9.7 mm. Diwedd yr Oesoedd Canol o bosibl?

Stribed rhwymo mewn aloi copr siâp S â thrawstoriad miniog, siâp U anghymesurol, mewn dau ddarn, un mewn cyflwr da gyda dau dwll ar gyfer hoelion neu daciau bychain yn y ddau ben; y llall wedi cyrydu yn ddrwg iawn, yr ochrau wedi'u gwasgu ynghyd yn un pen. Hyd 116 mm; dyfnder mwyaf 10 mm; hyd 51.8 mm; dyfnder 6.2 mm. O wrthrych pren wedi'i orchuddio â lledr yn ôl pob tebyg. Mae'r crymedd yn cyfateb i'r rhwymyn ar fwa blaen neu fan uchaf rhan ôl ffrâm cyfrwy. O'r unfed ganrif ar bymtheg? Ffigur 164.

Cyd-destun 045 (Cyfnod 2 ôl-ganoloesol): ebill asgwrn canoloesol o offeryn llinynnol. Roedd yn daprog, sgwâr mewn trawstoriad ym mhen yr ebill, ac yn grwn mewn trawstoriad ar hyd y coes. Roedd ganddo slot hirsgwar trawslin (yn lle twll wedi'i ddrilio) yn y pen, lle dirwynai'r tant. O'r bymthegfed ganrif yn ôl pob tebyg. Gwyddom am enghreifftiau Cymreig eraill o Frodordy Caerfyrddin,[56] Brynbuga a Mynwy, tra bod nifer o enghreifftiau Seisnig a Gwyddelig yn dyddio o'r bedwaredd ganrif ar ddeg/y bymthegfed ganrif. Ffigur 164.

CROCHENWAITH A DARGANFYDDIADAU ERAILL 347

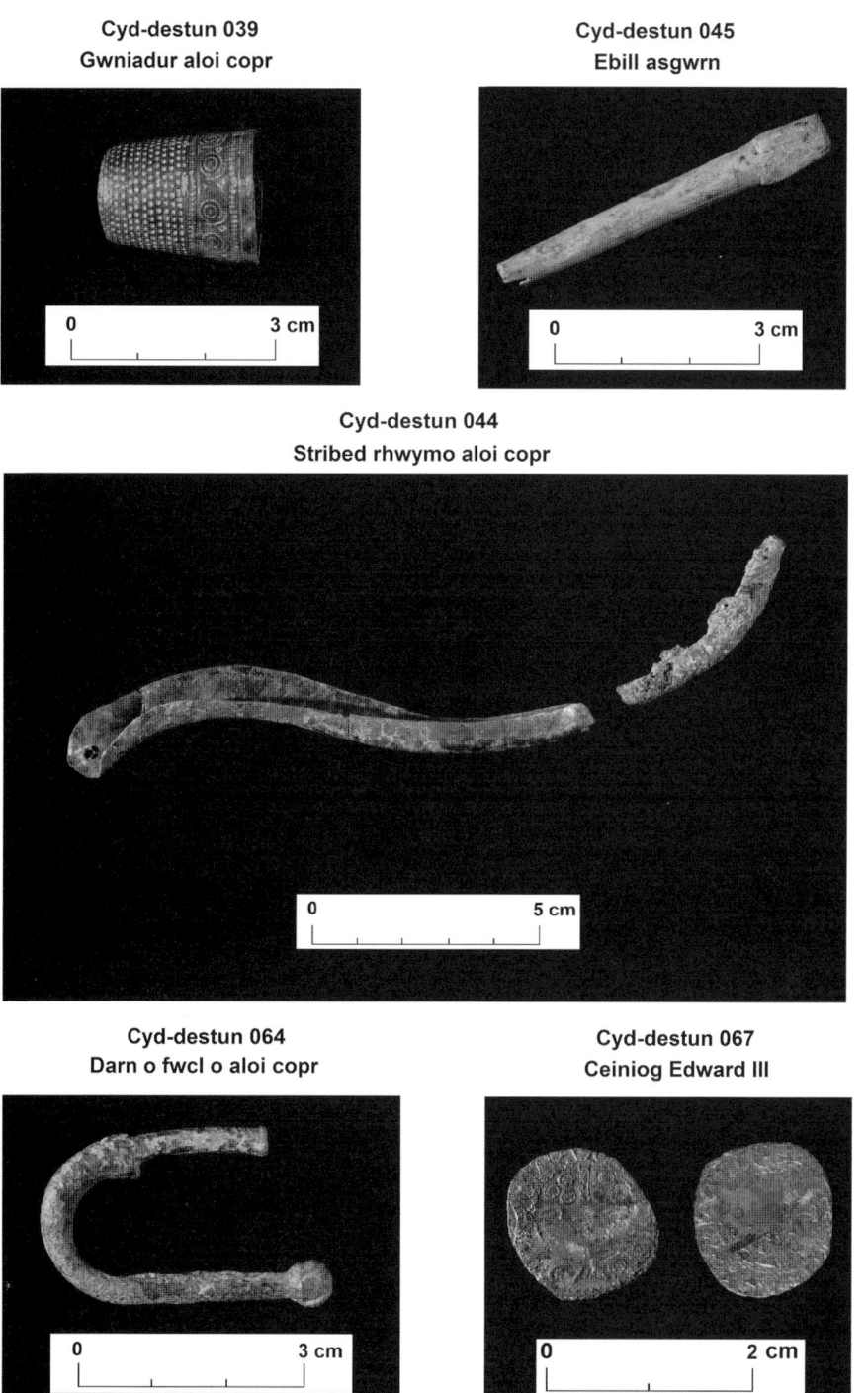

Ffigur 164 Gwrthrychau o gyd-destunau ôl-ganoloesol yn y ffos orllewinol (tynnwyd y lluniau gan AC)

Cyd-destun 064 (Cyfnod 1 ôl-ganoloesol): braich doredig siâp U mewn aloi copr o fwcl cloi, gyda therfynell â phen mwyarog; y paladr o drawstoriad hirgrwn wedi'i wastatáu. Gellid fod wedi defnyddio bwcl o'r fath i hongian pwrs: 39.2 x 23 mm. Mae ffurf y derfynell yn awgrymu dyddiad o ddechrau'r unfed ganrif ar bymtheg, er y gallant fod yn ddiweddarach. Ffigur 164.

Cyd-destun 067 (Cyfnod 2 ôl-ganoloesol): Edward III (1327–77), ceiniog, bathdy Durham; Arian Bath Ôl-Gytundeb, 1369–77. *Obv.* + [EDWARDVS] REX ANGLIE. *Rev.* CIVI – TAS – DVN – OLM. Wedi treulio ac yn dociedig; 0.61 g. O'i chyflwr, roedd wedi'i defnyddio'n helaeth ac mae'n debyg iddi fynd ar goll yn ystod y bymthegfed ganrif. Ffigur 164.

NODIADAU

1 D. Austin (gol.), 'The Carew Castle archaeological project: 1993 season interim report' (adroddiad heb ei gyhoeddi, Prifysgol Cymru Llanbedr Pont Steffan, 1995), 16–18; P. Webster, 'Pottery', yn C. Caple, *Excavations at Dryslwyn Castle 1980–95* (Llundain: SMA Monograph 26, 2007), tt. 236–45; K. Murphy, 'The castle and borough of Wiston, Pembrokeshire', Archaeologia Cambrensis, 144 (1995), 88–91.

2 D. Schlee, 'Carmarthen Castle: excavations outside the gatehouse, June–August 2003' (adroddiad YAD heb ei gyhoeddi, 2004), Atodiad 3, 99–108.

3 C. O'Mahoney, 'Excavation at Carmarthen Greyfriars 1983–1990, Topic Report No. 2: pottery, ridge tile and ceramic water pipe' (adrodd-iad YAD heb ei gyhoeddi, 1995).

4 Gweler C. Papazian ac E. Campbell, 'Medieval pottery and roof tiles in Wales AD 1100–1600', *Medieval and Later Pottery in Wales*, 13 (1992), 56–9.

5 V. Early a D. Morgan 'A medieval pottery kiln site at Newcastle Emlyn', *Archaeology in Wales*, 44 (2004), 97–100.

6 G. L. Good a V. E. J. Russett, 'Common types of earthenware found in the Bristol area', *Bristol and Avon Archaeology*, 6 (1987), 37–8.

7 P. Courtney, *Medieval and Later Usk: Report on the Excavations at Usk 1965–1976* (Caerdydd: GPC, 1994), t. 57.

8 J. G. Hurst, D. S. Neal ac H. J. E. van Beuningen, *Pottery Produced and Traded in North-west Europe, 1350–1650* (Rotterdam: Rotterdam Papers 6, 1986).

9 O'Mahoney, 'Excavation at Carmarthen Greyfriars', 34.

10 Tref Almaenig yw Frechen lle'r ymfudodd crochenyddion Cologne c.1550.

11 A. Gutiérez, *Mediterranean Pottery in Wessex Households (13th–17th Centuries)* (Oxford: British Archaeological Reports, British Series 306, 2000), t. 47.

12 Ibid., tt. 46–8: 'Seville blue and purple'.

13 P. Icowicz, 'Martincamp ware: a problem of attribution', *Medieval Ceramics*, 17 (1993), 51–60.

14 Good a Russett, 'Common types of earthenware', 39–40; G. L. Good, 'The excavation of two docks at Narrow Quay, Bristol, 1978–9', *Post-medieval Archaeology*, 21 (1987), 25–126.

15 B. Straube, Jamestown, Virginia, goheb. bers.

16 J. M. Lewis, *The Medieval Tiles of Wales* (Cardiff: AC, 1999), tt. 10, 73–4 (Group 31).

17 T. James a D. Brennan, 'Excavation at Carmarthen Greyfriars 1983–1990, topic report no. 1: 13th–16th century earthenware and oolitic limestone floor tiles' (adroddiad YAD heb ei gyhoeddi, 1991), 28: Type 8.
18 D. Brennan, G. Evans, H. James ac E. Dale-Jones, 'Excavations in Carmarthen, Dyfed, 1976–1990. Finds from the seventeenth to the nineteenth centuries. Pottery, glass, clay pipes and bone', *Medieval and Later Pottery in Wales*, 14 (1996), 15–108.
19 P. Courtney, 'The pottery', yn K. Blockley, 'Langstone Castle motte: excavations by L. Alcock in 1964', *Archaeology in Wales*, 34 (1994), 21–2 (Ffigur 3, Rhifyn 8).
20 J. Cartier, *Céramiques de l'Oise* (Paris: Somogy, 2001), Rhifynnau 77 a 79.
21 J. Bateman a M. Redknap, *Coventry: Excavations on the Town Wall 1976–78* (Coventry Museums Monograph Series, 2, 1986), t. 57.
22 H. Ganiaris, S. Keene a K. Starly, 'A comparison for some treatments for excavated leather', *The Conservator*, 6 (1982), 12–23.
23 Phil Parkes (Prifysgol Cymru), goheb. bers.
24 Q. Mould, I. Carlisle ac E. Cameron, *Leather and Leatherworking in Anglo-Scandinavian and Medieval York* (York Archaeological Trust/CAB: The Archaeology of York 17/16, 2003), Ffigur 3269.
25 Ibid., Ffigur 1594. Am un ar fwtsias â charrai ochr o ddechrau'r bymthegfed ganrif, o Lundain, gweler F. Grew a M. de Neergaard, *Shoes and Pattens, Medieval Finds from Excavations in London*, 2 (Museum of London, 1988), t. 74.
26 S. Thomas, *Medieval Footwear from Coventry – A Catalogue of the Collection of Coventry Museum* (Coventry: Herbert Art Gallery and Museum, 1980), Ffigur 1.
27 Ibid., Ffigur 15.
28 F. Lambert, 'Some recent excavations in London', *Archaeologia*, 71 (1921), 102 a Ffigur 24.
29 N. Evans a Q. Mould, 'Footwear', yn G. Egan (gol.), *Material Culture in London in an Age of Transition. Tudor and Stuart Period Finds c.1450–c.1700 from Excavations at Riverside Sites in Southwark* (Llundain: MoLAS Monograph 19, 2005), Ffigur 2.66.
30 A. Nailer, 'Items of dress', yn Egan (2005), t. 25, Rhifyn 9.
31 Ibid., t. 29, Rhifyn 50 a Ffigur 13.
32 M. Richards, 'Aiglets, twisted wire loops, buttons, clasps and laces', yn J. Gardiner (gol.), *Before the Mast. Life and Death aboard the Mary Rose* (Rhydychen: Mary Rose Trust, 2005), Ffigur 2.75, Rhif. 81A4731.
33 Grew a de Neergaard, *Shoes and Pattens*, tt. 88–9.
34 Mould et al., *Leather and Leatherworking*, Ffigur 1594.
35 Grew a de Neergaard, *Shoes and Pattens*, t. 117.
36 Q. Mould, 'The leather', yn F. McAvoy, 'Marine salt extraction: the excavation of Salterns at Wainfleet St Mary, Lincolnshire', *Medieval Archaeology*, 38 (1994), 152–8.
37 Phil Parkes, goheb. bers.
38 C. A. Morris, *Wood and Woodworking in Anglo-Scandinavian and Medieval York* (York Archaeological Trust/CAB: The Archaeology of York 17/13, 2000), Rhif 2179, Ffigur 1001.
39 P. C. D. Brears, *The English Country Pottery: Its History and Techniques* (Newton Abbot: David and Charles, 1971), t. 13.
40 L. G. Matthews ac H. J. M. Green, 'Post-medieval pottery of the Inns of Court', *Post-medieval Archaeology*, 3 (1970), 1.
41 Gweler, er enghraifft, C. Thomas, B. Sloane a C. Phillpotts, *Excavations at the Priory and Hospital of St Mary Spital*, London (Llundain: MoLAS Monograph 1, 1997), t. 204, Tabl 48; P. Clay, 'The small finds–non-structural', yn J. Mellor a T. Pearce (goln), *The Austin Friars, Leicester* (Llundain: Adroddiad Ymchwil CAB 35, 1981), tt. 139–42.

42 M. F. Hurley, O. M. B. Scully a S. W. J. McCutcheon, *Late Viking Age and Medieval Waterford. Excavations 1986–1992* (Waterford: Institute of Public Administration, 1997), tt. 560–4; J. P. Allan a C. Morris, '1. Wooden objects', yn J. P. Allan (gol.), *Medieval and Post-medieval Finds from Exeter 1971–1980* (Exeter Archaeological Reports 3, 1984), tt. 305–6; D. Keene, 'Wooden vessels', yn M. Biddle (gol.), *Object and Economy in Medieval Winchester. Artefacts from Medieval Winchester* (Rhydychen: Winchester Studies 7/2, 1990), Rhifau 959–65.
43 Hurley et al., *Medieval Waterford*, Ffigurau 16:2, 16:4.
44 M. Redknap, 'The wooden objects', yn Adroddiad Prosiect Llong Ganoloesol Casnewydd (yn cael ei baratoi).
45 R. Weinstein, 'Messing items', yn Gardiner (2005), t. 446.
46 Ibid., t. 448.
47 Bateman a Redknap, *Coventry*, t. 155, Rhif 1.
48 Allan a Morris, 'Wooden objects', Ffigur 173, Rhifau 1 ac 8.
49 T. James (gol.), 'Excavations at Carmarthen Greyfriars 1983–1990, topic report no. 4: the small finds and other artefacts' (adroddiad YAD heb ei gyhoeddi, 2001), 38, Rhifau 79–83; A. W. Clapham, 'Haverfordwest Priory. Report on the excavations of June, 1922', *Archaeologia Cambrensis*, 77 (1922), 334; AC Acc. No. 23.111; D. H. Evans, 'Excavations at Llanthony Priory, Gwent, 1978', *The Monmouthshire Antiquary*, 4 (1980), 5–34, Ffigur 27; S. E. Rigold, 'A mould for lead ventilators from Neath Abbey, south Wales', *Antiquaries Journal*, 57 (1977), 334–6; AC Acc. No. 77.38H.
50 Evans, 'Llanthony Priory', 29.
51 B. H. St J. O'Neil, 'Criccieth Castle, Caernarvonshire', *Archaeologia Cambrensis*, 98 (1945), 42, Ffigur 5; AC Acc. No. 38.835/2.
52 James, 'Carmarthen Greyfriars', 31, Rhif. 74a ('Type A').
53 Richards, 'Aiglets, twisted wire loops', tt. 94–9.
54 C. Woodfield, 'Finds from the Free Grammar School at the Whitefriars, Coventry, c.1545–c.1557/8', *Post-Medieval Archaeology*, 15 (1981), 91–3 a 98–9.
55 Cyfeirir y darllenydd at adroddiad llawn yr archif (M. Redknap, 'Finds from Carmarthen Castle 2003' (adroddiad YAD heb ei gyhoeddi, 2012).
56 James, 'Carmarthen Greyfriars', 47–8.

PENNOD SAITH

EPILOG: AILDDARGANFOD Y CASTELL

AM DROS 300 mlynedd, cuddiwyd olion Castell Caerfyrddin o'r golwg i raddau helaeth. Gan ddechrau yn gynnar yn yr 1970au, maent wedi dod yn ôl i'r golwg ac y maent unwaith eto'n tra-arglwyddiaethu ar y dref a'r wlad gyfagos. Gellir gwerthfawrogi presenoldeb gweledol nodedig y castell unwaith eto, yn arbennig o'r prif ffyrdd o'r de, ac mae'n cael ei gyfannu gan Neuadd y Sir – symbol ei hun o barhad y castell fel crud llywodraeth leol.[1]

Darganfuwyd llawer yn ystod y gwaith diweddar, yn bennaf drwy astudio'r olion sy'n parhau i sefyll yn y castell a'r deunydd gwreiddiol sy'n gysylltiedig â'i ddatblygiad. Er nad ymyrrwyd yn ormodol â'r tir deilliodd swm sylweddol o wybodaeth o'r archwiliadau archeolegol cyfyngedig dan ddaear yn benodol. Daeth nifer o faterion ymchwil allweddol, a nodwyd ar ddechrau'r prosiect, yn eglur bellach.

Hyd yma rydym wedi edrych ar Gastell Caerfyrddin o safbwynt y gorffennol. Mae'r bennod hon yn cynnwys rhai myfyrdodau ynghylch swyddogaeth barhaus y castell heddiw ac yn y dyfodol.

Y CASTELL HEDDIW

Ni fu Castell Caerfyrddin yn destun cerdd, cân na ffuglen – dipyn o syndod efallai o ystyried ei gysylltiadau Arthuraidd[2] – ac ni fu'n ffefryn arbennig ymhlith artistiaid; yn lleol y gwelwyd ei effaith diwylliannol i raddau helaeth. Er hynny bu'r swyddogaethau gwahanol a gyflawnodd dros y canrifoedd yn allweddol o ran diffinio hunaniaeth y dref a'r ardal, a'i breswylwyr. Pennwyd eu hymwybyddiaeth o hanes a lle, eu llywodraeth, a chyn hynny eu cosb, o'r safle hwn. Ac yntau wedi'i ddiogelu bellach a gyda mynedfa well, gall y castell gyflawni swyddogaeth arall fel mwynder diwylliannol ac atyniad i ymwelwyr. Ymhlith y deunyddiau dehongli ar y safle mae paneli, llyfrynnau a thaflenni ac arddangosfeydd yn Hen Orsaf yr Heddlu (Castle House) a ddatblygodd, yn 2011, yn Ganolfan Gwybodaeth i Ymwelwyr ar gyfer y dref.

Gwelsom fod y castell yn hanfodol i 'dirwedd yr ymwybod', fel symbol gweledol o awdurdod brenhinol, Eingl-Normanaidd. Roedd y carchar yn symbolaidd yn yr un modd – roedd *mae Dai wedi myn'd i'r castell* yn ddywediad a glywyd yn fynych yn yr ardal yn ystod y bedwaredd ganrif ar bymtheg[3] – tra bod tystiolaeth fod y ffaith ei fod mor weledol yn golygu iddo gael ei ddefnyddio fel arf ataliol. Mae'n dilyn mai'r castell hefyd yw'r prif lecyn manteisiol i weld golygfeydd ar draws yr ardal gyfagos, a'r dref hanesyddol. Gellir gwerthfawrogi'r olaf yn arbennig o'r mwnt, lle mae natur anffurfiol datblygiad lleiniau tir bwrgais wedi arwain at doeau sydd yn eithriadol o gymhleth a diddorol. Yn y fan hon, hefyd, y gellir gweld y system ffiniau rheiddiol ar ei gorau, gan ein galluogi i werthfawrogi pa mor ganolog y bu'r castell yn hanesyddol.

Castell yng Nghymru

I grynhoi, beth a ddatgelwyd drwy'r gwaith hwn? A lle mae Castell Caerfyrddin yn sefyll yng nghyd-destun astudiaethau cestyll Prydain a chestyll Cymru'n benodol? Adluniwyd ei gynllun a'i ddatblygiad mewn perthynas â'i wahanol swyddogaethau – milwrol, gweinyddol a phreswyl – ac fe'i cymharwyd â safleoedd eraill tebyg. A yw'n gynrychioladol o gestyll Prydain ac eiddo'r Goron? I ba raddau y dilynodd dueddiadau datblygu? A oes unrhyw beth sy'n arbennig o unigryw am ei gynllun a'i ddatblygiad? A yw'n amlwg 'Gymreig'?

Awgrymaf fod y castell wedi'i sefydlu yn fuan ar ôl i gastell barwnol 'Rhydygors' gerllaw gael ei adael yn 1106. Efallai fod y castell cynharach hwn wedi sefyll i'r gorllewin o Afon Tywi, yn hytrach na'r lleoliad ar y lan ddwyreiniol a dderbynnir yn fwy cyffredinol. Roedd yn eiddo, yn 1102–5, i bennaeth Cymreig yn yr hyn sydd, hyd y gwn i, yn cynnig yr enghraifft gynharaf un o feddiannu castell gan Gymro.

Gallwn bellach fod ychydig yn fwy pendant ynghylch ffurf Castell Caerfyrddin yn ystod ei flynyddoedd cynnar, pryd y'i hadeiladwyd o goed. Mae'n ymddangos fod mwnt, gyda dau feili wedi'u gwahanu gan ffos draws ddofn, wedi bod yno o'r cychwyn. Mae'r mwnt yn nodweddiadol o sir Gaerfyrddin fel y mae'r cwrt mewnol hirsgwar hefyd; gall hyn awgrymu fod cynllunio a goruchwylio'n digwydd ar lefel ranbarthol yn hytrach nag yn ganolog. Mae'n ymddangos fod y cwrt mewnol wedi'i amddiffyn gan gloddiau pridd sylweddol, lle codwyd y llenfuriau'n ddiweddarach ond mae'n debyg eu bod braidd yn ansefydlog – mae'r rhan fwyaf o'r cloddiau a'r llenfuriau wedi diflannu. Efallai i'r cwrt allanol ddechrau ei oes fel cornwaith, yn amddiffyn cefn y castell, ond mae'n bosibl ei fod yn cynnwys y brif fynedfa a bod y castell wedi'i 'droi o gwmpas' i wynebu'r dref pan gafodd ei ailatgyfnerthu mewn carreg. Rydym yn parhau i fod yn ansicr ynghylch isadeiledd y castell, a chynnwys ei osgordd, yn ystod y ddeuddegfed ganrif. Ychydig iawn a wyddom hefyd am ei drefniadau mewnol. Ac er i ni ddod ychydig yn nes at ddeall natur y cyfnodau yn y ddeuddegfed ganrif/dechrau'r drydedd ganrif ar ddeg pan feddiannwyd y castell gan y Cymry, ni sefydlwyd hyd yma beth fu eu dylanwad ar ddatblygiad y castell.

Mae gwneud cymariaethau â gwaith o'r un cyfnod yng Nghymru a'r Mers, yn arbennig gan y Goron a'i phrif denantiaid, wedi dod yn bosibl erbyn hyn. Roedd y tŵr crwn, hanner coediog o bosibl, ar y mwnt yn ddarganfyddiad annisgwyl. Er na ellir ei ddyddio, mae'n ymddangos ei fod yn gynharach na'r gorthwr gwag ac oherwydd hynny mae'n perthyn i'r ddeuddegfed ganrif yn ôl pob tebyg – ac os mai tŵr ydyw, mae'n enghraifft gynnar iawn o'r ffurf crwn. Mae'n gwbl bosibl mai adeiladwaith gan Gymry ydoedd, er nad oes unrhyw adeileddau tebyg wedi eu priodoli'n bendant i dywysogion y Deheubarth. Mae'r gorthwr gwag yn rhagfurio'r mwnt yn rhannol ac mae'n cynnwys tair llabed neu dri thyred, priodoleddau anghyffredin y gwelir enghreifftiau tebyg iawn iddynt yn Berkeley, Swydd Gaerloyw – sir yr oedd gan Gaerfyrddin gysylltiadau agos â hi. Adeiladwyd gorthwr Berkeley ar orchymyn Harri II yn 1153–6, tra bod gorthwr Caerfyrddin yn gynnyrch gwariant a gofnodwyd gan y Goron ar ddechrau'r 1180au mae'n debyg. Er ei fod efallai'n perthyn i'r 1220au–1230au yn lle hynny, roedd y drefn o adeiladu gorthyrau gwag cwbl newydd ar drai erbyn hynny.

Mae cymariaethau â safleoedd eraill hefyd wedi dylanwadu ar ddyddio adeileddau cestyll eraill a oroesodd, gan gynnig awgrymiadau newydd ynghylch pwy oedd eu hadeiladwyr. Erbyn canol y drydedd ganrif ar ddeg, roedd tueddiadau pensaernïol mewn cestyll ym Mhrydain yn cael eu gosod fwyfwy gan waith y Goron,[4] ond yn ystod dechrau'r ganrif, o leiaf, gallai cestyll barwnol barhau i fod yn ffynhonnell dylanwad. Mae hyn i'w weld ar ei fwyaf amlwg yng ngwaith adeiladu'r ieirll Marshal a Hubert de Burgh,[5] a ddaliai Castell Caerfyrddin fel arglwyddi Mers ac a oedd yn gyfrifol am ei ailadeiladu mewn carreg. Roedd y cwrt mewnol yn cynnwys pum tŵr crwn, y gellir eu cymharu â gwaith tebyg gan y Marshals a de Burgh. Fodd bynnag mae gan y Tŵr De-orllewinol fwtresi sbardun o fath sydd bron yn endemig i dde Cymru, ond fel arfer yn perthyn i ddyddiadau ar ddiwedd y drydedd ganrif ar ddeg. Mae manylion eraill, cynlluniau mewnol a'r defnydd gwreiddiol sydd wedi goroesi'n awgrymu er hynny y gall y tŵr fod wedi'i adeiladu yn yr 1230au, tra y gall fod wedi dylanwadu ar gynllun tŵr gogleddol tebyg iawn yng Nghastell Aberteifi a adeiladwyd yn yr 1240au–1260au pan oedd y ddau gastell dan reolaeth y Goron. Er hynny, mae maint ac uchder y bwtresi sbardun yn unig yn golygu fod yr amheuon yn parhau. I bob golwg, cwblhaodd Harri III ail Dŵr, sef 'Tŵr y Brenin', ac efallai bod hwn yn fwy na'r gweddill; mae'n debyg ei fod yn cynnwys siambrau preifat. Mae'r ffynonellau'n awgrymu ei fod yn sefyll i gyfeiriad cornel de-ddwyreiniol y cwrt mewnol – o bobtu i'r beili o bosibl fel y tyrau mawr siâp D yn Nhrefaldwyn a Helmsley, ac yn perthyn i ddyddiad tebyg – lle byddai wedi tra-arglwyddiaethu ar yr olygfa wrth ddod ato o gyfeiriad y tiriogaethau a oedd dan reolaeth y Cymry. Efallai fod porthdy deudwr yn dynodi dau o'r tri thŵr arall, tra mai'r pumed tŵr yw'r un a ddangosir gan Speed yn ôl pob tebyg ym mhen gogledd-ddwyreiniol y cwrt mewnol. Gadawyd yr amddiffynfeydd hyn o waith maen, â'u cynllun datblygedig, yn gyflawn i raddau helaeth cyn i'r Goron adfer Caerfyrddin yn 1241.

Parhaodd y gwaith adeiladu dan y Goron ond roedd yn fwy cyfyngedig, gan ganolbwyntio ar lety domestig. Ychwanegodd Harri III neuadd fawr – a all fod wedi bod yn un seremonïol a gweinyddol yn y lle cyntaf – a siambr gyfagos, y ddwy wedi eu hadeiladu fel uned gyda Thŵr y Brenin. Mae'n ymddangos fod Edward I wedi ychwanegu siambr ar gyfer 'knights and esquires' a orweddai yn ôl pob tebyg yn erbyn mur deheuol y cwrt mewnol a'r 'Queen's Chamber', sef efallai yr adeilad hir, yn erbyn ochr gogledd-ddwyreiniol y beili, a awgrymir gan fapiau o'r ddeunawfed ganrif. Mae'n ymddangos fod y porthdy wedi'i ymestyn i mewn i'r beili, gyda thyred(au) staer cornelog. Yn ogystal â hynny, mae'r ffynonellau'n awgrymu fod y cwrt allanol wedi'i furio mewn carreg yn ystod yr 1280au–1290au, ac o hyn mae'r Brodyr Buck yn dangos dau dŵr siâp D. Efallai iddo fod yn lety i'r 'large stable' yr ymddengys oedd yn perthyn i'r un cyfnod, ac aed i mewn iddo o Heol Spilman i'r gogledd; ychwanegwyd porthdwr erbyn yr 1320au, all fod wedi'i warchod gan ragdwr.

O ganlyniad i'r gwaith diweddar gallwn siarad yn fwy hyderus ynghylch datblygiad gwleidyddol y castell. I'r Goron, mae'n amlwg mai byffer ydoedd yn y lle cyntaf i'r tywysogion Cymreig, ac arglwyddi Mers, yn ystod y ddeuddegfed ganrif a dechrau'r drydedd ganrif ar ddeg. Fe'i delid fel arglwyddiaeth Mers, dan geidwad a gynhaliai'r llysoedd yn y castell ac a ofalai am ei amddiffyn. Nid oedd yr arglwyddiaeth yn llywodraethu ei arian ei hun, gan ei fod yn gysylltiedig â'r trysorlys yng Nghaerloyw. Gwelsom, ar ben hynny, ei fod yn cael ei roi o bryd i'w gilydd i ffefrynnau'r brenin fel arglwyddiaeth Mers annibynnol. Ar ôl 1241, fe'i delid fel sir ffiwdal, ond parhaodd i fod dan reolaeth swyddog unigol – y ceidwad – er i gwnstabl ar wahân gael ei benodi yn 1277. Fodd bynnag, ni phenodwyd unrhyw siryfion hyd Oresgyniad Edward pan aildrefnwyd y sir fel tiriogaeth frenhinol, sef sir Gaerfyrddin. Rheolwyd y castell a'r sir, ynghyd â holl diriogaethau'r Goron yn ne Cymru, gan Brif Ustus De Cymru a daeth yn gyllidol annibynnol, gyda thrysorlys a siamberlen. Ni ddaeth y castell i'r amlwg yn iawn fel canolfan llywodraeth ranbarthol hyd yr 1280au, ac yn arbennig ar ôl 1301 pan ailwampiwyd peirianwaith gweinyddol y dywysogaeth gan y Tywysog Edward. Fel castell brenhinol, a chanolbwynt gweinyddiaeth y Goron, cyflawnai amrywiaeth o swyddogaethau a oedd ychydig yn wahanol i gestyll y Mers a dim ond yng Nghaernarfon y gwelwyd trefn debyg mewn gwirionedd yng Nghymru.

Ar ben hynny, daeth isadeiledd domestig a gweinyddol Castell Caerfyrddin yn ystod yr Oesoedd Canol diweddarach – ei osgorddau, ei lysoedd, ei staff a'i lety – yn fwy eglur. Eiddo'r ceidwad oedd yr unig osgordd preswyl hyd at ddiwedd y drydedd ganrif ar ddeg, pan gododd y nifer i dri. Yn ogystal â hynny, bodolai cymaint â chwe llys ar wahân yn y castell ar ddechrau'r bedwaredd ganrif ar ddeg. Gan hynny gwelwyd ehangu sylweddol ar ei lety preswyl a chlerigol yn ystod y cyfnod hwn. Roedd y cwnstabl a'i osgordd yn byw yn y siambr arferol ar lawr cyntaf yn y porthdy. Fodd bynnag, mae'n ymddangos mai rhesi o adeiladau yn nhraddodiad 'y tai cwrt' ar ddiwedd yr Oesoedd Canol oedd y rhandai newydd a adeiladwyd ar gyfer gosgorddau swyddogion eraill y Goron, sef y prif ustus a'r siamberlen. Mae'r dystiolaeth ddogfennol a gweledol yn awgrymu fod lletyr siamberlen, neu'r 'plas', yn sefyll yn chwarter de-orllewinol y cwrt mewnol, ynghyd â'r trysorlys newydd. Yn y cyfamser mae'n ymddangos fod Plas y Prif Ustus wedi'i leoli i'r gogledd o'r porthdy, lle gall adeilad, a ffosileiddiwyd yn y llenfur gorllewinol, ddynodi ei lys. Nid ydym yn gwybod am unrhyw beth sy'n wirioneddol debyg i'r cyfadeiladau swyddogol hyn mewn unrhyw gastell Prydeinig arall, tra bod nawdd i benseiri gan weision y Goron wedi cilio'n sylweddol yn gyffredinol yn ystod ansefydlogrwydd gwleidyddol teyrnasiad Edward II.⁶ Gellir eu cyferbynnu â Chaernarfon, lle'r oedd swyddogion yn byw yn y tyrau eang. Roeddent hefyd wedi dechrau symud allan i'r dref erbyn y bymthegfed ganrif, yn wahanol i Gaerfyrddin lle mae'r ffynonellau'n awgrymu fod poblogaeth sylweddol o breswylwyr wedi parhau.

Mae'n ymddangos fod y gwaith o ailfodelu'r mwnt wedi cyd-fynd â'r datblygiad hwn ond er bod hyn yn fenter anferthol ni chyfeirir ato mewn astudiaethau a gyhoeddwyd. Mae Plas y Prif Ustus yn gorchuddio ffos y mwnt, a fewnlenwyd â defnydd yn deillio o'r gwaith o dorri'n ôl y cyfan o bedrant de-ddwyreiniol y mwnt, yn gyfwyneb â'r gorthwr gwag a estynnwyd i lawr wedyn hyd at lefel y beili; efallai fod y 'rhagadeilad' a oroesodd yn perthyn i'r un cyfnod. Hyd y gwn i mae ymdriniaeth o'r fath yn unigryw. Ymddengys fod yr hyn a awgrymir iddo fod yn dŵr y mwnt wedi goroesi hyd y cyfnod hwn, pan gafodd ei ddisodli gan res o adeiladau wedi eu hadeiladu'n ysgafn. Tua'r un adeg adeiladwyd ail gapel at ddefnydd preifat y brenin – yng nghornel de-ddwyreiniol y cwrt mewnol yn ôl pob tebyg – ac ychwanegwyd dŵr i'r porth rhwng y beilïau. Roedd y bedwaredd ganrif ar ddeg hefyd yn gyfnod pan wnaed cryn dipyn o waith trwsio, ond dim ond yn achlysurol y bu gwario ar hynny. Mae'n ymddangos fod llawer o'r muriau canoloesol wedi eu hadeiladu'n syth ar ben yr is-haenau, heb sylfeini, ond nid yw hyn yn beth anghyffredin o gwbl mewn cyd-destun lleol (cf. Castell Nanhyfer, er enghraifft). Er hynny roedd yn amlwg yn tueddu i gwympo, yn arbennig felly'r llenfuriau deheuol a adeiladwyd ar y teras graean ansefydlog.

Fel cestyll eraill oedd â swyddogaethau tebyg, magodd Castell Caerfyrddin nifer o hunaniaethau gwahanol a oedd hefyd yn gorgyffwrdd. Roedd yn symbol o awdurdod a bri, yn ganolfan filwrol, canolfan llywodraethol, canolfan faenorol, preswylfa/feydd arglwyddaidd ac, yn ei hunaniaeth mwyaf cyhoeddus, yn ganolfan gyfreithiol. Mae hefyd rhywfaint o dystiolaeth fod y parthau o'i fewn yn deillio o'r hunaniaethau hyn. Neilltuwyd hanner ddeheuol y cwrt mewnol ar gyfer y brenin yn y lle cyntaf ac fe'i gwahanwyd oddi wrth yr hanner gogleddol gan groesfur a ddangosir mewn mapiau a phrintiau o'r ddeunawfed ganrif. Roedd yr hanner gogleddol yn cynnwys lletyr Prif Ustus a'r llys tra bod yr adeiladau ar y mwnt yn rhai o statws cymharol isel efallai.

Sylwyd ar dystiolaeth o ddifrod yn ystod gwrthryfel Glyndŵr (1403–6) yn y darn a oroesodd o'r llenfur gorllewinol, a dorrwyd yn ôl ar yr un adeg ag y difrodwyd y porthdy, digwyddiad a gofnodwyd. Ailadeiladwyd y ddau ar ddechrau'r bymthegfed ganrif. Mae'r porthdy'n rhyfeddol o fawreddog ar gyfer castell brenhinol yn ystod y cyfnod hwnnw ac mae ymhlith yr olaf o'i fath, cf. y porthdai o'r un cyfnod yng Nghydweli a Chaerhirfryn a adeiladwyd ar gyfer Harri IV hefyd. Mae'n dynodi buddsoddiad sylweddol a mwy na diddordeb dros dro ar ran y Goron yn ei arglwyddiaethau yng ngorllewin Cymru. Efallai mai hwn yw 'Skidmore's Tower' y cyfeirir ato yn y ffynonellau, gan ddwyn ei enw o ŵr a oedd yn gwnstabl ar ddechrau'r bymthegfed ganrif. Fel arall cyfyngwyd gwaith canoloesol mwy diweddar i ailadeiladu a thrwsio fwy neu lai. Ailadeiladwyd y llys fel 'Neuadd y Prif Ustus'. O ran arddull mae'r Tŵr Sgwâr a oroesodd ar wal ddeheuol y cwrt mewnol yn perthyn i ddiwedd yr Oesoedd Canol ac mae Speed yn dangos tŵr tebyg rhwng y porthdy a'r Tŵr De-orllewinol lle mae'r clawdd a'r llenfur wedi eu torri'n ôl yn anffodus. Mae'n debyg fod y ddau'n adlewyrchu ffasiwn y bymthegfed ganrif am dyrau sgwâr. Mae cloddiadau'n awgrymu mai'r ffordd i mewn i'r porthdy oedd ar draws pont bren a gynhaliwyd gan ddwy golofn o waith maen. Mae Speed yn dangos rhagdwr â dau dŵr o flaen y bont, all fod wedi disodli lloc rhagdwr cynharach. Adferwyd casgliad rhyfeddol o arteffactau lledr a phren o domen sbwriel o ddiwedd yr Oesoedd Canol o dan y bont.

Daethpwyd â darganfyddiadau a thystiolaeth ddogfennol ynghyd er mwyn gweld safle'r castell yn economi'r ardal a byd ehangach masnach a chyflenwi'n fwy eglur. Roedd cyflenwi sylfaenol yn lleol, ar gyfer yr arglwyddiaeth, tra bod llawer o'r cerrig adeiladu a'r cerameg domestig yn tarddu'n lleol. Fodd bynnag, cafwyd cyflenwadau a chyflenwadau adeiladu dros y môr hefyd, yn bennaf o dde-orllewin Lloegr, a Bryste oedd y prif drwyborth. Yn yr un modd aseswyd dylanwad y castell ar y tirwedd. O ganlyniad i gyflwyno arferion amaethyddol Eingl-Normanaidd cafwyd effaith sylweddol ar gefn gwlad, fel y gwnaeth creu coedwig frenhinol yng ngogledd sir Gaerfyrddin ar ddiwedd y drydedd ganrif ar ddeg, un a weinyddwyd gan swyddogion y castell ac i'w ddefnyddio ganddynt. Ar ben hynny deilliodd bwrdeistref Eingl-Normanaidd Caerfyrddin o'r castell, a ddylanwadodd i raddau mawr ar ei chynllun a'i datblygiad. Ar lefel sylfaenol, adeiladwyd y castell er mwyn iddo gael ei weld – ychwanegwyd at ei natur weledol naturiol gan y mwnt ac, mae'n ymddangos, gan Dŵr y Brenin a gan y ffaith, a gofnodwyd, fod ei waliau'n cael eu gwyngalchu.

Sefydliad yn goroesi
Canlyniad allweddol yr ymchwil diweddar yw'r ffaith fod hanes llawn y castell, o ran ei ddirywiad, y diffyg defnydd ohono a'i waredu yn ystod y cyfnod ôl-ganoloesol wedi'i gyflwyno. Er yn gyfnod pwysig iawn o drawsnewid ar gyfer cestyll Prydain, fe'i hesgeuluswyd yn y gorffennol[7] ac y mae'n llwybr pwysig ar gyfer ymchwil i gyfeiriad astudiaethau cestyll yn y dyfodol. Aeth swyddogaethau gweinyddol Caerfyrddin yn llai dan Ddeddfau Uno yr 1530au–1540au, ac erbyn diwedd yr unfed ganrif ar bymtheg mae'n ymddangos ei fod wedi colli ei lysoedd – a symudodd i Neuadd Dref y Bwrdeistref – a'i osgordd preswyl. Cymynodd y Goron y safle ar ddechrau'r ail ganrif ar bymtheg ac yn 1634 fe'i cyflwynwyd i Syr Henry Browne a John Cliffe a oedd yn brysur yn prynu llawer o hen dir y Goron. Yn 1639 pasiodd y brydles ymlaen i berchnogion tir lleol, y Vaughans o Golden Grove. Efallai mai dim ond dau adeilad a oedd erbyn hynny'n gyfanheddol ac o hynny ymlaen bodolai Castell Caerfyrddin fel carchar yn unig, a hwnnw wedi'i weinyddu gan awdurdodau'r sir. Bu gan y castell dri pherchennog gwahanol yn ystod y Rhyfel Cartref, pan y cryfhawyd y dref ac yr atgyfnerthwyd y castell efallai: mewnlenwyd y porthdyrau â gwaith maen ac efallai fod clawdd amddiffynnol eilradd yn bodoli ar hyd yr ochr ddeheuol. Gwyddom erbyn hyn fod garsiwn wedi'i osod yn y castell hyd yr 1650au dan y llywodraethwr seneddol Rowland Dawkins – un sy'n absennol i raddau mawr o'r hanes a gyhoeddwyd am y dref – a

daethpwyd o hyd i ddogfen o 1652 yn ei ddisgrifio yn 'defensible and strong' o hyd. Er na chofnodwyd hynny, mae'n amlwg fodd bynnag fod y castell wedi'i ddinistrio ar ôl hynny, ar ôl yr Adferiad ar ddechrau 1660 efallai; roedd yn 'quite demolished' erbyn diwedd y flwyddyn. Mae'r dystiolaeth yn y maes yn awgrymu fod y dinistrio wedi targedu'r llenfuriau ac mae'n ymddangos fod y rhan fwyaf o'r rhain wedi eu codi ar gloddiau ansefydlog a'u bod yn hawdd i'w tynnu i'w lawr, yn hytrach na'r tyrau; efallai mai yn ddamweiniol y difrodwyd y rheiny. Mae'n ymddangos fod datblygiad domestig yn y ffos orllewinol wedi'i glirio cyn y dinistrio.

Mae trefn ddatblygiadol y carchar ar ôl y dinistrio wedi dod yn fwy eglur hefyd. Mae mapiau a phrintiadau hynafol yn dangos ei fod wedi'i gyfyngu i hanner ogleddol y cwrt mewnol ac yn y fan hon goroesodd y llenfur gogledd, y croesfur, hanner ogleddol y llenfur gorllewinol, a wal i'r dwyrain – o Siambr y Frenhines o bosibl. Roedd y porthdy wedi'i gadw ac erbyn hyn roedd yn lletya'r carcharorion. Erbyn dechrau'r ddeunawfed ganrif, roedd y safle wedi'i rannu'n dair llain: y carchar, gardd i'r de o'r croesfur – y ddau hyn yn eiddo i'r sir – a'r cwrt allanol a oedd yn eiddo i'r Vaughans. Cofnodwyd rhywfaint o waith adeiladu newydd yn yr 1770au pan awgryma'r dystiolaeth yr adeiladwyd y wal gorthwr presennol. Datblygwyd y cwrt allanol, fel 'Castle Green', gyda thai ochr yn ochr â thramwyfa, oddi mewn i'r ffos draws ganoloesol, a arweiniai i mewn i Heol y Bont drwy hen gilborth yn y llenfur allanol. Gwelwyd datblygu domestig tebyg yn Heol y Bont a dresbasodd i mewn i gyrff y Tŵr De-orllewinol a'r Tŵr Sgwâr. Roedd carchar John Nash ar ddiwedd y ddeunawfed ganrif ychydig yn fwy na'i ragflaenydd a dymchwelwyd y wal ddwyreiniol ganoloesol, a gan hanner ôl y porthdy wedi hynny, tra newidiwyd y Tŵr De-orllewinol. Collwyd olion olaf rhaniadau mewnol y castell yn 1868–72 pan adeiladwyd y carchar newydd dros ei safle i gyd. Casglwyd ynghyd yma nifer o gynlluniau manwl o'r ddau garchar ac y maent yn dangos cynllun adeiladau'r carchar; daeth un o flociau celloedd Nash i'r golwg hefyd yn ystod y broses gloddio. Cadwyd tu blaen adeilad Nash, a oedd yn wynebu Heol Spilman, ar gyfer y carchar newydd ond fe'i collwyd pan gafodd ei ddymchwel er mwyn gwneud lle ar gyfer Neuadd y Sir. Goroesodd hen Orsaf Heddlu'r Sir, a adeiladwyd y drws nesaf i'r carchar yn yr 1880au, fodd bynnag.

Yn ei hanes parhaus fel carchar a chanolfan llywodraeth, mae Caerfyrddin yn sefyll ar wahân i fwyafrif cestyll Cymru. Nid yw'n unigryw ym Mhrydain – mae safleoedd cestyll Caer, Rhydychen, Caer-wynt a Chaerefrog yn rhai enwog fel canolfannau gweinyddol, cyfreithiol a phenydiol. Cadwodd Castell Trefynwy ei frawdlys hyd 1939, tra defnyddiwyd Castell Hwlffordd fel carchar hyd 1878. Er hynny nid oes yr un o'r ddau'n parhau i fod yn ganolfan llywodraeth leol a Chaerfyrddin yw'r unig gastell yng Nghymru sydd bellach yn gartref i bencadlys awdurdodau'r sir. Tra bod y parhad hwn yn ei ddefnydd yn golygu fod y castell wedi goroesi fel sefydliad, bu'n ddinistriol yn anorfod o ran yr olion cynharach, o'i gymharu â'r cestyll hynny a adawyd yn adfeilion.

Daeth sawl peth annisgwyl i'r golwg yn ystod y gwaith diweddar. Er enghraifft, o dynnu'r llenwad yn y Tŵr De-orllewinol datgelwyd mwy o ffabrig nag a obeithiwyd fyddai wedi goroesi, yn ogystal â'r ailddefnydd yn ystod y cyfnod ôl-ganoloesol a fygythiai ei sefydlogrwydd. Roedd y ffaith fod colofnau'r bont o flaen y Porthdy Mawr wedi goroesi, fodfeddi'n unig o dan dramwyfa brysur, yr un mor annisgwyl. Mae rhai o'r darganfyddiadau hyn yn gyfraniad pwysig i astudiaethau cestyll, ac maent o bwysigrwydd cenedlaethol, ac mae hyn yn cynnwys y bont, dyddiad cynnar tebygol y Tŵr De-orllewinol sbardunog, ailfodelu'r mwnt ar ddiwedd yr Oesoedd Canol, ei dŵr crwn posibl a chysylltiadau'r gorthwr gwag, y dystiolaeth – gweledol a dogfennol – ar gyfer datblygu adeiladau llywodraethol yn helaeth yn ystod y bedwaredd ganrif ar ddeg a'r arteffactau lledr a phren canoloesol o ffos y castell sydd ymhlith y casgliadau cenedlaethol gorau o'r defnydd hwn. Yn ogystal â hynny dangoswyd fod rhan o wal derfyn y carchar sydd wedi goroesi yn perthyn i'r unig adeilad carchar sydd wedi goroesi gan John Nash, tra mai Hen Orsaf yr Heddlu yw unig orsaf heddlu'r sir a charchar sy'n parhau i fodoli yng Nghymru.

Y CASTELL YN Y DYFODOL (Ffigurau 12, 165 a 166; Tabl 10)

Ni werthuswyd potensial archeolegol llawn y safle eto gan mai dim ond mewn parthau bychan y gwnaed gwaith samplo, ar gyrion safle'r castell yn bennaf. Ychydig iawn o archwilio a wnaed ar y tu mewn, sydd bellach yn fan wedi'i darmacio'n wastad yn bennaf lle saif Neuadd y Sir a'i faes parcio, ac ni wnaed dim oddi mewn i'r man yn y cwrt allanol. Fodd bynnag, mae'r ymyriadau archeolegol, er yn rhai cyfyngedig, yn fodd i wneud asesiad cyffredinol o faint y difrod i'r adnodd gweledol, ac i awgrymu mannau lle mae archeoleg a gladdwyd yn parhau i oroesi.

Roedd y dinistrio'n hollgynhwysol ac mae'n ymddangos fod colledion wedi hynny o ffabrig sy'n parhau i sefyll, oherwydd datblygu'r carchar, wedi'i gyfyngu i ran ôl y porthdy, y rhan fwyaf o wal ddwyreiniol y cwrt mewnol a'i groesfur. Byddai colli rhwng 12 ac 20 m o ochr ddwyreiniol y cwrt allanol oherwydd lledu'r ffordd (Ffigur 165; gweler Pennod 5), wedi symud rhai dyddodion mewnol ac, mae'n ymddangos, unrhyw dystiolaeth ar gyfer y llenfur allanol. Cafwyd colledion pellach yng nghanol yr 1960au, pan adeiladwyd Ffordd y Cwrwg. Collwyd tua 5 y cant o ddyddodion mewnol o gornel de-ddwyreiniol y cwrt mewnol, ynghyd â'i furiau de-ddwyreiniol a dwyreiniol all fod wedi cadw ffabrig canoloesol. Ysgubwyd ymaith ochr ddeheuol y cwrt allanol, ac unrhyw dystiolaeth a oroesodd ar gyfer ei gilborth hefyd; gall rhywfaint o dystiolaeth fod wedi goroesi fodd bynnag o dan y gwrthglawdd llechweddog a adeiladwyd o gwmpas ochr ddeheuol y safle. Ni wnaed unrhyw gofnod ffurfiol yn ystod unrhyw un o'r gweithiau hyn. Oherwydd tirlithriad bychan, yn ystod blynyddoedd olaf yr ugeinfed ganrif, collwyd rhai o'r dyddodion mewnol rhwng y Tŵr De-orllewinol a'r Tŵr Sgwâr (gweler Pennod 3). Collwyd neu tarfwyd ar ganran anhysbys o du mewn y castell hefyd oherwydd carchar y bedwaredd ganrif ar bymtheg ac efallai i fwy gael eu difrodi pan adeiladwyd Neuadd y Sir – efallai fod dyddodion wedi eu symud yn gyfan gwbl o dan yr amlinelliad, sy'n llenwi dros drydedd ran y rhan fewnol. Mae nifer o ffosydd gwasanaeth yn bodoli – yn y maes parcio, yn yr iard i'r dwyrain o'r porthdy ac yn ardal y bont – a bydd nifer fawr o rai eraill yn sicr. Ar ben hynny mae'r colledion yn deillio o archwiliadau archeolegol diweddar.

EPILOG: AILDDARGANFOD Y CASTELL 359

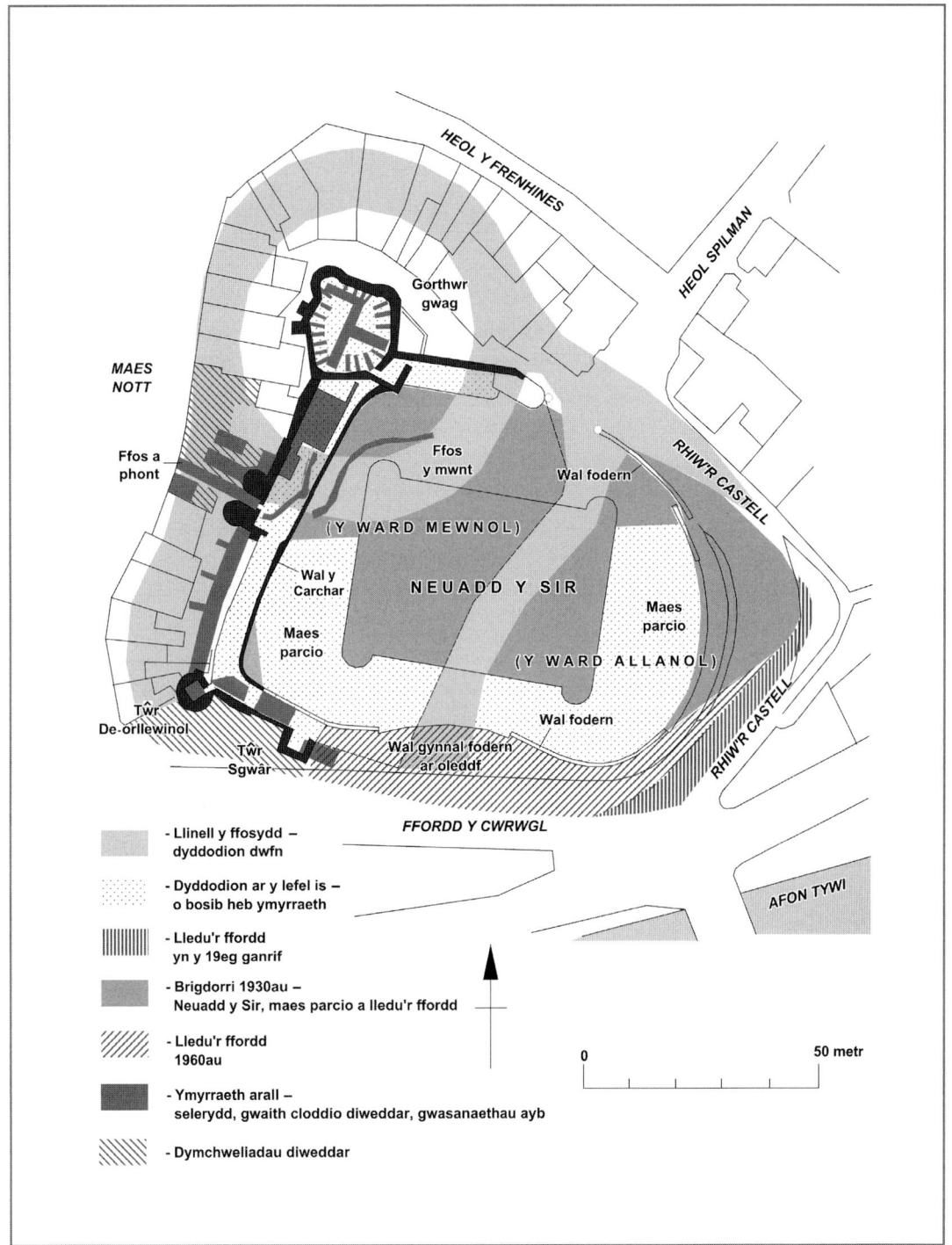

Figure 165 Cynllun o safle'r castell yn ei gyfanrwydd yn dangos potensial archeolegol, a'r hyn a gollwyd oherwydd gwaith datblygu

Gwelsom ym Mhennod 3 fod y proffil naturiol yn goleddu'n raddol am i lawr, ar draws safle'r castell, o'r gogledd-orllewin i'r de-ddwyrain, gyda gostyngiad o fedr o leiaf yn yr haenlinau canoloesol (gweler Ffigurau 12b a 12e). Mae hyn yn golygu bod o leiaf rhai dyddodion i'r gogledd-orllewin o Neuadd y Sir wedi eu torri'n ôl pan gynlluniwyd y maes parcio (gweler Ffigur 165). Fodd bynnag, mae hefyd yn golygu bod cyd-destunau canoloesol wedi goroesi yng nghornel de-orllewinol y cwrt mewnol, lle maent hefyd yn goleddu i lawr i'r dwyrain i orwedd 2 m uwchben lefel y maes parcio y drws nesaf i'r Tŵr De-Orllewinol, ond 1.5 m o dan y lefel hon y drws nesaf i'r Tŵr Sgwâr (Ffigur 165). Mae'n ymddangos eu bod wedi cael eu torri'n ôl rhywfaint ond gall fod haenlinau is na tharfwyd llawer arnynt o dan dwy ran o dair deheuol y maes parcio. Mae dyddodion hefyd wedi goroesi yn y stribed sy'n dirwyn o'r gogledd i'r de rhwng y llenfur gorllewinol a wal y carchar, 0.5 m o dan yr wyneb, ond maent yn gorwedd bron i 1 m uwchben lefel y maes parcio, felly gall peth torri'n ôl fod wedi digwydd i'r dwyrain o wal y carchar; mae'n amlwg fod cadwraeth ar ei gorau yn y mannau ymylol rhwng wal y carchar a'r hen lenfuriau. Fodd bynnag, mae archeoleg hefyd wedi goroesi mewn stribed 5 m ar draws wrth droed y llenfur gogleddol, yn union o dan yr wyneb presennol (Ffigurau 12–14). Mae dyddodion canoloesol wedi goroesi oddi mewn i'r gorthwr gwag, 1.5 m o dan lefel gyfoes y ddaear, er bod haenlinau ôl-ganoesol cynharach wedi eu torri'n ôl; mae'n ymddangos nad yw corff y mwnt y tu allan i'r gorthwr gwag wedi cael ei ddifrodi chwaith (gweler Ffigurau 12, 14 a 21). Mae'r ffaith y gall gweddillion claddiadau dynol fod yn bresennol yn y mwnt (ac mewn mannau eraill yn y castell?) yn gyfyngiad, yn ogystal â chyfle wrth gwrs.

Mae'n debyg y bydd pethau wedi goroesi'n well yn ffosydd y castell (Ffigur 165). Roedd ffos y mwnt, lle mae'n gorwedd o dan y maes parcio, o leiaf 5 m o ddyfnder yn ôl pob tebyg ac efallai bod ei haenlinau isaf, o leiaf, yn gorwedd o dan lefel sylfeini Neuadd y Sir (Ffigur 12b). Efallai fod y ffos draws rhwng y cyrtiau mewnol ac allanol lle'r ymddengys fod

Tabl 10 Crynodeb o'r dyddodion archeolegol hysbys a gladdwyd yn y castell

Lleoliad	Dyfnder	Natur ac ansawdd	Oddi tan/Wedi ei selio gan
Tu mewn y gorthwr gwag	1.5m	Waliau a dyddodion. Da iawn.	Pridd gardd; malurion
Tu allan y gorthwr gwag/copa'r mwnt	0.1m	Dyddodion a strwythurau. Da iawn.	Glaswellt
Stribed wrth droed ochr fewnol y llenfur gogleddol	0.1m – ?0.5m	Waliau (ôl-ganoloesol). Da iawn.	Arwyneb modern
Stribed rhwng yr hen lenfur gorllewinol a wal y carchar	0.5m	Waliau a dyddodion. Da – peth difrod.	Arwyneb a gwneuthuriad modern
Stribed rhwng y wal gynnal ddeheuol a wal y carchar	0.2m – 1.7m	Waliau a dyddodion. Da – brigdoredig?	Arwyneb a thomennu modern
Tu mewn y castell – chwarter gogledd-orllewinol	0.2m	Heb ei gymeriadu. Brigdoredig.	Wyneb tarmac modern
Ffos orllewinol (ardal y porthdy)	0.2m	Dyddodion yn bennaf; waliau sarn. Da.	Arwyneb modern

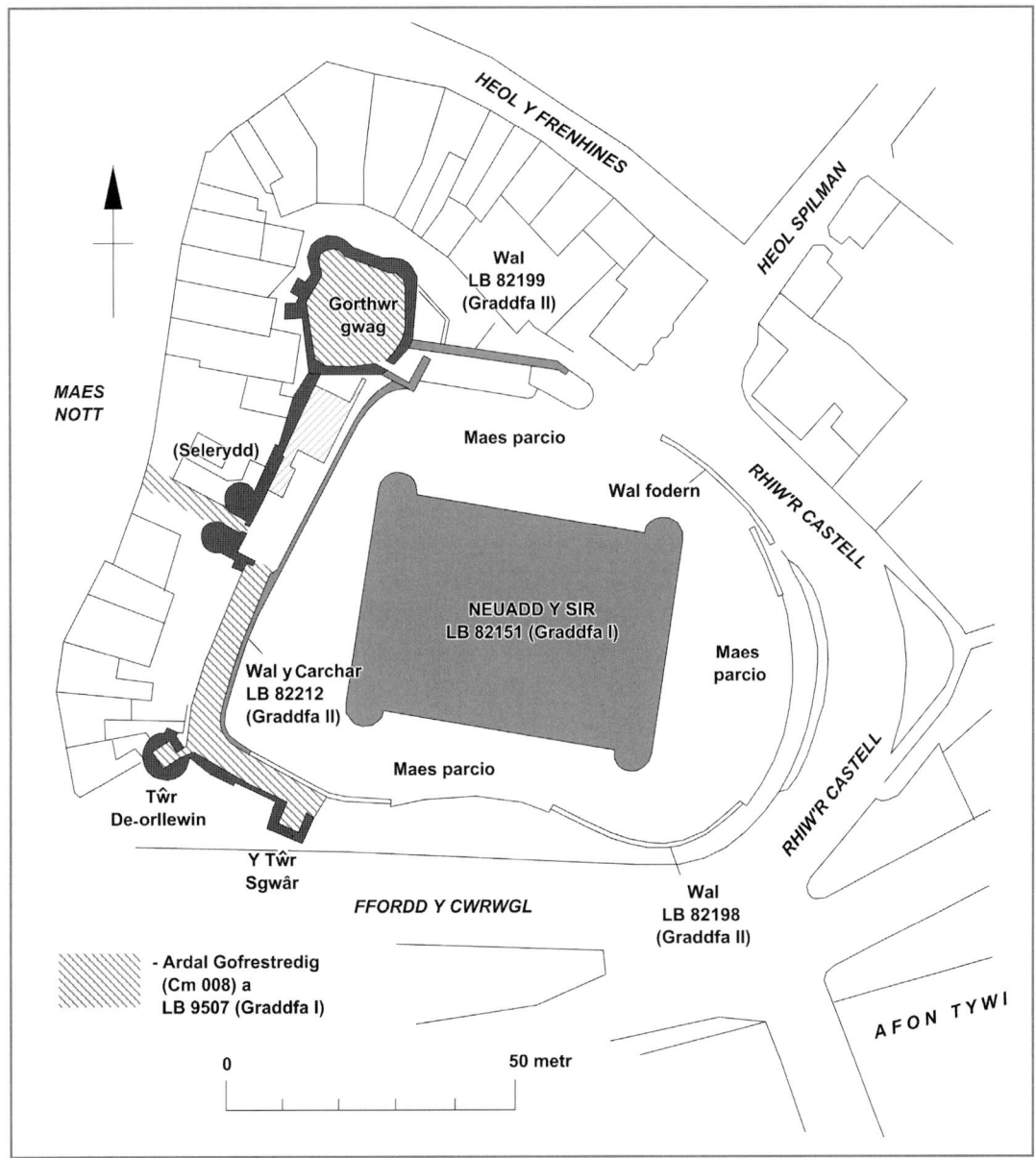

Figure 166 Cynllun o safle'r castell yn dangos y man cofrestredig a'r adeiladau rhestredig

gwaddodion dyfrlawn wedi goroesi'r broses o adeiladu'r carchar ar ddiwedd y bedwaredd ganrif ar bymtheg, wedi'i chadw yn yr un modd. Gwelsom fod pethau wedi goroesi'n wych yn y ffos orllewinol, er gwaethaf datblygiad yn y cyfnod ôl-ganoloesol, ac mae'n debyg y bydd y dyddodion hyn yn parhau o gwmpas tu allan y mwnt. Efallai hefyd na tharfwyd yn ormodol ar gyrion gogleddol y safle – gan gynnwys unrhyw ffos ogleddol. Gweler Ffigur 12 am y lefelau a awgrymir ar gyfer haenlinau archeolegol.

Efallai felly fod y posibilrwydd cyffredinol bod dyddodion archeolegol wedi goroesi dan y ddaear yn parhau i fod yn eithaf da. Cafodd yr olion canoloesol sy'n parhau i sefyll eu newid i raddau mawr yn y cyfnod ôl-ganoloesol – ailadeiladwyd wal y gorthwr i bob pwrpas, efallai mai dim ond rhannol ganoloesol yw'r llenfur gogleddol, tra bod y Tŵr De-Orllewinol a'r Tŵr Sgwâr wedi eu torri'n ôl a'u newid. Er hynny, gall fod canran dda o'r llenfur gorllewinol yn ganoloesol, a gan fod wal orllewinol Hen Orsaf yr Heddlu yn sefyll ar ei thraed ei hun, mae'n bosib na newidiwyd ei wyneb mewnol (Ffigur 151). Yn y cyfamser mae'r porthdy – ei hanner allanol o leiaf – yn gyflawn i raddau helaeth.

Mae'r olion canoloesol yn Heneb Gofrestredig ac yn adeilad rhestredig Gradd I (SAM No. Cm 008; LB No. 9507: gweler Ffigur 166). Mae'r man cofrestredig yn cynnwys colofnau'r bont y tu allan i'r Prif Borthdy a mannau lle gwyddom fod archeoleg wedi'i gladdu. Nid yw'r 'llenfur' gogleddol yn gofrestredig fodd bynnag, a dim ond Gradd II rhestredig ydyw (LB No. 82199; YAD PRN 61706). Yn yr un modd mae olion wal derfyn carchar y cyfnod ôl-ganolocsol yn Radd II rhestredig (LB No. 82212; YAD PRN 61717), fel mae Neuadd y Sir (LB No. 82151). Mae rhan fechan arall o wal derfyn yng nghornel de-ddwyreiniol maes parcio Neuadd y Sir hefyd yn Gradd II rhestredig (LB No. 82198; YAD PRN 61705), ond yn groes i'r awgrym yng nghronfa ddata Cadw LB,[8] mae'n perthyn i ddechrau'r bedwaredd ganrif ar bymtheg ac nid yw'n ganoloesol (gweler penodau 3 a 5). Mae cofrestru'n sicrhau y bydd rheoli'r safle, a'i statws, yn y dyfodol yn destun adolygu rheolaidd. Efallai nad yw stori datblygiad y castell wedi dod i ben o bell ffordd ac efallai y daw mwy o gyfleoedd i wneud archwiliadau eto.[9]

NODIADAU

1 Datblygodd Neuadd y Sir yn eiconig bron a dyma'r ddelwedd a ddefnyddir amlaf i ddarlunio Caerfyrddin, a sir Gaerfyrddin, yn y wasg ac ar y teledu.

2 Yn *History of the Kings of Britain*, Sieffre o Fynwy, genir Myrddin yng Nghaerfyrddin i dywysoges ac *incubus*.

3 F. Green, 'Carmarthen Castle. A collection of historical documents relating to Carmarthen Castle from the earliest times to the close of the reign of Henry VIII', *WWHR*, 3 (1913), 6.

4 J. Goodall, *The English Castle 1066–1650* (Newhaven/London: Yale University Press, 2011), t. 198 a *passim*.

5 Gweler, er enghraifft, R. Avent, 'William Marshal's castle at Chepstow and its place in military architecture', yn R. Turner ac A. Johnson (goln), *Chepstow Castle; Its History and Buildings* (Almeley: Logaston, 2006), tt. 81–90.

6 Goodall, *English Castle*, t. 233.

7 Gweler J. R. Kenyon 'Review, "The Decline of the Castle, by M. W. Thompson"', *Medieval Archaeology*, 33 (1989), 262–4.

8 Cadw, LB No. 82198 (wal gynnal), cyrchwyd cronfa ddata Cadw LB drwy END, Gorffennaf 2006.

9 Er enghraifft, efallai y bydd yn rhaid gwneud gwaith peirianneg adeileddol ar gyrion gogleddol y safle, a'r ffos ogleddol, felly efallai y daw mwy o gyfleoedd i wneud archwiliadau archeolegol yn y man hwn.

ATODIAD

DATBLYGIAD A DDOGFENNWYD

Ceir crynodeb o'r cyfrifon adeiladu a oroesodd isod, ynghyd â ffynonellau dogfennol eraill o gyfnod yr Oesoedd Canol sy'n berthnasol i waith yn y castell. Ceir golwg cyffredinol ar y ffynonellau hyn yn y cyflwyniad i Bennod 4.

Y DDEUDDEGFED GANRIF

1106-9
Sefydlwyd Castell Caerfyrddin am y tro cyntaf; mae'n bosibl ei fod wedi'i gwblhau erbyn 1109: gweler Pennod 2 (Jones 1971, 109).

1116
Ymosodwyd ar y castell. Mae adroddiad o'r cyfnod yn rhoi ambell awgrym ynghylch natur y castell, gan i'r *rhag-gastell* – sef yr allfur neu'r beili – gael ei losgi ond methodd yr ymosodwyr â chipio'r tŵr, neu'r mwnt a'r gorthwr: *gwedy llosgi y raccastell heb uynet y mywn y'r Tŵr*, neu 'after burning the outer castle without entering the keep' (Jones 1955, 88–9).

1137
'Llosgwyd' Castell Caerfyrddin a'i gipio mewn ymosodiad gan y Cymry. Efallai iddo gael ei adael yn wag, neu o leiaf ni chafodd ei ailadeiladu. (Jones 1952, 52; Jones 1971, 147).

1145
'Adeiladwyd' Castell Caerfyrddin; mae'n debyg fod hyn yn golygu 'ailadeiladu', sy'n awgrymu ei fod wedi'i adael i ddirywio ar ôl 1137. (Jones 1952, 54).

1150
Trwsiwyd Castell Caerfyrddin gan Cadell ap Gruffudd 'for the strength and splendour of his kingdom'. (Jones 1952, 57).

1158-76

Y tro cyntaf y cyfeirir yn benodol at gapel y castell – 'Grant and confirmation by Henry II . . . to [Priordy Caerfyrddin] . . . of the church of St Peter . . . with the chapel of my castle of Carmarthen, and all other chapels to the same church belonging'. (Daniel-Tyssen 1878, 4–6, o *Charter Roll* 31 Hen. III; Davies 1946, 283)

Rhoddwyd y priordy i Abaty Battle yn 1120–5, ynghyd ag Eglwys Sant Pedr a phopeth arall oedd yn perthyn iddi (Davies 1946, 245–6) a gellir tybio fod hyn, erbyn yr adeg honno, wedi cynnwys capel y castell. Mae Davies yn rhoi'r dyddiad 1154–76 i siarter Harri II, a archwiliwyd ac a gadarnhawyd gan Harri III. Fodd bynnag mae'n debyg i'r castell aros yn nwylo'r Cymry hyd 1158 (gweler Pennod 2).

1181-3

Mae Harri II yn gwario £160 ar 'our castle of Carmarthen'. Ni cheir unrhyw fanylion (*Pipe Roll* 27 Hen. II, 5, 15; *Pipe Roll* 28 Hen. II., 108; *Pipe Roll* 29 Hen. II., 27, 141).

Mae'r *History of the King's Works* yn rhoi cyfanswm o £170 (Colvin 1963, 600). Fodd bynnag mae'r Rholiau Siecr yn gwahaniaethu rhwng taliadau i geidwaid am warchod y castell (*pro custodia*), sy'n dod i gyfanswm o £40, ac am waith adeiladu (*ad operationem*), sef cyfanswm o £160, gyda chyfanswm terfynol o £200 – sef gyda llaw y ffigur a neilltuwyd i waith adeiladu gan Armitage (1908), 15.

DECHRAU'R DRYDEDD GANRIF AR DDEG

1223

'Trwsiodd' William Marshal II Gastell Caerfyrddin. (Jones 1952, 100; Jones 1955, 225).

1224-6

Mae'n ymddangos fod gwarchod cestyll Caerfyrddin ac Aberteifi wedi costio 300 marc (£198) y flwyddyn i William Marshal II rhwng 1224 ac 1226 (Green 1913, 10, o *Close Roll* 10 Hen. III), ac fe'i gwariwyd ar eu ffabrig. Cyfrannodd y brenin at y ffigur hwn i wneud £800 (King 1988 54 n. 14).

1226

Ildio cestyll Caerfyrddin ac Aberteifi i'r Goron. Gwnaed gwaith trwsio gan seiri'r brenin – gwariwyd hanner can marc (£33) ar 'waith' yn y cestyll a thalwyd 45s. i ddau saer am 60 diwrnod o waith (Colvin 1963, 600; Green 1913, 32, o *Close Roll* 10 Hen. III).

1227

Gwariwyd hanner can marc arall (£33) ar drwsio'r 'pontydd' yng nghestyll Caerfyrddin ac Aberteifi (*CLR* 1226–1240, 17). Gwnaed rhagor o 'divers payments' er mwyn cynnal a 'thrwsio' Castell Caerfyrddin, tra bod dau saer wedi ymgymryd â 'certain works' yng nghestyll Caerfyrddin ac Aberteifi (Green 1913, 10, 32, o *Close Roll* 11 Hen. III).

1228-32
Caerfyrddin yn nwylo Hubert de Burgh (*CChR* 1 1226–1257, 100).

1241
Y Goron yn adfer Caerfyrddin ac Aberteifi (Green 1913, 12, o *Pat. Roll* 26 Hen. III).

1247
Gwariwyd 38 marc (£25 2s.) ar drwsio 'King's tower' yng Nghaerfyrddin. Gwariwyd 20 marc arall (£13 6s.) ar 'king's works in the castle' (*CLR* 1245–1251, 134–5).

1250
Gwariwyd 40 marc (£26 8s.) ar adeiladu'r 'hall for the King' yn Nghaerfyrddin (*CLR* 1245–1251, 303–4).

***c*.1250**
Anfonwyd gof (dau ohonynt), naw chwarelwr a 24 o seiri maen o Fryste i Gaerfyrddin am bum niwrnod ynghyd â 1,000 o hoelion 'called spikings', 4,000 o hoelion llawr a 2,000 o hoelion wal (TNA: PRO SC 1/11/118, Indenture, *c*.1250).

1251-2
Pedwar 'fothers' o blwm ar gyfer toi'r 'King's Tower' – £6 7s. 6d (*CLR* 1251–1260, 43).

1252
Gorchymyn i wario 200 marc (£132 8s.) ar 'making a hall and chamber for the King's use at Carmarthen' (TNA: PRO E 372/96, Pipe Roll 36 Hen. III).

1248-54
Roedd gwariant ar 'new building the King's Hall and Chamber at Carmarthen' wedi cynnwys £140 8s. 3d a gwariwyd £41 15s. ar osod distiau yn 'tower of Carmarthen', ei doi â phlwm a'i wyngalchu (*CLR* 1260–1267, 40; gweler hefyd TNA: PRO E 372/104, Pipe Roll 44 Hen. III).

DIWEDD Y DRYDEDD GANRIF AR DDEG

***c*.1257-9**
Bu bwrdeiswyr Caerfyrddin yn deisebu'r Brenin Harri III am fod y castell yn 'weakened and collapsing in several places, and is in great peril' (TNA: PRO SC 1/3/1, Llythyr i Harri III, d.d. *c*.1257–9).

1265-79
'Eight hundredweight of iron, six seams of lead (each seam of four cartloads)' a 3,000 o hoelion wedi eu hanfon o Fryste i Gastell Caerfyrddin 'by order of the Lord Edmund'.

Llogwyd chwe gof am wyth niwrnod, 24 o weithwyr am bum niwrnod a thri gof. Swm – £25 14s. 11d. (TNA: PRO C 47/10/43/14, Indenture, c.1265–79).

1275

'Extent of the manors of Carmarthen and Cardigan':

'There is [yng Nghaerfyrddin] a certain castle in which is a certain good dungeon constructed from five small towers (*in quo est quedam bona Dungeo, ex quinque parvis turribus constructa*), which is in want of repair as well as keeping up.'

'A certain great tower is there (*Est ibi quedam magna turris*), which is much in want of reparation; one convenient hall with a chamber (*una aula competens cum camera*) also require repairing as the above.'

'The chapel, stable and kitchen are decayed, and the gate of the castle (*Capella, Stabulum et Coquina debiles, et porta Castri*), so as to be of no value.'

'The castle wall towards the water for the length of 8 perches and the wall from the castle gate unto the western corner (*et murus a porta Castri usque ad angulum occidentalem*), for the length of 10 perches appear in a ruinous state and have partly fallen down.'

'All the defects as well of the towers and walls, can be amended and newly repaired for 100 marks' (£66 13s. 4d) (Daniel-Tyssen 1878, 45, o Inquisitions, Edward I, Mehefin 1275, 84).

Roedd yr hanesydd lleol Alcwyn Evans wedi gweld yr Ymchwiliad hwn a lluniodd nodiadau arno cyn annerch Cymdeithas Hynafiaethwyr Sir Gaerfyrddin yn 1875. Lle mae Daniel-Tyssen yn nodi'r Lladin a'r Saesneg yn 'western corner' (h.y. '*angulum occidentalem*'), mae Evans wedi'i nodi fel 'western *tower*' (Holmes 1908, 21). Nid wyf wedi gweld y llawysgrif wreiddiol.

1275

Amcangyfrifwyd fod 'the buildings of [cestyll Caerfyrddin ac Aberteifi] can be put in repair for 100 marks; neither castle can be maintained in time of peace for less than 40 marks' (*Cal. Inq. Misc.* 1219–1307, 305).

1277

Gorchymyn i'r cwnstabl a maer Bryste i anfon i Gaerfyrddin ac Aberteifi 'two good smiths and four other smiths, together with 40 *summae* of iron and four *magnae carratae* of lead'. (Edwards 1935, 158).

1279+

Archeb ar gyfer '3 smiths, 9 stone cutters, 24 workmen for 5 days, 1,000 nails called "spikings"', 4,000 o hoelion llawr a 2,000 o hoelion wal. Yr hoelion i'w rhoi ar long ym Mryste a'u cludo i Gaerfyrddin. (Edwards 1935, 114; d.d., ar ôl 1279. D.S. Mae hwn bron union yr un fath â TNA: PRO SC 1/11/118 uchod, dyddiwyd tua 1250).

1280
'Extent of Carmarthen':
'A certain castle is there in which a certain good (dungeon) is constructed out of five small towers' (Daniel-Tyssen 1878, 51–4, o Exchequer Records, Bag 1 Wallia, No. 14).

1287-8
Anfonwyd 14 carat o blwm o Gastell Bryste i Gastell Caerfyrddin ar gyfer toi tai'r castell – £31 7s. 8d (TNA: PRO E 159/61, Memoranda Roll 16 Edw. I, 1287–8; gweler hefyd Fryde 1974, 4).

1288-9
Mae gwariant yn cynnwys:
Chwarela a chario cerrig, calch a llechi to – £46 13s. 6d. 'Making a new wall below the castle towards the Bridge of Towey [Tywi], on both sides of the postern' – 115s.
Gwaith ar y stabl newydd gan gynnwys waliau o waith maen, 'doors, mangers, and other necessaries', '5,000 laths' a gwaith coed – £10 5s. 5d.
Trwsio a 'whitening' waliau 'the entire castle' – 40s.
Cyflogau am waith ar y gwaith plwm ac ar y 'five towers' – 40s.
Cyflogau am waith ar gerrig rhywiog y ddwy ffenestr yn y neuadd – 20s.
Cyflogau am waith ar garreg rywiog dwy ffenestr yn y 'tower above the gate' – 20s.
Swm – £169 15s. 3d (Green 1913, 46–8, o *Pipe Roll* 17 Edw. I).

1289
Gorchymyn i wario hyd at £30 ar y 'thatched (*foragio coopertas*) houses' yng Nghastell Caerfyrddin, i'w trwsio a'u haildoi 'with stone' (*CCcR* 1277–1326, 321; gweler hefyd Daniel-Tyssen 1878, 57).

DECHRAU'R BEDWAREDD GANRIF AR DDEG

1300
Gorchymyn i drwsio 'the houses of the King's castles in West Wales', gan gynnwys Caerfyrddin (Green 1913, 49, o *Close Roll* 28 Edw. I).

1300-1
Gwariwyd £1 12s. 0½d ar waith yn y castell. Dim manylion (Green 1914, 65).

1303-4
Nodir i 'land and castles' Caerfyrddin gael eu 'surveyed and ordered' (*Cal. Inq. Misc.* 1307–1349, 19). Gwariwyd £8 14s. 1d ar waith (Green 1914, 65).

1304-5
Gwariwyd £1 0s. 1d ar waith yn y castell (Green 1914, 65).

1306
Mae gwaith yn cynnwys :
'Repairing the Queen's Chamber' – 19s.
A hefyd 'certain porch of the Large Hall' – 9s.
A hefyd 'the Exchequer' – 3s.
A hefyd 'the 5 towers, the Justiciar's Kitchen, the ceiling of the chamber over the Pantry'. Carpenter's wages for 'making a certain *fumerell* (narrow chimney) . . . and locks for the gate of the five towers [h.y. y Porthdy Mawr]' (Green 1913, 49–50, o Exchequer K. R. Account, 486/19).

1307-8
Gwariwyd £4 11s. 4d ar waith (Green 1914, 65).

1308
Gorchmynnwyd fod cestyll y brenin yng ngogledd, gorllewin a de Cymru yn cael eu 'surveyed and fortified' (CFR 1307–1319, 13).

1309-10
Mae gwaith yn cynnwys:
Un 'house newly built in [Caerfyrddin] castle next to the great gate . . . by order of Roger de Mortimer justiciar of Wales' – 75s. 8½d.
Un 'certain house newly built and ordained for the kitchen of the Chamberlain' – 47s. 2d.
Ac 'another house newly built in the said castle by order of the Justiciar, the first part being a dresser, the second part a kitchen, the third part a larder and the fourth part a bakehouse and brewhouse with a kiln' – £21 12s.
A hefyd 'house newly put up . . . between the King's chamber and the Knights' chamber, which house was ordained for the chapel'.
Swm – £27 14s. 10½d (TNA: PRO E 372/159, Enrolled Account, 1309–10).

1310-11
Gwariwyd £1628 19s. 10½d ar bum castell brenhinol de-orllewin Cymru (Fryde 1974, 33, o TNA: PRO E 368/82/261).

1314-15
Gwariwyd £7 8s. 2d ar 'timber, stone, lime, lead, divers ironwork, boards, wages of masons, carpenters, smiths and other labourers' ar drwsio lletty yng Nghastell Caerfyrddin (adolygol) (TNA: PRO E 159/92, Memoranda Roll 12 Edw. II, 1318–19).

1315
Gorchymyn fod 'the houses, walls, towers, and other buildings . . . to be repaired' (Green 1913, 51, o *Close Roll* 9 Edw. II).

1315-16
Y gwaith yn cynnwys 'the repair of the lodgings and other things' – £4 19s. 7½d. Am 18½ troedfedd o blwm ar gyfer y gwaith – 42s. 10d (TNA: PRO SC 6/1219/1, Chamberlain's Account, 1315–16).

1317
Gwariwyd £15 0s. 2½d ar drwsio 'the lodgings, walls and the New Bridge' (TNA: PRO E 159/92).

1317-18
Cyfrif am dreuliau ar wahanol waith plwm – £44 5s. 2½d (TNA: PRO SC 6/1219/8, Chamberlain's Account, 1317–18).

1318
Gorchymyn i wario £100 ar drwsio'r castell, gan fod 'repairs are much needed' (Green 1913, 16, o *Close Roll* 12 Edw. II).

1318-19
Cyfrif o 'repair of the lodgings' yng Nghastell Caerfyrddin – £54 4s. 8d, h.y. hanner y £100 y gorchmynnwyd y dylid ei wario (TNA: PRO SC 6/1219/9, Chamberlain's Account, 1318–19).

1319-20
Cyfrif o 'divers expenses . . . on the works at Carmarthen Castle' – £27 17s. 11d. Dau deilsiwr, ar gyfer 'repair of the roofing of the old houses' – 16s. (TNA: PRO SC 6/1219/10, Chamberlain's Account, 1319–20).

1320-1
Lwfans i brior Caerfyrddin am arian a wariwyd yn trwsio Castell Caerfyrddin (Fryde 1974, 50 o PRO E 368/91/414).

1321
Arolwg cyflwr:
Y 'King's hall . . . ought to be repaired partly with new timber. And the gutters . . . repaired with lead.'
Y 'chamberlain's hall and kitchen ought to be repaired with timber at the top, and the gutters towards the sea . . . repaired with lead'.
Am 'the 5 towers, the floors . . . [o'r] . . . tower there (where prisoners should be kept)

ought to be repaired with new joists, and the other floors ought to be repaired with new lead'. Y 'four high towers with the watch-tower (*garit*) ought to be repaired with new joists and lead'.

Y neuadd 'where the great lords (*grauntz seigneurs*) usually stay [Siambr y Marchogion?] . . . ought to be repaired a little'.

Hefyd 'all the stairs and passages of the said towers ought to be repaired, together with foundation of an enclosure opposite the gate of the said towers [h.y. allfur?]'.

Trawsgrifiwyd y cofnod hwn, BL Harl. Roll 7198, a'i gyhoeddi gan Francis Green a'i dyddiodd i 1340 (Green 1913, 61). Mae Stephen Priestley yn ei ddyddio i 1321 fodd bynnag.

1326-7

Treuliau am waith yn y castell – £4 0s. 10d. Penodwyd teilsiwr 'for the repair of the reroofing of the stone houses in the castle', gan gymryd '16s. for his annual fee' (TNA: PRO SC 6/1220/3, Chamberlain's Account, 1326–7). Mae'r cyfrif ar gyfer 1327–8 union yr un fath (TNA: PRO SC 6/1220/5, Chamberlain's Account, 1327–8).

1331

Gorchymyn i'r siambrlen 'supervise the king's works' a ddechreuwyd yng nghestyll Caerfyrddin a Dinefwr 'and cause them to be completed' (Green 1913, 17, 53, o *Close Roll* 5 Edw. III).

1335

Treuliau ar waith – £5 7s. 3d. Ffi blynyddol teilsiwr – 16s. (TNA: PRO SC 6/1220/8, Chamberlain's Account, 1335).

1335-6

Gwariwyd £2 2s. 1d ar waith yn y castell. Dim manylion. Ffi blynyddol teilsiwr – 16s. (Green 1914, 66 a n. 2).

1336

Gorchymyn i'r siambrlen wario 'up to £40 in repairing the defects' yng Nghastell Caerfyrddin (Green 1913, 54, o *Close Roll* 10 Edw. III).

1336-7

Am 'various expenses' ar y 'necessary works' – £ 3 14s. 10½d.

Am 'divers expenses incurred on the repair and mending of the Castle . . . towards the river Tewy [Tywi] ruined and collapsed during this present year' – ni nodir unrhyw swm pellach (TNA: PRO SC 6/1220/10, Chamberlain's Account, 1336; Green 1914, 66).

1338
Gorchymyn i drwsio'r castell am £20, mewn ymateb i fygythiad o du Ffrainc a difrod oherwydd stormydd (Green 1913, 17, 54, o *Close Roll* 12 Edw. III).
Cynhaliwyd yn 1338–9, ar ôl cerydd gan y brenin – gweler y canlynol.

1338-9
'Lime bought for the mason-work upon . . . the ruined walls, towers, and houses, unroofed and destroyed by wind and storm . . . to wit, the King's hall and chamber, the knights' and esquires' chamber, and the chapel there'.
Hefyd am lond naw cwch o gerrig 'towards the defects of a certain outer wall of the said castle between the town and the castle aforesaid, destroyed on account of its age'.
I ddau saer maen, am wythnos a diwrnod, ar gyfer 'making anew a wall 26ft long and 8ft high for one pinion [talcen?] between the kitchen and the bakehouse . . . the greater part of the said bakehouse, decayed through age and a bad foundation, had fallen beyond the castle wall towards the River Towey' – 4s. 6d.
Ac i dri saer am 'boarding anew the floors of the said kitchen and bakehouse, and a pinion of the said kitchen, and for refitting the King's large stable . . . and making and mending divers doors and windows in the chambers of the King, Queen, Knights, and Esquires, and of the granary, pantry and buttery, for 9 weeks' – 48s.
Hefyd i bedwar chwarelwr 'in the quarry, digging and cutting . . . slates for covering the roofs of the aforesaid bakehouse and kitchen, and for mending and repairing all the defects of all houses in the said castle, for 30 working days' – 25s.
Ac am dri teilsiwr yn gweithio ar yr un toeau – 60s.
I'r saer maen am 'making a wall on both sides of the entrance of the King's Hall there, and making and mending the wall of the King's chapel', am bedwar niwrnod gwaith – 12d.
I ddau saer maen, am 'repairing, and mending defects of the wall in the Chamberlain's enclosure there, and of the five towers, and making anew . . . a certain portion of the outer wall between the castle and the town, near the outer gate', am 11 wythnos – 66s. 8d.
Swm – £19 15s. 1½d.
Swm y gwaith yng Nghaerfyrddin – £58 6s. 7d (Green 1913, 17, 55–60, o Exchequer K. R. Account, 487/9, 3).

1339-40
'Works of the castle of Carmarthen and of the County Hall there. Paid for the repair of the castle for one year, 48s 11½d.'
'Paid for the works and repair of the King's County Hall of Carmarthen for holding the pleas of the English and Welsh Counties and the Justiciar's Sessions there, 66s. 7d.'
Swm – £5 5s. 6½d (Green 1913, 60, o Min. Acc. 1221/3).

1340
Gorchymyn i 'expend up to £40 in repairing that part of the wall of [Caerfyrddin] Castle which is now destroyed' (Green 1913, 18, 61–2, o *Close Roll* 14 Edw. III).

CANOL Y BEDWAREDD GANRIF AR DDEG

1343
Arolwg o Gastell Caerfyrddin ar ran y Tywysog Du:
'Concerning the defects . . . the Chamberlain's House . . . and a certain tower next to the said house which greatly need repair cannot be repaired for less than £30.'
'Also that the stable, kitchen, bakehouse and brewhouse in the same castle fallen to the ground cannot be repaired unless built anew.' Cost a amcangyfrifwyd: £40.
'And that the King's and Queen's chambers and the garderobe of the Queen's Chamber with a garret adjoining the said chamber and five turrets of the great tower (*quinque turrel in magna turr'*) that are decayed . . . cannot be repaired . . . for less than £6.'
'And that a certain chapel and a certain old stable with the bridge of the great gate (*ponte magne porte*) which is very decayed and ruined for lack of repair cannot be repaired for less than £6.'
'Also that 6 rods in length and 7ft in width of walling between the Postern tower and the great hall which has been begun and not finished can be completed at a cost of 100 marks.'
'Also that the defects of the masonry in walls, steps, corbels and other things . . . can be repaired . . . for 100 marks.'
Cyfanswm yr amcangyfrif – £215 6s. 8d (TNA: PRO E 163/4/42, Survey of Carmarthen Castle, 1343).

1348-9
'Repairs of the houses of Carmarthen Castle':
Y 'large hall'.
Y 'large chamber there'.
Yr 'house above the Exchequer'.
Y 'Chamberlain's hall and kitchen'.
Yr 'armourer's chamber'.
Dau döwr, am 43 niwrnod, 21s. 6d.
'Repair of the house above the well, to wit, in roofing it round' – 3s. 4d.
Trwsio 'of a portion of the castle wall at the head of the Chamberlain's kitchen' – 3s. 7½d.
'The hire of 1 carpenter for . . . repairing the houses (dorm.) of the Large gate' – 5s.
Swm – £2 2s. 1½d (Green 1913, 62, o Min. Acc. 1221/8).

1352-3
Gwariwyd £2 3s. 7½d ar waith (Green 1914, 66, o Min. Acc. 1158/3).
Prynwyd cynfas ar gyfer ffenestri'r 'County Hall' yn y castell (Griffiths 1972, 22; Rees 1941, 267).

1354-5
Trwsio 'the Constable's chamber above the gate, and the pentice of the said chamber, together with the repair of the large wall of the castle towards the east and other divers necessaries, 22s. 3d'.
Talwyd i 'divers masons making divers repairs there, 9s. 7d'.
Talwyd i 'divers tilers tiling the pentice near the chamber above the outer gate, and other houses in the castle, 35s. 6d'.
Swm – £22 3s. 9½d (Green 1913, 63, o Min. Acc. 1221/9).
Costau ychwanegol am ddau blymwr yn gweithio 'on the castle, the Hall of the Chamberlain facing the town and the chamber over the outer gate' (TNA: PRO SC 6/1221/9, Chamberlain's Account, 1354–5).

1355-6
Talwyd 'to divers masons for making a certain wine cellar under the Chamberlain's chamber and repairing other necessaries, together with the stone-flooring of the Constable's chamber over the Large Gate . . . 17s. 9d'.
'Making a certain pentice of the Chamberlain's chamber.'
A llunio 'the windows of the hall of the inner bailey (*aule interioris ballivae*) . . . and palice [ffens?] made opposite the Chamberlain's hall' – 17s. 4½d.
Swm – £2 4s. 5½d (Green 1913, 63–4, o Min. Acc. 1221/10).

1356-60
Yn ystod y cyfnod hwn o bedair blynedd gwariwyd £158 10s. 0d ar waith yn y castell, yn bennaf ar gyflogau seiri, seiri maen, teilswyr ac eraill ac am hoelion, estyll, esyth a bachau. Dim manylion (Green 1914, 66).

1360-1
Gwneud 'a new kitchen for the constable . . . with one chamber in the said kitchen, and a prison below the said kitchen, and divers other repairs necessary'.
Swm – £36 7s. 10d.
'100 marks to be expended yearly upon the repair of all the castles [brenhinol] in South Wales' ac eithrio Hwlffordd, Aberystwyth a Dinefwr (Green 1913, 64, o Min. Acc. 1221/13).

DIWEDD Y BEDWAREDD GANRIF AR DDEG

1377-85
Yn ystod y cyfnod hwn o wyth mlynedd dim ond £50 3s. 9¼d a wariwyd ar waith yn y castell (Green 1914, 67), gan gynnwys 'money paid to . . . carpenters, masons, tilers and others . . . repairing many defects'. Dim manylion (TNA: PRO SC 6/1221/14, Chamberlain's Account, 1379–80).

1385-6
'Repair of the New Wall [*sic*] of the Castle of Carmarthen' – Swm £45 5s. 9½d.
'Ordinary repairs' to Carmarthen and Dinefwr Castles – Swm £11 2s. 2d (Green 1913, 67, o Min. Acc. 1221/1).

1387-8
Am 'plastering the broken wall of the castle, 2 men for 8 days'.
Costau ar y capel, 'cords for the big bell', a 'repairing the window'.
Cloeon ar gyfer 'Justiciar and Chamberlain's stable'.
Defnyddiau, a mân drwsiadau amhenodol, yn cynnwys 'laths' a 'nails', trwsio gwaith coed a teilsio toeau.
Swm – £ 4 3s. 6d (Green 1913, 67–8, o Min. Acc. 1222/3).

1389-90
Mân drwsiadau gan gynnwys gwaith ar yr 'Exchequer House' a 'Chamberlain's chamber', a'r 'Reception Hall (*hospitium*) of the Chamberlain and Justiciar'. Swm – £4 9s. 0d.
Daliwyd gafael ar y saer/teilsiwr am 21 wythnos (Green 1913, 69–70, o Min. Acc. 1306/5).

1390-1
Trwsiadau heb eu rhestru – 'divers masons, carpenters, and divers other workers repairing, amending and cleaning divers towers, houses, walls and well'. Tynnir sylw at y 'Chamberlain's hostel' (*hospitium*) yn benodol. Swm – £21 14s. 10d.
Mae 'costs of the prison of the castle' yn cynnwys 'locks and keys for divers doors of the 5 towers, and for gyves' ayb, 8s. 2d. A haearn 'for making fetters' ayb, £1 19s. 1½d.
Costau'r capel – 6s. 1d (Green 1913, 70, o Min. Acc. 1222/5).

1394-5
Taliad i 'divers masons, carpenters, tilers, quarrymen' ac ati am wneud 'certain gate with a crenellated chamber made anew upon it between the inner ward and the outer ward' – £6 4s. 1d. Nid oes unrhyw fanylion ar gyfer gwariant ychwanegol o £8 19s. 8½d (Green 1913, 70–1, o Min. Acc. 1222/6; Green 1914, 68)

1395-6
Gwariwyd £5 3s. 7d ar waith yn y castell (Green 1914, 68). Dim manylion.

1396-7
'Building of a certain part of the wall of the castle, 145ft long . . . which part was in entire decay before it was amended.' Talwyd i John Hirde o Benfro, saer maen – £20. Defnyddiau – £23 7s. 1½d. Nid oes unrhyw fanylion am wariant ychwanegol o £5 6s. 0d (Green 1913, 72, o Min. Acc. 1222/8; Green 1914, 68).

1397-8
Gwariwyd £8 7s. 11d ar waith yn y castell (Green 1914, 68). Dim manylion.

DECHRAU'R BYMTHEGFED GANRIF

1400-1
Taliad i 'divers quarrymen . . . masons, carpenters, slaters, smiths' and other workers, 'on the new Exchequer building and the Chamberlain's mansion'. Swm – £28 6s. 6½d.
'The ordinary repairs of the castle of Carmarthen – divers masons, carpenters . . . and other labourers "repairing and mending of defects there".'
Swm – £2 14s. 6½d (Green 1914, 1–2, o Min. Acc. 1222/9).

1409-10
Talwyd am 'the first building and repair of the castle' – £90 9s. 10½d.
Hefyd 'for the repair of five towers, houses and other divers necessaries' – £191 10s. 3d.
'Costs of the Prince's castle of Carmarthen and of his boat there' – £5 6s. 2d.
Cyflogwyd plymwr am fis, i wneud cwterydd ar gyfer 'John Skidmore's Tower', a'r 'armourer's tower [y ddau yn y Prif Borthdy?]', a 'fixing the same' (Green 1914, 16–17, o Min. Acc. 1222/10; gweler hefyd Colvin 1963, 601).

1410-11
Ar gyfer 'repair of the New Gate [y Porthdy Mawr] . . . and of the tower above le postern, and other necessaries' – £98 14s. 2d (Green 1914, 17, o Min. Acc. 1222/12; gweler hefyd Colvin 1963, 601).

1413-14
'Building and repairing the new house over the prison near the gate of the castle' – £28 0s. 0¾d.
Talwyd i 'the King's plumber, for working in the castle . . . for 194 days' – £4 17s.
Prynwyd coffr mawr ar gyfer cadw'r 'Record Rolls' yn 'the King's Treasury within Carmarthen Castle' (Green 1914, 18, o Min. Acc. 1222/13).

1414-15
Talwyd i 'the King's plumber, working in the castles of Carmarthen and Aberystwyth for 365 days' – £9 2s. 6d.
'Costs of the castle of Carmarthen. Paid for covering the tower of the gate . . . with boards under lead', a gwneud un talcen newydd i'r 'new chambers above the prison', ac angenrheidiau eraill – £11 11s. 7½d (Green 1914, 18–19, o Min. Acc. 1222/14).

1416-17
Gwariwyd £5 6s. 8d ar waith yn y castell, cyfyngedig i'r capel (Green 1914, 69).

1418-19
'For making the Chamberlain's stable anew, repairing the Auditor's Hall and other necessaries' – £27 13s. 1½d (Green 1914, 69 n. 2).

1420-1
'Paid for making and erecting one pentice of the Chamberlain's hall' a 'repair of several defects' – £4 3s. 8d (Green 1914, 19, o Min. Acc. 1223/3).

1421
Estyll, calch, colfachau ac ati 'used upon the doors and windows of the Chamberlain's mansion' a 'the carriage of one large stone from the priory . . . and laid in the Chamberlain's Hall for placing a fireplace thereon', a manion eraill – 39s. 4d (Green 1914, 19–20, o Min. Acc. 1223/4).

1422
Caniatawyd siantri i John Matthew, caplan, oddi mewn i gapel Castell Caerfyrddin (Green 1914, 20, o *Pat. Roll* I Hen. VI).

1424
Mân atgyweiriadau, ond cyfeirir at nifer o adeiladau am y tro cyntaf.
Ymhlith yr atgyweiriadau mae lwfer Neuadd y Siambrlen (h.y. ar gyfer tân agored), y siambr o dan Neuadd y Siambrlen ('wine cellar' 1355–6?), cegin a stabl y Siambrlen, y stabl fawr, y 'new stable', y siambrau uwchben y trysorlys ac oddi tano, yr olaf â dwy ffenestr, Neuadd 'newydd' y Prif Ustus, y 'new cellar at the end of the Justiciar's hall', Siambr yr Archwiliwr, 'chamber of the King's armoury' neu 'armoury chamber' ('armourer's tower' 1409–10?), a 'Greyndour's Tower'. Lluniwyd grisiau newydd o Siambr y Siambrlen i'r siambr o dan y trysorlys, 'and a trap-door there'.
Trwsiwyd nifer o simneiau, gan gynnwys un yng Nghegin y Siambrlen, un bob un yn Siambr y Pris Ustus a Siambr y Siambrlen, un arall 'near' y trysorlys a dwy yn Siambr yr Arfdy.
Trwsiwyd hefyd 'the 'bridge of the . . . castle, one fireplace of the kitchen there, and of 2 other fireplaces of the armoury chamber' a 'one other fireplace in the chief chamber of the Justice'.
Swm – £8 14s. 5½d (Green 1914, 21–7, o Exchequer Q. R. Account, 487/17 a Min. Acc. 1223/5).

1424-5
Defnyddiau a chyflogau seiri, seiri maen, teilswyr a gweithwyr eraill 'for making' Neuadd newydd y Prif Ustus a 'repair of the said hall' yn ystod 1421–4 – £34 4s. 1½d.
Nwyddau 'for making one small stable'.
Trwsio 'divers defects in the King's Chapel'.
Gwariwyd hefyd ar waith yn y pantri, Siambr yr Arfdy, y siambrau uwchben ac o dan y

trysorlys, y siambr o dan Neuadd y Siambrlen, Siambr yr Archwiliwr, Siambr y Prif Ustus a Stabl y Siambrlen.
Swm – £37 7s. 2½d (Green 1914, 28–32, o Min. Acc. 1223/6).

1428-9
Ymhlith y gwaith a wnaed roedd 'making the louver [sic] of the Constable's hall', trwsio 'the large lock of the Chamberlain's gate [h.y. lloc y plasty]', a gwahanol waith trwsio ar y toeau. Swm – 42s. 6d (Green 1914, 32–4, o Exchequer K. R. Account, 487/18).

1430-2
Cyflogwyd saer a phlymwr i drwsio 'Greyndory's Tower'.
Pwyntio â chalch yn y stabl mawr, y neuadd, y trysorlys a 'the two towers above the "dayree" [sic] and above "the middle gate" of the castle'.
'5,000 stones, called slate-stones', ar gyfer y 'thatching . . . of the aforesaid houses'.
Defnyddiau eraill a'u cludo. Swm – £6 3s. 6d.
Ymhlith 'Costs of the Castle Chapel' mae:
'small cord for ringing the chapel bell'.
'working at a wall on the north side of the chapel, and one step at the entrance of the chamber of the castle chapel'.
A 'pointing and roofing the chapel'.
Swm – 33s. 3½d (Green 1914, 34–40, o BL Add. MS, Ch. Roll 26, 596).

1432-3
Ymhlith y mân atgyweiriadau mae trwsio'r grisiau yn Neuadd y Prif Ustus, prynu clo ar gyfer 'the chamber of Jenkin Maredudd' ac estyll ar gyfer 'the cellar over [sic] the Janitor's House', 'making a cellar there within the Chamberlain's mansion' a 'the repair of rackes in the stables, both of the Justiciar and the Chamberlain'.
Swm – £1 19s. 1½d (Green 1914, 40–1, o Min. Acc. 1223/8).

1433-5
Ymhlith y mân weithiau'n mae gwneud porth ar gyfer y capel ac aildoi y 'large gate [y Porthdy Mawr]' mewn plwm. Defnyddiau ac ati. Swm – £6 3s. 10½d.
Roedd 'repairs of the Prison and of the chamber above the said prison' yn cynnwys 'making a fireplace in the chamber above the prison near the large gate . . . and strengthening the walls on the west side there', hefyd 'making . . . one window there, as well as the roof of the said chamber'.
Defnyddiau ac ati. Swm – £10 1s. 3½d.
'Repairs of divers houses within the Chamberlain and Justice's mansions' gan gynnwys pwyntio Neuadd y Prif Ustus a 'making and mending divers louvers and other defects in the halls, kitchens, and stables of the Justice and Chamberlain'. Cyfeirir at y cilborth 'towards the bridge of Carmarthen'. Swm – 30s. 5d.

Cyfanswm – £17 15s. 7d.

Roedd y 'Dead Store' yn cynnwys '1 spruce coffer . . . for keeping the records, ministers' accounts' ac ati (Green 1914, 41–6, o Min. Acc. 1223/9).

CANOL Y BYMTHEGFED GANRIF

1435-6
Trwsio 'the stairs leading to the Constable's hall, one lavatory in the constable's chamber, and making the ends of one pinion [talcen?] in the new chamber there'.
Gorchuddio 'the Constable's Hall with stone tiles'.
Trwsio 'the Chamberlain's Exchequer hall and kitchen'.
Trwsio 'the Justiciar's hall and the great chamber there, and the draught-chamber [h.y. bae mwg ar gyfer aelwyd agored?], together with the roof of the lavatory there, and the stable at the end of the large hall'.
Trwsio 'the cellar above [sic] the prison house'.
A '6,000 tile-stones for covering the chamber above the prison'.
Manion eraill.
Swm – £4 17s. 6d (Green 1914, 48–50, o Exchequer Q. R. Account, 487/21).

1435-7
Ar gyfer 'repair of the Chapel House' i'r caplan:
'the making a certain ceiling below the chamber and the cellar where the chaplain in the King's chapel dwells', cyflogau ar gyfer dau saer ac ar gyfer estyll, planciau a hoelion ac ar gyfer dau 'stained cloths' ar gyfer yr allor.
Swm – 18s. 2½d.
Mae'r un ddogfen yn cyfeirio at y neuadd, y siambr, y trysorlys a'r gegin oddi mewn i 'mansion of the constable' ond mae'n amlwg o'i gynnwys mai Plas y Siambrlen a olygir. Cyfanswm y gwaith trwsio yno, ynghyd â'r rhai hynny i'r 'hall, chambers, stables and other necessaries within the Justiciar's Mansions [sic]', ac i'r 'houses and chambers over the king's prison' oedd £4 17s. 6d (Green 1914, 46–8, o Min. Acc. 1223/9).

1447-8
Mân waith, gan gynnwys adeiladu 'new parlour (parclose) in the Exchequer [h.y. ardal guddiedig]' ar gyfer cadw rholiau'r cyfrifon a 'King's records' eraill.
Swm – £20 5s. 9d (Green 1914, 50–1, o Min. Acc. 1306/7).

1448-9
Talwyd am '10 tons of stones called "freestones" bought at Bristol . . . for the execution of work on two chambers and one stable at the north end of the Justice's chamber, for

the said Justice and other of the King's officers there, and for other divers repairs', a chyflogau.
Swm – £9 0s. 7d (Green 1914, 51–2, o Min. Acc. 1224/4).

1452-3
Costau yn deillio o'r 'stonework of one tower in the castle . . . over the gate there called the Postern'.
Llunio 'anew of two large gates for the entrance of the ward of the Justiciar and the King's auditors there [h.y. lloc y Prif Ustus?]'.
Trwsio 'two stables in the castle . . . for the King's Officers [h.y. stablau'r Siambrlen a Phrif Ustus?]'.
Llunio 'anew divers iron-fittings of several windows of the Exchequer . . . for the safe custody of the King's evidences and records'.
Defnyddiau a chyflogau.
Swm – £63 5s. 11d (Green 1914, 52, o Min. Acc. 1224/1).

1461-2
'Cost of repairs of the castle of Carmarthen and the Shire Hall there':
'Repair and mending of divers houses, chambers, and stables in the castle and Exchequer of Carmarthen, and also in the King's Shire Hall'.
A 'the glass of two large windows in the Exchequer'.
Ac am gyflogau, 'tiles . . . shingles . . . and other materials'.
Swm – £36 8s. 7d.
Cyfeirir at y 'Round Tower' yn y castell (Green 1914, 53–4, o Min. Acc. 1224/6).

1462-3
Gwariwyd £18 15s. 1½d ar fân waith yn y castell. Dim manylion penodol (Green 1914, 55, o Min. Acc. 1224/7).

1464-5
Talwyd £17 13s. 4d i 'stonecutters to make and fortify the walls [y castell] . . . between the chapel and the gate there called the Postern'.
Hefyd am fân atgyweiriadau eraill, defnyddiau a chyflogau.
Swm – £34 17s. 10½d (Green 1914, 55–6, o Min. Acc. 1224/8).

DIWEDD Y BYMTHEGFED GANRIF

1465-81
Gwariwyd £73 14s. 4d ar waith. Dim manylion. Ar gyfartaledd mae symiau unigol yn £6, ond gwariwyd £31 7s. 0½d yn 1466–7 (Green 1914, 70–1).

c.1488-9
'Making anew of a house in the castle'. Swm – £194 15s. 10d.
'Sir Rice [Rhys] ap Thomas, has of late repaired the newe place within oure castell of Kermerdyn [Caerfyrddin] in the Southside' (Green 1914, 57–8, o Min. Acc. Hen. VII, 1613).

1490
Gwariwyd £5 12s. 0d ar waith yn y castell. Dim manylion (Green 1914, 71).

1490-1
Mân atgyweiriadau, yn bennaf ar gyfer toi gan gynnwys 30,000 o deils a 1,300 o estyll to, ond gan gynnwys 'glass for the window(s) of the Exchequer'. Swm – £6 7s. 10d (Green 1914, 58, o Min. Acc. Hen. VII, 1615).

1491-2
Costau o £4 4s. yn cynnwys 9,000 o deils a 1,000 o estyll to (Green 1914, 58, o Min. Acc. Hen. VII, 1616).

YR UNFED GANRIF AR BYMTHEG

1520-1
Am 'repair of the King's gaol in the castle, the chapel, and the King's Chamberlain's chamber there, and the chamber in the said gaol called "le maynipryce [mainprize]" chamber, and of another chamber called Hopkin ap Rhys's Chamber' – 21,500 o deils, 48 teils crib, calch, tywod, coed a hoelion ac ati. Swm – £20 17s 2½d (Green 1914, 59, o Min. Acc. 12–13 Hen. VIII).

1534
Tra'n ysgrifennu yn yr 1530au disgrifiodd John Leland y castell fel un teg iawn ac un â wal ddwbl (h.y. dau feili), gan awgrymu fod pobl yn dal i fyw yno a'i fod yn parhau i gael ei ddefnyddio (Smith 1906, 59).

1542-6
Gwariwyd £25 3s. ar waith. Dim manylion (Green 1914, 71).

1578
Arolwg o gyflwr y castell ac amcangyfrif, yn ymwneud â defnyddiau toi yn bennaf gyda sylw cyffredinol fod y llechi oedd yno ar y pryd yn rhy denau i 'endure the force of the wind', a bod eu defnyddio yn ystod 'times past hath . . . brought the present ruin'.
'The kitchen' – 16,000 o lechi *Laughdony*, 36 o deils crib, defnyddiau a llafur. Amcangyfrif – £13 18s. 8d.

'There is a pynnyon [talcen?] to be made up betwixt the hall and the kitchen, the lack of whereof hath caused the hall roof to remove a foot from the other end.'
'The Hall' – 20,000 o lechi 'as above', ac ati. Amcangyfrif – £22 4s. 8d.
'The chamber next the hall for the covering like the kitchen'. Amcangyfrif – £13 13s. 8d.
'The Auditor's Chamber' – 'there must be a new frame for the roof'. Hen lechi i'w hailddefnyddio. Defnyddiau ac ati. Amcangyfrif – £7 5s. 4d.
Y 'long Roofe' – 'frame for the most part must be new'. Llechi newydd a fydd yn costio cymaint a'r gegin, y neuadd a'r siambr gyda'i gilydd. 'The wall on the west side to be made new'. Amcangyfrif – £88 8s. 8d.
'The stable' – llechi o 'old store'. 'New pynnyon at one end'. Defnyddiau ac ati. Amcangyfrif – £12 2s.
'The Gatehouse and Exchequer and other Rooms' – llechi o 'old store'. 'There is a great piece of a wall fallen, the charge of setting up a slender wall in place of it.' Defnyddiau ac ati. Amcangyfrif – £23 6s. 8d.
'A void room having walls but not covered. The timber . . . taken from the long house [y 'long Roofe'?] will serve, and there will be slate enough.' Defnyddiau ac ati. Amcangyfrif – £5 4s. 4d.
Cyfanswm yr holl waith atgyweirio – £233 6s. 8d (Green 1914, 60–4, o Exchequer K. R. Account, 489/20).

LLYFRYDDIAETH

FFYNONELLAU MAP

Arolwg Ordnans 1" Old Series, Sheet 41, 1831 (diwygiwyd 1865).
Arolwg Ordnans 1:500, Carmarthenshire Sheet XXIX.7.6, 1895.
Arolwg Ordnans 1:2500, First Edition, Carmarthenshire Sheet XXIX.7, 1886.
Arolwg Ordnans 1:2500, Second Edition, Carmarthenshire Sheet XXIX.7, 1906.
Arolwg Ordnans 1:2500, plans SN4019 and SN4119, 1969.

Gwasanaeth Archifol Sir Gaerfyrddin (Swyddfa Cofnodion Sir Gaerfyrddin (SCG); GB0211)
SGC, Acc. 7812, Cynllun bloc y carchar, 1898.
SCG, Mapiau Cawdor:
    38. 'Plan of the Castle Green in Carmarthen, 20 August 1845'.
    39. 'Plan of Carmarthen showing County Gaol (Castle Green)', 1846.
    40. 'Plan of part of Carmarthen (Bridge Street – Gaol), 5 April 1858'.
    41. 'Plan of part of Carmarthen showing County Gaol and premises', d.d., c.1857.
    42. 'Plan of part of Carmarthen showing property belonging to the earl of Cawdor', c.1867.
    43. 'Plan of County Gaol and premises', 1818.
    219. Map o eiddo Vaughan ayb yng Nghaerfyrddin, gan Thomas Lewis, 1786.
SCG, Cawdor 2/112, 'Plan of the County Gaol etc.', 24 Awst 1819.
SCG2 (M) 5, Map o eiddo Morgan yng Nghaerfyrddin, gan Thomas Lewis, 1786.
SCG2 (M) 21, Cynllun o Gaerfyrddin gan John Speed, c.1610.
SCG (M) 459a, Map o eiddo Morgan yng Nghaerfyrddin, gan Thomas Lewis, 1786.
SCG (M) 786, Map o Gaerfyrddin gan John Wood, 1834.
SCG, Misc. Mapiau 1, Cynlluniau, golygfeydd, cytundeb ayb ar gyfer adeiladu capel newydd yn y carchar, 1859.

SCG, MS 19:
> 'Plan showing boundary of Carmarthen Gaol and land belonging to the County' (d.d., 1858–66).
> Cynlluniau a golygfa o orsaf heddlu newydd yng Nghaerfyrddin, d.d.
> 'Plan showing proposed alteration at Carmarthen County Gaol, 30 June 1866'.
> Cynllun o addasiadau a awgrymwyd i dalwyneb Carchar Caerfyrddin, d.d.
> Cynllun o'r carchar newydd arfaethedig yng Nghaerfyrddin, 27 Ebrill 1880.

FFYNONELLAU DARLUNIADOL

Gwasanaeth Amgueddfeydd Sir Gaerfyrddin
CAASG 1975/0037, darlun gwreiddiol ar gyfer yr olygfa de-ddwyreiniol o Gaerfyrddin, gan S. ac N. Buck, 1748.
CAASG 1976/1695, 'The south-east view of Carmarthen', gan S. ac N. Buck, 1748.
CAASG 1976/1864, Castell Caerfyrddin a'r bont o'r de-ddwyrain, gan Hugh Hughes, *c.*1850.
CAASG 1976/1964, 'South view of Carmarthen Castle', gan S. ac N. Buck, 1740.
CAASG 1976/2394, Tŷ Llywodraethwr y Carchar (d.d.).
CAASG 1987/0074, llun o'r awyr o'r carchar, *c.*1935.
CAASG 2003/0069, golygfa yn edrych i'r dwyrain trwy gyntedd y porthdy, *c.*1920.
CAASG 2005/0817/2, Talwyneb Carchar Caerfyrddin, 1922.
CAASG 2006/0332, 'Carmarthen quay and castle', gan Alfred Keene, 1840au.

Gwasanaeth Archifol Sir Gaerfyrddin
SCG, CAC/PL/11, Darluniau rhan o Garchar Caerfyrddin, 1937.
SCG Mus. Vol. 36, 'CAS Scrapbook', 124, Y Carchar o'r de-ddwyrain, 1931.

Llyfrgell Genedlaethol Cymru (LlGC)
LlGC, Drawing Vol. 64, 9a, 'Carmarthen Castle (rear view of tower)', 1857.
LlGC, Drawing Vol. 404 p. 21, PG 321, 'Carmarthen Castle', gan y Parch. E. Edwards, 1829.
LlGC, Carm. Top. A5, A007, 'Carmarthen by Henri Gastineau', 1830.
LlGC, Carm. Top. A5, A009, 'Carmarthen Castle, south Wales', 1792.
LlGC, Carm. Top. A5, A011, 'Carmarthen Castle, Metcalf sculpt.', *c.*1785.
LlGC, Carm. Top. A5, A013, 'South view of Carmarthen Castle and town', *c.*1820.

Cofnod Henebion Cenedlaethol (CHC)
CHC, B42/1502, Bloc Dyledwyr y Carchar o'r de-ddwyrain, d.d., 1930au.

Casgliadau preifat
Porthdy Castell Caerfyrddin o'r gorllewin, gan Mary Ellen Bagnall Oakley, *c.*1860 (Mrs Suzanne Hayes).

FFYNONELLAU GWREIDDIOL – HEB EU CYHOEDDI

Gwasanaeth Archifol Sir Gaerfyrddin
SCG, CAC/CL/32, Ffeil yn ymwneud â chwblhau ac agor Neuadd y Sir.
SCG, Bwrdeistref Caerfyrddin, 331, Acc. 5570, Capel Lime Grove 1938.
SCG, Cawdor 2/71, Rhentol eiddo Vaughan, 1819.
SCG, Cawdor 2/54, Gwrit i geidwad y carchar, 1669.
SCG, Cawdor 21/613 Archwiliad y gweithredoedd, 1639.
SCG, Cawdor 22/659, 'Specification of the manors and lordships of the late Lady Anne Vaughan', 1753.
SCG, Cawdor 63/6602, Llythyr dyddiedig 26 Ionawr 1761.
SCG, Cawdor 103/8056, Rhestr prydlesi ym mwrdeistref sir Gaerfyrddin, *c.*1750.
SCG, Cawdor 112/8400, Rhentol eiddo Vaughan ym Mwrdeistref Caerfyrddin ac ati, 1669.
SCG, Cawdor 125/8647, Llyfr nodiadau yn cynnwys trawsysgrifiad o gyflwyniadau Uchel Reithgor Caerfyrddin ynghylch ffiniau rhyddid Castell Caerfyrddin, 1753.
SCG, Cawdor Papers Vol. IV, Manorial Records, 1275–1814.
SCG (M) 49, Presentiad ar eiddo o fewn Caerfyrddin, 1657.
SCG (M) 155, 156 a 156a, Llyfrau Archeb y Gorfforaeth ('Books of Ordinances').
SCG (M) 420, Prydlesi a dogfennau yn ymwneud ag eiddo yng Nghaerfyrddin, 1647–1835.
SCG (M) 693, Pleidlais yn Nhŷ'r Cyffredin ynghylch adeiladu Carchar Caerfyrddin, 1783.
SCG, Mus. Vol. A4, 'Carmarthen: book of the bridge'.
SCG, Papurau William Morris, 27/9.

Early English Books Online, Thomason Tracts
Thomason 669, f. 10, Rhestrau o fuddugoliaethau'r Seneddwyr gan Joseph Ricraft, 1646.
Thomason E46.8, *The Parliament Scout*, gan John Dillingham, 1643–5.
Thomason E84.34, Datganiad gan y Llywodraeth ynghylch Swydd Lincoln, 9 Ionawr 1643.
Thomason E307.15, Llythyr oddi wrth Maj-Gen. Laugharne i Dŷ'r Cyffredin, 28 Hydref 1645.
Thomason E307.25, Dyddlyfr Matthew Walbancke, 1644–6.
Thomason E435.9, Datganiad Col. Poyer, 10 Ebrill 1648.
Thomason E441.6, 'The particular relation of another great fight in south Wales', gan Thomas Hill, Cornet, 3 Mai 1648.
Thomason E442.11, Datganiad Maj-Gen. Laugharne a Col. Rice Powell, 15 Mai 1648.
Thomason E993.33, *The Weekly Post*, gan D. Border, 1659–60.
Thomason E1075.13, 'An act for the speedy disbanding of the army and garrisons of this kingdome', 15 Medi 1660.
Thomason E1432.2, Account of a journey through Wales in 1652, gan John Taylor, 1653.

Llyfrgell Genedlaethol Cymru (LlGC)

LlGC, Cofnodion y Sesiwn Fawr ('Gaol Files').

LlGC, Handlist of MSS at NLW, 8 (Llsgrau wedi eu caffael 1981–91).

LlGC, MS 2258C, 'A journal of a tour in Wales', gan Syr Christopher Sykes, Bart., 1796 (copi teipysgrif).

LlGC, MS 12358D, Cofnodion Bwrdeistref Gorfforaethol Caerfyrddin, 1590–1764 (trawsysgrifiwyd gan Alcwyn Evans, 1851–3).LlGC, MSS 12364D a 12365D, 'Collectanea concerning Caermarthen', 1 a 2, trawsysgrifiwyd gan Alcwyn Evans.

LlGC, MS 12367D, 'Carmarthen borough records, charters etc. 1581–1610, 1738–1835', trawsysgrifiwyd gan Alcwyn Evans.

LlGC, Rhestr degwm plwyf Llangynnwr, 1841.

The National Archives, Public Record Office

TNA: PRO C 47/10/43/14, Indenture, d.d. (*c*.1265–79).

TNA: PRO E 101/683/54, Letter of Adam Scot, tiler (1336).

TNA: PRO E 159/61, Memoranda Roll 16 Edw. I (1287 8).

TNA: PRO E 159/92, Memoranda Roll 12 Edw. II (1318–19).

TNA: PRO E 163/4/42, Survey of Carmarthen Castle (1343).

TNA: PRO E 372/96, Pipe Roll 36 Hen. III (1251–2).

TNA: PRO E 372/104, Pipe Roll 44 Hen. III (1259–60).

TNA: PRO E 372/159, Enrolled Account (1309–10).

TNA: PRO SC 1/3/1, Letter to Henry III (d.d., *c*.1257–9).

TNA: PRO SC 1/11/118, Indenture (*c*.1250).

TNA: PRO SC 6/1219/1, Chamberlain's Account (1315–16).

TNA: PRO SC 6/1219/8, Chamberlain's Account (1317–18).

TNA: PRO SC 6/1219/9, Chamberlain's Account (1318–19).

TNA: PRO SC 6/1219/10, Chamberlain's Account (1319–20).

TNA: PRO SC 6/1220/3, Chamberlain's Account (1326–7).

TNA: PRO SC 6/1220/5, Chamberlain's Account (1327–8).

TNA: PRO SC 6/1220/8, Chamberlain's Account (1335).

TNA: PRO SC 6/1220/10, Chamberlain's Account (1336).

TNA: PRO SC 6/1221/9, Chamberlain's Account (1354–5).

TNA: PRO SC 6/1221/14, Chamberlain's Account (1379–80).

FFYNONELLAU CYNRADD – WEDI EU CYHOEDDI

Anhysbys (gol.), 'A Carmarthenshire diary, AD 1829, 1830', *Trans. Carms. Antiq. Soc. and Field Club*, 9 (1914), 16–18.

Blome, R., *Britannia or, a Geographical Description of the Kingdoms of England, Scotland and Ireland, with the Isles and Territories thereto Belonging* (Llundain: Thomas Roycroft for Richard Blome, 1673).

Calendar of Chancery Rolls (Supplementary Close Rolls, Welsh Rolls, Scutage Rolls), 1277–1326 (Llundain: LlEM, 1912).
Calendars of Charter Rolls (Llundain: LlEM)
    1, Hen. III 1226–1257 (1903).
    2, Hen. III–Edw. I, 1257–1300 (1906).
    3, Edw. I, Edw. II, 1300–1326 (1908).
    4, 1–14 Edw. III, 1327–1341 (1912).
    5, 15 Edw. III–5 Hen. V, 1341–1417 (1916).
    6, 5 Hen. VI–8 Hen. VIII, 1417–1516 (1927).
Calendars of Close Rolls (Llundain: LlEM):
    Hen. III 2, 1231–1234 (1908).
    Hen. III 4, 1237–1242 (1911).
    Hen. III 6, 1247–1251 (1922).
    Edw. II 1, 1307–1313 (1892).
    Edw. III 8, 1369–1374 (1910).
    Rich. II 2, 1381–1385 (1920).
    Rich. II 4, 1389–1392 (1922).
    Rich. II 6, 1396–1399 (1927).
Calendars of Fine Rolls (Llundain: LlEM):
    1, Edw. I, 1272–1307 (1911).
    3, Edw. II, 1319–1327 (1912).
    5, Edw. III, 1337–1347 (1915).
Calendar of Inquisitions Miscellaneous (Chancery), 2, 1307–1349 (Llundain: LlEM, 1916).
Calendars of Liberate Rolls (Llundain: LlEM):
    Hen. III, 1, 1226–1240 (1916).
    Hen. III, 3, 1245–1251 (1937).
    Hen. III, 4, 1251–1260 (1959).
    Hen. III, 5, 1260–1267 (1961).
    Hen. III, 6, 1267–1272 (1964).
Calendars of Patent Rolls (Llundain: LlEM):
    Hen. III, 1216–1225 (1901).
    Hen. III, 1225–1232 (1903).
    Hen. III, 1258–1266 (1910).
    Hen. III, 1266–1272 (1913).
    Edw. I, 1301–1307 (1898).
    Edw. III 16, 1374–1377 (1916).
    Rich. II 3, 1385–1389 (1900).
    Hen. V 1, 1413–1416 (1910).
    Hen. VI 2, 1429–1436 (1907).
    Hen. VI 3, 1436–1441 (1907).
    Hen. VI 5, 1446–1452 (1909).

Hen. VI 6, 1452–1461 (1910).
Hen. VII 1, 1485–1494 (1914).
Hen. VII 2, 1494–1509 (1916).
Philip and Mary 1, 1553–1554 (1937).
Elizabeth I 2, 1560–1563 (1948).
Elizabeth I 3, 1563–1566 (1960).

Calendar of State Papers (Domestic), James I, 1603–1610 (Llundain: LlEM, 1857).

Carlisle, N., *A Topographical Dictionary of the Dominion of Wales* (Llundain: Nicholas Carlisle, 1811).

The Carmarthen Journal, passim.

The Daily Express, 30 Mai 1931.

Daniel-Tyssen, J. R. (gol.), *Royal Charters and Historic Documents relating to the Town and County of Carmarthen* (Caerfyrddin: William Spurrell, 1878).

Davies, J. (gol.), *The Carmarthen Book of Ordinances 1569–1606* (Llandybïe: Carmarthenshire Antiquarian Society, 1996).

Davies, J. C. (gol.), *Episcopal Acts relating to the Welsh Dioceses 1066–1272*, 1 (Caerdydd: Historical Society of the Church in Wales, 1946).

Dawes, M. C. B. (gol.), *Registers of Edward the Black Prince, 1: 1346–1348* (Llundain: LlEM, 1930).

Dawes, M. C. B. (gol.), *Registers of Edward the Black Prince, 3: 1351–1365* (Llundain: LlEM, 1932).

Defoe, D., *A Tour through the Whole Island of Great Britain* (Llundain: Longman, golygiad 1962).

Dineley, T., *The Account of the Official Progress of His Grace Henry the First Duke of Beaufort through Wales in 1684* (Llundain: Blades and Blades, golygiad ffacsimili 1888).

Dodridge, J., *An Historical Account of the Ancient and Modern State of the Principality of Wales, Duchy of Cornwall and Earldom of Chester* (Llundain: J. Roberts, 1630, ail argraffiad, 1714).

Donovan, E., *Descriptive Excursions through South Wales and Monmouthshire in the Year 1804, and the Four Preceding Summers*, 2 (Llundain: Edward Donovan, 1805).

Edwards, J. G. (gol.), *Calendar of Ancient Correspondence relating to Wales* (Caerdydd: Gwasg Prifysgol Cymru, 1935).

Evans, G. E. (gol.), 'Caermarthen, 1764–1797', *Trans. Carms. Antiq. Soc. and Field Club*, 1 (1906), 101–2.

Evans, G. E. (gol.), 'Carmarthen local events AD 1547–1836', *Yr Encilion*, 1/1 (1912), 8–29

Evans, G. E. (gol.), 'Carmarthen. Documents relating to the town from the earliest times to the close of the reign of Henry VIII', *Trans. Carms. Antiq. Soc. and Field Club*, 17 (1924), 61–72.

Evans, G. E. (gol.), 'Carmarthen. Documents relating to the town from the earliest times to the close of the reign of Henry VIII', *Trans. Carms. Antiq. Soc. and Field Club*, 18 (1925), 1–8, 18–22.

Evans, G. E. (gol.), 'The Cwmgwili manuscripts', *Trans. Carms. Antiq. Soc. and Field Club*, 23 (1932), 90–3.

Evans, G. E. (gol.), 'The Cwmgwili manuscripts', *Trans. Carms. Antiq. Soc. and Field Club*, 26 (1936), 26–31.

Firth, C. H., a Rait, R. S. (goln), *Acts and Ordinances of the Interregnum, 1642–1660* (Llundain: History of Parliament Trust, 1911).

Fisher, J. (gol.), *Tours in Wales (1804–1813) by Richard Fenton* (London; Bedford Press, 1917).

Fryde, N. (gol.), *List of Welsh Entries in the Memoranda Rolls, 1282–1343* (Caerdydd: Gwasg Prifysgol Cymru, 1974).

The Gentleman's Magazine, 24 Tachwedd 1755.

Green, F. (gol.), 'Carmarthen Castle: A collection of historical documents relating to Carmarthen Castle from the earliest times to the close of the reign of Henry VIII', *West Wales Historical Records*, 3 (1913), 1–72.

Green, F. (gol.), 'Carmarthen Castle: A Collection of Historical Documents relating to Carmarthen Castle from the Earliest Times to the Close of the Reign of Henry VIII', *West Wales Historical Records*, 4 (1914), 1–71.

Howard, J., *The State of the Prisons in England and Wales, with Preliminary Observations, and an Account of some Foreign Prisons* (Warrington: William Eyres, 1777).

Hunter, J. (gol.), *The Pipe Roll of 31 Henry I* (London: Record Commission, golygiad 1929).

Jones, E. D. (gol.), 'Survey of south Wales chantries, 1546', *Archaeologia Cambrensis*, 89 (1934), 135–55.

Jones, E. G. (gol.), *Exchequer Proceedings (Equity) concerning Wales, Henry VIII–Elizabeth* (Caerdydd: Gwasg Prifysgol Cymru, 1939).

Jones, T. (gol.), *Brut y Tywysogyon: Peniarth MS. 20 Version* (Caerdydd: Gwasg Prifysgol Cymru, 1952).

Jones, T. (gol.), *Brut y Tywysogyon: Red Book of Hergest Version* (Caerdydd: Gwasg Prifysgol Cymru, 1955).

Jones, T. (gol.), *Brenhinedd y Saesson, or The Kings of the Saxons* (Caerdydd: Gwasg Prifysgol Cymru, 1971).

Journal of the House of Commons (Llundain: History of Parliament Trust):
    5, 1646–1648 (1802).
    7, 1651–1660 (1802).
    8, 1660–1667 (1802).

Kirby, J. L. (gol.), *Calendar of Signet Letters of Henry IV and Henry V, 1399–1422* (Llundain: LlEM, 1978).

Lewis, S., *A Topographical Dictionary of Wales*, 1 and 2 (Llundain: S. Lewis and Co., 1849).

Malkin, B. H, *The Scenery, Antiquities and Biography of South Wales*, 2 (Llundain: Longman and Rees, 1807).

Neild, J., *An Account of the Rise, Progress and Present State, of the Society for the Discharge and Relief of Persons Imprisoned for Small Debts throughout England and Wales* (London: John Nichols and Son, 1808).

Nicolas, H. (gol.), *Proceedings and Ordinances of the Privy Council of England, 1, 1386–1410* (Llundain: Record Commission/Eyre and Spottiswoode, 1834).

Owen, H. (gol.), *A Calendar of the Public Records Relating to Pembrokeshire*, 2 (Llundain: Anrhydeddus Gymdeithas y Cymmrodorion, 1914).

Owen, H. (gol.), *The Description of Pembrokeshire by George Owen of Henllys*, 4, Cymmrodorion Record Series 1 (Llundain, 1936).

Phillipps, T. (gol.), *Cartularium St Johannis Baptistae de Caermarthen* (Cheltenham: John Lowe, 1865).

Pipe Rolls (Llundain: Pipe Roll Society):
  24 Hen. II, 1177–1178 (1906).
  27 Hen. II, 1180–1181 (1909).
  28 Hen. II, 1181–1182 (1910).
  29 Hen. II, 1182–1183 (1911).
  1 John, 1199 (1933).
  2 John, 1200 (1934).

Pryce, H. (gol.), *The Acts of Welsh Rulers 1120–1283* (Caerdydd: Gwasg Prifysgol Cymru, 2005).

Rees, W. (gol.), 'Ministers' accounts of west Wales, 1352–3', *Bwletin y Bwrdd Gwybodau Celtaidd*, 10 (1941), 60–82, 139–55, 256–70.

Rees, W. (gol.), *A Survey of the Duchy of Lancaster Lordships in Wales 1609–1613* (Caerdydd: Gwasg Prifysgol Cymru, 1953).

Rees, W. (gol.), *Calendar of Ancient Petitions relating to Wales* (Caerdydd: Gwasg Prifysgol Cymru, 1975)

Shaw, W. A. (gol.), *Calendar of Treasury Books*, 1, 1660–1667 (Llundain: Institute of Historical Research, 1904)

Smith, L. T. (gol.), *The Itinerary in Wales of John Leland in or about the Years 1536–1539* (Llundain: George Bell and Sons, 1906).

Thompson, M. W. (gol.), *The Journeys of Sir Richard Colt Hoare through Wales and England, 1793–1810* (Caerloyw: Sutton Publishing Ltd, 1983).

Thorpe, L. (gol.), *Gerald of Wales: The Journey through Wales/The Description of Wales* (Harmondsworth: Penguin, 1978).

Vicars, J., *God in the Mount or, England's Parliamentary Chronicle 1 and 2* (Llundain: J. Rothwell and T. Underhill, 1644).

Vicars, J., *God's Arke overtopping the World's Waves or, the Third Part of the Parliamentary Chronicle* (Llundain: J. Rothwell and T. Underhill, 1646).

Vicars, J., *The Burning-bush not Consumed or, the Fourth and Last Part of the Parliamentarie-Chronicle* (Llundain: J. Rothwell and T. Underhill, 1646).

Williams ab Ithel, J. (gol.), *Annales Cambriae*, Rolls Series (Llundain: Longman, Green, Longman and Roberts, 1860).

FFYNONELLAU EILAIDD – HEB EU CYHOEDDI

Austin, D. (gol.), 'The Carew Castle archaeological project: 1993 season interim report' (adroddiad heb ei gyhoeddi, Prifysgol Cymru Llanbedr Pont Steffan, 1995).

Cadw Listed Buildings database, mynediad trwy Extended National Database.

King, D. J. C., 'Carmarthen Castle' (nodiaduron heb eu cyhoeddi yn cael eu cadw yn y Society of Antiquaries of London Library, Burlington House, 1 (1949), 19–20, a 2 (1950), 53).

Opus International Consultants UK Ltd, 'Carmarthen Castle phase 4: ground investigation report for base of shell keep walls' (2007; ref. CS7058-01-GIR-1.0).

Parry, G. 'A guide to the records of the Great Sessions in Wales' (teipysgrif heb ei chyhoeddi, Llyfrgell Genedlaethol Cymru, Aberystwyth, 1995).

Rae, E., 'Archaeological investigations at the former Cattle Market, Carmarthen, Carmarthenshire, October 2007–May 2008' (adroddiad heb ei gyhoeddi gan Northamptonshire Archaeology, 2009; copi yn cael ei gadw yn YAD CAH).

Spurgeon, C. J., 'Llandovery Castle' (ffeil gofnod CHC (NPRN 92751), CBHC Aberystwyth, 1980).

Adroddiadau Ymddiriedolaeth Archeolegol Dyfed heb eu cyhoeddi; copïau yn cael eu cadw yn YAD CAH

Austin, L., Hill, C., James, H., James, T. a Poucher, P., 'Carmarthen historic town survey: understanding and protecting the archaeology of Wales' oldest town' (2005).

Crane, P., 'Carmarthen Castle Square Tower: evaluation and watching brief, 1993' (1994).

Crane, P., 'Carmarthen Castle, phase 3 interim report, October 2001' (2001).

James, H., 'Carmarthen Castle excavations, September–October 1980: interim excavation report' (teipysgrif, 1980; Detailed Record File PRN 57).

James, T. (gol.), 'Excavations at Carmarthen Greyfriars 1983–1990, topic report no. 4: the small finds and other artefacts' (2001).

James, T. a Brennan, D., 'Excavation at Carmarthen Greyfriars 1983–1990, topic report no. 1: 13th–16th century earthenware and oolitic limestone floor tiles' (1991).

Ludlow, N. D., 'Carmarthen Castle Southwest Tower: recording and watching brief, 1994' (1994).

Ludlow, N. D., 'Carmarthen Castle: archaeological recording and watching brief 1995–6' (1996).

Ludlow, N. D., 'Carmarthen Castle: phase 3 archaeological work, 2001–2003' (2004).

Ludlow, N. D. ac Allen, B., 'Carmarthen Castle: archaeological evaluation within the shell-keep, 1997' (1997).

Murphy, K. a Ludlow, N., 'Carmarthenshire historic landscape characterisation: Black Mountain and Mynydd Myddfai/Tywi Valley/Dolaucothi/Taf and Tywi Estuary', vol. 1 (2000).

Murphy, K. a Sambrook, P., 'South-east Dyfed minerals: a survey of the archaeological resource threatened by mineral extraction' (1994).

O'Mahoney, C., 'Excavation at Carmarthen Greyfriars 1983–1990, topic report no. 2: pottery, ridge tile and ceramic water pipe' (1995).

Page, N., 'Carmarthen Castle shell-keep, archaeological evaluation, 1998' (1998).

Redknap, M., 'Finds from Carmarthen Castle 2003' (2012).

Sambrook, P., 'Mineral extraction at Pedair Heol, Kidwelly and Llandyfan, Llandybie' (1995).

Schlee, D., 'Carmarthen Castle: excavations outside the gatehouse, June–August 2003' (2004).

FFYNONELLAU EILAIDD – WEDI EU CYHOEDDI

Allan, J. P. a Morris, C., '1. Wooden objects', yn J. P. Allan (gol.), *Medieval and Post-medieval Finds from Exeter 1971–1980* (Exeter Archaeological Reports 3, 1984), 305 15.

Anhysbys, 'Carmarthen meeting', *Archaeologia Cambrensis*, 6 (1875), 403–30.

Anhysbys, 'Long loans', *Trans. Carms. Antiq. Soc. and Field Club*, 11 (1917), 82.

Anhysbys, 'County council action', *Trans. Carms. Antiq. Soc. and Field Club*, 18 (1925), 47.

Armitage, E., 'Carmarthen Castle', *Trans. Carms. Antiq. Soc. and Field Club*, 2 (1907), 196–7.

Armitage, E., 'Carmarthen Castle', *Trans. Carms. Antiq. Soc. and Field Club*, 3 (1908), 14–15.

Ashbee, J., *Conwy Castle and Town Walls* (Caerdydd: Cadw, 2007).

Ashbee, J., *Goodrich Castle* (London: English Heritage, 2009).

Austin, D., *Acts of Perception: A Study of Barnard Castle in Teesdale*, 1 (Llundain: English Heritage/Architectural and Archaeological Society of Durham and Northumberland Research Report 6, 2007).

Avent, R., 'The early development of three coastal castles', yn H. James (1991), tt. 167–88.

Avent, R., *Laugharne Castle* (Caerdydd: Cadw, 1995).

Avent, R., 'William Marshal's castle at Chepstow and its place in military architecture', yn Turner a Johnson (2006), tt. 81–90.

Baddeley, W. St C., 'Berkeley Castle', *Trans. Bristol and Gloucs. Archaeol. Soc.*, 48 (1926), 133–79.

Baker-Jones, D. L., 'John Nash, architect and builder', *Carmarthenshire Antiquary*, 3 (1961), 157–60.

Barker, P. A. a Higham, R., Hen Domen, *Montgomery: A Timber Castle on the English-Welsh Border. Excavations 1960–1988: A Summary Report* (London: Royal Archaeological Institute, 1988).

Barnett, C., 'Carmarthen Castle: the chamberlain's hall', *Trans. Carms. Antiq. Soc. and Field Club*, 26 (1936), 18.

Bateman, J. a Redknap, M., *Coventry: Excavations on the Town Wall 1976–78* (Coventry Museums Monograph Series, 2, 1986).

Brears, P. C. D., *The English Country Pottery: Its History and Techniques* (Newton Abbot: David and Charles, 1971).

Brennan, D., Evans, G., James, H. a Dale-Jones, E., 'Excavations in Carmarthen, Dyfed, 1976–1990. Finds from the seventeenth to the nineteenth centuries. Pottery, glass, clay pipes and bone', *Medieval and Later Pottery in Wales*, 14 (1996), 15–108.

Brown, R. A., *English Castles* (Llundain: Batsford, golygiad 1976).

Browne, A. L., 'George Phetiplace, justice of south Wales, 1574–1577', *Trans. Carms. Antiq. Soc. and Field Club*, 24 (1933), 38–42.

Butler, L., *Pickering Castle* (Llundain: English Heritage, 1993).

Butler, L., 'The castles of the princes of Gwynedd', yn Williams a Kenyon (2010), tt. 27–36.

Butler, L. a Knight, J. K., *Dolforwyn Castle/Montgomery Castle* (Caerdydd: Cadw, 2004).

Bythell, D. a Leyland, M., *Durham Castle: University College, Durham* (Norwich: University College, Durham and Jarrold, 1992).

Caple, C., *Excavations at Dryslwyn Castle 1980–95* (Llundain: Soc. Med. Archaeol. Monograph 26, 2007).

Caple, C., 'Nevern Castle: searching for the first masonry castle in Wales', *Medieval Archaeology*, 55 (2011), 326–34.

Capp, B. S., *The World of John Taylor the Water Poet, 1578–1653* (Oxford University Press, 1994).

Cartier, J., *Céramiques de l'Oise* (Paris: Somogy, 2001).

Champness, J., *Lancaster Castle: A Brief History* (Preston: Lancashire County Books, 1993).

Clapham, A. W., 'Haverfordwest Priory. Report on the excavations of June, 1922', *Archaeologia Cambrensis*, 77 (1922), 327–34.

Clark, J., *Helmsley Castle* (Llundain: English Heritage, 2004).

Clark, J., *Clifford's Tower and the Castle of York* (Llundain: English Heritage, 2010).

Clay, P., 'The small finds–non-structural', yn J. Mellor a T. Pearce (goln), *The Austin Friars, Leicester* (Llundain: Adroddiad Ymchwil CAB 35, 1981), tt. 130–45.

Coad, J., *Dover Castle* (Llundain: English Heritage, 2007).

Colvin, H. M. (gol.), *A History of the King's Works, 1 and 2 The Middle Ages* (Llundain: LlEM, 1963).

Comisiwn Brenhinol Henebion Cymru, *Inventory of Ancient Monuments V: County of Carmarthen* (Llundain: LlEM, 1917).

Coplestone-Crow, B., 'Ystlwyf/Oysterlow: Welsh commote and Norman lordship', *Carms. Antiq.*, 46 (2010), 5–11.

Coulson, C., *Castles in Medieval Society: Fortresses in England, France and Ireland in the Central Middle Ages* (Oxford University Press, 2003).

Courtney, P., 'The pottery', yn K. Blockley, 'Langstone Castle motte: excavations by L. Alcock in 1964', *Archaeology in Wales*, 34 (1994), 21–2.

Courtney, P., *Medieval and Later Usk: Report on the Excavations at Usk 1965–1976* (Caerdydd: Gwasg Prifysgol Cymru, 1994).

Craster, O. E., 'Skenfrith Castle: when was it built?', *Archaeologia Cambrensis*, 116 (1967), 133–58.

Creighton O. a Higham R., *Medieval Town Walls: An Archaeology and Social History of Urban Defence* (Stroud: Tempus, 2002).

Crossley, A. ac Elrington, C. R. (goln), *A History of the County of Oxford*, 12 (Oxford University Press, 1990).

Darwen, M., *Lincoln Castle* (Lincoln: Lincs. County Council, d.d.).

Davies, R. R., *The Revolt of Owain Glyn Dŵr* (Oxford University Press, 1995).

Dorsett, A., 'Artist's depictions of Carmarthen quay', yn H. James a P. Moore (goln), *Carmarthenshire and Beyond: Studies in History and Archaeology in Memory of Terry James* (Caerfyrddin: Cymdeithas Hynafiaethau Sir Gaerfyrddin, 2009), tt. 61–6.

Drage, C., 'Urban castles', yn J. Schofield a R. Leach (goln), *Urban Archaeology in Britain* (Adroddiad Ymchwil CAB 61, 1987), tt. 117–32.

Early, V. a Morgan, D., 'A medieval pottery kiln site at Newcastle Emlyn', *Archaeology in Wales*, 44 (2004), 97–100.

Egan, G. (gol.), *Material Culture in London in an Age of Transition. Tudor and Stuart Period Finds c.1450–c.1700 from Excavations at Riverside Sites in Southwark* (London: MoLAS Monograph 19, 2005).

English Heritage, *Restormel Castle* (Llundain: English Heritage, 1996).

Evans, D. H., 'Excavations at Llanthony Priory, Gwent, 1978', *The Monmouthshire Antiquary*, 4 (1980), 5–34.

Evans, G. E., 'Carmarthen Castle', *Trans. Carms. Antiq. Soc. and Field Club*, 1 (1906), 27.

Evans, G. E., 'Llanllwch: AD 1404–1462', *Trans. Carms. Antiq. Soc. and Field Club*, 5 (1910), 64.

Evans, G. E., 'Carmarthen: Castle Green', *Trans. Carms. Antiq. Soc. and Field Club*, 24 (1933), 9.

Evans, G. E., 'Castle Hill and Carmarthen bridge works', *Trans. Carms. Antiq. Soc. and Field Club*, 27 (1937), 43.

Evans, J. W., 'Aspects of the early church in Carmarthenshire', yn H. James (1991), tt. 239–54.

Evans, N. a Mould, Q., 'Footwear', yn Egan (2005), tt. 59–94.

Ganiaris, H., Keene, S. a Starly, K., 'A comparison for some treatments for excavated leather', *The Conservator*, 6 (1982), 12–23.

Gardiner, J. (gol.), *Before the Mast. Life and Death aboard the Mary Rose* (Oxford: Mary Rose Trust, 2005).

Geear, G., Priestley, S. a Turner, R., 'After the Restoration', yn Turner a Johnson (2006), tt. 229–42.

Giggins, B. L., 'Northampton's forgotten castle', *Castle Studies Group Bulletin*, 18 (2005), 185–7.

Good, G. L., 'The excavation of two docks at Narrow Quay, Bristol, 1978–9', *Post-medieval Archaeology*, 21 (1987), 25–126.

Good, G. L. a Russett, V. E. J, 'Common types of earthenware found in the Bristol area', *Bristol and Avon Archaeology*, 6 (1987), 35–43.

Goodall, J., *Pevensey Castle* (Llundain: English Heritage, 1999).

Goodall, J., *Richmond Castle/Easby Abbey* (Llundain: English Heritage, 2001).

Goodall, J., *The English Castle 1066–1650* (New Haven/Llundain: Yale University Press, 2011).

Goodall, P. J. R., *The Black Flag over Carmarthen: Over Three Centuries of Barbarism, Crime, Murder, Punishment and Executions* (Llanrwst: Gwasg Carreg Gwalch, 2005).

Grew, F. a de Neergaard, M., *Shoes and Pattens, Medieval Finds from Excavations in London*, 2 (Museum of London, 1988).

Griffiths, R. A., *The Principality of Wales in the Later Middle Ages: The Structure and Personnel of Government, 1. South Wales 1277–1536* (Caerdydd: Gwasg Prifysgol Cymru, 1972).

Griffiths, R. A., 'The making of medieval Carmarthen', *Carmarthenshire Antiquary*, 9 (1973), 83–101.

Griffiths, R. A., 'Carmarthen', yn R. A. Griffiths (gol.), *Boroughs of Mediaeval Wales* (Caerdydd: Gwasg Prifysgol Cymru, 1978), tt. 130–63.

Griffiths, R. A., 'The making of medieval Cardigan', *Ceredigion*, 11/2 (1990), 97–133.

Griffiths, R. A. a Thomas, R. S., *The Making of the Tudor Dynasty* (Stroud: Alan Sutton Publishing, 2005).

Gutiérez, A., *Mediterranean Pottery in Wessex Households, 13th–17th Centuries* (Rhydychen: British Archaeology Reports, British Series 306, 2000).

Guy, N. (gol.), 'News: Northampton Castle', *Castle Studies Group Bulletin*, 18 (2005), 99.

Harraden, R. B., *History of the University of Cambridge* (Caergrawnt: Harraden and Son, 1814).

Higham, R. a Barker, P., *Timber Castles* (Llundain: Batsford, 1992).

Hilling, J. B., *The Historic Architecture of Wales* (Caerdydd: Gwasg Prifysgol Caerdydd, 1976).

Hilling, J. B., *Cilgerran Castle/St Dogmaels Abbey* (Caerdydd: Cadw, 1992).

Holmes, H. S., 'Carmarthen Castle', *Trans. Carms. Antiq. Soc. and Field Club*, 3 (1908), 21–2.

Howe, J. A., *The Geology of Building Stones* (Llundain: Edward Arnold, 1910).

Hurley, M. F., Scully, O. M. B. a McCutcheon, S. W. J., *Late Viking Age and Medieval Waterford. Excavations 1986–1992* (Waterford: Institute of Public Administration, 1997).

Hurst, J. G., Neal, D. S. a van Beuningen, H. J. E., *Pottery Produced and Traded in North-west Europe, 1350–1650* (Rotterdam: Rotterdam Papers 6, 1986).

Icowicz, P., 'Martincamp ware: a problem of attribution', *Medieval Ceramics*, 17 (1993), 51–60.

Impey, E. a Parnell, G., *The Tower of London: The Official Illustrated History* (Llundain/ Efrog Newydd : Merrell, 2011).

Ireland, R. W., *'A Want of Order and Good Discipline': Rules, Discretion and the Victorian Prison* (Caerdydd: Gwasg Prifysgol Cymru, 2007).

James, H. (gol.), *Sir Gâr: Studies in Carmarthenshire History* (Caerfyrddin: Cymdeithas Hynafiaethau Sir Gaerfyrddin, 1991).

James, H., 'Carmarthen', yn E. P. Dennison (gol.), *Conservation and Change in Historic Towns* (Adroddiad Ymchwil CAB 122, 1999), tt. 158–68.

James, H., *Roman Carmarthen: Excavations 1978–1993* (Llundain: Britannia Monograph Series 20, 2003).

James, T., 'Excavations at the Augustinian priory of St John and St Teulyddog, Carmarthen, 1979', *Archaeologia Cambrensis*, 134 (1985), 120–61.

James, T., 'Medieval Carmarthen and its burgesses: a study of town growth and burgess families in the later thirteenth century', *Carmarthenshire Antiq.*, 25 (1989), 9–26.

James, T., 'Carmarthen's Civil War defences', *Carmarthenshire Antiq.*, 27 (1991), 21–30.

James, T., 'Where sea meets land: the changing Carmarthenshire coastline', yn H. James (1991), tt. 143–66.

James, T., 'Excavations at Carmarthen Greyfriars, 1983–1990', *Medieval Archaeology*, 41 (1997), 100–94.

James, T. A., *Carmarthen: An Archaeological and Topographical Survey* (Caerfyrddin: Monograff Cymdeithas Hynafiaethau Sir Gaerfyrddin 2, 1980).

Jones, J. F., 'Common Law records: Carmarthenshire', *Trans. Carms. Antiq. Soc. and Field Club*, 24 (1933), 36–8.

Jones, J. F., 'Carmarthen stylus', *Carmarthenshire Antiq.*, 2 (1957), 46–7.

Jones, J. F., 'Carmarthen Gaol, 1808', *Carmarthenshire Antiq.*, 4 (1962), 87–8.

Jones, J. F., 'Carmarthen "Mount"', *Carmarthenshire Antiq.*, 5 (1963), 188.

Jones, M. H., 'Report of the first field day', *Trans. Carms. Antiq. Soc. and Field Club*, 2 (1907), 149.

Keene, D., 'Wooden vessels', yn M. Biddle (gol.), *Object and Economy in Medieval Winchester. Artefacts from Medieval Winchester* (Rhydychen: Winchester Studies 7/2, 1990), tt. 461–3.

Kenyon, J. R., 'Review, "The Decline of the Castle, by M. W. Thompson"', *Medieval Archaeology*, 33 (1989), 262–4.

Kenyon, J. R., *Medieval Fortifications* (Leicester University Press, 1990).

Kenyon, J. R., *Kidwelly Castle* (Caerdydd: Cadw, 2007).

Kenyon, J. R. ac Avent, R. (goln), *Castles in Wales and the Marches: Essays in Honour of D. J. Cathcart King* (Caerdydd: Gwasg Prifysgol Cymru, 1987).

Kenyon, J. R. a Spurgeon, C. J., *Coity Castle/Ogmore Castle/Newcastle* (Caerdydd: Cadw, 2001).

King, D. J. C., 'Pembroke Castle', *Archaeologia Cambrensis*, 127 (1978), 75–121.

King, D. J. C., *Castellarium Anglicanum* (Efrog Newydd : Kraus International, 1983).

King, D. J. C., *The Castle in England and Wales* (Llundain: Croom Helm, 1988).

King, D. J. C. a Perks, J. C., 'Manorbier Castle, Pembrokeshire', *Archaeologia Cambrensis*, 119 (1970), 83–118.

Knight, J. K., 'The road to Harlech: aspects of some early thirteenth-century Welsh castles', yn Kenyon ac Avent (1987), tt. 75–88.

Knight, J. K., 'Excavations at Montgomery Castle, part I', *Archaeologia Cambrensis*, 142 (1992), 97–180.

Knight, J., 'Civil War and Commonwealth', yn Turner a Johnson (2006), tt. 221–8.

Knight, J. K., *The Three Castles: Grosmont Castle/Skenfrith Castle/White Castle* (Caerdydd: Cadw, 2009).

Knight, J. K. a Johnson, A. (goln), *Usk Castle, Priory and Town* (Almeley: Logaston, 2008).

Lambert, F., 'Some recent excavations in London', *Archaeologia*, 71 (1921), 55–112.

Leach, A. L., *The History of the Civil War (1642–1649) in Pembrokeshire and on its Borders* (Llundain: H. F. and G. Witherby, 1937).

Lewis, A. H. T., 'The early effects of Carmarthenshire's turnpike trusts', *Carmarthenshire Historian*, 4 (1967), 41–54.

Lewis, J. M., *The Medieval Tiles of Wales* (Caerdydd: Amgueddfa Cymru, 1999).

Liddiard, R. a McGuicken, R., *Beeston Castle* (Llundain: English Heritage, 2007).

Lloyd, J. D. K. a Knight, J. K., *Montgomery Castle* (Caerdydd: LlEM, 1981).

Lloyd, J. E. (gol.), *A History of Carmarthenshire*, 1 (Llundain: London Carmarthenshire Society, 1935).

Lloyd, J. E. (gol.), *A History of Carmarthenshire*, 2 (Llundain: London Carmarthenshire Society, 1939).

Lloyd, T., Orbach, J. a Scourfield, R., *The Buildings of Wales: Carmarthenshire and Ceredigion* (New Haven/Llundain: Yale University Press, 2006).

Lodwick, J. a Lodwick, V., *The Story of Carmarthen* (Caerfyrddin: V. G. Lodwick and Sons Ltd, 1972).

Lord, P., 'Artisan painters in Carmarthen', *Carms. Antiq.*, 27 (1991), 47–60.

Ludlow, N. D., 'Pembroke Castle and town walls', *Fortress*, 8 (1991), 25–30.

Mahany, C., *Stamford Castle and Town* (Stamford: South Lincolnshire Archaeology 2, 1978).

Malden, H. E. (gol.), *A History of the County of Surrey*, 3 (Llundain: Constable, 1911).

Mathias, R., 'The Second Civil War and Interregnum', yn B. Howells, *Pembrokeshire County History 3, Early Modern Pembrokeshire 1536–1815* (Hwlffordd: Pembrokeshire Historical Society, 1987), tt. 197–224.

Matthews, L. G. a Green, H. J. M., 'Post-medieval pottery of the Inns of Court', *Post-medieval Archaeology*, 3 (1970), 1–17.

Morgan, W. L. a Spurrell, W., 'Carmarthen Castle Mount', *Trans. Carms. Antiq. Soc. and Field Club*, 10 (1915), 61–2.

Morris, C. A., *Wood and Woodworking in Anglo-Scandinavian and Medieval York* (York Archaeological Trust/CAB: The Archaeology of York 17/13, 2000).

Morris, J. E., *The Welsh Wars of Edward I* (Rhydychen: Clarendon Press, 1901).

Mould, Q., 'The leather', yn F. McAvoy, 'Marine salt extraction: the excavation of salterns at Wainfleet St Mary, Lincolnshire', *Medieval Archaeology,* 38 (1994), 152–8.

Mould, Q., Carlisle, I. a Cameron, E., *Leather and Leatherworking in Anglo-Scandinavian and Medieval York* (York Archaeological Trust/CAB: The Archaeology of York 17/16, 2003).

Murphy, K., 'The castle and borough of Wiston, Pembrokeshire', *Archaeologia Cambrensis,* 144 (1995), 71–102.

Murphy, K. a O'Mahoney, C., 'Excavation and survey at Cardigan Castle', *Ceredigion,* 10/2 (1985), 190–218.

Nailer, A., 'Items of dress', yn Egan (2005), tt. 17–32.

O'Neil, B. H. St J., 'The Bulwarks, Carmarthen', *Archaeologia Cambrensis,* 93 (1938), 126–30.

O'Neil, B. H. St J., 'Criccieth Castle, Caernarvonshire', *Archaeologia Cambrensis,* 98 (1945), 1–51.

Oxley, J. (gol.), *Excavations at Southampton Castle* (Stroud: Alan Sutton/Southampton City Museums, 1986).

Page, W., *A History of the County of Middlesex,* 2 (Llundain: Constable, 1911).

Papazian, C. a Campbell, E., 'Medieval pottery and roof tiles in Wales AD 1100–1600', *Medieval and Later Pottery in Wales,* 13 (1992), 1–107.

Parry, C., 'Survey and excavation at Newcastle Emlyn Castle', *Carmarthenshire Antiq.,* 23 (1987), 11–28.

Phillips, J. R., *Memoirs of the Civil War in Wales and the Marches 1642–1649,* 1 and 2 (Llundain: Longmans, Green and Co., 1874).

Pounds, N. J. G., *The Medieval Castle in England and Wales: A Social and Political History* (Cambridge University Press, 1990).

Prestwich, M., 'Edward I and Wales', yn Williams a Kenyon (2010), tt. 1–8.

Radford, C. A. R., *White Castle* (Llundain: LlEM, 1962).

Rees, D., 'The forest of Glyncothi', *Carmarthenshire Antiq.,* 31 (1995), 45–55.

Rees, S. E. a Caple, C., *Dinefwr Castle/Dryswlyn Castle* (Caerdydd: Cadw, 2007).

Rees, W., *Industry before the Industrial Revolution,* 1 (Caerdydd: Gwasg Prifysgol Cymru, 1968).

Renn, D. F., 'Mottes: a classification', *Antiquity,* 33 (1959), 106–12.

Renn, D. F., *Clifford's Tower and the Castles of York* (Llundain: LlEM, 1971).

Renn, D. F., *Norman Castles in Britain* (Llundain: John Baker, golygiad 1973).

Renn, D. F., 'An Angevin gatehouse at Skipton Castle', Chateau Gaillard, 7 (1975), 173–82.

Renn, D. F., *Caerphilly Castle* (Caerdydd: Cadw, 1997).

Richards, A. J., *A Gazetteer of the Welsh Slate Industry* (Llanrwst: Gwasg Carreg Gwalch, 1991).

Richards, M., 'Aiglets, twisted wire loops, buttons, clasps and laces', yn Gardiner (2005), tt. 94–9.

Rickard, J., *The Castle Community: The Personnel of English and Welsh Castles*, 1272–1422 (Woodbridge: Boydell Press, 2002).

Rigold, S. E., *Totnes Castle* (Llundain: LlEM, 1975).

Rigold, S. E., 'A mould for lead ventilators from Neath Abbey, south Wales', *Antiquaries Journal*, 57 (1977), 334–6.

Roberts, S. K., 'Dawkins, Rowland (1618–1691)', *Oxford Dictionary of National Biography* (Oxford University Press, 2004; fersiwn ar-lein, 2008).

Robinson, D. M., *Tretower Court and Castle* (Caerdydd: Cadw, 2010).

Royal Commission on the Ancient and Historical Monuments of Wales, *Inventory of Ancient Monuments V: County of Carmarthen* (Llundain: HMSO, 1917).

Saul, N., *Richard II* (New Haven/Llundain: Yale University Press, 1997).

Saunders, A., *Excavations at Launceston Castle*, Cornwall (Llundain: Soc. Med. Archaeol. Monograph 24, 2006).

Spurrell, W., *Carmarthen and its Neighbourhood* (Caerfyrddin: Spurrell and Co., 1879).

Strahan, A., Cantrill, T. C., Dixon, E. a Thomas, H. H., *The Geology of the South Wales Coalfield, Part X: The Country around Carmarthen* (Llundain: Memoirs of the Geological Survey, 1909).

Suggett, R., *John Nash, Architect in Wales* (Aberystwyth: CBHC/LlGC, 1995).

Sussex Archaeological Society, 'Lewes Castle and Brack Mount', *Castle Studies Group Bulletin*, 18 (2005), 160–5.

Taylor, A. J., *Monmouth Castle and Great Castle House* (Llundain: LlEM, 1951).

Taylor, A. J., *Caernarvon Castle and Town Walls* (Llundain: LlEM, 1953).

Taylor, A. J., *Caernarfon Castle and Town Walls* (Caerdydd: Cadw, 2008).

Thomas, C., Sloane, B. a Phillpotts, C., *Excavations at the Priory and Hospital of St Mary Spital, London* (Llundain: MoLAS Monograph 1, 1997).

Thomas, G. J., 'Carmarthen gaols, 1774, 1788', *Trans. Carms. Antiq. Soc. and Field Club*, 29 (1939), 104–5.

Thomas, S., *Medieval Footwear from Coventry – A Catalogue of the Collection of Coventry Museum* (Coventry: Herbert Art Gallery and Museum, 1980).

Thompson, M. W., *Farnham Castle Keep* (Llundain: LlEM, 1961).

Thompson, M. W., *The Decline of the Castle* (Cambridge University Press, 1987).

Turner, R., *Wiston Castle* (Cardiff: Cadw, 1996).

Turner, R., *Lamphey Bishops Palace/Llawhaden Castle* (Caerdydd: Cadw, 2000).

Turner, R., 'The Upper Bailey', yn Turner a Johnson (2006), tt. 71–80.

Turner, R., 'The Upper Barbican', yn Turner a Johnson (2006), tt. 113–18.

Turner, R. a Johnson, A. (goln), *Chepstow Castle: Its History and Buildings* (Almeley: Logaston, 2006).

Turvey, R., 'The defences of twelfth-century Deheubarth and the castle strategy of the Lord Rhys', *Archaeologia Cambrensis*, 144 (1997), 103–32.

Turvey, R., 'Twelve days that shook south-west Wales: the royal letters, Owain Glyndŵr and the campaign of July 1403', *Carmarthenshire Antiq.*, 37 (2001), 5–20.

400 ◼ LLYFRYDDIAETH

Webster, P., 'Pottery', yn Caple (2007), tt. 236–45.

Weinstein, R., 'Messing Items', yn Gardiner (2005), tt. 440–8.

Williams, D. M. a Kenyon, J. R. (goln), *The Impact of the Edwardian Castles in Wales* (Rhydychen: Oxbow, 2010).

Williams, M. I., 'Carmarthenshire's maritime trade in the 16th and 17th centuries', *Carmarthenshire Antiq.*, 14 (1978), 61–70.

Woodfield, C., 'Finds from the Free Grammar School at the Whitefriars, Coventry, *c.*1545–*c.*1557/8', *Post-medieval Archaeology*, 15 (1981), 81–160.

Woolgar, C. M., *The Great Household in Late Medieval England* (New Haven/Llundain: Yale University Press, 1999).

Young, C., *Carisbrooke Castle* (Llundain: English Heritage, 2003).

Adluniad damcaniaethol o Gastell Caerfyrddin, o'r de-orllewin, fel y byddai o bosib wedi ymddangos tua 1500. Hawlfraint © Neil Ludlow 2012.

MYNEGAI

Aberdaugleddau (sir Benfro) 25, 217 a n. 317
Abertawe 33, 271, 272 a n. 226
Aberteifi *Ffigurau 6 a 7*
    arglwyddiaeth 19, 21–3, 28–9, 43 n. 313
    beilïaid 29, 30 a n. 162
    bwrdeistref 27, 40, 242
    bwrdeiswyr 28
    carchar 30, 249–50, 256, 262 n. 209, 271
    llysoedd 30, 32, 33–4
    sir ffiwdal 29–30, 32
Aberteifi, Castell 19, 21, 22–3 a n. 60, 28, 29, 30, 33, 38, 44, 103, 190, 191, 194, 203 n. 173, 215, 218, 364, 365, 266
    cwnstabl 23, 30, 210 n. 238
    neuadd a siambr 106, 192, 194, 210 n. 238
    pont 196
    porthdy 210 n. 238
    rheolaeth y Cymry ohono 23, 28–9, 38
    trysorlys 35 n. 234
    Twˆr y Brenin 192, 195 a n. 95, 244, 253, *Ffig. 118*
Aberteifi, sir 23, 32, 236 *Ffigurau 7–8, 125*
    Rhyfel Cartref yn 242
    sesiynau yn 33 n. 195, 33 n. 196, 236
    siryf 33, 34 n. 200
Aberystwyth (Ceredigion)
    castell 30, 33, 203 n. 173, 216, 373, 375
    mwynglodd plwm 50, *Ffig. 10*
    prifysgol 272
Acts and Ordinances of the Interregnum 226 a n. 9, 234

Adferiad, yr (1660) 242 a n. 97, 243, 244, 357
Adroddiad Geddes 271 a n. 226
Ail Ryfel Byd 84, 272
Alban yr, ymgyrchoedd yn erbyn (14g.) 24 a n. 91, 36, 39, 215
Alice, merch Owain Glyndŵr 25 n.113
Allen Brown, Reginald (hanesydd) 5
Alnwick, Castell (Northumberland) 191 n. 72, 211
Allt-y-cnap (Caerfyrddin)
    demên 42, *Ffig. 9*
    lloc amddiffynedig 18 n. 17
Amgueddfa Heddlu Dyfed-Powys 235
Amrywiol Bethau'r Siawnsri 179
Amwythig, siryf 28 n. 139, 30 a n. 171
Annales Cambriae 15 a n. 1, 21, 22 n. 66
Arberth, castell ac arglwyddiaeth 19, 213 n. 260
'Archdeacon's Land' (Caerfyrddin), demên 42, 43 n. 320
Archifau Cenedlaethol (TNA), yr 5, 16, 179
archwilwyr 36 a n. 245, 203 a n. 167, 236, 237 n. 38, 379
Arenig, system 6
arfau, cyflenwad 21. 59, 23 n. 94, 40
Arglwydd Rhys, yr (Tywysog Deheubarth), *gw*. Rhys ap Gruffudd
Armitage, Ella (hynafiaethydd) 5 a n. 3, 18 a n. 17, 87 n. 21, 198, 364
Arthur, Brenin y Brythoniaid 351
Audley, Henry de (ceidwad Castell Caerfyrddin; siryf sir Amwythig) 57 n. 138, 58 n. 171

Audley, Nicholas de (ustus de Cymru; arglwydd Cantref Bychan) 37
Aumerle, dug 217

Banc-y-castell (Caerfyrddin), mwnt posibl 18 a n. 15, *Ffig. 2*
Barnard, Castell (Swydd Durham) 197
Barnwell, Castell (Northants.) 192
Bauzan, Stephen (marchog) 23
Beauchamp, John de (cwnstabl Castell Caerfyrddin) 30 a n. 159, 34, 218
Beauchamp, William de (arglwydd y Fenni; ustus de Cymru 25
Beaufort, John (iarll Somerset) 25 n. 111, 218
Beaufort, Thomas (dug Exeter) 218
Beeston, Castell (Swydd Gaer) 181, 196, 200
Berkeley, Castell (Swydd Gaerloyw) 73, 188–90 a nn. 48–50, 353, *Ffig. 116*
Berkhamstead, Castell (Herts.) 189
Berry, James (is-gadfridog Cymru a'r Mers) 242, 243
Bigod, Roger (iarll Norfolk) 200
Blackburn, William (pensaer) 256
Blome, Richard (cartograffydd) 243
Bodiam, Castell (Sussex) 212
Bowes, Castell (swydd Efrog) 189
Bramber, Castell (Sussex) 191 n. 72
Braose, John de (arglwydd Gŵyr; ceidwad Castell Caerfyrddin) 28 n.139, 44 n. 335
Braose, Walter de (ceidwad Castell Caerfyrddin) 28 n. 139
Brawdlys Clarendon (1166) 34 n. 202
Brenhinedd y Saeson 15 a n. 2, 18, 21
Brenhinwyr, y (Rhyfel Cartref) 240, 241, 242
Bret, Philip le (ceidwad Castell Caerfyrddin) 28 n. 139
Brian, Guy de (ceidwad Castell Caerfyrddin; arglwydd Talacharn) 30
Bridgwater (Gwlad yr Haf) 44, *Ffig. 10*
Brigstocke, Thomas (hynafiaethydd) 258 n. 183, 262 n. 208
Browne, Sir Henry (Castell Caerfyrddin yn dod i'w feddiant) 239, 356
Brut y Tywysogyon 15 a n. 1, 17–18 a n. 14, 190
Brycheiniog, sir 17
Brynbuga (sir Fynwy)
    carchar 271 n. 226
    castell 186, 215
    gwrthrych asgwrn o 346
Bryste 22, 40, 189 n. 50, 290, 340
    castell 34, 44, 51, 367
    crochenwaith 289, 290, 292, 293
    cyflenwadau o 24 n. 88, 40, 44, 51, 356, 365, 366, 367, *Ffig. 10*
Buellt (Powys)
    arglwyddiaeth 23, 50
    castell 183
    mwynglodiau yn 50, *Ffig. 10*
Buck, Samuel a Nathaniel (argraffwyr): printiadau o Gaerfyrddin (1740au) 12, 73, 74, 93, 95, 99, 101–2, 105, 119, 133, 135–6, 183, 195 a n. 103, 201, 204, 205, 234, 238, 244, 246–8 a n. 128, 354, *Ffigurau 126–7*
Bulwarks, y (Caerfyrddin) 7–8, 234 a n. 10, 241 a nn. 69 a 78, 350, *Ffig. 3*
Burgh, Hubert de (iarll Caint; prif ustus Lloegr) 22, 28 a n. 139, 189–91 a n. 100, 196, 197, 200, 353, 365
Burley, Sir Simon (fel prif ustus de Cymru a chwnstabl Castell Caerfyrddin) 37, 217 n. 296
bwtresi ysbardun 191–2
Byland, Abaty (swydd Efrog), gwaith metal o 331

Cadell ap Gruffudd (Tywysog Deheubarth) 20, 28–9, 363
Cadw: Welsh Historic Monuments 1 n. 1, 362
Caeo, *gw.* cymydau
Caer, Castell 23 n. 80, 357, *Ffig. 7*
Caerdydd
    castell 205
    carchar 271 a n. 227
    Parc Cathays 272
Caerefrog
    Baile Hill 187 n. 40
    gwrthrychau pren o 340
    lledr o 333, 337
Caerefrog, Castell 185
    beili 239
    carchar 205, 357
    gwaredu 239 n. 54
    llysoedd 205
    mwnt 205–6
Caerfaddon a Wells, esgob 218

Caerfyrddin
- arolwg (1275), *gw.* Ymchwiliad Siawnsri
- Buffalo Inn (rhifau 20–1, Heol y Bont) 143, 149, 153, 262 a n. 203, *Ffigurau 5, 30, 65, 85–6, 90, 92, 128–31, 133–4, 140, 148–50, 153–4*
- brodordy, *gw.* Caerfyrddin, Brodordy
- caer Rufeinig 7, *Ffig. 2*
- Canolfan Gwybodaeth i Ymwelwyr 172, 351
- Capel Lime Grove (Eglwys yr Holl Saint) 272 n. 234
- carchar y sir, *gw.* Caerfyrddin, Carchar y Sir
- cei 8, 39, 41 n. 303, 45 a n. 349, 48 n. 365, 51, 234, 241, *Ffigurau 3, 112, 127, 133, 135–6, 140, 148–50, 154*
- Cromwell yn 242 a nn. 91 a 112, 243
- daeareg 6, 48, 78, 86, 97, 99, 106–7, 180–1, 249–50, *Ffig 10*
- eglwys (Sant Pedr) 39, 206 a 196, 260 n. 199, 364
- eglwysi a chapeli yn *Ffig. 3*
- ffowndri 173
- iard frics 306
- Llandeulyddog, mynachlog canoloesol cynnar 8, 19
- lloc Rhufeinig 8 n. 20, 19
- mapiau o 18 a n. 17, 41 a n. 303, 71–2, 74, 76, 87, 93, 95, 102 n. 27, 105, 119, 143, 149, 151–3, 163, 166–7, 180–3, 185 n. 28, 188 n. 44, 195 n. 98, 200, 206, 234 a n. 13, 238, 244, 246–9 a n. 144, 256–7, 260–1, 353, 356, *Ffigurau 111–12, 133, 148–50*
- Neuadd y Sir, *gw.* Caerfyrddin, Neuadd y Sir
- plwyf (Sant Pedr), 39–42 a nn. 308, 312, 245, *Ffig. 9*
- pont 6, 7, 12, 22, 41 a nn. 303 a 305, 183, 185 a n. 28, 199, 241, 261, 272 a n. 236, 367, 377, *Ffigurau 2, 3, 112, 126–7, 132–3, 135, 138, 148–50*
- priordy, *gw.* Caerfyrddin, Priordy
- selerydd yn 106, 121–22 a n. 35, 255, 285, 286, 288, 306, *Ffig. 64; gw. hefyd* Caerfyrddin, Castell, ffos orllewinol
- sir ffiwdal, *gw.* Caerfyrddin, arglwyddiaeth
- Swan Inn (11 Maes Nott) 143–5, 148–55, *Ffigurau 5, 65, 85–8, 90, 92–4, 128–31, 133–4, 140, 148–50, 153*
- topograffeg 6, *Ffigurau 2 a 9*
- tref Rufeinig (Moridunum) 7–8, 19, 40, 241, *Ffigurau 2 a 3*

Caerfyrddin: Caerfyrddin Newydd, bwrdeistref canoloesol 1, 5, 8–10, 11–12, 19, 25, 28–9, 39–41, 44, 122, 143, 180, 183, 185, 203, 219 a n. 329, 286, 330, 352, 356, 373, *Ffigurau 2–3, 6–10, 125*
- amddiffynfeydd y dref 9–10, 26, 40–1 a nn. 300 a 303, 102 n. 27, 105, 185 n. 28, 189–90 n. 64, 191–2 a n. 81, 242–3, 244 a n. 124, 250, *Ffigurau 3, 39, 44–5, 112, 128*
- beiliaid 21
- bwrdeiswyr 23 n. 79, 40, 42–5, 198 n. 125, 219
- caeau agored 41–2 a nn. 313 a 320, *Ffig. 9*
- corfforaeth 39
- grantiau murdreth 40 a n. 296, 190 n. 63
- maer 40, 41 n. 300
- maesdrefi 40–1
- maint 39–41, 261–2, *Ffig. 3*
- marchnadfa 39, 122, 124
- masnach 39, 45
- melinau *Ffig. 3*
- milwyr a llongau wedi ymgynnull yn 24 nn. 88 a 91, 39–40 a n. 279
- Neuadd y Dref (Guildhall) 40, 237 a n. 41
- poblogaeth 40
- porthfaer 40
- porthladd 40, 44–5
- Santes Fair, eglwys (Eglwys Grog) 39, *Ffig. 3*
- siartr 40
- stapl (prif borthladd) 40
- tir bwrgais, lleiniau 39, 70–2, 95, 98, 149–51, 261–2, 332, 352
- tiroedd comin 41–3, *Ffig. 9*
- ymosodiadau yn erbyn 20–6 a nn. 32, 41, 207–8

Caerfyrddin: 'Hen Gaerfyrddin', bwrdeistref ganoloesol 7–10 a n. 23, 19, 39–41, *Ffigurau 3 a 9*
- ffair 40 n. 294
- marchnad 40 n. 294
- melinau 190 n. 64, *Ffig. 3*
- tiroedd comin 41–3, *Ffig. 9*

Caerfyrddin: bwrdeistref ôl-ganoloesol 149–55, 233–35, 239–42, 244–5, 257 n. 181, 356–7

aelodau seneddol 240, 242
amddiffyniadau yn ystod y Rhyfel Cartref, *gw.* Bulwarks, y
arfdy (powdwr gwn) 260
bwrdeistref sirol 235 n. 28
carchar yn 245 a n. 124, 247–8, 249–50 n. 147, 256 n. 170, *Ffig. 128*
heddlu'r bwrdeistref 188
Llyfrau Archebion Corfforaeth 233–4 a n. 3, 237, 251 n. 72, 242 n. 91
Neuadd Dref y Bwrdeistref (Shire Hall) 237 a n. 41, 257, n. 178, 260 n. 199, 270 n. 222, 356
wardiau 41 a n. 301
Caerfyrddin, arglwyddiaeth (a sir ffiwdal) 15, 19–24, 26–31 a n. 152, 44, 239, 354–6, *Ffigurau 6, 8, 10, 125*
beiliaid 30 a n. 162, 44 n. 334
Brodoraeth (Welshry; *gw.* hefyd Caerfyrddin, sir ganoloesol, sir Gymreig) 8, 27, 28–9, 33, 41, 44 a n. 334, 50 a n. 388, 213
llysoedd 26–9 a n. 128, 33–4 a n. 186, 203, 213, 214, 354
Saesonaeth (Englishry; *gw. hefyd* Caerfyrddin, sir ganoloesol, sir Seisnig) 27 a n. 128, 33, 39, 41–3, 213–14
Caerfyrddin, Brodordy Ffransisgaidd (Brodyr Llwydion) 16, *Ffig. 3*
crochenwaith o 287, 332
defnyddiau adeiladu 45, 48–51 a n. 405, 295
gwaith metel o 343, 344
gwrthrych asgwrn o 346
Caerfyrdddin, Carchar y Sir (1550–1789) 1, 4–5, 12, 15, 93, 149–51, 182, 184, 200, 205, 211, 213, 233–4, 237–43 a n. 114, 244–8 a n. 122, 249–50, 356–7, *Ffigurau 111, 126–8*
adeiladau 233, 247–8 a n. 128, 357
Adroddiad Howard ar, *gw.* Howard, John
ceidwad 245 a n. 120
ffynnon/pwmp 184, 247
ymosodiad ar 247–8
Caerfyrddin, Carchar y Sir (1789–1924) 1, 4–5 a n. 10, 11, 12–13, 15, 73–4, 114, 142, 163–4, 182, 205, 211, 233–5 a n. 19, 247–8, 249–72 a nn. 146, 148 a 193, 352, 357–8, *Ffigurau 129–50*
Adroddiad Neild ar, *gw.* Neild, James
arfdy (powdwr gwn) 260

bloc ffasâd 252–3, 256–7 a nn. 176 a 178, 271–2 a n. 234, 357, *Ffigurau 131, 133, 139–41, 145, 147*
capel 253, 255, 257 a n. 181, 267, 271–2 n. 234
llety ceidwad y carchar 253
mynedfa 86, 122, 252–3, 262, 267, *Ffigurau 130–1, 137, 139, 141, 145*
ysgoldy 257
bloc y dyledwyr 76, 163, 252, 255 a n. 162, 260, 263, 266, 357, *Ffigurau 12–14, 100, 131, 133, 139–41, 144, 147*
bloc y ffeloniaid 253–4 a n. 156, 255, 260, 262, 266–7, *Ffigurau 131, 139–41, 147*
olwyn draed 255 a n. 161, 258 a n. 182, *Ffigurau 131, 133, 139*
bloc y merched (1857–8) 260–1 a nn. 198 a 199, *Ffigurau 131 a 139*
carchar newydd yn (1868–72) 12, 142, 155, 233, 262–72, 358, *Ffigurau 140–3, 146–7*
olwyn draed 265, *Ffigurau 140–1, 147*
prif bloc 263–5 a n. 211, *Ffigurau 140–3, 147*
rhandy'r gegin a'r golchdy 265, *Ffigurau 140–1, 147*
ty'r llywodraethwr 265–8, *Ffigurau 140–1, 146–7*
wal derfyn; 'wal y Carchar' 12, 73, 76, 135, 155, 158, 159, 163–71, 173, 255, 262, 268, 270, 271, 358, 360, 362, *Ffigurau 5, 12–13, 18, 30, 34–5, 39, 51, 96, 101–3, 105–6, 108, 140–1, 147, 165–6*
cau 262 n. 208, 271 a nn. 226 a 227
cegin 255, *Ffig. 139*
celloedd dan ddaear 155, 255 a n. 160, 260
claddedigaethau (posibl) 67, 84, 258 a n. 186, 285, 360
clafdy 12, 93, 166–8 a n. 56, 170, 171, 256 a n. 170, 260, 268, 270, 357, *Ffigurau 5, 34, 101–4, 106, 131, 133, 139*
cloddio 154, 162–4, 171–2, 255, 357
cynlluniau (hynafol) 71–2 a n. 3, 74, 76, 79, 87, 95–7, 101–2, 117, 135, 142, 151–3, 164, 168, 171–4 a n. 59, 183 a n. 17, 195 a n. 8, 200, 205, 234–5 a nn. 21 a 22, 248–51 a nn. 142, 144 a 148, 255, 257 n. 181, 258–62 a nn. 187, 188, 198, 204,

207 a 208, 267 n. 218, 270 a n. 222, 272 n. 234, 357, *Ffigurau 129–30, 133, 137, 139, 141, 148–51*

Cyweirdy 247, 255 a n. 160, 260, *Ffigurau 131–3, 135–6, 139*

dienyddiadau 258 a n. 184

dymchwel 1, 12, 233, 257, 271 a nn. 234 a 235, 357

ffynhonnau 184, 255, 265 a nn. 215 a 216, *Ffigurau 140–1*

gerddi 67, 79, 84, 163, 182, 255, 258 a n. 187, 270, *Ffig. 140*

iardiau awyru 253, 270

printiadau (hynafol) 84, 87 n. 21, 117, 125, 129, 135, 142, 164, 168, 171, 172, 200, 205, 234 a n. 14, 248–51 a nn. 144 a 148, 255–8, 262 n. 204, 263–4 n. 211, 270 a n. 222, *Ffigurau 132, 134–6, 138, 142–7, 152–3*

Trebanda, *gw*. Caerfyrddin, Carchar y Sir, Cyweirdy

tŷ'r llywodraethwr 255 a n. 168, *Ffigurau 131, 133, 139*

wal y carchar, *gw*. Caerfyrddin, Carchar y Sir: carchar newydd

Caerfyrddin, Castell

adeiladau rhestredig yn 171, 174, 272 a n. 235, 362 a n. 8, *Ffig. 166*

amddiffynfeydd o goed 8, 10, 50, 67, 79–80, 182–7, 352–3, *Ffigurau 113 a 115*

archwilwyr yn, *gw*. archwilwyr

ardal restredig o 362, *Ffig. 166*

bwtri 197, 371

canonau 73, 212, 235, 241

capeli 11, 196 n. 113, 205–6, 238, 355, 371, 372, 374, 375, 377, 378, 379

Capel y Brenin (siantri y Tywysog Edward) 183 n. 14, 202, 206 a nn. 197, 200 a 206, 215, 216, 368, 371, 375, 376, 378, *Ffigurau 121–2*

capel y castell 185, 200, 206 a nn. 196 a 202, 214–15 a n. 268, 364, 366, 377, *Ffigurau 117, 119–22*

carchar, celloedd yn, 15, 26, 29, 30, 34 a nn. 202 a 216, 195, 196, 200, 207–8, 210, 213, 233, 238, 356, 369–70, 373–8; *gw. hefyd* Caerfyrddin, Carchar y Sir, 1550–1789

carchar, twˆr 34, 196, 370–1

carchar y sir, *gw*. Caerfyrddin, Carchar y Sir

'Castle Ditch/Castle Green' (ffordd ôl-ganoloesol) 180, 183, 205 n. 192, 248–9 a n. 138, 250, 255, 262, 357, *Ffigurau 111, 126–33, 137–9*

'Castle Green' (cwrt allanol) 205 n. 192, 216, 238–9, 244–5 a nn. 122 a 123, 247 n. 128, 248–9, 250 a nn. 138 a 144, 262 a n. 208, 268, 270, 272, 357, 362 a n. 8, *Ffigurau 111, 126–9, 131–3, 137–8, 140, 143, 147–50*

Castle House, *gw*. Hen Orsaf yr Heddlu

cegin (prif gegin) 11, 197 a n. 121, 213–15, 366, 371, 376, *Ffigurau 119–22*

ceidwad 22, 27–30 a nn. 139, 156, 159, 162 a 171, 34, 42 n. 313, 43–4 a n. 335, 197, 213–14, 354, 364

'Chamberlain's Lane' 200 n. 144

cloddiau a gwrthgloddiau 10 a n. 24, 11, 86, 95–8, 102, 157–8, 180–6, 195, 197 a n. 123, 199, 204, 241, 244, 261, 352, 356–7, *Ffigurau 111, 113, 115, 117, 119–22*

creu parthau yn 205, 216, 355

crocbren 34

cwnstabl 23–5 a nn. 109 a 113, 27 a n. 129, 29–30 a nn. 156 a 159, 33–8 a nn. 217, 220 a 221, 40, 43 a nn. 320 a 333, 184, 213 a n. 257, 216–18 a nn. 284 a 296, 236, 237–8 a n. 43, 245–6, 355

cwnstabl, cartref sywddogol 26, 35, 198, 200, 213, 214, 216, 236–9, 245, 354

cegin yn 34, 200, 214, 372, 373, 377

neuadd yn 210, 372, 377

siambr yn 35, 200a n. 145, 373, 378

cwrt mewnol 10, 11–12, 34, 67, 85–6, 90, 99, 155–6, 180–3 a n. 14, 185, 190, 195–7, 198, 199, 200, 203–6, 211, 216, 241, 244, 245, 246–7, 248, 250, 255, 262, 352, 353–4, 355–6, 357, 358, 360, 374, *Ffigurau 5, 43, 45, 48, 61–2, 112–13, 115, 117, 119–22, 165*

adeiladau wedi'u cloddio 11, 155–60, 204, 354–5, *Ffigurau 39, 46, 51–2, 5–7*

crochenwaith o 159–60, 285–6; *gw. hefyd* crochenwaith

croesfur 205 a n. 192, 207 n. 212, 246, 255, 262, 355, 357, 358, *Ffigurau 111–12, 126, 128–31, 137, 139*
dyddodion yn 103, 109, 115–17, 155–64, 358, *Ffigurau 46, 96, 98–9, 165*
llenfur dwyreiniol 12, 182, 195, 197, 200, 205 a n. 193, 206, 248, *Ffigurau 5, 12, 111, 117, 119–22, 128, 131, 137, 139–40*
mesuriadau 180
popty yn 158, 204, *Ffigurau 51, 96–7*
tyrau 1, 10, 34, 38, 55, 95, 97, 102–22, 181–3, 190–6, 198, 202, 208, 211–12, 216, 244, 353, 355–6, 366–8, 371, 374, 379, *Ffigurau 112, 117, 119–22*
cyflenwi 4, 21, 23, 24 n. 89, 24 a n. 101, 27 a n. 125, 35–6, 39–45 a nn. 313, 334 a 335, 51, 213, 219, 356, *Ffigurau 9 a 10*
cynlluniau o (hynafol) 41 a n. 303, 71–2, 74, 76, 87, 93, 95, 105, 119, 143, 149, 151–3, 180–3, 185 n. 28, 187 n. 44, 195 a n. 98, 200, 205–6, 211–12, 234 a n. 13, 238–9, 246–9 a n. 138, 256, 261, 353–4, 355, *Ffigurau 111–12*
darnau arian o 262, 346
defnyddiau adeiladu 43, 45–51 a nn. 353 a 365, 73–4, 80–1, 86–7, 89–90, 91, 93, 102, 103, 109, 116–17, 121–2, 125, 129, 130, 131, 135, 139–40, 142, 146, 148, 149, 153, 156–7, 158, 167, 190 a n. 64, 196, 199, 203, 204, 207, 210, 356, 365, 367, 368–72, 373, 375, 378–9, 380, *Ffig. 10*
defnyddiau toi; 46, 48–50, 194–5, 198, 202, 208, 210, 215, 216 n, 286, 294, 295, 301, 306, 330, 365–7, 369–71, 373–4, 376–80, *Ffigurau 10–11, Tablau 1–7; gw. hefyd* llechi; teils
demên 18, 25, 27, 29, 32, 38, 39, 41 nn. 312–13, 319–21 a 326, 48, 50, 51, 219, *Ffig. 9*
dinistrio 4, 12, 41, 93, 105, 113, 142, 149, 195, 211, 237–8, 240–4 a nn. 107, 112 a 114, 247–8, 357, 358
esgyrn anifeiliaid o 45 a n. 351, 142, 145, 155, 286
ffos groes (rhwng beilïau) 11, 155, 180, 182, 183, 195, 201, 206, 245, 248–9, 352, 357, 360–1, *Ffigurau 5, 101, 113, 115, 117, 119–22, 128, 165*

ffos orllewinol 12, 45, 49–51, 85, 95–8, 106–7, 122, 124, 143–55, 180–1, 285, 357, 358, 361, *Ffigurau 5, 12, 35, 38, 65, 87–92, 113, 115, 117, 119–22*
crochenwaith 49–50, 144–8, 152–3, 285, 290–1, 310–12, 332, *Ffigurau 157–8, Tablau 1 a 7*
dyddodion 144–7, 149–53, 244, 286, 287, 356, 362, *Ffigurau 89–91*
gwrthrychau lledr 145, 147, 155, 286, 332–40, 356, 358, *Ffigurau 159–60, Tabl 8*
gwrthrychau pren 145, 146, 286, 332, 340–3, 356, 358, *Ffigurau 161–2*
selerau yn 12, 143–8, 152–5, 262 a n. 205, *Ffigurau 5, 34, 65, 67, 85 94, 165–6*
tresmasau domestig ar 143–5, 148–55, 181, 239, 261, 357, *Ffigurau 65, 85–94, 111–12, 128–311, 39–40*
ffosydd 11, 12, 39, 85, 106, 180–1, 238–9, 261, 358, 362 a n. 9, *Ffigurau 5, 12, 111, 113, 115, 117, 119–22, 165; gw. hefyd* Castell Caerfyrddin, ffos groes; ffos y mwnt; ffos orllewinol
ffynnon 184, 187 a n. 40, 202, 372
gardd y 'Cursitor' (ôl-ganoloesol) yn 12, 159, 163, 182, 245, 248, 255, 259 a n. 188, 260, 262, 265, 270, 357, *Ffigurau 111, 128–31, 137, 139*
garisiynau yn 20 n. 35, 22–3 a nn. 58–9, 24–5 a nn. 101, 103 a 111, 27, 35, 38 a n. 268, 44 a n. 346, 213, 216, 217–19 a nn. 306, 314, 329, 240–3 a n. 87, 356–7
gofaint yn 51, 218 n. 306, 365–6, 368, 375,
gorthwr gwag yn 11, 12–13 a n. 27, 67–86, 89, 173 a n. 59, 181–2, 187–90, 195–6 a n. 113, 204–5, 212, 216–17, 241, 244, 247, 256, 258, 352–3, 355, 358, 360, 366 372, *Ffigurau 4–5, 12–26, 31, 111–12, 114–17, 119–22, 126–8, 139–40, 147–50, 165–6*
adeiladau mewnol 11, 67, 84–5, 205, 216, 354–5, *Ffigurau 20, 116, 121–2*
atgyfnerthu 13, 73, 76, 78, *Ffigurau 20 a 29*
bwtresi yn erbyn 73, 76, 77, 187 n. 44, *Ffigurau 12–13, 20, 139–40*

crochenwaith o 49–50, 79, 81, 84, 186, 205, 285–6, 295, 301, *Ffig. 156, Tablau 1–3; gw. hefyd* crochenwaith
 dyddodion yn 78–9, 81, 84, 186, 205, 285–6, 358, *Ffigurau 21–2, 24*
 mesuriadau 72, 188
 mynedfa 74, 79, 188, *Ffig. 20*
 penglog o 68, 84, 258 a n. 186, 285, 360, *Ffig. 24*
 plinth 76–7, 204, *Ffigurau 14 a 28*
 rhagadeilad a staer 73–6, 77, 85, 86, 163, 166, 168, 187–8, 205, 247, 255, 258, *Ffigurau 12–14, 16–18, 28, 106, 116, 121–2, 128, 131, 139–40, 165–6*
 seiren cyrch awyr 84, 272, *Ffig. 20*
 tyredau 72, 76, 83, 181–2, 187–90 a nn. 44 a 48, 353, *Ffigurau 12, 15, 20, 111, 115–17, 119–22*
 wal y gorthwr ganoloesol 11, 67, 72–3, 76, 79, 81–2, 85, 187–9, 204–5, 212, 352–3, *Ffigurau 14, 20–1, 23, 25–6, 111, 115–17, 119–22, 126–7*
 wal y gorthwr ôl-ganoloesol 11, 67, 69–70, 72, 76–9, 81, 84 n. 18, 86–7, 188 a n. 48, 247, 258, 357, *Ffigurau 14, 20–1, 23, 25–6, 28–9, 31, 128, 131, 139–40, 147*
 'watch-tower' 188, 205 n. 189, 370
gosgorddion 15, 26, 44, 45, 202, 205, 213–18 a nn. 257 a 273, 352, 354
granar 197, 371
gwaith metel o 50–1, 332, 343–8, *Ffigurau 163–4*
gwrthychau asgwrn o 155, 346, *Ffig. 164, Tabl 9*
gwydr o, *gw.* gwydr
gwyngalchi 106, 109, 199, 356, 365, 367
gynnwr 212, 235
Hen Orsaf yr Heddlu (Castle House) 12, 90, 142, 164, 167, 171–4 a n. 59, 270, 272, 351, 358, 362, *Ffigurau 5, 12–13, 30, 33–4, 65, 72, 81, 101, 108–10, 140, 147–52, 165–6*
 cilddor 183 a n. 14, 197, 199, 201 a n. 151, 206 n. 197, 207, 212, 244, 248, 357, 258, 367, 372, 375, 379, *Ffigurau 121–2, 126, 128*
 cwrt allanol 12, 85, 155, 164, 180, 183–5, 190, 201, 205 n. 192, 206 a n. 208, 207 n. 223, 212, 216, 219, 233, 239, 245 a n. 122, 248–9, 262, 272, 352–4, 357–8, *Ffigurau 5, 112–13, 115, 117, 119–22, 126–8, 165*
 datblygu ôl-ganoloesol, *gw.* Castell Caerfyrddin, Castle Green
 llenfur 46, 85, 183–4, 198, 201–2, 205–6 a n. 197, 212, 243–4, 248–9, 357, 358, 367, 371–2, *Ffigurau 112, 120–2, 128*
 mesuriadau 180
 porthdy (a rhagdwr) 11, 183, 185, 200, 215, 353, 370, 372, *Ffigurau 121–2, 128*
 tyrau 183, 201, 244, 248– 9, 353, *Ffigurau 112, 120–2, 126–8*
King's County Hall, *gw.* Castell Caerfyrddin, Plas y Prif Ustus, llysty
llenfur deheuol (cwrt mewnol) 11, 85, 86, 99–102, 103, 113–14, 117–19, 121, 156, 158, 162, 182, 198 n. 125, 199, 202, 203–4, 212, 241, 248, 260, 355, 358, 366, *Ffigurau 30, 39–41, 43, 50–1, 55, 61, 64, 112, 117, 119–22, 128, 131, 140*
 atgyweirio 100, 202, 355, 371
 cloddio 100–1, 286, *Fig. 39*
 dinistrio 100, 103, 105, 113, 242–4, 357
 llethr sgarp a'r dyddodion o dan 11, 85, 99–100, 102, 106–7, 117, 122, 160–3, 180–1, 195, 248, 355, 358, *Ffigurau 12, 43, 61–2, 95, 98–9, 126–7*
 mesuriadau 100
llenfur gogleddol (cwrt mewnol) 11, 12 n. 27, 71–6, 77, 85–7 a nn. 19 a 21, 163–4, 182, 189, 195, 243, 246, 250, 255, 261, 270, 273, 357, 360, 362, *Ffigurau 5, 12–13, 16, 27–9, 111, 117, 119–22, 127, 131, 139–40, 165–6*
 bythynnod yn erbyn 71, 87 a n. 21, 261, *Ffigurau 5, 12–13, 17–18, 29, 131*
 ffabrig 86–7
 mesuriadau 86
 twll prawf yn erbyn 87
llenfur gorllewinol (cwrt mewnol) 11, 12 n. 27, 85, 89–98, 102, 109–10, 130, 134–5, 140, 143, 156–9, 166, 172, 173, 180, 187 n. 44, 190, 196, 198 n. 125, 201,

203–4, 210, 211, 212, 246–7, 248, 256, 261, 270, 355, 357, 360, 362, 366, *Ffigurau 4–5, 12, 30–6, 39, 45, 51–2, 55, 59, 65, 67, 72, 77, 79, 81, 96, 101, 111–12, 117–22, 124, 128, 131, 139–40, 165–6*
    ailosodiadau (ôl-ganoloesol) 95–7, 248, 261–2, *Ffigurau 12, 30, 35–6, 39, 44–5, 48, 51–2, 59, 79, 81, 83, 111, 128, 130–1, 137, 139–40*
    clawdd o dan 86, 95–8, 102, 106–7, 157–8, 161–4, 180–1, 185, 198 n. 125, 199, 204, 243–4, 261–2, 286, 352, 356–7, *Ffigurau 12, 30, 35–8, 99, 113, 115, 117, 119–22, 165*
    difrod ac ailadeiladu 91–7, 207, 211–12, 355, *Ffig. 31*
    dinistrio 105, 142, 149, 242–4, 248, 357
    dyddiad 85 a n. 19, 90–3
    ffabrig 90–1, 94–5
    mesuriadau 89–90, 96–7
    rhyngdwr 95, 98, 183, 207, 211–12, 215, 216 n. 288, 355, *Ffigurau 12, 30, 122*
    siambr furol 95, 110, *Ffigurau 30, 35, 45, 51–2, 54*
llety yn 11, 214–19, 354, 368–9
llysoedd yn, *gw.* Caerfyrddin, arglwyddiaeth; Caerfyrddin, sir: Sesiynau
llysty yn, *gw.* Caerfyrddin, Castell, Plas y Prif Ustus
llywodraethwyr (o'r 17g.) 240–3 a n. 92, 356
magnelau (canoloesol) yn 44
'Mainprize Chamber' 34 n. 216, 380
mesuriadau 10 a n. 24, 180–1 a n. 5
mwnt 10, 11, 12, 13, 38, 39, 67–86, 87, 89–90, 95, 180–1, 184–90, 204–5, 211, 214 n. 262, 216, 261, 352, 353, 355, 356–60, 363 *Ffigurau 4–5, 12–16, 19–26, 113–17, 119–22, 128, 131, 139–40, 147, 165–6; gw. hefyd* Castell Caerfyrddin, gorthwr gwag
    ailfodelu 69–72, 82, 84–5, 89, 186–7, 204 a n. 188, 211, 216, 355, 358, *Ffigurau 14, 121–2*
    bythynnod yn erbyn 71, 76, 261, *Ffigurau 5, 12–14, 111, 128, 139–40*
    cloddio ar 73, 78, 79–84, 285, 295, 306, *Ffigurau 20–7, 165*
    cyfansawdd 69–71 a n. 2, 72, 77–8

    ffos y mwnt 11, 70–1, 85–6, 89, 180–1 a n. 5, 185, 200, 204, 211, 216, 355, 360, *Ffigurau 12, 113, 115, 117, 119–22, 165*
    gardd (Gardd y Llywodraethwr) 67, 76, 79, 84 a n. 18, 258, 285–6
    mesuriadau 69, 71, 180 a n. 5
    tyllau prawf 77, 87, 286, *Ffigurau 13–14, 19–20*
    tyllau turio 71 a n. 2, *Ffigurau 13–14*
    twˆr (posibl) 11, 67, 80, 185–7 a n. 40, 205 a n. 189, 352–3, 355, *Ffigurau 5, 12–13, 20–4, 113–14, 116*
    waliau cynnal 69–72, 84, 261, *Ffigurau 5, 12–14, 128, 131, 140*
Neuadd a Siambr yr Archwiliwr 36, 203 a n. 167, 237, 376, 377, 381, *Ffigurau 121–2*
Neuadd Fawr (Neuadd y Brenin) 10–11, 33, 183 n. 14, 185, 195–7 a n. 118, 199–200, 203–6 a n. 212, 214, 216, 353, 365–9, 371–2, 377, *Ffigurau 119–22*
paneli dehongli 351
pantri yn 173–4, 371, 376
planhigion, olion 45, 145, 155
Plas y Prif Ustus 11, 26, 36, 47–8, 184 a n. 18, 201–5, 213–15, 216, 237, 354–5, 368, 376, *Ffigurau 121–2*
    bwtri 203, 368
    cegin 202, 213, 214, 368, 377
    dreser 203, 368
    neuadd y prif ustus (King's Shire Hall) 203, 205 n. 189, 207–8, 211, 213, 237, 256, 355, 376–9, *Ffigurau 30, 34, 65, 101, 122, 124, 128*
    lloc yn 203–4 a n. 167, 208, 379
    llysty (King's County Hall) 11, 26, 33, 197 a n. 118, 203 a n. 169, 211, 355, 371–2
    popty / bragdy 203, 368, 372
    siambr 203, 376, 378
    stabl 207 a n. 223, 374, 376–7
Plas y Siambrlen 11, 36, 38, 184 a n. 18, 201–4, 205, 207, 208, 213 a n. 254, 214–15 a n. 266, 216, 306, 354, 368, 372, 374, 375, 376–8, 380, *Ffigurau 121–2*
    cegin 159, 197 n. 121, 202, 203, 204, 213, 368, 339, 371, 372, 376, 378, 380–1, *Ffigurau 96, 121–2*

lloc 203 a n. 167, 204, 205, 216, 371, 377
neuadd 203–4, 369, 372, 373, 376, 377, 378, *Ffigurau 121–2*
popty 158–9, 204, 216, 372, *Ffig. 96*
siambr 203, 204, 373, 374, 376, 378, 380, *Ffigurau 121–2*
stabl 207 a n. 223, 374, 376, 377, 379
plymwyr yn 208, 373, 375
pont(ydd) 7, 12, 124, 127, 143, 146–7, 151, 180, 196, 206–7, 210–11, 356, 358, 362, 364, 369, 372, 376, *Ffigurau 5, 12, 65, 85–94*
Porth Canol 183, 202, 206 a n. 208, 216, 355, 374, 377, *Ffigurau 112, 121–2*
Porthdy Mawr 11–12 a n. 27, 13, 19, 25, 35, 39, 46, 67, 85, 87, 89–90, 93, 95, 122–45 a n. 39, 146–9 a n. 48, 155, 164, 166, 170, 171, 181–5, 191 n. 68, 196, 198 a n. 125, 200–1 a n. 144, 203–4, 206–12 a nn. 212 a 217, 214–16, 237–9, 243–4, 245, 246, 250–2, 256, 259, 261, 262, 268, 270 a n. 222, 353–8, 362, 366, 367, 368, 371, 372, 375, 377, 381, *Ffigurau 4, 5, 12–13, 30, 33–6, 65–89, 92–4, 101, 111–12, 117, 119–22, 123–4, 126–32, 134–6, 138–40, 147–50, 153–4, 165–6*
  atgyweirio (ôl-ganoloesol) 123–4, 142, *Ffigurau 78–9*
  cyntedd y mynedfa 124–8, 129, 131, 137, 141, 142, 172, 196, 200, 201, 208, 210, 211, 253, 257, 267, 270, 285, 310, *Ffigurau 34, 65, 68–72, 76, 81, 131, 134, Tablau 1 a 6*
  difrod ac ailadeiladu 91–2, 95, 122–3, 147, 207–8, 355–6
  ffabrig 46, 122–3, 208
  grisiau tro 91, 130, 134, 136, 137, 140, 201, 354, *Ffigurau 30–1, 65, 67, 72, 77, 79, 81, 83*
  llawr cyntaf 122–5, 129–34 a n. 39, 137, 139, 208–9, 216, 354, *Ffigurau 68, 72–9, 81, 83*
  mesuriadau 122, 124, 126, 128, 137–9
  rhan ôl 122, 126, 135–41, 164, 170, 200–1, 205, 208–9, 247, 250, 256, 261, 268, 270, 357, 358, *Ffigurau 5, 34, 65, 72, 77, 79–83, 101, 120–2, 124, 126–8, 130–2*

tyrau 35, 91, 95, 122, 128, 135, 142–3, 149, 153, 181, 182, 195, 200, 208–9, 211, 215–16, 241, 270, 285, 356, *Ffigurau 31, 65, 67–8, 70, 72, 77–9, 84, 87–8, 93–4*
tyredau 93, 95, 130, 134–5, 142, 209, 244, 262, *Ffigurau 30, 34, 65, 72–3, 77–9, 81*
potensial archeolegol 163–4, 358–62, *Ffig. 165, Tabl 10*
printiadau (hynafol) 12, 74, 93, 99, 101–2, 105, 117, 119, 133, 135, 183, 195 a n. 103, 200, 201, 204, 205, 234 a n. 14, 238, 244, 246–9 a n. 128, 259, 354, 355, 357, *Ffigurau 126–7*
rhagdyrau 39, 183, 192, 206–7, 210, 244, 354, 356, *Ffigurau 112, 121–2*
rheolaeth y Cymry 10, 15, 16, 20 a n. 35, 21, 25–6, 28–9, 186, 213, 353, 363
Rhyfel Cartref, newidiadau yn ystod 8, 42, 73, 93, 105, 142, 149 n. 48, 211, 233, 234, 238–9, 240, 241, 285, 356
sefydlu 15–16, 18–19 a n. 18, 26–7, 67, 97–8, 184–6, 352, 363
seiri yn 50, 215, 218 n. 306, 364, 368, 372, 373, 374, 375, 376, 377, 378
seiri maen yn 129 n. 39, 208, 215, 365, 368, 371, 373, 374, 375, 376, 379
Siambr Hopkin ap Rhys 380
Siambr Jenkin Maredudd 215, 377
Siambr y Marchogion a'r Ysweiniaid 11, 198, 199, 200, 214, 216, 218 353–4, 368, 370, 371, *Ffigurau 120–2*
Siambr y Frenhines 11, 198, 200, 206, 214, 216, 217, 354, 357, 368, 371, 372, *Ffigurau 120–2*
Siambr y Brenin 10–11, 196–7 a n. 113, 199, 206, 213–16 a n. 264, 353, 365, 366, 371, 372, *Ffigurau 119–22*
siawnsri, *gw*. Castell Caerfyrddin, siecr
siecr 11, 24 n. 91, 27 n. 125, 29, 35–6 a n. 234, 198, 202 a n. 157, 203–5, 214–15 a n. 268, 236, 237, 354, 368, 372, 375–81, *Ffigurau 121–2, 126, 128; gw. hefyd trysorlys*
Stabl Mawr 201, 206, 207 a n. 223, 354, 371, 376, 377, *Ffigurau 120–2*
stablau 11, 201, 207 a n. 223, 208, 214, 354, 366, 367, 371, 372, 376–7, 378–9

storfeydd y brenin 33, 44–5, 215, 378
swyddogion llys yn 23, 30, 33–4, 35, 213–15 a n. 273, 235–8 a nn. 36, 38 a 43
teilswyr 215, 369, 370, 371, 373, 374, 376
trysorlys 30, 35, 202, 214–5 a n. 268, 375; *gw. hefyd* Castell Caerfyrddin, siecr
Tŵr De-orllewinol 11, 12, 40, 95, 100–17 a nn. 27 a 29, 155–8, 181–3, 191–5 a nn. 67 a 81, 198, 204, 215–16, 244, 247, 259–60, 285, 306, 353, 356, 357–8, 362, *Ffigurau 4–5, 12, 30, 35, 39, 41–59, 95, 111–12, 117–22, 126–32, 135–40, 147–50, 154, 165–6*
    ailfodelu (ôl-ganoloesol) 105–8, 111–17, 158, 259–60, 357–8, 362, *Ffigurau 58–9*
    bwlch o dan yr islawr (ôl-ganoloesol) 11, 113–14, 117, 120, 261, 357, *Ffigurau 39, 46, 49, 56–7*
    bwtresi ysbardun 102–3, 114, 191–4, 244, 353, 358, *Ffigurau 43–5, 50–1, 55–6, 118*
    crochenwaith o 115, 117, 285, 306, 312–13, Tablau 1 a 4; *gw. hefyd* crochenwaith
    dyddiad 101, 119, 191–5, 358
    fowtiau 103, 106, 107, 110, 111, 112, 115, 192, 194–5, 244, *Ffigurau 46–9*
    ffabrig 103
    grisiau tro 103, 106, 108, 111, 115, 192, *Ffigurau 46, 49–52, 55, 58–9, 118*
    islawr 103–7, 194–5, *Ffigurau 46–8, 50, 56*
    llawr cyntaf 111–12, 194–5, *Ffigurau 46–8, 53, 55*
    llawr gwaelod 107–10, 115–17, 158, 194, 195
    mesuriadau 102–3, 108, 110–11, 115, 192
    mynedfa 108, 109, 115, 157–8, *Ffigurau 49 a 51*
Tŵr Greyndour 216 a nn. 286 a 288, 376–7
Tŵr Mawr, *gw.* Castell Caerfyrddin, gorthwr gwag
Tŵr Sgwâr 11, 12, 100–2, 117–22 a n. 32, 155–6, 157, 159–61, 162, 182–3, 204, 207, 211–12, 216 n. 288, 244, 248, 260, 355–6, 358, 360, 362, *Ffigurau 5, 30, 39–41, 60–4, 95, 98, 122, 128–9, 131, 140, 154, 165–6*
    adeiladau yn erbyn 120–1 a n. 33, 182–3, 247
    atgyfnerthu 121–2, 163, 212, *Ffig. 61*
    bwlch (ôl-ganoloesol) 11, 113–14, 261, 357, *Ffigurau 61–4*
    crochenwaith o 121, 285, 312, *Tablau 1 a 5; gw. hefyd* crochenwaith
    dyddiad 118–19, 162–3, 211–12
    ffabrig 117
    grisiau tro 117–18, 212, *Ffigurau 62 a 64*
    mesuriadau 117–18
    seler o dan 121–2 a n. 35, 285, 306, 312, *Ffig. 64*
    siambr yn 117–18, *Ffigurau 62–4*
Tŵr / Siambr yr Arfdy 210, 216, 372, 375, 376; *gw. hefyd* Siambr Jenkin Maredudd
Tŵr (John) Skidmore 35, 216, 355, 375
Tŵr y Brenin 182, 195–6 a n. 98, 197, 214 a n. 264, 215, 353, 356, 365, *Ffigurau 117, 119–22*
Tŵr Janitor 215, 377
wal gynnal ddeheuol 11, 85, 99–102, 113–15, 155–6, 159, 162, 182, 260, 270, *Ffigurau 12, 41–3, 46, 50–1, 56, 58–9, 95, 99, 111, 128, 130–1, 137, 139–40, 147, 154, 165–6*
    adeiladau yn erbyn 101–2, 119–21, 248–9, 260–1, 351, *Ffigurau 5, 39, 41, 61, 126–8, 131, 140*
    dymchwel 102, 113, 260
    ffabrig 102
    mesuriadau 101
'water-gate' 201 n. 151
ymosodiadau ar 20–6, nn. 32, 47–8 a 66, 37, 41 a nn. 299–300 a 305, 44, 51, 91, 93, 122, 147, 184, 187, 190, 195, 196, 207, 210, 211, 212, 219, 240 a n. 64, 356, 363
Caerfyrddin, Neuadd y Sir 1, 4, 11, 48, 72, 163–4, 233, 258, 262, 272–3, 357–62, *Ffigurau 1, 4–5, 12–13, 30, 105, 154, 165–6*
    adeiladu 13, 163–4, 265 n. 216, 272–3, 360
    ffin 86, 164, 268, 272 a n. 235, 362 a n. 9, *Ffigurau 5, 12, 165–6*
    maes parcio 11, 12, 69, 73, 86, 163–4, 167, 171, 358, 360, 362, *Ffigurau 5, 12–14, 18, 165–6*

Caerfyrddin, Priordy (Awstinaidd) 8, *Ffig. 3*
   canoniaid 40 n. 294, 206 n. 196
   coredau 50
   eglwysi, tiroedd a lluestau 39–41 a n. 308, 206, 364, 369
   prior 8 n. 23, 36, 40 a n. 294, 43 n. 320, 206 n. 196
Caerfyrddin (sir ganoloesol) 23–6, 32–3 a n. 186, 40, 235, 354, *Ffigurau 7–8, 125*
   beilïaid 33
   coedwigoedd, *gw.* coetiroedd
   llysoedd a swyddogion 11, 24, 26, 30, 33–4, 37–8, 43, 198, 203 a n. 169, 214–15, 354–5, 371; *gw. hefyd* Sesiynau
   sir Gymreig 8, 26, 32, 33–4, 35, 41, 43–4 a n. 334, 50 n. 388, 203, 213, 371
   sir Seisnig 26, 32, 33–4, 36, 41–3, 203, 213–14, 371
   siryf 15, 27, 29 a n. 152, 30 a n. 173, 33–4 a n. 199, 35, 213, 354
   stiward 29–30, 37 a n. 260, 43
Caerfyrddin (sir fodern) 17, 32–3, 45, 184, 233, 235–6 a n. 28, 239–40, 242–3 a n. 114, 244–5, 257 n. 181, 258–60, 271, 351–2 a n. 1, *Ffig. 125*
   daeareg 6, 45–8, *Ffig. 10*
   heddlu'r sir 12, 164, 168, 171–3, 270, 357, *Ffig. 152*
   llysoedd a swyddogion sir 235–8 a n. 43, 239, 245 a n. 122, 249 n. 146, 260–1, 271, 356
   Rhyfel Cartref yn, *gw.* Rhyfel Cartref (1642–8)
   siryf 236, 245
Caerffili, Castell (Morgannwg) 191, 200 a n. 142, 216 n. 288
Caergrawnt, Castell 231
Caeriw, Castell (sir Benfro) 191, 285
Caerleon, Castell (sir Fynwy) 189
Caerloyw
   cyflenwadau o 44, *Ffig. 10*
   lledr o 336
   siryf 19, 27
   trysorlys 27, 29 a n. 157, 188, 354
Caerloyw, Humphrey, dug 37
Caerloyw, Richard, dug, *gw.* Richard III, Brenin Lloegr
Caerloyw, iarllaeth 27

Caernarfon *Ffig. 7*
   bwrdeistref 39 n. 280, 247 n. 128
   carchar 271 n. 226
Caernarfon, Castell 1, 26, 32, 198, 202, 354
   adeiladau gweinyddol yn 198, 202
   dinistrio 243 a n. 117
   swyddogion 33 a n. 198, 34 n. 218, 35 n. 232, 39 n. 280, 202, 247 n. 128, 354
   Tŵr yr Eryr 202
   Tŵr y Siambrlen 202
Caernarfon, sir 25, *Ffig. 7*
calch 46, 199, 367, 368, 371, 380
   ffynonellau 46 a n. 365, *Ffig. 10*
   llosgi 46 a n. 353, 50
Calendr Llyfrau'r Trysordy 233 a n. 1
Calendr Papurau'r Wladwriaeth (CSPD) 233, 243
Campbell, John (Arglwydd Cawdor) 245; *gw. hefyd* Golden Grove, stad
Camville, William de (arglwydd Llansteffan; dirprwy brif ustus de Cymru) 58 n. 179
cantrefi 16, *Ffig. 6*
   Cantref Bychan 17, 23 a n. 79, 30, 33, 37, 46, 50, 239, *Ffigurau 6–8, 10, 125*
   Cantref Mawr 17, 19, 20, 23–4 a n. 79, 32, 33, 37, 38, 41, 43, 50, *Ffigurau 6 a 10*
   Cantref Gwarthaf 16–17, 19, *Ffigurau 6 a 10*
   Cydweli 17, 18, *Ffig. 6*
   Emlyn 23 n. 79, 24, 33, 50, *Ffigurau 6–8, 10, 125*
   Pebidiog 33 n. 186
capeli'r cestyll 191, 198, 200, 205–6 a n. 198; *gw. hefyd* Caerfyrddin, Castell
Caperiche, John (carcharwr yng Nghastell Caerfyrddin) 34
Carbery, iarll, *gw.* teulu Vaughan, Golden Grove
carchardai (ôl-ganoloesol)
   Abertawe 271 a n. 226
   Aberteifi 251–2, 256, 262 n. 209, 271
   Brynbuga 271 n. 226
   Caerdydd 271 a n. 226
   Caerefrog 204–5, 247 n. 128, 357
   Caerfyrddin, *gw.* Caerfyrddin, Carchar y Sir
   Caerhirfryn 240, 243
   Caernarfon 271 n. 226
   Henffordd 251–2, 256–7, 255 n. 168, 257
   Hwlffordd (sir Benfro) 271, 357
   Launceston (Cernyw) 237, 247

Lincoln, Castell 184, 239, 241, 258,
   Newgate (Llundain) 257
Carisbrooke, Castell (Ynys Wyth) 205
Carlisle, Nicholas (hynafiaethydd) 234 a n. 17
Carmarthen Journal 235
carreg
   calchfaen Carbonifferaidd 45, 46 a n. 353,
      73, 80, 82, 85–6, 89–90, 94–5, 102, 103,
      109, 116, 123, 146, 153, 158, 168, *Ffig. 10*
   calchfaen öolitig 46, 123, 125, 129, 130, 135,
      139, 140, 142
         carreg Fforest y Ddena 272
         carreg Portland 272
         carreg Sutton 46 n. 362
   ffynonellau 45, 46–8 a n. 353, 122–3, 146,
      149, 356, 367, 371, 376, 378–9, *Ffig. 10*
   Hen Dywodfaen Coch 45, 46, 48–9, 80, 82,
      86, 91, 93, 102, 103, 109, 117, 122–3,
      128, 131, 135, 149, 157, 167, 168, 212,
      Ffig. 10
   tywodfaen Pennant 45
Carreg Cennen, Castell (sir Gaerf.) 5, 24 a n. 88,
   25 n. 109, *Ffig. 8*
Cas-gwent, Castell (sir Fynwy) 186, 191, 192, 194
   bwtresi ysbardun 192
   'countess's chamber' 200 a n. 136
   dinistrio 243 a n. 117
   newidiadau yn ystod y Rhyfel Cartref 343
      241–2 a n. 97
   porthdy 196, 200
   rhagdwr uwch 192
Castell Gwyn, y (sir Fynwy) 186 n. 30, 200, 204,
   219 a n. 328
Castellnewydd Emlyn (Sir Gaerf.) *Ffig. 8*
   castell 25 n. 109, 243, 287
   odyn llestri 287, *Ffig. 10*
Castle Hill (Caerfyrddin) 13, 180–1, 185 n. 28,
   239, 249 a n. 144, 262, 272 a n. 236, 360,
   *Ffigurau 5, 12, 111, 127–8, 131–3, 137–8,
   140, 143, 148–50, 165–6*
Cas-wis, Castell (sir Benfro) 189, 285
Cawdor, stad *gw.* Golden Grove, stad
cei, Caerfyrddin, *gw.* Caerfyrddin
Ceredigion, isdeyrnas 17, 18, 19, 20, 23, *Ffig. 6*
Cenarth, stad (sir Gaerf.), plwm o 50, *Ffig. 10*
Cernyw, llechi o 49, *Ffig. 10*
cestyll, Cymreig, (12g.) 20 a n. 35, 28–9, 186
Cetheiniog, *gw.* cymydau

Chamberlain, J. H. (pensaer) 262 n. 209
Chandos, Robert de (beili Aberteifi) 30
Chaucer, Geoffrey (awdur) 218
Chaucer, Thomas (mab Geoffrey) 218
Chaworth, Patrick de (ceidwad Castell Caer-
   fyrddin; arglwydd Cydweli) 30
Chaworth, Payn de (ceidwad Castell Caer-
   fyrddin; arglwydd Cydweli) 30 a n. 167
Chinon, Castell (Indre-et-Loire, Ffrainc) 191
Cilgerran, Castell (sir Benfro) 190, 194, 196
Cillefwr (Caerfyrddin), demên 42–3 a n. 320
Clare, Gilbert de (iarll Penfro) 19–20
Clare, Richard de (iarll Hertford) 191, 192, 200
   n. 142
Clare, Richard de ('Strongbow'; iarll Penfro) 215
   n. 292
Clark, George Thomas (hynafiaethydd) 4–5
Cliffe, John (yn cael meddiant o Gastell
   Caerfyrddin) 239, 356
Clifford, Walter de (ceidwad Castell Caerfyr-
   ddin; arglwydd Llanymddyfri) 28 n. 139
clog-glai 6, 100, 146, 160, 181
Clos Mawr, y (Caerfyrddin) 39, *Ffigurau 3, 112,
   133, 147, 148–50*
coed (adeileddol) 67, 79, 81, 84, 111, 133, 143,
   146, 147, 184–90 a n. 64, 195–7, 203, 204,
   205, 206, 211, 265, 364, 368, 369, 372, 381
   ffynonellau 43, 50, 51, *Ffig. 10*
Coed Llathen (sir Gaerf.), brwydr (1257) 23,
   Ffig. 8
coetiroedd 6, 43 n. 325, 50
coedwigwr brenhinol 37; *gw. hefyd* Glyncothi,
   fforest brenhinol
Coety, Castell (Morg.) 212
Collard, James (pensaer) 257 a n. 181
Colt Hoare, Syr Richard (hynafiaethydd) 4, 234
Comin y Royal Oak (Caerfyrddin) 249 n. 146
Comisiwn ar gyfer Gwerthu Tiroedd y Brenin
   239
Comisiwn Brenhinol Henebion Cymru (CBHC)
   5 a n. 5, 206 n. 205
Conwy, Castell (sir Gaern.) 198, 214 n. 264
Corfe, Castell (Dorset) 192
Coulson, Charles (hanesydd) 3
Coventry
   gwaith metel o 344
   pren, gwrthrychau o 343
   lledr o 333

Cressingham, Hugh de (trysorydd de Cymru) 35 a n. 231
Cricieth, Castell (sir Gaern.), gwaith metel o 343
crochenwaith: canoloesol 81–3, 84, 147, 186, 285–9, 295, 306, 310–13, 330, 356, *Ffigurau 10, 155, 158, Tablau 1–7*
    llestri lleol 48–50 a n. 379, 51, 287–9, 294, 301, 310, 330, 356, *Ffigurau 10 a 158*
    mewnforion na wyddom eu tarddiad 289, 295, 301
    mewnforion o Loegr 147, 289, 295, 301, 310
    mewnforion tramor 289, 294–5, 301, 310
crochenwaith: trawsnewidiol 145, 290, 301, 310–12, 330, *Ffigurau 10, 155, Tablau 1–7*
    mewnforion o Loegr 50, 290, 310–12, 330
    mewnforion tramor 51, 290–2, 310–12, 330
crochenwaith: ôl-ganoloesol 49–50, 81, 115, 117, 121, 142, 148, 151–3, 158–61, 285–6, 292–3, 301, 306, 310, *Ffig. 5, Tablau 1–7*
crochenwaith: Rhufeinig 162, 286
Cromwell, Oliver 242–3 a nn. 91 a 112
Cronfa Dreftadaeth y Loteri 1 n. 1
crwner 34, 236
Cursitor (Clerc y Sesiynau) 245
Cwmgwili, stad
    cofnodion 235 n. 24
    yn cael meddiant o Gastell Caerfyrddin 239
Cwmoernant (Caerfyrddin) 6
cwmwd 16, 32, 35, 43, 50, 236
    llysoedd cwmwd 28–9, 37
    stiward (y cymydau) 29, 37 a n. 260, 213; *gw. hefyd* cymydau
Cwrt yr Ychwanegiadau 206 n. 206
Cydweli 37–8, 185, *Ffig. 8*
    arglwydd 28, 30
    arglwyddiaeth 29, 30, 33, 43, 46, 48, 236, *Ffigurau 7–8, 10, 125*
    bwrdeistref 39–40
    carreg a chalch o 46 a n. 353, 48–9, *Ffig. 10*
Cydweli, Castell 5, 43
    bwtresi ysbardun 191
    'Great Stable' 201 n. 155
    llysty ('courthouse') 203
    porthdy 46 a n. 362, 129 n. 39, 200 a n. 146, 207–10 a n. 230, 355
    Tŵr yr Arglwydd 214
Cyfrifon y Gweinidogion 16, 179, 378
Cyfrifon y Siambrlen 179

Cyfrifon y Trysorlys 16, 179, 233
Cyngor Gororau Cymru 38
Cyngor Sir Dyfed 1 n. 1
Cyngor Sir Caerfyrddin 1 a n. 1, 262 n. 208, 271–3
Cymdeithas Hanes Gorllewin Cymru 16 a n. 2
Cymru, tywysogaeth 22–4 a n. 71, 35–6, 198, *Ffig. 7*
cymydau
    Caeo 23 n. 79, *Ffigurau 6 ac 8*
    Cetheiniog 23 n. 79, *Ffigurau 6 ac 8*
    Cydweli 19, *Ffig. 6*
    Derllys 19, 27, 46, 48, *Ffigurau 6 ac 8*
    Elfed 19, 27, 48–50 a n. 388, 51, 239, 244, *Ffigurau 6 ac 8*
    Emlyn Uwch-Cych 23 n. 79, 33, *Ffigurau 6, 8, 125*
    Iscennen 46, 48 n. 365, *Ffigurau 6, 8, 125*
    Mabelfyw 23 n. 79, *Ffigurau 6 ac 8*
    Mabudrud 23 n. 79, *Ffigurau 6 ac 8*
    Maenordeilo 23 n. 79, *Ffigurau 6 ac 8*
    Mallaen 23 n. 79, *Ffigurau 6 ac 8*
    Widigada, 19, 27, 48–50 a n. 388, 239, 244, *Ffigurau 6 ac 8*
chwareli; cloddio 45, 46–9 a nn. 353, 368 a 378, 365, 367, 371, 374, 375

Daniel-Tyssen, J. R. (hanesydd) 16 a n. 5, 191 n. 68, 366
Dartmouth (Dyfnaint) 44 a n. 338, *Ffig. 10*
Dawkins, Cyrnol Rowland (Llywodraethwr Castell Caerfyrddin) 242–3 a n. 102, 356–7
Deddf Corfforaethau Dinesig (1835) 235
Deddf Diwygio Dedfryd Marwolaeth (1820) 258
Deddfau a Deddfiadau ar gyfer y cyfnod 1642–60
Deddfau Carchardai (1823 a 1865) 255–6 a n. 161, 260, 262
Deddfau'r Cyfrin Gyngor 16
Deddfau Uno (1536 a 1543) 12, 24, 26, 33 n.192, 38, 39, 235, 236, 356
Defoe, Daniel 234 a n. 12
Deganwy, Castell (sir Gaern.) 181, 197
Deheubarth (teyrnas) 17, 20–4, 217, *Ffig. 6*
    tywysogion 15, 20–4 a n. 35, 28–9, 34, 186, 352
Derby, iarll 24
Derby, trysorlys 27
Derllys *gw.* cymydau

Despenser, Hugh (Siambrlen y Brenin; arglwydd Cantref Mawr) 24
Despenser, Thomas (iarll Caerloyw) 217 n. 302
Devereux, Walter (Arglwydd Ferrers; prif ustus de Cymru) 236,
Devereux, Walter (iarll Essex; cwnstabl Castell Caerfyrddin) 237 a n. 38
Devizes (Wilts.) 39 n. 281
Digby, George (iarll Bristol) 240 n. 66
Dinbych, Castell 243 a n. 117
Dinbych-y-pysgod, Castell 242
Dinefwr (sir Gaerf.) 30, 37–8, *Ffigurau 6 ac 8*
    castell 23–4 a nn. 23, 88 ac 89, 25 n. 109, 203 n. 173, 370, 373–4
Dinefwr, Newton 48
Dinefwr, Tŷ 38
Dineley, Thomas (hynafiaethydd) 234 a n. 12
dinistrio (cestyll) 242–4
Dockett (Caerfyrddin), demên 42, *Ffig. 9*
Donovan, Edward (naturiaethwr) 99, 234, 257
Dorset 27 n. 125, 218
Douglas Simpson, William (hanesydd) 5
Dover, Castell (Caint) 35, 191, 192, 194, 200
Dryslwyn, Castell (sir Gaerf.) 23 a n. 79, 203 n. 173, *Ffigurau 6 ac 8*
    crochenwaith o 285
    gwarchae 24 a n. 88, 44
Dunamase, Castell (Co. Laois, Iwerddon) 196
Dunstanburgh, Castell (Northumberland) 209
Durham, Castell 197, 211
Dwnn, John (cwnstabl Castell Caerfyrddin) 38
dyddodion ffrwd-rewlifol 6, 78, 86, 97, 99, 106, 146, 160–1, *Ffigurau 2, 14, 36, 47–9, 56–7, 98–9*
Dyfed (isdeyrnas) 16–20 a n. 16, *Ffig. 6*
Dyfed, crochenwaith â llenwad graean, *gw.* crochenwaith canoloesol
Dyfnaint 28 n. 134
    crochenwaith o, *gw.* crochenwaith, ôl-ganoloesol
    cyflenwadau o 44 a n. 338, *Ffig. 10*
    llechi o 49, *Ffig. 10*
    siryf 17, 218
    teils o 49, 50, 305, 306, 330, *Ffig. 10*

Edgecote, Brwydr (1469) 38
Edmund, Tywysog (iarll Lancaster) 23, 30 a n. 163, 43 n. 320
    yng Nghastell Caerfyrddin 217
Edward I, Brenin Lloegr
    yn adeiladu cestyll 184, 189, 191–2, 194–5, 198–201, 353–4
    yng Nghastell Caerfyrddin 23, 198, 217
    strategaeth Cymreig 16, 23–4, 26–7, 29–31, 34, 35 n. 232, 214, 354
Edward II, Brenin Lloegr 24, 33, 36, 201, 354
    fel Tywysog Cymru 24 a n. 91, 33, 198, 201, 354
Edward III, Brenin Lloegr 24–5, 36 a n. 252, 201, 205
Edward IV, Brenin Lloegr 37–8
Edward V, fel Tywysog Cymru 38
Edward, y Tywysog Du 24, 36, 202, 206, 219
    yng Nghastell Caerfyrddin 217
Eleanor, Brenhines (gwraig Edward I) 198, 217
Elfed, *gw.* cymydau
Elfed a Widigada, arglwyddiaeth 239, 244
Emlyn, *gw.* cantrefi; cymydau
Essex, iarll, *gw.* Devereux, Walter
Evans, Alcwyn (hynafiaethydd) 16 a n. 4, 191 n. 68, 234 a n. 4, 235 n. 26, 366
Evans, David (cerflunydd) 272–3
Evans, George Eyre (hynafiaethydd) 235 nn. 24 a 26, 272
Exeter, dug 217
Exeter, gwrthychau pren o 343
'Extent of the Manor of Carmarthen' (1275), *gw.* Ymchwiliad Siawnsri

Farnham, Castell (Surrey) 187, *Ffig. 114*
Fenton, Richard (hynafiaethydd) 4, 234 a n. 17
Ferrers, Arglwydd, *gw.* Devereux, Walter
Fettiplace, George (prif ustus de Cymru) 236 n. 36
FitzBaldwin, William (siryf Dyfnaint) 17–18
FitzHarding, Robert (arglwydd Berkeley, swydd Gaerloyw) 188–9 n. 50
FitzMartin, William (arglwydd Cemaes, sir Benfro) 186
FitzRoger, Walter (siryf Caerloyw) 19 a n. 23, 27
FitzWalter, Milo (siryf Caerloyw) 27
FitzWarin, William (marchog) 218
Frankland, Cei, Cydweli (sir Gaerf.) 49, *Ffig. 10*

Ffordd y Cwrwg (Caerfyrddin) 13, 99, 101,117 n. 29, 120, 358, *Ffigurau 5, 12, 30, 39, 62, 165–6*

Fforest y Ddena 44
Ffrainc, ymgyrchoedd yn erbyn (14g.) 24–5 a
    n. 102, 36, 39 a n. 279, 215, 218, 371
ffyrdd Rhufeinig 6, 7, 28, *Ffigurau 2 a 10*

garisiynau, *gw.* Caerfyrddin, Castell
Gely; Gelysland (ward ym mwrdeistref
    Caerfyrddin) 41 n. 301
Gerallt Gymro (Gerald de Barri; Giraldus
    Cambrensis) 6, 41, 43
Gerard, Cyrnol Charles 240
Giffard, John (arglwydd Cantref Bychan) 23, 33
Glanville, Ranulph de (prif ustus Lloegr) 27
    n. 125
Glanyfferi (sir Gaerf.) 6
Glog, y, chwarel llechi (sir Benfro) 48 n. 368
Glyncothi, coedwig frenhinol 37, 41, 43 a
    n. 326, 50, 356, *Ffigurau 8 a 10*
Gogh, John (arglwydd Llanllwch) 43 n. 321
Gogledd Dyfnaint, crochenwaith â llenwad
    graean, *gw.* crochenwaith ôl-ganoloesol
Golden Grove, stad (stad Cawdor) 235, 239–40,
    244–5, 248, 250, 259 a n. 188, 260–2, 356
    yn cael meddiant o Gastell Caerfyrddin 239,
        356
    cofnodion 235 a n. 26
    gw. hefyd Vaughan, teulu, Golden Grove
Goodrich, Castell (swydd Henffordd) 191, 207
Goodrich, Thomas o Gastell (siambrlen de
    Cymru) 36
Gors, y (Caerfyrddin) 6, *Ffigurau 2–3, 9*
gorthyrau gwag 186–90, 195, 204, 216–17,
    352–33, *Ffig. 114; gw. hefyd* Caerfyrddin,
    Castell
gorthyrau silindraidd 186, 353
graean, teras 6; *gw. hefyd* crochenwaith
Grandison, Otto de (cwnstabl Castell Caer-
    narfon) 34 n. 218
Green, Francis (hynafiaethydd) 5, 183
Green Castle (sir Gaerf.) 45, 46, *Ffig. 10*
Grey, Richard de (prif ustus de Cymru) 218
Greyndor, John de (cwnstabl Castell
    Aberystwyth) 216 a n. 288
Griffiths, Ralph (hanesydd) 5 a nn. 8 a 9, 16 a
    n. 8, 26, 29–30 nn. 152, 159 a 162, 35
    n. 231, 214–5 n. 268
Gruffudd ap Nicholas (arglwydd Dinefwr) 37–8
Gruffudd ap Rhys (Tywysog Deheubarth) 20

grwn a chrych 41, 42, *Ffig. 9*
Grysmwnt, Castell (sir Fynwy) 25 n. 113, 35,
    192–3, 196, 215
Gwarthaf, *gw.* cymydau
Gwasanaeth Amgueddfeydd Sir Gaerfyrddin
    226, 263–4 n. 11
Gwasanaeth Archifau Sir Gaerfyrddin (Archifdy
    Caerfyrddin) 5, 233–5 a nn. 3, 13 a 24, 243
    n. 107
Gwasgwyn 29, 45
Gwendraeth Fawr, afon 49
Gweriniaeth, y 233, 242–2
Gwili, afon 6, 17, *Ffig. 2*
gwin 35, 40, 44–5 a n. 346, 373, 376
Gwlad yr Haf
    crochenwaith, *gw.* crochenwaith,
        ôl-ganoloesol
    siryf 218
    trysorlys 27 n. 125
gwrthrychau pren, *gw.* Castell Caerfyrddin, ffos
    orllewinol
gwrthryfeloedd Cymreig (1294–5 a 1314–16) 24
    a n. 89, 34
gwydr
    gwydr potel (ôl-ganoloesol) 59, 286,
        Tablau 2–7
    gwydr ffenestr 379
Gŵyr, arglwyddiaeth 18, 19, 28 n. 139, 33, *Ffig-
    urau 8 a 10*

haearn, adeileddol 34, 44, 51 a n. 405, 365–6,
    Ffig. 10
Hampshire 27 n. 125, 290
Harri I, Brenin Lloegr 15–20, 217
Harri II, Brenin Lloegr 19 n. 29, 20–1, 27 n. 128,
    28, 34 n. 202, 40, 188, 217 a n. 292, 353, 364
Harri III, Brenin Lloegr 28 n. 139, 29, 190–1
    adeiladau 184, 191, 196–7 a n. 114, 198 n. 125,
        203, 214 a n. 263, 216, 217, 353, 352
    strategaeth Gymreig 21–3
Harri IV, Brenin Lloegr 217 n. 305,
    adeiladu cestyll 207–10, 355
    strategaeth Gymreig 25–6, 218
    yng Nghastell Caerfyrddin 25, 217
Harri V, Brenin Lloegr 37
    fel Tywysog Cymru 25–6
    yng Nghastell Caerfyrddin 25, 217 a n. 320
Harri VI, Brenin Lloegr 37–8

Harri VII, Brenin Lloegr 38
Harris, Howell (Methodist) 248
Helmsley, Castell (swydd Efrog) 192, 195, 196, 200, 205, 353
helwriaeth 43
Hen Domen (Powys) 186, 216 n. 289
Hendy-gwyn ar Daf 33 n. 186
Henffordd, carchar 251–2, 256–7, 255 n. 168, 257
Heol Awst (Caerfyrddin) 41–2 a n. 301, 241, *Ffig. 3*
Heol Spilman (Caerfyrddin) 8 n. 20, 12, 41 a n. 299, 71, 183, 185 a n. 28, 252, 267, 354, 357, *Ffigurau 3, 5, 127–8, 131, 133, 137, 140–1, 147–50, 165–6*
Heol y Bont (Caerfyrddin) 11, 39, 40, 95, 99, 102, 105, 106, 113–14, 117 n. 29, 119, 120, 121, 143, 149, 151, 153, 154, 182, 183, 247, 248, 249, 261–2, 270, 306, 357, *Ffigurau 3, 5, 30, 39, 65, 85–6, 111–12, 126–8, 131–3, 135–8, 140, 143, 147–50, 154*
Heol y Brenin (Caerfyrddin) 40–1, 245 n. 124, *Ffigurau 3 a 112*
Heol y Cei (Caerfyrddin) 40–1, *Ffigurau 3, 112, 133, 148–50*
Heol y Frenhines (Caerfyrddin) 11, 39, 70, 71, 257 n. 181, 261, *Ffigurau 3, 5, 111–12, 128, 131, 133, 137, 140, 147–50, 165–6*
Heol y Prior (Caerfyrddin) 7, *Ffig. 3*
Herbert, Syr William, iarll Penfro (1468–9) 37–8
Herbert, Syr William, iarll Penfro (1469–79) 38
Herbert, Syr William, iarll Penfro (1551–70) 236
Hirde, John (prif saer maen) 129 n. 39, 208, 374
Hoare, Syr Richard Colt (ysgolhaig) 4
Holt, Castell (sir Ddinb.) 182
Howard, John (diwygiwr carcharau) 234 a n. 11, 247, 249, 252, 255
Huntingdon, iarll 217 n. 302
Hwlffordd (sir Benfro.) *Ffig. 7*
   bwrdeistref 40, 260 n. 199
   carchar 271, 357
   castell 357, 373
   priordy, darganfyddiadau yn 313, 343
Hywel ap Gronw (Tywysog Powys) 18, 20 n. 35

Ilfracombe (Dyfnaint) 47, *Ffig. 10*
Insley, Charles (hanesydd) 16
Iorc, Edward, dug 218
Iorc, Richard, dug (Tywysog Cymru) 37
Iorc, Tŷ 37–8
Iorwerth ap Bleddyn (Tywysog Powys) 17–18
Ireland, Richard (hanesydd y gyfraith) 5 a n. 10, 234 a n. 19, 258 n. 182
Iscennen, *gw.* cymydau
Is-Gadfridogion, Rheolaeth y (1655–7) 242
Is-Gapten Brenhinol yng ngogledd a de Cymru 25, 217
Iwerddon
   cestyll yn 191, 196
   Cromwell yn 242
   Harri II yn 217
   llywodraethwr 39 n. 279
   Richard II yn 217 a nn. 296 a 302

James, Heather (archeolegydd) 5 a n. 9, 156 a n. 52, 205 n. 192
James, Terry (archeolegydd) 5 a n. 9, 13, 45 a n. 352, 73, 102 n. 27, 185 n. 28, , 205 n. 192, 234 a n. 10, 241
Jenkins, John (meddyg carchar) 256 n. 170
Joan, iarlles Caint (gweddw y Tywysog Du) 24
John, Brenin Lloegr 19, 21, 217
John o Fynwy (ceidwad Castell Caerfyrddin) 29–30
John o Gaunt, dug Lancaster 208
Journals of the House of Commons (JHC) 234, 243

Kenilworth, Castell (swydd Warwig) 191 n. 72
Kilkenny, Castell (Iwerddon) 196
King, D. J. Cathcart (hynafiaethydd) 5 a nn. 4 a 6, 12 n. 27, 18 n. 18, 73, 74–5, 125, 129, 181, 187 n. 4, 192, 208 n. 231
'King's Works', the 199 a n. 66, 200 n. 142, 212, 353
Knovill, Bogo de (prif ustus de Cymru) 30, 34–5 a n. 221

Lancaster, Castell 207–8, 238, 240, 243, 355
Lancaster, dugiaeth 33, 43, 46 a n. 353, 208–9, *Ffig. 7; gw hefyd* John o Gaunt, dug Lancaster
Lancaster, Harri o, iarll Derby 24
Lancaster, Tŷ 37–8
Launceston, Castell (Cernyw)
   iard 204 n. 186
   gorthwr gwag a thŵr 186–7, *Ffig. 114*

llysoedd a charchar 237, 247
neuaddau 197, 203
Laugharne, Is-gadfridog Rowland 240
'Laughdony' (Llechdwnni, sir Gaerf.) 49–50 a
n. 379, 380, *Ffig. 10*
Leicester, gwrthrychau pren o 343
Leland, John (hynafiaethydd) 45, 213, 235, 380
Lewes, Castell (Sussex) 187, 189 n. 57
Lewis, Edward (hanesydd) 5
Lewis, Samuel (cyhoeddwr) 234 a n. 18
Lewis, Thomas (cartograffydd): map
Caerfyrddin (1786) 71–2, 73, 74, 87, 93, 143,
151–3, 180, 182–3, 187 n. 44, 195 a n. 98,
200, 206, 234 a n. 13, 247–9 a n. 138, 250,
256, 261, *Ffig. 111*
Lincoln, Castell 184, 239, 241, 258
Lindsay, W. H. (pensaer) 260 n. 199
Lloyd, Sir John Edward (hanesydd) 5 a n. 8, 16,
29 n. 157
Lolardiaid, y 219 n. 322
Londres, William de (Ceidwad Castell Caer-
fyrddin) 28
Lovelace, Cyrnol Francis (Llywodraethwr Castell
Caerfyrddin) 240
Llandeilo (sir Gaerf.) 6, 23, 48
Llandeulyddog, mynachlog, *gw.* Caerfyrddin
Llandybïe (sir Gaerf.) haearn o 50, *Ffig. 10*
Llanddewi Nant Hodni, Priordy (sir Fynwy),
gwaith metel o 343
Llangadog, Castell (Castell Meurig; sir Gaerf.)
184
Llanismel, (sir Gaerf.), calch o 48 a n. 365, *Ffig. 10*
Llanllwch (sir. Gaerf.)
capel (o eglwys y Santes Fair) 42 a n. 312,
Ffig. 9
llysoedd 29–30, 42, 43
maenor demên 38, 41–3 a nn. 320 a 321,
Ffig. 9
maer 43 a n. 319
melin 42, *Ffig. 9*
pentref 42 n. 312
Llannewydd (Sir Gaerf.), plwyf 245
Llansteffan (sir Gaerf.) 6, 46, *Ffig. 10*
arglwyddiaeth 29, 30 n. 179, 33, *Ffigurau 8
a 125*
castell 5, 25 n. 109, 185, 200 n. 142
Llansteffan, crochenwaith ('Carmarthen Bay
Ware'), *gw.* crochenwaith, ganoloesol

Llanymddyfri (sir Gaerf.) 6, 48, *Ffigurau 7, 8
a 10*
arglwyddiaeth 19, 28 n. 139, 50, *Ffigurau 8
a 125*
bwrdeiswyr 28
castell 19, 25 n. 109, 185–6
Llawhaden (sir Benfro) 50
arglwyddiaeth esgobol 33 n. 188
castell 209
Llechdwnni (sir Gaerf.), *gw.* Laughdony
llechi (toeau) 48–9, 197, 203, 208, 265, 272,
286, 367, 371, 377, 380, *Ffig. 10*
lledr, gwrthrychau, *gw.* Caerfyrddin, Castell,
ffos orllewinol
llety mewn cestyll 200 n. 146, 202, 204–5,
214–16, 219 n. 328; *gw. hefyd* Caerfyrddin,
Castell
Llong Casnewydd (Sir Fynwy), gwrthrychau
pren o 343
llosgi golosg 46 n. 353
Llundain 340
gwrthrychau pren o 341, 343
lledr o 333 n. 25, 333–5
tir y Goron yn 239
Llundain, Tŵr
arfau o 44
neuadd 197
porthdy 191–2, 200 n. 142
rhagdyrau 207, 211
Tŵr Wakefield 214
Llwydlo (swydd Amwythig) 38, 39 n. 281, 236
Llyfrau Archebion Corfforaeth, *gw.* Caerfyrddin,
bwrdeistref ôl-ganoloesol
Llyfrgell Genedlaethol Cymru (LlGC) 5, 16, 234
a n. 3, 235 n. 26, 243 a n. 107
llysoedd *gw.* Caerfyrddin, arglwyddiaeth;
Caerfyrddin, sir; Sesiynau
Llysoedd Chwarter Sirol (Caerfyrddin) 234
n. 19, 236, 237, 245
llysty ('courthouse'; llys brodorol) 28
Llythyrau a Phapurau, Calendr 233
Llywelyn ap Gruffudd (Llywelyn Ein Llyw Olaf,
Tywysog Gwynedd, Tywysog Cymru) 23, 30
n. 178
Llywelyn ap Iorwerth (Llywelyn Fawr, Tywysog
Gwynedd) 21–2, 190
Castell Caerfyrddin yn dod i'w feddiant 21,
29, 218

Mabelfyw, *gw.* cymydau
Mabudrud, *gw.* cymydau
Maelgwn ap Rhys (Tywysog Deheubarth) 21
Maenorbŷr, Castell (sir Benfro) 194, 215
Maenordeilo, *gw.* cymydau
maes glo, sir Gaerfyrddin 46 n. 353, 49
Maes Nott (Caerfyrddin) 11, 39, 70, 124, 143, 144–6, 149–50, 153, 200 n. 144, 206 n. 205, 245 n. 124, 248, 261, 270 n. 222, *Ffigurau 3–5, 12, 30, 65, 85–6, 92, 111–12, 128–31, 133, 140, 147–50, 165–6*
mainprize 34 n. 216, 380
Maldwyn, Castell (Powys) 23 n. 80, 194
    adeiladau mewnol 197 a n. 114
    cwrt allanol ('canol') 199
    cwrt mewnol 181, 183
    dinistrio 243
    pont 196
    porthdy 190, 196, 200
    tŵr 195 a n. 100, 353
Maldwyn (arglwyddiaeth) 23, 43 n. 325, *Ffig.* 7
Malkin, Benjamin Heath (hanesydd) 234 a n. 17
Malvernian, crochenwaith, *gw.* crochenwaith, trawsnewidiol
Mallaen, *gw.* cymydau
Mansel, Sir Rhys (ustus de Cymru) 236 a n. 36
Maredudd, Jenkin (gof arfau Castell Caerfyrddin) 215, 377
Maredudd ap Rhys Grug (Tywysog Deheubarth) 22–3 a n. 79
Margaret of Bristol (llong) 44
Marlborough, Castell (Wilts.) 29, 184, 197 n. 114, 198
Marshal, teulu, ieirll Penfro 21–2, 28, 29, 189–94, 196, 353
    Gilbert (iarll 1234–41) 22, 28, 192
    Richard (iarll 1231–4) 22
    Walter (iarll 1242–5) 28, 192
    William I (iarll 1199–1219) 21, 28, 33, 196
    William II (iarll 1219–31) 22, 28, 185–6, 189, 190, 196, 364
Martin, William (pensaer) 262 a n. 209
Mary Rose (llong) darganfyddiadau o 334, 335, 343
Matthew, John (caplan Castell Caerfyrddin) 206, 376
Merthyr (Sir Gaerf.), eglwys plwyf 206

Meules, Nicholas de (ceidwad Castell Caerfyrddin) 29–30
Middlesex, tir y goron yn 239
Molde, John (caplan Castell Caerfyrddin) 206 n. 206
Môr Hafren 6
Moridunum *gw.* Caerfyrddin, tref Rufeinig
Mortimer, Roger (arglwydd Y Waun; prif ustus Cymru) 24, 33, 36–7, 201–2, 203, 368
Mortimer, Roger (arglwydd Wigmor; prif ustus Cymru) 24–5 a n. 109, 33, 36–7, 201
Mortimer, Roger (iarll March; prif ustus de Cymru) 37, 213 n. 257
Mount, the (Caerfyrddin) 71, 87, 261, *Ffigurau 12–14, 29, 111, 131, 133, 140, 148–50*
Moyle, Aeneas ('king's bowman') 215
Myddfai, Mynydd (Sir Gaerf.) 48
mynachlogydd dan reolaeth Caerfyrddin 33 n. 186
myntiau 179–90 a n. 40, 204–5 a n. 191, 216; *gw. hefyd* Castell Caerfyrddin
Mynwy, Castell
    beili 239
    dinistrio 243
    llysoedd yn 203, 237, 357
    neuadd fawr 203, 237
    porthdy 209 n. 238, 210 n. 243, 237 n. 39
    tresmasau domestig yn 239
    trysorlys 237 n. 39
Mynwy, gwrthrych asgwrn o 346
Myrddin (dewin) 351 n. 2

Nanhyfer, Castell (sir Benfro) 186, 355
Nash, John (pensaer) 5 n. 10, 12, 74, 76, 87, 163, 164–8, 170, 180, 200, 211, 233–5, 249 a n. 146, 255 n. 168, 256–8 a n. 178, 260–4, 265–72 a n. 234, 357
Nedd, Abaty (Morg.), gwaith metel o 343
Neild, James (diwygiwr carcharau) 234 a n. 11, 252
Neuadd y Sir *gw.* Caerfyrddin, Neuadd y Sir
neuaddau mawr 197 a n. 114, 199–200, 205; *gw. hefyd* Caerfyrddin, Castell
Newgate, carchar (Llundain) 257
Normandi (Ffrainc) teilsen o 51, 294–5, *Ffig.* 10
Norreys, Reginald (ceidwad Castell Caerfyrddin) 27
Norris, Charles (arlunydd) 234 n. 16

Northampton, Castell 185, 243
Nottingham 27, 30 n. 178

Ogwr, Castell (Morg.) 86
O'Neil, Bryan (archeolegydd) 234
Oldcastle, Syr John (Lolard) 219 n. 322
Owain Glyndŵr 20, 22, 25–6, 44, 210–12, 216
    ymosodiadau ar Gaerfyrddin 25–6 a
        nn. 109–13, 35, 41, 43, 93, 95, 122, 147,
        184, 196, 207, 210–12, 217–18 a n. 314,
        355
Owen, George, Henllys (arglwydd Cemais) 46
    n. 353

Paulet, Charles (ardalydd Winchester, dug Bolton) 245
Pebidiog, arglwyddiaeth esgobol *gw.* cantrefi
Pederton, Walter de (prif ustus de Cymru) 30, 34
Penfro
    arglwyddiaeth 16–18, 19–20 a n. 29, 27–8
    ieirll 19–22, 27, 29–3 a n. 186, 37–8 , 185–6,
        189–92, 194, 196, 236
    tref 40, 129 n. 39, 208, 242, 374, *Ffig. 7*
Penfro, Castell 16, 17, 18, 19–20 a n. 29, 28
    n. 134, 191
    Cromwell yn 242
    gorthwr 194
    gwaredu 239 n. 54
    Harri II yn 217 n. 292
    llys sirol/siawnsri 203
    Neuadd Orllewinol a chapel 200, 206
    rhagdwr 207
Penfro, sir 17, 48, 236, 272
    Rhyfel Cartref yn 24
Pennant, Coedwig *gw.* Glyncothi
Pensarn (Caerfyrddin) 258
Penson, Richard Kyrke (pensaer) 260 a n. 199
Percy, Thomas (Stiward Gosgordd y Brenin)
    217 n. 302
Pevensey, Castell (Sussex) 192 a n. 83, 194,
    196, 206, 209
Peveril, Castell (swydd Derby) 189
Phillips, teulu, Cwmgwili, *gw.* Cwmgwili, stad
Phillips, John Roland (hanesydd) 234 a n. 6
Pickering, Castell (swydd Efrog)
    capel 206
    gorthwr gwag 195
    lletyr cwnstabl 204

    tŵr y cilborth 201
    Tŵr Coleman 216 n. 285
    tyrau murol 212, 216
Pla Du, y 43
plwm, adeileddol 44, 50, 196, 203, 208, 210,
    216 n. 286, 365, *Ffig. 10*
plwm, gwrthrychau 343, *Tabl 9*
plwyf Sant Pedr, Caerfyrddin, *gw.* Caerfyrddin,
    plwyf (Sant Pedr)
Powis, Castell, papurau'r stad 243
Powys 17–18
Portchester, Castell (Hants.) 30 n. 178
Portiwgal, gwin o 45
porthdai 191–2 a n. 73, 192–3 a n. 83, 196, 200
    a nn. 142 a 146, 204, 206–10 a nn. 230, 238
    a 243, 216 a n. 288; *gw. hefyd* Caerfyrddin,
    Castell
Pounds, Norman (hanesydd) 219
Powell, Cyrnol Rice 242
Poyer, Cyrnol John 242
Preseli, Mynydd (sir Benfro) llechi o 48–50,
    272, 286
Priestley, Stephen (hanesydd) 16, 179, 370
prif ustus Cymru 21, 36, 201–2
prif ustus de Cymru 11, 15, 23–6, 27–30 a
    n. 178, 33–40, 43, 198, 201–2, 206 n. 196,
    213–14 a n. 257, 216 , 218 a n. 296, 236,
    354
    dirprwyon 30 a n. 179, 33–7, 214–15
    plasdy, *gw.* Caerfyrddin, Castell, plasdy'r
        prif ustus
prif ustus gogledd Cymru 34 n. 218, 39 n. 280,
    202
Pryce, Huw (hanesydd) 16
Public Record Office (PRO) 5, 179
Pwll Du ('La Blak', Afon Tywi) 46 a n. 360

Redcors (Caerfyrddin), demên 18, 42, *Ffig. 9*
Restall, John (ustus de Cymru) 236 n. 36
Restormel, Castell (Cernyw) 199
Revel, Richard (ceidwad Castell Caerfyrddin) 28
Richard II, Brenin Lloegr 35, 37, 40 n. 294, 207
    yng Nghastell Caerfyrddin 217 a nn. 296,
        302 a 305, 219
    diorseddiad 217 a n. 305
Richard III, Brenin Lloegr (fel dug Caerloyw) 38
Richard, iarll Cernyw (y cyntaf) 189 n. 53, 197
Richmond, Castell (swydd Efrog) 185

Rievaulx, Abaty (swydd Efrog), gwaith metel o 343
Rivaux, Peter des (trysorydd Lloegr; ceidwad Castell Caerfyrddin) 28 n. 139
Roche, Abaty (swydd Efrog), gwaith metel o 343
Rochester, Castell (Caint) 29, 185, 205–7 a n. 192
Russell, Robert (marchog) 51
Rutland, iarll 217 n. 302

rhagdyrau 192, 207, 211; gweler hefyd Castell Caerfyrddin, rhagdyrau
Rhandirmwyn (Sir Gaerf.), mwyngloddiau plwm 50, *Ffig. 10*
Rholiau Clos 5, 16, 217
Rholiau Patent 5, 16, 217 n. 296, 233
Rholiau Pensiwn a Lwfans 16, 179
Rholiau Siartr 16
Rholiau Siawnsri 16
Rholiau Siecr 5, 16, 27 a n. 125, 29, 35, 44, 179, 198, 199, 364
Rholiau Tâl am Fraint 16
Rhuddlan, Statud (1284) 23, 32, 198
Rhufeiniaid, y 7
Rhydaman, Castell (sir Gaerf.) 185, 186 a n. 31
Rhydychen, Castell 207
Rhydychen, swydd, tir y goron yn 239, 357
Rhydygors (Caerfyrddin) *Ffigurau 2 a 6*
  castell 16–18 a nn. 15, 16, 17 a 18, 352
  demên, *gw*. Redcors
  rhyd 17–18 a n. 15
  tŷ 18 a n. 17
Rhyfel Can Mlynedd, *gw.* Ffrainc
Rhyfel Cartref (1642–8) 4, 7–8, 12, 41, 73, 93, 105, 142, 143, 149 a n. 48, 219, 233, 234, 237–8, 239–42 a nn. 69 a 78, 243 n. 114, 247–8 a n. 128, 285, 356
rhyfeloedd annibyniaeth Cymru 20–1, 22–3, 30, 217–18, 354
Rhyfeloedd y Rhosynnau 26, 37–8, 212, 219
Rhyngdeyrnasiad, y (1649–60) 234, 240, 242–4
Rhys ap Gruffudd, yr Arglwydd Rhys (Tywysog Deheubarth) 20–2 a nn. 39 a 48, 28, 180, 217 n. 292
Rhys ap Gruffudd (dirprwy brif ustus de Cymru) 34–5 n. 220
Rhys ap Maredudd (arglwydd Dryslwyn) 24 a n. 87, 44

Rhys ap Tewdwr (Brenin Deheubarth) 17, 20
Rhys ap Thomas, Syr (prif ustus de Cymru; arglwydd Dinefwr) 38, 236, 380
  gweithiau yng Nghastell Caerfyrddin 38, 213 a n. 254, 214 n. 266
Rhys Grug (Tywysog Deheubarth)
Rhys Fychan ap Rhys Grug (arglwydd Cantref Bychan) 23 a n. 79

St Briavels, Castell (swydd Gaerloyw) 29, 44, 191 a n. 73, *Ffig. 10*
St Leger, William (ceidwad Castell Caerfyrddin) 28
Saintonge, llestri, *gw.* crochenwaith canoloesol
Sanclêr (Sir Gaerf.)
  arglwyddiaeth 19, 29, 33, 213–14, 236, *Ffigurau 7–8 a 125*
  castell 19, 25 n. 109, 184 a n. 22, 188, *Ffig. 8*
Salisbury, esgob 19
Salisbury, iarll 217
Sandal, Castell (swydd Efrog) 207
Sant Pedr, eglwys (Caerfyrddin), *gw.* Caerfyrddin, eglwys
Santes Fair (Eglwys Grog), *gw.* Caerfyrddin: Caerfyrddin Newydd
Saundersfoot (sir Benfro), llechi o 49
Scot, Adam (teilsiwr) 215
Scotland, ymgyrchoedd yn erbyn (14g.) 24 a n. 91, 36, 39, 215
Scrope, William (Is-siambrlen Gosgordd y Brenin) 217 n. 302
Scudamore/Skidmore, John (cwnstabl Castell Caerfyrddin) 25 a n. 113, 35 a n. 220, 216 a n. 284, 355
Senedd, y 32, 36, 241–3, 356–7
  Deddfau 234 a n. 9, 242–3 a n. 115, 256, 258, 260, 262
  Comisiynwyr (1650au) 242–3
  yn dal Caerfyrddin (yn ystod y Rhyfel Cartref) 240–1 a n. 78
Sesiwn Fach, y (de-orllewin Cymru) 33 a n. 196, 36, 203 n. 169, 215, 245
Sesiwn Fawr, y (de-orllewin Cymru) 236
  cofnodion (Ffeiliau Carchar; Rholiau Gwacáu Carcharau) 234 a n. 5, 243 a nn. 107 a 114, 245 a n. 126
  trysorydd (siambrlen; Trysorydd y Gylchdaith) 236, 245 n. 122

Sesiynau'r Prif Ustus (de-orllewin Cymru) 33 a nn. 192 a 195, 37–8, 198, 203 a n. 169, 371; *gw. hefyd* Llysoedd Chwarter Sirol (Caerfyrddin)
Shrewsbury, iarll 17–18
Shropshire, siryf 28 n. 139, 30 a n. 171,
siâl Ordoficaidd 6, 48, 100, *Ffig. 10*
siambrlen gogledd Cymru 35 n. 232, 202
siambrlen de Cymru 11, 15, 29, 33–40 a n. 279, 43 n. 319, 198, 201–3, 207, 213–15 a n. 257, 236, 354
    dirprwyon 35, 214
    plas, *gw.* Caerfyrddin, Castell, plas y siambrlen
siedau; siedwr 30 a n. 175, 34, 236, 245
Sieffre o Fynwy 351 n. 2
Skipton, Castell (swydd Efrog) 192, 196
Southampton, Castell 185
Speed, John (cartograffydd): map o Gaerfyrddin (*c*.1610) 41 a n. 303, 72, 95, 105, 119, 149, 182–3, 185 n. 28, 195, 205, 206, 211, 212, 234, 238, 239, 261, 353, 356, *Ffig. 112*
Spurrell, William (cyhoeddwr) 235 a n. 25, 243 n. 112
Stafford, Swydd
    crochenwaith o 293
    siryf 28 n. 139
Stamford, Castell (swydd Lincoln) 204
Suggett, Richard (archeolegydd) 5 n. 10, 234–5 a n. 20, 250 n. 148
Surrey
    crochenwaith o 290
    dug 217
    tir y goron yn 239
Sykes, Syr Christopher 252

Tâf, afon 6
Talacharn (sir Gaerf.) 6
    arglwydd 30, 214
    arglwyddiaeth 29, 33, 236
    castell 25 n. 109, 185, 194, 243, *Ffigurau 6–8, 125*
Talyllychau (sir Gaerf.)
    abaty 33 n. 186
    haearn a phlwm o 50
Tawelan, nant (Caerfyrddin) 6, *Ffigurau 2 a 3*
Taylor, John (bardd) 234 a n. 102
Taylor, Robert (pensaer) 257 n. 178
Teifi, afon 48, 286
Teilo, sant 8
teils
    teils llawr 51, 121, 294–5; *gw. hefyd* crochenwaith
    teils crib 48–50 a n. 376, 294, 301, 306, 330, 380, *Ffigurau 10–11, Tablau 1–7*; *gw. hefyd* crochenwaith
    teils carreg 48, 197, 210, 378, 380
teilsen grib, *gw.* teils
Thomas, Syr Percy (pensaer) 12, 272
Thomason Tracts 234 a n. 7, 243
Thompson, Michael (archeolegydd) 234 n. 9, 235, 243
Tibetot, Robert (prif ustus de Cymru) 23, 30 a nn. 178 a 179, 34
Tonbridge, Castell (Caint) 191, 200 n. 142
Torrington, John o (ceidwad Castell Caerfyrddin) 28 a n. 134
Totnes, Castell (Dyfnaint) 186 a n. 32, 188, *Ffig. 114*
Totnes, cyflenwadau o 44, *Ffig. 10*
Transactions of the Carmarthenshire Antiquarian Society and Field Club (*TCASFC*) 5, 13, 235 n. 24
Tre Ioan (Caerfyrddin) 249 n. 146
Trefdraeth (sir Benfro)
    castell ac arglwyddiaeth 19
    odynau crochenwaith yn 50, 289, 301, 312, *Ffig. 10*
Tretŵr, Castell (Powys) 186, *Ffig. 114*
Trysorydd y Gylchdaith, *gw.* Sesiynau
Tudur, Siasbar (iarll Penfro) 37
Tunderley, Richard de (beili Caerfyrddin) 30 n. 162
Turbeville, Henry de (ceidwad Castell Caerfyrddin 22, 28 n. 139, 30 a n. 165
Tyddewi, esgobion 209
Tymbl, y (Sir Gaerf.), gorsaf heddlu yn 172–3
Tŷ'r Cyffredin; 240 n. 66, 249 n. 146, 234 a n. 9; *gw. hefyd Journals of the House of Commons* (*JHC*)
Tywi, afon 6, 7, 11, 17–18 a n. 16, 40, 41, 42–3, 45, 46–9 a n. 380, 50, 95, 106, 199, 352, 367, 370, *Ffigurau 2–3, 5–6, 112, 126–8, 131–3, 135–6, 138, 140, 148–50, 154, 165–6*
Tywi, dyffryn 6, 21 n. 48, 23–5, 38, 43, 45, 195

tywod (ar gyfer adeiladu) 48, 51, 380
Tywysog Du, y, *gw.* Edward, y Tywysog Du
Underleach, Richard de (beili Caerfyrddin) 30
ustus de Cymru 236–7 a nn. 36 a 38, 245

Vaughan, teulu, Golden Grove 239–42, 244–5, 356; *gw. hefyd* Golden Grove, stad Vaughan, Lady Anne 245
Vaughan, Richard (iarll Carbery) 240, 242
Vicars, John (croniclydd seneddol) 234 a n. 8

Wainfleet St Mary (swydd Lincoln), lledr o 340
Waleran, Robert (ceidwad Castell Caerfyrddin) 30, 197
Wallingford, Castell (swydd Rhydychen) 35
Walsh, John (ustus de Cymru) 236 n. 36
Warkworth, Castell (Northumberland) 184, 185, 200
Warwig, Castell 39 n. 280, 184, 205
Warwick, iarll 19, 38
Waterford (Iwerddon), gwrthrychau pren o 343
Wesley, John 248, 262 n. 208
Westminster 30, 33 n. 198, 36, 38, 217 n. 296, 236
Widigada *gw.* cymydau
Wigmore, Roger (cwnstabl Castell Caerfyrddin) 25 a n. 109
'Wilderness', y, *gw.* Gors, y (Caerfyrddin)
William II, Brenin Lloegr 17
William 'Adelin' (mab Harri I) 217

Williams, Geoffrey (rhingyll y brenin) 215
Wilson, Richard (arlunydd) 234
Winchester (Hants.)
    castell 197 a n. 114, 198, 238, 357
    gwrthrychau pren o 343
Windsor, Gerald de (is-gapten brenhinol) 217
Windsor, William de (llywodraethwr Iwerddon) 39 n. 279
Windsor, Castell (Berks.) 189, 205
Wood, John (cartograffydd): map Caerfyrddin (1834) 87, 143, 168, 235, 249 n. 144, 250, 255–6, 262, 270, *Ffig. 133*
Woodstock, Cytundeb (1247) 23
Worcester, iarll 217
Wynveth, nant (Caerfyrddin) 6, 40, *Ffigurau 2 a 3*

Ymchwiliad Siawnsri ar Faenor Caerfyrddin (1275) 1, 16 a n. 5, 23 n. 79, 27, 29, 42–4 a n. 334 , 179, 181–2, 187, 191 a n. 68, 196–7, 198 n. 125, 200–1, 365–6
Ymchwiliadau Amrywiol 16
Ymddiriedolaeth Archeolegol Dyfed (YAD) 2, 5, 12–13, 73, 79, 96, 123, 143, 156
Ynysgynwraidd, Castell (sir Fynwy) 194, 196, 197, 206 n. 198, 216
Ysgraff y Brenin 51, 211, 375
Ystlwyf, arglwyddiaeth 33, *Ffigurau 8 a 125*
Ystrad Fflur, Abaty 33 n. 186
Ystrad Tywi (isdeyrnas) 17–20, *Ffig. 6*